本书系国家社科基金一般项目“基于统计分析的无罪判决证据适用问题实证研究”（17BFX183）的阶段性研究成果

故意伤害罪

无罪判例规则与辩护攻略

郑飞　梁雅丽　主编

法律出版社 LAW PRESS · CHINA

本书编写组成员

主　编：郑　飞　梁雅丽

副主编：杨默涵

成　员：郑　飞　梁雅丽　马国洋

　　　　杨默涵　李雅健　陈晓慧

　　　　刘廿一

自　序

编一套系统而全面的无罪判例分析丛书

本书的策划有两个缘起：一是笔者主持申报的国家社会科学基金一般项目“基于统计分析的无罪判决证据适用问题实证研究”于2017年6月30日获批立项（项目编号：17BFX183）。在项目申报时，笔者就对有关无罪判决的研究做了系统的文献综述，发现截至目前专门研究无罪判决的著作只有3本。这些著作都是针对典型的无罪判决案例做的相关研究，不仅没有对无罪判决进行实体、程序和证据三方面全方位透视，同时也没有对所有的无罪判决做深入的大数据统计分析。为了弥补这一学术空白，于是便有了该研究项目的诞生。本案例丛书是项目组对从中国裁判文书网上搜集的共3000多个无罪判例进行系统整理和统计分析的结果，是该项目的阶段性研究成果，同时也为进一步深入研究无罪判决的相关问题奠定了基础。

二是在项目研究的过程中，笔者于2018年1月正式开始兼职律师执业，加入了梁雅丽律师刑事辩护团队，专门深耕民刑交叉和行刑交叉领域。在办理相关案件的过程中，一个非常重要的工作就是对无罪判例的整理分析，以研究和获取相关罪名的无罪裁判规则和有效辩护要点。尽管之前已有律师对部分罪名的无罪判例做了简单的梳理，归类整理出了相关罪名的无罪辩点，但这种分析显然过于粗糙，于是便更加坚定了笔者编写一套系统而全面的无罪判例分析丛书的决心。经与梁雅丽律师商议之后，我们一拍即合，将本案例丛书纳入“无罪辩护系列丛书”，由我们联合担任每本书的主编，负责具体组织编写。

尽管我们的目标读者主要是刑辩律师，但本书对于公检法人员也有裨益。因为2018年12月4日最高人民法院制定的《关于进一步全面落实司法责任制的实施意见》第9点明确要求："健全完善法律统一适用机制。各级人民法院应当在完善类案参考、裁判指引等工作机制基础上，建立类案及关联案件强制检索机制，确保类案裁判标准统一、法律适用统一。存在法律适用争议或者'类案不同判'可能的案件，承办法官应当制作关联案件和类案检索报告，并在合议庭评议或者专业法官会议讨论时说明。"2019年7月20日，全国法院贯彻落实政法领域全面深化改革推进会精神专题会议在成都召开。会议要求，推动建立高级法院审判指导文件和参考性案例备案机制，避免裁判标准的区域性差异，并推行类案及关联案件强制检索制度，确保法律适用统一。

我们希望将本案例丛书做成一套实务工作者和学术研究者的必备工具书，但必须说明的是，由于各种条件所限，我们并未将"不起诉决定书"纳入统计分析，希望在第二版时能够补充完善。当然编写过程中难免还有诸多错误和遗漏，敬请列位方家批评指正，如有修改建议，欢迎及时与我们邮件联系：zf591014@163.com，我们会在第二版中改进。

目　录

第一章　无罪判例规则

第二章　统计分析与辩护攻略

第一章　无罪判例规则

一、证据无罪规则

（一）物证、书证规则

规则1：不能认定作案工具或作案工具缺失

【规则分析】 作案工具作为认定案件事实的重要一环证据，其属于实物证据，“只有在法庭上出示或展示，才能发挥其证明作用”①。物证的出示要求所有证据都必须经过辨认或鉴真，并且要符合最佳证据规则，也就是出示原件，这是为了保证物证的同一性和可靠性。即便是对于不便或不能拿到法庭上出示的物证，也要出示与原物核对无误的复制件或照片。

此规则下的案例中，均是在不存在不便或不能拿到法庭上出示的情况下，公诉人或者自诉人要么无法证明所提出物证系作案工具，如无罪判例1；要么没有提出作案工具证据，如无罪判例7；要么提出多个作案工具证据而无法认定确切的作案工具，如无罪判例2。

【无罪判例1】陈某林故意伤害一审刑事附带民事判决书——（2015）温刑初字第00006号

公诉人当庭出示的物证即陈某林的作案工具铁锹，经鉴定该铁锹上无人血附着，且陈某林当庭否认系其所持铁锹，也与侦查卷中提供物证照片中的商标不符，不能认定。综上所述，公诉机关所举证据之间不能互相印证，达不到证据确实充分，不足以证明所指控事实，未能使合议庭作出认定指控事实的内心确信和唯一结论。根据疑罪从无的刑法原则，公诉机关指控被告人陈某林犯故意伤害罪证据不足，本院不予认定。

---

① 张保生主编：《证据法学》，中国政法大学出版社2018年版，第263~264页。

【无罪判例2】侯某新故意伤害一审刑事判决书——（2015）鄂宣恩刑初字第00034号

本院认为，公诉机关指控侯某新抢夺挖锄过程中致侯某1左腕受伤，从提交的证据来看，在场的只有侯某1、刘某、侯某新三人，侯某新几次供述的基本经过一致，说自己用竹竿打伤刘某的头部，抓住侯某1的挖锄，抢过后丢在了一边，否认自己用锄头致伤侯某1，自己的伤是侯某1用镰刀砍伤；刘某陈述侯某新抢过侯某1的挖锄，将侯某1的左手打伤，自己拿镰刀朝侯某新头上砍了一下；侯某1四次陈述有三次证实侯某新从自己手中抢过挖锄，用锄头挖在自己左手腕上，而侯某1第二次陈述，即2013年6月19日的陈述，说自己之前说侯某新用挖锄挖其左手的话是假的，自己不知道左手腕是如何受伤的，该陈述与其他几次截然相反，亦否定了第一次的陈述，公安机关进行第三次询问时没进行排除。被害人侯某1的几次陈述不一致，且与被告人侯某新供述、被害人刘某陈述不能相互印证。公安机关现场提取了三把带血凶器，但没有对凶器血迹进行鉴定，不能排除其他凶器致伤的可能性。

【无罪判例3】白某甲犯故意伤害罪一审刑事判决书——（2015）兖刑重初字第1号

本案中，被害人白某己自己证实其左大腿受伤系被告人白某甲所致，且起诉书指控的作案工具未有找到。

【无罪判例4】胡某锋故意伤害一审刑事判决书——（2017）冀0729刑初44号

……

二是本案中提到的作案工具半根镐把，公诉人当庭出示此物证让被告人辨认，被告人否认，且该镐把的来源亦不清，无现场勘查笔录及现场提取笔录，无辨认笔录，现仅有受害人的陈述、不能充分证明是作案工具。

【无罪判例5】汪某新、汪某安故意伤害一审刑事判决书——（2015）峨眉刑初字第39号

……

（四）定案证据缺失的问题

本案中无现场勘验检查笔录，无作案工具火药枪、刀具，缺少关键直接的证据。

【无罪判例 6】鲁某卿故意伤害一审刑事判决书——（2016）冀 10 刑初 69 号

在法庭审理中，控辩双方争议的事实焦点是李某 4 伤情是否为鲁某卿持刀所致，以及在何种状态下所致……综上，本院认为，根据具体案发过程，对李某 4 被扎伤死亡，鲁某卿具有最大的犯罪嫌疑。但鉴于本案证据存在鲁某卿供述不知情李某 4 如何受伤且水果刀有被抢走情节……作案工具水果刀刀刃部分缺失等原因，不能排除李某 4 是被他人误伤等合理怀疑。李某 4 是否被鲁某卿持刀刺伤、在何种状态下刺伤的事实不清。

本院认为，被告人鲁某卿受到被害人李某 4 等人的不法侵害时，掏出水果刀进行防卫，以及在控制与挣脱过程中李某 4 被水果刀刺中胸部致死的事实清楚，证据确实、充分。但公诉机关指控鲁某卿持水果刀故意伤害致死李某 4 的证据不足。

【无罪判例 7】王某水故意伤害二审刑事判决书——（2016）粤 09 刑终 132 号

本院认为，现有证据未能证实系上诉人王某水持刀伤害被害人叶某 1、叶某 2。具体评判如下：

一、本案证据存在重大缺失与瑕疵

……

2. 作案工具未能缴获，来源不明、去向不明。

【无罪判例 8】方某某故意伤害一案二审刑事附带民事判决书——（2015）北刑终字第 18 号

关于上诉人（自诉人暨附带民事诉讼原告人）樊某甲以被告人方某某行为构成犯罪，并追究其刑事责任，赔偿住院期间的医药费、伤残赔偿金共计 58, 517. 38 元为由提出上诉的理由。经查，自诉人樊某甲虽经公安机关调查取证，现场进行了勘验和拍照，但取证违反法定程序，对照片中是否有作案工具从案发当日至今自诉人、被告人未进行指认，公安机关也未提取相关物证，导致证据链条缺失……因此，自诉人指控被告人犯故意伤害罪的事实不清，证据不足，提出的上诉理由不能成立，本院不予采纳。

【无罪判例9】被告人吕某君故意伤害一案的刑事附带民事判决书——(2017)辽1422刑初186号

……

2. 吕某君致伤宋某凯的犯罪工具不清，也就是吕某君究竟用什么东西将宋某凯致伤不清。宋某凯陈述送吕某君到屋门口五六米的时候，她往回走，吕某君就打她头部一下，没看清用什么打，但肯定不是拳头，几次陈述均不清楚吕某君用什么将其致伤。

【无罪判例10】车某兵故意伤害一审刑事判决书——(2017)云2328刑初127号

公诉机关提交的刀子及相关鉴定意见，经鉴定三把刀子均未鉴定出人血，不能证明该刀子就是被告人车某兵致伤付某1的工具，故该证据本院不予采信。

【无罪判例11】陈某某故意伤害再审刑事判决书——(2016)粤06刑再2号

陈某某的辩护人提出如下辩护意见：……2. 本案没有关于作案工具手枪的证据。陈某某供述自己没有手枪，也没有证据证明陈某某持有过自制手枪。

【无罪判例12】仇某故意伤害罪一审刑事判决书——(2013)密刑初字第339号

本院认为，公诉机关指控被告人犯罪，应当提供确实、充分的证据加以证明。本案中……作案工具未起获。本案现有的证据没有形成完整的证据链，故公诉机关指控被告人仇某犯故意伤害罪的事实不清，证据不足，指控的犯罪不能成立，应宣告被告人仇某无罪。

规则2：没有收集到关键证据尸检报告

【规则分析】此规则针对的是故意伤害罪中出现了被害人死亡的情形，尸检报告作为关键证据对于证明被害人的死亡时间、伤情轻重、死因等有重要作用，不可或缺。因此，案件中如果缺失尸检报告将会导致严重的证据不足。尽管此规则代表的情况在实践当中出现极少，但是一旦出现这种情节将非常关键。

【无罪判例】康某甲犯故意伤害罪一审刑事判决书——（2015）沽刑初字第25号

本院认为，公诉机关指控被告人康某甲犯故意伤害罪的证据不足。被害人陈某戊是在醉酒状态下被康某甲击伤，后有村医为陈某戊治疗，最后被送往医院。而本案的关键证据尸检报告不存在，仅有当时尸检法医杨某出具的死因证明，尸检报告是一种鉴定结论，鉴定结论是鉴定人运用科学的技术和方法对依照法定程序收集的客观记载进行检验，而得出的结论，本案中客观记载已不存在，当时尸检法医的证言缺乏客观基础，难以排除其他原因致陈某戊死亡。综观本案，被告人康某甲用抬杠击打被害人陈某戊的事实存在，被害人陈某戊死亡的事实存在，但被害人陈某戊伤情无法确定，死亡时间无法确定，死因更无法确定。被告人康某甲对被害人陈某戊实施的击打行为与被害人陈某戊的死亡结果存在间隔时间，没有尸检报告难以认定被害人陈某戊被被告人用木棍击中头部的事实与陈某戊死亡的事实存在直接的因果关系。因此，公诉机关指控被告人康某甲非法故意损害他人身体健康，致一人死亡的证据不足。对公诉机关指控的罪名不予支持。对辩护人建议以事实不清，证据不足宣告康某甲无罪的辩护意见，本院予以采纳。

规则3：案发后没有及时就诊，检查结果与案件的关联性无法确认

【规则分析】由于故意伤害案件的特性，证明被害人的伤情则需要案发后及时、可信的诊断。但在实践中，由于故意伤害罪存在大量自诉案件，许多被害人在案发后都会出现不及时就诊的情况，导致没有及时固定伤情，形成证据。而事发后一段时间再就诊将大大降低该诊断结果的准确性，以及与案件的关联性，也无法准确排除致伤原因的其他合理怀疑。因此，在故意伤害案件中，没有及时就诊是非常值得辩护方注意的情节。

【无罪判例1】张某1故意伤害一审刑事判决书——（2016）赣0821刑初248号

本院认为，认定构成犯罪必须事实清楚，证据确实、充分，证据间的疑问得到合理排除，而公诉机关提供的证据不足以证实被告人张某1实施了故意伤害陶某1的行为，陶某1构成轻伤二级的关键性损伤左足第四跖骨骨折，是在

距离本案发生一个月后拍片检查发现，该损伤与本案的关联性无法确定，不能作为本案定案依据。故公诉机关指控被告人张某1犯故意伤害罪事实不清，证据不足，指控罪名不能成立。

【无罪判例2】李某仓故意伤害罪一审刑事判决书——（2015）河刑初字第64号

关于刘某某的伤情，事发后刘某某没有及时就医，在陪护其丈夫李某某期间，完全有条件医治和确诊，在时隔26天后即2015年1月31日进行诊断，不能排除再次受到其他伤害的情形；2015年1月31日诊断建议与2015年4月13日诊断建议情况不一致，结合侯某某笔录，前门牙右2到左2，有牙周病，左三和右一松动严重，保德县院诊断是右上1、2牙齿Ⅲ度松动。刘某某伤情鉴定及就医违反程序规定，本案发生后公安机关随即介入，河曲县公安局鹿固派出所告知并出具委托书让刘某某到忻州市公安司法鉴定中心鉴定，刘某某去忻州咨询后，在首诊医院没有建议情况下违反就医规定到保德县人民医院将牙拔除，当天随后去山西保德司法鉴定中心司法鉴定，不能排除自伤情形。

【无罪判例3】李某芹故意伤害一审刑事判决书——（2017）鄂0581刑初23号

第一，故意伤害罪，是指故意非法损害他人身体健康，致他人轻伤以上的行为。首先，自诉人王某2提交的证据仅能证明其与被告人李某芹发生肢体冲突，李某芹自认有揪王某2头发的行为，但并不承认击打王某2的手部，对王某2手部受伤的经过和细节，仅有王某2的陈述，而王某2陈述的细节未能与证人王某、陈某的证言相印证，又无其他证据佐证，二证人的证言亦不能证实是李某芹的何种行为伤及王某2手部，仅能证实二人相互扭打；其次，王某2亦自认对李某芹有揪头发的攻击行为；最后，案发后王某2并未及时就医，没有当日的询问笔录、医疗证明等证据对其伤情予以固定。《刑事诉讼法》（2012年）第四十九条[①]规定："……自诉案件中被告人有罪的举证责任由自诉人承担。"自诉人王某2所提交的证据仅能证明其手部外伤构成轻伤二级，但其指控系李建芹的故意伤害行为所致尚不能排除合理怀疑，不能达到证据确实、充分的程度。

---

① 2018年修正《刑事诉讼法》第五十一条。

【无罪判例 4】张某某与覃某某故意伤害一审刑事附带民事判决书——(2016) 桂 1322 刑初 17 号

本院认为，自诉人张某某应当提供确实、充分的证据证实被告人覃某某犯故意伤害罪。本案中，首先，自诉人张某某在公安机关讯问时及庭审中认定其牙齿是当场被被告人覃某某打断且嘴流了许多血，但证人覃某丙、闭某甲均证实在现场没有发现自诉人张某某的牙齿、嘴受伤；其次，自诉人张某某案发当日在中平卫生院治疗时始终没有提及其牙齿和嘴受伤；最后，自诉人张某某是案发次日后再到象州县人民医院检查才确诊是牙齿折断，时隔一晚，不能排除其牙齿折断存在其他原因。故自诉人张某某提供的证据只是证实其两颗牙齿确实是折断了，不能得出是因打架被被告人覃某某打断的唯一的、排他性结论，不能形成完整的证据链，尚未能达到确实、充分、排除一切合理怀疑的刑事诉讼证明标准。故自诉人张某某控诉被告人覃某某犯故意伤害罪的证据不足，控诉的罪名不成立。

【无罪判例 5】曹某波故意伤害一审刑事附带民事判决书——(2017) 沪 0112 刑初 304 号

……

另一方面，经查，被告人曹某波及其妻子在案发后即刻报警，并在现场等候 20 分钟后民警处警，事发 1 小时后至医院就医……

就自诉人侯某庭上陈述来看，其与其妻二人的行为表现却多有不合常理之处：首先，所有在案的言词证据中均未证实案发当时侯某的妻子在场，所以侯某基于何种考虑要返回案发现场与其妻会面；其次，自诉人既有手机可与其妻联络另约地点碰面，何不留待医院电话通知妻子送钱；再次，侯某妻子如事后到达案发地，也应得知民警到场处警，事态已得到控制，而侯某外逃未向他人告知去向，二人又基于何种因素怀疑曹某波就必至上海市第五人民医院继续追打报复而在外躲避近 2 小时；复次，侯某自称被打伤，拨打“110”报警电话一次，未接通就作罢，在案发后 4 个多小时内其想到亲赴单位请假，而不曾想起再次报警，其妻及同事也均未提醒其报警；最后，事发后，侯某妻子既有时间驾车将其送至单位请假，何不驾车送其就医，而让侯某坐公交前往。值得注意的是，自诉人侯某至庭审前均否认殴打过曹某波，庭审时又未否认当时双方发生了互殴。

从一般、理性、善良人的角度考察，发生肢体冲突受伤后，并未造成严重损伤的情况下，及时报警或就医应属常态。自诉人侯某既不积极报警又不及时就医，而是积极向单位请假，客观上拖延处理事件，实不符合常理。

【无罪判例6】刘某某故意伤害一审刑事判决书——（2017）川1421刑初264号

本院认为，公诉机关指控被告人有罪的证据，应当能够互相印证，形成完整的证据链。本案的焦点问题在于被害人王某1右手所受轻伤二级是否有确实、充分的证据证明系被告人刘某某故意伤害所致。本案中，在案证据不能证实被告人刘某某故意实施了侵害被害人王某1右手的事实，且王某1去仁寿县第二人民医院就诊时间为案发当日17时许，与二人发生抓扯的案发时间相隔太长，不排除被害人的伤可能是其他情况造成，不能得出王某1的右手骨折系刘某某造成的唯一性结论。本案证据不能达到确实、充分，不能认定被告人刘某某有罪，公诉机关指控被告人刘某某犯故意伤害罪的证据不足，本院不予支持。

（二）鉴定意见规则

规则4：鉴定书未被公安机关采用，且与法院委托的鉴定结果不一致

【规则分析】故意伤害罪中存在大量的自诉案件，这些案件中需要自诉人提出证据证明被告人有罪。而此规则下的判例中，自诉人提出了未被公安机关采用的司法鉴定，且该鉴定与法院委托鉴定结果不一致。由此可见，在故意伤害案件的辩护中，委托鉴定的机关若不认同自身委托的鉴定意见，该鉴定也会很难被法院采纳。当法院委托鉴定与其他鉴定产生矛盾时，法院会更倾向于其自己委托的鉴定。

【无罪判例】薛某言故意伤害一审刑事附带民事判决书——（2016）豫0926刑初131号

本院认为，公民的人身、健康权不受他人非法侵害。行为人因过错侵害他人民事权益，应当承担侵权责任。本案系段某1、段某提起的自诉附带民事赔偿案件。对于自诉案件，段某1、段某有责任提供证据证明被告人薛某言侵犯其人身权利的行为应当依法追究刑事责任。本案中，根据查明的事实，薛某言驾驶车辆与段某1、段某乘坐的车辆相向行驶，因会车发生言语冲突，继而发

生打斗，在这个过程中致使段某1、段某受伤。范县公安局以薛某言违反治安管理的相关规定，作出行政处罚决定。段某1不服提出行政诉讼，经过两级人民法院审理，均驳回段某1的诉讼请求。段某1又以濮阳市公安局物证鉴定所作出的法医学人体损伤程度的意见，认为薛某言的行为已经构成故意伤害罪，要求追究其刑事责任。本院认为濮阳市公安局物证鉴定所作出的轻伤鉴定意见，未被公安机关采用，且在本案审理过程中，与本院委托司法鉴定科学技术研究所作出的鉴定意见又不一致，关于薛某言构成故意伤害罪的证据不足，段某1、段某自诉指控的罪名不能成立。

规则5："先鉴定，后会诊"不符合鉴定规定

【规则分析】在实践中，诊断结果是鉴定的重要依据，而该辩点下的案例则是因为出现了"先鉴定、后会诊"这一极端不负责任的行为，而导致鉴定意见不予采信。

【无罪判例】郜某乙故意伤害罪一审刑事附带民事判决书——（2016）鄂0881刑初字17号

关于被告人郜某乙的辩护人提出，本案先后四次鉴定，适用标准各异，鉴定相互矛盾，湖北三真司法鉴定中心的鉴定，一是先鉴定，后会诊……湖北三真司法鉴定中心的鉴定存在瑕疵，被告人郜某乙的辩护人提出的辩护意见成立，本院予以采纳。

规则6：鉴定书不符合《最高人民法院关于适用〈中华人民共和国刑事诉讼法〉的解释》第八十五条规定，不能作为定案依据

【规则分析】《最高人民法院关于适用〈中华人民共和国刑事诉讼法〉的解释》第八十五条规定："鉴定意见具有下列情形之一的，不得作为定案的根据：（一）鉴定机构不具备法定资质，或者鉴定事项超出该鉴定机构业务范围、技术条件的；（二）鉴定人不具备法定资质，不具有相关专业技术或者职称，或者违反回避规定的；（三）送检材料、样本来源不明，或者因污染不具备鉴定条件的；（四）鉴定对象与送检材料、样本不一致的；（五）鉴定程序违反规定的；（六）鉴定过程和方法不符合相关专业的规范要求的；（七）鉴定文书缺少签名、盖章的；（八）鉴定意见与案件待证事实没有关联的；（九）违反有关规定的其他情形。”此辩点下的案例，即因为不符合上述规定中的某一项或多项不能作为定案依据，从而导致整个案件证据不足。但其中关于程序的辩点，即鉴定程序违反规定一项，本书将其归入程序之辩。

【无罪判例1】杨某甲故意伤害一审刑事附带民事判决书——（2014）巨刑初字第16号

……

2. 公诉机关所举鉴定意见邢台市公安局公（冀邢）鉴（法活检）字（2010）750号法医损伤检验鉴定书，来源不清，不能证明其真实性。公诉机关所举证人李某乙的证言证明该鉴定书是由李某卫的姐姐李某乙送到巨鹿县公安局巨鹿镇派出所的；巨鹿县公安局巨鹿镇派出所出具的李某甲鉴定送达及伤情经过情况说明载明“对于为什么李某甲的伤情鉴定为何由受害者家属拿到办案单位，在当时的情况一直都是谁的伤情鉴定谁取并送办案单位”，证实该鉴定意见并非由鉴定机构邢台市公安局向委托鉴定单位巨鹿县公安局送达。证人李某乙的证言及巨鹿县公安局巨鹿镇派出所出具的说明，没有证明李某乙送给巨鹿县公安局的鉴定书从何处取得；公诉机关拟证明该鉴定书系由邢台市公安局做出，所举邢台市公安局2013年10月16日出具的情况说明，载明的是“对巨鹿县公安局巨鹿镇派出所于2014年10月14日函的回复”，在时间上存在矛盾。故鉴定意见邢台市公安局公（冀邢）鉴（法活检）字（2010）750号法医损伤检验鉴定书来源不清，不能作为定案的根据。

【无罪判例2】肖某某故意伤害罪案刑事判决书——（2015）深罗法刑二初字第116号

证明被害人所受损伤为轻伤的深圳市公安局公（深）鉴（法临）字（2014）第0193号法医学人体损伤程度鉴定书存在以下问题：一是鉴定主体不明确。鉴定文书加盖深圳市公安局法医验伤鉴定的专用章，但该鉴定文书鉴定人王某、陈某不是公安机关司法鉴定人员，其中王某是深圳市第二人民医院法医临床司法鉴定所的受聘人员，陈某是深圳市物证检验中心鉴定人，且鉴定文书载明的鉴定机构地址及联系电话均属深圳市第二人民医院法医临床司法鉴定所的地址和电话。二是鉴定人鉴定资格不适格。本案中鉴定人陈某、王某二人均未按照《公安机关鉴定人登记管理办法》（2005 年）之规定①，在公安机关登记备案，并获得公安法医鉴定人资格，且在案证据没有鉴定人陈某法医临床司法鉴定资质证明……

【无罪判例 3】李某仓故意伤害罪一审刑事判决书——（2015）河刑初字第 64 号

自诉人刘某某在得知牙齿没有脱落鉴定可能构成轻微伤的情况下，又去委托河曲县文笔法律服务所到山西保德司法鉴定中心司法鉴定，山西保德司法鉴定中心没有严格审查，将河曲县公安局鹿固派出所、河曲县文笔法律服务所共同作为委托单位出具了鉴定意见书，违反法律规定，鉴定方法不科学，鉴定意见不予采纳。

【无罪判例 4】王某故意伤害再审刑事判决书——（2016）浙 0302 刑再 4 号

……6. 温州市中级人民法院（2017）浙 03 刑再 2 号刑事判决书，该判决书系针对同案杨某、刘某故意伤害案件的再审判决。该判决认定 2014 年 3 月 11 日、3 月 14 日的 CT 片并非徐某 2 的 CT 片，以此 CT 片为检材而作出的（鹿）公（物）鉴（伤）字（2014）266 号法医学人体损伤程度鉴定书不能作为定案的证据。徐某 2 并不存在右侧第 5、6 根肋骨骨折的伤情，其伤势程度不构成轻伤。

本院认为，虽然原审被告人王某存在故意伤害徐某 2 的行为，但徐某 2 的伤势不构成轻伤，原审认定徐某 2 构成轻伤及王某构成故意伤害罪有误，原审被告人王某不构成犯罪，依法应予纠正。抗诉机关的抗诉意见成立，本院再审予以采纳。

【无罪判例 5】夏某骚、焦某金故意伤害一审刑事判决书——（2017）云 0113 刑初 141 号

本院认为，诉讼代理人苏某斌提交的出院记录记载内容“出院诊断为肱骨骨折（右侧外科颈，粉碎性）”与其提交的病情证明和出院证不一致，与本院依被告人申请到东川区人民医院调取的出院记录记载内容“出院诊断：软组织

① 2019 年修订过《公安机关鉴定人登记管理办法》。

挫伤（全身多处）”亦不一致，且苏某红住院期间的主治医生鲁某已证实对苏燕红的诊断结果是全身多处软组织挫伤，其之前给苏某红的父亲的出院记录记载内容系笔误，发现之后已进行更正并告知病人及家属。因此，对苏某斌提交的出院记录的真实性、客观性不予认可，不予采信。据此，依据该出院记录及其他检材做出的鉴定结论亦不具有真实性、客观性，亦不予采信。

【无罪判例6】朱某犯故意伤害罪再审刑事附带民事判决书——（2013）赣刑再终字第3号

本院认为，认定被告人朱某是否有罪的证据为三份不同的法医鉴定……南昌市中级人民法院2004（SH）鉴定第157号鉴定书认定熊某伤情为轻伤甲级的鉴定不符合赣法（技）发（1990）8号文件《人体损伤分级鉴定标准（试行）》第三十三条关于评定损伤程度一般在损伤三个月后进行的有关规定，经查，该次鉴定是在事发后15日内作出的，且参与鉴定的法医有违法行为，该鉴定结论依法不予采信。北京华夏物证鉴定中心“（2005）书证字第111号”《司法鉴定书证审查意见书》审查的鉴定材料不全，江西医学院第一附属医院的二次活体鉴定材料和（2005）赣省市公检法医联鉴字第01号联合鉴定书未被送检，未对熊某作活体检验，由于再审被告人朱某申诉，北京华夏物证鉴定中心于2011年9月28日以违反《司法鉴定程序通则（试行）》（司发通〔2001〕092号）第三十三条、第四十二条为由，撤销了该份鉴定，故该份鉴定不能再作为认定再审被告人朱某有罪的证据。（2005）赣省市公检法医联鉴字第01号联合鉴定书送检材料齐全，在作了活体检验的基础上认定熊某伤情为轻微伤甲级的理由更客观、充分，该鉴定虽然有少部分法医迫于压力，收回其意见，但整个鉴定过程合法，且该份鉴定是南昌市中级人民法院技术处委托作出的，程序合法，应予采信。原审判决和裁定认定事实错误，适用法律不当。判决再审被告人朱某无罪。

【无罪判例7】李某芳犯故意伤害罪一案刑事附带民事判决书——（2015）旬邑刑初字第00038号

经审理查明，自诉人文某艳与被告人李某芳系同村邻居、亲属，两家人曾因琐事不睦。2014年9月23日12时许，文某艳与李某芳再次因琐事在同村唐某纯家门前发生争吵，相互辱骂，并相互撕住对方头发、拳打脚踢，厮打中被告人致自诉人鼻部受伤。自诉人在旬邑县医院住院9天，被诊断为：急性闭合性颅脑损伤（轻型）、脑震荡、右眼睑挫伤、右眼外伤性球结膜下出血、鼻骨骨折、右侧面颊、鼻背部软组织损伤、左侧腰背部软组织损伤等伤，共支付医疗费4467.98元。案发后，自诉人向旬邑县公安局报案。本案在审理中，自诉人文某艳申请对其伤残等级鉴定；被告人李某芳对自诉人文某艳伤情鉴定提出异议，申请重新鉴定，本院于2015年6月3日委托咸阳市中级人民法院鉴定，咸阳市中级人民法院于2015年7月1日以自诉人无法提供受伤当时原始的X光片退回本院。经本院主持调解，双方当事人各持己见，致调解无效。

……

本院认为，自诉人文某艳与被告人李某芳因琐事产生矛盾，双方理应克制并依法解决矛盾纠纷，却相互辱骂，引发厮打。厮打中李某芳致文某艳鼻骨骨折等伤，因文某艳鼻骨骨折不符合《人体损伤程度鉴定标准》相关规定，故自诉人文某艳指控被告人李某芳犯故意伤害罪证据不足，指控罪名不能成立，应依法宣告李某芳无罪。

【无罪判例8】宋某维故意伤害一审刑事判决书——（2016）鄂2822刑初124号

湖北同济法医学司法鉴定中心〔2016〕法医临床L0323号法医学鉴定意见书及关于王某法医鉴定的补充说明，存在法医学鉴定意见书引用的“同济医院2016年3月28日门诊病历”缺失……湖北同济法医学司法鉴定中心关于王某法医鉴定的补充说明未有原鉴定人签名等缺陷，故本院对该法医学鉴定意见书及法医鉴定补充说明不予确认。

本院认为，公诉机关指控被告人宋某维在互殴中拳击王某头部，致其左眼受伤的事实清楚，证据确实、充分，本院予以确认；但公诉机关指控被告人宋某维的前述行为致王某左眼视神经挫伤，VEP视力小于0.02，损伤程度为重伤二级的事实，缺乏有证明力的法医鉴定予以证实，对该部分指控本院不予确认。被告人及其辩护人对法医学鉴定意见书及法医鉴定补充说明提出异议的理由成立，本院予以采纳。辩护人提出公诉机关指控被告人宋某维故意伤害王某左眼致其重伤二级的证据不足，应宣告宋某维无罪的辩护意见，有事实和法律依据，本院予以采纳。

【无罪判例9】赵某某故意伤害案一审刑事判决书——（2013）青刑重字第5号

……2. 根据《公安部关于公安机关鉴定机构加挂“司法鉴定中心”称谓的通知》要求，只有加挂“公安司法鉴定中心”的机构才有权开展司法鉴定工作，在鉴定材料中签名的鉴定人资格也没有体现。

【无罪判例10】刘某某故意伤害罪一审刑事附带民事判决书——（2012）磁刑初字第102号

本院认为……从鉴定实体方面从现有证据来看，为受害人最初治疗的临漳县中医院住院记录和临漳县临漳中心卫生院病历均未载明受害人左耳鼓膜穿孔，受害人在前期治疗过程中也未向主治医师提出过耳部不适，医师也未对其行耳科检查，经临漳县公安局法医查体仅见左耳前见有擦伤，并未发现有耳膜穿孔，经法医鉴定为轻微伤。河北医科大学法医鉴定中心所出具的对受害人轻伤的鉴定结论，所依据的是在2001年7~8月受害人先后到邯郸市公安局法医医院会诊其左耳鼓膜紧张部后下约绿豆大小圆形穿孔，无充血、渗出，边缘光滑；石家庄市白求恩国际和平医院检查，其左耳道通畅，鼓膜紧张部大穿孔，无脓性分泌物；河北医科大学附属第二医院门诊检查，其左鼓膜充血大穿孔，下壁可见血痂等，河北医科大学法医鉴定中心将上述诊断治疗情况作为鉴定依据，并分析倾向于外伤性，鉴定结论是轻伤，但上述伤情的出现鉴定机关未能作合理性解释，其中，目前邯郸市公安局法医医院和石家庄白求恩国际和平医院无法提供相应的诊断病例资料，显然无法形成证据链条，缺乏合理性排除。另从鉴定程序上看，在案件侦查期间，虽然鉴定机关（河北医科大学法医鉴定中心）为受害人出具了伤情为轻伤的鉴定，但根据《河北省人民政府关于指定首批承担人身伤害医学重新鉴定和精神病鉴定医院的通知》，河北医科大学法医鉴定中心不是河北省人民政府指定重新鉴定医院，且该鉴定书（复制件）没有鉴定人签名，同时依据《刑事诉讼法》（1996年）第一百二十条①之规定，“鉴定人进行鉴定后，应当写出鉴定结论，并且签名。对人身伤害的医学鉴定有争议需要重新鉴定或者对精神病的医学鉴定，由省级人民政府指定的医院进行。鉴定人进行鉴定后，应当写出鉴定结论，

① 2018年修正《刑事诉讼法》第一百四十七条，略有删改。

并且由鉴定人签名，医院加盖公章”。因此，河北医科大学法医鉴定中心出具的鉴定程序不合法，且该鉴定机构（河北医科大学法医鉴定中心）已明确表示，所出具的鉴定不能直接作为鉴定结论证据使用在庭审中，公诉机关和受害人当庭未提出重新鉴定的请求，故综合认为本案受害人伤情构成轻伤的事实不清、证据不足，公诉机关指控被告人刘某某的犯罪不能成立。

【无罪判例11】赵某某故意伤害案一审刑事判决书——（2013）青刑重字第5号

……

3. 送检的材料来源不合法，作为主要鉴定依据的2011年10月19日（C243950号）CT片，是被害人出院后10多天在潍坊益都中心医院简易门诊做出并送交公安机关的。被害人出院后是否受到其他伤害、该次鉴定结果是否与本案被告人的侵害行为具有因果关系、是否为被害人的CT片均存在疑问。对此本院经审理认为，首先，青公（2011）伤鉴字第1252号《青州市公安局物证鉴定室法医学人体损伤程度鉴定书》的主要依据是2011年10月19日（C243950号）CT片，该CT片系被害人向鉴定机构提供，是否确系本人所作CT存在合理怀疑。为排除该合理怀疑，经当庭询问，被告人赵某某同意对被害人伤情做重新鉴定，但被害人明确表示不予配合。其次，北京法源司法科学证据鉴定中心作出的鉴定意见虽然确认2011年10月8日与10月19日胸部CT片符合同一人胸部CT片的影像学特征，但10月3日X光片因缺乏对比条件，无法与送检的胸部CT片进行同一人对比。因被害人拒不配合重新鉴定，无法确定上述两CT片系杨某某本人所作。……且公安机关鉴定所依据的专家会诊意见中，存在被邀请专家与签名专家不一致的瑕疵。《刑事诉讼法》（2012年）第五十三条第二款①规定：“证据确实、充分，应当符合以下条件：（一）定罪量刑的事实都有证据证明；（二）据以定案的证据均经法定程序查证属实；（三）综合全案证据，对所认定事实已排除合理怀疑。”按照上述证明标准，本案证据没有形成完整的证据链条，尚达不到确实、充分的证明标准，无法排除合理怀疑。因此，公诉机关关于被告人赵某某涉嫌故意伤害罪的指控证据不足，本院不予支持。

---

① 2018年修正《刑事诉讼法》第五十五条第二款。

【无罪判例 12】杜某珍故意伤害一案刑事附带民事判决书——（2016）辽 1422 刑初 222 号

……

第三，本案被害人张某香的轻伤鉴定结论是依据 2013 年 10 月 30 日建昌县人民医院二部的 DR 片和鉴定时复核的葫芦岛市中心医院颈椎三维 CT，不是依据案发后首次 CR 报告单的检查结论，其送检材料缺乏全面性，该鉴定结论，无法排除合理怀疑。

【无罪判例 13】刘某辉故意伤害一审刑事判决书——（2017）赣 0828 刑初 56 号

本院认为……（2）江西神州司法鉴定中心的鉴定意见认定自诉人内侧半月板撕裂与 2016 年 2 月 23 日外伤具有关联存在时间上的矛盾，不能采信，鉴定人未认真审查检材时间记载上的失误，在鉴定时摘抄万安县人民医院门诊病历记载“2016 年 2 月 16 日被人用器具打伤”，却得出与 2016 年 2 月 23 日外伤具有关联的结果，影响了该鉴定意见的真实性。（3）自诉人被被告人刘某辉“踹倒”的证据不足。……

综上所述，自诉人吴某指控被告人刘某辉犯故意伤害罪的证据不足，不能认定被告人刘某辉有罪，其指控的犯罪不能成立，本院不予支持。

【无罪判例 14】郤某乙故意伤害罪一审刑事附带民事判决书——（2016）鄂 0881 刑初字 17 号

关于被告人郤某乙的辩护人提出，本案先后四次鉴定，适用标准各异，鉴定相互矛盾，湖北三真司法鉴定中心的鉴定……三是将崔某乙所受伤确定为 2013 年 2 月 8 日，超出了鉴定范围，其鉴定存在重大瑕疵。经查，本案先后四次鉴定，是根据案件的需要和当事人的申请作出的。关于湖北三真司法鉴定中心鉴定，崔某乙 2013 年 2 月 8 日纠纷中所受伤构成轻伤一级的鉴定意见，其鉴定人王某甲出庭时陈述，对时间作出的鉴定是应委托请求作出的。经查，钟祥市公安局重新鉴定聘请书证实，钟祥市公安局委托事项为：对崔某乙的人体损伤程度进行重新鉴定，钟祥市公安局委托事项中并没有委托对崔某乙的受伤时间进行鉴定，湖北三真司法鉴定中心对崔某乙的受伤时间进行鉴定，超出了委托范围，且鉴定人在出庭时未能说明是如何确定崔某乙的受伤时间。湖北三真司法鉴定中心的鉴定存在瑕疵，被告人郤某乙的辩护人提出的辩护意见成立，本院予以采纳。

规则7：鉴定书援引的病志已被修改，鉴定意见不能作为定案根据

【规则分析】一份具备证据属性可以作为定案依据的鉴定书其必定内容真实、可信。而如果成立鉴定意见的基础——病志等诊断结果是不可靠的，该鉴定意见也必定不可靠。即鉴定依据的根本性错误可以使鉴定意见不能作为定案依据。这就提醒了故意伤害罪的辩护方在审查被害人伤情所依据的证据时，不仅要审查该证据本身，还要注意关键证据形成的基础是否可靠。此规则下的判例即由于鉴定意见所依据的病志被出具其的医院修改并丢弃，导致不能作为定案依据。

【无罪判例】孙某某故意伤害重审刑事判决书——（2014）清刑初字第00007号

辩护人辩称：公诉机关指控被告人孙某某犯故意伤害罪的事实不清，证据不足，应判无罪，理由是：（1）被害人杨某某的陈述不能证明被告人孙某某实施了造成其肋骨骨折的伤害行为。（2）中国医科大学法医司法鉴定中心（2012）临鉴字第746号关于被害人杨某某伤情为轻伤的司法鉴定意见书不能作为定案依据。其援引的清原满族自治县中医院的1201705号病志系伪造，且存在两份同号不同结论的关于被害人杨某某肋骨骨折的清原满族自治县中医院4903号CR报告。……

本院认为，公诉机关指控被告人孙某某犯故意伤害罪，从证据上看，中国医科大学法医司法鉴定中心（2012）临鉴字第746号司法鉴定意见书的鉴定意见是杨某某肋骨骨折的损伤程度为轻伤，该份鉴定意见书在病例摘录和分析说明中分别引用和依据了清原满族自治县中医院修改并丢弃的1201705号病志，而该份修改后的病志不能客观反映杨某某住院期间的真实情况和诊断结果，据此而得出的轻伤鉴定意见本院不予采纳。故本院认为，公诉机关指控被告人孙某某犯故意伤害罪的事实不清，证据不足，不予支持。

规则8：医院诊断结果与鉴定书援引的报告单不一致

【规则分析】医院诊断结果作为鉴定意见的依据，其必须完整、真实、可信，并且前后应当具有同一性，这是对鉴定检材的要求。鉴定书内容与其所依据的诊断结果有不相符之处会导致鉴定书的重要来源环节被抽空，从而导致缺乏鉴定书成立的重要基础。从本规则下的案例来看，导致缺乏同一性的情节可大可小，甚至是文件上的单号、某一细节性内容的不相符，都有可能成为推翻鉴定书的依据。因此，进行审查时要尽可能地细致比对，才能发现其中的瑕疵。

【无罪判例 1】高某故意伤害罪一审刑事判决书——（2015）长刑初字第 23 号

本院认为，公诉机关出示的被告人供述、被害人陈述及证人证言能够证实被告人高某与被害人刘某甲发生打斗，高某将刘某甲打伤的事实，根据河北省公安厅公冀刑鉴法医损伤字（2010）第 284 号法医损伤检验鉴定书的鉴定结论，刘某甲的损伤属于轻伤。辩护人提出对检验鉴定书有异议：（1）CT 报告单单号不符；（2）CT 报告单结论和鉴定书中引用的内容不一致；（3）法院调取的 CT 报告单和鉴定书引用的 CT 报告单出具日期不一致。故法院依法通知鉴定人出庭作证，但鉴定人未出庭，鉴定机构出具情况说明：鉴定人王某丁已去世，鉴定人安某已退休，因病无法出庭。本院认为，法医损伤检验鉴定书存在辩护人提出的瑕疵，而鉴定人经通知未到庭作证，故检验鉴定书不能作为定案的依据。公诉机关指控被告人高某的行为构成故意伤害罪，证据不足，本院不予支持。

【无罪判例 2】景某甲故意伤害案一审刑事附带民事判决书——（2016）陕 0322 刑初 39 号

本院认为，自诉人景某某指控被告人景某甲犯故意伤害罪所提供的证据不能达到确实、充分的证明标准，由住院诊断证明、病历资料、拍片报告看，医疗资料上均无骨折诊断，法医鉴定时指定拍片报告上亦无骨折报告，法医鉴定与医院诊断明显不符，故本院对自诉人提供的宝鸡中园司法鉴定所的轻伤鉴定结论不予以采信。自诉人指控被告犯故意伤害罪的请求证据不足，指控的犯罪不能成立，本院依法不予支持。

规则 9：鉴定检材系伪造，该鉴定不能作为定案依据

【规则分析】鉴定检材系鉴定意见的基础，一旦检材造假，将会直接击垮鉴定意见存在的基础。此辩点之下的判例则是由于鉴定检材造假导致检材缺乏

真实性，进而导致鉴定意见被排除。具体的鉴定检材伪造的情节，例如，判例1中的检材CT片系他人冒用被害人姓名所拍摄，是为了假冒以加重被害人伤情；判例2中则是诊断病例内容并非签字医师书写，无法确定其真实性。关于检材伪造的方法在实践当中情节各异，应当依具体情形分别对待。

【无罪判例1】杨某干、刘某群故意伤害再审刑事判决书——（2017）浙03刑再2号

经再审查明：

……2. 2014年2月28日，徐某3在温州市人民医院住院治疗时所拍摄的CT片未显示其肋骨骨折。后徐某3等人用他人顶替、冒用其名的方法先后于3月11日、14日到温州市中心医院、温州医科大学附属第二医院拍摄肋骨多发骨折的CT片，作为其伤势鉴定的检材，提交给温州市公安局鹿城区分局物证鉴定室进行伤势鉴定。3月25日，温州市公安局鹿城区分局物证鉴定室依据上述CT片出具“被鉴定人徐某3左头顶部1.8cm缝合创及右侧第5、6肋骨骨折，该伤势应评定为轻伤二级”的鉴定意见。2016年4月23日，徐某3在温州医科大学附属第一医院所拍摄的CT片显示左侧11、12肋改变，陈旧骨折可能。经温州市人民检察院司法鉴定中心检验，2014年2月28日片符合徐某3本人片特点，2014年3月11日、14日片符合同一人片特点，但非徐某3本人片。……

综上所述，原裁判认定原审被告人杨某干、刘某群等人殴打徐某3的事实清楚，证据确实、充分。但现有新的证据证实2014年3月11日、14日的CT片系他人冒用徐某3的名字拍摄的，以此CT片为检材而作出的（鹿）公（物）鉴（伤）字（2014）266号法医学人体损伤程度鉴定书不能作为定案的证据。徐某3并不存在右侧第5、6根肋骨骨折的伤情，其伤势程度（左头顶部1.8cm缝合创）不构成轻伤。

本院认为，原裁判认定原审被害人徐某3的伤势为轻伤的事实错误，判决的罪名不成立，原审被告人杨某干、刘某群等人的行为不构成犯罪，依法应予改判纠正。检、辩双方要求撤销原裁判，宣告无罪的意见成立，均予以采纳。

【无罪判例2】邹某故意伤害一审刑事判决书——（2016）鄂0107刑初226号

……

2. 第6份病历即2015年7月15日的病历，经本院向武汉市普仁医院核实，该院表示无法确认、核实其内容的真实性及完整性；公诉机关未向病历书写者陈某2医师本人核实病历复印件的真实性或以其他方式确认为真实，故不作为定案的根据。

3. 第7份病历即2015年8月11日的病历，经本院向张某2医师及武汉市普仁医院核实，此份病历非张某2医师或该院其他医师书写，此份病历经确认为不真实，故不作为定案的根据。

综上所述，第1～5份病历依法可以作为定案的根据；第6、7份病历依法不作为定案的根据。

规则10：鉴定书缺乏专业分析支持，不能作为定案依据

【规则分析】故意伤害罪中被害人的伤情问题属于审判中与专业知识相关的问题，必须以专业知识为支撑。如果鉴定书中缺乏专业常识的支持，便会使鉴定书内容被抽空，缺乏专业支撑，不具备证据效力。因此，辩护方在针对鉴定书进行辩护时也应当了解相应的专业知识，必要时应当要求鉴定书的出具机构作出相应解释，否则可以提请法官该鉴定书应不予采信。

【无罪判例】王某某、缪某某、周某某故意伤害二审刑事附带民事判决书——（2014）承刑终字第00217号

关于原判决认定王某某、周某某、缪某某犯故意伤害罪，本院认为，鹰手营子矿区司法鉴定中心对孟某某、于某某所作的轻伤鉴定意见，没有鉴定结论赖以成立的分析理由，程序上不符合相关专业的规范要求；没有司法医学鉴定的专业常识支持，尤其是鉴定人在出庭作证时陈述影像学资料如果符合外伤所致，片子上不会有表现；与司法医学鉴定的专业常识相悖。因此，该鉴定意见不具备刑事诉讼的证据效力，本院不予采信。北京明正司法鉴定中心对孟某某、于某某的鉴定意见，对孟某某、于某某的病历和影像学资料进行了认真的分析研究。其结论认为孟某某的颈椎、腰椎间盘突出系自身生理病理性改变，无直接外伤表现，与外伤无因果关系；认为于某某不存在外伤性颈椎间盘突出；符合本案事实和司法医学的常识。其鉴定程序符合法律规定，本院予以采纳。王某某、缪某某上诉原判决据以定罪量刑的损伤鉴定不符合法律规定的理由，本院予以支持。原判决认定王某某、周某某、缪某某犯故意伤害罪，不符合《刑法》第二百三十四条规定的故意伤害罪的构成要件，予以纠正。

规则 11：鉴定书内容无法排除合理怀疑，不能认定被告人有罪

【规则分析】排除合理怀疑是我国《刑事诉讼法》规定的构罪标准，在故意伤害案件中，关于被害人的伤情究竟是如何构成的证明应当达到排除合理怀疑的标准，其中重要证据便是鉴定意见。但是实践中一些鉴定意见只做了伤害结果的等级鉴定，并不能证明该伤害结果的具体构成原因，从而导致被害人的致伤原因不能排除合理怀疑。例如，判例 1 中鉴定书就未对致伤原因做法医学分析而导致无法排除合理怀疑，因此不能认定被告人有罪。

【无罪判例 1】王某故意伤害案一审刑事附带民事判决书——（2014）勉刑初字第 00079 号

本院认为，《刑事诉讼法》（2012 年）第四十九条①规定：公诉案件中被告人有罪的举证责任由人民检察院承担，自诉案件中被告人有罪的举证责任由自诉人承担。本案系自诉案件，被告人有罪及应承担民事赔偿的举证责任应由自诉人樊某承担。自诉人就受害事实，提交有勉县公安局温泉派出所在事发后分别对自诉人、被告人以及证人戚某安、关某庆作的询问笔录。以上笔录的真实性被告人并无异议，故本院结合自诉人的当庭陈述和被告人的当庭辩解，对损害发生的原因、经过和后果予以确认。自诉人欲证实被告人有罪的主要证据为勉县公安司法鉴定中心出具的（2012）042 号人体损伤程度鉴定书，自诉人欲以此证实其被王某咬伤后的伤情为轻伤。该伤残程度鉴定书的分析意见在表述了自诉人樊某于侵害发生后就医的“右环指咬伤”诊断后，遂“依据《人体轻伤鉴定标准（试行）》第二十三条之规定，其右环指咬伤致右手第 4 指远节指骨撕脱骨折构成轻伤”这一分析，即得出“樊某右手环指咬伤属轻伤”的伤情

① 2018 年修正《刑事诉讼法》第五十一条。

结论。从樊某右手环指“咬伤”之症状到鉴定为“轻伤”伤情，期间的渐进过程为：①咬伤$\xrightarrow{\text{（如何导致）}}$②指骨撕脱骨折$\xrightarrow{\text{（只有具有）}}$③试行标准第二十三条第三项中“轻度痉挛、畸形、关节活动受限或者侧方不稳”$\xrightarrow{\text{（方才构成）}}$④轻伤。“右环指咬伤”系樊某在侵害发生后的当天即2012年3月8日就诊时医生根据其“右环指指甲脱落”之症状作出的诊断；而其“右手第4指远节指骨撕脱骨折”是其在同年4月11日的诊断，之间相隔34天。樊某受伤后至4月11日期间，并没有在医院连续观察治疗同一伤势，而是一直自由活动。自诉人在这期间的活动、劳动甚至运动等外力对伤情有无影响，目前的证据不能排除。在这间隔的时间内，有无其他外力作用或作用的大小，以及“咬伤”如何导致“撕脱骨折”，该鉴定书均未做任何法医学分析和说明。该鉴定书没有论证说明“咬伤”症状与构成“轻伤”之间排他的联系过程，也未对之间必然的因果关系进行法医学分析，即断然认为樊某“右手环指咬伤属轻伤”。该表述显然不严谨，其结论并不科学，也不客观。综上所述，因该鉴定书缺乏科学性、客观性，本院不予采信，其鉴定结论本院不予确认。辩护人就鉴定书的辩护意见成立，本院予以采纳。据此，自诉人樊某指控被告人王某犯故意伤害罪的证据不足，指控的犯罪不能成立。被告人就其无罪的辩解和辩护人无罪的辩护意见成立，本院予以采纳。

【无罪判例2】自诉人卜先某诉被告人马小某故意伤害一案一审刑事附带民事判决书——（2014）汉滨刑初字第00132号

本院认为，自诉人卜先某受伤后在安康市中医医院住院治疗过程中，安康市中医医院仅对自诉人卜先某的左眼伤口清创缝合和注射破伤风疫苗，未对自诉人的左眼眼底进行检查，且自诉人卜先某在2014年2月2日出院时左眼肿胀明显减轻；而自诉人卜先某2014年3月12日在安康市中心医院的检查结果是双眼轴延长、双眼晶状体混浊、左眼视网膜脱离（完全性）；自诉人左眼视网膜脱离时间距离其2014年1月29日左眼被打伤时间相隔41天，而西北政法大学司法鉴定中心在自诉人卜先某未能提供证据证实其左眼眼底在2014年1月29日受到外伤打击后的当日损害程度的情况下，以自诉人在2014年3月12日后检查出的左眼视网膜脱离结论分析卜先某左眼视网膜脱离与2014年1月29日外伤之间存在因果关系，外伤为直接原因，该鉴定属间接证据，鉴定结论不足以排除合理怀疑，故对西北政法大学司法鉴定中心的西法大司鉴中心（2014）

临鉴字第0318号法医学鉴定意见书，本院不予采信。同理，对于西北政法大学司法鉴定中心的西法大司鉴中心（2014）临鉴字第0319号法医学鉴定意见书，本院亦不予采信。因此，自诉人卜先某提供的用以指控被告人马小某犯故意伤害罪的证据不足，指控的犯罪不能成立。

【无罪判例3】管某某故意伤害罪一案刑事附带民事判决书——（2015）长刑初字第267号

本院认为，被告人管某某故意伤害他人身体，并且先动手殴打自诉人王某甲，致自诉人王某甲上唇部软组织挫伤，胸部软组织挫伤，给自诉人暨附带民事诉讼原告人王某甲造成物质损失，被告人管某某应承担大部分民事赔偿责任。自诉人暨附带民事诉讼原告人王某甲认为其轻伤二级系被告人管某某所致，并且提供了长岭县公安局、松原市公安司法鉴定中心的鉴定意见及吉林正达司法鉴定中心鉴定两份意见予以证明，但上述鉴定意见均未排除其他一切可能性，也未得出其轻伤系2014年3月6日打架过程中系被告人管某某所致的唯一性。故自诉人暨附带民事诉讼原告人王某甲要求被告人管某某承担刑事责任的请求，本院不予支持。

【无罪判例4】李某故意伤害一审刑事判决书——（2017）鲁1525刑初45号

首先，被害人孙某的轻伤鉴定虽经补证，仍有异议。

孙某的右手食指、中指远指节骨折，是由于当时的医生疏忽，DX片不清晰未看清楚造成的，于2014年12月14日孙某又在冠县人民医院做CT、15日再次在冠县中心医院做CT，可以说明右手食指、中指远指节骨折。被告人李某及其辩护人对其鉴定结论有异议，被害人孙某一直照顾住院的岳母，又未住院治疗，无法排除再次造成伤害，本院应准许被告人提起重新鉴定的主张，纠正鉴定过程中存在的问题。被害人孙某不予配合，无法证实孙某的伤情构成轻伤的真实性，不能作为定案依据。

【无罪判例5】周某皇故意伤害罪一审刑事判决书——（2016）湘0624刑初422号

本院认为，公诉机关指控被告人周某皇犯故意伤害罪，控辩双方对故意伤害的事实并无异议，争议的焦点主要是证明达到轻伤标准的证据是否确实、充分。被告人周某皇及其辩护人以洞庭司法鉴定所作出的鉴定意见没有分析存留异物是否造成器官结构、功能轻度损害，认定受害人构成轻伤依据不足为由，提出重新鉴定申请，湖南省人民医院司法鉴定中心、中山大学法医鉴定中心出具的复函及不予受理函均能证明，被害人陈某的伤情是否构成轻伤存在争议，故轻伤结论并不是唯一与排他的，对该份存疑鉴定意见，本院不予采信。故公诉机关指控被告人周某皇犯故意伤害的证据不足，其指控的罪名不能成立，应当宣告被告人周某皇无罪。

【无罪判例 6】邹某故意伤害一审刑事判决书——（2016）鄂 0107 刑初 226 号

……

3. 关于武汉市青山区人民检察院委托湖北中真司法鉴定所协和法医司法鉴定室于 2016 年 12 月 21 日作出的鄂中司协鉴〔2016〕法鉴字第 1237 号鉴定意见书能否作为本案定案的根据问题。

依照《最高人民法院关于适用〈中华人民共和国刑事诉讼法〉的解释》第一百零四条第三款的规定：证据之间具有内在联系，共同指向同一待证事实，不存在无法排除的矛盾和无法解释的疑问的，才能作为定案的根据。刘某的损伤是否具有影响其右拇指指间关节功能障碍的损伤基础，其右手拇指指间关节的实际屈曲数是多少，是判断其伤情是否构成轻伤的关键问题，鉴定意见书是本案的关键证据。

……

此份鉴定意见书是以刘某的右拇指伤后合并感染，因感染、炎症导致右手指间关节处软组织（如肌肉组织）粘连作为损伤基础，指间关活动为 30 ~ 40 度，作为认定构成轻伤二级的依据。有专门知识的人张某 1 认为其病历及照片均未记载或显示伤口有明显重度感染及对应处理措施，未见伤口感染后遗体征发现，伤疤未见隆起及挛缩改变、指间关节未见膨大及萎缩等外伤性改变；其损伤不具有影响其指间关节功能障碍的损伤基础；其右拇指指间关节的屈曲大于 40 度。司法鉴定科学技术研究所司法鉴定中心的法医师夏某 2、高某均认为其指间关节没有僵硬粘连，目前瘢痕情况不具有影响其指间关节功能障碍的损伤基础；其右拇指指间关节的屈某曾达到60度或在60度以上。

综上所述，鉴于刘某在重新鉴定时不能配合进行体格检查，有专门知识的人张某1的意见、证人夏某2、高某的证言与此份鉴定意见书存在无法排除矛盾和无法解释的疑问，故此份鉴定意见书依法不能作为定案的根据。

【无罪判例7】刘某某等五人故意伤害案二审刑事判决书——（2015）宁刑终字第46号

宣判后，原审被告人徐某甲不服，以其与同案没有共同犯罪的主观故意和客观行为，案发现场监控录像画面显示，是被害人首先持啤酒瓶砸了自己的脸且将所戴眼镜砸落在地，等其找到眼镜后只是走过去看其他同案殴打被害人，自己并没有殴打行为，因此，一审法院以四名同案的供述及证人闫某某的证言即认定其殴打被害人，系轻信口供，证据不足，请求改判其无罪为由，提出上诉。其辩护人除了提出与其上诉理由相同的辩护意见外，还提出徐某甲挥拳打被害人的行为属于正当防卫的辩护意见。

经查，原判采信的青海正信司法鉴定所司法鉴定意见书证明，被害人李某系腹部刀刺伤、结肠破裂修补术后，损伤程度属重伤二级。二审时，经向本案鉴定机关的两名鉴定人进行核实，证实其所做的是伤情鉴定而非致伤方式和致伤物的鉴定，而公安机关的伤情检验鉴定委托书所述简要案情称用刀捅伤，故鉴定机关做出了刀刺伤的鉴定意见，但根据本案实际情况，也无法排除啤酒瓶破裂后形成的尖锐玻璃茬口在捅刺后也能够造成被害人这种伤情。鉴定人认为，被害人的伤情应该是“锐器刺伤”更为准确。结合被害人住院时的医院诊断证明患者系锐器致伤左侧腰背部及头颅，以及本案各被告人及现场证人均证实未发现现场有谁带刀子。为此，原判认定被害人伤情系刀刺伤，实属证据不足。

本院认为，原审被告人刘某某、齐某、段某、冯某故意伤害他人身体，致人重伤，四被告人的行为均已构成故意伤害罪，应予惩处。但原判认定上诉人徐某甲故意伤害他人证据不足，应当宣告其无罪。

【无罪判例8】宋某维故意伤害一审刑事判决书——（2016）鄂2822刑初124号

湖北同济法医学司法鉴定中心〔2016〕法医临床L0323号法医学鉴定意见

书及关于王某法医鉴定的补充说明，存在法医学鉴定意见书引用的“同济医院2016年3月28日门诊病历”缺失，未对王某左眼VEP视力小于0.02是宋某维打击所致，还是恩施州中心医院诊断的左眼视神经疾患所致作充分论证说明，湖北同济法医学司法鉴定中心关于王某法医鉴定的补充说明未有原鉴定人签名等缺陷；故本院对该法医学鉴定意见书及法医鉴定补充说明不予确认。

本院认为，公诉机关指控被告人宋某维在互殴中拳击王某头部，致其左眼受伤的事实清楚，证据确实充分，本院予以确认；但公诉机关指控被告人宋某维的前述行为致王某左眼视神经挫伤，VEP视力小于0.02，损伤程度为重伤二级的事实，缺乏有证明力的法医鉴定予以证实，对该部分指控本院不予确认。被告人及其辩护人对法医学鉴定意见书及法医鉴定补充说明提出异议的理由成立，本院予以采纳。辩护人提出公诉机关指控被告人宋某维故意伤害王某左眼致其重伤二级的证据不足，应宣告宋某维无罪的辩护意见，有事实和法律依据，本院予以采纳。

【无罪判例9】陈某甲故意伤害罪一审刑事判决书——（2013）启刑自初字第0002号

本院认为，自诉人陈某3与被告人陈某甲纠缠扭打事实存在，在纠缠扭打的过程中，被告人用手掰自诉人左手手指，有自诉人的陈述笔录，证人证言笔录等证据证实，本院予以确认。被告人辩解没有用手掰自诉人左手手指，与本院查明的事实不符，本院不予采信。自诉人被被告人掰左手手指后，在逃跑过程中向前跌倒在地的事实，有自诉人的陈述笔录，被告人的相应笔录、证人证言笔录等证据证实，本院予以确认。根据启东市公安局物证鉴定室及南通大学附属医院司法鉴定所鉴定意见，自诉人损伤程度评定为轻伤，被告人掰自诉人左手及自诉人在逃跑过程中向前跌倒在地的行为均有可能是自诉人构成轻伤的原因，本院认为，自诉人指控被告人掰其左手致其轻伤不具有唯一性，要求追究被告人陈某甲故意伤害罪的证据尚不充分，自诉人及其诉讼代理人提出的被告人构成故意伤害罪的意见，本院碍难支持。辩护人提出的被告人构成故意伤害罪证据不足的辩护意见，本院予以采纳。

【无罪判例10】冯某故意伤害罪一审刑事判决书——（2014）密刑初字第32号

本院认为，被告人冯某因退租房押金问题与王某发生口角后互殴，被害人陈述其右手拇指被冯某撅伤，被告人冯某始终否认是其所为。本案唯一证人郑某只能证明被告人和被害人之间互殴，但不能证明双方具体致伤经过。法大法庭科学技术鉴定研究所出具的意见书意见为被害人右手第1掌骨骨折系他人撅伤的可能性小，在击打他人过程中，如第1掌骨受到轴向传导暴力，则形成此类骨折的可能性大。本案现有证据不能证明被害人右手第1掌骨骨折是被告人冯某所致，故公诉机关指控被告人冯某犯故意伤害罪的事实不清、证据不足，指控犯罪不能成立，应宣告被告人冯某无罪。

【无罪判例11】龚某某故意伤害一案一审刑事附带民事判决书——（2014）顺庆刑初字第149号

本院认为，根据现有证据，能够认定凌某某与龚某某于2012年11月23日8时左右，因开关学校电闸的事在渔溪乡小学门口发生口角和相互抓扯、扭打，致双方身体损伤并分别就诊治疗的事实成立。关于凌某某提出“龚某某在2012年11月23日殴打自己致自己肋骨骨折并造成自己脑萎缩、肺部纤维灶、肝部囊肿及心脏病变等后遗症，构成重伤，应以故意伤害罪追究龚某某刑事责任”的意见，本院认为，凌某某坚持诉称其损伤程度应为重伤，但目前没有证据支持其身体所受损伤的损伤程度构成重伤，也没有证据能够证实其所诉称的脑萎缩、肺部纤维灶、肝部囊肿及心脏病变等病症系2012年11月23日与龚某某发生的抓扯扭打所致。凌某某于抓扯发生当日即2012年11月23日19时30分到南充市中心医院治疗，住院24天，在住院期间及出院后多次DR影像学诊断、CT诊断检查，其双侧肋骨均未见明显错移位性骨折，至2013年1月31日，南充市中心医院CT诊断查出凌某某左侧第3~6根肋骨及右侧第5、6根肋骨前支陈旧性骨折，期间间隔两个多月，不能排除其2012年11月23日至2013年1月31日或2012年11月23日之前其他外伤史的可能。虽然其肋骨骨折之伤经四川华大司法鉴定所鉴定为轻伤，但四川华大司法鉴定所的鉴定意见也明确指出如无法排除2012年11月23日至2013年1月31日其他外伤史可能，则不宜予以相应损伤程度评定。依据现有证据无法得出凌某某的肋骨骨折就是2012年11

月23日与龚某某发生的抓扯扭打所致这一唯一结论，故认定龚某某犯故意伤害罪证据不足，对凌某某要求以故意伤害罪追究龚某某刑事责任的诉讼请求，本院不予支持。

【无罪判例12】刘某某故意伤害罪一审刑事附带民事判决书——（2013）辛刑初字第201号

被告人刘某某辩称，2013年5月3日上午，我到某村委会买楼时听到外面吵吵出来，看到杨某某和段某甲在骂，我问她骂什么，杨某某过来抓我，我用书包抡了一下，可能抡到了杨某某的头部，她的伤不是我造成的，我不同意赔偿她的损失。

辩护人辩护意见：公诉机关指控被告人刘某某犯故意伤害罪证据不足，被告人无罪。（1）公诉机关出具的证据不能证实刘某某对被害人肋骨部位进行了击打，没有证据证明受害人肋骨骨折与被告人的行为之间存在因果关系，故伤害的事实证据不足……

本院认为，被告人刘某某因其哥哥段某甲与被害人杨某某夫妇因琐事发生口角对骂而打斗，被告人刘某某用书包将被害人杨某某致右侧第2、3根肋骨骨折，经辛集司法医学鉴定中心鉴定被害人杨某某之伤为轻伤，在审理期间，被告人刘某某申请对被害人杨某某的伤情进行重新鉴定，经河北盛唐司法鉴定中心重新鉴定，无法明确杨某某胸部肋骨骨质改变与此次损伤有直接因果关系，其鼻骨骨折构成轻微伤，因该伤情不符合《刑法》第二百三十四条第一款的规定，所以被告人刘某某的行为不构成犯罪。

【无罪判例13】岳某某故意伤害刑事一审刑事判决书——（2012）洛龙法刑二初字第375号

本院认为，公诉机关指控被告人岳某某故意伤害他人身体致其轻伤的证据不足，公诉机关指控被告人岳某某犯故意伤害罪不能成立。被害人王某某与被告人岳某某发生纠纷后左膝出现不适，住院治疗，经洛阳市公安局刑事科学技术研究所鉴定，认为王某某外伤致“左膝内侧半月板后角损伤”存在，损伤程度已构成轻伤。但上海华医司法鉴定所的鉴定结论为“未见具有左膝关节半月板新鲜损伤特征”、司法鉴定科学技术研究所司法鉴定中心的鉴定结论为“本次外伤致被鉴定人王某某左膝关节半月板新鲜损伤的依据不足”。据此，认定岳某某的行为导致王某某轻伤的证据不足。被告人辩护人认为公诉机关指控岳某某开车撞伤王某某左膝关节半月板的证据不足、王某某左膝关节半月板的损伤具有其他可能性、岳某某伤害王某某的主观故意证据不足的辩护意见，与本院查明事实相符，本院予以采信。

【无罪判例 14】许某甲犯故意伤害罪一案一审刑事附带民事判决书——（2014）南刑初字第 129 号

本院认为，公诉机关指控被告人许某甲犯故意伤害罪，从犯罪的构成要件来看，本案被害人郑某甲轻伤的损害后果与被告人许某甲的挡击行为是否有因果关系，鉴定意见认为不能排除有因果关系，即现有鉴定意见不能得出被害人郑某珍在被告人许某甲挡击行为之前其牙齿是否已经存在病变，无法证实，也无法排除。即被害人郑某甲轻伤的损害后果与被告人许某甲的挡击行为是否有因果关系没有充分证据证明，没有达到刑事诉讼法要求的排除合理怀疑，得出唯一结论的证明标准，根据《刑事诉讼法》规定的“疑罪从无”的原则，应认定被告人许某甲无罪。

【无罪判例 15】武某某诉高某某故意伤害一案刑事判决书——（2014）佳刑初字第 00071 号

自诉人的诉讼代理人在庭审中向本院提交陕西榆林科正司法鉴定中心榆科司鉴（2014）临鉴字第 235 号司法鉴定意见书，证明武某某的伤情经鉴定其左手示指功能障碍，损伤程度属轻伤，伤残程度属十级。因武某某受伤后经佳县医院、榆林市第二医院住院治疗后于 2013 年 7 月 1 日出院，其伤情经佳县公安司法鉴定中心 2013 年 7 月 19 日鉴定，头面部及左手所受损伤均为轻微伤。自诉人武某某未对该鉴定结论明确提出异议或申请重新鉴定。2014 年 8 月 19 日，陕西尊尚律师事务所委托陕西榆林科正司法鉴定中心鉴定。时隔一年有余，不能排除武某某受过其他伤害，也不能确定该结论是否与本案具有直接因果关系，该鉴定的成伤时间就现有证据无法认定，故该鉴定结论本院不予认可。其为此支付的鉴定费亦不予认可。

……

本院认为，被告人高某某、附带民事原告人郭某某、郭某因琐事共同损害他人身体健康，致武某某轻微伤。虽然武某某的伤情后经陕西尊尚律师事务所委托陕西榆林科正司法鉴定中心鉴定，其左手示指功能障碍，损伤程度属轻伤，伤残程度属十级。但时隔一年有余，成伤时间无法认定。故自诉人武某某对被告人高某某的刑事指控，证据不足，不能成立。

【无罪判例16】陈某故意伤害罪一审刑事判决书——（2016）渝0151刑初128号

本院认为，被告人陈某与自诉人杨某发生纠纷进而发生抓扯属实，尽管自诉人杨某举示了重庆市铜梁区公安局物证鉴定所的鉴定结论，但自诉人杨某举示的证据不能证明其右手指伤及右肩伤系被告人直接击打所致，不排除其在拖拽水桶过程中用力过大或跌倒时触地所致，即其轻伤后果系被告人陈某所致的证据不能做到确实、充分。故自诉人杨某指控被告人陈某犯故意伤害罪，证据不足。

【无罪判例17】多某涛故意伤害一审刑事判决书——（2016）冀1081刑初23号

本院认为，公诉机关指控被告人有罪的证据，应当能够相互印证，形成完整的证据链，而本案的焦点问题在于被害人王某1“左足第五跖骨基底部骨折、左足骰骨撕脱骨折”的轻伤后果是否有确实、充分的证据证明是被告人多某涛殴打行为所致。本案中，供证之间存在多处矛盾，对专业认定问题，具有专门知识的人对案件中的专门问题作出的认定，其作出鉴定结论属于刑事诉讼证据，被害人王某1伤情成因鉴定意见的结论为“被鉴定人王某1左足第五跖骨基底部骨折、左足骰骨撕脱骨折为间接暴力所致可能性大，而疑似致伤物（木劈柴）直接打击不易形成”，故公诉机关提供的证据不能确实、充分地证明被害人王某1的轻伤损害后果系被告人多某涛击打导致，其对被告人多某涛故意伤害罪的指控，不符合故意伤害罪的构成要件，依法不能成立。

【无罪判例18】郤某乙故意伤害罪一审刑事附带民事判决书——（2016）鄂0881刑初字17号

关于崔某乙左膝关节受伤的原因，被告人郤某乙辩解与被害人陈述不一。

郤某乙的辩护人辩称，郤某乙与崔某乙在相互推拉中，郤某乙没有实施暴力行为，对崔某乙无伤害的故意，崔某乙受伤原因不明，检察院的指控事实不清，证据不足。经查，证人田某、郤某格、郤某科及附带民事原告人郤某甲的证言与陈述证实，郤某乙与崔某乙仅只有相互推拉行为。结合崔某乙在发生纠纷后的检查治疗情况，崔某乙当天对左膝关节进行检查，左膝关节未见明显异常。而在其后20多天的时间里，只对颈部和头部作过检查，直到2013年3月3日再次对左膝关节进行检查，才诊断为左膝关节胫骨内侧平台及股骨内侧髁骨挫伤，内侧半月板后角Ⅱ度损伤，髌上囊、关节腔积液及肌间隙内积液，左膝关节骨性关节炎。膝关节半月板受伤的原因有多种，崔某乙左膝关节半月板是如何受伤的原因不明，事实还清，证据不足。被告人郤某乙的辩护人提出的辩解意见成立，本院予以采纳。

【无罪判例19】张某故意伤害一审刑事判决书——（2016）粤2071刑初1567号

案发后公安人员到场询问有无人员受伤时，黄某1并未向公安人员反映其受伤，是在到达派出所后才报称受伤，而庭审调查反映公安人员到现场处置后张某与黄某1是分别先后到达派出所接受调查，在此过程中是否有其他因素导致黄某1受伤，无法排除合理怀疑。法医学人体损伤程度鉴定书分析黄某1伤情符合钝器作用形成，但是否由砖头造成未能作出分析，且病历资料及伤情照片也未反映是否有砖头所致体表伤。综上所述，本案没有充分证据证实黄某1所受伤是由张某用砖头砸伤，指控张某构成故意伤害罪的证据不足。

【无罪判例20】薛某根故意伤害罪一审刑事附带民事判决书——（2016）苏0506刑初168号

关于被告人行为与被害人受伤结果的因果关系问题。目前公诉机关提供的关于致伤方式的鉴定意见仅就凌某系从高处摔伤或摔倒后被他人身体压伤这两种致伤方式的可能性进行鉴定，该鉴定意见仅是对两种致伤方式可能的概率进行分析，不具有排他性，无法由此得出被告人薛某根推凌某的行为必然导致被害人左胫骨平台骨折这一确定的结论，故公诉机关指控被告人薛某根的伤害行为与被害人的受伤结果之间存在必然的因果关系的证据尚不充分。

【无罪判例21】何某故意伤害一审刑事判决书——（2018）冀0981刑初78号

案发后沧州科技事务司法鉴定中心对胡某的伤情做了鉴定，于2017年2月13日出具的鉴定意见书证实胡某的损伤程度为轻微伤，后被害人胡某申请重新鉴定，河北医科大学法医鉴定中心对胡某伤情又进行鉴定，于2017年4月5日出具的鉴定意见为胡某右膝前交叉韧带断裂的损伤程度属于轻伤二级，而天津市天宏物证司法所对胡某伤情成因进行了鉴定，证实胡某右膝损伤后3周时间内前交叉韧带的变化过程不是前交叉损伤的变化必然发展过程，因此不能排除完其他致伤方式及致伤因素的作用的可能性。故何某的行为不是致胡某轻伤的因素。

【无罪判例22】刘某故意伤害一审刑事判决书——（2017）湘1224刑初377号

严某1、刘某二人分别提交的轻伤鉴定是本案是否构成犯罪的关键。首先分析严某1的伤情鉴定意见，从鉴定书上记载的病历情况来看，2015年5月17日、19日严某1分别做了照片，第一次X片结论是右第4掌骨骨折、第5近节指骨骨折，这显然与客观事实不符，根据现已查明的证据，严某1的右手第5近节指骨是没有骨折的；第二次的DR片的诊断意见是右手第4掌骨斜形骨折，并没有确诊为完全骨折，且补充：请结合临床追踪复查，必要时进一步检查。这就说明第二次的诊断不具有唯一性。严某1前后两次的照片有不同，那么鉴定机构所依据的病历资料存在合理怀疑，对严某1提交的轻伤二级的鉴定，本院不予采纳。

【无罪判例23】马某民犯故意伤害罪一审刑事附带民事判决书——（2017）吉0702刑初367号

本院认为，《最高人民法院关于适用〈中华人民共和国刑事诉讼法〉的解释》第六十四条第二款规定：认定被告人有罪和对被告人从重处罚，应当适用证据确实、充分的证明标准。本案自诉人与被告人双方发生厮打事实属实，但自诉人损伤程度如何以及自诉人以前的伤情对本次损伤程度有无影响，伤情鉴定无疑是关键，而本案轻伤鉴定意见（〔2014〕329号法医学人体损伤程度鉴定书）经鉴定人出庭证实，鉴定意见中的两处轻伤都和自诉人以前的伤情有关系，自诉人以前的伤情对本次轻伤鉴定有影响，因办案单位没有提供自诉人以前的病历材料导致鉴定意见不生效，鉴定人当庭明确证实〔2014〕329 号法医学人体损伤程度鉴定书不能作为证据使用。为明确自诉人刘某 12014 年 4 月 12 日外伤后是否存在眶壁新鲜骨折，经松原市公安局宁江一分局委托，法大法庭科学技术鉴定研究所作出法大〔2016〕医鉴字第 607 号司法鉴定意见书，鉴定意见为："依据现有鉴定材料，认定被鉴定人刘某 12014 年 4 月 12 日外伤后存在双侧眶内壁新鲜骨折依据不足。"尔后，因松原市公安局宁江一分局工农派出所又提供"松原市中心医院关于刘某 12012 年外伤入院的伤情说明"等补充材料，法大法庭科学技术鉴定研究所又作出"关于刘某 1 新补充材料的初步审查意见"，法大鉴定意见先说"依据现有证据材料，认定被鉴定人刘某 1 2014 年 4 月 12 日外伤后存在双侧眶内壁新鲜骨折依据不足。"后又称该鉴定意见不能简单等同于"不存在眶内侧壁新鲜骨折"，又建议到其他国家级司法鉴定中心进行重新鉴定。到底是否存在"眶内侧壁新鲜骨折"现在没有明确的鉴定意见，加之鉴定人出庭证实原轻伤鉴定意见不能作为证据使用，双方虽有身体接触，但刘某 1 住院治疗的伤情不能确定完全是因与马某民在此起冲突中形成的，不能确定民事赔偿的范围和标准，因此，在案证据不能形成指向被告人马某民构成故意伤害罪的完整证据链，自诉人指控被告人马某民故意伤害罪的事实不清证据不足，其指控的犯罪不能成立。

【无罪判例 24】孙某某故意伤害案——（2013）沈铁刑初字第 9 号

对于被告人孙某某及其辩护人的其他辩解和辩护意见，经审查：

被害人金某某的 CR 影像诊断为左侧第 7 根肋骨可见骨折线，断端错位不明显，左侧肋骨角锐利。外科诊断为左胸腋中线第 7 肋处压痛阳性。同月 20 日经 CT 影像诊断为左胸第 6、7 根肋骨腋后线处见骨折线，第 7 根肋骨断端略移位，上述诊断对其受伤部位的描述存在矛盾之处。被告人孙某某供认其用铁扳手从正面击打的金某某，但是打在左腋下还是左肋部先后供述不一致。证人周某某、刘某某、时某某、李某、曲某某对于被告人孙某某用铁扳手打在金某某左侧肋部或腋下的具体部位的证言不一致。故无法判定被告人孙某某用铁扳手究竟打在金某某身体左侧的哪个部位。

【无罪判例 25】刘某甲、刘某乙等犯故意伤害罪再审刑事判决书——(2015)滨中刑再终字第 1 号

关于上诉人刘某甲所提“孝某珍的伤与本案无关，且滨州市第二人民医院(2008)年滨医司法鉴字 143 号《鉴定书》存在严重错误”的上诉理由，经查，一审认定上诉人刘某甲和原审被告人刘某乙、王某致被害人孝某珍腰椎体压缩性骨折，构成轻伤的犯罪事实，虽有医院治疗的相关材料及鉴定机关的鉴定意见作为证据，但这些材料中对孝某珍腰椎体压缩性骨折是新鲜还是陈旧未作表述，且关键的物证即孝某珍伤后所做的 CR 片、CT 片已丢失，无法进一步核实，故原审认定上诉人刘某甲和原审被告人刘某乙、王某构成故意伤害罪事实不清，证据不足。对此，应予纠正。上诉人刘某甲所提的该上诉理由部分成立，本院予以采纳。

【无罪判例 26】宋某某故意伤害罪二审刑事附带民事判决书——(2014)绵刑终字第 138 号

本院认为……关于宋某某右手骨折的形成原因，虽然证人马某某、张某某的证言中均提及“赵某某用砖砸宋某某，宋某某用手挡了一下，砖砸在宋某某手上”，但宋某某本人于事发当天在公安机关的询问中未提到自己右手被砸伤，仅提到“手也被扭伤了”；绵阳鼎立司法鉴定所分析认为，宋某某伤后照片可见右手背无表皮擦挫，手背无肿胀，据解剖学、法医临床实践、受伤机理及损伤演变过程分析，右手掌骨基底部粉碎性骨折受力较大，如致伤物体面粗糙，或带有轮边、棱角，触及损伤部位，其损伤应由外至内，皮肤挫擦或挫裂，周围软组织肿胀或淤血疼痛，如较大量冲击致基底部粉碎性骨折，应由内向外，出血，肿胀，疼痛等演变过程，推断宋某某右手第 5 掌骨基底部粉碎性骨折系握拳触击硬物冲击所致可能性极大。现有证据不能充分证明宋某某右手骨折系赵某某行为所致，上诉人宋某某指控赵某某构成故意伤害罪的证据不足，本院不予支持。

【无罪判例 27】丁某群故意伤害罪二审刑事判决书——(2016)苏 03 刑终 150 号

上述事实，有一审当庭宣读、出示的相关证据予以证实，二审中，上诉人丁某群和徐州市人民检察院均未提供新的证据。结合一审、二审查明的事实和证据，本案的焦点问题是高某3受伤是不是丁某群故意所致。经审理认为：

……

第三，法医学人体损伤程度鉴定意见书证实高某3的左腓骨下段骨折，构成轻伤，但未对致伤原因进行分析。高某3的妻子赵某说“高某3开始说自己的伤是崴伤的，后来才说是丁某群跺的”。高某3陈述“丁某群踢了其左脚踝上边一脚，就摔倒在摩托车上”。高某2说“那个高个脚一抬，那个矮个就摔倒了”。根据现有证据不能证明高某3的左腓骨下段骨折是踢打所致，不能排除其他原因导致高某3骨折的合理怀疑。

【无罪判例28】杜某故意伤害一审刑事判决书——（2015）柳刑初字第175号

经审理查明，2012年10月12日12时许，被告人杜某驾驶黑色江铃宝典皮卡车与被害人雒某驾驶的陕汽奥龙车在吕梁市离石区××乡××村××庄路段因占道超车问题发生争执、厮打，致雒某鼻部、嘴角流血，脸部受伤。2013年2月1日，经山西省人身伤害司法鉴定中心鉴定，结论为“被害人雒某左耳听觉丧失97分贝，损失程度为重伤。在有可靠证据证明被鉴定人伤前听力正常的情况下，可以认定其听力损伤为本次外伤所致”。后经被告人杜某申请，离石区公安局××派出所委托法大法庭科学技术鉴定研究所对雒某的伤情进行了重新鉴定。该鉴定中心2013年9月12日的鉴定意见认为“耳感音神经性聋的原因十分复杂，现有医学发展水平并不能全面阐释其病因。根据现有资料，被鉴定人雒某目前左耳感音神经性聋诊断明确，在时间上与2012年10月12日外伤的发生相对紧密，考虑应与本次外伤有关；但是，鉴于本例损伤特点以及现有医学发展水平，无法具体明确2012年10月12日外伤与伤后出现感音神经性聋两者之间的因果关系，而损伤程度鉴定要求的是损伤所致原发性病变、与损伤有直接联系的并发症，以及损伤引起的后遗症。所以，在现有鉴定条件下，不宜直接依据被鉴定人雒某左耳极度听觉障碍的重伤结果评定损伤程度”。

【无罪判例29】顾某甲、顾某锦犯故意伤害罪一审刑事判决书——(2015)淮刑初字第00594号

本院认为，自诉人顾某己当庭出示的相关言词证据存在重大矛盾，而法医学人体损伤程度鉴定书、门诊病历、伤情照片等证据也仅能证实自诉人顾某己左耳撕裂伤的伤情，但无法证实该伤的形成原因及致伤器物的性状。本案言词证据之间存在重大矛盾，且鉴定意见没有明确唯一的致伤原因，无法排除合理怀疑，故自诉人指控被告人顾某甲用碗将自己左耳砸伤的证据不足，对该指控，本院不予支持。

【无罪判例30】刘某辉故意伤害一审刑事判决书——(2018)赣0828刑初13号

本院认为，本案是刑事自诉案件，自诉人吴某起诉指控被告人刘某辉犯故意伤害罪，但未提供足以证明被告人刘某辉实施了故意伤害行为且导致了其轻伤以上伤势的相关证据，故其指控不成立，本院不予支持。理由如下：(1)根据鉴定，自诉人左膝关节内侧半月板后角破裂是其损伤程度为轻伤二级的依据。也就是说，自诉人左膝关节内侧半月板后角破裂是否被告人刘某辉故意所致是被告人刘某辉是否构成故意伤害罪的客观要件，根据自诉人提供的证据无法达到其证明目的。(2)万安县人民医院结合远程影像咨询，认为自诉人内侧半月板撕裂因半月板体积无增大，考虑为陈旧性，应与本次外伤没关系，万安阳光法医学司法鉴定所鉴定意见也认为自诉人左膝内侧半月板撕裂，考虑为陈旧性。(3)虽然江西神州司法鉴定中心鉴定意见是吴某左膝关节内侧半月板撕裂与2016年2月23日外伤具有关联，但在说明理由和鉴定人出庭作证时，都说明打是打不出该伤，半月板发生损伤是动作犹豫的情况下，有相反力量造成，被踹倒在地就有可能造成半月板撕裂，现只有自诉人本人自述时说，“被告人还用左脚踹了我右大腿一脚，然后把我推在地上”，现只有自诉人一人自述被告人踹了她右大腿一脚，没有其他证据证实，同时其述说的踹和鉴定人所描述的可能造成半月板撕裂的被踹倒在地是不同，故该鉴定认定自诉人的半月板损伤是由被告人在2月23日造成的理由不充分，且与万安阳光法医学司法鉴定相矛盾。(4)被告人是否踹倒自诉人，证据不足，自诉人的自述他仅仅是踹了其右大腿一脚，然后把她推倒，也无其他证据证明自诉人被被告人踹倒，因此，被告人踹倒自诉人证据不足。

【无罪判例31】曾某霞故意伤害罪一审刑事判决书——（2015）深福法刑初字第522号

……经查，曹某虽牙齿脱落，但照片及鉴定意见并未显示其牙齿相应的面部软组织部位有明显红肿、淤青，若曹某牙齿确为曾某霞外力击落，按照常理，应对其面部软组织造成一定影响；且曹某所述被曾某霞击伤牙齿的过程亦存在不合常理、无法合理解释的地方。视听资料、鉴定意见客观真实性高，但视听资料虽可以证实扭斗的大致过程，但无法反映曾某霞击伤曹某牙齿的关键事实；鉴定意见虽认定曹某因外力所致而牙齿脱落，但鉴定机构的回复也确认无法确定该外力是来自外部的击打之力，曾某霞所提辩解的可能性亦无法绝对排除。综上分析及理由，本院认为，现有证据尚不足以证实曹某牙齿脱落的伤害结果系由曾某霞直接击打所致，被告人曾某霞的辩解尚存可能，控罪的关键事实不清，证据不足；遵守证据裁判原则，存疑有利于被告人，应当认定被告人曾某霞击打曹某牙齿致伤的关键事实不清，证据不足，公诉机关对于该事实部分的指控，本院不予支持。

本院认为，公诉机关指控被告人曾某霞犯故意伤害罪的事实不清、证据不足，指控的犯罪不能成立，应当依法宣告被告人曾某霞无罪。

【无罪判例32】自诉人姚某某诉被告人胡某甲、易某某、胡某乙、胡某丙犯故意伤害案一审判决书——（2016）湘0221刑初43号

本院认为，故意伤害，是指故意非法伤害他人身体的行为，主观认识因素是能够意识到自己的行为会造成他人身体的伤害，这也是区别故意伤害罪和一般殴打行为的根本区别。在本案中，自诉人姚某某与被告人易某某、胡某乙、胡某丙因口角纠纷发生打斗过程中，易某某系掐住其脖子，胡某乙、胡某丙上前拉扯，并无证据证实三被告人对姚某某左脚部位进行了殴打。且自诉人姚某某在与被告人胡某甲发生交通事故后，又发生过一次交通事故造成了左脚受伤，并植入钢板了，一直未取出。本次因与三被告人发生拉扯行为摔倒在地，造成了左腿植入钢板部位第二次伤害，虽然三被告人的拉扯行为与造成姚某某本次受伤具有一定的因果关系，但鉴定意见并未对新旧伤的情况进行明确的界定和说明，而是直接将第二次伤害后的伤情进行了鉴定。

【无罪判例33】双桥区人民检察院诉被告人唐某某、李某某犯故意伤害罪一案一审判决书——（2014）双桥刑初字第376号

承德市公安局双桥分局出具的公（冀承双）鉴（法）字（2013）0634号法医学损伤检验鉴定书，分析说明中对被害人尹某某2脱落未排除其他原因所致；对右侧第2、3根肋骨骨折使用“请办案单位结合受伤部位调查情况，使用此鉴定意见”，鉴定意见不明确。此鉴定意见无法采信。

本院认为，公诉机关指控被告人唐某某、李某某犯故意伤害罪，证明被告人唐某某、李某某的行为造成被害人尹某某的损伤构成轻伤这一事实的证据不足，公诉机关指控被告人唐某某、李某某的犯罪不能成立。

【无罪判例34】薛某言故意伤害一审刑事附带民事判决书——（2016）豫0926刑初131号

本院认为，公民的人身、健康权不受他人非法侵害。行为人因过错侵害他人民事权益，应当承担侵权责任。本案系段某启、段某坡提起的自诉附带民事赔偿案件。对于自诉案件，段某启、段某坡有责任提供证据证明被告人薛某言侵犯其人身权利的行为应当依法追究刑事责任。本案中，根据查明的事实，薛某言驾驶车辆与段某启、段某坡乘坐的车辆相向行驶，因会车发生言语冲突，继而发生打斗，在这个过程中致使段某启、段某坡受伤。范县公安局以薛某言违反治安管理的相关规定，作出行政处罚决定。段某启不服提出行政诉讼，经过两级人民法院审理，均驳回段某启的诉讼请求。段某启又以濮阳市公安局物证鉴定所作出的法医学人体损伤程度的意见，认为薛某言的行为已经构成故意伤害罪，要求追究其刑事责任。本院认为，濮阳市公安局物证鉴定所作出的轻伤鉴定意见，未被公安机关采用，且在本案审理过程中，与本院委托司法鉴定科学技术研究所作出的鉴定意见又不一致，关于薛某言构成故意伤害罪的证据不足，段某启、段某坡自诉指控的罪名不能成立。

【无罪判例35】张某某、李某某犯故意伤害罪及附带民事赔偿一案再审刑事判决书——（2014）安中刑再终字第00001号

本院再审认为，从查明的事实看，张某某亦承认因考勤问题与周某某发生断打，到达现场的证人证实周某某有伤，并有医院住院病历及诊断证明相印证，打架事实清楚，对此双方均无异议。关于周某某伤情程度的鉴定结论有 3 份，包括轻伤和轻微伤两种意见，其中轻伤鉴定系周某某自行委托本院法医室鉴定，该鉴定在受伤 3 个月后作出；法院依法委托西安医科大学法医学院作出的鉴定结论系轻微伤，在受伤 7 个月后作出。《人体轻伤鉴定标准（试行）》（已失效）第九条第五项规定“单眼矫正视力减退至 0.5 以下（较伤前视力下降 0.3 以上）”构成轻伤，但眼损伤影响功能应为永久性的损害，鉴定应当在 3 个月后完成。现有证据不能否定轻微伤鉴定结论的真实性和客观性，亦不能排除鉴定结论之间的矛盾，故原判认定张某某犯故意伤害罪的证据不足。

【无罪判例 36】刘某故意伤害一审刑事判决书——（2017）湘 1224 刑初 377 号

其次分析刘某提交的伤情鉴定意见，严某国以刘某的二次鉴定不一致为由要求刘某重新鉴定，但刘某拒绝重新鉴定，依据举证规则，刘某提交的其构成轻伤、十级伤残的鉴定意见本院亦不予采纳，其损伤程度不构成刑事追究标准，故对其反诉要求追究严某国的刑事责任的请求，本院不予支持。

【无罪判例 37】楼某顺故意伤害罪一审刑事判决书——（2013）金义刑重字第 4 号

本院认为，对于楼某庚右手第 5 掌骨骨折是否系在与被告人楼某顺争执中摔倒形成，公诉机关提供的两份鉴定意见不一致。根据金华天鉴司法鉴定所的鉴定意见，楼某庚第 5 掌骨骨折摔倒可能形成，排除了击打、碰撞的致伤可能。而浙江省人身伤害鉴定委员会作出的鉴定意见，则认为楼某庚第 5 掌骨骨折握拳击打钝物或被钝物撞击、掌骨尺侧受打击、跌倒掌骨尺侧着地等均可形成。

【无罪判例 38】张某犯故意伤害罪二审刑事判决书——（2015）济刑终字第 215 号

本院认为，上诉人（原审自诉人）王某戊控告原审被告人张某犯故意伤害罪的事实不清，证据不足，一审判决据此人原审被告人张某无罪并无不当。由于张某将王某戊打伤的侵权行为给王某戊造成的经济损失，依法应予赔偿，王某戊要求张某赔偿其经济损失的主张依法予以支持。

关于上诉人王某戊提出张某构成故意伤害罪的上诉理由，经查，虽然上诉人王某戊提交的邹城市法医医院鉴定中心邹法技鉴字（2002）第（0319）号法医技术鉴定书载明王某戊额骨骨折为钝器伤，构成轻伤。口唇及牙齿损伤，为轻微伤。但是原审被告人张某不认可该鉴定，并申请对自诉人的伤情重新鉴定，济宁医学院附属医院2002年12月4日CT诊断报告书证实对自诉人王某戊颅脑CT平扫未见明显异常，且济宁市公安局刑事科学技术研究所认为，经山东省人民政府指定医院济宁医学院附属医院专家会诊，2002年4月2日及4月19日邹城市人民医院两次颅脑CT片均不能确定伤者伤后有无额骨骨折。2011年10月19日在济宁医学院附属医院复查颅脑CT，未见明显异常。故认定上诉人王某戊构成轻伤的证据不足，故其上诉理由不能成立，不予采纳。

【无罪判例39】邹某某故意伤害案二审刑事附带民事判决书——（2014）楚中刑终字第7号

本院认为，上诉人（原审自诉人暨附带民事诉讼原告人）杨某卫与原审被告人邹某某、原审附带民事诉讼被告人文某某因建房债务问题发生争吵并厮打，造成双方身体不同程度损伤。因本案系双方债务纠纷处理不当引发，且杨某卫受伤住院后在元谋县医院的DR诊断结论和CT检查结论均未出现骨折，十余天后到云南省第一人民医院所做的CT检查结论为左侧第4根肋骨皮质褶皱，考虑肋骨骨折，检查诊断结论前后矛盾，不能证实其在纠纷中造成左侧第4根肋骨骨折并构成轻伤的损害事实，原审被告人邹某某犯故意伤害罪的证据不足，上诉人杨某卫要求撤销原判并追究原审被告人邹某某刑事责任的上诉理由不能成立。

【无罪判例40】杨某某故意伤害案一审刑事附带民事判决书——（2014）施刑初字第33号

辩护人杨某祥辩护认为：……二是自诉人的诉讼请求没有事实依据，首先自诉人于2013年9月13日到施甸县人民医院进行左腕关节正侧位拍片，诊断结果是左侧尺桡茎突骨折待排，后自诉人又于同年10月24日到保山市人民医院对其左腕关节进行了三维螺旋CT扫描，结果为左腕关节CT平扫及体层成像均未见异常。后边的复诊结果实际上已经明确地否定了前一个诊断结果，即自诉人的左腕关节并未骨折；三是公安机关为自诉人所做伤情鉴定意见互相矛盾，不能确定左侧尺骨茎突骨折，所以轻伤鉴定结论不能成立，被告人杨某某的行为构成犯罪的证据不足。

本院认为，被告人杨某某与自诉人朱某某因客运路线问题发生争执，杨某某动手打了自诉人朱某某的面部，导致双方推搡拉扯，这是不争的事实。但自诉人朱某某的伤情是否构成轻伤，没有充分的证据，虽然自诉人朱某某提供了施甸县公安局施公（科）鉴（伤）字（2013）83号法医学人体损伤程度鉴定书证明其伤情为轻伤，但该同一文号的鉴定文书存在内容不一样的两份，而且评定轻伤的根据——《人体轻伤鉴定标准（试行）》（已失效）第二十五条没有“左侧尺骨茎突骨折构成轻伤”的规定。所以自诉人朱某某控诉被告人杨某某的行为构成故意伤害罪的证据不足，罪名不能成立。

【无罪判例41】王某丙故意伤害一审刑事附带民事判决书——（2016）桂0327刑初8号

……四是桂林市华源司法鉴定所法医临床司法鉴定意见书中第四点分析说明中写道“缺失牙位牙龈稍充血，与本次损伤史相符。”而桂林市正诚司法鉴定中心司法鉴定意见书中第四点分析说明中写道“对于牙齿缺失，因医院没有详细记录，无依据证实新折断缺失，在此不能认定。”就原告王某乙牙齿的缺失问题，在前后两次鉴定意见中的分析说明相互矛盾。

规则12：检材之间互相冲突，导致鉴定书不能作为定案依据

【规则分析】检材之间互相冲突的原理与上文中关于鉴定检材的辩点原理相似，都是因为检材缺乏可靠性而导致鉴定书不能作为定案依据。在此辩点下的判例1中，被害人提供了三张不同的影像片诊断结果，导致无法确定被害人的伤情。

【无罪判例】赵某某故意伤害案一审刑事判决书——（2013）青刑重字第5号

……

3. 送检的材料来源不合法，作为主要鉴定依据的2011年10月19日（C243950号）CT片，是被害人出院后10多天在潍坊益都中心医院简易门诊做出并送交公安机关的。被害人出院后是否受到其他伤害、该次鉴定结果是否与本案被告人的侵害行为具有因果关系、是否为被害人的CT片均存在疑问。对此本院经审理认为，首先，青公（2011）伤鉴字第1252号《青州市公安局物证鉴定室法医学人体损伤程度鉴定书》的主要依据是2011年10月19日（C243950号）CT片，该CT片系被害人向鉴定机构提供，是否确系本人所作CT存在合理怀疑。为排除该合理怀疑，经当庭询问，被告人赵某某同意对被害人伤情做重新鉴定，但被害人明确表示不予配合。其次，北京法源司法科学证据鉴定中心作出的鉴定意见虽然确认2011年10月8日与10月19日胸部CT片符合同一人胸部CT片的影像学特征，但10月3日X光片因缺乏对比条件，无法与送检的胸部CT片进行同一人对比。因被害人拒不配合重新鉴定，无法确定上述两CT片系杨某某本人所作。最后，被害人提供的三张影像片诊断结论不相吻合，10月3日X光片显示未见明显骨折，10月8日CT诊断右侧第9根肋骨骨折，10月19日CT诊断右侧第3、4根前肋雏皱、第8、9根前肋骨骨折复查。三个诊断报告出现三次不同的结果，且公安机关鉴定所依据的专家会诊意见中，存在被邀请专家与签名专家不一致的瑕疵。《刑事诉讼法》（2012年）第五十三条第二款①规定：“证据确实、充分，应当符合以下条件：（一）定罪量刑的事实都有证据证明；（二）据以定案的证据均经法定程序查证属实；（三）综合全案证据，对所认定事实已排除合理怀疑。”按照上述证明标准，本案证据没有形成完整的证据链条，尚达不到确实、充分的证明标准，无法排除合理怀疑。因此，公诉机关关于被告人赵某某涉嫌故意伤害罪的指控证据不足，本院不予支持。

规则13：原鉴定意见的证据效力无法认定，无法进行重新鉴定，无法认定被害人伤情

【规则分析】此规则包含两个条件，即“原鉴定意见的证据效力无法认定”和“无法进行重新鉴定”。鉴定意见的证据效力无法认定的原因包括：（1）因从旧兼从轻导致鉴定标准改变，见无罪案例1、2、3、4等；（2）鉴定内容与伤情明显不符，见无罪案例5、6；（3）自诉人单方面独立进行的鉴定无法进行认定，见无罪案例11。

无法进行重新鉴定的原因有：（1）被害人不配合鉴定，见无罪案例1、2、

① 2018年修正《刑事诉讼法》第五十五条第二款。

3 等；（2）原始诊断依据丢失或无法提供原始诊断依据，见无罪案例 8、18；（3）自诉人提交的鉴定意见与《人体损伤程度鉴定标准》所规定的标准不符，见无罪案例 17。由于上述原因导致鉴定意见的证据效力无法认定，从而导致证据不足。

【无罪判例 1】冯某无罪一审判决书——（2014）瓦刑初字第 194 号

本院认为，被告人冯某因琐事故意伤害他人身体，致人受伤，但公诉机关指控被告人冯某犯故意伤害罪的鉴定结论，系瓦房店市公安局于 2009 年 3 月 30 日依据《人体轻伤鉴定标准（试行）》（已失效）第六条之规定所作出轻伤鉴定结论，而最高人民法院、最高人民检察院、公安部、国家安全部、司法部联合发布的《人体损伤程度鉴定标准》于 2014 年 1 月 1 日起施行，为正确适用该标准，依据辽宁省高级人民法院、辽宁省人民检察院、辽宁省公安厅、辽宁省司法厅辽检会字（2014）2 号《关于执行〈人体损伤程度鉴定标准〉有关问题的通知》的规定，办案机关经审查认为需要重新鉴定，而被害人不予配合的案件，原鉴定意见的证据效力无法认定，不能作为定案依据。本案被害人盖某经本院及瓦房店市公安局多次通知要求其进行重新鉴定，但盖某均不予配合，并表示自己不重新进行鉴定。故瓦房店市公安局关于盖某伤情属轻伤的鉴定意见证据效力无法认定，公诉机关指控被告人冯某的犯罪事实不清，证据不足，指控罪名不成立，本院不予支持。

【无罪判例 2】宋某犯一审刑事判决书——（2013）丰刑重字第 8 号

辩护人暨委托代理人张某晋提出如下辩护意见，刑事部分，根据现有证据，不能认定被告人宋某有罪，应当依法对被告人宋某作出无罪判决，本案缺乏指控被告人宋某有罪的关键证据，（唐润）公（刑技）鉴（法医损伤）字（2011）335 号轻伤鉴定书不具有法律效力，不能作为定案证据使用。理由是：（1）被告人宋某对于被害人商某的轻伤鉴定结论提出异议，在公安侦查阶段、审查起诉阶段、法院审判阶段、重审阶段均提出重新鉴定申请，其提出重新鉴定申请既有着合理事实依据，也有充分的法律依据。司法机关应当依法组织重新鉴定，以核实被害人的伤情是否真实……（2）2013 年 8 月 30 日最高人民法院、最高人民检察院、公安部、国家安全部、司法部联合发布了《人体损伤程度鉴定标准》，自2014年1月1日起实施，原《人体损伤程度鉴定标准（试行）》同时废止。本案是重新审理，因此依据原《人体损伤程度鉴定标准（试行）》作出的（唐润）公（刑技）鉴（法医损伤）字（2011）335号轻伤鉴定书已经不具有法律效力，不能作为定案证据使用。轻伤鉴定结论是本案定罪量刑的关键证据，因原鉴定结论已经不具有法律效力，所以本案缺乏认定被告人宋某犯有故意伤害罪的关键证据，请求法院依法宣告被告人宋某无罪。

本院认为，公诉机关指控被告人宋某犯故意伤害罪，应向法院提供证明被告人宋某犯罪的证据，民事诉讼原告人商某拒绝作伤情鉴定，公诉机关未向法院提供商某的损伤程度为轻伤的鉴定结论，公诉机关指控被告人宋某犯故意伤害罪的证据不足。所指控的犯罪不能成立。

【无罪判例3】李某某、沈某某故意伤害一审刑事判决书——（2013）老刑初字第106号

经审理查明，2013年6月4日17时许，在洛阳市老城区徐家村被告人李某某家门前，因被害人吕某某的丈夫沈某甲开车路过时碾压李某某家的麦子，被告人李某某、沈某某（李某某的女儿）与吕某某吵骂并厮打，李某某、沈某某将吕某某打伤。2013年6月27日经法医鉴定，吕某某鼻部的损伤程度属于轻伤。2014年4月25日洛阳市老城区人民检察院因《人体损伤程度鉴定标准》自2014年1月1日起施行，提出补充侦查，退回公安机关对吕某某的伤情重新鉴定，但该院建议恢复庭审时并未提交新的伤情鉴定意见。

……

洛阳市公安局邙山派出所2014年7月7日出具的《情况说明》内容是：吕某某被伤害一案，因2014年1月1日起实施新的《人体损伤程度鉴定标准》，需对吕某某的损伤程度重新进行鉴定。经该所多次通知，吕某某称案件已起诉到法院，拒不配合公安机关工作，无法进行重新鉴定。

本院认为，公诉机关指控被告人李某某、沈某某犯故意伤害罪。但不能提交对被害人吕某某伤情，依据现行的《人体损伤程度鉴定标准》进行司法鉴定的鉴定意见，因此认定被害人的损伤程度属轻伤的证据不确实，指控的罪名不能成立。

【无罪判例4】马某某故意伤害罪一审刑事判决书——（2014）鞍台刑初字第25号

公诉机关当庭提供的鞍山市金普医院司法鉴定所鉴定意见书，认定张某某构成轻伤，经合议庭评议认为不能作为本案证据使用。理由是：被害人张某某的伤情是鞍山市金普医院司法鉴定所依据《人体轻伤鉴定标准》作出的，《人体轻伤鉴定标准》已于2014年1月1日废止，而《人体损伤程度鉴定标准》于2014年1月1日实施。辽宁省高级人民法院、辽宁省人民检察院、辽宁省公安厅、辽宁省司法厅联合发布《关于执行〈人体损伤程度鉴定标准〉有关问题的通知》规定："一、对于已经受理和正在办理的涉及人体损伤的案件，若依据新《人体损伤程度鉴定标准》可能导致伤情鉴定结果发生变化的，应按照《司法鉴定程序通则》（2007年司法部令107号）规定，委托其他鉴定机构重新鉴定。具体根据案件所处的不同诉讼环节区别处理：1. 案件已起诉到人民法院尚未判决的，由人民法院委托相关机构重新鉴定……二、对于致人损伤的行为发生在2014年1月1日之前，尚未审判或者正在审判的，需要进行损伤程度鉴定的，适用《人体轻伤鉴定标准》。但按照新《人体损伤程度鉴定标准》不构成损伤或者损伤程度较轻的，适用新《人体损伤程度鉴定标准》。三、办案机关经审查认为需要重新鉴定，而被害人不予配合的案件，原鉴定意见的证据效力无法认定，不能作为定案依据……案件在人民法院环节的，人民法院可作存疑无罪处理。"本案依据新《人体损伤程度鉴定标准》可能导致被害人张某某的伤情鉴定结果发生变化，被害人张某某明确表示对自己的伤情不同意重新鉴定，按照上述规定，鞍山市金普医院司法鉴定所出具的鉴定意见的证据效力无法认定，故对此证据本院不予采信。

本院认为，被告人马某某因琐事与张某芹发生口角，虽给张某某造成了一定的伤害，但张某某腋神经损伤左上肢功能障碍是否达到轻伤的程度，证据不足，公诉机关指控被告人马某某犯故意伤害罪的罪名不能成立。

【无罪判例5】王某某故意伤害一审刑事附带民事判决书——（2014）农刑自初字第3号

本院认为，被告人王某某因土地纠纷，用螺丝刀将自诉人泊某某左眼扎伤，有自诉人陈述、被告人供述、证人证言、书证予以证实，足以认定。但自诉人向法庭提供的吉林津科司法鉴定中心法医鉴定意见书证实泊某某之伤构成轻伤。由于该鉴定书的鉴定内容与被害人的伤情不符，且该鉴定结论的鉴定依据已经废止，且自诉人又不同意重新鉴定，故该轻伤鉴定不能作为定案依据。自诉人泊某某控诉被告人王某某犯故意伤害罪，证据不足，罪名不成立，合议庭不予支持。

【无罪判例6】徐某某自诉龚某某故意伤害案一审刑事判决书——（2014）蒙刑初字第31号

自诉人提交的天禹司法鉴定中心的法医学司法鉴定意见书认定的“自诉人L4椎体右侧上关节突骨折”与红河州第一人民医院出具的诊断证明“第4腰椎滑脱；第4腰椎峡部裂；第1腰椎压缩性骨折”明显不符，且自诉人未提交送检的X线片予以佐证，自诉人又不能提供其他证据证实该鉴定结论的客观性、真实性，故本院对该司法鉴定意见书不予采信，因此对鉴定费收据不予采信。

本院认为，自诉人对其指控应承担举证责任。本案中自诉人提交的天禹司法鉴定中心的法医学司法鉴定意见书存在严重瑕疵，被告人申请重新鉴定后，自诉人不提交相关病情材料，导致鉴定无法进行，故自诉人徐某某指控被告人龚某某犯故意伤害罪的指控证据不足，不能成立，本院不予确认。

【无罪判例7】耿某故意伤害罪一审刑事判决书——（2012）蓬刑重初字第172号

经审理查明：被告人耿某于2010年2月3日14时许，在王某甲家门前因琐事与李某某、王某乙发生口角及厮打，厮打过程中耿某持刀将李某某面部砍伤，致其前额单条疤痕达4.3厘米。

另查，2014年1月1日《人体损伤程度鉴定标准》施行，根据该标准，头面部疤痕4.5厘米方能构成轻伤。被害人李某某的伤是否构成轻伤不能确定。本院要求对被害人的伤情是否构成轻伤进行鉴定，但被害人李某某不配合鉴定。

本院认为，被告人耿某故意伤害他人身体，致人受伤，公诉机关指控事实成立，但依据目前的标准，被害人所受伤害是否构成轻伤不能确定，故指控被告人耿某犯故意伤害罪，证据不足，依法应宣告被告人无罪。

【无罪判例 8】郑某球故意伤害罪一审刑事附带民事判决书——（2015）鄂浠水刑初字第 00123 号

本院认为，自诉人管某兰控诉被告人郑某球犯故意伤害罪，在庭审中，提供了证人证言、鉴定意见及其他证据。通过审理，有证据证明 2013 年 4 月 13 日下午，自诉人管某兰和被告人郑某球发生了纠打，被告人郑某球持棒球棒打伤了自诉人管某兰。虽然自诉人管某兰提供了鉴定意见证明自己的损伤程度构成轻伤，但是，被告人郑某球及其辩护人对鉴定意见提出了质证意见，并提出重新鉴定的申请。经本院审查，同意被告人的申请，自诉人无正当理由拒绝对其伤情进行重新鉴定。因此，自诉人提供的鉴定意见不能作为定案的依据。自诉人管某兰控诉被告人郑某球犯故意伤害罪的证据不足，依法应当宣告被告人郑某球无罪。辩护人对此的辩护意见，符合事实和法律规定，本院予以采信。

【无罪判例 9】侯某新故意伤害一审刑事判决书——（2015）鄂宣恩刑初字第 00034 号

其次，根据《最高人民法院关于执行有关问题的通知》，应对被害人侯某 1 所受伤按《人体损伤程度鉴定标准》进行鉴定，因被害人侯某 1 不配合伤情重新鉴定，致伤情及致伤原因不确定。因此，依据现有证据不能足以认定侯某新抢夺挖锄过程中致侯某 1 左腕受轻伤。

【无罪判例 10】吴某凤故意伤害罪一审刑事判决书——（2016）内 0627 刑初 10 号

本院认为，通过自诉人提交的相关证据，并结合被告人吴某凤的供述可以认定被告人吴某凤伤害自诉人王某的事实，同时双方对该事实均予认可。案件发生后，伊金霍洛旗公安局阿勒腾席热镇第二派出所给双方均出具了鉴定委托书，但王某未去公安机关委托的鉴定机构进行伤情鉴定，却自行去了其他鉴定机构。该鉴定意见属于其单方委托做出，且被告人吴某凤的辩护人对该意见提出异议。经本院委托后又无法重新作出鉴定，故内蒙古自治区鄂尔多斯市司法鉴定中心出具的内鄂司法鉴定中心〔2015〕临鉴字第 389 号司法鉴定意见书成为认定本案中自诉人王某所受损伤情况的唯一依据。经查，鄂尔多斯市鉴定中心出具的鉴定意见书所做鉴定意见对自诉人王某左面部所受损伤的痕迹表述为片条状，伤痕表皮形态表述为明显色素沉着，伤痕面积表述为达到57.9平方厘米。以上关于自诉人王某所受损伤的痕迹及伤痕表皮形态表述方法均与《人体损伤程度鉴定标准》第5.2.3c条规定的“面部片状细小瘢痕或者明显色素异常，面积累计30平方厘米以上，属于轻伤一级”的规定有所差别，且该鉴定意见书中只是记述了自诉人王某所受损伤的长度，对所受损伤的宽度未进行记述。鉴定报告中表述“计算方法为经拓片描计投影法并计算”，但具体计算过程及面积计算方法无任何记述，伤痕面积如何计算无法查清。综上所述，本院对该鉴定意见的证明力不予确认，自诉人指控被告人吴某凤构成故意伤害罪的证据不足。

【无罪判例11】肖某某故意伤害罪一审刑事附带民事判决书——（2016）湘1003刑初286号

2013年5月31日，郴州市旺昇司法鉴定所对自诉人李某某的胸腰椎做了CT扫描及诊断，显示：患者李某某的L3/4、L4/5椎间旁向周围膨出，椎旁软组织未见肿胀，认定患者李某某L1椎左侧横突骨折，本次损伤属轻伤，评定为十级伤残。被告人肖某某不服该鉴定，请求公安机关重新鉴定，办案单位郴州市公安局苏仙分局良田派出所于2013年10月25日委托郴州市科诚司法鉴定所对李某某的损伤进行重新鉴定，确定李某某L1椎体左侧横突骨折，评定为轻伤，但要求办案单位结合案情，至省级司法鉴定机构进行重新鉴定。在本案审理过程中，被告人肖某某申请对自诉人李某某的损伤程度及伤残等级进行重新鉴定，经本院委托，湖南省湘雅法医学鉴定中心于2015年10月26日受理重新鉴定，因被告不认可自诉人在郴州市苏仙区第三人民医院CT照片，无法重新鉴定，未做出重新鉴定意见。2013年5月5日，郴州市公安局苏仙分局良田派出所对原告、被告方进行过调解，2013年12月27日，郴州市公安局苏仙分局以涉嫌故意伤害罪向郴州市苏仙区人民检察院移送审查起诉，2014年12月10日，郴州市苏仙区人民检察院以事实不清、证据不足，不符合起诉条件，作出郴苏检刑不诉（2014）86号不起诉决定书，决定对被告人肖某某不起诉。

本院认为，本案系故意伤害刑事附带民事自诉案件。本案的焦点是：自诉人李某某控诉被告人肖某某犯故意伤害罪是否成立，被告人是否承担民事赔偿责任。

自诉人李某某控诉被告人肖某某犯故意伤害罪，虽向法庭提供了相关证据，但自诉人提供能证明其损伤构成轻伤的证据，即郴州科诚司法鉴定所的郴科诚所（2013）临鉴字第1405号文证审查意见书，没有证据效力，不能作为定案依据。郴州市苏仙区人民检察院也曾以事实不清、证据不足，不符合起诉条件，作出郴苏检刑不诉（2014）86号不起诉决定书，决定对被告人肖某某不起诉。故自诉人李某某控诉被告人肖某某犯故意伤害罪的证据不充分，其控诉被告人肖某某犯故意伤害罪罪名不成立，本院不予支持。

【无罪判例12】许某、许某武故意伤害罪一审刑事附带民事判决书——（2017）吉0322刑初28号

关于被告人张某1的尾骨是否骨折的问题，经查，张某1于2016年6月2日受伤，次日到梨树县第一人民医院住院治疗，经检查、拍片、会诊，未发现其尾骨骨折，只是诊断为腰骶部软组织挫伤。同年6月17日张某1到四平市爱龄奇医院拍片，诊断为尾骨骨折。在本院审理过程中，被告人许某武提出张某1在6月13日、14日仍继续下水捕鱼，认为张某1尾骨没有骨折，即便是骨折，也不是本次形成的，要求对张某1尾骨是否骨折及形成的时间重新鉴定。本院审查后同意了许某武提出重新鉴定的申请后双方当事人通过四平市中级人民法院抽签决定了两家鉴定机构，由于自诉人先后在两家鉴定机构均不配合做鉴定，导致鉴定机构无法出具鉴定意见。故现有证据认定自诉人张某1尾骨骨折构成轻伤，证据不足，不予认定。但根据现有证据，能够证明案发当时被告人许某武、许某对自诉人张某1实施了殴打行为，对自诉人因本案受伤所花销的医疗费等，被告人许某武、许某应予赔偿。故对二被告人提出的部分辩解及辩护人提出的部分辩护意见，予以采纳。

【无罪判例13】吴某某犯故意伤害罪一案刑事附带民事判决书——（2017）陕0831刑初45号

诉讼中被告人吴某某反诉自诉人高某某用镢头也打击了其背部，对其也造成轻伤的后果，但因自诉人辩称其伤情不实，其背部伤并非打架所致，打架后几天中被告人吴某某并未治疗，四五天后又去榆林一般医院并非就近子洲医院进行了门诊检查就委托鉴定，期间吴某某经常劳动，且鉴定意见中引用法律错误，鉴定意见明显不成立是虚假的，申请本院重新委托法定有权部门进行鉴定，本院委托榆林市中级人民法院司法技术室对外进行重新鉴定时被告人吴某某不予配合鉴定，被榆林市中级人民法院司法技术室退回。本院为了查明案情事实，涉及案件中专门性问题必须要委托法定部门的专家辅助人员进行判断，本院与被告人专门就此问题进行书面谈话释明，告知其不予配合重新鉴定的法律后果就是自己承担鉴定不能成立的法律后果，本院再给一次机会，让其鉴定。其明确表示如再不配合本院重新鉴定就自认自己的轻伤鉴定意见是虚假的。然而在本院指定的日期被告人吴某某又不去鉴定。故依据有关重新鉴定时被鉴定人不配合鉴定的法律规定，被告人吴某某应当承担伤情鉴定不能成立的不利后果，其反诉指控自诉人高某某犯故意伤害罪不能成立，依法不予支持。被告人吴某某辩护人辩称自诉人也拿镢头打击吴某某背部的意见，因二次开庭时其解释纠正他的说法，关于这一点他不是绝对肯定说高某某故意拿镢头打在吴某某的脊背上，也有可能是高某某失手使镢头落击在吴某某背部，足以说明吴某某指控反诉被告人高某某故意伤害不具有确定性、唯一性，况且吴某某又不予配合重新鉴定，即便有此事实也只能在附带民事部分考虑，辩护意见本院不予采信；其辩护又称，吴某某的伤情经派出所委托市公安局依法进行的鉴定，在一审中就不能重新鉴定了，只能在上诉中才能鉴定，根据《刑事诉讼法》（2012 年）第一百九十二条规定，法庭审理过程中当事人、诉讼代理人有权申请重新鉴定；《最高人民法院关于适用〈中华人民共和国刑事诉讼法〉的解释》第二百二十二条规定，当事人申请重新鉴定，审判人员根据具体情况，认为可能影响案件事实认定的，应当同意。故对被告人辩护人所持只能在上诉中重新鉴定的意见于法不符，不予采纳。

【无罪判例 14】海某甲与马某甲故意伤害刑事附带民事一审判决书——(2014) 彭刑初字第 46 号

本院认为，公民的身体健康权受法律保护，任何人不得侵犯。本案中，被告人马某甲与自诉人海某甲因邻里纠纷引起厮打，厮打中被告人咬伤自诉人的左手食指。被告人应承担相应的法律责任。自诉人指控被告人马某甲犯有故意伤害罪。经查，自诉人提交的鉴定意见与《人体损伤程度鉴定标准》所规定的标准不符。本院当庭告知自诉人可以申请重新鉴定，但自诉人明确表示不再重新鉴定。自诉人提供的固正司鉴字（2014）第183号司法鉴定意见书缺乏客观真实性，本院对其证明效力不予确认。由于自诉人的伤情程度无法确定。因此，对被告人马某甲应“疑罪从无”，故自诉人指控被告人马某甲的犯罪不能成立，应依法宣告无罪。

【无罪判例15】韩某甲故意伤害一审刑事附带民事判决书——（2014）彭刑初字第12号

本院认为，公民的身体健康权受法律保护。被告人韩某甲使用剪刀故意伤害他人身体，致自诉人受伤，应当承担相应的法律责任。自诉人指控被告人韩某甲犯有故意伤害罪。经查，自诉人提交的鉴定意见与《人体损伤程度鉴定标准》所规定的标准不符。本院经释明后，告知自诉人可以申请重新鉴定，但自诉人明确表示不再重新鉴定。故自诉人提供的固正司鉴字（2014）第51号司法鉴定意见书缺乏客观真实性，本院对其证明效力不予确认。由于自诉人的伤情程度无法确定，因此，对被告人韩某甲应以“疑罪从无”，指控的犯罪不能成立而宣告无罪。

【无罪判例16】自诉人苟某指控被告人吴某强、郑某华犯故意伤害罪附带民事诉讼一案的一审刑事附带民事判决书——（2016）川1902刑初99号

本院认为，2007年12月6日被告人吴某强饮酒之后返家途中，经过自诉人家理发店时，见自诉人的监护人未在家，擅自进入理发店，推翻椅子，推倒自诉人，致自诉人头部碰伤。自诉人受伤经治疗后由公安机关鉴定为轻微伤，自诉人提起民事诉讼，本院已于2008年9月11日作出的（2008）巴州民一初字第648号判决，该判决发生法律效力并已执行完毕。现自诉人苟某主张被告人吴某强民事赔偿请求属于重复诉讼，按照一事不再理的原则，本院不予支持；且四川惠诚精神医学司法鉴定所医学鉴定结论没有认定自诉人苟某患精神病与2007年12月6日被告人吴某强伤害行为有直接关系，重审中自诉人又不同意去鉴定所鉴定。故自诉人指控被告人吴某强犯故意伤害罪缺乏证据，指控的犯罪事实不能成立，应依法宣告被告人吴某强无罪。

自诉人苟某在其母许某与被告人郑某华发生纠纷时，同其弟上前帮护参与抓扯，互殴中自诉人苟某被被告人郑某华推倒碰伤头部。自诉人在向本院起诉前聘请四川九朝律师事务所委托四川惠诚精神医学司法鉴定所进行医学鉴定书两份，该鉴定是本案争议主要焦点，尤其是对司鉴〔2009〕第067号医学鉴定书关于自诉人苟某的损伤程度为精神残疾Ⅱ级和人身损害程度为轻伤的鉴定结论是否采信的问题。首先，鉴定人范某澜于2016年1月22日到庭作证：根据相关法律规定，鉴定意见系诉讼证据，是否采信由人民法院决定。若当事人对鉴定意见不服，可向人民法院申请重新鉴定。原来的司法鉴定意见书迄今已七年之久，其被鉴定人的伤情，仅为当时的情况。为客观公正的反映被鉴定人目前的伤情状况，建议重审时另行委托其他司法鉴定机构重新鉴定。被告人郑某华在审理中指明现苟某在鼎山中学读高三，申请对自诉人苟某的损伤程度（轻伤、Ⅱ级精神残疾等）重新鉴定并举证鼎山中、小学成绩单、上课照片。依照《最高人民法院关于民事诉讼证据的若干规定》（2008年）第二十八条[①]："一方当事人自行委托有关部门作出的鉴定结论，另一方当事人有证据足以反驳并申请重新鉴定的，人民法院应予准许"之规定，合议庭决定同意重新鉴定，由于自诉人苟某及其法定代理人苟某2、许某不同意带领自诉人苟某到鉴定所鉴定，仅同意按照过去的病历进行鉴定。2016年3月17日本院咨询四川华西法医学鉴定中心是否可以对要求鉴定的项目进行鉴定，2016年3月28日四川华西法医学鉴定中心复函："鉴定要求不符合司法鉴定执业规则或者相关鉴定技术规范的，案件不予受理。"现自诉人苟某不配合进行重新鉴定，而以受伤后单方鉴定指控郑爱华犯故意伤害罪（轻伤）缺乏有力证据支持。其次，2006年12月2日公布的《中国残疾人实用评定标准》（已于2008年5月28日作废）之规定：精神残疾定义，精神残疾是指精神病人患者持续一年以上未愈，同时导致其家庭、社会应尽职能出现一定程度的障碍。精神残疾分级，对于患有精神疾病持续一年以上未愈者，应用"精神残疾分级的操作性评估标准"评定精神残疾的等级；精神残疾分为3级。2008年5月28日公布的《中国残疾人联合会关于制发第二代〈中华人民共和国残疾人〉证的通知》之规定：精神残疾的定义，是指各类精神障碍持续一年以上未愈，由于存在认知、感情和行为障碍，以致影响其日常生活和社会参与；精神残疾分为4级。而四川惠诚精神医学司法鉴定所〔2009〕第067号医学鉴定书作出鉴定结论时间是2009年4月1

---

① 2019年修正《最高人民法院关于民事诉讼证据的若干规定》第四十一条，略有删改。

日，与2008年9月13日纠纷时间相隔6个多月，为此该鉴定苟某为精神残疾Ⅱ级与上述规定要求的时间不符，该鉴定结论书中引用的2006年12月2日公布的《中国残疾人实用评定标准》已于2008年5月28日作废，按已废止的标准得出鉴定结论明显有悖规定。再次，苟某一直能够到校正常上课、与人交流。故〔2009〕第067号医学鉴定结论缺乏公信力，本院对鉴定结论中关于苟某精神残疾Ⅱ级的结论不予采信。没有苟某精神残疾Ⅱ级结论就没有苟某人身损害程度为轻伤的结论，所以本院对司鉴〔2009〕第067号医学鉴定书关于苟某人身损害程度为轻伤的结论亦不予采信。2009年11月2日巴州区残联给苟某发放贰级精神残疾证是以〔2009〕第067号医学鉴定书为根据，同理，巴州区残联给苟某发放贰级精神残疾证（残疾证号：51370119950107261862）本院不予采信。依照《刑事诉讼法》（2012年）第四十九条①规定：自诉案件中被告人有罪的举证责任由自诉人承担以及《最高人民法院关于适用〈中华人民共和国刑事诉讼法〉的解释》第一百七十六条第一款第四项：证据不足，不能认定被告人有罪的，应当以证据不足，指控的犯罪不能成立，判决宣告被告人无罪。据此，自诉人苟某指控被告人郑某华犯故意伤害罪的证据证明能力不力，应依法宣告被告人郑某华无罪。

【无罪判例17】李某印故意伤害罪一审刑事附带民事判决书——（2016）吉0382刑初240号

……

五、关于自诉人李某印下唇及颌面部损伤程度是否构成轻伤问题

经查，自诉人李某印据以主张轻伤的两份鉴定，分别是公主岭市公安局物证鉴定室公伤鉴字〔2008〕125号鉴定结论和吉林天衡司法鉴定所天衡〔2008〕医鉴第54号鉴定结论。被告人龚某对上述两个鉴定提出质疑并分别提出了相应的法律依据及事实依据（公伤鉴字〔2008〕125号鉴定由公主岭市公安局物证鉴定室于案发后第12日进行鉴定，天衡〔2008〕医鉴第54号鉴定结论鉴定人刘某2未全程参加鉴定，鉴定结论系冒用刘子强的名字所作），被告人龚某提出的理由足以对该两份鉴定产生合理怀疑，且本案在审理过程中，反诉人龚某先

① 2018年修正《刑事诉讼法》第五十一条。

后两次向本院递交鉴定申请，要求对自诉人李某印口唇面部伤害程度（轻伤）及李春印腰椎间盘膨出是否构成伤残程度十级进行重新鉴定。本院分别于2017年3月10日、2017年6月14日两次组织双方当事人进行伤情鉴定，但均未能鉴定成功，2017年6月14日双方在四平中院抽签选择鉴定机构过程中，自诉人李某印明确表示不同意反诉人龚某对李某印的伤情重新鉴定，导致该鉴定无法启动进行。后本院又通知双方当事人于2017年8月28日到本院就鉴定相关事宜进行确认，自诉人李某印无正当理由拒不到庭，致使反诉人龚某提出的鉴定申请无法启动进行，自诉人李某印应依法承担鉴定不能的法律后果，故本院对自诉人所提供的两份轻伤鉴定结论不予认定。

六、关于吉林公正司法鉴定中心吉公正〔2009〕医鉴字第200号鉴定意见书能否作为定案依据的问题

经查，经四平中级人民法院通过法定程序委托吉林公正司法鉴定中心对自诉人李某印腰部损伤伤残等级进行鉴定，该中心依据自诉人李某印在公主岭市国文医院诊断，即自诉人腰L3－L4、L4－L5间盘膨出，L4－L5椎管狭窄。且自诉人所提供的影响资料系2009年2月16日的，距离2008年4月12日打仗时间已过去10个月。即自诉人腰椎间盘膨出，被告人龚某主张自诉人的腰伤是陈旧性、自然性、生理性病变，系腰椎间盘膨出，而不是突出，根据轻伤鉴定标准，自诉人不构成伤残。且本院组织去四平市中级人民法院进行重新鉴定时，自诉人无正当理由拒不配合，故自诉人构成十级伤残的鉴定意见不予采信。

【无罪判例18】邹某故意伤害一审刑事判决书——（2016）鄂0107刑初226号

……

三、关于武汉市青山区人民检察院委托湖北中真司法鉴定所协和法医司法鉴定室于2016年12月21日作出的鄂中司协鉴2016法鉴字第1237号鉴定意见书能否作为本案定案的根据问题

依照《最高人民法院关于适用〈中华人民共和国刑事诉讼法〉的解释》第一百零四条第三款的规定，证据之间具有内在联系，共同指向同一待证事实，不存在无法排除的矛盾和无法解释的疑问的，才能作为定案的根据。刘某的损伤是否具有影响其右拇指指间关节功能障碍的损伤基础，其右手拇指指间关节

的实际屈曲数是多少，是判断其伤情是否构成轻伤的关键问题，鉴定意见书是本案的关键证据。

有专门知识的人张某1认为此份鉴定意见书的损伤基础不具备、测量度数认定不客观、轻伤结论不认同，并建议本案重新鉴定，被告人邹某亦向本院申请重新鉴定。为了排除矛盾和解释疑问，查清案件事实，本院认为需要进行重新鉴定。经本院释明重新鉴定的必要性及不配合可能承担的相关法律后果后，刘某在司法鉴定科学技术研究所司法鉴定中心进行重新鉴定时，不能配合鉴定机构进行体格检查，以致该鉴定机构无法出具明确的鉴定意见，不予受理本案鉴定。

【无罪判例19】刘某某故意伤害案一审刑事附带民事判决书——（2016）云2627刑初9号

自诉人王某某列举的证人吴某某、田某某证实被告人刘某某用刀伤到自诉人的询问笔录均为2015年8月31日，离案发已三年多，且证实内容不能与其他的证据相互印证，不能证实自诉人王某某被被告人刘某某刺伤；所列举的2012年11月13日司法鉴定所的鉴定意见是自诉人自行委托鉴定，不符合法律的规定……

本院认为，自诉人王某某在与被告人刘某某发生纠纷后受伤是事实，但本案证据不足以证明自诉人王某某的伤是被告人刘某某直接造成，从证据中不能确认自诉人的伤是如何造成，故自诉人王某某指控被告人刘某某构成故意伤害罪的事实不清、证据不足，指控的罪名不能成立，应宣告被告人刘某某无罪。

规则14：经法院委托鉴定机构出具的鉴定意见认定不构成轻伤

【规则分析】此辩点同样是最终由法院认定被害人伤情不构成轻伤的情况，但是认定原因值得注意，其旨在提醒辩护方，当出现多次鉴定、重复鉴定时，法院最终选择认定哪一种鉴定意见则主导了案件的发展方向。对于审判过程中的专业问题，庭审中可以借由司法鉴定人、专家陪审员等具有专门知识的人来解决，而此辩点之下的案例则总结了最终对于不同鉴定意见的认定情况，发现法院对于其自身委托的鉴定机构出具的鉴定意见会更具有偏向性。这或许也是因为以往的司法鉴定实践中，当事人自行委托鉴定的情况大量存在，甚至会出现“花钱买鉴定”的情况，从而导致法院更加信任其自己委托所作的鉴定的中立性。因此或可以提醒辩护方，当案件中出现多份鉴定意见，而法院委托鉴定的意见更有利于己方时，可以提醒法庭应当采信其委托鉴定的意见。或者在双方鉴定意见相左时，可以申请法院重新委托鉴定，从而为己方争取一次法院自身委托鉴定的机会。

【无罪判例1】石某故意伤害罪一审刑事附带民事判决书——（2009）绍越刑初字第60号

本院认为，被告人石某因琐事与自诉人钱云珍发生纠纷而致自诉人钱某珍身体受伤，事实清楚，证据确凿。自诉人钱某珍所受之伤虽经绍兴市公安局越城区分局物证鉴定室鉴定已构成轻伤，但被告人石某提出异议，经本院委托浙江大学司法鉴定中心及浙江省人身伤害鉴定委员会两次对自诉人钱某珍之伤重新鉴定，均认定自诉人钱某珍的损伤未构成轻伤。上述三份鉴定结论不一致，但根据证据规则，本院认为，经本院委托鉴定机构出具的两份鉴定结论，符合证据的客观性、相关性、合法性的要求，本院予以确认，并据此认定自诉人钱某珍的损伤未构成轻伤。故自诉人钱某珍要求追究被告人石某故意伤害罪刑事责任的诉讼请求，本院不予支持。

【无罪判例2】董某芬故意伤害一审刑事判决书——（2015）楚刑初字第361号

经审理查明，自诉人暨附带民事诉讼原告人孙某美与被告人董某芬系村邻；需要经过自诉人暨附带民事诉讼原告人孙某美门前的道路才能到达被告人董某芬家。2015年9月19日12时30分左右，因道路通行问题，自诉人暨附带民事诉讼原告人孙某美与被告人董某芬发生纠纷，在纠纷中自诉人暨附带民事诉讼原告人孙某美受伤。当天自诉人暨附带民事诉讼原告人孙某美被送往楚雄州中医院住院治疗。2015年10月9日，经云南维权司法鉴定中心鉴定，鉴定意见为：（1）孙某美的损伤程度为轻伤二级；（2）孙某美的后期医疗费用评估为3000元（人民币叁仟元整）。2015年11月8日，自诉人孙某美再次到楚雄州中医院住院。审理中，被告人董某芬申请对自诉人暨附带民事诉讼原告人孙某美的伤情是否构成轻伤重新鉴定，提出对孙某美在楚雄州中医院两次住院治疗的用药与2015年9月19日双方所发生的纠纷之间是否具有关联性及两次用药的合理性进行鉴定的申请。经双方当事人协商，本院依法委托昆明医科大学司法鉴定中心进行鉴定，鉴定意见为：（1）被鉴定人孙某美在2015年9月19日事件中致：全身多发性皮肤软组织损伤（左颞顶部软组织挫伤，左颜面部皮肤擦挫伤，前胸部及左前臂皮肤软组织擦挫伤）。被鉴定人孙某美“全身多发性皮肤软组织损伤”损伤程度为轻微伤……

【无罪判例3】朱某兵、赵某玉故意伤害一审刑事判决书——（2017）云0328刑初31号

本院认为，自诉人朱某才控诉被告人朱某兵、赵某玉犯故意伤害罪，但自诉人的损伤经本院依法委托司法鉴定机构鉴定，评定为轻微伤，其损害后果不符合故意伤害罪的构成要件，故自诉人朱某才请求追究被告人朱某兵、赵某玉刑事责任的主张不成立，本院不予支持。

【无罪判例4】印某故意伤害罪一审刑事判决书——（2017）苏1282刑初8号

……

2. 关于被告人印某及其辩护人提出的认定成某甲视盘出血、构成轻伤二级证据不足的辩解及辩护意见，本院认为，靖江市公安局物证鉴定室依据《人体损伤程度鉴定标准》的相关条款认定成某甲视盘出血构成轻伤二级，然所引条款仅涉视网膜出血条款，鉴定人彭某甲出庭时亦陈述视盘出血与视网膜出血不同。据此，本院在审理过程中，根据被告人印某申请，依法重新委托泰州市公安局物证鉴定所鉴定，鉴定意见为成某甲视盘出血评定为轻伤二级的依据不足，鉴定人赵某甲出庭对成某甲不符合视盘出血后病情发展规律的原因、视盘出血与视网膜出血的区别、两者不能等同适用的原因等进行了阐述。本院认为，泰州市公安局物证鉴定所出具的鉴定意见及鉴定人出庭所作解释较之靖江市公安局物证鉴定室出具的鉴定意见更合理、更可信，且不存在明显瑕疵，应予采信，故本案中成某甲视盘出血构成轻伤二级的依据不足。被告人印某及其辩护人提出的与此相关的辩解及辩护意见，本院予以采纳。

【无罪判例5】刘某某控诉张某某犯故意伤害罪一审刑事附带民事判决书——（2012）汉刑初字第00021号

本院认为，自诉人刘某某与被告人张某某为开住户房门锁发生争执并引起双方厮打，在厮打过程中导致自诉人刘某某受伤。自诉人的伤情经陕西兢业律师事务所委托陕西汉中汉辉司法鉴定所鉴定，其左侧第11根肋骨骨折伤情程度鉴定为轻伤，伤残等级评定为十级伤残。审理中，被告人对鉴定意见提出异议，并书面要求重新鉴定之请求，符合法律规定。经汉中市中级人民法院委托陕西西安交大法医学鉴定中心鉴定，意见为自诉人刘某某的损伤应属轻微伤及十级伤残。重新鉴定意见经庭审质证，自诉人刘某某对鉴定意见不予认可，并提出以下异议：（1）该鉴定未作活体检查；（2）鉴定时未拍X片；（3）鉴定书认定事实与实际情况不符；（4）其在鉴定时未对相关材料鉴定确认；（5）已收取鉴定费用为何鉴定时还要向受检人刘某某收取X片费用。针对原告刘某某对鉴定提出的问题，我院向汉中市中院书面去函，要求陕西西安交大法医学司法鉴定中心对以上问题作出书面说明。陕西西安交大法医学司法鉴定中心向汉中市中级人民法院司法技术室出具了一份异议答复，说明受汉中市中院委托，对刘某某伤残等级及损伤程度重新鉴定，该中心按司法鉴定通则的相关规定，对鉴定人刘某某进行法医学活体检查，并审阅所送影像学资料及病历资料，出具法医学鉴定意见书，整个鉴定过程符合相关规定。在本案中，鉴定意见作为证据，是双方辩论的焦点，根据《刑事诉讼法》（2012年）第一百九十二条①的规定，被告人对自诉人的伤情有申请重新鉴定的权利，自诉人对人民法院委托鉴定部门作出的鉴定意见提出异议，但又拒绝申请对其伤情进行补充鉴定或重新进行鉴定，也未提供证据证明西安交大法医学鉴定中心的鉴定意见存在不能作为证据使用的情形，故对西安交大法医学鉴定中心作出的鉴定意见，本院予以采信。综上所述，自诉人刘某某指控被告人张某某犯故意伤害罪的证据不足，其罪名不能成立，故对自诉人指控被告人张某某犯故意伤害罪的证据不足，理由不成立，本院不予支持。

规则15：重新鉴定被害人伤情不构成轻伤

【规则分析】此辩点与伤害结果之辩中的辩点3并列，同样是通过总结法院对不同鉴定意见的采信偏向性，将偏向性出现明显波动的案件放在一起进行分析。与辩点3不同的是，此辩点之下的案例法官均采信了重新鉴定出具的意见，这里的重新鉴定在判决书的表述中并没有突出委托主体，而是一方当事人

① 2018年修正《刑事诉讼法》第一百九十七条。

在案件审理过程中根据法定程序申请了重新鉴定，重新鉴定的结果有利于被告人。但是应当注意的是，这里的重新鉴定应符合法律规定的重新鉴定申请条件和程序，经过没有瑕疵的申请程序作出的重新鉴定如果对被告人有利，会成为辩护方的重要辩点。

【无罪判例1】赵某甲、赵某乙故意伤害罪一审刑事附带民事判决书——（2012）汉刑初字第00070号

本院认为，故意非法伤害他人身体，并致他人轻伤以上伤害的行为构成故意伤害罪。本案中，自诉人成某甲的伤情程度经陕西公正司法鉴定中心重新进行鉴定为轻微伤，故自诉人成某甲指控被告人赵某甲、赵某乙犯故意伤害罪，证据不足，罪名不能成立。

【无罪判例2】柴某某故意伤害一案一审刑事判决书——（2014）新刑初字第140号

本院认为，被告人柴某某故意伤害他人身体，造成一人身体轻微伤的后果，其行为不构成犯罪。公诉机关指控被告人柴某某犯故意伤害罪罪名不能成立。

【无罪判例3】陈某故意伤害罪一审刑事判决书——（2014）铜法刑初字第00043号

经审理查明，2013年1月25日，自诉人曹某与被告人陈某同在一桌吃饭时，双方因琐事发生口角纠纷，被告人陈某打了自诉人曹某一耳光，双方庚即被他人劝开。随后，被告人陈某称给自诉人曹某道歉，当自诉人曹某走到被告人陈某面前时，被告人陈某又用啤酒瓶将自诉人曹某头部砸伤。

自诉人曹某受伤后，于2013年1月25日至29日在铜梁县①中医院住院治疗4天，中医诊断为伤筋（气滞血瘀），西医诊断为头皮裂伤，出院医嘱：（1）禁刺激饮食。（2）保持局部清洁，3日后拆线。（3）门诊随访。全部医药费已由被告人陈某支付。

2013年5月23日，经重庆市铜梁司法鉴定所鉴定，自诉人曹某的损伤程度为轻伤。自诉人曹某支付鉴定相关费用750元。

---

① 2014年改为铜梁区。

审理中，自诉人曹某申请续医费鉴定，被告人陈某申请对自诉人曹某损伤程度重新鉴定，本院经审查予以准许。经重庆法正司法鉴定所鉴定，自诉人曹某面部损伤遗留面部瘢痕，构成轻微伤；自诉人曹某目前后续医疗费约为3000元。自诉人和被告人对重庆法正司法鉴定所的鉴定意见均表示无异议。

本院认为，被告人陈某故意伤害他人身体致人轻微伤的事实清楚，证据确实、充分，其行为不符合《刑法》关于故意伤害罪的犯罪构成之规定，不构成故意伤害罪。自诉人控诉的罪名不成立。

【无罪判例4】李某戊故意伤害罪一审刑事附带民事判决书——（2013）辛刑初字第00189号

本院认为，被告人李某戊因其岳父段某甲与被害人段某甲夫妇因琐事发生口角对骂而打斗，被告人李某戊拿椅子将被害人段某甲致面部创口5.1厘米，经辛集司法医学鉴定中心鉴定被害人段某甲之伤为轻伤，在审理期间，被告人李某戊申请对被害人段某甲的伤情进行重新鉴定，经河北盛唐司法鉴定中心重新鉴定，段某甲右额部遗留不明显的白色线性瘢痕，且与周围皮肤额纹分界不清，未达到人体轻伤鉴定的相关标准。根据影像学资料显示段某甲头皮血肿，其损伤达到人体轻微伤鉴定的头皮擦伤面积在5平方厘米以上；头皮挫伤；头皮下血肿的规定，其伤情为轻微伤，因该伤情不符合《刑法》第二百三十四条第一款的规定，所以被告人李某戊的行为不构成犯罪。

【无罪判例5】刘某某故意伤害罪一审刑事附带民事判决书——（2013）辛刑初字第201号

本院认为，被告人刘某某因其哥哥段某甲与被害人杨某某夫妇因琐事发生口角对骂而打斗，被告人刘某某用书包将被害人杨某某致右侧第2、3根肋骨骨折，经辛集司法医学鉴定中心鉴定被害人杨某某之伤为轻伤，在审理期间，被告人刘某某申请对被害人杨某某的伤情进行重新鉴定，经河北盛唐司法鉴定中心重新鉴定，无法明确杨某某胸部肋骨骨质改变与此次损伤有直接因果关系，其鼻骨骨折构成轻微伤，因该伤情不符合《刑法》第二百三十四条第一款的规定，所以被告人刘某某的行为不构成犯罪。

【无罪判例6】亓某甲故意伤害罪一审刑事附带民事判决书——（2013）莱城刑初字第599号

经审理查明，被告人亓某甲与被害人辛某丙均系政府广场夜市地摊业主。2013年6月20日21时许，在政府广场夜市摆摊时，二人及其家人因琐事发生争吵并相互厮打。其间，被告人亓某甲用马扎打伤辛某丙头部。经法医鉴定，辛某丙受伤致头外伤，头皮血肿，头部皮肤创口长7.5厘米，经重新复核、鉴定，辛某丙之损伤系轻微伤。

本院认为，被告人亓某甲故意伤害他人身体，致一人轻微伤，其犯罪情节显著轻微，尚不构成故意伤害罪。

【无罪判例7】师某某、郭某某故意伤害一审刑事判决书——（2013）老刑初字第89号

本院认为，被告人师某某不能正确处理债务纠纷，伙同郭某某故意伤害他人身体的事实存在。《人体损伤程度鉴定标准》自2014年1月1日起施行，该《人体损伤程度鉴定标准》明确规定：外伤性鼓膜穿孔6周不能自行愈合属轻伤二级；外伤性鼓膜穿孔属轻微伤。因鉴定标准发生变化，公诉机关对被害人的损伤程度进行了补充侦查。经重新鉴定，河南王成法医临床司法鉴定所以现有材料不能确定被鉴定人左耳鼓膜穿孔愈合的时间为由，作出了蒋某某左耳外伤性鼓膜穿孔的损伤程度现有材料无法评定的鉴定意见。故本案公诉机关指控蒋某某的损伤程度为轻伤的证据不充分，指控的罪名不成立。

【无罪判例8】王某某等故意伤害一审刑事附带民事判决书——（2014）通刑自初字第1号

对于自诉人赵某某的伤情是否构成轻伤的问题，经审查，本院认为，吉林公专司法鉴定中心于2011年7月15日作出的自诉人赵某某的损伤程度为轻微伤的鉴定意见。在庭审中，自诉人赵某某出示了该鉴定中心外聘的参加本次鉴定阅片的专家姜某某的书面说明，欲证实其损伤为双侧鼻骨粉碎性骨折，应构成轻伤的意见，但此书面材料系赵某某通过个人渠道取得。而吉林公专司法鉴定中心系以规定程序取得姜某某的阅片意见。且另一位参加阅片的专家出具的阅片意见亦为鼻骨线性骨折。另外吉林公专司法鉴定中心派鉴定人魏某某、刘某某参加庭审，对鉴定意见作出说明，称司法鉴定机构在鉴定时只参照离受伤时间最近时间所拍 CT 片（46518 号 CT 片）进行鉴定。同时，姜某某为赵某某出具的书面说明当中，对于用于鉴定的46518 号 CT 片只是证实双侧鼻骨均见骨折，并未明确证实为双侧鼻骨粉碎性骨折。故应认定吉林公专司法鉴定中心出具的鉴定意见客观、真实，应予以采信。自诉人赵某某的伤情属轻微伤。

【无罪判例 9】袁某某诉王某甲、王某乙、王某丙犯故意伤害罪刑事一审判决书——（2012）咸渭刑初字第 00242 号

咸阳市渭城区公安司法鉴定中心（咸）公（渭）鉴（临法）字（2011）049 号鉴定书的鉴定意见中袁某某损伤属轻伤，因该条结论与西安市交通大学法医学司法鉴定中心西交司法鉴定中心（2013）临鉴字第2996 号法医临床司法鉴定意见中袁某某伤情属轻微伤的意见相悖，故不予采纳。

本院认为，被告人王某甲、王某乙、王某丙在与自诉人袁某某商谈咸阳市中心医院儿科与被告人王某甲女儿发生的医患纠纷过程中，因不满意自诉人袁某某对其索赔要求的答复意见，便对自诉人袁某某实施暴力，致自诉人袁某某轻微伤，根据《刑法》第二百三十四条第一款的规定，达不到故意伤害罪的入罪条件，故自诉人袁某某控告被告人王某甲、王某乙、王某丙犯故意伤害罪证据不足，控告罪名不能成立。

【无罪判例 10】赵某某故意伤害一审刑事判决书——（2014）平刑初字第 72 号

关于被告人赵某某故意伤害行为致被害人于某某的损伤程度，根据本院调取的于某某就诊病历，于某某 2014 年 3 月 5 日入院就诊时 4040569 号、4070577 号 X 光片报告单及 162652 号 CT 片报告单，均未显示被害人于某某有胸腔积液。而 2014 年 3 月 7 日复查时 162808 号 CT 报告单出现“与 2014 年 3 月 5 日 CT 平扫比较左侧少量胸腔积液已吸收”，2014 年 11 月 7 日平泉司法医学鉴定中心出具的《关于于某某司法医学鉴定意见的说明》亦称“患者曾两次进行胸部 CT 扫描检查，首次检查左胸腔有少量积液”，此两次陈述均与原始检查结论不符，平泉司法医学鉴定中心据此作出被害人于某某左侧胸腔积液，损伤程度评定为轻伤二级的鉴定意见明显鉴定依据不足，故对《平泉司鉴中心（2014）临鉴字第0127号鉴定意见》不予采信。北京天平司法鉴定中心综合分析被害人原始检查时的两份X光片及报告单、162652号CT片及报告单，认为被害人左胸上外侧二处斜行伤口，未进胸腔，损伤程度属于轻微伤，鉴定依据充分，对《北天司鉴（2014）临鉴字第1540号鉴定意见》依法予以采信，公诉机关指控被告人赵某某犯故意伤害罪不成立。

【无罪判例11】朱某故意伤害罪一审刑事附带民事判决书——（2014）朝双刑初字第00132号

本院认为，被告人朱某与杨某因停车挡道一事发生争执，致杨某左眼眶内壁骨折的事实存在，经朝阳市公安局人体损伤程度鉴定为轻伤，伤残等级为十级，本案在审理过程中，被告人朱某申请重新鉴定。经朝阳营州司法鉴定所司法鉴定杨某左眼眶内壁骨折构成轻微伤，且不构成规定的伤残等级。经查，朝阳营州司法鉴定所出具的鉴定书，对朝阳市中心医院住院病历资料摘要及实时检验、阅影像资料，进行了全面的论证分析，并在此基础上作出了鉴定结论。另关于鉴定人资格、鉴定依据、鉴定过程、鉴定材料及鉴定结果与前次鉴定相比较，朝阳营州司法鉴定所的鉴定结论更为全面、科学、客观，且与本案其他证据相互印证、排除矛盾，得出合理排他性的唯一结论，本院予以采信。故自诉人杨某指控被告人朱某犯故意伤害罪罪名不成立，本院不予支持。

【无罪判例12】冯某乙故意伤害罪一审刑事附带民事判决书——（2015）西刑初字第70号

本院认为，被告人冯某乙因琐事与自诉人冯某甲发生互殴，致自诉人冯某甲受伤，经固原正源司法鉴定所重新鉴定，自诉人冯某甲之伤属轻微伤，故被告人冯某乙的行为不符合故意伤害罪的构成要件，自诉人冯某甲指控被告人冯某乙犯故意伤害罪的罪名不能成立，本院不予支持。

【无罪判例13】林某甲等故意伤害刑事一审判决书——（2015）青法刑初字第63号

本院认为，被告人林某甲、林某乙、刘某甲因土地纠纷与王某某发生争执进而厮打致王某某的轻微伤的行为，不符合刑法故意伤害罪的构成要件。故意伤害他人身体要求后果达到轻伤以上才构成故意伤害罪，本案中有三份鉴定结论，一份青冈县公安局的轻伤鉴定，一份绥化市公安局的轻微伤鉴定，一份黑龙江新讼司法鉴定中心的轻微伤鉴定，本院采信轻微伤的鉴定结论，故不认为是犯罪。

【无罪判例 14】陈某丙、陈某友故意伤害一审刑事判决书——（2015）遵刑重初字第 00003 号

本院认为，附带民事诉讼原告人陈某甲、杨某甲、陈某乙及被害人陈某戊与被告人陈某丙、附带民事诉讼被告人陈某友等人发生口角后厮打在一起，致陈某甲、杨某甲、陈某戊受伤，有被告人供述、被害人陈述、证人证言、诊断证明及医疗费单据等证据予以证实，对该事实本院予以确认。被告人陈某丙虽将被害人杨某甲致伤，但经河北省高级人民法院法医鉴定，其伤情属于轻微伤，故被告人陈某丙的行为依法不构成故意伤害罪。

【无罪判例 15】丁某诉孙某某故意伤害案一审刑事附带民事判决书——（2014）四西刑自初字第 12 号

本院认为，经本院申请四平市中级人民法院司法技术辅助工作办公室委托吉林中正司法鉴定所对自诉人丁某的损伤程度、伤残程度进行司法鉴定，结论为自诉人丁某右侧眼眶内壁骨折构成轻微伤；自诉人丁某鼻骨单纯性骨折构成轻微伤。参照《道路交通事故受伤人员伤残评定》（GB 18667—2002）标准的相关条款规定，自诉人丁某面部外伤，不构成伤残。据此自诉人丁某告诉被告人孙某某犯故意伤害罪的证据不足，所告诉的罪名不能成立，依法应宣告被告人孙某某无罪。

【无罪判例 16】韩某甲与牛某故意伤害罪一案刑事判决书——（2016）陕 0821 刑初 82 号

另查明，陕西驼城律师事务所于 2014 年 7 月 3 日委托陕西榆林科正司法鉴定中心对自诉人韩某甲的伤情进行了医学评定。该所于 2014 年 7 月 7 日作出鉴定意见：认为韩某甲外伤史明显，现主要表现为双耳听力障碍，认定韩某甲的损伤程度属轻伤一级。在原审中，被告人牛某申请重新鉴定，本院委托陕西公正司法鉴定中心重新鉴定。重新鉴定意见为：韩某甲因外伤致脑震荡、左颞部头皮血肿、腰背部软组织损伤，不伴有神经系统症状和体征。头部损伤应属轻微伤。韩某甲本身存在高血压（收缩压 > 90mmHg），高脂血症，可以出现眩晕、耳鸣。依据韩某甲提供的病历资料，认定韩某甲于 2014 年 4 月 28 日外伤致双耳听力障碍依据不足。

本院认为，被告人牛某殴打自诉人韩某甲致其受伤的事实清楚、证据确凿。本案争议的焦点是自诉人韩某甲的伤情是否构成轻伤。自诉人韩某甲受伤住院 7 天后诉眩晕、耳鸣，双耳听力下降，医院诊断为双耳神经性耳聋。根据医院相关病历记载，韩某甲被打伤后并不伴有神经系统症状和体征，韩某甲本身存在高血压病、高脂血症，可出现眩晕、耳鸣，且根据法庭开庭情况看，韩某甲均能正常交流，故认定韩某甲于 2014 年 4 月 28 日外伤致听力障碍依据不足，故陕西公正司法鉴定中心的鉴定意见更具有说服力，予以认定，对陕西榆林科正司法鉴定中心的鉴定意见不予认定，依法应当宣告被告人牛某无罪。

【无罪判例 17】程某故意伤害罪再审刑事判决书——（2016）鄂 0984 刑再 1 号

经审理查明：2013 年 1 月 29 日 9 时许，原审被告人程某在汉川市仙女山街道办事处山后三路 46 号因其车辆被交警扣留一事找分管队长李某 1 论理时，双方发生肢体冲突，原审被告人程某用手将李某 1 鼻部打伤。在原一审期间，原审被告人程某赔偿了被害人李某 1 医疗等全部费用，上述事实，检、辩双方在庭审中无异议，均不申请重新当庭举证、质证，本院予以确认。另查明：原审被害人李某 1 的损伤程度经重新鉴定为轻微伤，该鉴定程序合法，鉴定意见真实、有效，且经庭审举证、质证，本院予以确认。

综上所述，本院认为，原审被告人程某故意伤害他人身体健康，其行为尚未达到轻伤法律后果，不构成故意伤害罪。公诉机关指控原审被告人程某犯故意伤害罪不能成立，本院不予支持。公诉机关要求法庭采信原一审鉴定结论的意见，因湖北同济法医学司法鉴定中心作出的法医学鉴定意见书程序合法，鉴定意见客观真实，故公诉机关的意见本院不予采纳。

【无罪判例 18】张某某故意伤害一审刑事判决书——（2018）皖 0826 刑初 25 号

关于被告人张某某辩解及其辩护人辩护提出张某某的行为不构成故意伤害

罪。经查，在本案审理过程中，被告人张某某向本院申请重新评定朱某2的损伤程度。经审查，宿松县公安司法鉴定中心（松）公（司）鉴（损伤）字〔2017〕230号法医学人体损伤程度鉴定书根据现有材料，结合案情调查，检验鉴定如下：被鉴定人朱某1伤后就诊查体见“头后枕部可见长约8cm头皮裂伤，右耳前可见一约1cm长伤口（未及真皮层）”，本次法医学检验见右颞部、右枕顶部至右外耳郭背侧头皮创，创口累计长9.4厘米，其头颅CT片示未见明显外伤性改变，依照《人体损伤程度鉴定标准》第5.1.4a条的规定评定为轻伤二级。2018年4月11日，本院委托南昌大学司法医学鉴定研究所重新评定朱某2的损伤程度，2018年4月28日，南昌大学司法医学鉴定研究所昌大司鉴所〔2018〕临鉴字第04112048号临床鉴定意见书，根据检验所见及结合案情等综合分析，鉴定人认为：被鉴定人朱某1存在右颞枕部头皮与右耳郭后部创、右颧部皮肤擦伤等损伤，本次外伤可以形成。临床上经行右颞枕部、右耳郭后部清创缝合等治疗，现被鉴定人朱某1遗留右颞枕部、右耳郭后部瘢痕形成。法医学上，创是指由较大暴力致皮肤全层和皮下组织如肌肉、血管、神经断裂、内脏器官被膜破裂；由于皮肤全层甚至皮下组织断裂，临床上需行清创缝合等治疗，经清创缝合后以瘢痕组织修复，在体表会遗留相对明显的瘢痕。擦伤是指表面粗糙的致伤物与体表摩擦致表皮层或表皮层与部分真皮层剥脱和缺损，又称表皮剥脱。表皮层中无血管，单纯表皮层缺失无出血现象，但在实际工作中常见表皮剥脱伴有出血现象，是伤及真皮乳头的原因。擦伤的表面渗出组织液和血液混合，覆盖伤面，形成痂皮，数日后痂皮脱落，伤面愈合。根据目前查体所见并结合现有鉴定材料（临床病历记载、伤后照片）显示，被鉴定人朱某1右颞枕部头皮、右耳郭创行缝合治疗后瘢痕相对明显；而临床病历记载其右颧部伤口未伤及真皮层，伤后也确实未经临床缝合治疗并愈合良好（目前查体呈现为细条状皮肤色泽轻微改变，与邻近皮肤色泽相近）。因此认为，其右颧部伤口不属于创的范畴，属于擦伤的范畴，所遗留的右颧部细条状皮肤轻微色泽改变尚难以认定为法医学上的皮肤瘢痕范畴。经计算，被鉴定人朱某1右颞枕部头皮、右耳郭瘢痕累计长度为7.7厘米。因此，依据目前情况和现有鉴定材料，根据《人体损伤程度鉴定标准》附则6.17及第5.1.5c之规定，评定被鉴定人朱某1的损伤程度为轻微伤。南昌大学司法医学鉴定研究所作出昌大司鉴所〔2018〕临鉴字第04112048号临床鉴定意见书与宿松县公安司法鉴定中心（松）公（司）鉴（损伤）字〔2017〕230号法医学人体损伤程度鉴定书相比较，南昌大学临床鉴定意见书更客观、更科学，本院采信南昌大学司法医学鉴定研究所昌大司鉴所〔2018〕临鉴字第04112048号临床鉴定意见书作为本案证据。被告人张某某辩解及其辩护人辩护提出张某某行为不构成故意伤害罪的意见，本院予以支持。

【无罪判例19】付某林故意伤害案——刑事审判参考930号

湖州市中级人民法院认为，原审被告人付某林虽有故意伤害上诉人李某身体的行为，但鉴于李某的损伤程度未达到轻伤，故原公诉机关指控付某林犯故意伤害罪的罪名不能成立。同时，基于以下理由认定抗诉、上诉意见不能成立：（1）原公诉机关依据前三份鉴定意见指控原审被告人付某林故意伤害李某身体并致李某轻伤，而付某林在一审法院审理过程中以李某伤后曾有到北京外出的行为，存在其他致伤可能等为由申请重新鉴定。原审委托浙江省人身伤害鉴定委员会进行医学鉴定，符合《浙江省人身伤害和精神病医学鉴定暂行规定》之规定，程序合法。（2）与在案的前三份鉴定意见相比，浙江省人身伤害鉴定委员会所作鉴定意见的检材基础（包括病历资料、影像资料等）更为全面、完整。浙江省人身伤害鉴定委员会鉴定采用直接读片并对影响资料作出分析判断的方法，其审查读片对象不仅包括2011年1月5日、2011年3月7日的影像资料，也包括2010年12月15日、2010年12月17日、2011年1月4日等拍摄的影像资料，反映了李某被打后诊断检查损伤的全过程。浙江省人身伤害鉴定委员会出具的李某损伤程度未达轻伤的鉴定意见，合法有效，亦对作出李某的伤势鉴定意见的理由进行了合理解释，该鉴定意见可以作为认定李某损害程度的依据。故上诉人李某提出要求重新鉴定的申请，理由不足，不予支持。（3）证人宋某根、张某等人的证言与上诉人李某的陈述、公安机关出具的到案经过可以相互印证，证实原审被告人付某林殴打李某的过程，证人宋某根、张某的证言、付某林供述中均提到当天李某嘴角有血。李某当天至湖州第一医院就诊的病历也显示其口唇及右75胸皮肤多处挫伤。在案证据足以认定付某林殴打李某的事实。

规则16：鉴定人经法院通知未出庭作证，不能认定相关鉴定意见

【规则分析】 实践当中鉴定人作为具有专门知识的人，并非一律都需要出庭作证，但是当法院发现了鉴定书中的问题需要鉴定人作出解释时有时会通知鉴定人出庭，如果鉴定人不出庭则关于鉴定意见的问题无法解决，疑点也将无法排除。因此究其根本，这一规则下的鉴定人未出庭作证并非导致鉴定意见被排除的直接原因，鉴定人未出庭从而导致一些重要问题无法得到解释和解决才直接导致法院无法认定该鉴定意见。

【无罪判例1】李某犯故意伤害罪一审刑事判决书——（2014）泰刑初字第0419号

本院认为，自诉人肖某银于2014年8月19日经泰兴市人民医院CT诊断为右侧胫骨平台髁间隆突基底部骨折，自诉人肖某银及其诉讼代理人所提供用以证明自诉人肖某银损伤程度的泰兴市公安局物证鉴定室出具的泰公物鉴（法检）字〔2014〕297号《法医学人体损伤程度鉴定书》中检验对象为家住泰兴市根思乡老复兴村复杨6组20号的肖某银，而非家住泰兴市根思乡老叶村肖利8组29号的自诉人肖某银；泰兴市公安局根思派出所出具的情况说明在未提交足以证明泰公物鉴（法检）字〔2014〕297号《法医学人体损伤程度鉴定书》中检验对象及检验材料就是自诉人肖某银的证据材料的情况下，擅自将泰公物鉴（法检）字〔2014〕297号《法医学人体损伤程度鉴定书》中检验对象肖某银的家庭住址变更为泰兴市根思乡老叶村肖利8组29号，鉴定人经本院通知无正当理由未出庭作证；致使本院无法对泰兴市公安局物证鉴定室出具的泰公物鉴（法检）字〔2014〕297号《法医学人体损伤程度鉴定书》中检验对象肖某银是否与自诉人肖某银系同一人进行审查确认，亦无法对自诉人肖某银的损伤程度进行审查确认；经泰州市公安局物证鉴定所重新鉴定，泰兴市人民医院于2014年8月19日CT诊断自诉人肖某银右胫骨平台髁间隆突基底部骨折，系自诉人肖某银右膝关节胫骨平台骨质增生，而非骨折，泰兴市人民医院于2014年8月21日核磁共振诊断自诉人肖某银右膝周软组织肿胀符合外力作用形成，自诉人肖某银右膝关节胫骨平台骨质增生及右膝周软组织肿胀对照《人体损伤程度鉴定标准》第4·3·3条之规定，不宜对自诉人肖某银进行损伤程度鉴定。

自诉人肖某银控诉被告人李某犯故意伤害罪的证据不足，不能依法认定被告人李某有罪。

【无罪判例2】高某故意伤害罪一审刑事判决书——（2015）长刑初字第23号

本院认为，公诉机关出示的被告人供述、被害人陈述及证人证言能够证实被告人高某与被害人刘某甲发生打斗，高某将刘某甲打伤的事实，根据河北省公安厅公冀刑鉴法医损伤字（2010）第284号法医损伤检验鉴定书的鉴定结论，刘某甲的损伤属于轻伤。辩护人提出对检验鉴定书有异议：（1）CT报告单单号不符；（2）CT报告单结论和鉴定书中引用的内容不一致；（3）法院调取的CT报告单和鉴定书引用的CT报告单出具日期不一致。故法院依法通知鉴定人出庭作证，但鉴定人未出庭，鉴定机构出具情况说明：鉴定人王某丁已去世，鉴定人安某已退休，因病无法出庭。本院认为，法医损伤检验鉴定书存在辩护人提出的瑕疵，而鉴定人经通知未到庭作证，故检验鉴定书不能作为定案的依据。公诉机关指控被告人高某的行为构成故意伤害罪，证据不足，本院不予支持。

（三）言词证据规则

规则17：亲属等有利害关系的证人证言存疑，证明效力较低，不能作为定案依据

【规则分析】此规则之下的案例，大部分为证人证言不能作为定案依据，还有一些是被告人供述被排除的情况。法官审查证人证言的可信性时，应当注意证人的身份以及行为。关于证人身份，我国素有“亲亲相隐”的传统，现在更有法律专门规定了近亲属的出庭作证特免权，《最高人民法院关于适用〈中华人民共和国刑事诉讼法〉的解释》第七十四条规定，“对证人证言应当着重审查以下内容：……（三）证人与案件当事人、案件处理结果有无利害关系”同样道理，对于出庭作证的被害人或被告人的亲朋好友证人，也经常被认定为具有利害关系的证人而将其证言加以排除。因此，不仅对被害人或者被告人明显有利的具有利害关系的证人证言可能被排除，对被害人或者被告人方明显不利的有偏见的具有利害关系的证人证言也可能被排除，因为上述类型的证人证言都明显具有主观色彩。

【无罪判例1】陈某彬故意伤害二审刑事判决书——（2016）粤52刑终218号

现场目击证人主要是詹某1的亲属和陈某彬的亲属。詹某1的亲属都指证陈某彬殴打詹某1，但都没有提到詹某1非法持有枪支，也没有提到陈某彬抢夺枪支之事。陈某彬的亲属则证实詹某1拿出手枪指向他们，陈某彬见状上前抢夺，期间听见枪响，二人一起摔倒在地，他们就一起上前将詹某1按住并夺走枪。

第三方证人陈某9证实当天下午他在山上扫墓时，听到山上有人吵架与枪响的声音，就到詹某1祖坟处，在场的青年指着倒在地上的詹某1说其持枪要来打架，另一名男青年手持2支仿制枪具说枪是从詹某1处抢来的。

后山村党支部书记陈某7证实他到现场后，看见有2名男子倒在地上，一名男子拿了2把枪对他说，枪是该2名男子的。

证人陈某10证实当时看见陈某彬一方四五人与四五个外乡人在争吵，外乡一方的其中一人手拿1把长枪。

综上所述，詹某1亲属的证言回避了詹某1持有枪支的关键事实，可信度较低。陈某彬亲属的证言的部分内容有生效判决及其他证人证言的印证，可信度相对较高。

【无罪判例2】王某某诉马某某故意伤害罪一审刑事判决书——（2011）陇刑初字第00077号

本院认为，本案经举证、质证、认证从客观方面仅能证实自诉人受到伤害的时间、地点及后果，无法证实其受到伤害的具体行为过程，证人王三某的证言虽证实被告人马某某致伤自诉人王某某的行为过程事实，但因其与王某某为父子关系，双方有利害关系，证据效力低，且与其他证人证言不一致，也无其他有效证据印证，其证言本院不予采纳，故自诉人王某某指控被告人马某某犯故意伤害罪的事实证据不足、罪名不能成立。

【无罪判例3】白某甲犯故意伤害罪一审刑事判决书——（2015）兖刑重初字第1号

本院认为，在打架过程中，被害人白某己左大腿受伤是事实，但致伤原因不明确……证人白某乙（被害人之子）也没有看清被告人与被害人是如何殴打的，且两次证言不相一致；证人白某丁、白某戊、谭某、张某甲、苏某、张某乙的证言，证实或者没看清如何打架，或者只看到打架后的状况，都没能证实被告人白某甲直接殴打了被害人白某己；证人闫某、证言证实没看清怎么回事，白某己就坐在地上，白某己说他侄子白某甲用木棍砸的。证人王某甲的证言，先是证实看见白某乙在白菜地里躺着，白某乙的父亲也在这块白菜地里躺着，后又证实没注意看见白某甲从什么地方拿了一根木棍，用木棍砸白某乙父亲的腿（记得是白某乙父亲的大腿）。证人肖某的证言，白某乙的弟弟（他叔家的儿子，后来知道叫白某甲），手中拿着一根木棍，朝白某乙父亲的大腿左侧打了三四下，棍当时就断了，白某乙的父亲就坐在地上咋呼“我的腿断了”，看见白某甲手中的半截木棍飞过路东落到东边的空院子里。证人王某乙的证言，白某乙的弟弟拿着一根木棍，走到白某乙的父亲跟前，朝其父亲大腿处砸了两下，忘记砸在哪条大腿上了。闫某、王某甲、肖某、王某乙是同一时间去的案发现场，所证实的情况相互矛盾，且四人是白某乙的朋友，又是白某乙打电话喊去的，与本案存在利害关系，其证人证言，不予采信。

【无罪判例4】冯某某故意伤害一审刑事判决书——（2015）庆西刑初字第588号

本院认为，自诉人冯某A因儿子驾车肇事致伤被告人冯某某亲戚，在冯某某等人索要损失时，双方在发生纠纷的过程中致冯某A身体轻伤，有冯某A陈述及住院病历、诊断证明、法医学人体损伤检验笔录、鉴定结论等书证在卷证实，应予认定。但冯某A伤情是否被告人冯某某所致，仅有冯某A的陈述，无其他证据印证，被告人冯某某始终否认。现场的五名证人均证明自诉人的伤是其自伤所致，但因五名证人与被告人冯某某均有亲戚关系，与案件有利害关系，且五人证言所证明的事实不符合常理，不能作为定案依据。

【无罪判例5】黄某甲故意伤害罪一审刑事判决书——（2014）深福法刑初字第1644号

证人蔡某系被害人陈某的妹夫，曾因本案被取保候审，与本案被告人黄某甲的处理具有利害关系，对于为何没有与黄某甲等人一起进去公司，蔡某2月

16日笔录解释称黄某甲带着三名男子准备上楼，说他爸叫其一起上去，其觉得事情太突然，就和侄子蔡某濠二人留在电梯并下到一楼；4月3日笔录解释称在电梯里黄某甲带的那三名男子看上去像黑社会一样，其觉得他们要进去打人，其就感觉要出事，所以不敢出电梯；5月29日笔录解释称黄某甲跟房某说，他爸叫打谁就打谁，其在电梯里听到这些话，觉得不妥，就走了……证人张某娟系蔡某的妻子、被害人陈某的妹妹，与蔡某的处理具有利害关系，其虽证实案发后黄某乙与黄某甲到其家中，黄某乙称有人比蔡某伤得更严重，但其对黄某甲的具体行为是不知情的，其之后听公司的人说是黄某乙叫黄某甲带了三名男子去陈某公司将陈某打伤的证实，属传来证据，证明效力低。

【无罪判例6】高某甲故意伤害罪一审刑事判决书——（2016）鄂0325刑初234号

本院认为，公诉机关指挥被告人高某甲将高某庚按倒在地，双膝压住高某庚前胸抢夺镰刀，导致高某庚受伤。认为认定该事实的证据有被害人高某庚的陈述，证人张某甲、杨某甲等人的证言和被告人高某甲的供述和辩解。其中只有高某庚的二嫂杨某乙于2016年8月10日，即事发后第5天的证言中证实，高某甲将高某庚按倒在地，高某庚起来后，高某庚说其右胳膊疼，拉不得，可以证实高某庚的伤，是高某甲将其按倒在地造成的外，高某甲、高某乙、高某，付某均陈述高某庚的伤应该是高某甲将高某庚按倒在地造成的，上述四人对该事实均是推断性的陈述。高某庚事发当晚即2016年8月5日晚第一次在公安机关陈述，其右锁骨受伤是高某甲和高某乙二人将其按在地上，高某乙用砖头打其头部时，其肩膀一扭，扭伤的。而其于2016年8月29日第三次在公安机关的陈述，其右锁骨受伤是高某乙用砖头打伤的。事发当晚即2016年8月5日公安机关询问高某庚的妻子杨桂华“高某乙是怎么动手打高某庚的?”，其陈述：“高某乙捡了一块砖打在高某庚左肩膀处”。上述证据，除了杨某乙的证言能证实高某庚的伤，是高某甲造成的，但因其是高某庚的二嫂，属与高某庚有利害关系的人，而其他人的证言均不能证实高某庚的伤是高某甲造成的。

【无罪判例 7】何某、何某兵故意伤害罪一审刑事自诉判决书——(2016)鄂9005刑初283号

自诉人主张其伤系被告人何某用脚将其踢倒在地，然后被告人何某兵扑在自诉人身上，并对其进行殴打所致是否成立。经查，该主张仅有证人何某斌、张某、彭某香的证言与之印证，而何某斌系张某的朋友，其受张某邀约而至，张某系自诉人之妻，彭某香系自诉人之母，与自诉人均有直接利害关系，上述证言可信度不高，证明力较弱。而晏某荣对自诉人的受伤过程未能证实，因此，该主张无确实、充分的证据证明，对上述证据，本院依法不予采信。

【无罪判例 8】黄某故意伤害罪一审刑事判决书——(2016)苏0324刑初524号

出庭证人黄某1与胡安华系夫妻关系，黄某9系黄某1、胡某华的女儿，均与本案有直接利害关系且二人证言的证明内容无其他相关证据予以印证，故本院对二人出庭作证所证明的内容不予采信。

【无罪判例 9】吴某故意伤害一审刑事判决书——(2016)冀0983刑初377号

公诉机关出示的多名证人证实赵某1被吴某打伤，但除吴某伟之外，其他证人均未在现场亲眼看到吴某致伤赵某1，且上述证人与赵某1均系亲属关系(赵某泉是赵某1的哥哥、赵某良、赵某玉、赵某博均系赵某1的侄子)，他们所做的证言应该是有利于被害人赵某1的，证明力很弱，且在有些环节上与赵某1所陈述的也不一致，不能作为定案的依据。

【无罪判例 10】周某故意伤害罪一审刑事判决书——(2017)鄂0602刑初93号

本院认为，我国《刑事诉讼法》第四十九条规定，自诉案件中被告人有罪的举证责任由自诉人承担。本案自诉人汪某指控被告人周某用拳头打伤其右手掌致其轻伤，只有证人肖某的证言证明看见被告人用拳头打在自诉人右手，但证人肖某在侦查机关的两次证言内容存在不一致……且肖某系自诉人汪某的员工，与自诉人存在一定利害关系，其证言在没有其他证据相印证下，证言的证明力较弱，无法证明案件的真实案情，故本院不予采信。

【无罪判例 11】自诉人暨附带民事诉讼原告人范某娣诉被告人阚某华、范某梅、范某通故意伤害案一审判决书——（2016）苏 1112 刑初 109 号

对于争议焦点一，本院根据在案证据分析如下：

1. 自诉人主张其轻伤结果系被告人范某通拳击其左手腕所致是否成立，经查，该主张仅有证人谢某、范某 1 的证言与之印证，而范某 1 与谢某作为自诉人范某娣的女儿、女婿与其有直接利害关系，证言可信度不高，证明力较弱。因此，该主张无确实、充分的证据证明，本院不予支持。

……

【无罪判例 12】王某某故意伤害一审刑事判决书——（2017）粤 0883 刑初 213 号

关于被告人王某某的辩护人提出的辩护意见，本院综合评析如下：1. 对被告人王某某的供述和辩解及被害人肖某 1 的陈述，因其二人均是案件的当事人，与本案具有利害关系，本院将结合其他证据予以认定……3. 证人王某 1、梁某 1、王某 2 的证言与王某某之前在公安侦查阶段和检察机关审查起诉阶段讯问时的多次供述不一致，且梁某 1、王某 2 的前后陈述也不一致，他们二人跟王某某属同村和邻村人关系，故他们二人的证言应不予采信；

【无罪判例 13】王某甲故意伤害罪刑事附带民事判决书——（2014）壶刑初字第 34 号

且张某某系王某忠的妻子，王某乙系王某忠的胞兄，与案件当事人有利害关系，其证言的证明效力相对较低……

【无罪判例 14】郭某芹故意伤害一审刑事判决书——（2016）冀 0322 刑初 154 号

证人李某 2 的证言证明“李某 4 和妻子拽着王某 1 的脖领子，用手连扇带抠的打”，其证明双方有肢体接触的情况与被害人王某 1 陈述不一致，与证人宋某等人的证言内容也相矛盾……再次，部分证人证明被害人王某 1 在砸伤李某 3 后用砖头砸伤自己头部，但部分证人证言出现反复，且与被告人郭某芹有亲属关系，证言内容可能受到客观因素的影响，且经相关鉴定机构鉴定该自伤情节无法认定。

【无罪判例15】杨某明故意伤害一审刑事附带民事判决书——（2016）川1827刑初9号

从全案证据来看，仅有自诉人李某英的陈述、证人杨某全、浓某鹏的证言证明杨某明动手打过李某英，考虑到李某英、杨某全、浓某鹏三人的关系，再结合二被告人的供述与辩解，以及证人李某荣、苏某英的证言，本院认为不能证明杨某明有伤害李某英的主观故意和客观事实，故杨某明对李某英的伤害不承担刑事和民事责任。

【无罪判例16】自诉人的某+的某1诉吉某+吉某1故意伤害罪案一审刑事附带民事判决书——（2017）川3434刑初119号

本院认为，被告人（反诉自诉人）吉某致自诉人（反诉被告人）的某、自诉人的某1二人轻伤二级的后果，其行为符合《刑法》第二百三十四条之规定，构成故意伤害罪。自诉人暨附带民事诉讼原告人控诉被告人吉某犯故意伤害罪的犯罪事实及罪名成立，本院予以支持。自诉人的某1及其辩护人控诉被告人吉某1犯故意伤害罪，因自诉人提供的证人证言同开庭审理时出庭证人的证言不能相互印证，且自诉人提供的证人同自诉人均存在利害关系，故对自诉人提供的该证人证言本院不予采纳，本院不能认定自诉人的某1的轻伤二级的后果为被告人吉某1所致。

【无罪判例17】王某乙故意伤害罪一审刑事判决书——（2015）西昌刑初字第141号

自诉人朱某某指控被告人王某乙犯故意伤害罪，仅有自诉人朱某某的陈述以及证人王某丙的证言，而证人王某丙与自诉人朱某某又系夫妻，存在利害关系，因此，自诉人朱某某指控被告人王某乙犯故意伤害罪的证据不足，本院不予认定。

【无罪判例18】曾某霞故意伤害罪一审刑事判决书——（2015）深福法刑初字第522号

综上证据材料，涉案的主要证据有被害人曹某的陈述、被告人曾某霞的供述、视听资料、鉴定意见等。曹某直接指证被告人曾某霞对其实施了加害行为，但其本人系案件利害关系人，言词证据难免主观色彩，应结合其他证据综合甄别、评价。被告人曾某霞归案后一直否认击打过曹某的牙齿部位，视听资料亦无法清晰显示曹某的伤情是因曾某霞的直接击打所造成，目前曹某的伤情与曾某霞的行为直接关联的证据即曹某本人的陈述。由于二人本身存在纠纷，曹某的部分陈述失实、夸大的可能性不能绝对排除。

【无罪判例19】陈某1故意伤害罪一审刑事判决书——（2015）深福法刑重字第7号

……

2. 本案的相关证据中，陈某2、蔡某1是陈某1的亲属，证言明显有倾向性，直接证实陈某1伤情后果与吕某生行为之间因果关系的证据不足，不排除事发后因陈某1酒后自身原因跌倒致伤的可能。

【无罪判例20】聂某某故意伤害一审刑事附带民事判决书——（2011）沂南刑自初字第9号

经庭审质证，被告人对自诉人提交的1～6号证据的真实性、关联性均有异议。认为自诉人的伤情和花费与其无关，损伤并不是其所致，其也没有动手殴打自诉人的理由予以抗辩。

另外，经自诉人申请，本院调取了沂南县公安局铜井派出所的询问刘某某、高某某、聂某某、张某某、刘某甲、王某某、刘某丙、毛某某、刘某乙的笔录，询问材料中记录双方有争吵的事实，除自诉人和其妻高某某、其姐刘某甲陈述有动手过程，其他证人均陈述没有看见自诉人和被告人殴打的事实。被告人质证上述询问材料称，证人高某某是自诉人的妻子，证人刘某甲是自诉人的姐姐，其近亲属的证言不能作为定案依据予以抗辩。证人张某某的证言证实，自诉人和被告人发生纠纷后，相互抓挠在一起，其和他人一起将自诉人和被告人拉开。

【无罪判例21】寿某犯故意伤害罪一审刑事判决书——（2015）绍诸刑初字第1721号

本案的争议焦点是：自诉人的伤是否系与被告人扭打倒地形成，本院认为，自诉人提供的现有证据证据不充分，不能排除自诉人的伤是翻墙时摔伤的可能性。理由如下：

1. 直接证实被告人有罪的证据不充分。自诉人为证明控诉提供了其妻子傅某、父亲陈某甲、某某的证言，上述证人因与自诉人均有一定利害关系，其证言证明力不强；另自诉人未能提供当时在场的其他无利害关系人的证言，故不能仅从现有证据证明被告人有罪。

……

本院认为，自诉人控诉寿某犯故意伤害罪的证据不足，不能有效排除被告人的合理辩解，没有达到事实清楚、证据确实、充分的刑事证明标准，自诉人控诉的犯罪不能成立，本院不予支持。

【无罪判例22】陈某美故意伤害刑事一审判决书——（2017）云0524刑初16号

本院认为，自诉人暨附带民事诉讼原告人毕某指控被告人陈某美构成故意伤害罪，证据不足，指控的犯罪不能成立。本案证人罗某2、罗某系自诉人毕某之儿女，二人的证言客观性不足，证人李某对被告人陈某美是否用木凳殴打毕某称其“未看清楚”，自诉人毕某及被告人陈某美对该事实各执一词。现有证据不能确实、充分、直接、排他的证明被告人陈某美用木凳殴打了毕某的事实。

规则18：证人违规旁听庭审，证言证明效力较低，不能作为定案依据

【规则分析】《人民法院办理刑事案件第一审普通程序法庭调查规程（试行）》第二十三条第二款规定：“证人出庭作证前，应当在法庭指定的地点等候，不得谈论案情。证人出庭作证后，审判长应当通知法警引导其退庭。证人不得旁听对案件的审理。”这是因为旁听庭审无论是出于主动还是被动都可能对证人如实作证造成不利影响，因此有可能被排除。

【无罪判例】吴某故意伤害一审刑事判决书——（2014）崇州刑初字第190号

本院分析认为，延期审理的补充证据中，证人汪俊某证实在车上听吴某说他打了对方，被告人吴某辩称该证言不是事实。汪俊某未实际看到吴某打人，其听吴某所说的话也无其他在场证人证实，且证人汪俊某在接受调查前旁听了本案的二次庭审，从而影响了其证言的真实性，故汪俊某的证言不能作为定案依据。

规则19：证人无正当理由不出庭作证，无法确定其证言真实性，不能作为定案依据

【规则分析】 关于证人出庭作证，2018年《刑事诉讼法》第六十一条规定，“证人证言必须在法庭上经过公诉人、被害人和被告人、辩护人双方质证并且查实以后，才能作为定案的根据”，《最高人民法院关于适用〈中华人民共和国刑事诉讼法〉的解释》第七十八条第三款规定，“经人民法院通知，证人没有正当理由拒绝出庭或者出庭后拒绝作证，法庭对其证言的真实性无法确认的，该证人证言不得作为定案的根据”，2017年的《人民法院办理刑事案件第一审普通程序法庭调查规程（试行）》第五十一条也规定，“证人没有出庭作证，其庭前证言真实性无法确认的，不得作为定案的根据”。因此，此辩点中案例均是证人无正当理由不出庭作证导致的证人证言被排除。

【无罪判例1】杜某与张某故意伤害一审刑事附带民事判决书——（2014）泊刑初字第226号

本院认为，证人任某、刘某均系四川来泊务工人员，与双方均无利害关系，在公安机关第一次询问时未明确说打伤杜某的男子是张某，公安机关未及时让二人对张某进行辨认，案发半年后经过公安机关询问二人又出具证言证实是张某打的杜某，并明确称杜某家没人打张某，但其在第一次询问时称李洪松的妻子与他们进行厮打，两次证言内容存在矛盾，且二人经本院合法传唤均未到庭作证，对其证言真实性无法确认，公安机关提供的书面证言及同步录像光盘中存在瑕疵，依据《最高人民法院关于适用〈中华人民共和国刑事诉讼法〉的解释》的规定，该二证人的证言不能作为定案依据。

【无罪判例2】冯某某故意伤害案一审刑事判决书——（2014）奇刑初字第00148号

第二份证据是古城乡法律服务所出具的调查笔录一份，被调查人系牛某某（自诉人以及被告人的母亲）。被告人及其辩护人对该调查的笔录真实性不予认可，认为调查人齐某玉不是自诉人的委托人，被调查人不会写字，且证言需证人出庭接受质证。鉴于该调查笔录虽然调查人为齐某玉、李某某，但该笔录系一人书写，无二人签字，证人本人不会签名，备注有代笔人白某某代签捺印，但证人及代签人均未出庭质证，不具备证人证言的形式要件。故本院对被告人及辩护人的质证意见予以采纳，对自诉人的这一证据不予采信。根据自诉人提供的证据不能确实、充分地证实自诉人身体轻伤后果系被告人的行为所致，故自诉人指控被告人犯故意伤害罪因证据不足不能成立。

【无罪判例3】白某甲犯故意伤害罪一审刑事判决书——（2015）兖刑重初字第1号

本院认为，在打架过程中，被害人白某己左大腿受伤是事实，但致伤原因不明确。被告人白某甲供述虽承认参与打架，但一直不承认殴打被害人白某己，证人刘某甲2013年10月10日的证言证实其看见被告人白某甲持棍殴打了被害人白某己左大腿，但2014年2月14日的证言又证实“在我的印象里，一直没看见白某甲用棍打白某己”，两次证言前后不相一致，又不同意出庭作证，其证言依法不予采纳。

【无罪判例4】周某故意伤害罪一审刑事判决书——（2017）鄂0602刑初93号

本院认为，我国《刑事诉讼法》（2012年）第四十九条①规定，自诉案件中被告人有罪的举证责任由自诉人承担。本案自诉人汪某指控被告人周某用拳头打伤其右手掌致其轻伤，只有证人肖某的证言证明看见被告人用拳头打在自诉人右手，但证人肖某在侦查机关的两次证言内容存在不一致，经本院通知后肖某无正当理由拒不出庭作证。

【无罪判例5】杨某某与范某某、张某某故意伤害一审刑事附带民事判决书——（2013）眉刑初字第00120号

本院认为，自诉人杨某某指控被告人范某某构成故意伤害罪，从本案证据来看，只有自诉人本人陈述和其妻张某某证言，而自诉人提供的证人刘某、杨某某、周某某证言并不能证明其伤情系范某某所致。在本次审理中，自诉人所提供的白某某、杜某某、罗某某、王某证言，没有证据证明这四名证人当时在现场，证人也未出庭作证，故对此四名证人证言不予采信。

---

① 2018年修正《刑事诉讼法》第五十一条。

【无罪判例6】自诉人雷某控告被告人万某某犯故意伤害罪一审刑事附带民事判决书——（2015）榆刑初字第00025号

本院认为，自诉人雷某与被告人万某某因常乐大厦的部分房屋分割发生纠纷，后诉诸法院，在执行中双方又因消防设施修建、拆除发生言语冲突，在撕拉中，自诉人将被告人抱住，被告人弟万某某甲见状，上前与自诉人发生厮打，并用铁皮管子乱打，当日自诉人被送往医院治疗。经鉴定，自诉人雷某左上肢损伤符合轻伤，右手部、口腔损伤符合轻微伤。因被告人万某某供述其未殴打自诉人，是其弟万某某甲殴打的自诉人，且证人万某某甲证言证实，其见自诉人抱住哥哥万某某，其就上前与自诉人厮打，并用铁皮管子乱打。另证人罗江经本院合法传唤出庭作证，但其无正当理由拒不出庭作证，致对其在侦查阶段的证言真实性无法确认，不能作为定案的根据，故现有证据并不能证明自诉人轻伤系被告人所致，自诉人控告被告人犯故意伤害罪的事实及罪名不能成立，故应判决被告人无罪。

【无罪判例7】任某奎等故意伤害罪二审刑事判决书——（2013）冀刑三终字第95号

本院认为，孙某甲的证言对本案上诉人任某奎的定罪量刑有重大影响，且有必要出庭作证。但孙某甲在没有正当理由的情况下拒不到庭，根据《最高人民法院关于适用〈中华人民共和国刑事诉讼法〉的解释》第七十八条第三款“经人民法院通知，证人没有正当理由拒绝出庭或者出庭后拒绝作证，法庭对其证言的真实性无法确认的，该证人证言不得作为定案的根据”的规定，故对孙某甲的证言不予采信。河北省人民检察院出庭意见亦认为，认定任某奎参与打架的证据比较薄弱，建议本院对其依法作出判决。本案现有证据，尚不能形成上诉人任某奎实施殴打被害人行为的完整证明体系，故上诉人任某奎上诉及其辩护人辩护所提卷中证据不能证明任某奎实施了殴打被害人田某的行为，一审判决认定其有罪证据不足，请求改判其无罪的上诉及辩护理由成立。

【无罪判例8】陈某某故意伤害再审刑事判决书——（2016）粤06刑再2号

……

三、关于证李某雄的证言以及辨认笔录能否作为定罪证据

证人李某雄在本案中作了三份证言，证言内容前后不一致。

第一，证人李某雄称其看见“拍拍”持枪，并未看见开枪的过程，可见根据其证言无法锁定本案犯罪嫌疑人是陈某某……第五，在再审阶段，本院通李某雄出庭作证，李某雄拒不出庭作证，由此无法李某雄与陈某某就案件事实当庭对质。综上分析，证李某雄的证言真实性存疑，亦不足以作为定罪的依据。

【无罪判例 9】曹某波故意伤害一审刑事附带民事判决书——（2017）沪 0112 刑初 304 号

关于证人蒋某的证言，由于蒋某在公安机关侦查阶段作证时未年满 18 周岁，又没有其法定代理人或者有关人员在场的证据，故该证据存在瑕疵，而此后民警联系让其再次作证，本院也多次提醒自诉人侯某勇让其到庭作证，其均未再次作证，故对此证据本院不予采纳。

规则 20：证人证言系传来证据，证明效力较低

【规则分析】证人应当根据其亲身感知到的事实作证。《最高人民法院关于适用〈中华人民共和国刑事诉讼法〉的解释》第七十四条规定：“对证人证言应当着重审查以下内容：（一）证言的内容是否为证人直接感知……”因此，若证人并非根据其亲眼所见的事实进行作证，而是根据他人讲述的事实，甚至是道听途说进行作证，该证人证言则需要排除。

【无罪判例 1】黄某甲故意伤害罪一审刑事判决书——（2014）深福法刑初字第 1644 号

证人蔡某系被害人陈某的妹夫，曾因本案被取保候审，与本案被告人黄某甲的处理具有利害关系，对于为何没有与黄某甲等人一起进去公司，蔡某 2 月 16 日笔录解释称黄某甲带着三名男子准备上楼，说他爸叫其一起上去，其觉得事情太突然，就和侄子蔡某濠二人留在电梯并下到一楼；4 月 3 日笔录解释称在电梯里黄某甲带的那三名男子看上去像黑社会一样，其觉得他们要进去打人，其就感觉要出事，所以不敢出电梯；5 月 29 日笔录解释称黄某甲跟房某说，他爸叫打谁就打谁，其在电梯里听到这些话，觉得不妥，就走了……证人张某娟系蔡某的妻子、被害人陈某的妹妹，与蔡某的处理具有利害关系，其虽证实案发后黄某乙与黄某甲到其家中，黄某乙称有人比蔡某伤得更严重，但其对黄某甲的具体行为是不知情的，其之后听公司的人说是黄某乙叫黄某甲带了三名男子去陈某公司将陈某打伤的证实，属传来证据，证明效力低。

【无罪判例2】唐某某故意伤害一审刑事判决书——（2016）冀0202刑初162号

本院认为，公诉机关指控被告人有罪的证据，应当能够相互印证，形成完整的证据链。本案的焦点在于被害人王某1右手拇指所受轻伤是否有确实、充分的证据证明是被告人唐某某持铁管击打所致。本案中被害人王某1自述其手指被唐某某用铁管打伤，并提交了2015年7月27日主诉为“右拇指被他人用铁管打伤2小时，出血，疼痛”的唐山市人民医院门诊病历，此病例经核实在医院没有原始登记且与2014年7月27日主诉显示“右拇指碰伤2小时，出血，疼痛”唐山市人民医院原始门诊病历相矛盾。证人张某1、王某2、邬某当时均未在场，是在王某1受伤后赶到现场听王某1说是被唐某某用铁管打伤的，其证言是传来证据；王某3虽在现场但其未看见王某1的伤是如何造成的，是听王某1喊被唐某某打了，击打工具及击打部位其均不能证实。公诉机关亦未提供作案工具铁管上有被告人唐某某指纹及被害人王某1人体组织的证据，且经多个鉴定部门鉴定，均无法确定王某1的成伤机制。公诉机关指控被告人唐某某犯故意伤害罪的证人证言均为传来证据，且上述言词证据均不能证实被告人唐某某殴打被害人王某1致其右拇指近节指骨头开放粉碎骨折、伸肌腱止点断裂，除被害人王某1陈述外，无其他证据相印证，证据不能形成完整的证据链。

【无罪判例3】易某故意伤害罪刑事二审判决书——（2015）海中法刑终字第111号

对于出庭意见认为现有证据足以证实起诉书指控被告人易某的犯罪事实，经查，指控被告人易某犯故意伤害罪的证据主要有同案人袁某将、柯某光的供述，证人梁某某的证言，其中同案人柯某光的供述来自袁明将，与案件事实没有直接联系，不能证明袁某将供述的真实性；证人梁某某的部分证言与同案人袁某将的部分供述相互印证，证实2013年8月25日上午，在驾校办公室易某与袁某将谈话的部分内容，但不能证明易某在此次谈话中的真实意图是指使袁某将殴打他人，也无其他证据印证易某指使袁某将殴打他人的犯罪事实。综上所述，本案现有证据不足以证实易某指使袁某将殴打他人，因此，该出庭意见与事实不符，不予支持。

【无罪判例 4】苏某明故意伤害刑事判决书——（2015）忻刑初字第294号

公诉机关指控被告人苏某明与被害人于某某因钱包丢失发生口角，后在KTV大门外指使张甲某、张乙某殴打于某某，支持该指控事实的证据存在以下疑点……（3）被害人于某某因本案致脑外伤，在公安机关两次对其询问过程中，因其语言功能、记忆功能受限，不能对其他案件事实陈述，询问被迫中断，其所作陈述不能全面反映本案的客观事实；（4）本案的间接证据证人杨甲某、董甲某证言均为传来证据，不能直接证实苏某明实施了殴打于某某的行为或指使他人殴打于某某的行为……

【无罪判例 5】张某甲、张某乙犯故意伤害罪一审刑事判决书——（2003）绍刑初字第304号

本院认为，被告人张某乙在与自诉人争吵互殴中，致自诉人轻伤，其行为构成故意伤害罪，应予刑罚处罚。自诉人张某指控被告人张某乙犯故意伤害罪的罪名成立，予以支持……张某叶、张某成证言中“张某是被张某甲打伤的”的内容系传来证据，其来源，即与之相对应的原始证据是张某的陈述，两者在证据效力上应属同一证据，张某叶、张某成的证言并不能起补强张某陈述的作用。综上所述，自诉人张某指控张某甲犯故意伤害罪的证据，只有自诉人张某的陈述，其提供的证据尚未达到确实、充分的程度，无法得出唯一、排他的结论；根据现有证据，张某指控张某甲犯故意伤害罪，证据不足，不能成立。

【无罪判例 6】孙某龙故意伤害罪一审刑事判决书——（2017）辽1321刑初192号

以上证据均经开庭质证，根据控辩双方的质证意见，对以上证据评判如下：自诉人韩某某陈述称其是被被告人孙某龙甩到台阶下摔伤，此节陈述被告人孙某龙予以否认，又无其他证据佐证，本院不予采信；被告人孙某龙供述称是自诉人韩某某要回娘家，其拽韩某某，韩某某自己挣脱摔下台阶受伤，此节供述因无其他证据佐证，本院亦不予采信；被告人孙某龙称其与韩某某发生争吵后，韩某某要回娘家，此供述与孙某龙的父母证言一致，本院予以采信。证人韩某贺关于韩某某摔伤的证言，因其未在案发现场，是其从韩某某处听来的，此证言本院亦不予采信。其他证据来源合法，客观真实，本院予以采信。

规则21：证人受到各方面影响，有串供、作假证可能，证言证明效力较低

【规则分析】关于串供行为，《最高人民法院关于适用〈中华人民共和国刑事诉讼法〉的解释》第七十四条规定："对证人证言应当着重审查以下内容：……（四）询问证人是否个别进行……"第七十六条规定："证人证言具有下列情形之一的，不得作为定案的根据：（一）询问证人没有个别进行的……"第七十九条规定："对被害人陈述的审查与认定，参照适用本节的有关规定"。《人民法院办理刑事案件第一审普通程序法庭调查规程（试行）》第二十三条规定："有多名证人的案件，向证人发问应当分别进行。"之所以有上述规定，均是因为需要排除证人之间、证人与被害人甚至与被告人之间串供。就算没有明显的串供嫌疑，在多次庭审过程中证人证言在被害人的影响下慢慢发生转变，也会降低其可信性。

【无罪判例1】黄某甲故意伤害罪一审刑事判决书——（2014）深福法刑初字第1644号

证人蔡某系被害人陈某的妹夫，曾因本案被取保候审，与本案被告人黄某甲的处理具有利害关系，对于为何没有与黄某甲等人一起进去公司，蔡某2月16日笔录解释称黄某甲带着三名男子准备上楼，说他爸叫其一起上去，其觉得事情太突然，就和侄子蔡某濠二人留在电梯并下到一楼；4月3日笔录解释称在电梯里黄某甲带的那三个男子看上去像黑社会一样，其觉得他们要进去打人，其就感觉要出事，所以不敢出电梯；5月29日笔录解释称黄某甲跟房某说，他爸叫打谁就打谁，其在电梯里听到这些话，觉得不妥，就走了。可见蔡某对黄某甲带人上楼打人的描述是一个逐步详细、具体、加深的过程，真实性存疑，且没有其他证据佐证，无法认定……

故被害人陈某一方的被害人陈述、证人证言本身不一致，证据之间存在矛盾，被害人与证人之间存在相互影响，有串供可能，证明效力低，不足以证实被告人黄某甲有共同故意伤害的行为。

【无罪判例2】刘某故意伤害罪再审刑事附带民事判决书——（2017）辽08刑再字3号

再审对二审判决认定上诉人刘某有罪的证据逐一进行了核实，具体是：

1. 目击证人孙某（邻居）的证言

2011年8月15日6时许，我听见有人吵架，在我家门口看见于某2与刘某侠不知道为什么吵架并厮打在一起，我家距离于某2和刘某家有80～90米，当时我站在我家门口看见刘某侠儿子刘某好像在拍照，陈某上去推刘某，他俩在一起撕扯有半分钟左右。后来，刘某又与于某2撕扯在一起，没看清谁受伤。

该份证言的主要内容是看到陈某上去推刘某，他俩在一起撕扯有半分钟左右，被害人证实是被告人刘某把我踢倒后，又踢我头部。而此份证言即未证实被害人倒地，更未证实被告人踢了被害人头面部。后证人孙某当庭翻证。

2. 目击证人于某2（被害人丈夫）的证言

2011年8月15日证言：刘某侠和我支巴在一起，刘某侠坐在地上扯我衣襟喊她儿子给我们打架场面录像，她儿子就拿手机录，我挣脱进屋挂派出所电话报警，在这期间我妻子被她和她儿子打了，怎么打我未看见，只是我进屋打电话时看见刘某侠和儿子特别是儿子用脚踢腰腿等部位。

2011年10月3日证言：事发那天6时许，我穿潜水衣在我家沟里起渔网，看见刘某侠往我家院坝上倒水，我就从家里弄了半桶水也往那边倒溅到她身上了，她用白钢盆和砖头打我，我拿白尼龙水管过去打她，咱俩厮打在一起。刘某侠儿子刘某出来用手机拍照，陈某过来拦着刘某不让他拍，刘某一脚把陈某踹倒了，这时我和刘某侠也撕扯开了，刘某过去骑在陈某身上手拽陈某的头发。我到回家了刚脱下潜水衣陈某跑回来了，她对我说刘某侠打她脸，刘某踢她耳朵，她耳朵嗡嗡地听不见了。

2011年11月8日证言：陈某见刘某用手机照相，就不让他照，用手去扒拉，刘某一脚将陈某踹倒，我回家脱潜水衣，刘某侠骑在陈某身上，手拽陈某头发，刘某用脚踢陈某。刘某显示在陈某的左侧，刘某先踢腰部位置，然后他又转过来，又在陈某右侧踢了陈某头部。

一审、二审判决采信的是于某2011年10月3日的证言，而于某2在第一份笔录中证的很清楚，“怎么打我未看见，只是我进屋打电话时看见刘某侠和儿子特别是儿子用脚踢腰腿等部位”，一个半月以后，被害人丈夫于某2的证言不断变化，最终与被害人的陈述相互印证。综合考虑证人于某2的身份，以及其第一次笔录“怎么打的我没看见”的证言，故其随被害人陈述相变化的后期证言，显然不能作为定案的依据。

【无罪判例3】田某、张某故意伤害一审刑事附带民事判决书——（2015）鄂巴东刑初字第00075号

……

（二）关于指控被告人张某犯故意伤害罪的认定问题。被告人张某自公安机关抓获归案至庭审阶段，均未作出伤害被害人王某的供述，而指控其犯罪的举证责任在公诉机关，但公诉机关提供的王某的陈述及辨认笔录等证据不充分；被告人张某辩解中提出的其只参与劝架、与被害人没有身体接触，未持械伤害被害人的情形，不能通过证据予以排除，因此使被告人张某持打杵伤害王某的事实存疑；双方亲属各执一词，影响了对目击证人的证言真实性的判断。因此，佐证王某轻伤的损害后果是被告人张某持打杵伤害致成的证据没有达到刑事诉讼法要求的排除一切合理怀疑，得出唯一结论的证明标准，根据《刑事诉讼法》规定的“疑罪从无”的原则，应认定被告人张某无罪。被告人张某及其辩护人提出的认定被告人张某构成犯罪的事实不清、证据不足的辩护意见，本院予以采纳。因此巴东县人民检察院指控被告人张某犯故意伤害罪的罪名不能成立。

【无罪判例4】贺某丰故意伤害抗诉案——中华人民共和国最高人民检察院公报2002年第5期

甘肃省人民检察院认为，致被害人张某明重伤的并不是原审法院认定的被告人贺某丰，而是其兄贺某平。一审、二审判决对案件事实的认定出现了根本性的错误，造成对原审被告人贺某丰的错判，应予以纠正。理由是：（1）原审被告人贺某丰一直供述是贺某平用木榔头打伤了张某明，而贺某平也始终承认是自己用榔头砸了张某明。（2）证人贺某才、刘某香的证词稳定，且与贺某丰、贺某平的供述相吻合。（3）张掖分院重新补证的材料证明：李某、谢某虎、李某玲、易某成、杨某花等证人在公安机关侦查以及法院一审、二审时作了虚假证词，原因是李某、谢某虎、易某成因与别人打架一事求助过张某明，特别是李某，考虑到张某明是在自己的家里被打的，故与其他证人依张某明的意见做了假证。据重新查证证实，被害人张某明要求李某等人把打他的贺某平说成是贺某丰，是因为张某明认为贺某丰以前打过架，属于有“前科”，处理时会重些。（4）证人易某祥证实，是贺某才屁股上有血的儿子用榔头砸了张某明，而案发时，在互相斗殴过程中，正是贺某平被张某明用匕首在臀部刺了一刀。

综上所述，尽管张某明拒不承认串通证人作了假证，但重新查证的大量证据证明，是贺某平致伤的张某明，而不是一审、二审判决书认定的原审被告人贺某丰。临泽县人民检察院的起诉书，临泽县人民法院的一审判决书，张掖地区中级人民法院的二审裁定书在认定事实上产生了错误，原审被告人贺某丰的行为不构成犯罪。

【无罪判例5】吕某生故意伤害罪一审刑事判决书——（2015）深福法刑重字第7号

本院认为，公诉机关提供的在案证据尚不足以证实被害人陈某1的伤情是被告人吕某生的行为所致，指控的事实不清、证据不足，根据存疑有利于被告人原则，应依法宣告被告人吕某生无罪：在案证据主要包括言词证据、鉴定意见及视听资料，视听资料具有客观真实性，但未能记录当事人双方的具体冲突完整过程。直接证实案发过程的主要为言词证据（当事人双方、证人），其中，被害人陈某1及姐姐陈某2称被踢且膝盖着地，但二人与案件有直接利害关系；证人贺某1称二人有互相踢打，但未留意陈某1有无倒地；证人蔡某1虽曾称陈某1左腿单膝跪地，但后称没有看清倒地的情况；证人吴某虽曾称二人一起倒地，但后称实际没有看清，其没看笔录内容；证人刘某1的证言也无法从时间过程上绝对排除陈某1离开现场之后受伤的可能。上述言词证据均带有一定主观倾向、易变性，作为定罪证据时应甄别取舍。

规则22：证人作证内容仅为推断，并非亲眼所见，不能作为定案依据

【规则分析】此为意见证据排除规则，其基本原理与前述传来规则类似，因为证人应当根据其亲身感知到的事实作证，既不能是传来证据，也不能是臆

测的意见证据。《最高人民法院关于适用〈中华人民共和国刑事诉讼法〉的解释》第七十四条规定："对证人证言应当着重审查以下内容：（一）证言的内容是否为证人直接感知……"第七十五条第二款规定："证人的猜测性、评论性、推断性的证言，不得作为证据使用，但根据一般生活经验判断符合事实的除外。"因此，若证人并非根据其亲眼所见的事实进行作证，而是自己臆想、推断的内容作证，该证人证言则需要排除。

【无罪判例1】苗某某故意伤害罪二审刑事附带民事判决书——（2014）二中刑终字第448号

经审理查明，原审判决认定的2014年2月25日19时许，上诉人曾某栢因其岳父的汽车被刮问题，与原审被告人苗某某理论时发生争吵，后双方撕扯在一起，原审被告人苗某某报警，上诉人返回家中，后经鉴定曾某栢的额骨骨折损伤程度为轻伤二级；头皮挫伤、面部软组织挫伤、右眼挫伤损伤程度为轻微伤；上诉人曾某栢因伤发生相应经济损失的事实清楚。

二审期间，证人张二某出具证言，证实在打架的地方，没有任何砖垛，苗某某所说有砖垛不属实。本院经审查后认为，案发现场当时没有勘查、拍照，尚没有证据证实证人张二某所述内容的真实性，故该证据本院不予确认。

本院认为，上诉人曾某栢提供的证据和天津市公安局宁河分局苗庄镇派出所侦查取得的证据虽然能够证明曾某栢身体受损害致轻伤，但不能确实、充分的证明曾某栢的轻伤是原审被告人苗某某的行为所致……证人在庭审当庭证言表述原审被告人用铁制手电击打上诉人仅仅是其推断，并不是其亲眼所见，因此上诉人曾某栢指控原审被告人苗某某故意伤害致其轻伤的事实不清，证据不足，指控罪名不能成立。

【无罪判例2】陈某某故意伤害再审刑事判决书——（2016）粤06刑再2号

……

4. 关于证朱某成的辨认笔录能否作为定罪证据。

证朱某成经照片辨认，指出陈某某与当晚殴打他的其中一名男子有点相似，但是时间太久，他不能确定。据此，证朱某成的辨认具有猜测性、推断性，不具有确定性，不能作为定罪证据使用。

规则 23：证人证言不符合常理，证明效力较低，不能作为定案依据

【规则分析】审查证人证言的证明力，应当根据案发时的实际情况以及基本常识考察其是否真实可信。例如，无罪判例 1 中证人在案发七个月之后还能仅凭头像照片辨认凶手，则不符合人类的记忆规律以及常识。无罪判例 2 则是根据案发现场的地形等情况，根据现实情况证人当时不可能看到案发的具体过程，因此该证言不能作为定案依据。无罪判例 3 也是证人在辨认过程中出现了明显不符合常理的辨认情况。综上所述，认定证人证言是否符合常理，可以从案发时间、案发现场以及辨认、作证等环节发现其不合理之处。

【无罪判例 1】陈某某故意伤害再审刑事判决书——（2016）粤 06 刑再 2 号

……

2. 关于证人彭某五、欧某志的证言以及辨认笔录能否作为定罪证据。

证人彭某五欧某志在案发后并未立即接受公安机关的调查，而是与被害欧某灯于同一天也就是 2009 年 5 月 22 日接受公安机关的调查。

首先，证人彭某五、欧某志只见到陈某某拿枪并只听到枪声，均未看见开枪过程，无法确认是本案陈某某开枪伤人。其次，案发时间系 23 时许，案发现场情况混乱，证人感知案件事实时的客观环境和条件相对较差，而证人都某能在案发之后 7 个月仅凭头像照片即辨认出陈某某为持枪者，不符合常理。最后，关于事发起因彭某五、欧某志的陈述与鄢某新朱某成的陈述相矛盾。证人彭某五、欧某志均陈述他们到张槎镇弼塘附近鄢某新家里玩，鄢某新、朱某成却称当晚因打烂老虎机而引起打斗欧某灯他们是过来帮忙的。综上所述，作为原一审、二审定案依据的证彭某五、欧某志的证言真实性存疑，与其他证人证言存在矛盾，其证人证言不足以作为定罪的依据。

【无罪判例 2】付某某诉胡某某故意伤害罪一审刑事判决书——（2016）陕 0921 刑初 48 号

本院认为，自诉人付某某称被告人胡某某因琐事故意将其推倒致其腰部受伤的事实，相关证据有其自述及证人徐某某的证言。证人徐某某称骑摩托车从此经过时，碰巧听见二人争吵的声音后回头看到付某某倒地的过程。从徐某某指认的其所处位置来看，与案发地距离一条小河，河边有一排树木遮挡视线，且该路段坑洼不平，徐某某骑摩托车时注意力主要集中在路面情况。徐某某骑摩托车从此经过回头向案发地看时不足以看清付某某倒地的具体过程，且付某某、胡某某均未在案发时看见徐某某从附近经过，故证人徐某某陈述其看见胡某某将付某某推倒的证言，本院不予认定。付某某、胡某某均陈述案发时周围没有其他人在场，故付某某的亲属马某伟、马某娟及胡某某的亲属党洪、李某山、李某群陈述的关于案发具体过程的证言，本院均不予认定。综上所述，自诉人付某某指控被告人胡某某故意将其推倒致其轻伤构成故意伤害罪的事实，证据不足，自诉人付某某指控被告人胡某某犯故意伤害罪，罪名不能成立。

【无罪判例3】李某鑫、莫某兴故意伤害二审刑事判决书——（2017）粤06刑终422号

关于上诉人李某鑫的上诉理由及其辩护人的辩护意见，经查：（1）上诉人刘某供述其驾驶的湘A××××××汽车上搭载邓某1等人前往打人现场，否认上诉人李某鑫在其车上；邓某1在侦查阶段辩称自己没有去现场，指证李某鑫乘坐刘某驾驶的湘A××××××汽车前往现场，但在一审法庭上邓某1供认自己乘坐刘某驾驶的湘A××××××汽车到了作案现场；李某鑫的辩护人对邓某1进行询问时，邓某1证实李某鑫没有乘坐刘某驾驶的汽车前往现场；黄某指证李某鑫乘坐刘某驾驶的汽车前往现场，但称邓某1没有乘车去现场，这与本案已查明的事实不符。因此，虽然邓某1、黄某在侦查阶段指证李某鑫乘坐湘A××××××汽车前往作案现场，但因邓某1的供述已发生变化，黄某坐在最前面的汽车上，其供述的证明力相对较低，现有证据尚不能证实李某鑫乘坐刘某驾驶的湘A××××××汽车前往作案现场。（2）虽然被害人任某、证人洪某1经辨认照片一致指证李某鑫手持砍刀在现场，但侦查机关提供给任某、洪某1辨认的照片并非李某鑫的近照，所辨认照片中李某鑫的样貌与其到案后的照片有明显变化，考虑到本案参与作案人数众多，作案时间较短，且是在晚上作案，无法排除任某、洪某1辨认出错的合理怀疑。综上所述，根据本案现有的证据，认定上诉人李某鑫参与故意伤害共同犯罪的证据不足。上诉人李某鑫及其辩护人请求改判李某鑫无罪的理由成立，予以采纳。

规则24：证人证言互相矛盾，不能证明案件事实

【规则分析】《最高人民法院关于适用〈中华人民共和国刑事诉讼法〉的解

释》第七十四条规定："对证人证言应当着重审查以下内容：……（八）证言之间以及与其他证据之间能否相互印证，有无矛盾。"刑事案件的定罪标准要求必须达到犯罪事实清楚，证据确实、充分，而证人证言间存在无法排除的矛盾，将会导致证人证言均无法采信，从而导致案件证据不足。证人证言在故意伤害罪这种危害公民人身安全的案件中尤其重要，因为案发现场的情况往往是由证人证言加以证明。加之故意伤害罪的案发现场可能人员混乱，影响各证人对现场情况的记忆，或者各证人出于某种利益倾向，从而产生矛盾。因此，对于现场人员复杂的故意伤害案件，辩护时应当仔细阅读、对比各言词证据，发现其中的矛盾之处。

【无罪判例1】薄某峰故意伤害罪二审刑事判决书——（2017）晋09刑终171号

首先，在案的全部证据材料中，证实事发当时薄某峰与段某某发生争吵至段某某倒地受伤的证据除被害人陈述、被告人供述及证人证言外，再无其他证据。对于段某某倒地的原因，当事双方各执一词：薄某峰始终供述段某某第二次用头撞其时，其顺势转身后，段某某倒地。段某某则称薄某峰用双手朝头部将其摁倒在地致其受伤。经审查，在案的证人证言均未提及薄某峰对段某某主动实施上述伤害行为的内容，故段某某的陈述与查明的事实不符。五台县人民法院认定薄某峰在顺势一闪的同时用手一甩将段某某摔倒在地，主要依据的是证人刘某1的证言。经查，证人刘某1在侦查阶段共做过两次证言，但刘某1在数次描述段某某倒地的事实上，所作的陈述自相矛盾，且无其他证据予以印证，全案证据在证实薄某峰有故意伤害行为的事实上不能形成完整的证明体系。

【无罪判例2】被告人金某刚犯故意伤害二审刑事判决书——（2016）辽11刑终72号

本院认为，原审判决认定上诉人金某刚因琐事伙同他人故意伤害他人身体，犯故意伤害罪的事实不清，证据不足。关于上诉人提出"原审认定其参与打架的证据不足，请求依法改判其无罪。在第二次判决中郑某说他没看清楚谁在现场，郑某某说他在现场，给郑某送的医院，然后报警。郑某的陈述和郑某某的证言矛盾。他们俩是亲属关系，如果郑某某在现场，郑某不可能看不到。万某某和魏某某的证言也不实"的上诉理由，经查，被害人郑某在侦查机关的多次陈述中均称金某刚等人将其打伤，当时现场除了过路人，没有其认识的人。本案的案发时间为2013年2月4日21时许，在案发后近两年的2015年1月21日，证人郑某某、万某某、魏某某等证明金某刚于案发当晚将郑某打伤，其中万某某与郑某、金某刚均不相识，魏某某亦不认识金某刚。三名证人均证实案发当日，有七八人同时对郑某实施殴打，而案发当日与金某刚在一起的只有五人，被害人郑某的损伤部位只有头面部（眼部），其他部位均未出现伤害后果，如郑某的轻伤系多人造成，应由多人同时殴打同一部位所致，故三名证人的证言与常理不符。

原判认定被告人金某刚犯故意伤害罪所依据的被害人郑某的陈述及证人郑某某、万某某、魏某某的证言，从取证时间、证明的事实方面均存在证明力欠缺和明显矛盾，另公安机关出具的报案人及取证的经过亦相互矛盾，无法证明金某刚对郑某实施殴打的事实。故上述三名证人的证言真实性无法考证，本院不予采纳。结合本案的全部证据，从有利于被告人的原则考虑，原判认定被告人金某刚犯故意伤害罪的事实不清，证据不足，对上诉人金某刚的上诉理由应予支持。

【无罪判例3】宋某香故意伤害二审刑事判决书——（2017）豫08刑终51号

原判认定：2014年4月21日，被告人宋某香与自诉人仝某珍的儿子杨某安因宅基地发生纠纷。后被告人宋某香与自诉人仝某珍发生争吵，继而引起自诉人的儿媳妇苏某及其孙子杨某1与被告人宋某香发生厮打，被同村人拦开后发现自诉人躺在一旁的地上。自诉人当日到焦作市马村区人民医院住院治疗，其伤为右腿股骨颈骨骨折。自诉人家属拨打“110”报警。焦作市公安局高新分局出警调查处理，并委托对自诉人伤情进行鉴定，鉴定结论为轻伤一级。

上诉人仝某珍上诉称，原判错用概念，上诉人起诉的是被被告人宋某香“推倒”，原判却认定上诉人不能证明被宋某香“殴打”，加重了上诉人的举证责任；原判程序违法，没有让其作最后陈述；没有让侦查人员出庭作证，以证明侦查人员更改材料，制作了两份受案登记表……

关于上诉人仝某珍的上诉理由，经查，（1）证人苏某、杨某1、杨某2、杨某3的证言之间相互矛盾，证言的指向不具有唯一性，既不能证明宋某香“殴打”了仝某珍，也不足以证实宋某香“推倒”了仝某珍。（2）庭审笔录记载，被告人宋某香及自诉人仝某珍的代理人均作了最后陈述。（3）焦作市公安局高新派出所的两份受案登记表，一份记载的是 2014 年 4 月 21 日案发当日苏某报案的情况，另一份记载是 2014 年 7 月 28 日《法医人体损伤程度鉴定书》出来后仝某珍报案的情况，两份受案登记表并不矛盾……

本院认为，在案证据不足以证实上诉人仝某珍的伤是原审被告人宋某香的行为造成的，不能认定宋某香构成故意伤害罪。

【无罪判例 4】陈某某指控张某犯故意伤害罪一审刑事附带民事判决书——（2012）安汉刑初字第 00093 号

本院认为，犯罪的构成需要一切主观和客观要件有机统一。自诉人陈某某为证明被告人张某对其实施了故意伤害行为并且该伤害行为构成故意伤害罪，提供了汉滨公安分局建民派出所对本案调查的公安卷宗。公安卷宗中，公安机关对自诉人陈某某婆家的父母张甲、周某巧进行了调查，还对与本案没有任何利害关系的证人李某兰、张乙进行了调查，证人张甲、周某巧在公安机关所陈述的事发经过与证人李某兰、张乙在公安机关所陈述的事发经过不能相互印证……

【无罪判例 5】郭某故意伤害一审刑事判决书——（2014）浦刑初字第 1403 号

本院认为，自诉人曹乙与被告人郭某争执过程中倒地，致自诉人曹乙遭外力作用致右胫腓骨骨折，该损伤构成轻伤，该事实本院予以确认，但自诉人曹乙控诉被告人郭某将其殴打致伤构成故意伤害罪，证据尚不充分……第二，证人证言不一，证人所陈述的事实不一致。自诉人当庭提交了证人曹甲、史某某、李某某、尤某某的证词内容，并申请证人尤某某到庭作证，这四名证人事发时均在现场，上述证人证言中仅有李某某的证言直接证明被告人郭某实施了持棍殴打自诉人腿部的行为，而证人史某某、尤某某的证言均证实被告人郭某没有殴打自诉人，尤其是证人史某某其系自诉人亲属，事发时始终在现场，其证言中关于自诉人如何受伤的陈述与自诉人的相关陈述一致。综上所述，自诉人控诉被告人郭某实施殴打行为构成犯罪仅有证人李某某的证言，且其本人陈述前后不一，相互矛盾，而李某某的证言又与其他证人证言相互矛盾，故自诉人曹乙依据现有证据控诉被告人郭某构成犯罪，证据尚不充分，本院不予支持。

【无罪判例6】刘某乙犯故意伤害罪一审刑事判决书——（2014）鄂孝南刑二初字第00050号

本院认为，本院（2006）孝南刑初字第26号生效刑事判决书认定受害人刘某甲的伤情是由罪犯刘某新的行为所致。本案中公诉机关指控被告人刘某乙犯故意伤害罪的证据主要是十三名证人证言，十三名证人中仅有刘某丙、刘某庚、董某三人证明被告人刘某乙动手打了刘某甲，但该三人对击打的方式、部位、次数证言均不一致。另有九名证人证言分为三类：第一类为没看清被告人刘某乙是否打了刘某甲；第二类为没看见被告人刘某乙打击刘某甲；第三类为被告人刘某乙没有打击刘某甲。前述刘某丙等三证人系刘某甲亲弟兄及妻子，后述九名证人与双方当事人均无利害关系，上述证据不能足以证明被告人刘某乙对被害人刘某甲实施了故意伤害的行为，故公诉机关指控被告人刘某乙犯故意伤害罪的证据不足，其指控的罪名不能成立，对被告人刘某乙的辩护人关于故意伤害罪证据不足的辩护意见，本院予以采纳。

【无罪判例7】尹某甲犯故意伤害罪一审刑事判决书——（2014）攸法刑初字第281号

经审理查明：自诉人周某甲与被告人尹某甲系前后邻居，因被告人尹某甲拆旧房建新房双方多次发生矛盾，后于2013年12月2日在规划、国土、社区等部门主持下，自诉人周某甲与被告人尹某甲达成了调解协议。2014年6月13日8时许，自诉人周某甲因被告人尹某甲建房屋阶基的问题再次发生纠纷，在纠纷中，自诉人周某甲和被告人尹某甲相互扭打，并倒在地上。在此次纠纷中自诉人周某甲受伤，被送入攸县中医院就诊，后转入湘雅附二医院住院治疗。

以上事实，有如下证据证明：

……

2. 证人荣某甲的证言：2014年6月13日大约8时许，尹某甲从围墙跳过来，叫砖匠砸周某甲家前面的下水沟上盖板，砖匠不愿意砸，尹某甲就自己砸。

这时，周某甲夫妇开门准备去上班，见尹某甲砸自己家的盖板，周某甲就上前阻止，我出门倒垃圾，我倒完垃圾返回不到3分钟，看见尹某甲与周某甲扭在一起，帮尹某甲家做工的砖匠将周某甲扒开。

3. 证人何某甲的证言：我躺在大门内边椅子上，听见尹某甲喊拿铁锤来，我看见我老婆吓得喊不出话来，便起来站在自家大门边，意欲证实一下，做个证人，我说："小乃（尹某甲小名）莫这样搞嘍，有话讲得清。"尹某甲未理我，连拿四块砖往地上砸下去，碎砖石反弹到地面一米高，我连退两步，否则就会被碎砖石碰伤。我出门后，看见周某甲已躺在地上，双手插地，很痛苦的样子，周某甲对我说："老何，帮我报'110'"。我回答我没电话和手机，叫二妹报"110"，我所看见的就这些了。

4. 证人朱某甲的证言（朱某乙系自诉人周某甲之妻）：2014年6月13日8时许，朱某乙和其丈夫周某甲看见邻居尹某甲家有工人在砌墙，两人上去和砌墙的工人讲让他们的台阶砌矮一点，墙太高会影响双方采光。但这时尹某甲和其母亲彭某甲出来，说地方是他们家的，我们管不着。为此，双方互相争吵起来。争吵中，彭某甲拿着砖头想打周某甲，尹某甲也过来打周某甲。朱某乙见此情况就想拉开彭某甲，在拉扯过程中争执的四个人都倒在地上。朱某乙从地上起来后拉着彭某甲，却看见刚从地上起来的周某甲被尹某甲一脚踹在胸口倒在旁边的破碎水泥板上，周某甲被踹后就躺在那里起不来，尹某甲母子则一起上来打朱某乙，之后，双方被砌墙的工人劝开。

5. 证人彭某甲（尹某甲的母亲）的证言：彭某甲家建房与邻居周某甲发生了纠纷，后经社区及规划办工作人员调处达成了协议。2014年6月13日8时许，彭某甲家开始建台阶，周某甲夫妻对建台阶之事有异议，尹某甲与周某甲为此发生争吵，彭某甲听到争吵声从屋内出来后，看见尹某甲与周某甲扭打在一起，俩人一起摔倒在地上，周某甲压在尹某甲身上，彭某甲想上前劝开他们，但周某甲的妻子看见后，马上过来与彭某甲扭打在一起，后来分别被做事的砖匠们劝开，劝开后，彭某甲与尹某甲一起回屋内，但不知为何周某甲后退摔到水沟里，坐在那里起不来，最后拨打"120"急救电话。

本院认为，自诉人周某甲与被告人尹某甲系邻居关系，因被告人尹某甲建房而发生纠纷后，不能冷静处理，致使双方发生打斗。在互殴过程中，自诉人受轻伤。自诉人周某甲控诉被告人尹某甲犯故意伤害罪，虽向法庭提供了证人荣某甲、何某甲、夏某甲、夏某乙等证据，但这些证据不足以证实自诉人的轻伤后果具体是如何形成的，多名证人对自诉人的具体受伤经过证实不一致，且夏某甲、夏某乙的证言前后矛盾，证据之间难以相互印证，故自诉人控诉被告人犯故意伤害罪的证据不充分，要求以故意伤害罪追究被告人刑事责任的请求，本院不予支持。

【无罪判例8】杨某某故意伤害案（轻伤）一审刑事附带民事判决书——(2016) 云2325刑初12号

经审理查明，2015年9月10日中午，自诉人普某香与被告人杨某某因家庭矛盾引发纠纷并导致双方发生撕扯，自诉人普某香在纠纷中身体受伤。当日，自诉人普某香被“120”救护车送县人民医院医治。

上述事实，有控辩双方提供并经法庭质证认证的下列证据证实：

1. 自诉人暨附带民事诉讼原告人普某香陈述证实：2015年9月10日14时30分左右，我和李某甲回到家，杨某某问李某甲是否还有商量的余地，李某甲说等法院判决，我叫李某甲去接娃娃，李某甲出去后杨某某就把我脖子捏着按倒在地上打，打我的手、脚和肋骨，打后把我拖到厨房，叫我喝农药，之后又把我拖到院子里。

2. 被告人杨某某供述证实：2015年9月10日15时左右，李某甲和普某香回到家，我问李某甲是否还有商量的余地，普某香就叫李某甲去接娃娃，李某甲出门，普某香也跟出去，过了十多分钟普某香回来就叫我滚，普某香来推我，我让开后普某香就从台阶上跌倒在院子里。

3. 证人李某乙证实：当天，李某甲打电话给我说杨某某打她妈普某香，叫我去看看，我去到她家，看见普某香睡在院子里。

4. 证人徐某某证实：2015年9月，杨某某打电话给我说他打着普某香，我问他是不是想坐牢，他就把电话挂了。我跟周书记、何某顺商量着，李某甲又打电话叫我们过去一下，之后我和周书记、何某顺就去李某甲家劝说。

5. 证人李某甲到庭证实：2015年9月10日下午，我去接娃娃，出大门听见我妈叫，回头看见杨某某掐着我妈的脖子打，我就打电话喊组长李某乙来我家劝架。

本院认为，公民的身体健康权不受他人非法侵害。自诉人普某香控诉被告人杨某某犯故意伤害罪，虽向法庭提供了相关证据，但这些证据不足以证实自诉人普某香的轻伤后果具体是如何形成的，多名证人对自诉人的具体受伤经过证实不一致，难以相互印证，故自诉人普某香控诉被告人杨某某犯故意伤害罪的证据不充分，要求以故意伤害罪追究被告人杨某某刑事责任的请求本院不予支持。

【无罪判例 9】岳某林故意伤害罪一审刑事判决书——（2016）云 0323 刑初 49 号

本院认为，自诉人杨某存的婶婶王某与被告人岳某林因琐事发生争吵，王某打电话叫来杨某 1、杨某存、杨某 2，继而双方相互殴打，在此过程中，自诉人杨某存被致伤，给自诉人造成了一定损伤后果，被告人岳某林的行为侵犯了自诉人的人身权利，应承担相应的法律责任。对自诉人指控被告人的行为构成故意伤害罪，应承担刑事责任的主张，其指控伤是由被告人用刀砍伤所致，主要证据是与其有利害关系的证人王某、杨某 1、杨某 2 的证言，但三位证人对自诉人的伤是被告人如何致伤等关键细节陈述不一致，且自诉人也陈述其右肩膀被什么东西砍了一下，具体是什么没有看见。结合自诉人的医院诊断证明、司法医学鉴定结论及公安机关的询问笔录中能够相互印证的部分，能够认定自诉人杨某存系在本起纠纷被致伤，但根据现有证据无法证实自诉人的损伤具体是被告人用什么工具如何致伤。故自诉人指控被告人犯故意伤害罪的证据不足，不能认定被告人有罪，应依法判决被告人岳某林无罪。

【无罪判例 10】陈某龙故意伤害罪一审刑事判决书——（2017）甘 1121 刑初 47 号

本院认为，自诉人胡某珍丈夫陈某虎与被告人陈某龙因琐事发生争执，自诉人胡某珍在拉架过程中受伤，导致左小臂骨折，经鉴定为轻伤二级、九级伤残。自诉人胡某珍指控被告人陈某龙犯故意伤害罪，但未能提供充分证据证明其所受的伤害系被告人陈某龙加害所致。证人何某耀、邵某林在公安机关调查时的证词证明被告人陈某龙打了自诉人胡某珍，但没有讲清打的具体部位。何某耀、邵某林当庭作证时称，其在派出所调查时未作被告人陈某龙打了自诉人胡某珍的证言，是派出所干警写上去的，在核对笔录时并未看笔录内容。因证人未能提供其他证据证明其对笔录内容不知情，故应以第一次作证时的证言为准。但该证言只是转述被告人陈某龙的陈述，没有其他证据相印证。在证言中陈述陈某龙叙说其与胡某珍发生纠纷时，陈某龙拿硬土块扔着打在胡某珍身上了，到底打在胡某珍身上的哪里了，陈某龙称不清楚，与陈某虎的证言相矛盾，故对何某耀、邵某林的证言不予采信。自诉人胡某珍关于被告人陈某龙在用硬物打伤自己左胳膊后再用硬物继续殴打陈某虎的陈述与陈某虎、陈某霞关于被告人先用硬物殴打陈某虎，在打伤胡某珍后停止殴打陈某虎的证言不相一致。在案证据不能形成指向被告人陈某龙致伤自诉人胡某珍的完整证据链。自诉人指控被告人陈某龙犯故意伤害罪不能成立。

【无罪判例 11】喻某乙故意伤害罪一审刑事附带民事判决书——（2014）鄂巴东刑初字第 00137 号

本案中，被告人喻某乙与附带民事诉讼原告人喻某甲二人发生争吵后，附带民事诉讼原告人喻某甲朝被告人喻某乙的鼻子一拳，被告人喻某乙朝喻某甲的额头一拳，后被他人拉开，喻某乙后又开门冲到堂屋欲殴打喻某甲，纠纷中喻某甲的右手臂被致轻伤的事实清楚，控辩双方的争议焦点在于附带民事诉讼原告人喻某甲的伤是如何形成的……第二，附带民事诉讼原告人喻某甲的伤是如何形成的存疑。附带民事诉讼原告人喻某甲陈述，在烤火屋内喻某乙只用拳头殴打其额头一下，后被他人拉开，其手臂所受轻伤是在第二阶段堂屋内被告人喻某乙用拳头打击后所致，证人谭某在公安机关最后一次陈述证实第一阶段喻某甲与喻某乙互殴不止一下，被告人喻某乙打在喻某甲的脸部和手臂上，喻某甲的轻伤是在第一阶段被喻某乙用拳头殴打后被拉到堂屋时就已骨折，而后在堂屋内喻某乙又殴打喻某甲的右手臂，喻某甲又喊手断了，证人喻某辛证实喻某甲被拉到堂屋后便喊手骨折了，后喻某乙又冲到堂屋殴打喻某甲，喻某甲就用手挡，后来喻某甲就喊手不行了，证人喻某己、吴某证实喻某甲所受轻伤是喻某甲自己捶门所致，证人喻某丁、喻某戊证实喻某乙与喻某甲在堂屋内没有身体接触，不清楚喻某甲的伤是如何形成的。证人叶某证实喻某甲从厨房冲向堂屋时被喻某辛从后面抱住，喻某乙与喻某甲在第二现场没有接触，证人喻某庚证实其没有看到第一现场的情况，在第二现场看见喻某甲坐在堂屋，不到十分钟喻某甲就大声喊到手不行了，被害人陈述与各证人证言均不能相互印证，不能形成完整的证据锁链。第三，多位证人对案发经过的陈述各执一词，且本案的关键证人谭某在公安机关做了前后截然相反的的陈述，影响了对证人证言真实性的判断。综上，本院认为喻某甲轻伤的损害后果的形成时间与形成过程存在无法排除的矛盾和无法解释的疑问，根据刑事诉讼法规定的“疑罪从无”的原则，应认定被告人喻某乙无罪。

【无罪判例 12】保某国、陈某娣故意伤害一审刑事判决书——（2016）云 0322 刑初 191 号

本院认为，自诉人徐某美控诉被告人保某国、陈某娣犯故意伤害罪，被告人保某国、陈某娣予以否认，自诉人徐某美有责任提供证据加以证实，举证不能的应承担对其不利的法律后果。本院根据自诉人提交的证据和本院调取、调查的证据，经法庭质证，自诉人徐某美陈述其伤是被保某国用脚踢到肚子后跌坐在地上形成的，被告人保某国辩称其没有踢到过自诉人，被告人陈某娣辩称其和保某国均没有伤害过自诉人。本案虽有证人李某 2 证实自诉人与被告人保某国有撕扯行为，且被告人保某国踢过自诉人，但其他证人均证实二被告人未伤害过自诉人，自诉人的轻伤后果存在其他可能，不符合刑事证据的排他性原则。故自诉人徐某美控诉被告人保某国、陈某娣犯故意伤害罪，事实不清，证据不足，依法不能认定被告人保某国、陈某娣有罪。

【无罪判例 13】黎某某故意伤害罪一审刑事附带民事判决书——（2016）赣 0828 刑初 36 号

本院认为，自诉人梁某某指控被告人黎某某用砖头致伤其头部，仅有其自己的陈述和其丈夫的证言，而证人邱某某、曾某某、黎某甲均证实虽然被告人黎某某拿了砖头，但被肖某丙拉住了，证人邱某某、曾某某、黎某甲、杨某某均未看到被告人黎某某拿砖头殴打了自诉人梁某某，且从自诉人梁某某摔落至休息台的楼面有些砖头来分析，也不排除自诉人梁某某摔落至休息台时头部撞到楼面的砖头受伤，自诉人梁某某提供的证据不足以证实被告人黎某某用砖头致伤其头部；自诉人梁某某摔落至休息台的过程，证人曾某某证实是肖某丙去拉被告人黎某某，但没有拉住，三个人就一团从楼梯上滚了下去，证人黎某甲也证实其站起来看到“碉堡”里黎某某和梁某某在楼梯的台阶上拉扯，肖某丙在那拉黎某某，突然之间，三个人都倒下了，自诉人梁某某自己也陈述黎某某和肖某丙推她时，其本能反应抓住了其中一个人的衣服，就把他们一起带下去了，其摔到休息台时，黎某某和肖某丙都摔下去了，他们两个人都压在其身上，而且黎某某的脚还压在其胸前，可见，自诉人梁某某摔落至休息台系其与被告人黎某某在楼梯上推扯时，站立不稳，并在摔落时抓住了其中一个人的衣服，导致其和被告人黎某某、肖某丙三个人一起从楼梯上摔落，从自诉人梁某某的伤势来看，其能够达到轻伤二级评定标准的是“……3. 左外踝骨折，属四肢长骨骨折；4. 左第5根跖骨骨折，属跖骨完全性骨折”，这些伤的造成应该是自诉人梁某某摔落至休息台时摔伤或挤压造成的，自诉人梁某某提交的证据尚不足以证实是被告人黎某某故意推搡导致其受伤，且本案经公安机关立案侦查，发现不应对被告人黎某某追究刑事责任。

规则25：证人证言自相矛盾，证言反复

【规则分析】对于证人证言在审判过程中证词发生的改变，有不同的情况。例如，随着审判时间的延长，证人对于案件事实的记忆可能会逐渐模糊，导致证人忘记一些案件细节；或者当证人忘记一些细节之后，其还有可能根据自己的臆想重新将案件事实补充完整，这些事实将不再是其亲身感知到的事实；或者当证人经历了数次庭审，其对案件的认知会在庭审过程中受到影响，发生改变；或者证人也有可能在私下受到受害方或者被告方的干扰，从而做出证言的改变，而其他人并不知情。因此，无论是哪种情况，证人证言发生改变，自相矛盾，都是值得怀疑和注意的，无端的改变只会削弱证人证言的可信性。

但是并非所有自相矛盾的证人证言都不可信，2017年《最高人民法院关于全面推进以审判为中心的刑事诉讼制度改革的实施意见》（以下简称《刑诉改革意见》）规定：“……29. 证人没有出庭作证，其庭前证言真实性无法确认的，不得作为定案的根据。证人当庭作出的证言与其庭前证言矛盾，证人能够作出合理解释，并与相关证据印证的，可以采信其庭审证言；不能作出合理解释，而其庭前证言与相关证据印证的，可以采信其庭前证言。”《最高人民法院关于适用〈中华人民共和国刑事诉讼法〉的解释》第七十四条规定：“对证人证言应当着重审查以下内容：……（八）证言之间以及与其他证据之间能够相互印证，有无矛盾。”第七十八条规定：“证人当庭作出的证言，经控辩双方质证、法庭查证属实的，应当作为定案的根据。证人当庭作出的证言与其庭前证言矛盾，证人能够作出合理解释，并有相关证据印证的，应当采信其庭审证言；不能作出合理解释，而其庭前证言有相关证据印证的，可以采信其庭前证言。经人民法院通知，证人没有正当理由拒绝出庭或者出庭后拒绝作证，法庭对其证言的真实性无法确认的，该证人证言不得作为定案的根据。”可见并不是所有证人证言自相矛盾的情况其证言都会被排除，因此在针对证人证言提出辩点时还要综合考量全案证据，考察证据之间的印证情况。

【无罪判例 1】刘某甲故意伤害二审刑事判决书——（2014）莱中刑一终字第 6 号

二审期间，应莱芜市人民检察院及上诉人刘某甲辩护人的申请，本院依法传唤证人刘某丁出庭作证，刘某丁当庭证实，案发当天没看见刘某甲殴打刘某己，之前所作的证言是刘某己打电话让她说的。

关于控辩双方“被害人刘某己的伤情是否系上诉人刘某甲殴打所致”的争议焦点。经查，原重审判决主要根据证人刘某关、刘某在、刘某丁的证言认定刘某甲故意伤害刘某己的犯罪事实。刘某关、刘某在证言前后矛盾，在原一审开庭时二人已翻证，原二审期间二人当庭明确表示没有看到刘某甲殴打刘某己，莱芜市人民检察院当庭发表出庭意见，认为二人证言反复，已不具有证明效力，不予采信。刘某丁在二审期间当庭证实其没有看到刘某甲殴打刘某己，推翻了其在侦查阶段的证言，其证言亦不具有证明效力，不予采信。综上所述，认定上诉人刘某甲犯故意伤害罪的证据不足，达不到证据确实、充分的定案标准。因此，上诉人关于认定其犯故意伤害罪事实不清、证据不足的上诉理由及其辩护人的相关辩护意见成立，予以采纳；莱芜市人民检察院的出庭意见不予采纳。

【无罪判例 2】刘某甲与黄某故意伤害再审刑事附带民事判决书——（2015）滁刑再终字第 00003 号

关于黄某及其辩护人认为证人肖某证言不能采信的辩解及辩护意见。经查，肖某经庭审举证、质证的书面证言有五份，出庭证言一份。分别是：（1）2005 年 7 月 30 日在滁州市凤凰西路派出所的证言，陈述黄某与童某发生吵打被拉开后，与赶回来的杨某甲与刘某甲吵打，并用锹打到刘某甲右手；（2）2007年11月22日在肖某家对本院法官所做证言（未签字），陈述早上她出去到垃圾，瓦匠在看，她什么也没有看到，是刘某甲教她讲，黄某用锹把打刘某甲头，刘某甲用手去接，打到刘某甲右手掌；（3）2008年6月15日在清流办事处陡岗村三赵队对琅琊区人民法院法官及琅琊区人民检察院检察员所做证言，陈述刘某甲让她去作证，教她这样说，那样说，她当时在家又不在现场，不愿出庭作证；（4）2015年11月12日在肖某家对滁州市人民检察院的检察人员做的证言，陈述她在公安机关所陈述的属实，对琅琊区人民法院法官讲什么，记不清了，为什么两次讲的不一样，时间长了记不清了，得过脑梗塞，时间长就记不清了，不愿出庭作证；（5）2015年11月25日在龙蟠社区居委会办公室对本院法官所做的证言，陈述在公安机关的陈述是刘某甲让她作证的，她没有看到打架，2007年、2008年对法官所讲的都属实，对2015年对检察机关的陈述是否属实，称是刘某甲让她去作证的，作证时刘某甲在外面等她的，她在现场，但没有看到黄某打刘某甲，表示可以出庭作证；（6）2015年12月8日肖某出庭证言，陈述黄某碰倒自行车和刘某甲家人争吵，她不在现场，刘某甲和杨某甲是否打她没有看到，为什么到公安机关说看到黄某用锹击打刘某甲，她记不得了，对琅琊区法院做笔录讲“我没看到他们打架，刘某甲找我去作证，叫我这样讲，那样讲，我又不在现场，当时在家”是事实。同时又称刘某甲带她去作证，做笔录时，不记得刘某甲是否在场，也不记得刘某甲有没有让她去做假证，派出所是否将笔录读给她听。她得过脑梗塞，时间长了就记不清了，不知道都讲了什么，就知道讲他们吵架的事情。对前后证言为什么不一样，她不知道或不记得，2015年11月25日的笔录内容是她陈述的。根据庭审情况，肖某的证言多次反复，故对肖某的每一次证言的真实性和合理性不能作出法律上的准确判定，故其证言不能作为定罪的证据予以采信，黄某及其辩护人的此节辩解和辩护意见予以支持。

本院再审认为，受害人刘某甲的伤情经鉴定人员出庭接受质询，已证实右手掌骨基底部粉碎性骨折确已构成轻伤。虽然黄某在2005年7月28日与刘某甲发生了纠纷，但在纠纷现场的证人均没有证明刘某甲右手掌骨基底部粉碎性骨折，系黄某用钝器击打所致。原判认定黄某有罪的证据未达到确实、充分的证明标准，故应宣告原审被告人黄某无罪。

【无罪判例3】鲁某卿故意伤害一审刑事判决书——（2016）冀10刑初69号

在法庭审理中，控辩双方争议的事实焦点是李某4伤情是否为鲁某卿持刀所致，以及在何种状态下所致。经查，在案证据中，唯有贾某曾于2016年3月8日证实鲁少卿拿出刀扎了李某4的胸腹部。但其后贾某又证实未看清李某4如何受伤，未看清鲁某卿是否持刀。庭后经进一步核实，贾某仍不能证实李某4如何受伤及鲁某卿是否持刀。证人马某、宗某证言中所涉及的听说鲁某卿用刀扎伤李某4的内容，未被贾某证言和鲁某卿供述证实。综上，本院认为，根据具体案发过程，对李某4被扎伤死亡，鲁某卿具有最大的犯罪嫌疑。但鉴于本案证据存在鲁某卿供述不知情李某4如何受伤且水果刀有被抢走情节、贾某证言反复、没有涉案人员李某7蔡、张某龙相关证言、作案工具水果刀刀刃部分缺失等原因，不能排除李某4是被他人误伤等合理怀疑。李某4是否被鲁某卿持刀刺伤、在何种状态下刺伤的事实不清。

本院认为，被告人鲁某卿受到被害人李某4等人的不法侵害时，掏出水果刀进行防卫，以及在控制与挣脱过程中李某4被水果刀刺中胸部致死的事实清楚，证据确实、充分。但公诉机关指控鲁某卿持水果刀故意伤害致死李某4的证据不足。对鲁某卿所提辩解及其辩护人所提相关辩护意见本院予以采纳。

【无罪判例4】苗某某故意伤害罪二审刑事附带民事判决书——（2014）二中刑终字第448号

经审理查明，原审判决认定的2014年2月25日19时许，上诉人曾某栢因其岳父的汽车被刮问题，与原审被告人苗某某理论时发生争吵，后双方撕扯在一起，原审被告人苗某某报警，上诉人返回家中，后经鉴定曾某栢的额骨骨折损伤程度为轻伤二级；头皮挫伤、面部软组织挫伤、右眼挫伤损伤程度为轻微伤；上诉人曾某栢因伤发生相应经济损失的事实清楚。

二审期间，证人张二某出具证言，证实在打架的地方，没有任何砖垛，苗某某所说有砖垛不属实。本院经审查后认为，案发现场当时没有勘查、拍照，尚没有证据证实证人张二某所述内容的真实性，故该证据本院不予确认。

本院认为，上诉人曾某栢提供的证据和天津市公安局宁河分局苗庄镇派出所侦查取得的证据虽然能够证明曾某栢身体受损害致轻伤，但不能确实、充分的证明曾某栢的轻伤是原审被告人苗某某的行为所致；同时证人张二某的证言前后矛盾与上诉人、原审被告人在公安机关所做陈述当时现场没人亦相矛盾，证人在庭审当庭证言表述原审被告人用铁制手电击打上诉人仅仅是其推断，并不是其亲眼所见，因此上诉人曾某栢指控原审被告人苗某某故意伤害致其轻伤的事实不清，证据不足，指控罪名不能成立。

【无罪判例5】仇某故意伤害罪一审刑事判决书——（2013）密刑初字第339号

本院认为，公诉机关指控被告人犯罪，应当提供确实、充分的证据加以证明。本案中，被告人仇某否认实施犯罪，被害人乔某1的陈述逐渐地由怀疑到确认致害人，而目击证人乔某2证明殴打乔某1的人的形态表述前后矛盾……

【无罪判例6】郭某芹故意伤害一审刑事判决书——（2016）冀0322刑初154号

证人李某2的证言证明“李某4和妻子拽着王某1的脖领子，用手连扇带抠地打”，其证明双方有肢体接触的情况与被害人王某1陈述不一致，与证人宋某等人的证言内容也相矛盾。证人燕某1两次证言前后矛盾，其没看见郭某芹拿砖头砸王某1的情况；另外，部分证人证明被害人王某1在砸伤李某3后用砖头砸伤自己头部，但部分证人证言出现反复，且与被告人郭某芹有亲属关系，证言内容可能受到客观因素的影响，且经相关鉴定机构鉴定该自伤情节无法认定。

【无罪判例7】田某民、尚某鹏故意伤害一审刑事判决书——（2017）冀0828刑初29号

本院认为，公诉机关指控被告人田某民、尚某鹏故意伤害罪一案，薄某1 2016年7月1日（薄某1第一次证言）所作的田某民、尚某鹏有罪的证言，已被薄某1 2016年7月4日的自书证言、2016年7月21日的证言及当庭所作的证言否定，且证人薄某1在自书证言及当庭作证时，对否定第一次证言的理由进行了解释。薄某1第一次证言虽经补充侦查，公诉机关不能对其真实性、合法性作出合理的解释，故薄某1的第一次证言，不能作为认定案件事实的证据使用。本案的其他证据亦不能证明刘某1的伤系田某民、尚某鹏所致。故公诉机关对被告人田某民、尚某鹏犯故意伤害罪的指控事实不清，证据不足，指控的犯罪不能成立。

【无罪判例8】周某故意伤害罪一审刑事判决书——（2017）鄂0602刑初93号

本院认为，我国《刑事诉讼法》（2012年）第四十九条[①]规定，自诉案件中被告人有罪的举证责任由自诉人承担。本案自诉人汪某指控被告人周某用拳头打伤其右手掌致其轻伤，只有证人肖某的证言证明看见被告人用拳头打在自诉人右手，但证人肖某在侦查机关的两次证言内容存在不一致，经本院通知后肖某无正当理由拒不出庭作证。自诉人所提供证人杨某证言证明了自诉人与被告人发生了肢体接触，但不能证实自诉人是如何受伤。虽然自诉人在此次斗殴中构成轻伤，但本案证据仅有自诉人汪某的陈述、证人肖某陈述，而本院调取的本案其他证人杨某的陈述，证人陈某的陈述均证明没有看到自诉人的手到底是如何致伤。被告人周某供述系自诉人用拳头打击其面部用力过猛造成，证人房某证明汪某用拳头击打周某时打在门上所致。自诉人汪某的指控陈述、举证的证人肖某证言与被告人周某供述，证人房某的证言存在相矛盾的情况。因证人肖某未出庭作证，肖某在侦查机关的第一次证言证明自己是站在一级棒康复中心门口时看见男老板用拳头打到了汪某的右手上。第二次证言证明，“我从店里出来站在我店门口一棵树的位置，看到按摩店里的男老板和一个女的把汪某往外边推，汪某也在和他们推推搡搡，当时那个女的拿着拖把想往汪某身上打，汪某用右手把拖把抓住了，这时男老板用拳头朝汪某打过来，汪某丢下拖把用手一挡，然后汪某就出来了，这时我看见汪某右手大拇指头那里突多高，我感觉他右手受伤了”。二次证言细节上陈述不一致，对其证言不一致内容不能作出合理解释……

【无罪判例9】何某故意伤害一审刑事判决书——（2018）冀0981刑初78号

证人胡某的儿子李某1的在2017年1月24日的笔录中说何某把其母亲踹倒在地，后在2017年9月8日笔录中说何某用拳头打其母亲胸部，又抄起铁棍

---

① 2018年修正《刑事诉讼法》第五十一条。

打其母亲腿部，打在哪条腿上其没看清，在2018年1月5日的笔录中说何某用脚踢其母亲，然后又踩其母亲，李某1的证言前后存在矛盾，同时没有其他证据证实何某打伤胡某，且被告人何某对打伤胡某之事不予认可。

【无罪判例10】刘某故意伤害罪再审刑事附带民事判决书——（2017）辽08刑再字3号

一审、二审判决采信的是于某2011年10月3日的证言，而于某2在第一次笔录中记得很清楚，“怎么打我未看见，只是我进屋打电话时看见刘某侠和儿子特别是儿子用脚踢腰腿等部位”，一个半月以后，被害人丈夫于某2的证言不断变化，最终与被害人的陈述相互印证。综合考虑证人于某2的身份，以及其第一次笔录“怎么打得我没看见”的证言，故其随被害人陈述相变化的后期证言，显然不能作为定案的依据。

【无罪判例11】苏某强、张某等故意伤害罪二审刑事判决书——（2013）冀刑三终字第95号

关于上诉人任某奎上诉及其辩护人辩护所提卷中证据不能证明任某奎实施了殴打被害人田某的行为，一审判决认定其有罪证据不足，请求改判其无罪的上诉及辩护理由，经查，本案同案被告人苏某强没有供证任某奎参与殴打被害人，任某奎到案后始终不供认打过被害人，张某虽供过任某奎参与打架，但又证没有看到任某奎动手打被害人。一审认定其参与殴打被害人的主要证据为被害方证人孙某甲和张某甲的证言。证人张某甲第一次证言证明“没有其他人参与打架，拉帕萨特司机的那三个男子，其中穿红夹克的男子肯定参与打架了，其他两个我不知道”。“我对当时拉架的那三个男子除红夹克男子外，其余两个没印象。”之后的五次证言，虽曾经涉及过任某奎参与打斗，但所证内容前后不一，从最初的没有看见到中间的任应该是打了到最后的不清楚、没看清，其称“第一次是在医院作的笔录，后来是一帮人帮着分析，渐渐地就想起一些片段”，故其案发后第一次证言所证较为客观，此后的证言证明力较差，故本院不予采信；证人孙某乙有过多次证言，从最早的没有看清到后期指证任某奎就是打了田某，但对任某奎打的情节所证比较模糊，证言反复不定。

【无罪判例12】喻某乙故意伤害罪一审刑事附带民事判决书——（2014）鄂巴东刑初字第00137号

本案中，被告人喻某乙与附带民事诉讼原告人喻某甲二人发生争吵后，附带民事诉讼原告人喻某甲朝被告人喻某乙的鼻子一拳，被告人喻某乙朝喻某甲的额头一拳，后被他人拉开，喻某乙后又开门冲到堂屋欲殴打喻某甲，纠纷中喻某甲的右手臂被致轻伤的事实清楚，控辩双方的争议焦点在于附带民事诉讼原告人喻某甲的伤是如何形成的。本院认为，人民法院对被告人做出有罪判决，都必须作到犯罪事实清楚，证据确实、充分。所谓证据确实充分，是对作为定罪根据的证据质和量的综合要求。具体是指达到以下标准：（1）据以定案的每个证据都已查证属实；（2）每个证据必须和待查的犯罪事实之间存在客观联系，具有证明力；（3）属于犯罪构成各要件的事实均有相应的证据加以证明；（4）所有证据在总体上已足以对所要证明的犯罪事实得出确定无疑的结论，即排除其他一切可能性而得出的唯一结论。综合本案证据，本院审查后认为，本案部分事实不清，具体表现在……第三，多位证人对案发经过的陈述各执一词，且本案的关键证人谭某在公安机关做了前后截然相反的的陈述，影响了对证人证言真实性的判断。综上，本院认为喻某甲轻伤的损害后果的形成时间与形成过程存在无法排除的矛盾和无法解释的疑问，根据《刑事诉讼法》规定的“疑罪从无”的原则，应认定被告人喻某乙无罪。

规则26：被害人（自诉人）陈述（笔录）自相矛盾，前后不一

【规则分析】此辩点的原理与上几个辩点相同，均是言词证据出现问题，证据无法认定导致案件事实无法查明，《最高人民法院关于适用〈中华人民共和国刑事诉讼法〉的解释》第七十九条规定了对被害人陈述的审查与认定参照上述关于证人证言的规定，这里不再赘述。不同之处在于，此辩点特指被害人（自诉人）自己的陈述出现矛盾，例如，无罪判例2中其否认自己在公安机关的陈述，无罪判例3、判例4等中其在同一阶段或者不同阶段做出了相互矛盾的陈述。如果说被告人、被害人、证人的言词证据之间存在矛盾，自诉人举证不能的可归责性还比较被动的话，那么自诉人否认自己的言词证据其可归责性明显更大、更主动。因为自诉人否认自己的陈述，隐含着其撒谎的可能性更大，或者其确实无法清晰认知案发现场的可能性更大。因此，被害人（自诉人）的

陈述一旦出现前后矛盾，将有可能成为辩护方的极有利辩点。

【无罪判例1】冯某某故意伤害罪一审刑事判决书——（2014）青刑初字第104号

本院认为，现根据法庭审理查明的事实、证据，结合法庭依法核实的证据情况，本案被害人陈述对于被告人冯某某打击其具体部位前后不一致，且最初陈述与指控事实不符……

【无罪判例2】郭某故意伤害一审刑事判决书——（2014）浦刑初字第1403号

本院认为，自诉人曹乙与被告人郭某争执过程中倒地，致自诉人曹乙遭外力作用致右胫腓骨骨折，该损伤构成轻伤，该事实本院予以确认，但自诉人曹乙控诉被告人郭某将其殴打致伤构成故意伤害罪，证据尚不充分。根据自诉人提交的证据，本院作如下评判：第一，当事人之间的陈述不一致，且自诉人本人的陈述前后不一。被告人郭某自事发至本院庭审期间，始终未供认殴打自诉人；自诉人在接受公安机关调查时，曾陈述被告人郭某持棍打伤其腿部，但之后又予以否认该事实，称其腿因与被告人腿搅在一起而受伤，并明确称被告人郭某未用棍殴打其……

【无罪判例3】雷某某诉李某某故意伤害案一审刑事判决书——（2015）五法刑自初字第7号

一、自诉人雷某某及委托代理人提交的证据

……

3. 自诉人雷某某2014年4月16日在公安机关所作笔录称："2014年3月29日20时30分许，我在远洋风景小区'红域农家园'餐馆内被一群年轻男子殴打，我逃出来追时门口有一个穿迷彩服的老头，站在我后面用木棍打了我两棒棒，之后我就晕倒在餐馆门口"；"那个老头五十多岁、脚好像有点问题，走路一歪一歪的，他当时身穿一件迷彩服。老头就是远洋风景小区正门口守门的保安"；"我当时在店里面是被追着打的，他们追我到店里面后把我追到角落里面，我没地方跑了他们就围着我打，被打后他们走了，我当时还没有晕倒，是我追出店外在店外门口被一个老头打了两棒棒之后才晕倒的"。

二、被告人刘文辉及其辩护人提交的证据

……

2. 自诉人雷某某陈述：

（1）2014 年 3 月 30 日在公安机关所作笔录，称“2014 年 3 月 29 日 20 时 30 分许，我在店里收拾东西收摊，餐馆门口左右两边就有人提着金属管子来打我，有一名男子在我身后用管子打了我背上一下，我转身看到这个人很面熟，就是物管的人，接着六七个人围上来打我，但第一个打我的是物管的人（后来我看了我媳妇手机上的照片，得知这个人叫李某某）一直追着我打，然后我被打倒在地，醒过来时已经在救护车上了”。

（2）辨认笔录及照片，自诉人雷某某从 12 张男性照片中辨认出案发当晚被殴打后追出餐馆门口，在门口被杨某光用棍棒打了两棒。

本院认为，对于自诉人雷某某指控被告人李某某殴打并致其轻伤的事实，由于自诉人雷某某自身在公安机关所作陈述前后矛盾，且与其妻子李某梅及其员工、其他证人所作陈述均存在多处矛盾，其他证据亦不能形成证据锁链，不能排除自诉人受伤系其他人员造成的可能性，故依照无罪推定的原则，本院认为自诉人雷某某对被告人李某某犯故意伤害罪的指控证据不足，指控的罪名不能成立，应当宣告被告人李某某无罪。

【无罪判例 4】刘某故意伤害案一审刑事附带民事判决书——（2015）夏刑初字第 95 号

本院认为，证人寇某某、雷某某等人的证言与被告人刘某的供述、被害人韩某某在侦查机关的陈述一致，证实在办公楼没有人殴打韩某某，韩某某的伤是如何造成的事实不清；韩某某在庭审中称刘某挥手打在其左眼，该陈述与其在侦查机关的陈述矛盾，且无其他证据佐证，故自诉人指控被告人刘某犯犯故意伤害罪事实不清、证据不足，不能成立。

【无罪判例 5】于某犯故意伤害罪一审刑事判决书——（2015）淮刑初字第 00409 号

自诉人张某诉称，2014 年 9 月 8 日，被告人于某的父亲于某龙因为琐事与自诉人张某的丈夫洪某某发生吵骂。于某龙让被告人于某及于某母亲许某美，先后打自诉人及丈夫洪某某。其间，于某打张某，造成张某鼻骨骨折、鼻中隔骨折等伤。

被告人的辩护人提出如下意见：自诉人指控于某构成故意伤害罪证据不足。理由如下：(1) 被告人于某主观上并无伤害自诉人的故意，当日被告人于某是和洪某某发生吵打。(2) 自诉人的当庭陈述与其在公安机关所作的陈述相矛盾，且根据其当庭所描述的于某左手臂向左前方的推挡动作并无法造成鼻骨骨折这种损伤。(3) 被告人于某在公安机关的多次供述稳定、一致，均供述自诉人的伤是其拉架时被其丈夫洪某某误伤所致，且有许某甲、许某乙等人证言的佐证……

本院认为，本案的争议焦点在于自诉人张某的伤情是不是被告人于某造成。经查，自诉人提供的证据及在案其他证据相互矛盾，无法证实被告人于某实施了殴打自诉人张某致其受伤的行为，自诉人张某指控被告人于某构成故意伤害罪证据不足，被告人于某亦不应当承担民事赔偿责任。

【无罪判例6】张某故意伤害一审刑事附带民事判决书——(2014) 泊刑初字第226号

杜某对谁造成自己受伤的说法前后不一致，在案发后第一个笔录中明确说是房某清用铁锨打其腰部，伤是房某清造成的，第二次笔录中说房某清先用铁锨打了其腰一下，张某又用镐头打了其身上一下，不知道打在哪了，伤主要是房某清打的，其两次陈述均没有明确指控是张某用镐头打伤了其腰部。

【无罪判例7】侯某新故意伤害一审刑事判决书——(2015) 鄂宣恩刑初字第00034号

侯某1四次陈述有三次证实侯某新从自己手中抢过挖锄，用锄头挖在自己左手腕上，而侯某1第二次陈述，即2013年6月19日的陈述，说自己之前说侯某新用挖锄挖其左手的话是假的，自己不知道左手腕是如何受伤的，该陈述与其他几次截然相反，亦否定了第一次的陈述，公安机关进行第三次询问时没进行排除。

【无罪判例8】王某故意伤害罪一审刑事判决书——(2015) 扬广刑初字第00036号

本院认为，自诉人刘某与被告人王某因琐事发生争执，并相互纠缠争夺铁锹，后刘某经鉴定为轻伤二级，王某经鉴定为轻微伤，有证人证言、司法鉴定意见书证实，但刘某的伤是如何形成，刘某陈述笔录中陈述只是头昏，没有其他伤痛，后又陈述被王某打倒在地，脚踩所致骨折，其代理人认为是王某推倒在地所致，王某先陈述是抢铁锹时趁势将刘某摔倒，后又供述是刘某自己跌倒，在场证人均不能证明刘某被王某用脚踩伤，也不能证明王某将刘某推倒。综上所述，自诉人刘某指控被告人王某犯故意伤害罪的证据不足，指控的犯罪不能成立。

【无罪判例 9】黄某伟故意伤害罪一审刑事判决书——（2014）深福法刑初字第 1644 号

被害人陈某于 2014 年 3 月 12 日第一次陈述称，15 日凌晨 1 时许黄某乙、黄某甲、蔡某三人进到房间里来。黄某乙一进来就开口骂其，接着黄某乙喊了一句“打”，黄某甲就捡起地上的一个空洋酒瓶往其头上砸，当时就把其砸晕了。黄某乙也冲上来往其身上拳打脚踢，当时其那几名朋友就把黄某乙他们父子俩拉开了。其看见黄某甲一个人离开房间了。过了一会儿，有几名男子进到房间，黄某乙跟那几名男子说“打”，那几名男子就捡起烟灰缸和酒瓶往其身上砸，其在场的那几位朋友过来拉架也被打伤了。被害人陈某的该陈述，指认黄某甲第一次就与黄某乙、蔡某进入公司对其进行殴打，后又独自离开房间，明显与相关证人证言及监控录像不符。被害人陈某于 2014 年 3 月 18 日第二次陈述称，蔡某跑了后，黄某甲带着几个男子进来了，黄某乙就站起来指着其喊打，黄某乙先冲过来用拳头打其，之后其就感觉被好多人打，反正其就看到黄某甲和黄某乙拿酒瓶打其。被害人陈某的两次陈述不一致，有加重黄某甲在本案中责任之嫌。

被害人柯某、余某、马某乙、张某虽然均陈述称，蔡某离开后突然冲进来四五名男子，并一起拿办公室里的酒瓶和烟灰缸打砸陈某与其等，证人冯某、马某甲证实案发时办公室突然进来四个人并开始打人。然而，被害人柯某还陈述称其没有留意到谁砸了陈某的头，现场很混乱，其也没有留意到那个戴眼镜的男子（黄某甲）打人；被害人余某在第一次陈述中并未直接指认黄某甲打人，第二次陈述中余某称案发后其听朋友说，才知道那是陈某妹夫和黄某乙、黄某乙儿子带人上来打的人，并直接指认黄某甲拿一个蓝带洋酒瓶砸陈某，余某的该陈述受他人影响，有先入为主之嫌；被害人马某乙在第一次陈述中未直接指认黄某甲的行为，亦未辨认出黄某甲，第二次陈述中马某乙称其中有一个戴眼镜的是黄某乙的儿子，这个也是其事后才了解到的，并辨认出后来上来打人的三名男子就是黄某甲带上来的，其证言受他人影响，真实性存疑；被害人张某在第一次陈述中并未明确指认黄某甲的具体行为，未辨认出黄某甲，在第二次陈述中张某称马某乙后来告诉其当时是陈某妹夫和合伙人黄某乙叫的人来打的，后来上来的那个戴眼镜的男子是黄某乙儿子，黄某乙的儿子带了三个人上来进到房间，黄某乙喊“打”，黄某乙儿子及三个人就开始动手打其等，并辨认出黄某甲是黄某乙儿子，当时带打手上来打其等，其两次陈述、辨认矛盾、不一致，受他人影响，真实性存疑。

【无罪判例 10】孙某甲、孙某乙故意伤害一审刑事判决书——（2016）皖 0124 刑初第 29 号

自诉人徐某某在公安机关的陈述中称“孙某甲用手抓其，将手伸到其嘴里抠其牙齿，其就将牙齿合上，孙某甲就将手往外拽，然后用力地将其牙齿抠下”，欲证实揪打中系被告人孙某甲故意将手伸进其嘴里，将其牙齿抠掉。但对于此节事实，自诉人徐某某曾在公安机关的陈述中称其牙齿系被被告人孙某甲用拳头打掉。自诉人徐某某关于其牙齿如何脱落的陈述前后矛盾。

【无罪判例 11】王某犯故意伤害罪一审刑事判决书——（2016）苏 1291 刑初 33 号

本院认为，自诉人提起刑事自诉应当提供证明被告人犯罪事实的证据，且提供的证据必须确实、充分。本案中，仅有自诉人陈某甲、其子陈某乙、其妻朱某指证在双方发生纠纷过程中，王某曾对陈某甲实施了加害行为，但无论是陈某甲本人在公安机关的三次陈述，还是上述三人的陈述之间，就加害人、加害方式等内容说法不一、前后矛盾，且与曹某、陈某丙、宋某等人的陈述不能印证。陈某甲首次接受询问时称王某和曹某的女婿一起将其推倒，第二次陈述称王某将其推倒，最后一次陈述反映参与纠纷的其他人其都不认识，只认识王某，是王某将其推倒的。陈某乙反映，王某和曹某的女婿都用手推搡陈某甲，最后王某将陈某甲推倒，陈某甲受伤。朱某则称，是王某和曹某抱住陈某甲，将他摔倒在地，致陈某甲受伤。

【无罪判例 12】王某故意伤害一审刑事判决书——（2016）鄂 1127 刑初 166 号

本院认为，自诉人何燕某是说在扭打中致使自诉人手腕部受伤；在公安机关陈述时又称，是被告人王某用双手抓住她的左手臂强行拖她时，将其身上的衣服全部拉扯破了。自诉人的说法前后矛盾，且又没有其他证据证实。因而，自诉人何燕某指控被告人王某犯有故意伤害罪的事实不能成立。

【无罪判例 13】何某故意伤害一审刑事判决书——（2018）冀 0981 刑初 78 号

本院认为，被害人胡某对被告人何某打伤其陈述前后不一致，在案发后第一次询问笔录中说是何某踹了其一脚，踹到其肚子上了，后又朝其右腿踹了一脚，在后来的笔录中说何某踹了其肚子一脚，把其踹到了，后又冲向其儿子李某 1，从其身上蹿过去，踩到其右膝盖上，其前后陈述存在矛盾……

【无罪判例 14】周某某诉张某某、李某某犯故意伤害罪及附带民事赔偿一案再审刑事判决书——（2014）安中刑再终字第 00001 号

本院再审认为，从查明的事实看，张某某亦承认因考勤问题与周某某发生厮打，到达现场的证人证实周某某有伤，并有医院住院病历及诊断证明相印证，打架事实清楚，对此双方均无异议。关于周某某伤情程度的鉴定结论有 3 份，包括轻伤和轻微伤两种意见：其中轻伤鉴定系周某某自行委托本院法医室鉴定，该鉴定在受伤 3 个月后作出；法院依法委托西安医科大学法医学院作出的鉴定结论系轻微伤，在受伤 7 个月后作出。《人体轻伤鉴定标准（试行）》（已失效）第九条第五项规定“单眼矫正视力减退至 0.5 以下（较伤前视力下降 0.3 以上）”构成轻伤，但眼损伤影响功能应为永久性的损害，鉴定应当在 3 个月后完成。现有证据不能否定轻微伤鉴定结论的真实性和客观性，亦不能排除鉴定结论之间的矛盾，故原判认定张某某犯故意伤害罪的证据不足。但由于张某某的行为给周某某造成的经济损失依法应予赔偿。原审判处李某某犯故意伤害罪，仅有周某某的指控，根据卷宗材料，周某某最初陈述被张某某打伤后眼睛看不清，第二次又说右眼看见李某某踢他，其陈述存在矛盾，虽然李某某自认进屋后顺手关门，但没有证据证实李某某在主观上有伤害周某某的故意，也没有证据证实李某某在客观上伤害了周某某，故原判认定李某某犯故意伤害罪的证据不足，判决李某某赔偿周某某的经济损失不当。

【无罪判例 15】应某甲犯故意伤害罪一审刑事判决书——（2015）丽缙刑自初字第 3 号

本院认为，首先，自诉人王某某仅在第三次笔录中指认是被告人应某甲将其推倒致伤，而在前两次笔录中均未指认是被告人应某甲所伤，其陈述内容前后不一，且对于笔录内容的变化未进行合理说明，自诉人指认是被告人致伤并无其他有效证据予以印证……

【无罪判例 16】被告人阮某某、王某辉故意伤害罪一审刑事附带民事裁定书——（2015）甘刑初字第 207 号

本院认为，自诉人王某某醉酒后到被告人王某辉家之前与他人已发生过撕扯，后又手拿包装带（绳子）到被告人家中与被告人发生厮打，其伤是如何形成的，自诉人陈述前后不一，又没有证人和其他证据证明自诉人与他人发生撕扯时是否受伤。且被告人王某辉的殴打行为是不是致自诉人轻伤结果的唯一结论，存在合理的怀疑。因此，自诉人王某某指控被告人王某辉犯故意伤害罪证据不足，指控的犯罪不能成立。

【无罪判例 17】陈某某故意伤害再审刑事判决书——（2016）粤 06 刑再 2 号

关于被害人欧某灯的陈述以及辨认笔录能否作为定罪的证据

被害人欧某灯在本案中作了两份陈述：第一份陈述作出的时间是 2008 年 10 月 12 日，第二份陈述作出的时间是 2009 年 5 月 22 日。

首先，被害人欧某灯指认陈某某的陈述前后矛盾。欧某灯虽然陈述在医院抢救时头脑不清醒，是后来才记得开枪男子的样子，但从住院当日即 2008 年 10 月 12 日的笔录内容来看，其对案发时间、地点、周围环境、受伤情况的陈述均条理清楚。从当日的医院病历包括门诊体查以及入院情况记录显示欧某灯神志清楚，对答切题，未处于昏迷或神志不清的状态。2008 年 10 月 12 日的陈述系案发第二日收集，距案发时间短，对案情的记忆应更清晰，其陈述可信度更高。其次，案发时间系23时许，晚上人感知事实时的客观环境和条件相对较差，且现场情况混乱，加之被害人情绪紧张，其能否确切地辨认出开枪者存疑。若欧某灯所述巷子里有灯光，所以能认出开枪者，按常理其应在受伤害后或于2008年10月22日出院后，积极协助公安机关破案，将真凶绳之以法，而不是直至案发后的7个月也就是2009年5月22日，在证人李某雄向公安机关指认陈某某之后才到公安机关作笔录并辨认陈某某。最后，被害人欧某灯的陈述与其他证人证言存在矛盾之处。欧某灯陈述彭某五、欧某志送其至医院朱某成在笔录中陈述是他将欧某灯送至医院，还向其支付了4万元。关于事发起因欧某灯陈述其彭某五、欧某志当晚只是路过；鄢某新、朱某成均陈述当晚因打烂老虎机而引起打斗欧某灯是过来帮忙的。综上，被害人欧某灯前后两次陈述矛盾，其陈述与证人证言亦存在矛盾之处。被害人欧某灯的陈述不能排除合理怀疑，不足以作为定罪依据。

【无罪判例18】陈某甲、陈某乙故意伤害案一审刑事判决书——（2014）峡刑初字第74号

本院认为，被告人陈某甲在遭到被告人陈某乙用拳头殴打其胸部、用砖块殴打其头部致伤后，用砖块殴打了陈某乙头部致伤，事实清楚，证据确实、充分，可以确认。公诉机关指控的事实成立。由于公诉机关起诉书除指控被告人陈某甲殴打陈某乙头部外，未指控被告人陈某甲殴打了陈某乙右手部位，亦未提供能够相互印证证实陈某乙右手掌骨骨折构成轻伤乙级系被告人陈某甲殴打所致的证据，而且被告人陈某甲供述没有殴打陈某甲手部；虽然被害人陈某乙在侦查阶段陈述了陈某甲用砖块掷向他的右手背，但却当庭对陈某甲殴打其右手背的事实予以否认。该事实存在疑问未能排除。因此，陈某乙的轻伤乙级损伤结果与被告人陈某甲的殴打行为之间是否存在刑法上的因果关系、认定被告人陈某甲构成故意伤害罪的证据不足。

规则27：被告人从未做过有罪供述，辩解真实可信

【规则分析】此规则专门针对被告人供述的稳定性进行可信性推定，如果被告人的供述在整个案件审理过程中摇摆不定，势必会影响被告人供述在审理者心中的可信度。相反的如果被告人供述在所有言词证据中一直保持相对稳定，

也可以提升其在审理者心中的可信度。

【无罪判例1】陈某某故意伤害再审刑事判决书——（2016）粤06刑再2号

陈某某的辩护人提出如下辩护意见：……5. 陈某某从来没有作有罪供述，其辩解真实可信。

【无罪判例2】原审被告人谢某故意伤害再审刑事判决书——（2018）辽11刑再2号

本院再审查明：2002年7月30日，原审自诉人安某福酒后到盘山县公安局周边中队办事，鼻子受伤出血（鼻骨骨折，原因不清），误认为是当时与其发生口角的（时任盘山县公安局周边中队干警）原审被告人谢某所为。同年原审自诉人安某福将原审被告人谢某诉至盘山县人民法院。

本院认为，原审被告人谢某不服原一审、二审判决，认为没有打过安某福，自己无罪。原审自诉人安某福于2018年5月5日出具了一份陈述，承认其鼻部受伤的原因不明，怎么形成因事发当日自己酒喝多了记不清了，并不是谢某所致。本院庭审中对安某福进行了询问，其也承认向本院陈述事实是真实的。事发现场没有人证明谢某打安某福鼻部的事实，谢某在法院数次审理过程中，也始终未承认打安某福鼻部的事实。故认定原审被告人谢某犯故意伤害罪的证据不足。

【无罪判例3】张甲某故意伤害刑事判决书——（2015）忻刑初字第294号

公诉机关指控被告人苏某明与被害人于某某因钱包丢失发生口角，后在KTV大门外指使张甲某、张乙某殴打于某某，支持该指控事实的证据存在以下疑点：1. 对本案指控的犯罪，被告人苏某明从公安机关侦查阶段到本院庭审过程中始终供述其本人未对被害人于某某实施殴打行为，也未指使他人对被害人施以殴打……

【无罪判例4】宋某旺故意伤害罪一审刑事判决书——（2015）和刑初字第37号

本院认为，公诉机关所提供的证据仅能够证明2012年12月31日下午在和顺县王朝酒店门口曾发生过打斗事件及被害人耿某2被打后受重伤的事实。被告人宋某旺的庭前及当庭供述均对指控其实施故意伤害的犯罪行为予以否认。被害人耿某2关于其被致伤事实的陈述也较模糊、不明确，无法锁定致其重伤之人。证人耿某1、池某、苗某仅是对参与殴打被害人耿某2的人在侦查机关的组织下作了辨认，且所作的辨认结果也不唯一，被害人耿某2究竟被谁致重伤，侦查机关也未及时组织辨认。综上，全案证据对指控被告人宋某旺的犯罪事实达不到确实、充分的证明标准，不能得出被害人耿某2的重伤系由被告人宋某旺造成的唯一结论。因此，公诉机关指控被告人宋某旺犯故意伤害罪的事实不清、证据不足，本院不予支持。

规则28：指控的关键事实仅有被害人陈述及其利益相关方的言词证据，无法达到确实、充分的证明标准

【规则分析】此辩点与上一辩点的依据相同，均是在言词证据没有其他证据印证的情况下，不轻信口供。不同之处在于，此辩点之下的案例涉及的现场人员可能较多，又明显分为两个利益方，如自诉人的亲友以及被告人的亲友双方。当仅有自诉人或者被害人利益方的言词证据指控被告人有罪时，也会被法院认定为证据不足。

【无罪判例1】孙某某故意伤害案二审刑事附带民事判决书——（2015）阜刑终字第00019号

本案争议焦点在于王某的轻伤结果是否为孙某某用脚踢所致，而非其伤情是否构成轻伤。综合本案证据来看，这一关键事实能否成立依赖于相关言词证据是否具有客观性，是否能够排除合理怀疑。

……

根据以上证据，可以认定孙某某打了王某脸部一拳将王某打倒在地，其又被对方多人围殴的事实清楚，证据确实、充分；但认定孙某某用脚踢了王某的右手而致王某轻伤的事实不清、证据不足，关于此节事实仅有被害人一方的言词证据证明，且证人证言、被害人陈述前后矛盾，无法达到确实、充分的证明标准。因此，上诉人孙某某及其辩护人关于孙某某无罪的上诉理由和辩护意见成立，本院予以采纳。

本院认为，原判认定上诉人孙某某故意损害被害人王某的身体健康并致其轻伤的事实不清，证据不足。

【无罪判例2】李某某、李某某甲、王某某犯故意伤害罪一案一审刑事判决书——神刑初字第00280号

本院认为，被告人李某某因自诉人贺某某欠其合法债务，虽经司法程序处理，但其债权仍不能得到实现，双方在偶遇时又均不能冷静对待，正确处理，为此发生争执厮打。被告人李某某故意持木棒打击自诉人头部致其轻伤，其行为已构成故意伤害罪，应予处罚。自诉人贺某某以被告人李某某甲、王某某对其参与实施殴打，对该二人亦应以故意伤害罪追究刑事责任之要求。经查，只有自诉人自述及其妻哥述称该二被告人对其参与实施了殴打，被告人李某某及该二被告人对其均予否认，又无其他相关证据印证，不能足以证实该二被告人确系对其参与实施殴打，证据明显不足，因此自诉人之要求依法不能支持，应宣告该二被告人无罪。

【无罪判例3】郭某某犯故意伤害罪一审刑事判决书——（2013）合刑初字第299号

本院认为，自诉人李某某与被告人郭某某因为朱某信超载罚款问题发生了争执，自诉人李某某所提交的证据中只有其的陈述以及其朋友陈某昌的陈述证实被告人郭某某有伤害其身体的故意，没有其他的证据予以佐证，而庭上所质证的廖某证人证言证实是自诉人李某某先动手打郭某某，郭某某在用头盔挡的过程中才造成自诉人李某某的受伤的且与郭某某在公安机关的陈述相一致，因此，自诉人李某某所提交的证据不足以证实被告人郭某某故意伤害其身体健康。自诉人李某某控诉被告人郭某某犯故意伤害罪不成立。

【无罪判例4】范某某、张某某故意伤害一审刑事附带民事判决书——（2013）眉刑初字第00120号

本院认为，自诉人杨某某指控被告人范某某构成故意伤害罪，从本案证据来看，只有自诉人本人陈述和其妻张某某证言，而自诉人提供的证人刘某、杨某某、周某某证言并不能证明其伤情系范某某所致。在本次审理中，自诉人所提供的白某某、杜某某、罗某某、王某证言，没有证据证明这四名证人当时在现场，证人也未出庭作证，故对此四名证人证言不予采信。

【无罪判例5】自诉人倪某甲以被告人贺某甲犯故意伤害罪一案一审刑事附带民事判决书——（2012）南法刑初字第195号

本院认为，自诉人倪某甲未提供充分证据证明被告人贺某甲犯故意伤害罪的事实，故无法认定被告人触犯该罪，并予以定罪量刑。本案仅有自诉人及其儿子陈述是被告人贺某甲用砖头砸伤自诉人头部，其他证人均不能证实，也无其他证据予以佐证，被告人贺某甲从未承认用砖头打过自诉人，无法形成完整的证据索链。

【无罪判例6】胡某诉谢某甲、刘甲故意伤害一案一审刑事判决书——（2015）彭刑初字第73号

本院认为，自诉人指控被告人谢某甲、刘甲将其从楼上推下造成轻伤，只有自诉人及其父母胡某明、杨某的陈述，且其陈述与无利害关系证人张某某、邢某东证言所证实的事实不符。而证人张某某、邢某东、谢某乙、谢某、刘乙的证言与被告人的供述相互印证，能够证实自诉人的伤情系自诉人自己跳楼所致。故自诉人指控被告人谢某甲、刘甲犯故意伤害罪的证据不足，罪名不成立，依法应宣告被告人谢某甲、刘甲无罪。

【无罪判例7】王某犯故意伤害罪一审刑事判决书——（2016）苏1291刑初33号

本院认为，自诉人提起刑事自诉应当提供证明被告人犯罪事实的证据，且提供的证据必须确实、充分。本案中，仅有自诉人陈某甲、其子陈某乙、其妻朱某指证在双方发生纠纷过程中，王某曾对陈某甲实施了加害行为……

【无罪判例8】张某故意伤害一审刑事判决书——（2016）粤2071刑初1567号

本院认为，公诉机关指控被告人张某犯故意伤害罪的证据不足，应宣告张某无罪，相应地张某也不承担民事赔偿责任。经查，指控张某持砖头砸伤被害人黄某1的事实，只有被害人的陈述及直接参与本案冲突的其亲属的证言予以证明，且相互之间对于黄某1何时被砸伤、如何被砸伤、砸伤的部位等细节的描述有诸多不一致的地方，不能相互印证。而张某到案后一直否认有用砖头砸到人，与证人汤某、刁某的证言证实张某当时只是拿着砖头作势要打人，都被他们阻止拦下的证言相印证，与证人黄某4证言中提及的张某“当时是拿着砖头举起来吓唬我们”“我也没看清张某有没有用砖头砸伤黄某1”的情节亦可印证。

【无罪判例9】赵某乙犯故意伤害罪一审刑事判决书——（2016）云2324刑初19号

本院认为，被告人赵某乙故意伤害一案，虽然赵某甲陈述赵某乙用木棒打伤他的头部，且其父母赵某戊、赵某丁也作了证实，但与证人陈某某所证实的赵某乙用桉树杆打在了赵某甲的左肩上及赵某乙将赵某甲推在了赵某乙家围墙上的证言不能相互印证，现有证据无法形成锁链，故自诉人赵某甲指控被告人赵某乙犯故意伤害罪的证据不足，本院不予支持。

【无罪判例10】王某甲诉王某乙、张某某、王某丙故意伤害案一审刑事附带民事判决书——（2015）江刑初字第74号

尤其自诉人认为其左股骨大转子骨折的轻伤系被被告人王某乙用螺纹钢筋制的炮竿打伤所致的主张，仅有其陈述以及与其有利害关系的证人妻子刘某某、儿子王某丁和王某戊的证言，而无其他证据相佐证。因此，综合全案证据看，证据没有形成具有唯一性、排他性的完整的证明锁链。故自诉人王某甲控诉被告人王某乙、王某丙、张某某犯故意伤害罪的事实不清，证据不足，其要求追究三被告人刑事责任的请求不成立，不予支持。

【无罪判例11】自诉人汤某某以被告人贺某1、贺某3故意伤害罪一审刑事附带民事判决书——（2015）广利州刑初字第198号

本院认为，本案中自诉人汤某某指控被告人贺某3用木棒打其腰部致其轻伤，二被告人对指控事实予以否认。虽然自诉人指控与其丈夫朱某广在公安机关陈述相吻合，但二者有利害关系；同时，被告人贺某1在公安机关供述她用木棍致伤自诉人，被告人贺某3也供述听他母亲说是她伤害的自诉人，因此自诉人指控被告人贺某3、被告人贺某1犯故意伤害罪的证据与二被告人的供述相矛盾。按照《刑事诉讼法》（2012年）第五十三条第二款[①]的规定，证据确

① 2018年修正《刑事诉讼法》第五十五条第二款。

实、充分，应当符合以下条件：（1）定罪量刑的事实都有证据证明；（2）据以定案的证据均经法定程序查证属实；（3）综合全案证据，对所认定事实已排除合理怀疑。本案中，自诉人夫妇证实的情况与二被告人在公安机关供述情况有矛盾，自诉人没有对该矛盾证据用证据加以排除，致使本院无法认定自诉人的伤到底是由哪名被告人所致，因此负有法定举证义务的自诉人所举证据达不到确实、充分的证据证明标准，所指控的罪名不能成立。

规则 29：其他致害人未到案

【规则分析】指控被告人犯罪应当提供确实、充分的证据加以证明，形成完整的证据链，其中无论是物证、言词证据还是案件的参与者、证人都需要完整具备。此规则之下的两个案例是由于故意伤害案件中其他致害人未到案，导致缺乏重要证据链条，无法与其他证据相印证。

【无罪判例 1】仇某故意伤害罪一审刑事判决书——（2013）密刑初字第 339 号

本院认为，公诉机关指控被告人犯罪，应当提供确实、充分的证据加以证明。本案中……其他证据不能证明被告人仇某实施了起诉书指控的犯罪行为，且其他致害人未到案，作案工具未起获。本案现有的证据没有形成完整的证据链，故公诉机关指控被告人仇某犯故意伤害罪的事实不清，证据不足，指控的犯罪不能成立，应宣告被告人仇某无罪。

【无罪判例 2】王某水故意伤害二审刑事判决书——（2016）粤 09 刑终 132 号

本院认为，现有证据未能证实系上诉人（原审被告人）王某水持刀伤害被害人叶某 1、叶某 2。具体评判如下：

本案证据存在重大缺失与瑕疵

……4. 指控参与上诉人王某水伤害作案的两名同伙的身份未能查明及归案，没能取得供述与本案证据相印证……

（四）现场勘验、检查、辨认等笔录规则

规则 30：现场勘查笔录时间与现场照片显示的时间冲突

【规则分析】此辩点同样是与案发时间这一重要案件事实的认定相关，表

现为现场勘查笔录与现场照片之间的矛盾，这种矛盾的产生原因或许是公安机关在办案时的不规范，或者现场勘查与现场照片产生时间的错位，总之其会导致控方证据存在重大瑕疵而被排除。但是这种情况出现的概率是很小的，无论如何对于控方出具的各种证据都要做到针对各种细节的审查，例如，以下无罪判例中出现的勘验笔录与现场照片之间的时间冲突，则需要辩护方审查到包括证据形成时间在内的全部细节。总而言之，宗旨是发现控诉方所提供证据的瑕疵，进而排除控诉方提出的证据。

【无罪判例】王某水故意伤害二审刑事判决书——（2016）粤09刑终132号

本院认为，现有证据未能证实系上诉人（原审被告人）王某水持刀伤害被害人叶某1、叶某2。具体评判如下：

本案证据存在重大缺失与瑕疵

（1）缺乏与被害人和上诉人方相对独立的夜宵档现场目击证人证言印证，以致在案证人证言的真实性得不到佐证。（2）作案工具未能缴获，来源不明、去向不明。（3）现场勘查笔录记录的时间与现场照片所显示的时间冲突，存在重大瑕疵。（4）指控参与上诉人王某水伤害作案的两名同伙的身份未能查明及归案，没能取得供述与本案证据相印证……

规则31：案发现场没有勘查、拍照，无法与证人证言相印证

【规则分析】现场勘查笔录以及照片是案发后能够用以证明案发现场的重要证据，缺乏勘查、拍照便不能证明案发当时的情形，更不能与案件证人证言相印证以形成证据链。因此，缺乏案发现场的勘查、拍照将是形成完整证据链的一大缺陷。

【无罪判例】苗某某故意伤害罪二审刑事附带民事判决书——（2014）二中刑终字第448号

经审理查明，原审判决认定的2014年2月25日19时许，上诉人曾某栢因其岳父的汽车被刮问题，与原审被告人苗某某理论时发生争吵，后双方撕扯在一起，原审被告人苗某某报警，上诉人返回家中。后经鉴定曾某栢的额骨骨折损伤程度为轻伤二级；头皮挫伤、面部软组织挫伤、右眼挫伤损伤程度为轻微

伤；上诉人曾某栢因伤发生相应经济损失的事实清楚。

二审期间，证人张二某出具证言，证实在打架的地方，没有任何砖垛，苗某某所说有砖垛不属实。本院经审查后认为，案发现场当时没有勘查、拍照，尚没有证据证实证人张二某所述内容的真实性，故该证据本院不予确认。

规则32：辨认笔录有瑕疵

【规则分析】 2012年《公安机关办理刑事案件程序规定》以及2012年《人民检察院刑事诉讼规则（试行）》中对刑事案件中的辨认程序进行了要求。辨认作为一项重要的侦查方法，其可以为诉讼提供重要证据，证明辨认对象与案件的关系。辨认应当在侦查人员的主持下进行，主持的侦查人员不得少于2人，必要时可以有见证人到场。而无罪判例1中，见证辨认的两名证人均是案件的证人，见证人与案件存在明显的利害关系，因此不能证明辨认笔录出具过程的可信性，从而导致了辨认笔录的瑕疵。

在辨认前，应当避免辨认人见到被辨认对象，向辨认人详细询问被辨认对象的具体特征，并且告知辨认人故意作假辨认应当承担的法律责任。在辨认过程中，应当将辨认对象混杂在具有类似特征的其他对象中，并且不能给辨认人任何暗示，同时上述两项规则对于辨认对象的数量也进行了规定。但是在无罪判例2中，各辨认对象的身高特征明显不相近，这就表明被辨认对象没有混杂在具有类似特征的其他对象中，属于辨认过程的严重瑕疵。因为身高不相近可能构成对辨认人的暗示，导致辨认过程的进行并不公正合理。除了此辩点中提到的有案可寻地对辨认笔录的辩点外，还可以针对辨认笔录中侦查人员的数量、辨认对象的数量、辨认场所、辨认笔录中的签章以及辨认所需材料的入卷情况等程序和细节进行核查，因为这些问题会直接导致控诉方辨认笔录证据的瑕疵，从而为辩护提供有力辩点。

【无罪判例1】胡某锋故意伤害一审刑事判决书——（2017）冀0729刑初44号

……

4. 公诉人当庭出示的孟某1、姚某的辨认笔录，见证人分别是杨某1、高某2，而这两个人均是该案的证人，故该辨认笔录有瑕疵。

【无罪判例2】仇某故意伤害罪一审刑事判决书——（2013）密刑初字第339号

本院认为，公诉机关指控被告人犯罪，应当提供确实、充分的证据加以证明。本案中，被告人仇某否认实施犯罪，被害人乔某1的陈述逐渐地由怀疑到确认致害人，而目击证人乔某2证明殴打乔某1的人的形态表述前后矛盾。辨认笔录中，被告人仇某的照片明显发亮且有身高刻度，辨认录像中被告人仇某身高明显低于其他人，没有混杂在具有类似特征的对象中，不符合辨认要求。

规则33：缺乏证人对打人者的辨认笔录

【规则分析】证人对被告人的辨认笔录是用以证明被告人系案发现场的犯罪人的重要证据，缺乏辨认笔录便不能形成被告人有罪的完整证据链条。

【无罪判例】王某某故意伤害案一审刑事判决书——（2015）五法刑自初字第22号

本院认为，本案仅能查明被告人王某某因琐事与自诉人李某某发生纠纷，并与另一案外女子，共同与自诉人发生相互撕扯，自诉人受轻伤。本案中被告人王某某当庭辩称其没有伤害过自诉人，只是抓扯自诉人的头发，也没实施过其他的伤害行为。自诉人提交的证据中，证人证言仅能证实看见有三名女人厮打一起，其中有两个人是房客，但是如何动手打的无法证实，也没有证人对打人者的辨认笔录，只有自诉人自述伤情是被害人和另一名女子所致，故本案中被告人王某某故意伤害的犯罪行为无法查实，指控事实不清，证据上也不具有唯一性，指控证据不足。综上，本院认为自诉人李某某指控被告人王某某犯故意伤害罪的事实不清，证据不足，指控的犯罪不能成立，依法应当宣告被告人王某某无罪。

规则34：辨认笔录有矛盾，不能排除证人受到干扰的可能

【规则分析】证人对犯罪嫌疑人进行辨认是证明被告人有罪的重要证据，一旦证人在辨认时受到外界干扰便会增加辨认出错的可能性，直接导致辨认笔录缺乏可靠性。这与证人作证时应当排除外界干扰，以自己亲身感知到的事实作证原理相同。

【无罪判例】陈某某故意伤害再审刑事判决书——（2016）粤06刑再2号

陈某某的辩护人提出如下辩护意见：……4. 证人证言相互矛盾李某雄、彭某五、欧某志的证言存疑。表现在：（1）被害人欧某灯受伤的地点矛盾李某雄反映陈某某在西便村池塘边开枪；被害人欧某灯在2009年5月22日的陈述反映其在出租屋楼梯间被枪打中受伤彭某五反映他听到外面一声枪响，没看到开枪的过程，但辨认出是陈某某开的枪。（2）辨认笔录矛盾。被害人欧某灯在受伤后第二天的陈述称看不见开枪男子，也没看清对方拿的枪，但是在2009年5月22日的陈述却反映该男子20多岁，身高约1.7米，身材消瘦，并通过照片辨认出陈某某，被害人在案发7个月之后陈述看清楚开枪人不符合常理。事发时间是晚上11点多，证人彭某五、欧某2志在案发后7个月只看相片即辨认出陈某某是开枪者亦不符合常理。上述三人的辨认不具有客观真实性，有受外界诱导的可能性。（3）李某雄除了辨认陈某某是开枪者，还辨认李某清手持大砍刀参与打架，导致李某清被羁押，事实是李某清在案发时并不在佛山市，李某清最后被公安机关释放，这一事实足以证李某雄的证言及辨认不实。5. 陈某某从来没有作有罪供述，其辩解真实可信。……综上，本案证据存在重大疑点，达不到事实清楚、证据确实充分的刑事诉讼证据要求，公诉机关指控陈某某犯罪的关键证据及基础证据矛盾明显，不具备证据的客观真实性，根据《刑事诉讼法》（2012年）第一百九十五条①的规定，证据不足，不能认定被告人有罪的，法院应当作出证据不足、指控的犯罪不能成立的无罪判决。

……

本院认为，本案案发现场人数众多，是否另有他人作案存疑，原审判决依据存疑的被害人陈述以及证人证言即认定陈某某实施了涉案犯罪行为，进而认定其犯故意伤害罪，判处有期徒刑6年有误。原审判决认定事实的证据并不充分，据以定罪的证据没有形成完整的证据链，没有达到证据确实、充分的证明标准，也没有达到事实清楚、证据确凿的定罪要求，本案证据并不能得出陈某某作案的唯一结论。综上，原审判决认定陈某某犯故意伤害罪的事实不清，证据不足，原公诉机关指控陈某某所犯罪名不能成立。

---

① 2018年修正《刑事诉讼法》第一百九十七条，略有删改。

（五）其他证据规则

规则35：在案间接证据不能证明案件事实，无其他直接证据

【规则分析】 直接证据“是指那种所包含的事实信息足以证明案件主要事实成立或者不成立的证据”①，其包含了丰富的事实信息，只要直接证据的载体和信息真实可靠，办案人员就可以凭这些证据完成对案件事实的证明。而间接证据则“没有包含如此丰富的事实信息，单靠某一间接证据，最终能够证明案件主要事实的环节或片段，而既不能直接证明案件主要事实的成立，也不能证明案件主要事实的不成立。办案人员获取的任何一个间接证据，都只是相当于获得了案件主要事实的一个链条或环节而已。要完成整个司法证明过程，办案人员除了要获得足够数量的间接证据以外，还必须根据各个间接证据所提供的事实信息，来进行逻辑推理，使各个间接证据所提供的事实信息能够环环相扣，形成一个较为完整的证据事实的锁链或证据体系”②。此规则之下的案例多数是由于直接证据缺乏，间接证据无法达到证明标准，无法形成完整的证据链条。

【无罪判例1】李某某、崔某某故意伤害罪一案一审刑事判决书——（2013）神刑初字第00724号

本院认为，自诉人提供的证据以及本院向公安机关调取的证据仅能证实自诉人臀部受伤，且伤情符合轻伤的事实，但在案证据中并没有直接证据能够证明自诉人的伤是如何形成的。自诉人在公安机关的两次陈述中亦不知道自己的伤是何人所致，其他间接证据也不能证实自诉人的受伤过程……因此，自诉人冯某某的控诉事实不清，证据不足，控诉的犯罪不能成立。

【无罪判例2】冯某有故意伤害一案一审刑事判决书——（2015）神刑初字第00355号

本院认为，自诉人暨附带民事诉讼原告人冯某提供的证据以及本院向公安机关调取的证据仅能证实自诉人暨附带民事诉讼原告人臀部受伤，且伤情符合轻伤的事实，但在案证据中并没有直接证据能够证明自诉人暨附带民事诉讼原

---

① 陈瑞华：《刑事证据法》，北京大学出版社2018年版，第106页。

② 陈瑞华：《刑事证据法》，北京大学出版社2018年版，第106页。

告人的伤是如何形成的。自诉人暨附带民事诉讼原告人在公安机关的两次陈述中亦不知道自己的伤是何人所致，其他间接证据也不能证实自诉人暨附带民事诉讼原告人的受伤过程。在案发当晚，自诉人暨附带民事诉讼原告人先后与多人发生口角和撕扯，其向法庭提供的证据以及法庭调取的证据均不能证实自诉人暨附带民事诉讼原告人的伤情系二被告人所致。因此，自诉人暨附带民事诉讼原告人冯某的控诉事实不清，证据不足，控诉的犯罪不能成立。

【无罪判例 3】刘某林故意伤害罪一案一审刑事附带民事判决书——（2017）陕 0821 刑初 36 号

被告人刘某林辩称，他并未指使别人殴打王某喜，王某喜的伤不知从何而来，他不构成犯罪也不承担赔偿责任。

本院认为，自诉人暨附带民事诉讼原告人王某喜提供的证据以及本院向公安机关调取的证据仅能证实自诉人暨附带民事诉讼原告人受伤，且伤情符合轻伤的事实，但在案证据中并没有直接证据能够证明自诉人暨附带民事诉讼原告人的伤是如何形成的，亦无法证实被告人刘某林雇人将王某喜打伤。自诉人暨附带民事诉讼原告人王某喜的控诉事实不清，证据不足，控诉的犯罪不能成立。

【无罪判例 4】被告人韩某生、许某山、杨某风、李某鹏犯故意伤害罪刑事判决书——（2014）兴刑初字第 00237 号

公诉机关提供的证据 2 被害人顾某斌陈述，冲进来一伙人，把他手中的相机抢去了，有一个人手里拿着刀，一边拽，一边打他，一直把他拽到路边的超市。这伙人中他能认出几个，有一个瘦高个，穿蓝色衣服的，还有一个脸下部有个疤痕的人说“打、砸”，还有一个穿红夹克的，胖乎的，用砖头打他头的。这说明顾某斌自己不能说清楚是谁对他实施的具体的伤害行为，也就是说，他的鼻骨骨折的伤是怎么形成的他自己也不清楚。公诉机关提供的证据 19 辨认笔录，只能证实冲进被害人家里的一伙人中可能有本案的被告人，但不能证明被告人对被害人进行了具体的伤害行为。证据 4 证人柴素文证言、证据 5 证人顾美东证言，属于间接证据，能证明被害人顾某斌于案发当日确实被拆迁的工作人员殴打的事实，但不能证明是哪个人对被害人进行了殴打，也就不能证明本案的被告人对被害人实施了伤害行为。

规则36：只有被害人的陈述，没有其他证据印证，孤证不能定罪

【规则分析】2018年《刑事诉讼法》第五十五条规定，“对一切案件的判处都要重证据，重调查研究，不轻信口供。只有被告人供述，没有其他证据的，不能认定被告人有罪和处以刑罚……”虽然《刑事诉讼法》对于只有被害人陈述、证人证言等口供的案件能否认定被告人有罪没有规定，但是从本无罪判例规则以及判例3中的案例可以发现，在司法实践中，只要没有其他证据进行印证，在只有被害人陈述或者证人证言的情况下，也不能认定被告人有罪，这应当是司法实践对于“孤证不能定罪”原则的遵守。此辩点所涉案件均为被害人单方面控诉被告人犯故意伤害罪，而没有其他证据的情况，这种情况多出现在自诉案件中。在这类案件中，法官对于案件证据不足的认定也较为直接。

【无罪判例1】马某明、马某云等故意伤害罪二审刑事判决书——（2016）云03刑终132号

本院认为……马某文控诉原审被告人马某云犯故意伤害罪的证据只有马某文的陈述，没有其他证据加印证。因此，控诉马某云犯罪证据不足。

【无罪判例2】郑某琴故意伤害二审刑事判决书——（2017）粤09刑终137号

本院认为，原审法院认定上诉人郑某琴犯故意伤害罪，经查事实不清，证据不足，不予认定。理由如下：本案上诉人郑某琴故意伤害被害人郑某仙的事实证据只有郑某仙一人的陈述指证郑某琴伤害她，郑某琴自始至终不予承认。根据郑某仙的陈述及郑某琴的供述，被害人所站立的凳子是没有凳板的，只有交叉的铁架仅可站立，郑某琴供述被害人郑某仙自行爬上凳子砍拆竹排，也存在其用力过度站立不稳摔倒下来的合理怀疑。故本案只有被害人郑某仙一人的陈述指证郑某琴伤害她，是孤证，且郑某仙就是本案的当事人，其陈述与本案有直接利害关系，其证言证明力弱……根据疑罪从无，证据不足，利益应归于被告人的刑事原则，以及根据刑事案件据以定罪的案件事实要做到事实清楚，证据确实充分才可以定罪量刑。该案证据达不到证明上诉人郑某琴犯罪的证明标准。故应当撤销原判，宣告上诉人郑某琴无罪。

【无罪判例3】周某某诉张某某、李某某犯故意伤害罪及附带民事赔偿一案再审刑事附带民事判决书——（2014）安中刑再终字第00001号

本院再审认为，从查明的事实看，张某某亦承认因考勤问题与周某某发生厮打，到达现场的证人证实周某某有伤，并有医院住院病历及诊断证明相印证，打架事实清楚，对此双方均无异议……但由于张某某的行为给周某某造成的经济损失依法应予赔偿。原审判处李某某犯故意伤害罪，仅有周某某的指控，根据卷宗材料，周某某最初陈述被张某某打伤后眼睛看不清，第二次又说右眼看见李某某踢他，其陈述存在矛盾，虽然李某某自认进屋后顺手关门，但没有证据证实李某某在主观上有伤害周某某的故意，也没有证据证实李某某在客观上伤害了周某某，故原判认定李某某犯故意伤害罪的证据不足，判决李某某赔偿周某某的经济损失不当。

【无罪判例4】张某甲、张某乙犯故意伤害罪一审刑事判决书——（2003）绍刑初字第304号

本院认为，被告人张某乙在与自诉人争吵互殴中，致自诉人轻伤，其行为构成故意伤害罪，应予刑罚处罚。自诉人张某指控被告人张某乙犯故意伤害罪的罪名成立，予以支持。张某成在公安机关所作的证言，不能证实张某甲对自诉人张某实施了殴打；张某叶、张某成证言均只能证实，到现场后听张某讲是被张某甲打伤的，见到张某甲在现场，但未见张某甲打张某，并不能证实张某甲实施了殴打张某的行为……综上，自诉人张某指控张某甲犯故意伤害罪的证据，只有自诉人张某的陈述，其提供的证据尚未达到确实、充分的程度，无法得出唯一、排他的结论；根据现有证据，张某指控张某甲犯故意伤害罪，证据不足，不能成立。

【无罪判例5】成某甲、李某诉鲁某某、沈某甲故意伤害罪附带民事赔偿一审刑事判决书——（2013）汉刑初字第00028号

本院认为，自诉人成某甲、李某与被告人鲁某某、沈某甲、附带民事诉讼被告人沈某乙因地界纠纷发生肢体冲突，致成某甲右侧股骨粗隆间骨折、李某右侧第4、5掌骨基底部粉碎性骨折，均已构成轻伤，仅有成某甲和李某二人陈述成某甲的伤是沈某甲故意用脚踢伤所致，且仅有李某自己陈述其伤是沈某甲用砖头砸伤所致，依据《刑法》第二百三十四条第一款之规定，自诉人成某甲、李某指控被告人鲁某某、沈某甲犯故意伤害罪，证据不足，罪名不能成立。

【无罪判例6】黄某犯故意伤害罪一审刑事附带民事判决书——（2013）南川法刑初字第00341号

本院认为，自诉人段某明指控被告人黄某犯故意伤害罪，从现有证据上看，只有自诉人段某明陈述其伤系黄某将其推倒在地所致，该陈述与被告人黄某的供述、证人向某、常某的证言相矛盾，且均不能证明自诉人段某明的伤系黄某所为，同时又无其他证据印证，故认定被告人黄某有伤害的故意和行为，事实不清，证据不足，不能认定被告人黄某犯故意伤害罪。

【无罪判例7】陈某某诉刘某甲故意伤害罪一审刑事附带民事判决书——（2014）龙马刑初字第34号

本院认为，故意伤害罪，是指故意伤害他人身体构成轻伤以上后果的行为。本案中，自诉人陈某某右脸伤情虽已构成轻伤，但除自诉人陈述外，其余证人证言均只能证实事发当天自诉人陈某某与被告人刘某甲间发生纠纷和抓扯的事实，对自诉人陈某某右脸伤情系被告人刘某甲持刀砍伤这一事实无其他确实充分证据予以印证。被告人刘某甲虽曾在公安机关讯问时供述用刀砍伤自诉人，但当庭对这一事实亦予以否认。故自诉人指控被告人刘某甲犯故意伤害罪证据不足，指控的罪名不能成立。

【无罪判例8】刘某乙故意伤害案一审刑事判决书——（2014）罗刑初字第103号

经举证、质证后，本院认为，自诉人的陈述、申某某的证言及杨某的证言虽对事发现场情况、当事人双方是否使用工具等描述不尽一致，但对于自诉人、被告人双方于公历2014年1月28日上午发生过撕扯的事实，三份证据能相互印证，本院对该三份证据能相互印证的部分予以采信；对鉴定意见书、诊断证明书、出院证、医疗费发票及鉴定费收据，因具有合法性、真实性、关联性，本院予以采信。

本院认为，被告人刘某乙与自诉人刘某甲因邻里问题发生纠纷，自诉人在撕扯过程中受伤，但自诉人胸部受伤的经过，除自诉人自述外，无其他证据佐证，不能确定自诉人轻伤的伤情确系被告人刘某乙所为，自诉人指控被告人刘某乙犯故意伤害罪的事实不清，证据不足，指控的罪名不成立。

【无罪判例9】马某甲故意伤害一审刑事附带民事判决书——（2014）彭刑初字第47号

本院认为，公民的身体健康权受法律保护。被告人马某甲及附带民事诉讼被告人海某乙、海某丙因故与自诉人发生撕扯，致自诉人受伤，应当承担相应的民事赔偿责任。自诉人指控被告人马某甲犯故意伤害罪的罪名不能成立。因自诉人向本院提交的现有证据均不能证实被告人马某甲致自诉人手掌骨骨折，从庭审查明的事实来看，自诉人指控被告人马某甲犯故意伤害罪只有自诉人的陈述，再无其他证据相互印证。虽然被告人马某甲参与了撕扯，但不能证实自诉人右手第5掌骨基底部骨折是由被告人马某甲造成，故自诉人指控被告人马某甲犯故意伤害罪的证据不足，罪名不成立，应依法宣告被告人马某甲无罪。

【无罪判例10】高某某故意伤害罪一审刑事附带民事判决书——（2014）施刑初字第35号

本院认为，被告人高某某与自诉人陶某某两家是邻居，理当依照有利生产、方便生活的原则，以理智的态度、合理方法处理日常生产、生活中发生的矛盾，但被告人与自诉人却为花椒树枝摆放问题，相互辱骂，搂抱扯打，并跌到路边的水沟里。在此过程中造成陶某某轻伤，对此，被告人与自诉人都是有过错的，应各自承担相应责任。关于自诉人陶某某指控自己的左侧第8、9根肋骨骨折，构成轻伤，是被告人高某某直接用拳头殴打所致，提出以故意伤害罪依法追究高某某的刑事责任的请求，但综合全案证据，除了自诉人陶某某自己陈述，并没有其他任何证据证实被告人直接用拳头殴打自诉人左侧肋骨的这一关键事实，即自诉人指控的该事实，并无确实、充分证据证实。故自诉人陶某某指控被告人高某某的行为构成故意伤害罪的证据不足，罪名不能成立。

【无罪判例 11】白某文犯故意伤害罪一审刑事判决书——（2014）金刑初字第 00176 号

本院认为，自诉案件中被告人有罪的举证责任由自诉人承担。本案中，自诉人张某学因故和被告人白某文发生厮打，二人对打架的具体经过陈述完全不一致，自诉人指控被告人犯故意伤害罪仅有其单方陈述证实，再无其他相关证据对其主张予以佐证，而被告人在公安机关及当庭均否认其主动殴打自诉人且称其系自卫行为，二人打架造成双方均受伤的后果，本院认为自诉人指控被告人犯故意伤害罪证据不足，指控不能成立。

【无罪判例 12】陈某甲、陈某乙犯故意伤害罪一审刑事判决书——（2014）射开刑初字第 00003 号

本院认为，自诉人指控两名被告人故意伤害致其肋部骨折构成轻伤，两名被告人予以否认，自诉人仅提交其在公安机关的陈述，该陈述为单方所作，不足以认定两被告人实施故意伤害行为，自诉人亦未能提供其他证据，故自诉人指控两被告人的犯故意伤害罪证据不足，不能认定两被告人有罪。

【无罪判例 13】马某甲、丁某甲故意伤害一审刑事附带民事判决书——（2015）原刑初字第 246 号

本院认为，自诉人马某甲指控被告人马某乙、丁某甲故意伤害致其轻伤应追究二被告人犯故意伤害罪的刑事责任，因自诉人马某甲自述起始与二被告人发生纠纷后被同村人劝阻，半小时后其途径二被告人家时被二被告人用砖将其左手打伤，此时无其他人在场，该事实只有自诉人的陈述无其他证据证明，自诉人的伤情是否有其他原因致伤无法证实，不能排除合理怀疑，故其指控二被告人犯故意伤害罪的事实不清，证据不足，罪名不能成立。

【无罪判例 14】王某甲犯故意伤害罪一审刑事判决书——（2014）吴刑初字第 00762 号

本院认为，自诉人王某某口腔部外伤，牙齿松动、折断并构成轻伤的事实客观存在。根据自诉人的陈述，该外伤系由被告人王某甲直接拳打所致，但被告人王某甲予以否认，无利害关系的证人王某戊的证言虽证实其看到自诉人嘴里有血，但其并未证实是如何造成的。自诉人关于该情节的陈述也无其他证据能加以佐证，故本院对自诉人关于该情节的陈述意见不予采信。据此，本院认为，自诉人王某某控诉被告人王某甲犯故意伤害罪的证据不足，指控的犯罪不能成立。对辩护人赵某苹、许某亭提出的“自诉人控诉被告人王某甲犯故意伤害罪的证据不足”的辩护意见予以采纳。

【无罪判例 15】郁某某故意伤害一审刑事判决书——（2015）静刑初字第 111 号

本院认为，从庭审中查明的事实和证据表明，自诉人张某某的伤情系被告人郁某某推搡所致，目前仅有自诉人张某某一人的陈述为证，没有其他证据相印证，该事实本院不予认定。相反，自诉人张某某的伤情系其本人站立不稳倒地所致，不仅有被告人郁某某的当庭辩称为证，还有所有现场目击证人的证言相佐证，足以认定。被告人郁某某既没有伤害的主观故意，也没有伤害的客观行为。自诉人张某某要求本院追究被告人郁某某的刑事责任，有悖于事实和法律，本院不予支持。

【无罪判例 16】刘某故意伤害罪一审刑事判决书——（2014）汉阴刑初字第 00095 号

本院认为，公民的身体健康权受法律保护，不受他人非法侵害。本案中，被告人刘某因琐事与自诉人郑某发生纠纷，后二人一起摔倒在地，自诉人郑某主张是被告人刘某将其推倒在地，致使其伤情程度属轻伤，但自诉人郑某未提供证据证实是被告人刘某将其推倒，而被告人刘某也不承认是自己将自诉人郑某推倒，自诉人郑某指控被告人刘某犯故意伤害罪，证据不足，罪名不能成立。

【无罪判例 17】李某芹故意伤害一审刑事判决书——（2017）鄂 0581 刑初 23 号

第一，故意伤害罪，是指故意非法损害他人身体健康，致他人轻伤以上的行为。首先，自诉人王某 1 提交的证据仅能证明其与被告人李某芹发生肢体冲突，李某芹自认有揪王某 1 头发的行为，但并不承认击打王某 1 的手部，对王某1手部受伤的经过和细节，仅有王某1的陈述，而王某1陈述的细节未能与证人王某、陈某的证言相印证，又无其他证据佐证。二证人的证言亦不能证实是李某芹的何种行为伤及王某1手部，仅能证实二人相互扭打；其次，王某1亦自认对李某芹有揪头发的攻击行为……自诉人王某1所提交的证据仅能证明其手部外伤构成轻伤二级，但其指控系李某芹的故意伤害行为所致尚不能排除合理怀疑，不能达到证据确实、充分的程度。

【无罪判例18】李某恩诉朱某贵等故意伤害案罪一案刑事附带民事一审判决书——（2014）湄刑重自字第1号

经审理查明：2011年农历九月，附带民事诉讼被告人娄某强之妻石某琼因病在自诉人李某恩诊所治疗，在治疗期间，石某琼在自诉人李某恩诊所留宿多日，且石某琼与自诉人李某恩经常相互电话联系并发送暧昧短信。附带民事诉讼被告人娄某强因看到自诉人李某恩发短信给石某琼，便认为自诉人李某恩与石某琼之间有不正当男女关系。2011年11月13日，附带民事诉讼被告人娄某强便邀约被告人朱某贵，附带民事诉讼被告人罗某淑、娄某国到自诉人李某恩药店与其理论。后双方发生争执，继而发生抓扯，附带民事诉讼被告人娄某强将自诉人李某恩脸部直接打伤。

上述事实，有当庭出示并经庭审质证的以下证据予以证明：

1. 证人犹某林、杨某德在本院的证言。证明看见有人将自诉人李某恩按在床上打，但没有看见是谁致伤自诉人李某恩脸部……

2. （2012）湄刑初字第67号判决书。证明2011年11月13日，附带民事诉讼被告人娄某强邀约被告人朱某贵、附带民事诉讼被告人罗某淑、娄某国到自诉人李某恩开的卫生室找其讨说法，双方在争执过程中，附带民事诉讼被告人娄某强将自诉人李某恩脸部打伤，经鉴定，自诉人李某恩所受之受为轻伤；2012年6月26日，附带民事诉讼被告人娄某强因犯故意伤害罪被本院判处有期徒刑8个月。

3. 自诉人李某恩受伤照片。证明自诉人李某恩脸部受伤的情况。

4. 湄潭县公安司法鉴定中心鉴定文书。证明自诉人李某恩所受伤害为轻伤。

……

9. 自诉人李某恩在公安机关的陈述。证明其是被附带民事诉讼被告人娄某强所伤。石某琼在其诊所治疗期间，在诊所留宿多日，石某琼与自诉人李某恩经常发送暧昧短信及通话联系。

10. 证人石某琼的证言。证明她在自诉人李某恩诊所治疗期间，在自诉人李某恩诊所留宿多日，她与自诉人李某恩经常发送暧昧短信及通话联系，在自诉人李某恩家住宿期间，她与自诉人李某恩发生过两次性关系，后自诉人李某恩家的女儿打电话给她，我丈夫（附带民事诉讼被告人娄某强）便怀疑我与自诉人李某恩有不正当关系。有一天，自诉人李某恩发短信给她时被她丈夫（附带民事诉讼被告人娄某强）看到，娄某强便用她的手机和自诉人李某恩讨论怀孕的事，自诉人李某恩回复石某琼的短信后，附带民事诉讼被告人娄某强便知道了她与自诉人李某恩之间有不正当男女关系。

11. 自诉人李某恩与石某琼手机通话及短信记录。证明 2011 年 10 月 3 日至 11 月 12 日，自诉人李某恩与石某琼相互之间多次发送暧昧短信和通话的情况。

上述证据均经庭审举证、质证，查证属实，本院予以确认。

本院认为：自诉人李某恩指控被告人朱某贵致其轻伤，根据全案的证据材料，无法认定被告人朱某贵参与了打架，更无法认定被告人朱某贵持刀杀伤了自诉人李某恩，且被告人朱某贵否认对自诉人李某恩进行过伤害，自诉人李某恩所述事实现无其他证据予以佐证，不能认定被告人朱某贵是造成自诉人李某恩轻伤的致害人。

【无罪判例 19】李某山故意伤害罪一审刑事判决书——（2014）新都刑初字第 33 号

对于本案控、辩双方的争议焦点问题，即被告人李某山是否有故意伤害自诉人胡某武的行为……而对于代理人提出的“证人与被告人李某山有利害关系，涉嫌串供”的代理意见，本院认为，证人陈某某、颜某、唐某某、李英某、李建某、赵某某等系案发后 1 ~6 天内到公安机关接受询问，且多名证人证言一致，并与被告人李某山陈述相符，证人证言具有客观性，对代理人该代理意见不予支持……综上，鉴于案发时在场的多名证人经公安机关询问，均证实没有看到被告人李某山殴打自诉人胡某武，证言与被告人李某山陈述相符。且自诉人胡某武无法提供其他能证明案件事实的补充证据，因此，现有证据不能证明被告人李某山有故意伤害自诉人胡某武的行为。

【无罪判例 20】李某诉肖某故意伤害一案一审刑事判决书——（2015）乌刑初字第 98 号

本院认为，自诉人李某与被告人肖某的亲属肖甲在工作中发生矛盾，为此自诉人李某殴打肖甲，在场的被告人肖某在劝阻二人撕扯时，自诉人李某倒地经鉴定所受损伤属于轻伤。本案中，自诉人李某身体受到伤害的客观事实存在，但被告人肖某主观上是否有伤害自诉人的故意？客观上是否有故意伤害自诉人的行为？作为自诉案件的自诉人李某对此应承担举证责任。庭审中，自诉人李某仅提交一份证人陈甲证实案发时是被告人肖某将自诉人推搡三五米后倒地证言，而无其他证据对此印证，该证据属于孤证，认定被告人肖某犯有故意伤害罪的证据不足，因此，对自诉人李某指控被告人肖某犯故意伤害罪因其提供的证据不足，对该诉求，本院不予支持。

【无罪判例 21】薛某某控诉柳某某故意伤害一案一审刑事判决书——（2015）庄刑初字第 6 号

本院认为，本案根据庄浪县公安司法鉴定中心鉴定意见书中依据的“两院三部”《人体损伤程度鉴定标准》第 5.9.4d 条的规定，自诉人腰 1 椎体压缩性骨折构成轻伤二级，但轻伤是怎样形成，只有自诉人薛某某陈述被告人在其右耳旁一拳时，她就不知道了，她醒来时就发现她腰不能动了。依据《刑事诉讼法》（2012 年）第四十九条①规定：“……自诉案件中被告人有罪的举证责任由自诉人承担”。本案自诉人没有提交其他证据印证其伤情为被告人形成，被告人又供述自诉人的伤情为自诉人起来用头撞他时扑空跌倒后形成，所以自诉人控诉被告人柳某某犯故意伤害罪的证据不足，应宣告被告人无罪。

---

① 2018 年修正《刑事诉讼法》第五十一条。

【无罪判例22】傅某故意伤害一审刑事判决书——（2017）赣0502刑初198号

综合分析以上证据，本院确认如下事实：2015年8月11日晚，自诉人黄某聪与被告人傅某均在赣西供电公司的办公室加班。因自诉人黄某聪在办公室内抽烟，被告人傅某要求自诉人黄某聪到外面抽烟，两人为此发生争吵。自诉人黄某聪的左前臂接触被告人傅某手中的瓷杯后，被瓷杯碎片划伤。

本院认为，故意伤害罪，是指故意伤害他人身体的行为，并造成他人人身一定程度的损害后果。本案中，虽然被告人傅某和自诉人黄某聪之间发生过争执，也有自诉人黄某聪轻伤二级的损害后果，但缺乏证据证明自诉人黄某聪所受伤属被告人傅某的故意伤害行为造成。根据《刑事诉讼法》（2012年）第四十九条①的规定，自诉案件中被告人有罪的举证责任由自诉人承担，而本案中自诉人黄某聪除了自己的陈述外，不能提供足以证明被告人傅某有罪的证据。故自诉人黄某聪指控被告人傅某犯故意伤害罪，事实不清、证据不足，其指控罪名不能成立。

【无罪判例23】张某某诉杨某某、杨某故意伤害罪一审刑事判决书——（2014）陈刑初字第00190号

本院认为，被告人杨某故意伤害自诉人暨附带民事诉讼原告人张某某身体，致其轻伤并九级伤残，被告人杨某的行为已触犯《刑法》第二百三十四条第一款之规定，构成故意伤害罪。自诉人暨附带民事诉讼原告人张某某指控被告人杨某犯故意伤害罪的犯罪事实和罪名成立。由此给自诉人暨附带民事诉讼原告人杨某造成的直接经济损失应予赔偿。自诉人暨附带民事诉讼原告人张某某指控被告人杨某某指使杨某殴打他，据证人杨某甲证言，事发前，在杨某要啤酒时杨某某让不给卖，说已经喝多了及后来他曾听杨某某说在其说了与张某某有矛盾后，杨某说要把张某某的头打破，杨某激动了两遍，张某某没有拉住。又据被告人杨某供述，杨某某给杨某等人说了其与张某某有仇后，杨某说意思是让其将张某某收拾一顿，即杨某某指使杨某殴打张某某，甚至将张

① 2018年修正《刑事诉讼法》第五十一条。

某某的头打破的指使没有明确的意思表示，而是杨某的理解。加之，杨某的该供述无其他证据佐证，系孤证。故被告人杨某某指使被告人杨某殴打张某某的证据不足。被告人杨某某的辩护人的该辩护意见成立，予以采纳。

【无罪判例 24】自诉人王某甲诉被告人王某乙、王某丙故意伤害一审刑事判决书——（2012）吴利刑初字第 84 号

自诉人暨附带民事诉讼原告人王某甲指控被告人王某丙犯故意伤害罪的证据不足，指控不能成立，本院不予支持。自诉人暨附带民事诉讼原告人王某甲当庭提交的证据中仅有自诉人暨附带民事诉讼原告人王某甲的陈述证实被告人王某丙将其殴打致伤，被告人王某乙、王某丙的供述均证实被告人王某丙在自诉人暨附带民事诉讼原告人王某甲与被告人王某乙发生争执、厮打后，被告人王某丙将二人拉开，未殴打自诉人暨附带民事诉讼原告人王某甲。自诉人暨附带民事诉讼原告人王某甲的陈述无其他证据印证，故自诉人暨附带民事诉讼原告人王某甲指控被告人王某丙犯故意伤害罪的证据不足，指控不能成立。

【无罪判例 25】丁某伟、白某英故意伤害一审刑事判决书——（2016）云 2525 刑初 31 号

本案自诉人指控被告人犯故意伤害罪的主要证据仅有自诉人的陈述、医院诊断情况和鉴定结论，而根据医院的病历记录，自诉人身体的外部损伤仅左面部有轻微擦伤，与自诉人称全身被打青肿的陈述不相符，显然自诉人的陈述存在虚假成分。

【无罪辩点 26】普某保故意伤害一审刑事判决书——（2018）云 0428 刑初 44 号

本院认为，自诉案件中被告人有罪的举证责任由自诉人承担。自诉人龙某祥对其指控被告人普某保故意伤害的事实仅有其刑事附带民事自诉状中的陈述，自诉人龙某祥及其特别授权诉讼代理人吕某、普某珍均未提供其他证据予以证明，且自诉人龙某祥在刑事附带民事自诉状中陈述的被告人普某保将其鼻子打出血、门牙打掉二颗的事实，与元江县公安局甘庄派出所民警赶到现场对其面部拍照证实的，其鼻子、嘴唇未见到损伤流血，龙某祥坐着的地面上有三点疑似血迹的事实相悖，与被告人普某保膝盖部位裤子上有疑似血痕，右膝盖内侧有损伤的事实综合分析，在其损伤不能排除合理怀疑，自诉人龙某祥指控的犯罪事实，证据不足，不能认定被告人普某保有罪，故自诉人龙某祥指控的犯罪事实、赔偿请求及特别授权诉讼代理人吕某的代理意见不成立，本院不予支持和采纳。

【无罪判例 27】胡某虎故意伤害案一审刑事附带民事判决书——（2017）陕 0327 刑初 71 号

本院认为，刑事案件定案时必须事实清楚，证据确实、充分。本案中，自诉人李某某指控被告人胡某虎犯故意伤害罪，关键在于自诉人右下第 5、6 颗牙齿缺失是否为被告人胡某虎的故意伤害行为所致。自诉人提供有法医鉴定意见及其陈述，证实牙齿缺失为被告人所伤，且系轻伤，而从几名现场目击证人及出警民警的证言中证实二人发生过撕扯，自诉人鼻子上、嘴上有血，但不能证实自诉人牙齿缺失系被告人胡某虎殴打所致，无证据可印证自诉人的指控，再者二人于 2013 年 10 月 15 日 8 时许发生打架后自诉人便去医院治疗，陇县人民医院急诊科门诊日志仅显示为“人咬伤（鼻部）”，而自诉人于 2013 年 10 月 15 日 16 时入住陇县人民医院外二科被诊断为右下第 5、6 颗牙齿外伤性缺失，不排除此期间存在其他可变因素，有合理怀疑，从现有证据中无法排除。综上所述，自诉人李某某指控被告人胡某虎犯故意伤害罪事实不清、证据不足，应宣告被告人胡某虎无罪。

规则 37：被告人供述、被害人陈述、证人证言等证据间不能相互印证

【规则分析】此规则与前面的证人证言存在矛盾具有互通之处，均是言词证据之间的矛盾无法排除，表现在此规则之下即从证人主体扩张到了被告人、被害人主体。这里的“矛盾”特指在经过了一系列排除方法后，仍然无法确定哪一方的言词证据更可信的情况。并且多方言词证据的矛盾为针对重要案件事实的矛盾，在多方各执一词的情况下，这种矛盾会直接导致案件事实无法查清，法官无法根据任何一方的言词作出事实认定。《人民法院办理刑事案件第一审普通程序法庭调查规程（试行）》第四十八条第三款规定：“证据与待证事实不存在关联，或者证据自身存在无法解释的疑问，或者证据与待证事实以及其他证据存在无法排除的矛盾的，不得作为定案的根据。”

在故意伤害案件中，绝大多数情况是被害人方与被告人方出现肢体冲突，甚至上升为打群架，或者两人争执多人拉架等，案涉人员较多且现场情况混乱复杂。对此类案件进行辩护其实很容易发现各言词证据之间的矛盾之处，例如被害人陈述、被告人供述以及证人证言对于事发过程的描述极有可能相悖，如无罪判例1；对于被害人的致伤过程的描述，极有可能被害人自己在当时混乱的情况下也不知道伤情是否人为故意形成，或者是由谁的行为导致的等，如无罪判例2、无罪判例3。

又由于故意伤害罪中自诉案件居多，自诉人亦即被害人负有证明被告人故意伤害其的举证责任，其所提“证据之间、证据与已证明的事实之间、证据与清理之间，应当是协调统一的，不应当存在不能解释、无法解决的矛盾”①，这是证明标准“不矛盾性”的要求。因此故意伤害罪案件中，仔细审查各方言词证据可以为辩护工作找到许多切入点。

【无罪判例1】王某水故意伤害二审刑事判决书——（2016）粤09刑终132号

经审理查明，2013年8月11日1时许，叶某1、叶某2与四五名朋友在茂名市电白区水东镇三角圩市场明记夜宵档处吃夜宵，与在隔壁桌吃宵夜的上诉人王某水等人发生争吵。后叶某1独自走去买香烟时被多名男青年（身份未明）持菜刀砍伤，叶某2去救架时也被砍伤。同时，上诉人王某水也被多名男子围殴，被抢走黄金项链1条（价值人民币4650元）。王某水于当天15时许到邻近的电白区公安局三角圩派出所报案，报称被人殴打和抢走黄金项链。2013年8月18日、27日叶某1、叶某2分别到电白区三角圩派出所报案，报称被王某水等人持刀砍打打伤。经茂名市公安司法鉴定中心鉴定，被害人叶某1构成轻伤；被害人叶某2构成轻伤。2014年4月1日，电白区公安局关草田派出所将上诉人王某水抓获。

---

① 龙宗智、杨建广主编：《刑事诉讼法》，高等教育出版社2016年版，第142页。

本院认为，现有证据未能证实系上诉人王某水持刀伤害被害人叶某1、叶某2。具体评判如下：

……

二、被告人供述、被害人陈述、证人证言间存在重大矛盾，无法排除合理性怀疑

在本案中指向上诉人王某水持刀伤害他人的证据有被害人叶某1、叶某2的陈述和证人叶某3、叶某4、黄某治、叶某5的证言、被害人叶某1、叶某2对王某水的辨认、被害人叶某1、叶某2的法医伤情鉴定等。但上诉人对此予以否定，且证人徐某、苏某的证言，系指向当晚王某水与徐某、苏某在水东镇三角圩市场明记夜宵档处吃夜宵时，因邻桌的男子叫苏某喝酒，苏某没理会，后上诉人王某水遭该名男子追打并抢走王某水金项链。在言辞证据相矛盾且缺乏其他证据佐证的情况下，不能确定哪一方对事发过程的描述的真实性。

【无罪判例2】陈某某犯故意伤害罪一审刑事判决书——（2014）横刑初字第00092号

本院认为，横山县①人民检察院指控被告人陈某某故意伤害他人身体，致一人轻伤，其行为触犯了《刑法》第二百三十四条之规定，应当以故意伤害罪追究其刑事责任。经庭审查明，该指控事实不清，证据不足，指控罪名不能成立，不予支持，应当宣告被告人陈某某无罪。其理由如下：其一，被害人的陈述与被告人的供述相互矛盾；其二，无利害关系的证人陈某帅虽然在现场看到被告人陈某某和其父陈某军、其兄陈子东在车前站着，被害人陈某脸上有血在地上坐着，郭某某在旁边站着，但未直接看到斗殴的经过。除此之外，现场再无其他无利害关系人证明，故陈某的伤情到底是谁殴打形成的无法确定。

【无罪判例3】冯某某故意伤害罪一审刑事判决书——（2014）青刑初字第104号

经审理查明：被告人冯某某系天津市西青区大寺镇半岛蓝湾小区业主。2012年5月23日20时许，在该小区天择园19号楼前，被告人冯某某同刘一某

① 2015年改为横山区。

等业主欲拆除小区物业设置地桩，与前来制止的被害人萧某某等物业人员发生语言及肢体冲突，造成双方不同程度的人身损害，后民警赶到现场。……公安机关依据1990年《人体轻微伤的鉴定》、《人体轻伤鉴定标准（试行）》［津公青技鉴字（2013）079号］，于2013年3月5日对萧某某右手软组织损伤、左前臂软组织挫伤、左上臂软组织挫伤的损伤程度鉴定为轻微伤；萧某某右手第1掌骨骨折的损伤程度为轻伤。自2014年1月1日施行的《人体损伤程度鉴定标准》第5.10.4条的规定舟骨骨折、月骨脱位或者掌骨完全性骨折为轻伤二级。新标准实施后，公诉机关未提供新的标准鉴定意见。现民事赔偿双方已协议解决。

上述事实，有经庭审举证、质证的下列证据证实，予以证实：

1. 被害人萧某某2012年5月24日陈述双方发生冲突时冯某某与姓黄的同时对其进行殴打。冯某某用扳子砸了其胳膊一下，姓黄的业主顺势用斧子砸了其胸口一下，后民警赶到。当时其右手肿了，左胳膊肘破了，右胳膊破了。

而被害人于2013年2月27日则陈述为冯某某左右手各拿一个扳子（一大一小），姓黄的用斧子砸地桩，其抢姓黄的斧子，冯某某用扳子对其打砸，其用右手一搪，砸到了其右手，旁边有个姓刘的业主也过来对其殴打，其也还手了，其和姓刘及姓冯的业主厮打在一起。其左胸口起了一大包，脑顶左侧有两个包，就是冯某某和姓刘的打的，姓黄的应该也打了，但是其没看见。

2. 证人郝某某证言证实双方发生冲突时，冯某某便上来对其进行殴打，冯某某直接打其右手，然后双方发生口角，一会儿民警就来了。

3. 证人阚某某证言证实冯某某拿着一个拆路桩用的工具，具体是什么东西没看清，其看见冯某某拿着这工具打萧某某了，萧某某也还手打冯某某了。

4. 证人刘一某、邓某某、张一某证言证实双方因拆地桩发生争执的情况，且庭审中出庭作证。

5. 证人刘二某出庭作证证实双方发生争执时，冯某某劝解救人，被打倒在地，后来邓某某过来将打人的保安拉开，刘一某和冯某某坐在路边的石台上，这时保安一直不停地打人，后来他俩人被邓某某救走，冯某某手中没有任何工具，也没有殴打保安的行为。

6. 证人黄某某、张二某、顾某某、孔某某、杨某某、胡某某、刘三某、张某某证言证实小区内物业人员和业主发生争执。

7. 证人王某某证言证实后来听说小区内打架的事情。

8. 书证证实被告人冯某某抓获经过及身份证明、无前科证明。证人身份证明。和解协议书及协议说明。

9. 鉴定意见及诊断证明证实萧某某右手软组织损伤、左前臂软组织挫伤、左上臂软组织挫伤的损伤程度均为轻微伤；萧某某右手第 1 掌骨骨折的损伤程度为轻伤。郝某某诊断证明。

10. 被告人冯某某供述双方发生冲突时其打了萧某某后背两拳。被告人冯某某当庭提供了其诊断证明及医疗费、小区状况等证据。

本院认为，现根据法庭审理查明的事实、证据，结合法庭依法核实的证据情况，本案被害人陈述对于被告人冯某某打击其具体部位前后不一致，且最初陈述与指控事实不符，同时证人郝某某证言证实冯某某在双方发生冲突时首先与其发生冲突并对其殴打，而非首先对被害人萧某某进行殴打，与被害人陈述亦有矛盾；被害人陈述与物业人员的证人证言不能证实被告人冯某某如何殴打被害人萧某某及其伤是如何造成的事实；物业人员阚某某的证言只能证实被告人冯某某拿工具打萧某某，对具体打击的部位没有提供相关证言；被告人冯某某的供述是其打萧某某的后背两拳。综合本案的全部证据审查，能够证实案发当日被告人冯某某及其他人与保安萧某某等人双方发生冲突时有肢体接触，后萧某某右手受伤的事实，但指控萧某某的右手受伤是被告人冯某某造成，无充分证据加以佐证。萧某某本人、部分证人对此情节的陈述有诸多矛盾之处，全案证据达不到确实充分的证据标准，不能得出冯某某致被害人轻伤的唯一结论，因此公诉机关指控被告人冯某某犯故意伤害罪不能成立。

【无罪判例 4】高某故意伤害罪一审刑事判决书——（2014）李刑重字第 1 号

经审理查明，被害人刘某方系青岛钢厂货场工作人员，被告人高某系在货场修路的工人。2010 年 10 月 15 日 10 时许，被告人高某在青岛市李沧区瑞金路青岛钢厂货场里给车充电，被害人刘某方对高某说“徐某要拉点东西”，然后就走了。约 20 分钟后，高某开车到钢厂物流公司货场门口处，因拉东西的事与刘某方发生争执，继而撕扯，致刘某方右脚踝骨折。经法医鉴定，刘某方右踝部肿胀、畸形，X线片示右侧内外踝骨折，其损伤属轻伤。

上述事实，有经庭审质证、确认的下列证据证实：

……

3. 被害人陈述

被害人有五次陈述，2010年10月15日第一次陈述称“被告人一见面就打，用左手抱住被害人的头，用脚踢，不知怎的别住被害人的脚，脚尖到后面了，被害人就坐在地上”。2011年12月27日，第四次陈述称“被告人右手抱被害人头，几次将其绊倒，发现右脚脚尖向后了”，在打的细节描述有不一致之处。2012年5月26日第五次陈述，称“不知怎的右脚脚尖向后了”。

4. 被告人供述

被告人到案后有8次供述：2010年10月18日、20日第一、二次供述坚称没有殴打被害人；2011年2月10日、5月16日（二次）、亲笔供词出现了被告人想摔倒被害人的供述；在检察院审查起诉阶段，被告人提出公安人员刑讯逼供，检察院退查，被告人在公安机关于2011年12月27日、2012年11月27日、2012年11月29日三次供述称无刑讯逼供，但否认了第三、四、五次有罪供述的内容。

本院认为，本案事发时无第三人在场，案发现场无监控视频印证，直接证据只有被告人供述、被害人陈述。被害人陈述与被告人供述有多处矛盾。就事情起因，被害人陈述被告人上来就打，无具体原因，被告人供述因不同意给被害人拉东西，后被告人又向被害人要烟，双方发生争执，被害人所述有违常理。就如何致伤，被害人对细节的描述前后并不一致，且与被告人的供述无法相互印证。综上，现有证据能够证实被告人与被害人有肢体接触，但不能证实被告人有故意伤害罪的犯罪故意，无法认定起诉书指控的事实，被告人的行为不构成故意伤害罪。

【无罪判例5】姜某某等故意伤害重审刑事判决书——（2014）农刑重字第3号

经当庭质证，被告人姜某某、康某某对证人王某甲的证言、林某成的陈述有异议，认为与事实不符，康某某不在现场，林某成是自己摔倒的，没有人打林某成。自诉人林某成对证人徐某某的证言、被告人姜某某、康某某的供述有异议，认为与事实不符，姜某某和康某某都动手打他了。合议庭经合议后认为：自诉人林某成、证人王某丁证实的内容与现场证人徐某某、张某某、王某丙的证言均不能相互印证，无法证实自诉人林某成之伤是如何形成的，是何人所致。自诉人林某成、证人王某英、王某甲本庭不予确认；被告人姜某某、康某某的供述、证人徐某某的证言与证人张某某、王某丙的证言能够相互印证，能够证实林某成的伤不是两名被告人殴打所致，被告人及辩护人的意见本庭予以采信，自诉人林某成的异议本庭不予采信。其他证据双方均无异议，本庭作为本案定案依据予以确认。

本院认为，自诉人暨附带民事诉讼原告人林某成诉被告人姜某某、康某某故意伤害一案，经庭审举证、质证的证据不足以证实自诉人暨附带民事诉讼原告人林某成之伤是二被告人所致，虽自诉人暨附带民事诉讼原告人林某成及证人王某英、王某甲证称林某成之伤是被告人姜某某、康某某殴打所致，但证人唐某某、王某乙、张某某、王某丙、徐某某等证人证言及被告人供述，均不能证实二被告人实施了殴打自诉人暨附带民事诉讼原告人林某成的行为，也不能证实自诉人暨附带民事诉讼原告人林某成之伤是如何形成的，不能相互印证，故认定被告人姜某某、康某某殴打自诉人暨附带民事诉讼原告人林某成的事实不清，证据不足。

【无罪判例 6】李某甲与杨某甲故意伤害一审刑事附带民事判决书——（2014）巨刑初字第 16 号

本院认为，公诉机关所举证据不能证明办案人员具有办案资格，部分证据存在瑕疵，证据之间存在诸多矛盾和疑点，不能排除合理怀疑，不能作为定案的根据。起诉书指控本案的事实不清：

公诉机关指控“杨某甲持铁锹将李某甲打伤”，所举证明被告人有伤害行为的证据之间有诸多矛盾，均不能相互印证，且有相反证据。指控的该事实不清，证据不足，不能认定：

1. 证明被告人杨某甲有伤害行为的证据中，就伤害地点的内容不一致：被害人李某甲陈述称在其家南边胡同口，证人杨某戊证言称在杨某甲家胡同口，证人杨某己证言称在杨某甲家门口，证人朱某的证言称在杨立户家门口，证人杨某庚的证言称在街里。

2. 证明被告人杨某甲有伤害行为的证据中，就伤害经过的内容存在矛盾和不一致：

被害人李某甲在公安机关陈述其在拉架过程中被打，之后才看到是杨某甲拿铁锹打的；而当庭陈述其同杨某甲先争夺铁锹，没夺到后其就跑，被杨某甲追打。两次陈述的被伤害经过不一致。

证人杨某己的三次证言：2011年9月30日证言称杨某甲从自己家里出来冲李某甲脖子上杵，李某甲就躲开了，杨某庚把杨某甲手里的铁锹要走了；2014年1月7日证言称见到杨某甲拿铁锹举着冲李某甲的后脖子杵，李某甲右手捂后脖子了，手上有血；2014年4月3日证言称杨某甲拿着铁锹就从他家出来了，把铁锹轮了起来往马某的头上打过去，马某被打后就趴在了地上。该三次证言就被告人杨某甲是否用铁锹打被害人自相矛盾。

证人朱某的两次证言：2011年9月30日证言称见到李某甲被杨某甲打伤了，当时李某甲已经在地上趴着；2012年2月28日证言称见杨某甲拿着一把铁锹舞划，杨某甲突然停了下来，李某甲倒在了地上，看到李某甲头上流血了。以上两次证言证明的具体伤害过程前后不一。

证人杨某戊证言称李某甲在地上坐着，杨某甲就拿着铁锹往李某甲头上打了一下；证人杨某庚的证言称杨某甲一开始举铁锹头朝前冲李某甲杵，李某甲倒在地上。当时李某甲倒地双手摁着地，双膝跪着，脸朝西，低着头，背对着杨某甲，杨某甲举起铁锹往下拍在李某甲的后脑勺上。该两名证人证言就伤害经过内容不一致，不能相互印证。

3. 证人杨某丁、杨某乙的证言内容是被告人杨某甲没有伤害被害人李某甲的行为。

4. 证明被害人就医情况的证据相互矛盾，被害人就医情况事实不清：

被害人在公安机关陈述不知道是谁将其拉走看的伤，而在当庭陈述其被铲伤后，见其母亲的头上血流的厉害，就扶着其母亲去了村里的小诊所，两次陈述自相矛盾。

证人杨某戊证言称其拉李某甲去村门诊治疗了，与证人马某、杨某己的证言均称杨某戊同马某去的村诊所之间均相互矛盾，也与被害人的陈述不能相互印证。

巨鹿县医院“120”车司机尹某的证言不能证明其所拉就医的伤者是谁。

证明被害人李某甲在案发后就医的证据相互矛盾，没有就医的村诊所医生的证明，证人尹某并未对被害人进行辨认，被害人李某甲就医过程的事实不清。

5. 公诉机关所举物证铁锹照片，因系杨某伟被伤害案物证，不能证明与本案的关联性；公安机关证明“由于铁锹头已生锈，经观察及检验未发现人血”，即并不能证实铁锹上是否有血迹。故仅以物证铁锹不能证明被告人杨某甲实施了伤害被害人李某甲的行为。

综上所述，除被害人陈述、部分证人证言自相矛盾外，证人证言之间均相互矛盾或不一致，被害人陈述、证人证言之间均不能相互印证，不能证实被告人杨某甲实施了伤害被害人李某甲的行为；案发后被害人李某甲就医过程事实不清，不能排除有其他伤害发生；物证铁锹也不能证明其上留有被害人的血迹，也不能证实被告人杨某甲实施了伤害被害人李某甲的行为。故指控被告人杨某甲实施了伤害被害人李某甲的行为的事实不清，证据不足。

【无罪判例 7】茹某甲故意伤害罪一审刑事判决书——（2014）甬慈刑初字第 864 号

自诉人卢某丈夫茹某乙与被告人茹某甲系兄弟，双方左右相邻，原有出入行路及地界纠纷。2013 年 3 月 11 日 17 时许，被告人茹某甲在慈溪市新浦镇五塘南村祖传房屋道地，因故与自诉人卢某发生口角、争执，争执过程中，被告人茹某甲打自诉人卢某耳光，后转身回屋内。卢某感到吃亏，追随被告人茹某甲，之后自诉人卢某倒地受伤。经鉴定，卢某外伤致右胫骨平台骨折，此伤构成轻伤。

本院认为，自诉人暨附带民事诉讼原告人卢某控诉被告人茹某甲故意伤害其身体，致其轻伤，证据不足，控诉的罪名不能成立。因自诉人陈述、证人证言之间描述自诉人倒地受伤的过程各不相同，各个证词之间相互矛盾，可信度较小，不能证实被告人茹某甲有故意伤害自诉人的事实，故自诉人控诉的事实不清，证据不足，本院不予支持。

【无罪判例 8】汪某故意伤害一审刑事判决书——（2014）崇州刑初字第 190 号

本院分析认为，延期审理的补充证据中，证人汪俊某证实在车上听吴某说他打了对方，被告人吴某辩称该证言不是事实。汪俊某未实际看到吴某打人，其听吴某所说的话也无其他在场证人证实，且证人汪俊某在接受调查前旁听了本案的二次庭审，从而影响了其证言的真实性，故汪俊某的证言不能作为定案依据。被告人尹某彬在延期审理期间供述因吴某指认肇事司机后，他与汪某、张某才动手打人，吴某也趁机踢了对方后背，该供述推翻了自己以前的供述，不排除受了被害人万某某在法庭上陈述吴某踢其后背的影响，被告人尹某彬改变供述没有充分理由，其补充供述不能作为定案依据。被告人张某在延期审理期间供述，吴某对他和汪某说肇事司机的嘴臭且不到交警队处理，也与其之前的供述相矛盾，也不能作为定案依据。

公诉机关指控被告人吴某犯罪的证据是被害人万某某的陈述和辨认被告人吴某的笔录、证人杨某某的证言和辨认被告人吴某的笔录。证人杨某某和被害人万某某系雇佣关系，杨某某拒绝出庭作证，证人杨某某的证言证明力较弱。被告人吴某在公安机关和庭审中均否认参与殴打万某某，同案被告人汪某、张某均未供述被告人吴某参与殴打被害人，被告人尹某彬在公安机关和前二次庭审中均供述不认识吴某，其余多名证人证言证实吴某没有参与打人或没有看见吴某。在案证据不能证明被告人吴某事前有故意伤害万某某的意图，也不能证明吴某指使、怂恿他人殴打万某某。本院对证实被告人吴某未参与殴打被害人万某某的相关证据予以采信。公诉机关指控吴某实施故意伤害万某某的行为，证据不充分，本院不予认定。

【无罪判例 9】颜某某故意伤害罪一审刑事附带民事判决书——（2014）奉法刑初字第 00217 号

自诉人当庭举示有如下证据：

……

4. 被告人颜某某的四次供述。证明 2013 年 4 月 4 日早上，她丈夫张某某吃完早饭上班后，她在卧室听见张某甲一直在外面吵，她准备去找张某甲理论。她走到张某甲家旁边的菜地，就看见张某甲他们将一根绳子拉在了她家的菜地上，她当时就与张某甲发生了争吵，并用手将横在她家菜地上的绳子扯了几下，张某甲就叫冉某某上来，冉某某走过来就和张某甲将她围住。他们三人就相互抓扯起来，冉某某就用手上的锄头向她打来，并打在了她的左小腿上，她没站稳就摔倒在地上，起来后她就与冉某某抓扯了起来，她一只手抓住冉某某的衣服，另一只手抓住冉某某拿的锄头，他们就握住锄头相互推，由于用力过大，她就和冉某某一起摔倒在菜地里，冉某某的伤是她推他滚到地上被地上的石头或者树桩撞伤的。

5. 被害人冉某某的二次陈述。证明2013年4月4日7点多钟，他在他家菜地的旁边准备挖水沟，为了把沟挖直，他就打了两个桩拉了一根绳子，他在捡砖时就听见他妻子张某甲和颜某某在争吵，颜某某说他挖沟的地方是她家的地界，颜某某还过来将他挖沟牵的绳子拉了几下，他抬头看时，颜某某就先后拿起两块砖头扔他，第一次砸在左脸上，第二次砸在右脸上，他刚走上土坡，颜某某就用薅锄往他头上挖，在他头上挖了一条口子，这时颜某某就将薅锄扔在地上，然后用双手将他推翻在地上后他就顺着土坡滚到了土坡底部，颜某某见他滚下土坡后，又用薅锄的背部直接朝他头顶部打了几下，但是他还是模模糊糊听到张某某说搞不得了，颜某某才住手。后来他就不知道是怎么回事了。

6. 证人张某甲的两次证言。证明2013年4月4日7点钟左右，她和她丈夫冉某某在她家门前菜地里筑水沟，并拉了一根绳子将地界隔开，颜某某就拿了一把薅锄给冉某某说占到她家的地，她就与颜某某争论起来，这时颜某某将手中的薅锄放在地上，在地上捡了半截砖头朝冉某某扔去，一共砸了三块砖头，第一块砸到了冉某某的右边眼睛，第二块砸到了冉某某的左边眼睛和颧骨，第三块砸到了冉某某的额头正中间，冉某某就往上走，准备打颜某某，这时颜某某就用薅锄的尖尖挖了冉某某头部三下，冉某某走到坎上就与颜某某发生了抓扯，被颜某某推滚在菜地边上，她当时就跑到颜某某家楼上的龙某某家，自己还被颜某某用薅锄杵了几下。

7. 证人龙某某的证言。证明她租住在颜某某家楼上，她听见外面在吵架，但她没有管，后来听见她家卷闸门被拉起来了，发现张某甲已经钻到她家来了，并和在门外的颜某某说什么，当时她要去照顾自己的孩子，她们之间具体干了什么她不清楚，后来才知道冉某某、张某甲和颜某某打了架。

8. 证人张某某的证言。证明颜某某是他妻子，在事发当天，他步行到某加油站和邱某某一起到某煤矿上班，并不清楚事情经过，是他工友王某某告诉他颜某某和别人发生了纠纷。

9. 证人王某某的证言。证明2013年6月20日张某某在他家告诉颜某某和别人打了一架，要求自己帮忙承认是自己通知他回的家。但是自己并没有通知张某某回家。

经审理查明，自诉人冉某某与被告人颜某某均为居住在某某镇某某村的村民，且系邻居。2013年4月4日7时许，自诉人冉某某为挖掘排水沟，在他家旁边的菜地打桩，并用绳索将其固定后，就在菜地边捡拾砖头，被告人颜某某认为自诉人所挖土地系其所有，遂与自诉人之妻张某甲发生口角纠纷，后自诉人冉某某与被告人颜某某发生抓扭，导致自诉人冉某某摔倒至土坎下并造成其头部受伤。

本院认为，自诉人冉某某指控被告人颜某某犯故意伤害罪，从本案证据上看，自诉人在公安机关陈述其损伤结果系被告人用薅锄所致，而当庭陈述则为砖头所致，自诉人的自述与被告人供述及证人证言相互矛盾，虽然双方发生过抓扭且有自诉人受伤的事实存在，但并无确实、充分的证据证明被告人颜某某有致自诉人轻伤的故意，自诉人指控被告人犯故意伤害罪的证据不足，对被告人颜某某不宜以犯罪论处。

【无罪判例10】张某故意伤害罪再审刑事判决书——（2014）磁刑再字第1号

经再审查明，1992年10月28日凌晨，在磁县林坦镇裴村陈某刚家，由陈某刚、陈某保、陈某金、陈某兵（现已去世）、张某德、张某国等六人，以怀疑大名县北堤乡沈庄村沈某忠在其村有偷盗行为为由，先后用脚、手、木棍等对沈某忠进行了殴打，当时村干部闻讯赶到现场后，组织人员将沈某忠送林坦医院救治，抢救无效，沈于当日死亡。

通过再审，现陈某刚证明记不清张某是否参与殴打沈某忠，陈某保、张某国证明张某未参与打沈某忠，陈某金原来就没有证明张某打，后又证明打，现在证明记不清了。陈某希、陈某兵父子已去世。

本院认为，原审认定张某有罪所依据的是陈某刚、陈某保、陈某金、张某国、陈某希五人在公安机关的供述和证言，均属于对案发事实的笼统性陈述，没有证明张某参与殴打的细节，证据相互间并不印证。经再审，认定张某殴打沈某忠无确凿证据。故认定张某犯故意伤害罪事实不清，证据不足。

【无罪判例 11】赵某某故意伤害一审刑事判决书——（2013）浦刑初字第 3330 号

本院认为，自诉人陈某某在被告人赵某某与张某某冲突中受伤，自诉人关于被告人将其殴打致伤构成故意伤害罪的控诉，证据尚不充分，理由如下：第一，自诉人指控被告人有罪的证据，未达确实、充分。自诉人申请证人张某某出庭作证以证实其被赵某某持拖把殴打致伤；被告人否认殴打自诉人，并当庭宣读由公安机关制作的证人葛某某、钟某某、谢某某的证言以证实其辩解。从双方提交的证据来看，证人张某某陈述其看到妻子即自诉人陈某某被赵某某持拖把殴打，证人葛某某、钟某某、谢某某的证言均证实事发时被告人未殴打自诉人，也未将自诉人甩倒在地，尤其是钟某某、葛某某的证言还证实到被告人确实拿起了拖把，但被证人阻止并夺下拖把，自诉人提交的证人证言内容与被告人举证的证人证言内容相互矛盾，且依据现有证据该矛盾没有得到合理排除，故自诉人仅依据张某某证言，在没有其他证据相印证的情况下控诉被告人实施伤害行为，证据尚不充分。

【无罪判例 12】被告人邱某某故意伤害一审刑事附带民事判决书——（2015）蒸刑重初字第 1 号

本院认为，我国《刑事诉讼法》（2012 年）第四十九条①规定，自诉案件中被告人有罪的举证责任由自诉人承担。本案自诉人指控被告人邱某某用不绣钢水杯砸伤其头部致其轻伤，但只有证人龙某某、许某某、刘某某的证言证明被告人用不绣钢水杯砸自诉人左脸部，附带民事诉讼被告人用椅子砸自诉人头部，但自诉人所提供的三位主要证人证言前后及相互之间均存在矛盾，且没有其他证据相互印证。自诉人虽然提供了现场监控画面照片，但监控画面并不能反映被告人邱某某用不锈钢杯打自诉人及附带民事诉讼被告人李某某用木椅打自诉人汤某某的事实，相反双方均提供的现场目击证人邱某某的证言，证明被告人没有用不绣钢水杯砸自诉人头部。虽然自诉人在此次斗殴中构成轻伤，但自诉人既未提供不锈钢杯的照片或实物，也不能提供证据证明轻伤

① 2018 年修正《刑事诉讼法》第五十一条。

的后果是邱某某所致还是李某某所致，且自诉人此次受伤的部位曾在2005年受到伤害，此次轻伤的后果是因2005年受伤造成还是此次造成或者两次致伤都会产生影响的事实不清，证据不足。其所提供的证据不符合“事实清楚，证据确实、充分”的证明标准，故自诉人指控被告人邱某某犯故意伤害罪不能成立。

【无罪判例13】陈某林故意伤害一审刑事附带民事判决书——（2015）温刑初字第00006号

本院认为，公诉机关指控被告人陈某林用铁锹铲伤陈某1，陈某林否认致伤事实，公诉人当庭提供的多名证人证言，在陈某1受伤原因上形成明显矛盾。虽然证人雷某、宋某、朱某、陈某2证明陈某林铲伤陈某1，但四名证人均系当事一方陈某1亲属，与本案有利害关系，且证明内容回避陈某1持菜刀追撵陈某岐的重要情节，所证内容真伪难辨，不能排除合理怀疑。当事另一方陈某岐、马某荣则证明陈某1持菜刀追砍陈风岐，在被人搂抱制止时砍在自己腿上。无利害关系证人陈某3、侯某、陈某4、陈某5均未证明陈某林铲伤陈某1的事实。证人黄某证言中先是陈述陈某1拿刀追撵陈某岐时陈某林拿铁锹挡了一下，但未挡着陈某1，又陈述陈某1的腿伤可能是陈长林铁锹挡一下受伤的。公诉人当庭出示的物证即陈某林的作案工具铁锹，经鉴定该铁锹上无人血附着，且陈某林当庭否认系其所持铁锹，也与侦查卷中提供物证照片中的商标不符，不能认定。综上所述，公诉机关所举证据之间不能互相印证，达不到证据确实充分，不足以证明所指控事实，未能使合议庭作出认定指控事实的内心确信和唯一结论。

【无罪判例14】陈某甲、陈某乙等犯故意伤害罪一审刑事判决书——（2015）市中刑初字第303号

关于自诉人庄某及其诉讼代理人认为被告人陈某丙与被告人陈某甲、陈某乙构成故意伤害罪共同犯罪的控诉和意见，经查，被告人陈某丙听到其父亲陈某甲的喊声就出门看，看到其父亲陈某甲和自诉人庄某正在争吵，其就用脚踢了自诉人，对于踢的部位，其本人供述是自诉人的腿，自诉人则陈述是其胸部，个别证人证明被告人陈某丙将自诉人推倒在地，故对于被告人陈某丙踢的部位，事实不清；后被告人陈某丙被他人劝回家，虽然与被告人陈某乙通电话但是并未让被告人陈某乙回来殴打自诉人，其也没有再参与殴打自诉人，被告人陈某丙与被告人陈某甲、陈某乙构成共同犯罪的证据不足，故对该控诉和意见不予支持。

【无罪判例 15】张二犯故意伤害罪一审刑事判决书——（2014）东刑重字第 8 号

经审理查明：2010 年 10 月 9 日 22 时 30 分许，被告人张二因停车位置问题与物业公司保安人员发生纠纷。当物业公司经理于某广、业委会主任栗某祥及张一等人到现场后，与张二及其姐夫谭某等人发生争执，进而动手打架。公安机关接报警赶至现场，部分参与人归案，其中有于某广、谭某、张二受伤。2010 年 11 月 14 日，张一到公安机关投案，供述了其殴打张二的事实，并称张二将其鼻部打伤。2010 年 11 月 18 日，张一到武警医学院附属医院就诊，门诊病历记载：主诉，鼻部外伤半月。病史，患者半月前被人打伤鼻部。诊断，鼻骨骨折。经天津市公安局物证鉴定中心法医鉴定：张一鼻骨骨折损伤程度为轻伤，此结论应结合案情调查。

对公诉机关当庭出示的部分证据本院审查判断如下：

……

8. 张一的陈述与证人李、吕的证言存在明显矛盾。其 2011 年 4 月 28 日陈述的简历为 2010 年 11 月到空港物流从事保安工作，而其 2012 年 7 月 9 日陈述其被打看病时已经在该单位上班一个多月了，两次陈述存在明显矛盾。张一的陈述及张五的证言证实，在张一被打后，张五在单位看见张一鼻子上贴着创可贴，且张一讲是在于某广干物业的小区被打伤的。而上述内容已被相关证据所证伪，故张一陈述的真实性存在疑问，不能作为本案的定案根据。

【无罪判例 16】自诉人樊某 1 诉被告人方某 1 故意伤害一审刑事附带民事判决书——（2015）祁刑初字第 9 号

本院认为，故意伤害罪，是指故意非法伤害他人身体并达成一定的严重程度、应受刑法处罚的犯罪行为。自诉人指控被告人故意伤害犯罪，必须提供相应的证据事实加以证明，而且这种证明必须达到犯罪事实清楚，证据确实、充分的标准。本案中自诉人樊某1控告被告人方某1故意伤害罪的证据不足。事发时在场人李某1、樊某2、李某2对谁先动手、动手争执过程及自诉人、被告人各自伤势形成原因说法不一，相互矛盾，被告人方某1对动手殴打樊某1予以否认，上述在场人与自诉人、被告人之间存在利害关系，且均无其他证据印证。证人邢某、刘某证言仅对2012年11月18日事发后对自诉人、被告人双方进行调解的过程进行了陈述，当晚被告人方某1承认自己用茶几支腿打了自诉人樊某1，无其他证据对这一事实印证。邢某、刘某二人在2012年7月26日事发时并不在现场，因此二人证言无法证明被告人方某1殴打自诉人樊某1致其轻伤的事实。祁连县公安民警出警后虽对现场进行了勘验和拍照，但对照片中是否有作案工具从案发当日至今自诉人、被告人未进行指认，公安机关也未提取相关物证，导致证据链条缺失。自诉人代理人称海晏县公安局法医学鉴定意见书、青海省科技司法鉴定中心损伤程度鉴定意见书中明确表明自诉人樊某1伤情是被他人殴打造成，本院认为，两份鉴定意见是对案件涉及的法医学问题进行分析、检验后的科学结论，其内容中案情摘要是以报案材料或被鉴定人口述为主，并不是对案件事实的直观描述，只是证明了自诉人的损害程度。要保证刑事案件办案质量就应避免仅仅根据主观性较强的言词证据定案，即不能仅仅通过言词证据的相互印证就对被告人定罪量刑。案件质量必须通过打造证据锁链来保证，而要形成证据锁链就必须形成一个证据种类、证据来源、证明内容均不能单一的立体的证据构造。因此，自诉人的代理人提出全案证据已形成完整证据链条和证明体系，被告人方某1构成故意伤害罪的意见不予采纳。

【无罪判例17】吕某某一案的刑事判决书——（2014）建刑初字第00196号

本院认为，自诉人杨某1指控被告人吕某某犯故意伤害罪，2012年11月7日9时许，因吕某某除其家猪圈棚子上的雪，二人发生口角，杨某1见吕某某把其儿子杨某2从猪圈棚子上搡下来后，其上猪圈棚子与吕某某理论过程中，被吕某某从猪圈棚子上搡下，摔伤右胸部，致轻伤的损害后果，事实不清，证据不足，无法支持。从自诉人的指控证据上看，有自诉人杨某1的陈述，证人杨某2、陈某某证言，自诉人的住院病志，人身损伤程度鉴定书，而自诉人的陈述，证人杨某2、陈某某证言，不仅自身矛盾，又互相矛盾。其自身矛盾和互相矛盾主要体现在：（1）杨某2第一次陈述，杨某2被推下来后，杨某1上猪圈棚子，被吕某某推下来，即未陈述吕某某妻子也在猪圈棚子上，杨某2也未在猪圈棚子上，而第二次、第三次陈述，吕某某的妻子和其儿子均在猪圈棚子上。（2）证人杨某2第一次证言证实，看见吕某某把杨某1从猪圈棚子上推下来，第二次证言又证实，其当时正弯腰上墙，没看见杨某1怎么掉下来。（3）陈某某第一次证言证实，吕某某和其妻子都往下推杨某1，第二次证言证实，杨某1在与吕某某抢铁锹时被吕某某推下来，陈某某的两次证言和杨某2的证言对此均无陈述。（4）陈某某第一次证言证实，其见杨某1上吕某某家猪圈棚子后才从屋出来，而第二次证言又证实，先于杨某1出屋。（5）杨某1倒地姿势，头朝南还是朝西，证人杨某2与陈某某证言不一致，杨某1倒地后是被杨某2、还是陈某某扶到屋，抑或是被二人扶进屋，陈述和证言亦不一致。综上，本案指控证据，存在自相矛盾，且又互相矛盾之处，且有诸多疑点，被告人吕某某又予以否认，故事实不清，证据不足，不能认定杨某1的损害后果与吕某某有因果关系，即不能认定吕某某犯故意伤害罪。

【无罪判例18】杜某与张某故意伤害一审刑事附带民事判决书——（2014）泊刑初字第226号

杜某对谁造成自己受伤的说法前后不一致，在案发后第一个笔录中明确说是房某清用铁锨打其腰部，伤是房某清造成的，第二次笔录中说房某清先用铁锨打了其腰一下，张某又用镐头打了其身上一下，不知道打在哪了，伤主要是房某清打的，其两次陈述均没有明确指控是张某用镐头打伤了其腰部。李某松与李某洋证实房某清用铁锨打的杜某腰部，李某月证实是房某清先打的杜某腰部张某又用镐头打了杜某腰部一下，周某芬证实是张某用镐头打的杜某腰部，三人证言之间存在矛盾，其他证人均未看见谁打伤的杜某。公诉机关提交的证据不能形成一个完整的证据链条，且张某对殴打杜某之事亦不认可，不足以证实杜某的伤是张某造成的。故公诉机关对张某犯故意伤害的指控证据不足，罪名不成立，本院不予支持。

【无罪判例19】侯某新故意伤害一审刑事判决书——（2015）鄂宣恩刑初字第00034号

本院认为，公诉机关指控侯某新抢夺挖锄过程中致侯某1左腕受伤，从提交的证据来看，在场的只有侯某1、刘某、侯某新三人，侯某新几次供述的基本经过一致，说自己用竹竿打伤刘某的头部，抓住侯某1的挖锄，抢过后丢在了一边，否认自己用锄头致伤侯某1，自己的伤是侯某1用镰刀砍伤；刘某陈述侯某新抢过侯某1的挖锄，将侯某1的左手打伤，自己拿镰刀朝侯某新头上砍了一下；侯某1四次陈述有三次证实侯某新从自己手中抢过挖锄，用锄头挖在自己左手腕上，而侯某1第二次陈述，即2013年6月19日的陈述，说自己之前说侯某新用挖锄挖其左手的话是假的，自己不知道左手腕是如何受伤的，该陈述与其他几次截然相反，亦否定了第一次的陈述，公安机关进行第三次询问时没进行排除。被害人侯某1的几次陈述不一致，且与被告人侯某新供述、被害人刘某陈述不能相互印证。

【无罪判例20】陆某甲故意伤害罪一审刑事判决书——（2014）昆刑初字第0952号

昆山市人民检察院指控，2014年7月4日下午，被告人陆某甲在昆山市锦溪镇狭港忠东村，因邻里纠纷，与被害人张某丙发生争执，在争执过程中，持砖块殴打被害人张某丙头部。经法医鉴定，被害人张某丙头部损伤已构成人体轻伤。

公诉机关就指控的上述事实举示了如下证据：

……

10. 证人陆某丙的证言，证明案发当天被告人陆某甲和被害人张某丙打架，被害人张某丙按住被告人陆某甲的脖子，被告人陆某甲爬不起来，其看见被害人张某丙头部有血，但未看见头部损伤如何造成的。打架的地方附近有一堆砖，地上可能也有零碎的砖头。

11. 证人张某乙的证言，证明被害人张某丙因堵住村里的路与村民关某案发当天其听到朱某喊救命便出来看，看见被害人张某丙将被告人陆某甲按倒在地上用拳头打，被告人陆某甲无力还手，其未看到被害人张某丙受伤情况。

12. 证人朱某的证言，证明案发当天其和丈夫陆某甲因邻里纠纷与张某丙发生争执，随后张某丙对其动手殴打，陆某甲上前与张某丙打在一起。由于其本人被陆某丁按在地上，因此张某丙和陆某甲那边的情况其并不知情。

13. 证人陆某丁的证言，证明案发当天由于邻里纠纷其与丈夫张某丙同陆某甲、朱某夫妇发生争执，随后朱某先动手打张某丙的胸口，然后陆某甲也上来用拳头殴打张某丙身体和头部，当张某丙放下手里的铁锹想还手时，陆某甲持砖头砸到张某丙额头，张某丙额头当场就出血了，其想上去劝阻，结果被朱某按在地上。

14. 证人陆某戊的证言，证明案发当天其看见张某丙和陆某甲发生争执，张某丙先动手打朱某，随后挥拳殴打陆某甲，两人扭打起来并倒在地上，两人均是空手，未拿东西，朱某和陆某丁在一边扭打，其看见陆某甲胸口衣服上有血迹，未看见其他人受伤情况。

15. 证人陆某己的证言，证明案发当天被告人陆某甲与被害人张某丙由于邻里纠纷发生争执，张某丙将陆某甲按倒在地上并用拳殴打，陆某甲无力还手，朱某和陆某丁在一边扭打。其见状边进屋叫人，当时还未看见有人流血。当其从屋内出来时，看见张某丙还是按着陆某甲在地上，但陆某甲身上有许多血。其未看见张某丙的伤。

16. 被害人张某丙的陈述，被害人张某丙在公安机关侦查阶段共有两份陈述笔录。其在 2014 年 7 月 4 日的陈述笔录中证明，案发当天由于邻里纠纷其与陆某甲夫妇发生争执，随后陆某甲用手掐住其脖子，两人扭打在一起并倒地。起先其被陆某甲压在身下，随后陆某甲抓起砖块砸其额头，其头被砸后，其翻转过来压在陆某甲身上，并打了陆某甲头部几拳；在该份笔录中，随后其又陈述道，其和陆某甲倒地后，陆某甲当时在其身体下方，陆某甲拿起砖块就砸其头部，其额头处当场就流血了，然后其被陆某甲翻过来了，其就在陆某甲下方了，其拼命翻转过来，用拳头打了陆某甲头部两拳，之后就没怎么动手。

其在 2014 年 7 月 16 日的陈述笔录中证明，案发当天由于邻里纠纷其与陆某甲夫妇发生争执，其看情况不对，就把铁锹放在一边。这时朱某用手推了其上身侧面，陆某甲用手掐住其脖子，其也掐陆某甲脖子，两人扭打在一起。朱某在一旁拉其，其和陆某甲就都倒地了，其压在陆某甲的身上，朱某抓住其头发，其头被朱某拽地抬起来，陆某甲拿起砖头砸其额头，接着其额头就出血了，其就挥拳头朝陆某甲打，打完之后其被送到医院。

……

根据公诉机关提交的证据，证明被害人张某丙头部损伤系由被告人陆某甲持砖块击打所致的直接证据，仅有被害人张某丙的陈述和证人陆某丁的证言，但该两份证据在关键细节上并不一致，且被害人张某丙的陈述并不稳定，细节上存在出入，而证人陆某丁的证言与证人陆某己的证言在细节上存在矛盾，并且被害人张某丙的陈述和证人陆某丁的证言无其他证据相互印证，因此被害人张某丙的陈述与证人陆某丁的证言之间的矛盾以及该两份证据同其他证据之间的矛盾无法排除。而本案的间接证据无法形成完整的证据链，直接证据与间接证据之间无法相互印证，不能证明被害人张某丙头部损伤系由被告人陆某甲持砖块殴打造成。

【无罪判例21】宋某某故意伤害一审刑事判决书——（2015）抚东刑初字第00023号

本院认为，庭审中检、辩双方举证、质证的证据表明，公安机关首次询问笔录中，被害人顾某某没有其胸部被打伤的陈述，虽此后笔录中出现胸部受伤的陈述，但事发当时在场三位证人，在公安机关的初始笔录及二补充侦查多份笔录中的证言，均一致明确证明被告人宋某某有打伤被害人顾某某面部的事实，无伤其胸部的证言，并同时证明了被害人顾某某被打伤面部后，欲拿凳子、斧子还击被告人宋某某，被在场人阻止、夺下凳子、斧子的情节，无法认定被害人顾某某胸部轻伤伤情的形成原因。被害人顾某某的陈述与证人证言，相互矛盾，不能相互认证。故公诉机关指控被告人宋某某犯故意伤害罪，事实不清，证据不足，指控的故意伤害罪不能成立。

【无罪判例22】杨某甲、刘某甲故意伤害一审刑事判决书——（2014）遵刑初字第281号

公诉机关指控被告人杨某甲指使被告人刘某甲殴打被害人刘某乙，在其提交的证据中，被告人刘某甲供述被告人杨某甲在沙场等地要求其组织人殴打刘某乙，案发后让被告人沙某等候被告人杨某甲；被告人沙某供述系听被告人刘某甲说系被告人杨某甲指使；两车的行车记录能反映被告人杨某甲乘坐的车辆及被告人沙某驾驶的车辆在省道邦宽线遵化至石门路段前后行驶，证人张某甲在第二次开庭审理时所作的证言虽然与第一次开庭时的证言相矛盾，但其能作出合理解释，本院对其第二次出庭的证言予以采信，但其不能证实两人的谈话内容，被告人刘某甲与被告人杨某甲在案发后见面无任何证据，综上分析，被告人刘某甲与沙某的供述、证人张某甲的证言及行车记录均不能相互佐证。被害人刘某丙的陈述、证人刘某乙、郑某等人的证言只是怀疑是被告人杨某甲指使他人所为，没有提供证据予以证实。故公诉机关指控被告人杨某甲指使被告人刘某甲殴打他人证据不足，指控的犯罪不成立；辩护人郑某、马某成提出的被告人杨某甲犯故意伤害罪证据不足，应宣告无罪的辩护意见，本院予以采纳。

【无罪判例 23】自诉人程某甲、程某乙诉被告人王某甲故意伤害一审刑事判决书——（2014）正刑初字第 209 号

关于本案的证据。出庭作证的刘某甲、程某丙、程某丁、李某甲刚四人均系自诉人的家人，刘某甲、程某丁、李某甲刚当庭均称被告人王某甲踹了程某甲的肚子，但恰恰是被害人程某甲自己的陈述却前后不一，其于案发当日在公安机关的询问中称是“高某甲用脚就踹我胸部和两肋”，后又于 10 月 19 日、10 月 24 日及 11 月 8 日的陈述中称是王某甲踹伤了他的肋骨。刘某甲当庭称是王某甲用砖头打程某丙的头部，但程某丙自己却当庭称是王某乙用砖头打的他的头部。且刘某甲当庭提供的证言与原来在公安机关询问时所作的陈述也不一致。程某乙在公安机关询问时所作的陈述称是王某乙“用脚踹我爸爸胸口，我爸爸当时就动不了了”。王某乙的供述及证人高某甲、高某乙均称王某甲没有参与打架，证人黄某某称“没有看见王某甲打”，证人李某乙则称“打老头的是一个年轻的，踹了老头两脚”。而被告人王某甲生于 1959 年 2 月，案发时已 50 多岁。需要说明的是，李某乙是程某丙的朋友，黄某某是程某丙的同学，二人是主动到公安机关为程某丙作证的。综上可见，当庭作证的证人刘某甲、程某丁、李某甲的证言不光与其他证据无法相互印证，就是自诉人一家的陈述也自相矛盾，故指控被告人王某甲对程某甲、程某乙、程某丙实施了伤害行为的证据不足。

【无罪判例 24】王某犯故意伤害罪一审刑事判决书——（2016）苏 1291 刑初 33 号

本院认为，自诉人提起刑事自诉应当提供证明被告人犯罪事实的证据，且提供的证据必须确实、充分。本案中，仅有自诉人陈某甲、其子陈某乙、其妻朱某指证在双方发生纠纷过程中，王某曾对陈某甲实施了加害行为，但无论是陈某甲本人在公安机关的三次陈述，还是上述三人的陈述之间，就加害人、加害方式等内容说法不一、前后矛盾，且与曹某、陈某丙、宋某等人的陈述不能印证。陈某甲首次接受询问时称王某和曹某的女婿一起将其推倒，第二次陈述称王某将其推倒，最后一次陈述反映参与纠纷的其他人其都不认识，只认识王某，是王某将其推倒的。陈某乙反映，王某和曹某的女婿都用手推搡陈某甲，最后王某将陈某甲推倒，陈某甲受伤。朱某则称，是王某和曹某抱住陈某甲，将他摔倒在地，致陈某甲受伤。而参与纠纷的另一方人员曹某、陈某丙、宋某的证言较为吻合，一致反映陈某甲摔倒前，与之有身体接触的是宋某。其中，曹某、陈某丙均未提及王某参与争抢摩托车及与陈某甲发生肢体冲突，均称宋某拉陈某甲时，陈往地上一躺，曹某陈述王某是旁观者。宋某则明确反映，王某没有参与推摩托车，也未和陈某甲有过身体接触，就是和陈某甲对骂几句。此外，宋某在公安机关第一次陈述，陈某甲倒地前揪住其衣服后滑倒，第二次陈述，陈某甲回来后亦参与争抢摩托车，在此过程中摔倒，没有谁对陈某甲动手。另外的两名证人陈某、吴某未看到现场打斗情况。综上，自诉人陈某甲指控被告人王某犯故意伤害罪，证据不足，指控的犯罪不能成立。

【无罪判例 25】张某诉杨某 1、杨某 2、赵某 1、赵某 2、高某故意伤害罪一案一审刑事判决书——（2015）神刑初字第 00367 号

本院认为，被告人自诉人张某与被告人杨某 1、杨某 2 因其亲属的赔偿金分配问题发生纠纷，双方均不能冷静处理，发生互骂、厮打，致自诉人张某与被告人杨某1均受伤住院。自诉人张某控诉被告人杨某1、杨某2构成故意伤害罪并承担赔偿责任。经查，虽然自诉人及证人张某2证实被告人杨某1在自诉人腿部踏了两脚，但证人张某2及证人杨某4、杨某3、赵某3、赵某4、王某均证实被告人杨某1并没有在现场参与打架的事实，故自诉人张某及证人张某2证实杨某殴打自诉人的部分证言不能与其他证据相印证，形成证据链，自诉人又未能提出其他证据予以佐证，故自诉人张某控诉被告人杨某1构成故意伤害罪证据不足不能成立。被告人杨某1虽然与自诉人张某发生过纠纷，但所列举证据不能证实张某腿部所受损伤系杨某1直接致成，故自诉人张某控诉被告人杨某1构成故意伤害罪亦不能成立。

【无罪判例26】胡某锋故意伤害一审刑事判决书——（2017）冀0729刑初44号

公诉机关指控被告人胡某锋有罪的证据，不能相互印证，没有形成完整的证据链，没有确实、充分的证据证明被害人孟某1、姚某的伤情是胡某锋用镐把殴打所致。本案中，被告人胡某锋的供述，证人胡某1、孙某的证言与被害人孟某1、姚某的陈述，证人杨某1、高某1等人的证言相互矛盾，胡某锋供述，其与孟某1、姚某以拳打脚踢的方式进行互殴，姚某的伤是他自己拿脚扣误伤，胡某1的证言证实姚某伤情是其自己误伤所致，孙某的证言证实双方互殴的形式是拳打脚踢。孟某1、姚某的陈述与杨某1、张某1、张某2等人的证言证实，孟某1、姚某的伤情是胡某锋带着从出租车下来的几个人拿镐把所致，参与打孟某1、姚某的有五六人……

【无罪判例27】刘某2故意伤害一审刑事附带民事判决书——（2017）湘0223刑初81号

本院认为，本案系自诉人与被告人双方不能妥善处理邻里矛盾而引发的纠纷。被害人陈某云称其左手小指的伤是被告人刘某2持木方所致，而其妻肖某的笔录反映肖某在第一次调查笔录中将陈某云的伤指向被告人刘某2的丈夫邓某和，证人罗某的证言与自诉人陈某云、证人谢某2的证言所述的“罗某劝架时被打而离开现场”的证言相矛盾，证人尹某是从自家三楼看到的现场情况，且自述“发生争吵时，有一定距离看不很真确”。故在被告人供述与被害人陈述不一致的情况下，上述存在矛盾，且形成于纠纷发生1年之后的证人证言，无法充分证实被告人刘某2故意伤害陈某云的事实。同时，被害人陈某云称其“用左手握拳打了刘某2一拳（具体位置不记得）”与被告人刘某2所述“陈某云用拳头朝刘某2头上打了两拳”相吻合，无法排除陈某云所受伤害系上述行为造成的可能性。综上所述，认定被告人刘某2犯故意伤害罪的事实不清、证据不足，对原告人陈某云控诉被告人刘某2犯故意伤害罪，本院不予支持。

【无罪判例28】王某某、王某乙故意伤害一审刑事判决书——（2017）云2331刑初57号

本院认为，自诉人的伤情，有医院的诊断证明、出院证、收费票据、费用清单和鉴定意见书能够证实，证据间能相互印证，自诉人杨某某左手第2掌骨远端骨折；左胸部、左大腿软组织挫伤已经构成轻伤的客观事实存在。虽辩护人提出自诉人没有伤，住院的不是杨某某，但未提供足以反驳的证据证实其观点，对辩护人的此意见，本院不予采纳。但本案中，杨某某的伤情是谁所致，怎样造成，自诉人也未提交充分、确实的证据证实。杨某某骨折的形成，按照杨某某的陈述，是在王某某去挖路时，杨某某去抢王某某的十字镐，王某乙来拉着杨某某的左手用力掰断的，王某乙在纠纷发生的开始时就在现场，这时吕某3还没有到现场。杨某某的儿媳张某的证言中杨某某伤情的由来与杨某某的陈述一致，但其还陈述之后王某乙掐着吕某2的脖子把他按倒在地，吕某3来劝架，并把王某乙拉起来。但在吕某3的证言中，其证实自己去劝架时王某乙没有在现场，只看到王某某的两个妹妹（王某1、王某甲）及母亲（周某）和吕某1媳妇（杨某某）、吕某1儿子媳妇（张某）在互相拉扯。其他人都没有参与。王某某陈述自己没有打过杨某某，而王某乙是最后到场劝架。王某乙陈述其是下班后赶回，事情开始发生时并不在现场，王某甲也证实王某乙不在现场。故各方证言存在矛盾之处，杨某某受伤经过存疑，本案无充分证据证实被告人王某某、王某乙对自诉人实施了伤害行为，因此，自诉人的受伤与被告人行为无法律上直接的因果关系。自诉人指控被告人王某某、王某乙犯故意伤害罪的证据不足，指控的犯罪不能成立。

【无罪判例 29】吴某故意伤害一审刑事判决书——（2016）冀 0983 刑初 377 号

现场唯一证人吴某伟证实，看到赵某 1 与吴某站在铁锅炖鱼那条街的南边相互撕扯，然后开车就走了。但其证言与被害人赵某 1 的陈述又不一致，赵某 1 称他将车横在吴某的车前面，然后下车站在吴某开的车旁问吴某管不管，吴某急了，下车掐住了赵某 1 的脖子将他摁倒在地上又朝他左边肋骨连踹了两脚。赵某 1 陈述与吴某并没有相互撕扯的情节。但吴某伟仅仅看到的就是撕扯的情节。公安人员在问吴某伟与赵某 1、吴某的关系时，吴某伟称与赵某 1 没有冲突，但在今年因为和村里要地被派出所行政拘留过，其也不知道是谁告的，和吴某有没有关系其不知道。这与吴某讲的吴某伟因为占地，曾举报过吴某伟，吴某伟被当地派出所拘留一事相互印证。从执法记录仪记录情况及现场照片车辆停放情况看，案发现场有三辆车，其中赵某 1 的车斜横在吴某的车前方，该两辆车旁边停着一辆红色的货车，如果吴某伟开车路过，即便能够通过，也应缓慢通行，即便赵某 1 陈述的被打事实存在，即吴某下车抓住赵某 1 的衣领将赵某 1 摁倒在后，遂对赵连踹两脚，时间应该很短，吴某伟在通行过程中仅仅看到赵某 1 与吴某伟相互撕扯的证言也不客观与事实也不相符。赵某 1 报案 2015 年 11 月 10 日 14 时 3 分，说明仗已经是打完了，而吴某伟路过现场后遂给赵某 2 玉去了电话，说赵某 1 与吴某打架了。其提供的通话单据显示的时间是 11 月 10 日 14 时 11 分 17 秒，这与赵某 1 报案的时间不相一致。综上，吴某伟的证言与被害人赵某 1 陈述的关键情节矛盾，证实打架的时间有瑕疵，与被告人吴某有利害关系，其证言不予采信。

【无罪判例 30】王某甲故意伤害罪刑事附带民事判决书——（2014）壶刑初字第 34 号

本院认为，本案的争议焦点是自诉人王某忠是否被王某甲打伤？如何被王某甲打伤？自诉人庭前和庭审中的陈述都是被告人在砖堆上拿起半块砖头朝其头部拍了一下，其一下晕倒在地上了。被告人在庭前和庭审中的陈述都是其没有打自诉人，而是自诉人拿砖头砸伤了其右耳。证人张某某在 2013 年 5 月 21

日壶关县龙泉派出所对其的询问笔录中说王某忠被王某甲一拳打倒在工地的碎砖头堆上，他就成这样了。而在2014年1月3日壶关县龙泉派出所对其的询问笔录中又说被告人照王某忠头部打了一下，王某忠就倒在地上了，被告人用什么打的其没看清。证人王某乙在2013年5月21日壶关县龙泉派出所对其的询问笔录中说其过去时王某忠已倒在王某甲家建房工地上，地面上到处是建筑剩下的砖头石块，王某忠是怎样倒的，头是怎样受的伤，他没亲眼看见。而在2013年10月21日壶关县龙泉派出所对其的询问笔录中又说王某甲从梯子上下来，手里拿着一块半头砖，走到王某忠跟前，用手里的半头砖照王某忠的头部就拍了一下，王某忠就躺在地上了。王某忠的入院记录记载：起病急，据家属提供病史，患者于入院前3小时摔伤，具体受伤机制不详。根据《最高人民法院〈关于适用中华人民共和国刑事诉讼法〉的解释》第七十四条规定：对证人证言应当着重审查以下内容：（一）证言的内容是否为证人直接感知……（三）证人与案件当事人、案件处理结果有无利害关系……（八）证言之间以及与其他证据之间能否相互印证，有无矛盾。在本案中，自诉人王某忠的陈述与被告人王某甲的供述大相径庭，证人张某某、王某乙的两次证言也大不相同，与入院记录中的受伤原因也不能相互印证……

【无罪判例31】苗某某故意伤害罪二审刑事附带民事判决书——（2014）二中刑终字第448号

经审理查明，原审判决认定的2014年2月25日19时许，上诉人曾某栢因其岳父的汽车被刮问题，与原审被告人苗某某理论时发生争吵，后双方撕扯在一起，原审被告人苗某某报警，上诉人返回家中，后经鉴定曾某栢的额骨骨折损伤程度为轻伤二级；头皮挫伤、面部软组织挫伤、右眼挫伤损伤程度为轻微伤；上诉人曾某栢因伤发生相应经济损失的事实清楚。

二审期间，证人张二某出具证言，证实在打架的地方，没有任何砖垛，苗某某所说有砖垛不属实。本院经审查后认为，案发现场当时没有勘查、拍照，尚没有证据证实证人张二某所述内容的真实性，故该证据本院不予确认。

本院认为，上诉人曾某栢提供的证据和天津市公安局宁河分局苗庄镇派出所侦查取得的证据虽然能够证明曾某栢身体受损害致轻伤，但不能确实、充分的证明曾某栢的轻伤是原审被告人苗某某的行为所致；同时证人张二某的证言前后矛盾与上诉人、原审被告人在公安机关所做陈述当时现场没人亦相矛盾，证人在庭审当庭证言表述原审被告人用铁制手电击打上诉人仅仅是其推断，并不是其亲眼所见，因此上诉人曾某栢指控原审被告人苗某某故意伤害致其轻伤的事实不清，证据不足，指控罪名不能成立。

【无罪判例32】周某故意伤害罪一审刑事判决书——（2017）鄂0602刑初93号

本院认为，我国《刑事诉讼法》（2012年）第四十九条①规定，自诉案件中被告人有罪的举证责任由自诉人承担。本案自诉人汪某指控被告人周某用拳头打伤其右手掌致其轻伤，只有证人肖某的证言证明看见被告人用拳头打在自诉人右手，但证人肖某在侦查机关的两次证言内容存在不一致，经本院通知后肖某无正当理由拒不出庭作证。自诉人所提供证人杨某证言证明了自诉人与被告人发生了肢体接触，但不能证实自诉人是如何受伤。虽然自诉人在此次斗殴中构成轻伤，但本案证据仅有自诉人汪某的陈述、证人肖某陈述，而本院调取的本案其他证人杨某的陈述，证人陈某的陈述均证明没有看到自诉人的手到底是如何致伤。被告人周某供述系自诉人用拳头打击其面部用力过猛造成，证人房某证明汪某用拳头击打周某时打在门上所致。自诉人汪某的指控陈述、举证的证人肖某证言与被告人周某供述，证人房某的证言存在相矛盾的情况。因证人肖某未出庭作证，肖某在侦查机关的第一次证言证明自己是站在一级棒康复中心门口时看见男老板用拳头打到了汪某的右手上。第二次证言证明，“我从店里出来站在我店门口一棵树的位置，看到按摩店里的男老板和一个女的把汪某往外边推，汪某也在和他们推推搡搡，当时那个女的拿着拖把想往汪某身上打，汪某用右手把拖把抓住了，这时男老板用拳头朝汪某打过来，汪某丢下拖把用手一挡，然后汪某就出来了，这时我看见汪某右手大拇指头那里突多高，我感觉他右手受伤了”。两次证言细节上陈述不一致，对其证言不一致内容不能作出合理解释……

---

① 2018年修正《刑事诉讼法》第五十一条。

【无罪判例 33】黄某犯故意伤害罪一审刑事附带民事判决书——（2013）南川法刑初字第 00341 号

本院认为，自诉人段某明指控被告人黄某犯故意伤害罪，从现有证据上看，只有自诉人段某明陈述其伤系黄某将其推倒在地所致，该陈述与被告人黄某的供述、证人向某、常某的证言相矛盾，且均不能证明自诉人段某明的伤系黄某所为，同时又无其他证据印证，故认定被告人黄某有伤害的故意和行为，事实不清，证据不足，不能认定被告人黄某犯故意伤害罪。

【无罪判例 34】赵某乙犯故意伤害罪一审刑事判决书——（2016）云 2324 刑初 19 号

本院认为，被告人赵某乙故意伤害一案，虽然赵某甲陈述赵某乙用木棒打伤他的头部，且其父母赵某戊、赵某丁也作了证实，但与证人陈某某所证实的赵某乙用桉树杆打在了赵某甲的左肩上及赵某乙将赵某甲推在了赵某乙家围墙上的证言不能相互印证，现有证据无法形成证据链，故自诉人赵某甲指控被告人赵某乙犯故意伤害罪的证据不足，本院不予支持。

【无罪判例 35】翁某 1、朱伦刚故意伤害再审刑事判决书——（2018）皖 02 刑再 1 号

原判认定朱某 2 趁翁某 2 单独在办公室之机实施伤害行为致被害人死亡的事实，没有确实、充分的证据予以证实。再审综合分析认定如下：

一、朱某 2 的有罪供述不能作为定案依据

朱某 2 在办案机关共作出了 22 次供述，自第 1 次到第 11 次供述均辩解未杀人，第 12、13 两次供述中供述了杀人经过并绘制案发现场图，后从第 14 ~ 22 次供述又均予以翻供，且该两次有罪供述与在案其他证据不能相互印证，主要体现在：

1. 朱某 2 关于致死方式的供述与现场勘查、法医鉴定不符……

2. 朱某 2 关于作案细节的供述存在诸多疑点，与现场勘查、痕迹鉴定不符……

3. 作案现场图不能确定系朱某 2 本人所画……

【无罪判例36】姜某(甲)、姜某(乙)等故意伤害一案一审刑事判决书——(2014)渭滨刑初字第00169号

本院认为，自诉人宋某某控诉被告人姜某（甲）、姜某（乙）、姜某某、张某某犯故意伤害罪，经查，相关证据不能证明被告人张某某对自诉人宋某某实施伤害行为，自诉人宋某某亦当庭认可被告人张某某在事发过程中并未殴打其，故自诉人对被告人张某某的控诉不能成立；被告人姜某（乙）辩称其不在案发现场，除其兄即被告人姜某（甲）予以证明，证人杜某某的当庭证言亦能印证，并有辨认笔录进行佐证，故自诉人对被告人姜某（乙）的控诉证据不足、不能成立；关于被告人姜某（甲）、姜某某是否具有殴打自诉人宋某某的行为，自诉人宋某某提供的证据中，宋某某之兄宋某刚的证言虽有证实，但自诉人提供的其他现场证人均不能明确证明该二被告人对自诉人宋某某具有伤害行为，和宋某刚的证言不能够相互印证，总体对二被告人的控诉亦属证据不足，控诉不能成立。

【无罪判例37】陈某甲故意伤害案一审刑事判决书——(2015)麒少刑初字第55号

经审理查明，自诉人张某甲与被告人陈某甲系同村人，两家曾因孩子打架之事产生过矛盾。2014年10月30日傍晚，自诉人张某甲的儿子张某乙在本村路上遇到被告人陈某甲，骂了一句。19时许，被告人陈某甲（其妻子陈妻尾随）来到自诉人张某甲家门口质问张某乙，后被告人陈某甲的儿子陈某乙也到现场，被告人陈某甲、陈某乙与自诉人张某甲、张某乙发生争吵并有轻微身体接触，在双方争执过程中，自诉人张某甲朝后摔倒在其家门口的墙上，头部受伤。之后被告人陈某甲及其家人离开。

本院认为，故意伤害罪是指故意非法伤害他人身体并达成一定严重程度、应受刑事处罚的犯罪行为。本案中，自诉人张某甲、被告人陈某甲以及事发时在场证人张某乙、陈某乙等人的陈述均不能证实被告人陈某甲对自诉人张某甲实施过伤害行为，故自诉人指控被告人陈某甲犯故意伤害罪属证据不足。

【无罪判例38】马某甲、马乙故意伤害一审刑事判决书——(2016)宁0402刑初第109号

本院认为，故意伤害罪侵犯的客体是他人的身体健康，主观方面由故意构成，客观方面表现为非法损害他人身体健康的行为。本案中，自诉人马某某指控及其提供的证人证言，证实被告人马某甲、马乙在与其发生争执后，撕扯殴打，致其倒地致轻伤。在公安机关的调查笔录中自诉人马某某陈述其被被告人马某甲撕住上衣领，用拳朝其脸上打了几拳，马乙过来朝其头上打了一拳，二被告人将其打晕。被告人马某甲在公安机关的供述、二被告人在法庭当庭供述和其提供的证人证言，均否认了殴打自诉人这一事实。自诉人马某某右肘鹰嘴撕脱性骨折致轻伤是如何形成的，双方证人各执一词，未形成确凿的证据链条。综上，根据现有的证据，自诉人马某某指控被告人马某甲、马乙构成故意伤害罪，事实不清，证据不足，指控罪名不能成立。

【无罪判例39】自诉人暨附带民事诉讼原告人魏某诉被告人陈某某故意伤害暨附带民事判决书——（2013）旬刑初字第00080号

本院认为，自诉人魏某以右耳鼓膜穿孔构成轻伤指控被告人陈某某犯故意伤害罪，根据魏某事发当天下午在接受公安机关询问时，明确表示受伤部位在其左脸、左耳，被告人陈某某没有殴打其右脸，该陈述与自诉人第二天在旬阳县医院主诉受伤原因、旬阳县医院查体记载的伤情相吻合。魏某事隔十天在西安交大医学院第二附属医院诊断为右耳外伤性鼓膜穿孔，虽然有医院诊断证明、证人证言及安康金州司法鉴定中心鉴定意见，但综合分析以上证据，证据之间不能相互印证且有明显矛盾，没有形成完整的证据链，故指控被告人陈某某故意伤害罪事实不成立。

【无罪判例40】丁某群故意伤害罪二审刑事判决书——（2016）苏03刑终150号

上述事实，有一审当庭宣读、出示的相关证据予以证实，二审中，上诉人丁某群和徐州市人民检察院均未提供新的证据。结合一审、二审查明的事实和证据，本案的焦点问题是高某3受伤是不是丁某群故意所致。经审理认为：

首先，证人高某1证言和高某3陈述均称丁某群和高某3之间有推搡行为，并致高某3倒地。证人安某、时某证言均称没有看到丁某群有推搡或踢打高某3的行为。证人高某2证言称丁某群脚一抬，高某3就摔倒了。上述证据之间存在矛盾，不能相互印证，无法得出丁某群踢伤高某3腿部的结论。

【无罪判例 41】喻某乙故意伤害罪一审刑事附带民事判决书——（2014）鄂巴东刑初字第 00137 号

本案中，被告人喻某乙与附带民事诉讼原告人喻某甲二人发生争吵后，附带民事诉讼原告人喻某甲朝被告人喻某乙的鼻子一拳，被告人喻某乙朝喻某甲的额头一拳，后被他人拉开，喻某乙后又开门冲到堂屋欲殴打喻某甲，纠纷中喻某甲的右手臂被致轻伤的事实清楚，控辩双方的争议焦点在于附带民事诉讼原告人喻某甲的伤是如何形成的。本院认为，人民法院对被告人做出有罪判决，都必须做到犯罪事实清楚，证据确实、充分。所谓证据确实、充分，是对作为定罪根据的证据质和量的综合要求。具体是指达到以下标准：（1）据以定案的每个证据都已查证属实；（2）每个证据必须和待查的犯罪事实之间存在客观联系，具有证明力；（3）属于犯罪构成各要件的事实均有相应的证据加以证明；（4）所有证据在总体上已足以对所要证明的犯罪事实得出确定无疑的结论，即排除其他一切可能性而得出的唯一结论。综合本案证据，本院审查后认为，本案部分事实不清，具体表现在：第一，附带民事诉讼原告人喻某甲的伤是何时形成的存疑。本案纠纷可分为两个阶段，第一阶段在烤火房内，现场有喻某乙、喻某甲、喻某己、谭某；第二阶段在堂屋内，现场有喻某己、喻某丁、喻某戊等人。附带民事诉讼原告人喻某甲陈述其所受轻伤是在第二阶段堂屋内被喻某乙用拳头打击后所致，但证人谭某、喻某辛、喻某丁、叶某均证实喻某甲的伤是在第一阶段后第二阶段双方又欲打斗前喻某甲便声称手骨折了，证人喻某己、吴某证实喻某甲所受轻伤是在第一阶段发生打斗后喻某甲欲再次殴打喻某乙时所致。被害人陈述与各证人证言相互矛盾。第二，附带民事诉讼原告人喻某甲的伤是如何形成的存疑。附带民事诉讼原告人喻某甲陈述，在烤火屋内喻某乙只用拳头殴打其额头一下，后被他人拉开，其手臂所受轻伤是在第二阶段堂屋内被告人喻某乙用拳头打击后所致，证人谭某在公安机关最后一次陈述证实第一阶段喻某甲与喻某乙互殴不止一下，被告人喻某乙打在喻某甲的脸部和手臂上，喻某甲的轻伤是在第一阶段被喻某乙用拳头殴打后被拉到堂屋时就已骨折，而后在堂屋内喻某乙又殴打喻某甲的右手臂，喻某甲又喊手断了，证人喻某辛证实喻某甲被拉到堂屋后便喊手骨折了，后喻某乙又冲到堂屋殴打喻某甲，喻某甲就用手挡，后来喻某甲就喊手不行了，证人喻某己、吴某证实喻某甲所受轻伤是喻某甲自己捶门所致，证人喻某丁、喻某戊证实喻某乙与喻某甲在堂屋内没有身体接触，不清楚喻某甲的伤是如何形成的。证人叶某证实喻某甲从厨房冲向堂屋时被喻某辛从后面抱住，喻某乙与喻某甲在第二现场没有接触，证人喻某庚证实其没有看到第一现场的情况，在第二现场看见喻某甲坐在堂屋，不到十分钟喻某甲就大声喊到手不行了，被害人陈述与各证人证言均不能相互印证，不能形成完整的证据锁链……

【无罪判例42】刘某喜故意伤害一审刑事附带民事判决书——（2015）广刑初字第00275号

本院审查认为，对梁某芙陈述及朱某证言中提到的关于被告人刘某喜推倒自诉人梁某芙的部分，因二人对被告人刘某喜如何推倒自诉人梁某芙的细节描述不一，不能相互印证，且与其他证人证言存在矛盾之处，故对自诉人梁某芙的陈述和证人朱某的证言中关于自诉人梁某芙系被被告人刘某喜推倒的内容部分不予采信，其他内容予以采信，本院予以确认。

本院认为，自诉人梁某芙的伤势虽被鉴定为轻伤，但对被告人刘某喜故意推倒自诉人梁某芙的指控，自诉人的陈述与证人朱某的证言在细节上不能相互印证，且与其他证人证言存在矛盾之处，现有证据不足以证明自诉人梁某芙所受轻伤是被告人刘某喜故意推倒所致，本案证据不能达到确实、充分，不能认定被告人刘某喜有罪，因此自诉人梁某芙对被告人刘某喜犯故意伤害罪的指控不能成立，本院不予支持。被告人刘某喜辩称自己没有主观上的故意的辩解意见成立，本院予以采纳。

【无罪判例43】薛某根故意伤害罪一审刑事附带民事判决书——（2016）苏0506刑初168号

关于本案刑事部分的事实与证据，本院评判如下：

关于被告人薛某根是否存在将被害人凌某推下陡坡的主观故意的问题。经查，本案的被害人陈述、证人证言及被告人供述均存在较大的矛盾之处，且本案的证人周某、武某的证言也存在前后矛盾，特别是被告人薛某根与凌某之间如何扭打至陡坡处以及薛某根如何推凌某这一节事实的细节有较大出入。

【无罪判例 44】陈某军故意伤害案——刑事审判参考第 656 号

北京第二中级人民法院认为，虽然在案的法医鉴定专家论证意见等相关证据证实现场镐把能够形成被害人吴某全的脑部损伤，部分证人的证言证实案发前只有被告人陈某军与吴某全发生过矛盾，且陈某军当时持有镐把抡了一下，但没看清具体打在哪。而在场的其他证人均作证称未看到陈某军持镐把打吴某全，陈某军本人也从未供认其打了吴某全，故对刘某的证言不能采信。在案证据不能形成指向陈某军作案的完整证据链，公诉机关指控陈某军犯故意伤害罪的事实不清，证据未达到确实充分的标准，指控陈某军犯故意伤害罪不能成立。

【无罪判例 45】范某某诉宋某故意伤害一案刑事附带民事判决书——(2014) 甘刑初字第 304 号

本院认为，被告人宋某与自诉人范某某因生意的原因夙有积怨。2014 年 6 月 14 日晚，被告人妻子徐某某与自诉人女儿范某某因琐事发生争吵，在争吵过程中互相撕拉。当自诉人范某某与妻子张某某，被告人宋某得知后均到现场，自诉人及其妻，被告人宋某随即发生撕扯。在此期间，自诉人范某某受伤，并于 2013 年 6 月 15 日住院治疗。后经甘州区公安局（2013）256 号法医学人体损伤程度鉴定书，自诉人范某某左胸部受钝器外力作用致左侧胸部第 6、7 根肋骨头骨折，属轻伤；经甘肃众信司法鉴定所司法鉴定意见书鉴定，范某某伤残等级为十级伤残。在审理中查明，自诉人范某某及妻子张某某、女儿范某某对范某某的伤是如何形成，被何人致伤各述不一，与双方无利害关系的证人梁某某、薛某某、王某某、徐某某均不能证明是被告人宋某致伤了自诉人范某某，被告人宋某又否认殴打自诉人范某某的事实。因此，自诉人范某某指控被告人宋某犯故意伤害罪证据不足，指控的犯罪不能成立。

【无罪判例 46】林某雄、张某贤故意伤害二审刑事判决书——（2016）粤 06 刑终 583 号

原审判决认定，2015 年 7 月 12 日 19 时许，被告人林某雄、张某贤在佛山市南海区里水镇大冲迎丰农庄的大厅吃饭。被害人张某乙来到大厅发现林某雄，遂走到林某雄吃饭的桌子旁边，随即殴打林某雄的脸部。后林某雄与张某乙扭打起来。张某贤上前劝架，张某乙打了张某贤两拳，张某贤随即打了张某乙脸部一拳。林某雄举起一张椅子砸向张某乙，后又伙同张某贤与张某乙打斗。打斗过程中，张某乙和林某雄受伤。同年8月27日，被告人林某雄、张某贤主动到公安机关投案，并交代与被害人张某乙打斗的经过。

原审被告人林某雄上诉提出，现有证据不足以证实被害人右手第5掌骨骨折是其行为所致，应当判决其无罪。理由如下：(1) 证人刘某、邵某的证言关于谁用椅子砸向被害人相互矛盾；(2) 被害人张某乙从驾车离开现场到医院就诊期间，其本人和接诊医生均不知道右掌骨受伤的事实……(6) 视频1中看不出其用椅子砸向被害人的画面，因此视频1及其情况说明无法证实其用椅子殴打被害人……

【无罪判例47】方某某故意伤害一案二审刑事附带民事判决书——(2015) 北刑终字第18号

关于上诉人（自诉人暨附带民事诉讼原告人）樊某甲以被告人方某某行为构成犯罪，并追究其刑事责任，赔偿住院期间的医药费、伤残赔偿金共计58,517.38元为由提出上诉的理由。经查……案发现场的自诉人、被告人的陈述、在场人李某乙、樊某乙、李某甲询问笔录中对动手争执过程说法不一。且案发现场的证人证言均与案件有无利害关系。因此，自诉人指控被告人犯故意伤害罪的事实不清，证据不足，提出的上诉理由不能成立，本院不予采纳。

【无罪判例48】喻某乙故意伤害罪一审刑事附带民事判决书——(2014) 鄂巴东刑初字第00137号

本案中，被告人喻某乙与附带民事诉讼原告人喻某甲二人发生争吵后，附带民事诉讼原告人喻某甲朝被告人喻某乙的鼻子一拳，被告人喻某乙朝喻某甲的额头一拳，后被他人拉开，喻某乙后又开门冲到堂屋欲殴打喻某甲，纠纷中喻某甲的右手臂被致轻伤的事实清楚，控辩双方的争议焦点在于附带民事诉讼原告人喻某甲的伤是如何形成的……综合本案证据，本院审查后认为，本案部分事实不清，具体表现在：第一，附带民事诉讼原告人喻某甲的伤是何时形成的存疑。本案纠纷可分为两个阶段，第一阶段在烤火房内，现场有喻某乙、喻某甲、喻某己、谭某；第二阶段在堂屋内，现场有喻某己、喻某丁、喻某戊等人。附带民事诉讼原告人喻某甲陈述其所受轻伤是在第二阶段堂屋内被喻某乙用拳头打击后所致，但证人谭某、喻某辛、喻某丁、叶某均证实喻某甲的伤是在第一阶段后第二阶段双方又欲打斗前喻某甲便声称手骨折了，证人喻某己、吴某证实喻某甲所受轻伤是在第一阶段发生打斗后喻某甲欲再次殴打喻某乙时所致。被害人陈述与各证人证言相互矛盾。第二，附带民事诉讼原告人喻某甲的伤是如何形成的存疑。附带民事诉讼原告人喻某甲陈述，在烤火屋内喻某乙只用拳头殴打其额头一下，后被他人拉开，其手臂所受轻伤是在第二阶段堂屋内被告人喻某乙用拳头打击后所致，证人谭某在公安机关最后一次陈述证实第一阶段喻某甲与喻某乙互殴不止一下，被告人喻某乙打在喻某甲的脸部和手臂上，喻某甲的轻伤是在第一阶段被喻某乙用拳头殴打后被拉到堂屋时就已骨折，而后在堂屋内喻某乙又殴打喻某甲的右手臂，喻某甲又喊手断了，证人喻某辛证实喻某甲被拉到堂屋后便喊手骨折了，后喻某乙又冲到堂屋殴打喻某甲，喻某甲就用手挡，后来喻某甲就喊手不行了，证人喻某己、吴某证实喻某甲所受轻伤是喻某甲自己捶门所致，证人喻某丁、喻某戊证实喻某乙与喻某甲在堂屋内没有身体接触，不清楚喻某甲的伤是如何形成的。证人叶某证实喻某甲从厨房冲向堂屋时被喻某辛从后面抱住，喻某乙与喻某甲在第二现场没有接触，证人喻某庚证实其没有看到第一现场的情况，在第二现场看见喻某甲坐在堂屋，不到十分钟喻某甲就大声喊到手不行了，被害人陈述与各证人证言均不能相互印证，不能形成完整的证据锁链……

【无罪判例 49】孙某某故意伤害一案一审刑事附带民事判决书——(2013) 沈铁刑初字第 9 号

对于被告人孙某某及其辩护人的其他辩解和辩护意见，经审查：

……

被告人孙某某及证人周某某、刘某某、时某某、李某、曲某某供证一致，均证实孙某某是面对金某某从正面击打金某某的左肋部或左腋下。而金某某坚称孙某某是在其身后从后面打在其左肋部的，其被害人陈述的证明力明显大于其他证人证言的证明力。故不能判定孙某某是从正面还是后面击打的金某某。

被告人孙某某的供述和证人证言可以证明在孙某某击打金某某之后，金某某有持道尺在后面追赶孙某某，追上后二人抱在一起厮打、摔倒的情节。故不能排除被害人金某某左胸肋骨骨折是在其追赶孙某某，追上后二人抱在一起厮打并摔倒的过程中形成的可能性。

被害人金某某2010年1月9日入院时的CR影像诊断及外科诊断均无左胸第6根肋骨骨折的诊断，其左胸第6根肋骨骨折是在同月20日经CT影像诊断首次出现。故被害人金某某的左胸第6根肋骨骨折不能排除在其住院期间形成的可能性。

此外，本案本应当由公安机关提供的现场勘查记录及被害人伤情照片等故意伤害案件必备证据。

综上所述，被害人金某某所受轻伤是否由被告人孙某某的行为所致事实不清，证据不足。对被告人孙某某的辩解及其辩护人的辩护意见予以采纳。

【无罪判例50】范某珍故意伤害一审刑事判决书——（2017）鄂0822刑初49号

本院认为，公民的身体、健康权不受他人非法侵害。自诉人程某英控诉被告人范某珍犯故意伤害罪，虽向法庭提供了相关证据，但这些证据不足以证实自诉人程某英的轻伤后果具体是如何形成的，自诉人对其具体受伤经过陈述不清，证人及被告人对自诉人的具体受伤经过证实不一致，难以相互印证，故自诉人程某英控诉被告人范某珍犯故意伤害罪的证据不充分，要求以故意伤害罪追究被告人范某珍刑事责任的请求本院不予支持。

规则38：各证据对致伤时间的证明存在矛盾且无法排除

【规则分析】案发时间与致伤时间属于整个案件的关键事实，致伤时间应当与案发时间相一致，以证明案件的发生与被害人伤情之间存在因果关系。但是实际上案发后在证明案发时间的各项证据中，可能会发现医院或者鉴定机构出具的证据的致伤时间与案发时间并不一致，这就导致在时间上无法排除被害人因其他原因受伤的合理怀疑，或者说无法准确认定案件与被害人伤情之间存在因果关系。因此，此规则严格意义上也可以归类为针对因果关系之辩护，只不过这种不存在因果关系的怀疑是由于证明案发时间与致伤时间的书证、证人证言等证据被排除导致的。所以笔者基于对导致此种情况的成因之考虑，将其归入证明致伤时间的证据不足。

例如，在无罪判例 1 中，被害人的入院记录时间推断的致伤时间与案件的发生时间存在矛盾，无法证明准确的因果关系；无罪判例 2 中具有专门知识的人的证言与其他书证证明的致伤时间相矛盾，可见即便是具有专门知识的人作证，其所证明内容也可以通过其他证据进行怀疑；无罪判例 3 中诊断证明的致伤时间与案发时间也不相符，同样是无法证明被害人的受伤时间。综上所述，故意伤害罪中证明被害人的受伤时间的途径可以包括被害人、被告人、普通证人的言词证据，医院的诊断报告及其内容，鉴定意见及其内容，以及专家证言等等，仔细衡量这些证据之间是否可以环环相扣，或许可以从中提出关于致伤时间的合理怀疑。

【无罪判例 1】薄某峰故意伤害罪二审刑事判决书——（2017）晋 09 刑终 171 号

其次，诸多证据显示，本案的事发时间是 2014 年 3 月 26 日 19 时许。段俊某在五台县第一人民医院的入院记录显示的入院时间及记录时间均为 2014 年 3 月 26 日 20 时 38 分，该记录同时显示，患者本人陈述现病史：于 4 个多小时前不慎致伤胸背部致胸闷气促，腰部疼痛难忍，当时神情，未作任何治疗，症状未缓解，随来医院就诊，急诊以“胸背部外伤”收住入院。从入院记录时间推算，段俊某胸背部致伤时间为当日 16 时许，该与查明的事发时间前后矛盾。在致伤时间及原因上，现有证据之间不能相互印证，存在无法排除的矛盾和无法解释的疑问。

【无罪判例 2】李某甲等故意伤害罪二审刑事附带民事判决书——（2014）吕刑终字第 333 号

经审理查明，2010 年 3 月 10 日上午，上诉人李某丙与其弟弟李某乙、姐姐李某甲，到其岳父上诉人李某家中找其妻李某丁时，李某丙与李某因话不投机发生争吵；其间李某乙将李某家院内的压花肉损坏（对此行为，孝义市人民法院已于2010年6月1日，以被告人李某乙犯故意毁坏财物罪，判处有期徒刑六个月，缓刑一年；本院于2010年9月16日作出终审裁定：驳回上诉，维持原判）；后双方发生冲突，互有损伤；2010年3月14日、4月15日，经孝义市公安局法医门诊部鉴定，李某丙、李某乙、王某、李某损伤均构成轻微伤……上述事实清楚，有上诉人李某陈述、证人王某、梁某、杜某的证言，孝义市人民医院住院诊疗病历、收据、鉴定结论及上诉人李某甲、李某乙、李某丙的供述等证据相互印证，本院予以确认。

同时查明，原判认定上诉人李某甲、李某乙、李某丙殴打上诉人李某致其肋骨骨折，构成轻伤的主要证据有：孝义市公安局的法医学鉴定、吕梁市公安局的法医学鉴定。该两份鉴定，均是以2010年6月3日孝义市人民医院关于李某为陈旧性肋骨骨折的CT报告及之后李某在山西汾阳医院、汾矿医院、山医二院的各种医学检查为依据。而李某于2010年3月10日在孝义市人民医院住院治疗，3月18日的CR片显示李某诸肋骨骨皮质连续光整，骨结构正常，至4月1日出院未发现骨折。最早发现李某肋骨骨折的证据是孝义市人民医院2010年6月3日的CT报告。孝义市公安局鉴定人陈某证明，确定骨折时间在距离6月3日的3个月左右。但2010年6月3日的CT报告与2010年3月18日李某胸部CR片相矛盾。针对两者之间的矛盾，重审期间，孝义市人民医院的情况说明证明，该院均是根据所拍影像光片的客观X线征象作出诊断；2010年6月3日发现的李某肋骨陈旧性骨折是多长时间形成，他们无法作出准确推断，陈旧性骨折是指骨折3周以上。综上所述，将2010年6月3日发现的李某骨折，与2010年3月10日的打架行为联系起来的证据主要是孝义法医陈某的证言，而该证言与孝义市人民医院的情况说明相矛盾，且该骨折诊断与2010年3月18日的影像检查相矛盾。孝义市人民医院的住院病历也没有上诉人李某胸部疼痛的记载。本案现有证据，均不能确定李某的骨折系2010年3月10日打架时形成，故认定上诉人李某甲、李某乙、李某丙构成故意伤害罪的证据不足。

【无罪判例3】张二犯故意伤害罪一审刑事判决书——（2014）东刑重字第8号

本案的案发时间为2010年10月9日，而张一首次就医时间为2010年11月

18 日。据门诊病历记载：主诉，鼻部外伤半月。病史，患者半月前被人打伤鼻部。诊断，鼻骨骨折。此记载的受伤时间与案发时间明显不符。天津市公安局物证鉴定中心鉴定张一鼻骨骨折损伤程度为轻伤，但同时表明此结论应结合案情调查，理由是因为不能提供张一伤后当时的病历材料和鼻部影像片，无法判断其骨折的形成时间。依据上述书证，张一的鼻部损伤的形成时间不具有唯一性。

本院认为，只有经法定程序查证属实的证据才能作为定案的证据。而本案书证与证人证言之间及证人证言相互之间存在无法排除的矛盾和无法解释的疑问，证据之间不能相互印证，所证实的事实不存在唯一性。所以，本院认为公诉机关指控被告人张二犯故意伤害罪的事实不清，证据不足。

规则 39：各证据不能形成证据锁链

【规则分析】证据之间存在疑点，不能形成完整证据链规则与无法排除合理怀疑、无罪推定、证据不足的规则是相辅相成的。此规则之下的判例有因为关键证据缺乏导致不能形成证据链，如无罪判例 2 中缺少在场其他人员证言导致无法印证案件事实；也有因为各证据之间存在疑点，无法相互印证导致无法形成证据锁链，如无罪判例 1、无罪判例 5 等。

【无罪判例 1】何某某等故意伤害一审刑事判决书——（2014）通刑初字第 11 号

本院认为，自诉人此次损伤程度虽属轻伤，但轻伤是如何形成的，谁致自诉人造成轻伤，本案材料不明确，且各证据之间存在疑点，故自诉人指控各被告人犯故意伤害罪证据不足，各被告人无罪。

【无罪判例 2】刘某某诉毛某故意伤害案一审刑事判决书——（2015）五法刑自初字第 14 号

本院认为，被告人毛某殴打并致其轻伤的事实，由于被告人毛某的供述与自诉人刘某某的陈述相矛盾，且无其他三名在场人员的证言，其他证据亦不能形成证据锁链，不能排除自诉人受伤系其他人员造成的可能性，故依照无罪推定的原则，本院认为自诉人刘某某对被告人毛某犯故意伤害罪的指控证据不足，指控的罪名不能成立，应当宣告被告人毛某无罪。

【无罪判例 3】王某甲诉王某乙、张某某、王某丙故意伤害案一审刑事附带民事判决书——（2015）江刑初字第 74 号

本院认为，自诉人王某甲与三被告人因被告人方堆放在房后的猪粪而引发争吵，进而相互抓打。在相互抓打中，自诉人王某甲受伤。诉讼中，自诉人王某甲提供了病情证明书、出院证明、医疗费用收据、司法鉴定意见书等证据证明其损伤情况，但对其轻伤的损害后果系三被告人殴打所致的主张，自诉人仅提供了公安机关对王某甲、刘某某、王某丁、王某戊、王某巳、张某某、王某乙、王某丙等人作的询问笔录、接警记录、处警情况、现场照片等证据。而上述证据，仅证实案发当日自诉人与三被告人因猪粪问题发生争吵和相互抓扯、抓打，自诉人王某甲在相互吵打中受伤的事实，但对谁致自诉人左股骨大转子骨折这一轻伤损害事实，无充分证据加以证实。尤其自诉人认为其左股骨大转子骨折的轻伤系被被告人王某乙用螺纹钢筋制的炮竿打伤所致的主张，仅有其陈述以及与其有利害关系的证人妻子刘某某、儿子王某丁和王某戊的证言，而无其他证据相佐证。因此，综合全案证据看，证据没有形成具有唯一性、排他性的完整的证明锁链。故自诉人王某甲控诉被告人王某乙、王某丙、张某某犯故意伤害罪的事实不清，证据不足，其要求追究三被告人刑事责任的请求不成立，不予支持。

【无罪判例 4】蒋某珍、李某福诉孔某某、蒋某、蒋某某故意伤害案一审刑事附带民事判决书——（2015）江刑初字第 18 号

本院认为，自诉人蒋某珍因被告人蒋某未履行生效判决的赔偿义务，而于 2014 年 8 月 27 日和自诉人李某福至被告人孔某某家。在孔某某家，因赔偿事宜双方矛盾激化，自诉人蒋某珍、李某福与被告人孔某某、蒋某、蒋某某发生了争吵、推攘和抓打。在相互抓打中，自诉人蒋某珍、李某福受伤。诉讼中，自诉人蒋某珍、李某福提供了诊断证明书、出院证明、医疗费用收据、司法鉴定意见书等证据证明其损伤情况，但对二人轻伤的损害后果系三被告人殴打所致的主张，二自诉人仅提供了申请本院向公安机关调取的卷宗材料及执行笔录。而向公安机关调取的卷宗材料及三被告人的执行笔录，仅证实案发当日二自诉人与三被告人因执行案件发生争吵和相互推攘、抓扯、抓打，自诉人蒋某珍、李某福在相互吵打中受伤的事实。因此，现有证据并不能证明是本案三被告人共同殴打致自诉人蒋某珍、李某福轻伤，即综合全案证据看，证据没有形成具有唯一性、排他性的完整的证明锁链。故自诉人蒋某珍、李某福控诉被告人孔某某、蒋某、蒋某某犯故意伤害罪的事实不清，证据不足，其要求追究三被告人刑事责任的请求，不予支持。

【无罪判例 5】张某某无罪一审刑事判决书——（2016）川 0504 刑初 180 号

本院认为，在案的言词证据在细节上有矛盾之处，但结合全案证据，能够证实以下几个问题：（1）吴某某受伤经鉴定面部之伤已构成轻伤，手臂之伤构成轻微伤；（2）本案的案发时间是凌晨 1 点多，按照正常作息时间，正是深睡眠阶段；（3）吴某某擅自进入船长休息室在先，骂人动手在先；（4）张某某持床头柜上水果刀反击系在遭到攻击之后。以下两个事实未形成完整、排他的证据链条：一是张某某与吴某某在休息室内的具体打斗情况，当时只有二人在房间内，但二人对打斗具体细节各执一词；二是吴某某称走到三楼走廊上，张某某拉其衣服趁其转身划其面部，该陈述没有其他证据佐证。综上，本院认为，公诉机关认为被告人张某某在遭受吴某某的殴打，持刀反击，因明显超过必要限度造成被害人轻伤，该行为已构成故意伤害罪的指控，证据不足，依法应当宣告被告人张某某无罪。

【无罪判例 6】张甲某故意伤害刑事判决书——（2015）忻刑初字第 294 号

公诉机关指控被告人苏某明与被害人于某某因钱包丢失发生口角，后在 KTV 大门外指使张甲某、张乙某殴打于某某，支持该指控事实的证据存在以下疑点……2. 被告人张甲某的多次供述中，对苏某明殴打于某某的地点、手段供述不一致、不稳定，其供述称苏某明在 KTV 大门外肯定殴打过于某某，但视频监控显示该时间、该地点苏某明未实施殴打于某某的行为，故张甲某供述与视频资料显示的客观事实相矛盾。

【无罪判例 7】邰某平与邰某华故意伤害一审刑事附带民事判决书——（2016）黔 2630 刑初 23 号

本院认为，对于自诉人邰某平诉称被告人邰某华持柴刀冲过来砍伤其后脑的指控，经审查，本案现有证据对于自诉人邰某平指控的该部分事实尚不能形成完整的证据锁链，属事实不清，证据不足，故对于自诉人指控的该部分事实，本院不予认定。自诉人部某平指控被告人部某华犯故意伤害罪，事实不清，证据不足，指控罪名不能成立。

【无罪判例8】自诉人余某诉被告人余某岗犯故意伤害罪一案一审刑事判决书——（2016）川0683刑初66号

本院认为，公民的身体、健康权不受他人非法侵害。自诉人余某控诉被告人余某岗犯故意伤害罪，虽向法庭提供了相关证据，但现有的证据仅有一名证人证实自诉人余某的手指是被告人余某岗咬伤的，而其他证据均不能予以佐证，这些证据难以互相印证，形成证据锁链，证实自诉人余某的轻伤后果究竟是如何形成的，故自诉人余某控诉被告人余某岗犯故意伤害罪的证据不充分，不能认定被告人余某岗有罪，自诉人余某要求以故意伤害罪追究被告人余某岗刑事责任的请求，本院不予支持。

【无罪判例9】吴某波故意伤害一审刑事判决书——（2017）云0421刑初83号

本院认为，自诉人张某与被告人吴某波均饮酒后在卫生间无故发生挑衅、打架，导致双方不同程度受伤。诉讼中，自诉人张某提供了检查报告单、出院小结、医院住院收费票据、门诊费单据、司法鉴定意见书等证据证明其损伤情况，但对其损害后果系被告人吴某波所致的主张，自诉人张某仅提供了其和吴某波以及证人钟某、业某、郭某在公安机关所作的笔录，而吴某波的笔录仅证实吴某波本人被人打伤事实，证人钟某、业某、郭某的证言仅证实自诉人张某殴打被告人吴某波的事实，自诉人张某在公安机关的笔录仅证实被告人吴某波打过其耳光，其右手在殴打吴某波过程中痛了一下的事实。因此除上述证言外无其他证据相印证，且上述言词证据均不能证实被告人吴某波殴打自诉人张某致其右手第5掌骨骨折，证据不能形成完整的证据链。综上所述，综合全案证据看，证据没有形成具有唯一性、排他性的完整的证明体系。故自诉人张某控诉被告人吴某波犯故意伤害罪的事实不清，证据不足，其要求追究被告人吴某波刑事责任的请求不成立，本院不予支持。

【无罪判例10】赵某故意伤害一审刑事判决书——（2017）云0326刑初191号

本院认为，《刑事诉讼法》（2012年）第一百九十五条[①]规定："在被告人最后陈述后，审判长宣布休庭，合议庭进行评议，根据已经查明的事实、证据和有关的法律规定，分别作出以下判决：（一）案件事实清楚，证据确实、充分，依据法律认定被告人有罪的，应当作出有罪判决；（二）依据法律认定被告人无罪的，应当作出无罪判决；（三）证据不足，不能认定被告人有罪的，应当作出证据不足、指控的犯罪不能成立的无罪判决。"本案中，自诉人李某选控诉被告人赵某犯故意伤害罪，其应提供确实充分的证据予以证实。事发时自诉人李某选未及时联系救护车送医院医治，而是选择离开，到第二天下午16时才到会泽县中医院医治，其所提供的证据待证事实存在可能性，无法形成完整的证据链证实被告人赵某把自己的左脚打伤，其控诉被告人赵某犯故意伤害罪因证据不足不能成立。

【无罪判例11】雷某有、雷某文故意伤害一审刑事判决书——（2018）云0421刑初14号

本院认为，自诉人杨某1饮酒后其所驾驶车辆与被告人方放置于店外的桌子发生刮擦，继而引起双方多人相互吵打。诉讼中，自诉人杨某1提供了诊断证明书、医院住院收费票据、住院费用明细、司法鉴定意见书等证据证明其损伤情况，但对其轻伤的损害后果系被告人雷某有、雷某文所致的主张，自诉人杨某1仅提供了其和雷某有、雷某文以及证人雷某、杨某2、吴某在公安机关所作的笔录，而雷某有、雷某文的笔录、证人雷某、吴某的证言仅证实自诉人饮酒后所驾车辆与被告人方放置于店外的桌子发生刮擦，继而引起雷某文、雷某有等人与自诉人杨某1吵打，旁边多人拉劝的事实；自诉人的笔录及证人杨某2的证言，仅证实自诉人与雷某有、雷某文等多人相互吵打，对方多人对自诉人进行殴打的事实。因此，对被告人雷某有、雷某文故意伤害自诉人杨某1致其轻伤的事实，除上述言词证据外无其他证据相印证，且上述言词证据均不能证实被告人雷某有、雷某文殴打自诉人杨某1致其右侧第4、5根肋骨骨折，

---

① 2018年修正《刑事诉讼法》第一百九十七条，略有删改。

证据不能形成完整的证据链。综上所述，综合全案证据看，证据没有形成具有唯一性、排他性的完整证明体系。故自诉人杨某1控诉被告人雷某有、雷某文犯故意伤害罪的事实不清，证据不足，其要求追究被告人雷某有、雷某文刑事责任的请求不成立，本院不予支持。

【无罪判例12】杨某、刘某故意伤害一审刑事判决书——（2016）冀0281刑初138号

但指控被告人杨某指使刘某殴打刘某1，在指使的环节上，提供的证据中除被告人刘某供述证明被告人杨某在沙场等地要求其找人殴打刘某1、被告人沙某供述证明系听刘某说是杨某指使其殴打刘某1外，无其他直接证据证实被告人刘某殴打刘某1系杨某所指使，且沙某的供述系传来证据，无其他证据相佐证；在打伤刘某3后被告人刘某让沙某找杨某见面商量如何处理打人事宜的环节上，提供的有两辆车的行车记录和卡口信息图片证明被告人杨某乘坐的车辆及被告人沙某驾驶的车辆在省道邦宽线遵化至石门路段前后行驶，证人张某2的证言证明被害人刘某3被打后的一天在遵化市国土局对面被告人杨某与沙某见面说话，但无其他证据证实两人的谈话内容，未能证实被告人沙某与杨某商量处理打伤刘某3的事实。上述证据未能形成完整的证据链条，不能证实被告人刘某找人殴打他人是受被告人杨某所指使，故公诉机关指控被告人杨某指使被告人刘某殴打他人证据不足，指控被告人杨某犯故意伤害罪不成立。

【无罪判例13】姜某指控姜某斌犯故意伤害罪一案一审刑事附带民事判决书——（2016）甘1121刑初105号

本院认为，自诉人姜某以自己的牛被被告人姜某斌的三轮车惊吓，首先爬到被告人姜某斌的三轮车上撕扯被告人，在撕扯的过程中从三轮车上摔下受伤，被告人姜某斌供述没有侵害自诉人的行为，在场的证人证明被告人姜某斌没有侵害自诉人的行为。在案证据未能形成足以证明姜某斌作案的完整证据链，自诉人姜某诉被告人姜某斌犯故意伤害罪的证据不足，指控的犯罪不能成立。

【无罪判例14】车某兵故意伤害一审刑事判决书——（2017）云2328刑初127号

本院认为，公诉机关指控被告人车某兵有罪的证据不确实、不充分，不能相互印证形成完整的证据链，不能认定被告人构成犯罪，公诉机关指控被告人车某兵犯故意伤害罪不能成立，本院不予支持。被告人车某兵供述其出门时有四五十个人站在大门外，有几个人将车某2按在地上打，这与本案查明的事实不相符。先来的只有付某1等六人，二三十个人是后面才来的，在后面的这些人来到之前，付某1的身体已经受伤。车某2无伤情证明证实其在纠纷中受伤，不能证明车某2被打的事实。

【无罪判例15】唐某某故意伤害一审刑事判决书——（2016）冀0202刑初162号

本院认为，公诉机关指控被告人有罪的证据，应当能够相互印证，形成完整的证据链。本案的焦点在于被害人王某1右手拇指所受轻伤是否有确实、充分的证据证明是被告人唐某某持铁管击打所致。本案中被害人王某1自述其手指被唐某某用铁管打伤，并提交了2015年7月27日主诉为“右拇指被他人用铁管打伤2小时，出血，疼痛”的唐山市人民医院门诊病历，此病例经核实在医院没有原始登记且与2014年7月27日主诉显示“右拇指碰伤2小时，出血，疼痛”唐山市人民医院原始门诊病历相矛盾。证人张某1、王某2、邬某当时均未在场，是在王某1受伤后赶到现场听王某1说是被唐某某用铁管打伤的，其证言是传来证据；王某3虽在现场但其未看见王某1的伤是如何造成的，是听王某1喊被唐某某打了，击打工具及击打部位其均不能证实。公诉机关亦未提供作案工具铁管上有被告人唐某某指纹及被害人王某1人体组织的证据，且经多个鉴定部门鉴定，均无法确定王某1的成伤机制。公诉机关指控被告人唐某某犯故意伤害罪的证人证言均为传来证据，且上述言词证据均不能证实被告人唐某某殴打被害人王某1致其右拇指近节指骨头开放粉碎骨折、伸肌腱止点断裂，除被害人王某1陈述外，无其他证据相印证，证据不能形成完整的证据链。

【无罪判例16】张某1、张某增故意伤害再审刑事判决书——（2017）豫0526刑再4号

本院认为，原审判决认定原审被告人张某增犯故意伤害罪的主要依据是滑县人民医院眼科的诊断证明、依据诊断证明做出的张某1眼部的轻伤鉴定意见、被害人张某1的陈述及证人证言，而根据原审被告人张某增提供的证据，新发现了张某1的原始住院病历，使张某1眼部损伤的具体形成时间产生疑问，不能排除合理怀疑；同时，根据全案证据，张某1眼伤是被拳打伤还是被棍打伤也存在合理怀疑，而现有证据能认定原审被告人张某增仅用棍对张某1进行了伤害，张某1眼部损伤是如何造成的存在疑问，不能排除其他可能。原审判决认定“张某增对张某1连击数棍，将张某1右眼打伤”的事实存在疑问，据以认定的证据没有形成完整锁链，没有达到证据确实、充分的法定证明标准，原审认定张某增犯故意伤害罪的事实不清，证据不足，不能认定张某增有罪。

【无罪判例17】向某某指控陈某、徐某某犯故意伤害罪一审刑事附带民事判决书——安汉刑初字第00201号

本院认为，自诉人向某某与被告人徐某某因宅基地发生纠纷，双方理应通过合法方式合理予以解决，但双方均不能理智处理，在发生纠纷中相互厮打。根据本案现有的证据，能够证明被告人徐某某在厮打过程中造成了自诉人右手软组织损伤和胸腹部软组织损伤。自诉人在与被告人徐某某发生打架当天2013年4月16日即到安康市中心医院门诊进行治疗和检查，根据安康市中心医院CT检查及X放射检查，自诉人肋骨处无骨折。而事过第三天即2013年4月19日自诉人才到汉滨区吉河中心卫生院住院治疗，经吉河卫生院初步诊断：胸膜软组织损伤。补充诊断为：右侧第6、7、8根肋骨骨折；胆结石（泥沙型）。诊断证明临床臆断：（1）胸膜软组织损伤；（2）右侧第6、7、8根肋骨骨折。建议其到上级医腕进行复查确诊，但自诉人未到上级医院进行复查确诊。后安康市金州司法鉴定所根据汉滨区吉河中心卫生院的诊断证明作出的司法鉴定意见为：“被鉴定人向某某伤情为轻伤，伤残等级属十级”。故自诉人主张其轻伤的结果系二被告人所致伤的事实，没有形成一个完整的证据链能够证实，故对自诉人指控二被告人犯故意伤害罪没有足够、充分的证据能够证实，故其指控不能成立，本院不予支持。

【无罪判例18】成某长、成某献故意伤害一审刑事判决书——（2016）鄂0222刑初300号

本院认为，公诉机关指控被告人有罪的证据，应当能够相互印证，形成完整的证据链。本案的焦点在于被告人之间事前有无预谋共同伤害被害人成某1

或在事中有无共同伤害的意思联络。证人成某9、成某2、成某3证实“树亮”打了成某1一两棍后就跑了，后看到成某献打了成某1头部一棍。证人成某4证实“树亮”打了成某1头部数棍，成某献也打了成某1额部。证人成某7证实成某1手持棍子打了成某长，后拿棍子殴打成某献，具体怎么打的不清楚。证人成某10证实其看到成某1打了其大伯、大伯母、大哥后就随手捡了一棍了将成某1抵住，后成某1打他，他就还击。被害人成某1陈述成某10拿钢筋棍打其，成某10的棍被抢走后就跑了，成某献同时拿一铁器打了其头部，成某4来帮忙时，成某献就跑了。他和成某4追到田里时，成某长过来帮成某献打了其头部。证人成某6、江某、成某17则证实成某1将其家人打伤。上述证据相互之间存在矛盾，不能形成完整的证据链，不能证实被告人成某长、成某献有事前预谋，亦不能证实在冲突过程中通过行为达成共同伤害的意思联络。

【无罪判例19】杜某新故意伤害一审刑事判决书——（2017）云0328刑初99号

本院认为，认定被告人有罪，证据应当确实、充分。本案中，自诉人季某米控诉被告人杜某新将其打伤致轻伤的后果，但依据公安机关的调查笔录，对于自诉人季某米所受轻伤的形成原因说法不一，不能排除合理怀疑，现有证据并不能相互印证，形成完整的证据链，不足以证明自诉人季某米所受轻伤系被告人杜某新的行为所致，故自诉人季某米指控被告人杜某新犯故意伤害罪的控诉不成立，本院不予支持。

【无罪判例20】马某民故意伤害罪一审刑事判决书——（2017）吉0702刑初28号

本院认为，《最高人民法院〈关于适用中华人民共和国刑事诉讼法〉的解释》第六十四条第二款规定：“认定被告人有罪和对被告人从重处罚，应当适用证据确实、充分的证明标准。”本案自诉人与被告人双方发生厮打事实属实，但自诉人损伤程度如何以及自诉人以前的伤情对本次损伤程度有无影响，伤情鉴定无疑是关键，而本案轻伤鉴定意见（〔2014〕329号法医学人体损伤程度鉴定书）经鉴定人出庭证实，鉴定意见中的两处轻伤都和自诉人以前的伤情有关系，自诉人以前的伤情对本次轻伤鉴定有影响，因办案单位没有提供自诉人以前的病历材料导致鉴定意见不生效，鉴定人当庭明确证实〔2014〕329 号法医学人体损伤程度鉴定书不能作为证据使用。为明确自诉人刘某东 2014 年 4 月 12 日外伤后是否存在眶壁新鲜骨折，经松原市公安局宁江一分局委托，法大法庭科学技术鉴定研究所作出法大〔2016〕医鉴字第 607 号司法鉴定意见书，鉴定意见为“依据现有鉴定材料，认定被鉴定人刘某东 2014 年 4 月 12 日外伤后存在双侧眶内壁新鲜骨折依据不足”。尔后，因松原市公安局宁江一分局工农派出所又提供“松原市中心医院关于刘某东 2012 年外伤入院的伤情说明”等补充材料，法大法庭科学技术鉴定研究所又作出“关于刘某东新补充材料的初步审查意见”，法大鉴定意见先说“依据现有证据材料，认定被鉴定人刘某东 2014 年 4 月 12 日外伤后存在双侧眶内壁新鲜骨折依据不足”。后又称该鉴定意见不能简单等同于“不存在眶内侧壁新鲜骨折”，又建议到其他国家级司法鉴定中心进行重新鉴定。到底是否存在“眶内侧壁新鲜骨折”现在没有明确的鉴定意见，加之鉴定人出庭证实原轻伤鉴定意见不能作为证据使用，因此，在案证据不能形成指向被告人马某民构成故意伤害罪的完整证据链，自诉人指控被告人马某民故意伤害罪的事实不清证据不足，其指控的犯罪不能成立。

【无罪判例 21】陈某某指控张某犯故意伤害罪一审刑事附带民事判决书——（2012）安汉刑初字第 00093 号

同时，公安卷宗中还存档有自诉人陈某某在事发当日即 2011 年 10 月 9 日在汉滨区第一医院门诊通过 CT 检查结论“左侧第 3 前肋骨骨折可能”，以及自诉人陈某某事隔两日即 2011 年 10 月 11 日在安康市中心医院门诊通过 CT 检查结论“1. 左侧第 4－6 前肋、右侧第 2 肋骨折可能；2. 左侧胸膜局限性肥厚、粘连”的两次 CT 检查报告单，而两次 CT 检查报告单的检查结论也不相符；因此，自诉人陈某某提供的用以指控被告人张某犯故意伤害罪的证据之间不能形成完整的排他性证据链，故自诉人陈某某指控被告人张某犯故意伤害罪的证据不足，指控的犯罪不能成立。

规则 40：行政执法证据转换为刑事诉讼证据存在问题导致证据被排除

【规则分析】2018 年《刑事诉讼法》第五十四条第二款规定：“行政机关

在行政执法和查办案件过程中收集的物证、书证、视听资料、电子数据等证据材料，在刑事诉讼中可以作为证据使用。”《最高人民法院关于适用〈中华人民共和国刑事诉讼法〉的解释》第六十五条也规定：“行政机关在行政执法和查办案件过程中收集的物证、书证、视听资料、电子数据等证据材料，在刑事诉讼中可以作为证据使用；经法庭查证属实，且收集程序符合有关法律、行政法规规定的，可以作为定案的根据。”2012 年的《人民检察院刑事诉讼规则（试行)》（已失效）第六十四条也规定，“行政机关在行政执法和查办案件过程中收集的物证、书证、视听资料、电子数据证据材料，应当以该机关的名义移送，经人民检察院审查符合法定要求的，可以作为证据使用。行政机关在行政执法和查办案件过程中收集的鉴定意见、勘验、检查笔录，经人民检察院审查符合法定要求的，可以作为证据使用。人民检察院办理直接受理立案侦查的案件，对于有关机关在行政执法和查办案件过程中收集的涉案人员供述或者相关人员的证言、陈述，应当重新收集；确有证据证实涉案人员或者相关人员因路途遥远、死亡、失踪或者丧失作证能力，无法重新收集，但供述、证言或者陈述的来源、收集程序合法，并有其他证据相印证，经人民检察院审查符合法定要求的，可以作为证据使用。”

以上为对不同审判程序、案件类型证据的转换使用的规定，特别是涉及言词证据，在很多情况下需要重新收集，这是因为刑事诉讼中的证据必须由具有侦查权的主体依照刑事诉讼法的规定收集，而言词证据又具有很强的主观性，容易受到影响而发生辩护，因此若要作为刑事证据使用则必须重新收集。此规则之下的典型案例便是由于证据转换过程出现问题导致证据不足，案件中多名证人的证言均系立案前收集，在刑事案件立案后没有经过公安机关重新收集制作，因此不能作为刑事证据使用。

【无罪判例】汪某新、汪某安故意伤害一审刑事判决书——（2015）峨眉刑初字第 39 号

关于证据转换的问题

……本院认为，本案发生后，公安机关未对本案进行立案侦查，仅在黄某1 寻衅滋事一案中有报警案件登记表、治安案件受理、立案登记表、受理刑事案件登记表、刑事案件立案报告表、刑事案件破案报告表，这些登记表登记的内容均是黄某1在峨边秋草OK厅和桂花桥加油站闹事的事实，后来转为劳动教养案件。在调查过程中对汪鲁安、梁某、蔡某1、李某1、尹某1、陈某2、李某2、曾某、李某3、汪某2、汪某3进行过询问，形成询问笔录。对证人罗某1德询问也是在本案立案前进行询问形成的询问笔录。本案在2013年12月30日立案后，侦查机关对这些询问笔录（言词证据），均未依法重新收集、制作，不能直接在刑事诉讼中作为证据使用。理由是：第一，从现行刑事诉讼理念出发，刑事诉讼中据以定案的证据必须系具有侦查权的主体依照刑事诉讼法的规定收集、调取、制作，并经庭审质证才可以作为证据使用。上述言词证据是由公安机关在办理黄某1寻衅滋事一案（后转为劳动教养）阶段收集，因此，除非法律有明确规定，否则上述言词证据不能作为刑事证据使用。第二，物证、书证等实物证据具有客观真实性，其本身的内容、性状及证明价值并不因取证主体、取证程序的不同而改变。而言词证据具有较强的主观性，容易发生变化，可变性强，因此对刑事诉讼中的言词证据要求更加严格。如有必要作为刑事证据使用的，必须依法重新收集、制作，才能作为刑事证据使用。在调查黄某1劳动教养中，证人汪某1、黄某2、赵某1、范某1、童某、罗某1、蔡某1、李某1、尹某1、陈某2、李某2、曾某、李某3、汪某2、汪某3的证言均系在立案前收集，本案立案后没有经过公安机关重新收集、制作，不能作为刑事证据使用。即使本案立案后重新收集的梁某、汪某安等人的证言虽能证明黄某1受伤的事实，但不能证明其损害后果系汪某新所为。

规则41：自诉人/公诉机关证据不足，不能证明被告人实施了故意伤害自诉人的行为，达不到犯罪事实清楚，证据确实、充分的要求

【规则分析】2018年《刑事诉讼法》第五十一条规定："公诉案件中被告人有罪的举证责任由人民检察院承担，自诉案件中被告人有罪的举证责任由自诉人承担。"证明主体需要履行提供充分证据的责任，否则将承担不利后果。此无罪判例规则针对的即是证明主体无法提出足以证明被告人有罪的证据的最简单、最典型情况，也就是直观上明显可见的证据缺乏。

例如案件中存在多名被告人，且多个被告人之间的构罪状态相互排斥，自诉人或者公诉方在举证证明了其中部分被告人的罪行之后，无法再提出证明其他被告人有罪的证据，因此导致证明其他被告人有罪的证据缺乏，其他被告人被判无罪，这类案例在典型的证据不足案件中占大多数。另一典型案情如无罪判例18中，虽然自诉人伤情被确诊时间与被告人的伤害行为之间有一段时间，且与该病的病程发展不矛盾，导致自诉人硬膜下血肿后果的发生与被告人的伤害行为有一定的关系，但自诉人提交的证据并不足以证明造成自诉人轻伤后果的发生与被告人的伤害行为之间具有唯一性，从而导致证据不足。因此，此规则的核心应当在于无法证明被告人行为与被害人伤情之间因果关系上的唯一性。

【无罪判例1】被告人尹某甲、尹某乙故意伤害案一审刑事附带民事判决书——（2014）临刑初字第9号

经审理查明，被害人李某某以被告人尹某乙拖欠工人工资为由，于2013年5月15日从双江自治县到临沧市临翔区万森建材市场“虹泰铝材”找到尹某乙解决问题。在此过程中，双方发生口角，引起尹某甲与李某某互殴，尹某乙与李某甲互殴，致李某某轻伤，构成十级残疾。

本院认为，被告人尹某甲故意伤害他人身体，致一人轻伤，其行为已触犯《刑法》第二百三十四条第一款之规定，构成故意伤害罪。自诉人指控尹某甲犯故意伤害罪的罪名成立，予以采纳。指控尹某乙犯故意伤害罪的事实不清、证据不足，罪名不成立。

【无罪判例2】韩某某故意伤害罪一审刑事判决书——（2014）乌刑初字第22号

本院认为，被告人韩某某在与其妻堂兄蒲某林饮酒过程中，因言语不和发生争执，继而手持菜刀砍伤受害人蒲某林的面部，其伤情经鉴定为轻伤（偏重），且达到十级伤残程度，被告人韩某某的行为已触犯刑律，构成故意伤害罪，公诉机关指控被告人犯罪的事实清楚、证据充分，指控的罪名成立。被告人韩某某辩称：自己是因酒后失控持刀伤人，事后积极赔偿，并认罪，希望能从轻处罚的辩护意见成立，本院予以采纳。对自诉人蒲某林要求依法追究被告人蒲某红、李某某、蒲某学刑事责任的诉求，因自诉人蒲某林未能提交蒲某红、李某某、蒲某学伙同被告人韩某某共同伤害自己致其轻伤的证据，对该诉求本院不予支持。

【无罪判例3】姜某诉田某某等五被告人故意伤害案一审刑事判决书——(2014)师刑初字第55号

本院认为，被告人田某某、郑某某无视国法，故意伤害他人身体，致人轻伤，其行为已构成故意伤害罪，自诉人指控被告人田某某、郑某某犯故意伤害罪罪名成立，本院予以支持，但犯罪情节较轻，可免予刑事处罚。但指控被告人俞某甲、俞某乙、俞某丙犯故意伤害罪，没有相应的证据予以证明，属证据不足，事实不清，应依法判决三被告人无罪。

【无罪判例4】刘某某故意伤害一审刑事判决书——(2014)砚刑初字第115号

经审理查明，自诉人杨某甲家与刘某甲家均系同一村人。2013年11月19日12时许，因刘某甲将在杨某甲房后的一棵树用锯子锯断，杨某甲与刘某甲发生争执，杨某甲将刘某甲的锯子收了。之后杨某甲叫了平远林业站的工作人员及村主任到现场查看了情况。17时许，刘某甲与老伴去菜地，经过杨某甲房后时，双方又再次发生争吵，之后杨某甲及其妻杨某丁、兄杨某丙、弟杨某乙与刘家赶来的刘某乙、刘某丁、刘某戊发生互殴，互殴中刘某乙将自诉人杨某甲的头部用钉耙背面（刘某乙在公安机关询问时陈述用锄头，在庭审时陈述实际是用钉耙）打伤。

本院认为，自诉人杨某甲家与刘某甲家仅为一点小事发生互殴，互殴中刘某乙致杨某甲轻伤（丙级），本院认为被告人刘某乙的行为已触犯《刑法》第二百三十四条的规定，构成故意伤害罪，其应负刑事责任，同时应承担民事赔偿责任。自诉人杨某甲要求追究刘某甲、刘某丁的刑事责任和赔偿责任，本院认为在案证据不能证实刘某甲、刘某丁致伤杨某甲，故刘某甲、刘某丁不应承担刑事、民事责任。

【无罪判例5】周某某、喻某某、丁某某犯故意伤害罪一审刑事附带民事判决书——(2014)弥刑初字第87号

本院认为，被告人周某某作为某村党支部书记，为使本村百亩大棚工程顺利开工，与被告人喻某某等人商议后，授意喻某某联系邀约李某甲组织被告人丁某某等人到施工现场参与施工。2014年1月23日早上，在施工过程中，因土地补偿问题未达成协议，自诉人周某甲与其兄周某乙前来阻止施工，周某乙用锄头砸碎挖掘机玻璃，遂与丁某某等人发生争执，在争执过程中周某甲被打伤致轻伤后果。本案中，自诉人周某甲在公安及庭审的陈述中，均说记不清是谁用何种工具将其打伤，丁某某在公安供述中虽承认其案发时空手打了两个人，但庭审中又予以否认，喻某某供述其案发时不在现场，周某某虽授意喻某某联系李某甲邀约丁某某等人到施工现场，但授意不明，故在案证据无法证实周某某指使喻某某、丁某某致周某甲左侧第10、11根肋骨骨折。本案中证实被告人周某某指使喻某某、丁某某致伤周某甲的左侧第10、11根肋骨达轻伤后果的证据不足，自诉人周某甲控诉被告人周某某、喻某某、丁某某构成故意伤害罪的指控不成立。

【无罪判例6】何某、何某兵故意伤害罪一审刑事自诉判决书——（2016）鄂9005刑初283号

本院认为，本案的争议焦点在于：一、自诉人轻伤结果形成的具体原因；二、被告人何某、何某兵是否构成故意伤害罪，是否应承担刑事及民事责任。

对于争议焦点一，本院根据在案证据分析如下：

……

2. 被告人何某兵在公安机关的两次供述不一致。第一次供述是其打了自诉人一拳，并踢自诉人一脚，将其踢倒在地，致其受伤；第二次供述是自诉人朝其左胳膊打了一拳，被告人何某兵又朝自诉人打去，但没打着，自诉人朝被告人何某兵踢去，因踢空，致自诉人倒地受伤。被告人何某称，其与自诉人没有肢体接触，只看见被告人何某兵与自诉人均倒在地上。

3. 自诉人在公安机关的询问笔录中陈述，2015年7月9日凌晨半左右，自诉人在“三毛宵夜摊”宵夜，其母彭某香过来找自诉人，紧跟彭某香其后的被告人何某兵、何某也赶来要打自诉人，彭某香上前劝解时，被告人何某兵对彭某香进行殴打，自诉人之妻张某上前劝解时被被告人何某兵用脚朝其肚子踢了一脚，自诉人上前劝解时，被被告人何某拦住，并用拳头朝自诉人脖子打了一拳，然后又用脚踢自诉人，致自诉人滑倒在路边的水边上，左脚碰到台阶上，致“左外裸骨折”。

综上所述，根据现有证据，不能确认自诉人所受轻伤系被告人何某、何某兵直接所致，但可以认定自诉人与被告人何某、何某兵在纠纷发生过程中有过肢体冲突，自诉人所受轻伤与被告人何某、何某兵有一定的因果关系。

对争议焦点二，自诉人所举证据不能证明被告人何某、何某兵实施了故意伤害且致其轻伤的客观行为。因此，本案的刑事指控未能达到“证据确实、充分，排除合理怀疑”的证明标准，故对被告人何某、何某兵应以疑罪从无，指控的犯罪不能成立而宣告无罪。

【无罪判例7】余某才故意伤害一审刑事判决书——（2017）云0129刑初200号

本院认为，根据《刑事诉讼法》（2012年）第四十九条①的规定，自诉案件中被告人有罪的举证责任由自诉人承担。自诉人徐某在纠纷中，左膝关节骨折，左膝关节前交叉、内外侧副韧带损伤，伤情为轻伤二级的客观事实存在。但本案无充分、确实证据证实自诉人徐某的伤情系被告人余某才所为，故自诉人徐某控诉被告人余某才犯故意伤害罪的证据不足，指控的罪名不能成立，应宣告被告人余某才无罪。辩护人提出的自诉人没有证据证实伤其情是由被告人造成的，本案事实不清，证据不足，请予以驳回的辩护意见，本院予以采纳。

【无罪判例8】自诉人王某营诉被告人马某某故意伤害案一审刑事判决书——（2015）东刑自初字第10号

本院认为，本案自诉人虽陈述被告人骑摩托车撞在他的摩托车上，将其撞倒在地上，致其轻伤，但被告人供述，自诉人骑摩托车撞在他的摩托车脚镫子位置，他俩都摔倒了。依自诉人的陈述及被告人的供述足以认定两摩托车相撞的事实属实。自诉人的指控没有其他证据佐证，不能形成完整的证据链条，证据不足，指控被告人马某某故意伤害犯罪不成立，本院不予支持。

【无罪判例9】李某故意伤害罪案二审刑事判决书——（2014）庆中刑终字第56号

本院认为，上诉人李某与原审自诉人邵某锦因言语不和，相互辱骂，继而撕扯，期间邵某锦曾倒地的事实成立。案发后，邵某锦前往相关医疗机构诊治，并经公安司法鉴定中心鉴定，其左足损伤为轻伤的事实存在。原审判决概括认

---

① 2018年修正《刑事诉讼法》第一百九十七条，略有删改。

定系李某与邵某锦相互撕扯中，致邵某锦左足损伤，但究竟如何致伤，未做具体认定。就邵某锦的左足损伤原因，上诉人李某与邵某锦各执一词，再无其他证据印证，邵某锦左足损伤形成原因不清。本案现有证据只能证明发生了损害结果，但无法证明损害结果是李某的故意行为所造成，不能排除合理怀疑，现有证据不能形成完整的证据链。故原审判决认定李某的行为构成故意伤害罪的事实不清，证据不足，不能认定其构成故意伤害罪。上诉人李某提出，其行为不构成故意伤害罪的意见成立，应予采纳。

【无罪判例 10】杨某甲故意伤害二审刑事附带民事判决书——（2015）固刑终字第 81 号

本院认为，上诉人刘某甲指控原审被告人杨某甲犯故意伤害罪的事实，经审查，虽然有上诉人刘某甲的陈述，但证人只证明上诉人刘某甲与原审被告人杨某甲发生过撕扯，证明不了上诉人刘某甲右手食指的伤是原审被告人杨某甲所致，二审期间，上诉人刘某甲亦提供不出新的证据证实其伤是原审被告人杨某甲故意伤害所致，因此，指控原审被告人杨某甲犯故意伤害罪的罪名不能成立。

【无罪判例 11】胡某甲、胡某乙犯故意伤害罪二审刑事判决书——（2015）鄂恩施中刑终字第 00137 号

本院对检察机关的抗诉意见、原审被告人胡某乙、胡某甲、原审附带民事诉讼原告人柯某慈的上诉意见、原审被告人胡某乙、胡某甲的辩护人的辩护意见、原审附带民事诉讼原告人柯某慈的诉讼代理人的代理意见综合评判如下：

……

3. 关于原审被告人胡某乙及其辩护人所提柯某慈的轻伤系外伤导致证据不足；其行为属正当防卫，依法不应当承担民事责任的问题。

经查，原审被告人胡某甲投掷酒瓶砸中柯某慈的头部，致其轻伤的事实清楚，证据确实、充分。故原审被告人胡某乙所提柯某慈的轻伤系外伤导致证据不足的理由不能成立，本院不予采纳。该案中，没有证据证实柯某慈的轻伤系原审被告人胡某乙的行为所致，故原审被告人胡某乙的行为不构成犯罪，也不应当承担对柯某慈轻伤后果的民事赔偿责任。

……

本院认为，原审被告人胡某甲致原审附带民事诉讼原告人柯某慈轻伤的事实清楚，证据确实、充分，其行为构成故意伤害罪。鉴于原审被告人胡某甲作案时主观上属放任结果的发生，而非希望结果发生，犯罪情节相对较轻；另考虑本案系因邻里民事纠纷引起，原审附带民事诉讼原告人柯某慈在本案中亦有一定过错，根据“宽严相济”的刑事政策，对原审被告人胡某甲可以免予刑事处罚。公诉机关指控原审被告人胡某乙犯故意伤害罪的证据不足，不能认定原审被告人胡某乙犯故意伤害罪，应当以证据不足、指控的犯罪不能成立，宣告原审被告人胡某乙无罪。

【无罪判例 12】范某某故意伤害一审刑事附带民事判决书——（2013）绥刑初字第 225 号

被告人范某某不认罪，辩称他是受害者，没有打刘某某。要求刘某某赔偿其经济损失人民币 131,761 元，并提交相关证据。

辩护人（诉讼代理人）认为，公诉机关指控被告人范某某犯故意伤害罪罪名不成立，被告人范某某没有伤害刘某某的事实，没有任何证据证明这一事实。建议依法对被告人范某某作出无罪判决。

经审理查明：2013 年 1 月 7 日 16 时 30 分许，被告人刘某某驾驶冀 CB 牌号重型半挂货车在国道 102 线绥中县某某镇某村路段超车时，与被告人范某某乘坐的辽 P 牌号重型半挂油罐车发生剐蹭，两车随即停驶。被告人刘某某和同车人田某、被告人范某某和同车驾驶人马某下车，双方因此发生口角至打架。其间，被告人刘某某与马某厮打到路旁沟内，被告人范某某与田某对打，交警到场拉开双方后，被告人刘某某又上前打被告人范某某右眼部一下，斗殴双方即被交警制止。

本院认为，公诉机关指控被告人刘某某故意伤害附带民事诉讼原告人范某某，达轻伤程度，其行为构成故意伤害罪，事实清楚，证据充分，罪名成立，予以支持……公诉机关指控被告人范某某故意伤害附带民事诉讼原告人刘某某，达轻伤程度，其行为构成故意伤害犯罪，证据不充分，罪名不成立。附带民事诉讼原告人刘某某要求被告人范某某赔偿经济损失，不予支持。被告人范某某辩护人关于其无罪的辩护意见，有事实和法律依据，予以采纳。

【无罪判例 13】韩某生、许某山、杨某风、李某鹏犯故意伤害罪刑事判决书——（2014）兴刑初字第 00237 号

本院认为，公诉机关提供的证据 3 证人任某良证言，证据 6 证人冯某青、刘某英、李某昌、吴某红、张某明证言，证据 7 陈亮证言，证据 11 证人江明清证言，能证实拆迁的人在拆迁过程中，对未同意被动迁的人有殴打行为，因其不能证明本案被害人顾某斌被伤害的事实，该证据与本案待证事实没有关联性，不符合证据的三性，对此证据不予采信。

……

公诉机关提供的证据 8 证人姚某广证言、证据 9 证人徐某利证言、证据 10 证人么某强证言、证据 12 证人包某明证言，能证明案发当日被害人顾某斌打开液化气罐，手持打火机要点燃液化气时，徐某利带一伙人冲进去，在制止被害人顾某斌行为时发生冲突，有人可能对被害人顾某斌进行了殴打，但具体是谁殴打了被害人不清楚，也就是上述证据不能证明被告人对被害人实施了具体的伤害行为。

公诉机关提供的证据 13 被告人韩某生在侦查机关的供述及被告人在庭审中的陈述，不能证明被告人韩某生在案发当天对被害人实施具体的伤害行为，也没有共同伤害的犯罪故意。证据 14 被告人许某山供述，证明被告人承认其与李某鹏、杨某风，韩某生上前抢被害人手中的液化气罐，他和李某鹏实施了拽被害人，他用脚踢被害人报液化气罐的胳膊的行为。证据 15 被告人杨某风供述，证明被告人在和几个人上前抢被害人要点液化气罐的打火机时，他给了被害人一拳，打在什么地方记不清了。证据 16 李某鹏供述，证明他和几个人将被害人往救护车上拽时，被害人拿刀，他就拳打脚踢把刀抢了下来了，以上被告人供述亦不能证明三被告人对被害人鼻骨骨折实施了具体的伤害行为，也不能证明三被告人有共同犯罪的主观故意。

综上所述，公诉机关提供的证据不能证明三被告人有共同伤害被害人顾某斌的主观故意，且共同的对被害人实施了伤害行为，公诉机关指控三被告人构成故意伤害罪，属于指控犯罪事实不清，证据不足，对公诉机关的指控不予支持，故对三被告人及其辩护人关于三被告人无罪的辩解及辩解意见予以采信。

【无罪判例 14】辛某某诉田某等五人故意伤害案刑事附带民事判决书——（2014）宾刑初字第 163 号

本院认为，自诉人辛某某指控被告人田某、管某、田某波、田某东、杨某的行为构成故意伤害罪，应当提供确实、充分的证据证明，在案证据只能证明被告人田某、管某、田某波、田某东、杨某与自诉人辛某某因复核土地之事双方发生争吵、厮打，辛某某在厮打过程中受伤，并且辛某某在本案之前即2009年6月1日右手曾受过伤，在案无证据证实辛某某右肩胛骨骨折的轻伤后果与五被告人的行为之间有直接的因果关系，故应当以证据不足宣告被告人田某、管某、田某波、田某东、杨某无罪。

【无罪判例15】自诉人赵某某诉尹某某故意伤害罪一案一审刑事附带民事判决书——（2013）安刑初字第90号

本院认为，公民的身体、健康权不受他人非法侵害，自诉人赵某某以其有一处左手小指粉碎性骨折，构成轻伤为由，指控被告人尹某某犯故意伤害罪，从其与委托代理人李某生提供的证据证实，案发当天，自诉人赵某某因争吵先后与张某乙、被告人尹某某、尹某甲等人发生过殴打行为，在当天安平派出所干警的询问笔录中，自诉人也并没有明确指认其左手受伤是与被告人尹某某殴打中形成，被告人尹某某也只供述了双方互用拳头打了几下，且只打了自诉人的头部，其他证人虽证实自诉人左手受伤，但均不知自诉人的左手指受伤是如何形成的，故自诉人指控被告人尹某某犯故意伤害罪的证据不充分，要求以故意伤害罪追究被告人尹某某的刑事责任的请求，本院不予支持。

【无罪判例16】冯某某诉智某甲、季某某等犯故意伤害罪一审刑事判决书——（2015）亭刑初字第00011号

本院认为，自诉人暨附带民事诉讼原告人冯某某指控被告人智某甲、季某某、智某某犯故意伤害罪，因自诉人暨附带民事诉讼原告人冯某某在冲突过程中与被告人季某某、智某某均发生肢体接触，且自诉人暨附带民事诉讼原告人冯某某在公安机关所作的笔录存在矛盾，在庭审过程中，自诉人暨附带民事诉讼原告人冯某某亦陈述不知其肋骨骨折由谁造成，故现有证据材料不能确定自诉人暨附带民事诉讼原告人冯某某的肋骨骨折究竟是如何造成、由谁造成。故自诉人暨附带民事诉讼原告人冯某某指控被告人智某甲、季某某、智某某犯故意伤害罪的证据不足，本院不予支持。

【无罪判例 17】李某故意伤害罪一审刑事判决书——（2015）安刑初字第 246 号

经审理查明：2015 年 1 月 27 日晚，自诉人康某某与被告人李某及赵某某三人在定西市安定区馋嘴鱼火锅店吃饭喝酒期间，康某某与李某发生矛盾，康某某拿上白酒瓶并叫李某往外走，在馋嘴鱼火锅店一楼，康某某先用白酒瓶砸李某，没砸中后又上前打李某，李某在康某某眼部捣了一拳，将康某某拉倒在地，并用手压住康某某，经赵某某劝说，李某扶起康某某后往外走，刚走出馋嘴鱼火锅店，康某某又上前打李某，李某再次将康某某压倒在地。后定西市安定区公安局西河派出所接报处警，欲将康某某送回家醒酒，康某某不但不回家反而用拳头将出警车辆挡风玻璃砸破，后又将西河派出所值班室玻璃门踢破。经定西市安定区公安司法鉴定中心鉴定，康某某遭钝性外力作用致拇指近节指骨骨折，掌指关节脱位，损伤程度属于轻伤二级。

本院认为，自诉人康某某与被告人李某因喝酒发生矛盾，但其轻伤是如何致成，无证据证实，故自诉人康某某控诉被告人李某犯故意伤害罪的事实不清，证据不足，不予认定。

【无罪判例 18】陈某明故意伤害一审刑事附带民事判决书——（2013）鄂京山刑初字第 00194 号

本院认为，关于刑事部分。被告人陈某明与自诉人徐某宽发生纠纷将自诉人头部打伤后，自诉人经京山县人民医院治疗出院后 27 天又到深圳市沙井人民医院住院治疗，被确诊为硬膜下血肿，京山县公安局司法鉴定中心及湖北同济法医学司法鉴定中心以此为依据鉴定自诉人的伤情构成轻伤，虽然自诉人伤情被确诊时间与被告人的伤害行为之间有一段时间，且与该病的病程发展不矛盾，导致自诉人硬膜下血肿后果的发生与被告人的伤害行为有一定的关系，但自诉人提交的证据并不足以证明造成自诉人轻伤后果的发生与被告人的伤害行为之间具有唯一性，因此，自诉人指控被告人犯故意伤害罪的证据不足，指控的犯罪不能成立，本院应当依照《刑事诉讼法》（2012 年）第一百九十五条[①]的规定宣告被告人无罪。

---

① 2018 年修正《刑事诉讼法》第一百九十七条，略有删改。

【无罪判例19】孙某某与高某故意伤害案一审刑事附带民事判决书——（2014）四西刑自初字第23号

经审理查明，自诉人孙某某的儿子高某乙与被告人高某的妻妹刘某某处对象，没有处成，自诉人与其丈夫高某甲于2014年6月21日12时许，来到被告人高某位于四平市铁西区吉林师范大学附近大学城小区5号楼4单元4楼的家索要彩礼，在被告人高某家门前，与回家的被告人高某相遇，双方发生口角，被告人高某的岳母王某把门打开，高某进家后，王某要关房门，孙某某阻止其关门，王某与孙某某之间发生了互相撕扯、拉拽、推搡。后王某因心脏病复发被“120”救护车送往医院。自诉人因腿部受伤住院治疗，诊断为左侧胫骨外侧平台骨骨折。

本院认为，本案现有证据不能认定自诉人孙某某的人体损伤是被告人高某的行为所导致，自诉人孙某某告诉被告人高某犯故意伤害罪的证据不足，所告诉的罪名不能成立，依法应宣告被告人高某无罪。

【无罪判例20】自诉人孙某某控诉被告人张某某故意伤害一审刑事判决书——（2015）榆刑初字第00832号

本院认为，被告人张某某与自诉人孙某某系同事关系，在共同参加同事的婚礼现场，因琐事自诉人孙某某与被告人张某某发生言语冲突，赵某某、韩某某上前劝说期间，赵某某在自诉人头部打了一拳。第二日自诉人被送往医院治疗。经鉴定，自诉人孙某某右桡骨远端骨折、右胫骨平台骨折均属轻伤二级，右膝关节韧带损伤、半月板损伤均属轻微伤。但现有证据并不能证明自诉人轻伤二级，系被告人张某某或张某某指使他人所致，故自诉人控告被告人犯故意伤害罪事实及罪名不能成立，应判被告人张某某无罪。

【无罪判例21】海某甲故意伤害一审刑事附带民事判决书——（2016）宁0425刑初58号

本院认为，自诉人海甲与被告人海某甲因琐事发生撕扯，继而引起互殴，现自诉人虽提供了相应的伤情证明证实其左外踝骨折构成轻伤二级，但是被告人及证人均证实被告人只殴打了自诉人的肩膀及背部，对于自诉人的轻伤是否是被告人殴打所致没有确实、充分的证据证实。故自诉人指控被告人犯故意伤害罪的证据不足，指控的犯罪不能成立，应依法宣告被告人海某甲无罪。

【无罪判例22】李某林故意伤害罪一审刑事判决书——（2016）云0126刑初318号

本院认为，故意伤害罪，是指故意非法伤害他人身体健康的行为。《刑法》第二百三十四条第一款规定：“故意伤害他人身体的，处三年以下有期徒刑、拘役或者管制。”本案中，被告人李某林之妻杨某到自诉人董某汝家讨要之前因为其建盖房屋未返还的施工工具，与自诉人之妻孟某发生纠纷。纠纷中，李某林之妻杨某与孟某发生撕扯吵打；随即赶到的李某林与董某汝发生撕扯吵打，在撕扯吵打中双方均不同程度受伤。虽然自诉人董某汝的损伤程度经法医鉴定为轻伤二级，但现有证据不足以证明其腰椎部L1椎体变扁（陈旧性压缩骨折）系被告人李某林所为。故自诉人董某汝指控被告人李某林犯故意伤害罪的证据不足，指控罪名不能成立。

【无罪判例23】赵某国故意伤害罪二审刑事判决书——（2012）吕刑终字第187号

经审理查明，2010年3月21日7时许，被害人赵某戊之父赵某丁与上诉人赵某国发生争吵厮打，吕某、赵某戊先后参与其中，随后赵某戊面部受轻伤的事实客观存在。但原判认定赵某戊轻伤系上诉人赵某国所致的证据不足。首先，原判认定上诉人赵某国砸伤赵某戊构成轻伤的证据仅有被害人赵某戊本人的陈述及其父赵某丁的证言，且该二人陈述赵某戊受伤的过程、情节不完全一致，不能相互印证，赵某戊陈述当时赵某国骑在其父赵某丁的身上，赵某国之母赵某丙抓着其父的胳膊；而赵某丁的证言并未提到这一情节；证人赵某甲、赵某军某证明当时赵某丙参与过厮打。其次，上诉人赵某国关于其未拿砖头砸过赵某戊，请求宣告无罪的辩解，有其母赵某丙的证言及证人赵某乙的证言相佐证：赵某国本人供述赵某戊骑在其身上，赵某丁拿砖头砸其时没砸到却砸到赵某戊；赵某国之母赵某丙证明当时赵某戊骑在赵某国身上，赵某国正反抗一翻身，赵某丁、吕某用砖头砸赵某国，不知是赵某丁还是吕某的砖头正好砸到了赵某戊的头上；证人赵某乙证明当时赵某戊将赵某国拽住并按倒在地，赵某国反抗着快起来时，赵某丁及其妻子吕某用砖头砸赵某国，转眼间赵某戊用手捂住眼睛倒在地上。上诉人赵某国及其母亲赵某丙的陈述与证人赵某乙能相互印证，证明被害人赵某戊之伤并非上诉人赵某国所致。

综上所述，本案现有证据并不充分，不足以认定被害人赵某戊的轻伤系上诉人赵某国所为。

【无罪判例24】赵某黄故意伤害二审刑事判决书——（2017）云01刑终443号

本院认为，上诉人郑某某与原审被告人赵某黄、司某珍系亲戚关系，双方因房屋及宅基地发生争议，不能克制住情绪，继而发生辱骂、撕扯，在此过程双方均有不同程度损失，经鉴定上诉人郑某某的伤情为轻伤二级，但上诉人所受伤不能排除是由于自己拿锄头打赵某黄，与赵某黄抢锄头过程中受伤，亦无证据能够明确致害主体，上诉人郑某某提供的证据不能达到确实、充分，不能认定原审被告人赵某黄、司某珍犯故意伤害罪。鉴于上诉人在此次撕扯过程中受伤，原审被告人应对其受伤损失承担赔偿责任，但上诉人对纠纷的引发存在过错，应减轻原审被告人的民事赔偿责任。上诉人郑某某所提原审认定事实错误，应认定原审被告人赵某黄、司某珍犯故意伤害罪的上诉理由，本院经审查，认为原审法院基于在卷证据不能确定上诉人的致伤原因以及致害主体，因此原审被告人赵某黄、司某珍不构成故意伤害罪，故上诉人的上诉理由不能成立，本院不予采纳。

【无罪判例25】王某珍诉杨某某故意伤害罪一审刑事附带民事判决书——（2013）安汉刑初字第00207号

本院认为，自诉人王某珍与被告人杨某某系同村村民，在得知双方家人发生矛盾后，不能冷静处理，及时劝解，并妥善解决矛盾，反而将矛盾进一步激化，在双方家人发生厮打后，被告人杨某某又将自诉人王某珍推倒在地。但自诉人在2012年9月23日打架发生后并未立即就医，而是在2012年9月25日在安康市中医医院诊断出伤情为左手第4掌骨骨折，自诉人提供的伤情及伤残鉴定意见书中鉴定所依据的伤情是左手第4、5掌骨骨折，与自诉人在医院诊断的伤情不符，自诉人亦未能举证证实其轻伤的损害后果确系被被告人在本次打架中所致，故自诉人及其诉讼代理人指控被告人杨某某犯故意伤害罪，证据不足，被告人杨某某所犯罪名不能成立，应当宣告被告人杨某某无罪。

【无罪判例 26】李某乙故意伤害罪一审刑事附带民事判决书——（2014）安刑重字第 4 号

本院认为，故意伤害罪是行为人故意非法损害他人身体健康的行为，被害人的伤情达到轻伤以上程度才应当追究行为人的刑事责任。从本案证据看，被告人李某乙与李某甲发生口角并相互厮打完毕后，没有发现李某甲的左手中指受伤并出血，仅发现李某甲头面部等处挫伤、血肿，却在迁安市中医医院发现李某甲左手中指中节受伤并出血，虽有法医鉴定、住院病历、诊断证明等证明该伤情存在，且经鉴定为轻伤，但李某乙打人和李某甲左手中指受伤二者之间缺乏足够的证据证实具有因果关系。公诉机关提供的各证据之间存在矛盾，不能得出李某乙故意伤害他人致人轻伤的排他性结论，现有证据不能证明李某甲左手中指的伤情为被告人李某乙与李某甲在厮打过程中形成，公诉机关指控被告人李某乙构成故意伤害罪的证据不足，指控的事实及罪名不能成立。

【无罪判例 27】魏一某、魏二某等故意伤害罪一审刑事判决书——（2014）宁刑初字第 19 号

经审理查明，被告人魏二某、魏一某系兄弟，其二人与被告人刘某某系表兄弟。2013 年 12 月 5 日晚，因被告人魏一某、魏二某的祖母（刘某某的外祖母）去世，魏家办歌舞演出，自诉人马某某饮酒后在观看节目时要闹滋事，其朋友陶某某、于一某欲拉其离开，马某某在挣脱于一某的拉拽时仰面摔倒在地，且头部磕在台阶上。后来，三被告人寻找看台下闹事之人至此，魏一某、魏二某拉扯马某某，刘某某扇打了马某某嘴巴及头部，后离开。陶某某为防止马某某去找刘某某等人闹事便骑在其身上，几分钟后，马某某父亲赶到，于一某等人将马某某送回家……

本院认为，自诉人马某某在事发处受伤，依本案现有证据，自诉人的伤情可能因多种因素导致，其指控三被告人故意伤害其身体至轻伤的后果不具唯一性、排他性，自诉人的伤害结果存在其他合理怀疑，故自诉人指控三被告人犯故意伤害罪的证据不足，罪名不能成立。

【无罪判例 28】杨某乙故意伤害一审刑事附带民事判决书——（2015）丰刑初字第 75 号

公诉机关指控，被告人杨某乙与其前妻杨某甲因琐事发生争吵及撕扯，后杨某乙在其家门口用力将杨某甲推倒，致杨某甲41牙外伤性缺失、42牙冠折露髓（外伤性）、31、32牙冠折（未露髓，外伤性），经司法医学鉴定，杨某甲的损伤程度为轻伤二级。根据鉴定结论，杨某甲之所以构成二级轻伤是因为其有一颗牙齿外伤性脱落和三颗牙齿外伤性冠折（其中一颗露髓）。从公诉机关的指控内容上看，被告人杨某乙对杨某甲实施了"撕扯"和"推倒"这两个攻击行为，但本案证据只能证明，杨某乙与杨某甲之间发生了相互撕扯的行为和杨某乙将杨某甲推到了门外，并不能证明杨某甲上述牙齿损伤的后果是杨某乙的行为所致。理由是：（1）"撕扯"行为不足以导致杨某甲牙齿损伤的后果。（2）本案证据不能证明杨某甲的牙齿损伤是因为其倒在自行车上所致。证人杨某丙、王某甲、江某甲的当庭证言和证人江某乙的庭前证言均反映，杨某甲的牙齿损伤是其倒在自行车上所致，但杨某甲本人予以否认，上述证言也与杨某庚、杨某丁的证言相矛盾。（3）本案证据不能证明杨某甲倒在自行车上的结果是被告人杨某乙的行为所致。也就是说，即使杨某甲的牙齿损伤是因为其倒在自行车上所致，也不能认定该损伤结果与被告人杨某乙的行为之间有直接因果关系。首先，证人王某乙、杨某戊、杨某己、江某丙的庭前证言只是反映，杨某乙将杨某甲推出去门外，然后就将小门关上了，并未证实杨某甲是被杨某乙直接推倒在自行车上的。其次，证人杨某丙的庭前证言虽称是杨某乙在将杨某甲推到门外时，杨某甲碰到了自行车，才致杨某甲倒在自行车上，但杨某丙当庭对其庭前证言作了自行否定，且其当庭证言与证人王某甲、江某甲的当庭证言均称杨某乙将杨某甲推出门外时，杨某甲并未直接倒地，而是在与杨某丙相撞后才倒地的。最后，虽然杨某甲的陈述和证人杨某庚、杨某丁的证言称杨某甲被杨某乙推出时直接倒在了自行车上，但三人均称杨某甲牙齿损伤是被杨某乙在院内拳击所致，即否认了杨某甲牙齿的损伤是其倒在自行车上所致。（4）被告人杨某乙对杨某甲是否实施了起诉书指控以外的其他攻击行为事实不清。杨某甲的陈述和杨某庚、杨某丁、杨某丙的庭前证言均称，杨某甲的牙齿损伤是杨某乙在院内用拳头打的，但其他证据均未反映出杨某乙实施了拳击杨某甲的行为，对此，公诉机关也未予以肯定。

【无罪判例29】郑某某故意伤害一审刑事判决书——（2015）宣刑初字第26号

本院认为，被告人郑某某妻子张某某与被害人于某某因土地问题发生争执后互相纠缠摔倒在地上，于某某压在张某某身上，二人互相厮打，郑某某用力推开于某某，在这一过程中，被害人于某某的手掌骨折是与张某某二人厮打中所致，还是郑某某所致，事实不清。另外，仅以郑某某推开于某某这一事实，就认定其在主观上有伤害的故意、客观上造成被害人的手掌骨折且构成故意伤害罪证据不足。宣化县人民检察院指控被告人郑某某犯故意伤害罪，事实不清，证据不足，指控的罪名不能成立。庭审中，辩护人提出：公诉机关出示的证据不能证实被害人的轻伤系被告人造成，本案事实不清，证据不足，应宣告被告人无罪的观点，本院予以采纳。

【无罪判例 30】刁某无罪、王某某故意伤害罪一审刑事判决书——（2014）宜高刑初字第 233 号

本院认为，被告人王某某故意伤害他人身体健康，致人轻伤的行为已构成故意伤害罪，公诉机关指控的事实和罪名成立，本院予以支持。本院查明，被告人刁某使用的作案工具是凳子，案发期间，王某某曾回厨房拿刀被其妻劝下，王某某损伤程度为轻伤的左手背伤经法医分析比较符合锐器所致，因此刁某是否致王某某轻伤的事实不清、证据不足，公诉机关指控被告人刁某犯故意伤害罪的罪名不能成立。

【无罪判例 31】自诉人暨附带民事诉讼原告人范某娣诉被告人阚某华、范某梅、范某通刑事判决书——（2016）苏 1112 刑初 109 号

……

2. 自诉人的轻伤结果是否系被告人范某通抓住其手腕或跌倒所致，经查，其一，被告人范某通在询问笔录中陈述其为把母亲范某梅和自诉人范某娣分开，上前抓住范某娣的手腕，在庭审中还进一步陈述道“抓的应该是右手，没用多大劲”，仅依据以上陈述无法确认被告人范某通抓住的是自诉人的哪只手腕以及有无施加重力；其二，自诉人范某娣在纠纷过程中确有跌倒情节，但其摔倒在地的具体状态，包括左手部有无着地，无证据反映。因此，本院不能认定自诉人的轻伤结果是被告人范某通抓住其手腕或跌倒所致。

综上所述，根据现有证据，本院无法查明自诉人范某娣的具体致伤原因，但能够认定自诉人范某娣与被告人范某梅、范某通发生过肢体冲突，且在该纠纷过程中受伤，与被告人阚某华未有肢体接触。

【无罪判例 32】李某平故意伤害刑事判决书——（2018）吉 0721 刑初 89 号

本院认为，自诉人南某新指控被告人李某平犯故意伤害罪（轻伤），证据不足，罪名不能成立。理由是：自诉人南某新与被告人李某平打架时间为 2017 年 7 月 21 日，2017 年 7 月 21 日、25 日南某新在前郭圣和医院两次 X 线片诊断均未发现肋骨骨折。虽然 7 月 30 日南某新在前郭县中医院 CT 诊断右侧第 7、8 根肋骨线状骨折，新鲜性骨折。但是该损伤后果是不是被告人李某平所为，事实不清，应当宣告被告人无罪。

【无罪判例 33】冯某某与李某某、崔某某故意伤害罪一案一审刑事判决书——（2013）神刑初字第 00724 号

本院认为，自诉人提供的证据以及本院向公安机关调取的证据仅能证实自诉人臀部受伤……自诉人在公安机关的两次陈述中亦不知道自己的伤是何人所致，其他间接证据也不能证实自诉人的受伤过程。在案发当晚，自诉人先后与多人发生口角和撕扯，其向法庭提供的证据以及法庭调取的证据均不能证实自诉人的伤情系二被告人所致。因此，自诉人冯某某的控诉事实不清，证据不足，控诉的犯罪不能成立。

【无罪判例 34】杨某红故意伤害案一审刑事判决书——（2014）麒刑初字第 235 号

经审理及庭审质证查明，2013 年 5 月 30 日上午，被告人杨某红因自家建盖房屋受到杨某党夫妇的阻挠而发生厮打，报警后经当地派出所干警协调，针对双方的问题由当地组织调解，当地组织决定次日上午组织双方进行协商处理事态平息。当日 19 时许，受到杨某党邀约的自诉人等人吃完饭后，自诉人即与自己丈夫的姐姐冯某焕、侄女杨某云以冯某焕夫妇被杨某红无故被打要去说理为由，一同去到杨某红，因口角双方再次发生厮打，报警后事态平息。

本案中，自诉人受亲属邀约，共同到自诉人家为亲属与自诉人发生纠纷一事找自诉人进行论理，双方再次发生纠纷，自诉人受到伤害的事实客观存在，但自诉人在公安机关的陈述和其提供的所有证据，都不能证明其受到伤害的事实系被告人的行为所致，即损害事实无据证实与被告人有因果关系。故自诉人指控被告人犯故意伤害罪并要求赔偿损失的证据不足。

【无罪判例 35】毕某甲、毕某乙犯故意伤害罪一审刑附民判决书——(2015) 弥刑初字第 21 号

经审理查明，自诉人毕某某与被告人毕某甲、毕某乙、毕某丙、毕某丁、毕某戊、毕某己同村居住，双方有亲戚关系，素无矛盾。2015 年 2 月 26 日下午，毕某某到毕某甲家找毕某甲，当时，毕某甲不在家，毕某某与毕某甲的妻子毕某己发生争执。毕某某在回家途中与闻讯赶来的毕某甲的父亲毕某丙、母亲毕某乙、哥哥毕某丁、嫂子毕某戊发生吵打后被他人劝开。毕某庚驾驶微型车与毕某辛、毕某壬将毕某某送往医院的途中与从下关回家的毕某甲相遇，毕某甲得知毕某某坐在微型车后座，遂拉开车门用木棍戳打毕某某，后被人拉开。

本院认为，自诉人毕某某与被告人毕某己、毕某丁、毕某丙、毕某乙、毕某戊、毕某甲因琐事发生吵打，在吵打过程中毕某某左侧第 9、10 根肋骨骨折、软组织挫伤，致轻伤后果。在案证据可以证实被告人毕某乙、毕某甲均击打或戳打过毕某某的肋部，二被告人的行为已共同构成故意伤害罪，自诉人毕某某指控罪名成立，本院予以支持。本案中证实被告人毕某己、毕某丁、毕某丙、毕某戊致伤毕某某的左侧肋部达轻伤后果的证据不足，自诉人毕某某控诉被告人毕某己、毕某丁、毕某丙、毕某戊构成故意伤害罪的指控不成立。

【无罪判例 36】冯某有故意伤害一案一审刑事判决书——(2015) 神刑初字第 00355 号

本院认为，自诉人暨附带民事诉讼原告人冯某提供的证据以及本院向公安机关调取的证据仅能证实自诉人暨附带民事诉讼原告人臀部受伤……自诉人暨附带民事诉讼原告人在公安机关的两次陈述中亦不知道自己的伤是何人所致，其他间接证据也不能证实自诉人暨附带民事诉讼原告人的受伤过程。在案发当晚，自诉人暨附带民事诉讼原告人先后与多人发生口角和撕扯，其向法庭提供的证据以及法庭调取的证据均不能证实自诉人暨附带民事诉讼原告人的伤情系二被告人所致。因此，自诉人暨附带民事诉讼原告人冯某的控诉事实不清，证据不足，控诉的犯罪不能成立。

【无罪判例37】赖某某诉陈某故意伤害案一审刑事判决书——（2015）五法刑自初字第9号

本院认为，对于自诉人赖某某指控被告人陈某殴打并致其轻伤的事实，由于自诉人赖某某和被告人陈某在公安机关两次调解过程中的陈述均不能证实被告人陈某殴打自诉人赖某某，亦无法证实被告人陈某的行为与赖某某流产的损害结果之间具有必然的因果关系，故依照无罪推定的原则，本院认为自诉人赖某某对被告人陈某犯故意伤害罪的指控证据不足，指控的罪名不能成立，应当宣告被告人陈某无罪。

二、实体无罪规则

（一）主观故意与客观行为规则

规则42：案发时被告人为限制刑事责任能力人或无刑事责任能力人

【规则分析】2017年修正后的《刑法》第十七条、第十八条、第十九条对被告人的刑事责任能力进行了规定，包括刑事责任年龄、特殊人员的刑事责任能力以及又聋又哑的人或者盲人犯罪的刑事责任。我国将刑事责任能力分为有刑事责任能力、限制刑事责任能力以及无刑事责任能力三类，分别对照《刑法》中上述条文规定的人群。

无罪判例1中，被告人经法院认定案发时为双向情感障碍—躁狂相，即限制刑事责任能力人，而精神病人在不能辨认或者不能控制自己行为的时候造成危害结果，经法定程序鉴定确认的，不负刑事责任。虽然此案最终是将被告人的行为定性为正当防卫而不构成犯罪，但是被告人的双向情感障碍无疑也是此案中的有力辩点。无罪判例2则将被告人认定为完全丧失辨认能力的精神病人——精神分裂症，并且在作案时受到的精神病性症状的支配，因此将作案时的被告人定性为无刑事责任能力。

无罪判例3和判例4则属于刑事责任年龄规定中的特殊情况，即已满14周岁不满16周岁的人犯罪，在故意伤害罪中只有致人重伤或者死亡才应当负刑事责任，而判例中仅导致了轻伤后果，因此不承担刑事责任。

实践中针对刑事责任能力进行辩护，要注意对被告人进行分类，案件中有明显的年龄、精神状态、残疾情节则要特别关注被告人的刑事责任能力，并且结合案发当时被告人的状况分析其案发时的刑事责任能力，才能在辩护中发挥作用。

【无罪判例1】马某1与孙某李故意伤害二审刑事判决书——（2016）豫07刑终252号

二审审理查明：

2009年12月，上诉人孙某李因怀疑其丈夫郭某与马某2存在不正常关系，与马某2发生矛盾。

2010年1月1日晚9时许，马某2、马某1、郭某、程某1、程某2在新乡医学院遇见孙某李，后五人追至研究生6号公寓孙某李宿舍，双方隔着房门争吵，在孙某李报警后，马某1等人将门踩开进入房间，马某1与孙某李争执过程中，孙某李所持的暖水瓶爆破，致使马某1左耳爆震性耳聋、听力下降。经鉴定，马某1所受损伤已构成轻伤。

另查明，案发时孙某李系限制刑事责任能力人（双相情感障碍—躁狂相）。孙某李在案发时两次拨打报警电话，并在现场等候公安机关处理，并在2010年2月26日主动到新乡市洪门分局派出所讲述了2010年1月1日与马某1发生纠纷的经过。

本院认为，上诉人孙某李在深夜9时许，被马某1等多人尾随追至宿舍门外争吵，在此期间，孙某李两次拨打电话报警，称有人闹事，在警察赶到现场前，马某1等人踩开房门，强行进入孙某李房间，此时孙某李身为女性，孤身无援，为了制止不法侵害，手持暖水瓶进行防卫，防卫过程中暖水瓶爆裂，致马某1轻伤，没有明显超过必要限度造成重大损害，应当认定为正当防卫，不负刑事责任。原判认定孙某李的行为构成故意伤害罪属于适用法律错误，上诉人孙某李及其辩护人辩称孙某李系正当防卫，应当宣告无罪的辩护意见成立，本院予支持。

【无罪判例2】白某国故意伤害一审刑事判决书——（2017）甘1102刑初267号

本院认为，被告人白某国殴打自诉人白某1，致白某1张口困难、下颌骨骨折，造成轻伤二级。被告人白某国患精神分裂症，作案时受精神病性症状的支配，丧失辨认及控制能力，无刑事责任能力，故对其伤害他人的行为不承担刑事责任。

【无罪判例3】周某某与祝某某、祝亚光、祝皎生、梁凡叶故意伤害罪一审刑事附带民事判决书——（2013）蓝刑初字第00025号

本院认为，被告人祝某某持刀致自诉人暨附带民事诉讼原告人周某某轻伤，因祝某某作案时未满16周岁，不符合犯罪构成的主体要件，故不应负刑事责任；自诉人暨附带民事诉讼原告人周某某指控被告人祝某甲犯故意伤害罪的证据不足，指控的犯罪不能成立。

【无罪判例4】陈某某与陈某甲故意伤害一案一审刑事附带民事判决书——（2016）甘1121刑初90号

本院认为，被告人陈某乙因其他学生之间的纠纷致伤自诉人陈某某，造成自诉人陈某某轻伤一级的伤害后果，因被告人陈某乙案发时未满16周岁，其行为不构成故意伤害罪，故自诉人的控诉罪名不成立。

规则43：被告人主观上没有伤害他人的故意，客观上未实施伤害行为

【规则分析】对被告人主观方面和客观方面的认定不能割裂，两者应当相辅相成、互相印证。此辩点针对的便是被告人的主客观情况互相印证，典型的无罪情形。当然，此辩点也要区分于证据之辩中证明被告人主客观方面的证据不足的情况，此辩点之下的案例中，法官通过对现有证据的审查认定，均能得出被告人主观上没有伤害他人的故意，客观上没有实施伤害行为的结论，相比因为证据不足导致的被告人无罪而言，此辩点之下的判例显然案件事实更加清晰明了。然而，在实务中进行辩护时，此辩点却不宜作为一个单独的没有支撑的主张来提出，而必须借由分析、反驳对方证据，或者提出有利于己方的证据来证明，如果仅单独提出此辩点将极容易成为被架空的观点。

【无罪判例 1】韩某某诉马某某犯故意伤害罪一审刑事判决书——（2014）扎刑初字第 315 号

经审理查明，2013 年 12 月 1 日，因被告人马某某与韩某甲（自诉人韩某某父亲）有债务纠纷，马某某要求韩某甲退还其 5090 元工钱，韩某甲拒不退还，被告人马某某便带领其妻佟某某、儿子马好某某、侄子马某某某到韩某甲家中强行抓羊抵偿债务。当马某某等人将羊群向外驱赶时，自诉人韩某某为阻拦拉拽马某某手臂时，自己滑倒在冰面上摔伤，造成头部软组织挫伤、右腹股沟闭合性损伤，右耳感音神经性耳聋。韩某某分别于 2013 年 12 月 2 日和 2014 年 1 月 4 日在扎赉特旗蒙医院和兴安盟蒙医院住院治疗 49 天。经兴安盟博广司法鉴定所鉴定为轻伤二级，伤残九级。

本院认为，被告人马某某主观上没有伤害他人的故意，客观上未对韩某某实施伤害行为，其行为不构成故意伤害罪，自诉人指控被告人犯故意伤害罪的证据不足，不能认定告人有罪。

【无罪判例 2】李某某、俞某某、曾某某故意伤害罪一审刑事判决书——（2013）汉刑初字第 00054 号

依据双方当事人的陈述及当庭举证、质证，审理查明：自诉人家原承包的一块土地，因村集体修路需要被征用，并已做补偿。修完路后余下的一部分，于 2012 年 6 月 29 日经涧池镇东坝村委会商议，将该余下部分承包给了被告人李某某，并已交清了承包费用。自诉人认为应当由自己优先承包，于是双方产生矛盾。

2013 年 3 月 23 日 11 时许，被告人李某某雇请俞某某驾车拉泥土往该地块倾倒，自诉人看到后就去阻挡不让倒土。自诉人和丈夫彭某乙、儿子彭某甲、女儿彭书荣先后到达事发地点，与被告人李某某及其母亲沈某乙、妹妹李某乙、妹夫曾某某发生争执。争执中沈某乙坐在地上将自诉人的腿抱住，被告人李某某和彭某乙纠缠在一起。被告人李某某和曾某某就让被告人俞某某往地里倒土。俞某某下车到车后打开车厢保险栓后，上车起动液压装置开始倒土。这时自诉人见状，挣脱抱住她腿的沈某乙，扑到正在倒土的车厢后面，被倾倒下来的泥土掩埋致伤……

本院认为，自诉人指控三被告人犯故意伤害罪的证据明显不足，从自诉人所提交的证据及双方当事人的陈述中，可以看出三被告人主观上没有伤害自诉人的故意，客观上也没有实施具体的伤害行为。故其指控三被告人犯故意伤害罪的事实及理由均不能成立。

【无罪判例3】包某某与史某某故意伤害罪一审刑事附带民事判决书——（2014）漳三刑初字第11号

本院认为，自诉人暨附带民事诉讼原告人包某某因找时任石灰楼村委会主任被告人史某某办事，买酒与史某某一起喝酒，酒后自诉人与被告人在院内抱住翻滚致自诉人受伤。被告人史某某无伤害自诉人的故意或重大过失，亦无实施伤害行为，故不构成犯罪，对自诉人造成轻伤的后果不应承担刑事责任。自诉人控诉不成立，本院不予支持。

【无罪判例4】黄某甲犯故意伤害罪一审刑事判决书——（2015）岷刑初字第36号

本院认为，被告人黄某甲因琐事故意伤害他人身体，致人轻伤（二级），其行为已构成故意伤害罪。自诉人指控黄某甲构成故意伤害罪的罪名成立，予以支持。被告人黄某乙主观上无伤害自诉人吴某甲的故意，客观上亦未实施伤害行为，故自诉人指控黄某乙构成故意伤害罪的罪名不成立，不予支持。

【无罪判例5】蒋某某、史某某、呼某、余某犯故意伤害罪一案一审刑事判决书——（2014）南宛刑初字第659号

公诉机关指控被告人余某犯故意伤害罪的证据不足，事实不清，指控罪名不能成立，本院不予支持。具体理由如下：（1）被告人余某主观上无共同犯罪故意。共同犯罪，是指两人以上共同故意犯罪。余某作为保安队长，在顾客及保安人员被扎伤后，追赶行凶一方人员，即便具有指挥史某某、呼某、蒋某某追赶斗殴一方人员亦仅是正常履行职责行为，无证据显示其指使史某某、蒋某某、呼某等人殴打被害人。（2）客观上未实施共同伤害行为。庭审查明，余某系被害人梁冬涛被打倒在地失去反抗能力后才赶到现场，并有制止殴打的行为。在史某某、蒋某某、呼某的前期供述中，未供述余某有殴打行为，但在后期讯问中，史某某、蒋某某、呼某对于余某赶到现场后的行为亦表述不一，既有余某轻踢被害人头部两下等供述，亦有轻踢腰间的供述，而鉴定意见表明被害人主要伤害在头部。因此，无证据证实余某到达现场后的行为对于被害人伤情有实质性影响。

【无罪判例6】宋某某故意伤害案一审刑事判决书——（2016）云2331刑初50号

本院认为，故意伤害罪，是指故意非法地伤害他人身体健康的行为，行为人对其行为必然或可能对他人造成伤害是明知的，并且希望或放任这种结果的发生。本案中，被告人宋某某是在与自诉人王某某因就何时拆除自诉人搭建在被告人家林地上的临时厨房未能协商一致的情况下，被告人才擅自拆除自诉人搭建的临时厨房，而自诉人是在被告人已经实施拆除行为的情况下，才进入厨房内搬东西，故可以看出被告人的目的是撤除厨房，并不是故意非法地伤害自诉人，对于厨房的坍塌致使自诉人受伤，均不是双方希望的结果，故自诉人提交的证明材料不足以证实被告人宋某某的行为构成故意伤害罪。即自诉人王某某指控被告人宋某某犯故意伤害罪指控不能成立，依法应宣告被告人宋某某无罪。

【无罪判例7】阳某某、杨某故意伤害案一审刑事附带民事判决书——（2016）云0427刑初56号

庭审中，被告人阳某某提出其没有实施伤害自诉人朱某某的行为，不构成故意伤害罪的辩解。本院审理认为，故意伤害罪，是指故意非法损害他人身体健康的行为。伤害，是指造成人身器质性的或者功能性的损害。本案被告人阳某某指引被告人杨某找到朱某某的住处，没有非法实施故意伤害朱某某的主观故意和客观行为，其行为不构成故意伤害罪，本院对该辩解予以采纳。

【无罪判例8】自诉人卢某强、徐某霞诉被告人安某东故意伤害刑事判决书——（2015）思刑初字第134号

本院认为，被害人卢某雄与被告人安某东案发前相互并不认识，没有任何矛盾。2015年1月2日晚上，被告人安某东在得知其同学田某欢被班上的同学打后，将身上的卡子刀拿给田某欢防身，田某欢将卡子刀还给安某东时，对安某东说三河和大坝场的学生要联合起来殴打吴某。安某东听说后，于2015年1月3日课间将田某欢归还的卡子刀拿给吴某，并叮嘱其被他人殴打时拿出来吓唬他人。吴某在得知三河和大坝场的学生要打他的信息后，没有与安某东商量要共同伤害他人，吴某拿刀是用于防身。2015 年 1 月 3 日吃中午饭时，卢某雄等多人围着吴某殴打，安某东上前护吴某时，腰部被吴某误刺一刀后即让开，没有与吴某联手对付被害人卢某雄，卢某雄的伤系吴某逃离时，卢某雄继续追打吴某，吴某拿出卡子刀刺中被害人卢某雄左胸部所致，属吴某的个人行为。被告人安某东主观上无伤害卢某雄的故意，客观上无故意伤害卢某雄的行为，不能认定被告人安某东犯故意伤害罪。

【无罪判例 9】郁某某故意伤害一审刑事判决书——（2015）静刑初字第 111 号

本院认为，从庭审中查明的事实和证据表明，自诉人张某某的伤情系被告人郁某某推搡所致，目前仅有自诉人张某某一人的陈述为证，没有其他证据相印证，该事实本院不予认定。相反，自诉人张某某的伤情系其本人站立不稳倒地所致，不仅有被告人郁某某的当庭辩称为证，还有所有现场目击证人的证言相佐证，足以认定。被告人郁某某既没有伤害的主观故意，也没有伤害的客观行为。自诉人张某某要求本院追究被告人郁某某的刑事责任，有悖于事实和法律，本院不予支持。

【无罪判例 10】郑某某、李某某故意伤害案一审刑事附带民事判决书——（2015）华刑初字第 130 号

经审理查明：自诉人张某甲因琐事与钟某某发生矛盾，2015 年 7 月 5 日 19 时许，自诉人张某甲邀约汪某某等人到“×××酒吧”内对钟某某实施殴打后离开。当晚 22 时许，被告人郑某某、李某某与钟某某、陈某等人在酒吧内时，自诉人张某甲与汪某某等人来到酒吧门口，自诉人张某甲进入酒吧后，李某某将酒吧门拉下并上锁，被告人郑某某在酒吧内用钢管将张某甲打伤。

自诉人控诉被告人李某某与郑某某构成故意伤害罪的共同犯罪，经查，从相关证据来看，被告人李某某与郑某某主观上不存在伤害张某甲的共同故意，客观上被告人李某某也未对张某甲实施伤害行为，故自诉人控诉李某某构成故意伤害罪不能成立。

规则44：被告人主观上不具有伤害被害人的故意

【规则分析】被告人是否具有故意是针对故意伤害罪的主观方面进行的辩护，需要注意的是，此辩点是作为以下四个辩点的总领，是从最简单明了的层面分析被告人的主观状态，而紧跟此辩点之后的四个辩点是从主观故意辩点中分离出来，而对其他特殊的主观状态进行的具体讨论。

《刑法》第十四条规定："明知自己的行为会发生危害社会的结果，并且希望或者放任这种结果发生，因而构成犯罪的，是故意犯罪。故意犯罪，应当负刑事责任。"故意由两个因素构成，一是认识因素，即明知自己的行为会发生危害社会的结果；二是意志因素，即希望或者放任危害结果的发生。在没有认识的情况下，即便是具有认识可能性也不能认为存在故意。如果行为人还没有确定如何行为，也会缺乏故意的认识因素与意志因素。即便主观故意可以分为直接故意与间接故意两种类型，但是无论哪种故意形态都需要两个因素的有机统一，因此衡量被告人是否具有故意，可以直接从其认识因素与意志因素出发。

在故意伤害犯罪中，缺乏认识因素，表现为被告人不想或者没有意识到自己的行为会伤害被害人，只不过产生了被告人意料之外的伤害结果。缺乏意志因素则表现为行为人并不希望或者放任被害人受伤。例如，无罪判例1中，从监控录像可以看出被告人的主观想法是欲离开案发现场而非主动攻击对方。无罪判例2与判例5中，案件证据足以证明被告人的主观方面是想挣脱被害人对自己的殴打与纠缠，而非故意致被害人倒地。无罪判例3与判例4都表现为被告人欲离开，自诉人上前阻止其离开而致自己受伤。总言之，具体是由认识因素还是意志因素的切断使得被告人不具有犯罪故意在具体的案件中是难以完全区分的，因为这两种因素在认定故意犯罪中应当有机统一，不能割裂。从此辩点之下的案例中也可以发现，在证据足以证明案件事实的情况下，被告人若明显不具有故意伤害罪的主观故意，将外在表现为其案发时的行为，因此从案件事实中被告人的远离、避免的行为中便可以推知其不存在伤害被害人的主观故意。

【无罪判例1】刘某某故意伤害罪一审刑事判决书——（2012）深福法刑初字第997号

针对控辩双方的争议焦点，本院评判如下：

关于主观故意的问题，从身体状况来看，被告人刘某某案发时已年满65周岁，身体机能基本与其年龄相符，与52岁的张某相比，不存在特别强健并可明显致伤他人的体能优势；从身份情况来看，被告人刘某某系深联公司总裁，社会地位及经济地位均较优越，故其违法犯罪成本较高，进行暴力犯罪的可能性较小；从矛盾根源来看，系深联公司与张某存在房屋纠纷，而被告人刘某某个人与张某并无冤仇，刘某某仅代表公司与张某协商，并无必要伤害张某进而由其个人承担相应刑事责任；从所处环境来看，案发时双方均在园岭派出所调解室调解，在公安机关内部进行违法犯罪活动，并不符合常人的思维模式和行为手段；从案件发展的客观情况来看，当日被告人刘某某在调解室进行了长达六七个小时的调解，已经身心俱疲，从监控录像反映的其多次想走出大门离开调解室的举动可以看出，其应当存在远离张某的故意，而不是靠近、伤害。故认定被告人刘某某主观上具有伤害故意没有事实及法律依据，不予支持，对被告人及辩护人的相关辩护意见予以采纳。

【无罪判例2】钟某某、王某某诉被告人钟某甲故意伤害暨附带民事诉讼一审刑事附带民事判决书——（2013）镇刑初字第00010号

本院认为，被告人钟某甲与自诉人钟某某、附带民事诉讼原告人王某某因地界问题产生纠纷后，双方均不能通过正当途径解决纠纷，在相互辱骂、抓扯的过程中，被告人钟某甲致抱住自己腿的自诉人钟某某倒地，造成钟某某左锁骨骨折，构成轻伤十级伤残，但自诉人钟某某在纠纷中先扔石头打被告人钟某甲，后又抱住钟某甲腿纠缠，情急之下，被告人钟某甲在挣脱自诉人钟某某纠缠的过程中致钟某某倒地，无伤害的故意，自诉人钟某某及其诉讼代理人吕某鹏提出钟某某的伤是被告人钟某甲持锄把打伤无其他证据证实，提交的锄头一把也无其他证人证实系案发时被告人钟某甲打击钟某某所使用，持锄把打伤钟某某肩部的情节虽有附带民事诉讼原告人王某某的证言证实，但被告人钟某甲始终坚持自己未持锄把击打钟某某，其所交代的案件事实经过与现场证人纪某某、王某某、胡某某所证实的事实经过一致，从双方的身份关系和优势证据的综合分析看，无法认定自诉人钟某某肩部的伤是被告人钟某甲持锄把击打造成，故自诉人钟某某指控被告人钟某甲犯故意伤害罪的证据不足，指控的罪名不能成立，被告人钟某甲无罪。

【无罪判例3】董某某故意伤害一审刑事判决书——（2013）东刑自初字第14号

经审理查明，自诉人是四平市铁东区的农民，被告人董某某是小队队长。因自诉人谢某与村民岳某某之间发生纠纷，被告人董某某出面给予调解。2013年7月16日16时许，自诉人谢某再次找被告人董某某给谢某与岳某某之间调解，因调解结果自诉人谢某不满意，自诉人称“调解不成，就上你家”，被告人董某某往出走，自诉人撵上去，二人撕扯在一起，自诉人倒地。后自诉人被送往四平市第一人民医院治疗，经吉林公正司法鉴定中心鉴定，自诉人左肋第4、5根肋骨骨折，评定为轻伤。

本院认为，自诉人谢某指控被告人董某某犯有故意伤害罪，从犯罪的主观方面看，被告人董某某主观上并没有想伤害自诉人谢某的故意，即董某某的行为不符合故意伤害罪的犯罪构成要件，被告人董某某的行为不构成故意伤害罪。

【无罪判例4】向某某故意伤害案一审刑事附带民事判决书——（2015）阿刑初字第00079号

本院认为，公民的身体健康权受法律保护，被告人向某某因琐事与自诉人李某春发生争执，向某某在挣脱李某春阻拦的过程中，给自诉人李某春造成了损害后果，其侵犯了自诉人李某春的身体健康权，应承担相应的法律责任。自诉人李某春指控被告人向某某的行为构成故意伤害罪，应承担刑事责任的主张，因故意犯罪必须同时具备两个特征：1. 行为人对自己的行为会发生危害社会的结果，必须是明知的；2. 行为人的心理必须处于希望或者放任的状态。本案中李某春与向某某因打牌发生争执，从监控视频中可以看到，向某某两次要离开，都遭到李某春的阻拦、拉扯，后李某春抱住向某某，向某某为挣脱李某春，二人抱在一起相互摔，在此过程中，造成李某春受伤。向某某主观上对其行为会造成的后果，并无希望或者放任的心理状态，其只是想离开，挣脱李某春的纠缠。因此，自诉人李某春指控被告人向某某的行为构成故意伤害罪，证据不足，不能认定被告人有罪，其指控不能成立。

【无罪判例5】陈某甲犯故意伤害罪一审刑事判决书——（2015）淮刑初字第0062号

本院认为，本案争议的焦点在于：（1）自诉人吴某的伤情是不是被告人陈某甲造成；（2）被告人陈某甲是否构成故意伤害罪。对于争议焦点1，综合上述证据分析，现场多名证人均证实被告人陈某甲在拽住陈某乙时，吴某上前拽陈某甲的胳膊不让其拖拽陈某乙，陈某甲在挣开时，导致吴某摔倒在地，致其受伤。相关的病历以及鉴定意见亦证实吴某系他人外力作用致T9椎体压缩性骨折（压缩 > 1/3）。综上，可以认定自诉人吴某的伤情系被告人陈某甲造成。对于争议焦点2，上述多名证人证实现场有多人在场，其他人对于被告人陈某甲也有拖拽行为，自诉人吴某亦有推拽行为，被告人陈某甲挣脱上述人员过程中，导致吴某倒地受伤。故不能认定被告人陈某甲具有故意伤害他人身体的犯罪故意，其不构成故意伤害罪。

【无罪判例6】范某某与姚某某故意伤害案一审刑事附带民事判决书——（2015）青刑初字第84号

本院认为，被告人姚某某为防止发生意外阻拦自诉人范某某酒后骑电动车回家，双方撕拉中致自诉人左腿受轻伤，姚某某主观上不具有伤害范某某的故意，其行为不构成故意伤害罪。自诉人控诉的罪名不能成立，不予支持。

【无罪判例7】李某甲犯故意伤害罪一审刑事判决书——（2014）泰刑初字第0432号

经审理查明，2011年10月13日10时左右，自诉人朱某等人为其女儿与被告人李某甲离婚事宜，至泰兴市佳美小吃店（位于泰兴市黄桥镇城黄东路佳美小区）找被告人李某甲，双方人员发生争吵、拉扯，自诉人朱某之妹打了被告人李某甲耳光，在自诉人朱某与被告人李某甲姐夫揪拾、互打过程中，被告人李某甲冲上去拉自诉人朱某，自诉人朱某倒在地上，被告人李某甲倒在自诉人朱某身上，致自诉人朱某左胫骨上段粉碎性骨折。2014年6月5日，经鉴定，自诉人朱某的伤情构成轻伤一级。

本院认为，自诉人朱某在与被告人李某甲姐夫戴某康揪拾、互打过程中，被告人李某甲冲上去拉自诉人朱某，自诉人朱某倒在地上，被告人李某甲倒在自诉人朱某身上，致自诉人朱某轻伤，且被告人李某甲为肢体某某人，据此不能认定被告人李某甲主观上有伤害自诉人朱某身体的故意，依照疑罪从无的原则，被告人李某甲的行为不构成故意伤害罪。

【无罪判例 8】马某甲故意伤害罪一审刑事附带民事判决书——（2015）西刑初字第 24 号

本院认为，故意伤害罪在主观上必须具有故意伤害的故意，故意的内容为非法伤害他人身体健康；客观方面表现为非法损害他人身体健康的行为；侵害的客体是他人的身体健康。本案自诉人张某某在阻挡被告人马某甲从其家承包地通行时，右手不慎被绞入未熄火的拖拉机皮带中并受伤，自诉人张某某之伤虽经法医鉴定属轻伤一级，但该损害结果不是被告人马某甲故意实施的，被告人马某甲的行为不符合故意伤害罪的犯罪构成要件，故自诉人张某某指控被告人马某甲犯故意伤害罪的罪名不能成立。

【无罪判例 9】张某故意伤害罪一审刑事判决书——（2015）嘉平刑初字第 252 号

本院审理认为，自诉人孙某林控告被告人张某犯故意伤害罪，从自诉人及其诉讼代理人提供的证据及本院调取的证据来看，自诉人孙某林在信访过程中，用身体阻拦被告人张某离开办公楼，在一定程度上限制了张某的人身自由，在被告人张某继续向前走欲离开办公楼的过程中，自诉人孙某林先用肘部推搡被告人张某，后双方用肘部互相推搡。被告人张某的主观目的是消除自诉人孙某林对自己人身自由的妨害，不具有伤害的主观故意，不符合故意伤害罪的构成要件。

综上所述，本院认为，自诉人孙某林控告被告人张某构成故意伤害罪的证据不足，指控的犯罪不能成立。

【无罪判例 10】赵某福故意伤害罪一审刑事判决书——（2015）陈刑初字第 00016 号

本院认为，被告人赵某福与自诉人暨附带民事诉讼原告人赵某恩因双方相邻地界处核桃树权属问题发生争议后，互相争夺笼子过程中受伤，并构成轻伤二级、十级伤残的事实，有被告人赵某福供述及证人赵某军证言所证实，与被害人赵某恩的公安机关对赵某恩人身检查笔录、医院诊断证明、住院病历、宝鸡市中医医院及宝鸡市第三人民医院 CT 报告单及法医学人体损伤鉴定意见相互印证，但据证人赵某军证言及公安机关对赵某恩的人身检查结果等证据不能证实被告人赵某福存在故意伤害被害人赵某恩身体、致其轻伤的主观故意，故被告人赵某福不能构成故意伤害罪。

【无罪判例11】自诉人齐某某诉被告人曹某某故意伤害一案一审刑事判决书——（2014）东刑自初字第6号

本院认为，虽然自诉人齐某某指控被告人犯故意伤害罪，但经依法鉴定，自诉人右足跟骨骨折可由间接暴力形成，并非自诉人指控的系被告人铲车左侧大铲直接撞伤，鉴定人出庭解答亦表明自诉人脚伤不是被告人驾驶铲车直接撞击形成，相关证人均某某证实被告人驾驶铲车撞伤被告人。自诉人没有确实充分的证据证明其脚伤系被告人以驾驶铲车撞击的故意伤害行为所致。对被告人辩护人提出的被告人主观故意不明显、不构成刑事犯罪、法院应以事实不清、证据不足对被告人作出无罪判决的辩护意见予以采纳。

【无罪判例12】崔某1、崔某2故意伤害一案一审刑事判决书——（2016）吉0323刑初257号

自诉人赵某指控被告人崔某1、崔某2对其实施了故意伤害行为，构成故意伤害罪，但根据本案证据仅能证实自诉人赵某面部着地，嘴出血系被告人崔某2的行为所致，对自诉人赵某指控被告人崔某1犯故意伤害罪，证据不足，指控罪名不能成立。被告人崔某2发现自诉人赵某掏刀后，上前制止自诉人的不法行为，顺势将赵某扑倒，致使赵某受伤，其主观上没有积极追求伤害被告人的直接故意，也没有放任伤害结果发生的间接故意，本案缺乏故意犯罪的构成要件，故被告人崔某2的行为不构成故意伤害罪。

【无罪判例13】被告人许某某故意伤害罪一案刑事附带民事判决书——（2016）吉0722刑初206号

本院认为，自诉人暨附带民事诉讼原告人闫某某要求追究被告人许某某犯故意伤害罪的刑事责任并承担民事赔偿的诉讼请求，向法庭提供了相关证据，但根据被害人闫某某的陈述、证人孙某某的证言能够证实，被告人许某某是在与孙某某发生拉扯，闫某某拉仗的过程中，抡胳膊将自诉人闫某某抡倒并致伤，被告人许某某主观上并不具有伤害自诉人闫某某的故意，故对自诉人闫某某要求追究被告人许某某故意伤害罪刑事责任的诉讼请求，本院不予支持。

【无罪判例14】常某、季某茹故意伤害罪一审刑事附带民事判决书——（2016）吉0302刑初82号

本院认为，被告人常某故意伤害他人身体，致人轻伤，其行为已构成故意伤害罪，应予惩处。经公安司法鉴定，自诉人张某某双侧鼻骨骨折之损伤程度，评定为轻伤二级，而此处损伤是由被告人常某直接导致，被告人季某茹当时是在抱着常某，积极阻止常某伤害张某某，此时季某茹不具有伤害张某某的主观故意，故张某某控告被告人季某茹犯故意伤害罪的证据不足，控告罪名不能成立，应宣告被告人季某茹无罪。

【无罪判例15】何某甲犯故意伤害罪一审刑事附带民事判决书——（2016）川3427刑初22号

本院认为，自诉人罗某某与被告人何某甲因家庭矛盾发生争执后，二人分别用菜刀和椅子对峙时将何某甲将罗某某的左手砍伤，这一事实应当认定为故意伤害，但该伤未达到轻伤害的后果，而构成轻伤一级的伤在面部。当何某甲用刀砍伤罗某某后，在场的何某乙、袁某甲、陈某某、袁某乙、罗某某将何某甲按倒在地抢刀，在众人围着抢刀的情况下，何某甲无法控制自己手中的刀子而将罗某某的脸部划伤，其主观上没有积极追求伤害他人的直接故意，也没有放任伤害结果发生的间接故意，本案缺乏故意犯罪的构成要件，故被告人何某甲的行为不构成故意伤害罪。

【无罪判例16】李某故意伤害一审刑事判决书——（2015）岳刑初字第322号

本院认为，本案的焦点在于被告人李某有无伤害被害人刘某某的故意。

刑法上的犯罪故意是指行为人明知自己的行为会发生危害社会的结果，并且希望或者放任这种结果发生的一种主观心理态度。本案中整个伤害行为的过程就是被害人刘某某为了阻止被告人李某离开而抓扯住李某的前胸衣服，而被告人李某将刘某某的手甩开反复多次的动作过程。在这整个过程当中，从一个常人的视角去看：

第一，尽管被告人李某在性别、身高、年龄、身体素质等方面优于被害人刘某某，但这也只能推测被告人李某的甩手行为可能造成被害人刘某某手受伤的危害后果发生，并不能以此认定被告人李某明知其甩手行为必然会导致刘某某手受伤。

第二，事情的发生系被害人刘某某先去扯被告人李某的衣服，且在被告人李某手臂及脖子被抓破皮、李某劝导刘某某松手无果的情况下才实施的甩手行为。被告人李某的甩手行为系一般正常人在通常情况下都会去做的一个正常反应，不能以此认定被告人李某系希望或放任其甩手行为导致被害人受伤的结果发生，同时其也不可能当时就预见到其该甩手行为必然或可能造成刘某某手受伤。

第三，现场的证人（唐某、朱某某、莫某某）的证言证实被告人李某系基于被害人抓扯自己前胸衣服，且在手臂及脖子被抓破皮、劝导刘某某松手无果的情况下才实施的甩手行为，并且该行为持续的时间并不长，且不存在被告人李某在被害人刘某某明确表示手痛的情况下仍强行实施甩手行为。

第四，尽管事发后现场证人曾某某、陈某在公安侦查阶段的证词证实被告人李某在被害人刘某某明确表示手痛的情况下仍持续扭被害人的手有四五分钟的事实，但该二人在之后检察院审查起诉阶段所作的证词及当庭的证言中均对事发过程中李某在刘某某表示手痛后仍持续扭手的事实给予了否定或者不清楚的模糊证词。

第五，被告人李某在实施甩手行为时所使用的力度有多大，其所使用的力度是否一般正常人都无法承受没有任何证据证实。

综上所述，公诉机关关于被告人李某故意伤害刘某某的指控没有达到事实清楚的事实标准及证据确实、充分的证明标准，依据“疑罪从无”的原则，公诉机关关于被告人李某犯故意伤害罪的指控，不能成立，本院不予支持。

【无罪判例 17】刘某喜故意伤害一审刑事附带民事判决书——（2015）广刑初字第 00275 号

本院审查认为，对梁某芙陈述及朱某证言中提到的关于被告人刘某喜推倒自诉人梁某芙的部分，因二人对被告人刘某喜如何推倒自诉人梁某芙的细节描述不一，不能相互印证，且与其他证人证言存在矛盾之处，故对自诉人梁某芙的陈述和证人朱某的证言中关于自诉人梁某芙系被被告人刘某喜推倒的内容部分不予采信，其他内容予以采信，本院予以确认。

本院认为，自诉人梁某芙的伤势虽被鉴定为轻伤，但对被告人刘某喜故意推倒自诉人梁某芙的指控，自诉人的陈述与证人朱某的证言在细节上不能相互印证，且与其他证人证言存在矛盾之处，现有证据不足以证明自诉人梁某芙所受轻伤是被告人刘某喜故意推倒所致，本案证据不能达到确实、充分，不能认定被告人刘某喜有罪，因此自诉人梁某芙对被告人刘某喜犯故意伤害罪的指控不能成立，本院不予支持。被告人刘某喜辩称自己没有主观上的故意的辩解意见成立，本院予以采纳。

【无罪判例 18】石某芬与高某芬故意伤害一审刑事判决书——（2016）黔0527 刑初 5 号

本院认为，自诉人石某芬诉被告人高某芬犯故意伤害罪一案，石某芬牙齿脱落并构成轻伤是石某芬咬住高某芬手指，高某芬向后拉手所致，高某芬主观上并没有伤害石某芬的故意，故对被告人高某芬辩称其没有打石某芬，石某芬牙齿脱落是因石某芬咬住其手指，其往后一拉手所导致的辩解，本院予以采纳。

【无罪判例 19】叶某犯故意伤害罪一审刑事判决书——（2015）丽云刑自字第 1 号

本院认为，自诉人朱某明指控被告人叶某犯故意伤害罪的证据，应当形成能够相互印证，主客观相一致的完整证据链。本案的焦点问题为被告人叶某驾驶车辆时是否具有伤害自诉人的主观故意，通过在案证据能够证实被告人驾驶的车辆右侧车头将朱某明左脚撞伤并致其轻伤的事实，但综合案发于 22 时许并下着雨的现场状况，及被告人叶某意图驾车逃离的目的及全案证据，无法查明被告人在驾驶车辆时具有撞击自诉人的主观故意。故自诉人朱某明起诉指控被告人叶某犯故意伤害罪，证据不足，不能成立，本院不予支持。

【无罪判例 20】自诉人战某甲指控被告人赵某甲故意伤害罪一案一审刑事判决书——（2015）莱州刑自初字第 1 号

本院认为，案发现场的录像显示，自诉人战某甲受人雇用种树，种树的一方与被告人赵某甲夫妇就土地使用权有争议，双方一度激烈争吵，后陷入僵持，双方均情绪平稳，气氛缓和。自诉人战某甲突然走到地的另一头挖坑，被告人赵某甲上前制止，从自诉人手中夺出铁锨，动作幅度小，没有伤害自诉人的故意，亦没有伤害动作，自诉人的伤害后果与被告人的夺锨行为之间没有因果关系，根据现有证据，自诉人指控被告人赵某甲故意伤害的事实不成立。

【无罪判例21】赵某1故意伤害罪一审刑事判决书——（2017）辽0211刑初14号

被告人赵某1作为负责校园安全的责任人，在履行维护校园安全工作职责时，将在教学楼内吵骂的被害人拽出去，在拽的过程中遭到被害人的抵抗和挣脱，拽出门松手后被害人摔倒，不能认定其有伤害被害人的主观故意，认定为工作方法不当造成的失误更符合实际情况。据此，公诉机关指控被告人赵某1犯故意伤害罪事实不清，证据不足，指控的犯罪不能成立。

【无罪判例22】尹某乙故意伤害案一审刑事附带民事判决书——（2017）云2322刑初49号

本院认为，自诉人暨附带民事诉讼原告人尹某甲指控被告人尹某乙犯故意伤害罪，必须提供充分、确实的证据证实尹某乙具有伤害尹某甲身体的主观故意。本案中，尹某甲夫妻俩到尹某乙家质问烤烟面积减少一事，并出言诅咒，发生吵闹，尹某乙遂将尹某甲夫妻俩推出大门外，尹某甲滚下台阶受到伤害。尹某乙不愿让尹某甲夫妻俩在家中吵闹，情急之中将其推出门外，不能当然得出尹某乙主观上具有故意伤害尹某甲身体的结论。为此，尹某甲指控尹某乙犯故意伤害罪的证据不充分，指控的罪名不能成立。

【无罪判例23】郭某甲故意伤害罪一审刑事附带民事判决书——（2017）晋0581刑初164号

本院认为，被告人郭某甲在自诉人王某甲拽他时用手挡的行为，主观上不具有伤害他人的故意，经质证认证的王某甲的笔录中也说郭某甲没有打他。综上，被告人郭某甲不构成故意伤害罪。对辩护人辩称被告人郭某甲不构成故意伤害罪的辩护意见予以采纳。

【无罪判例24】钱某华故意伤害罪一审刑事判决书——（2016）苏0684刑初686号

本院认为，自诉案件中被告人有罪的举证责任由自诉人承担，自诉人控诉被告人故意伤害犯罪的，有责任提供足以证实被告人有罪的确实、充分的证据。本案中，自诉人及被告人的陈述及证人陆某的证言笔录的内容基本相吻合。依现有证据，只能证明双方在倒地过程中被告人压在了自诉人的身上，双方在相互揪扭中自诉人受伤，但不能据此认定被告人有伤害自诉人的故意。故自诉人及其诉讼代理人认为自诉人系被被告人故意致伤，因而要求追究被告人的刑事责任，证据不足，本院不能支持。

【无罪判例 25】秦某、甄某清故意伤害罪一审刑事判决书——（2017）冀0184 刑初 121 号

经审理查明，自诉人赵某堂之子赵某系二被告人雇佣的司机，赵某在开车过程中发生交通事故，因赔偿问题二被告人与赵某家产生矛盾，自诉人赵某堂因此住进秦某家。2016 年 12 月 1 日 12 时许，赵某堂再次向二被告人索要工资时，二被告人强行将赵某堂带至门外的过程中致赵某堂右手腕受伤。自诉人赵某堂于当日报警。

本院认为，自诉人暨附带民事诉讼原告人赵某堂指控被告人秦某、甄某清对其实施故意伤害行为导致其轻伤，但本案证人证言、被害人陈述、被告人供述及鉴定意见等证据组成证据链条证实被告人秦某、甄某清并没有侵害赵某堂身体健康的犯罪故意，故二被告人行为不构成故意伤害罪，自诉人赵某堂的指控不成立。

【无罪判例 26】王某莲、程某学、刘某故意伤害罪一审刑事附带民事判决书——（2016）吉 0302 刑初 135 号

被告人程某学、刘某为制止陈某继续吵闹，将陈某拽走的行为系二被告人履行职务，且无证据表明程某学、刘某与陈某之间有私人恩怨，程某学、刘某缺乏伤害陈某的犯罪故意，故陈某指控程广学、刘某犯故意伤害罪的证据不足，指控的犯罪不能成立，程某学、刘某亦不应承担民事赔偿责任。

【无罪判例 27】徐某某故意伤害一审刑事判决书——（2017）云 0324 刑初 142 号

本院认为，伤害故意与伤害行为是故意伤害罪的构成要件，没有伤害故意或伤害行为就不能认定被告人的行为构成故意伤害罪。经庭审查明，自诉人孔某丽先因被告人徐某某抢锤，导致身体失去平衡跌倒，在该情节中，被告人抢锤是为了制止自诉人的行为，对自诉人的跌倒虽负有一定的过错，但并没有伤害自诉人的故意。后自诉人孔某丽又主动与被告人徐某某发生过撕扯，在该情节中，被告人与自诉人虽然有过身体接触，但也不能看出被告人对自诉人有伤害故意及伤害行为。因此，自诉人孔某丽对被告人徐某某的指控不能成立，不能认定被告人有罪。

【无罪判例 28】薛某根故意伤害罪一审刑事附带民事判决书——（2016）苏 0506 刑初 168 号

关于本案刑事部分的事实与证据，本院评判如下：

第一，关于被告人薛某根是否存在将被害人凌某推下陡坡的主观故意的问题。经查，本案的被害人陈述、证人证言及被告人供述均存在较大的矛盾之处，且本案的证人周某、武某的证言也存在前后矛盾，特别是被告人薛某根与凌某之间如何扭打至陡坡处以及薛某根如何推凌某这一节事实的细节有较大出入。现有证据仅能证明被告人薛某根与凌某在互相推搡中移动至陡坡附近，双方互相拉扯对方的衣服，双方也均有挣脱对方的意思，其间，被告人薛某根实施了推凌某的行为，致凌某掉下陡坡，被告人薛某根也随之掉下陡坡并压在凌某身上，但以上证据并未能证实被告人薛某根推的具体行为方式，无法证明被告人薛某根追求或放任被害人受伤结果发生的主观故意，故公诉机关指控被告人薛某根故意伤害的主观故意的证据不充分……

【无罪判例 29】张某宝故意伤害罪一审刑事判决书——（2016）苏 0925 刑初 194 号

本院认为，故意伤害罪，是指故意非法损害他人身体健康的行为。该罪在主观方面要求行为人有伤害被害人的故意。本案中，自诉人金某巧的损伤是因为被告人张某宝未能站稳而造成的，有证人朱某的证言、自诉人金某巧的陈述、被告人张某宝的供述予以证明，可见被告人张某宝在主观上并没有伤害自诉人金某巧的故意。

【无罪判例 30】宋某平、陈某香故意伤害罪一审刑事判决书——（2017）苏 1112 刑初 154 号

经审理查明，自诉人张某某与被告人宋某平、陈某香是邻居。2016 年 12 月

18 日 13 时许，被告人宋某平、陈某香因其田埂需用挖掘机开挖维修，遂与自诉人张某某协商，要求其挖掘机借用自诉人张某某家门口的水泥场通行，自诉人张某某不同意，与被告人陈某香发生口角，被告人陈某香先动手打自诉人张某某一记耳光，两人发生纠打后跌倒。在此过程中，自诉人张某某的右下肢受伤。

本院认为，自诉人张某某指控被告人宋某平、陈某香故意伤害致其右下肢损伤程度构成轻伤，被告人宋某平、陈某香予以否认。经查，自诉人张某某与被告人陈某香因相邻琐事发生口角致纠纷发生，被告人陈某香打自诉人张某某一记耳光，两人互相纠打后跌倒，在此过程中，自诉人张某某受轻伤。现有证据不能证实被告人宋某平参与纠打自诉人张某某，亦不能认定被告人陈某香具有故意伤害自诉人张某某身体健康的主观心态以及实施了故意伤害的客观行为，本案的刑事指控未能达到“证据确实、充分，排除合理怀疑”的证明标准，依照疑罪从无的原则，被告人宋某平、陈某香的行为不构成故意伤害罪。

【无罪判例 31】赵某涛故意伤害一审刑事判决书——（2018）云 0424 刑初 9 号

本院认为，自诉人王某与被告人赵某涛因债务纠纷发生争吵，被告人赵某涛遂拿出一把西瓜刀，自诉人王某看见后即去抢刀，在抢刀的过程中自诉人受伤，虽自诉人的伤情构成轻伤，但无证据证实被告人赵某涛主观上具有伤害自诉人王某的故意，故自诉人王某控诉被告人赵某涛构成故意伤害罪的证据不足，指控的罪名不能成立。

【无罪判例 32】自诉人殷某某诉被告人赵某强故意伤害罪附带民事诉讼一审刑事判决书——（2018）苏 1112 刑初 56 号

本院认为，自诉案件中，证明被告人有罪事实的举证责任在自诉人，自诉人指控被告人犯故意伤害罪，有责任提供足以证实被告人有罪的确实、充分的证据加以证明。本案中，自诉人殷某某指控被告人赵某强犯故意伤害罪，仅有自诉人殷某某陈述赵某强在其后面将其推倒致其左手骨折，无其他证据印证被告人赵某强故意伤害的事实。根据现有证据，不能证明被告人赵某强具有故意伤害自诉人殷某某身体健康的主观心态以及实施了故意伤害的客观行为，故自诉人殷某某指控被告人赵某强犯故意伤害罪的证据不足，指控被告人赵某强犯故意伤害罪的罪名不能成立，本院不予支持。

【无罪判例33】自诉人董某某诉被告人陈某某故意伤害一案一审刑事附带民事判决书——（2014）玉红刑初字第173号

经审理查明，2013年6月11日2时左右，被告人陈某某开车回位于玉溪市红塔区玉兴街道办事处右所居委会18组7幢8号的家时，在家附近看见自诉人董某某在7幢6号门口小便，双方发生纠纷导致董某某受伤。

本院认为，本案证据只能证明自诉人董某某和被告人陈某某发生过纠纷，导致董某某受伤，不能证实被告人陈某某有故意伤害自诉人董某某的故意。被告人陈某某不应承担刑事责任，应宣告被告人陈某某无罪。

【无罪判例34】胡某某故意伤害一审刑事判决书——（2015）璧法刑初字第00033号

本院认为，被告人胡某某在搭载被害人刘某某过程中双方因乘车费价格发生争执，在被害人刘某某拒绝下车的情况下将被害人刘某某拉下车，虽然导致刘某某轻伤，但被告人的主观目的是将被害人拉下车，主观上无伤害被害人刘某某的犯意，因此，其行为不构成故意伤害罪。

【无罪判例35】安某书故意伤害一审刑事判决书——（2017）黔0327刑初137号

本院认为，自诉人朱某强指控被告人犯故意伤害罪证据不足，其对被告人安某书犯故意伤害罪的指控不成立，本院不予支持。被告人安某书所提“朱某强的伤是他自己摔倒后造成的，其不应承担任何责任”的辩解，经查，案发当天被告人与自诉人嬉戏打闹致自诉人右小腿受伤，双方身体发生了接触，被告人安某书没有伤害自诉人的主观恶意。

【无罪判例36】申某某故意伤害一审刑事判决书——（2014）浦刑初字第1125号

自诉人叶某某诉称，2012年9月1日晚，被告人申某某与自诉人因邻里琐事发生争执，争执过程中被告人申某某抓住自诉人胳膊用力将其摔倒在地，造成自诉人左股骨颈骨折，左股骨髁间骨折，经法医鉴定已构成轻伤。

辩护人提出如下意见：自诉人自行前往被告人院子寻衅滋事，被告人申某某没有伤害自诉人的主观故意，自诉人的伤是在殴打被告人过程中自己摔倒发生的，自诉人在事件中受伤，但没有证据证明是被告人造成的。

本院认为，自诉人叶某某对被告人申某某犯故意伤害罪的控诉证据不足，不予支持。

【无罪判例37】赵某黄、司某珍故意伤害一审刑事判决书——（2017）云0125刑初25号

本院认为，故意伤害罪，是指故意非法伤害他人身体并达成一定的严重程度、应受刑法处罚的犯罪行为。故意伤害罪的犯罪主体为一般主体，即凡达到刑事责任年龄并具备刑事责任能力的自然人均能构成本罪。在主观方面表现为故意，即行为人明知自己的行为会造成损害他人身体健康的结果，而希望或放任这种结果的发生。在一般情况下，行为人事先对于自己的伤害行为能给被害人造成何种程度的伤害，不一定有明确的认识和追求。无论造成何种程度的结果都在其主观犯意之内，所以，一般可按实际伤害结果来确定是故意轻伤还是故意重伤。本罪侵犯的客体是他人的身体权，所谓身体权，是指自然人以保持其肢体、器官和其他组织的完整性为内容的人格权。本罪在客观方面表现为行为人实施了非法损害他人身体的行为，主要表现为：（1）要有损害他人身体的行为；（2）损害他人身体的行为必须是非法进行的；（3）损害他人身体的行为必须已造成了他人人身一定程度的损害，才能构成故意伤害罪。本案中，自诉人首先与被告人司某珍发生撕扯，看到被告人赵某黄出来后，拿起锄头打了被告人赵某黄，被告人赵某黄用手抓住锄头，将自诉人郑某芬的锄头抢了仍在地上。在整个断打过程中，均不能确定自诉人郑某芬右手第4掌骨斜行骨折是在何时由谁造成的，本案中致害主体不明确。自诉人在庭审中陈述："自己的手是被被告赵某黄扭伤的，自己的手被扭伤后用锄头打伤过被告人赵某黄"。在公安局询问笔录中陈述："赵某黄来到我面前就想提着木棒打我，但没打下来……赵小黄用木棒来戳我。我也不这道赵某黄什么时候把我的锄头抢了。"被告人司某珍陈述："……见我老公出来，我兄弟媳妇就推了我一把，把我推了撞在墙上，当时就把我的脸刮破了。我兄弟媳妇推开我后就把锄头拿起来，我起来看到我老公耳朵后面流血了，至于怎么受伤的我不清楚。"被告人赵某黄陈述："听见她两个吵起来，我就急忙出来，当时我看到我兄弟媳妇拿着锄头，在抢的过程中，我的头被我兄弟媳妇用锄头砸着一下，当时我的头就起了一个包，然后我就把锄头抢掉，抢了锄头后我就打电话报警……”由此可见，本案中自诉人右手受伤不排除是由于自己拿锄头打了被告人赵某黄，被告人赵某黄与自诉人在抢锄头过程中受伤的，由此而确定致害人为赵某黄，那么被告人赵某黄被打后抢锄头的行为只是防止自诉人再次使用锄头伤人，主观上并没有伤害自诉人的故意，故被告人赵某黄的行为也不能构成故意伤害罪的要件。故此，被告人司某珍、赵某黄故意伤害罪的罪名不成立。

【无罪判例38】翁某泽故意伤害罪刑事附带民事判决书——（2017）吉07刑终41号

关于上诉人藏某娜所提原审判决被上诉人翁某泽无罪是错误的，因为翁某泽对上诉人实施了人身的伤害，造成了上诉人的身体伤害的上诉意见。经查，一方面，自诉人依法享有追究被告人构成刑事犯罪的权利，但依据《刑法》，剥夺他人自由等人身权利必须提供充足的证据，并达到确实、充分，排除一切合理怀疑的刑事证明标准；另一方面，追究被告人构成故意伤害罪，应符合故意伤害罪的构成要件，主观上故意伤害他人的身体，客观上实施了伤害行为。本案中，现有证据无法证实被上诉人翁某泽基于伤害的故意，实施了对上诉人殴打等伤害行为，根据刑事证明标准，无法认定其行为属于故意伤害他人身体健康的犯罪行为。故对其此点上诉意见，本院不予采纳。

【无罪判例39】冯某某故意伤害一审刑事附带民事判决书——（2014）年天全刑初字第43号

经审理查明，自诉人黄某某与被告人冯某某两家相邻，均经营餐馆，且自诉人系被告人的外甥媳妇。2014年1月9日，杨某某驾车在冯某某家门前装东西，需要占用黄某某家院坝。黄某某夫妻出面收取杨某某的停车费，双方正在协商价格时，冯某某就说骆某某（黄某某之夫）见钱不要脸。为此，冯某某同黄某某发生争吵，黄某某吐了冯某某一口唾沫，并在冯某某脸上抓了一把，冯某某当即推搡黄某某，致黄某某倒地造成右桡骨头骨折，右肘关节脱位。

本院认为，被告人冯某某在自诉人黄某某抓扯他时的推搡行为，不是故意伤害行为，不构成故意伤害罪。

【无罪判例40】赵某某故意伤害一审刑事附带民事判决书——（2014）漳三刑初字第3号

本院认为，被告人赵某某因堆放柴草妨害他人通行，与自诉人暨附带民事诉讼原告人江某某夫妻发生争吵，江某某怕赵某某手中的刀子伤人，在夺赵某某手中剁黄芪的刀子时将自己的左手划伤致轻伤。被告人赵某某拿刀干活在前，自诉人主动找到被告人家中抢夺刀子在后，被告人赵某某无伤害自诉人的故意或重大过失，亦无实施伤害行为，故不构成犯罪，对自诉人造成轻伤的后果不应承担刑事责任。

【无罪判例41】刘某某故意伤害案一审刑事附带民事判决书——（2015）玉红刑初字第241号

本院认为，现有证据能证明自诉人肖某某和被告人刘某某因自诉人肖某某拔树苗一事发生争吵，后在抢锄头过程中致自诉人肖某某倒地受伤。不能证明被告人刘某某具有故意伤害他人的故意。被告人刘某某不应承担刑事责任，应宣告被告人刘某某无罪。

【无罪判例42】魏某某等人故意伤害案一审刑事附带民事判决书——（2015）玉红刑初字第341号

经审理查明，被告人魏某某与王某某系夫妻关系。被告人魏某某、王某某与自诉人杨某的姐姐因房屋买卖产生矛盾。2014年12月18日11时20分许，被告人魏某某、王某某与自诉人杨某及其姐姐在玉溪市红塔区澧江路天能山水小区大门外相遇，被告人魏某某、王某某与自诉人杨某的姐姐因房屋问题发生争执，在争执过程中四人发生拉扯，致自诉人杨某倒地受伤。

本院认为，自诉人向法庭提供的现有证据，能证明自诉人杨某和被告人魏某某、王某某在玉溪市红塔区澧江路天能山水小区门口发生过争执、拉扯，在拉扯过程中自诉人杨某倒地受伤的事实。不能证明被告人王某某、魏某某有故意伤害他人的故意，被告人王某某、魏某某不应承担刑事责任，应宣告被告人王某某、魏某某无罪。

【无罪判例43】杨某某故意伤害案一审刑事判决书——（2015）五法刑自初字第16号

经审理查明，2013年2月17日自诉人赵某某带着儿子杨某某到普洱市镇沅彝族哈尼族拉祜族自治县勐大镇文夺村文夺小组被告人杨某某父母家中，向前夫杨某某的父亲杨某新了解前夫杨某某支付儿子杨某钦每月500元抚养费的事情。由于杨某新不知其子杨某某与赵某某离婚一事，赵某某即将离婚协议拿给杨某新看，杨某新看后认为离婚协议中房屋、孩子都归赵某某不合理，继而与赵某某发生争吵，并上升为肢体冲突。此时杨某某赶到家中，站在其父杨某新和赵某某中间劝架，赵某某与杨某新相互推搡，后自诉人赵某某倒地受伤。

【无罪判例44】靳某某故意伤害案一审刑事附带民事判决书——（2016）晋0426刑初21号

本院认为，自诉人崔某某因邻里之间的民事纠纷与被告人靳某某发生争执，在拖拽过程中自诉人摔倒受伤，不是被告人故意推倒其受伤，经鉴定自诉人的损伤虽构成轻伤，但自诉人所提供的证据并不能证明其损伤系被告人靳某某故意打伤，因此自诉人指控的犯罪事实不成立，被告人的行为不构成故意伤害罪，依法不应承担刑事责任。

【无罪判例45】王某甲故意伤害案一审刑事附带民事判决书——（2014）玉红刑初字第53号

经审理查明，被告人王某甲系玉溪市红塔区北城街道办事处梅园居委会9组村民建房小组聘用的工作人员。

2013年9月14日8点半左右，自诉人王某某在玉溪市红塔区北城街道办事处梅园居委会9组组长王某乙家门口和组长王某乙等人商量将其菜地调换给其他村民建盖房屋一事，在商量过程中，被告人王某甲和建房小组的人来到现场，被告人王某甲及建房小组的其他人员就去自诉人王某某家菜地里拔王某某栽种的果树，自诉人王某某就下地阻止，并动手去打被告人王某甲，双方发生厮打，后被人劝开。

本院认为，本案证据只能证明王某某和王某甲之间发生过吵打，导致王某某受伤，不能证实被告人王某甲有伤害自诉人的故意。被告人王某甲不应承担刑事责任，应宣告被告人王某甲无罪。

【无罪判例46】戴某珠诉王某凤故意伤害刑事附带民事诉讼一审判决书——（2013）泰刑初字第0389号

本院认为，自诉人戴某珠与被告人王某凤因农田界址发生口角致纠纷发生，双方相互揪拾对方头发，在此过程中，双方倒地，自诉人戴某珠受轻伤，据此不能认定被告人王某凤主观上有伤害自诉人戴某珠身体的故意，亦不能认定被告人王某凤客观上实施了伤害自诉人戴某珠身体的行为，依照疑罪从无的原则，被告人王某凤的行为不构成故意伤害罪。

【无罪判例 47】卢某故意伤害罪一审刑事附带民事判决书——（2014）泰高刑初字第 18 号

经审理查明，自诉人李某兰与被告人卢某系邻居。2013 年 11 月 19 日上午，自诉人李某兰家请瓦匠陈某为其浇制水泥路面。当日下午，被告人卢某及其父亲卢某才认为李家上午浇制的水泥路侵占其地界，遂用工具去挖。李某兰之子卢某玉及瓦匠陈某先行阻止未果。李某兰到场后，与卢某发生纠缠，双方争抢工具，期间李某兰倒地受伤。

本院认为，自诉人李某兰向本院提交的证据能够证明其与被告人卢某纠缠，在争抢工具中倒地受伤，但所举证据不足以证明被告人卢某主观上有伤害自诉人的故意。本案如仅以轻伤结果认定被告人卢某构成故意伤害罪，则刑罚的轻重与行为人的人身危险性不相适应，违背了刑法的罪责刑相适应原则。故自诉人要求以故意伤害罪追究被告人刑事责任的诉讼请求本院不予支持。

【无罪判例 48】贺某某、文某某等故意伤害罪二审刑事判决书——（2017）湘 12 刑终 246 号

本院认为，上诉人米某某因纠纷先后与原审被告人贺某某、刘某某发生口角及扭打，被人劝开后，米某某从地上拿起一块木板，文某某见状，与米某某抢夺木板，在相互抢夺木板过程中米某某倒地受伤。虽然导致米某某轻伤，但无证据证实上诉人受伤是由原审三被告人故意伤害行为所致。故指控原审被告人贺某某、刘某某、文某某犯故意伤害罪的证据不足，指控罪名不能成立，该上诉理由不予支持。

【无罪判例 49】陈某某等故意伤害案二审刑事附带民事判决书——（2014）曲中刑终字第 32 号

本院认为，上诉人魏某某控诉原审被告人陈某某（甲）、陈某某（乙）犯故意伤害罪的证据不足。相反，有足够的证据证明上诉人魏某某的轻伤是陈某某（甲）、陈某某（乙）在抢魏某某手中的斧头时三人摔倒所致，二原审被告人的行为显著轻微危害不大，不构成犯罪。

【无罪判例50】丁某群故意伤害罪二审刑事判决书——（2016）苏03刑终150号

上述事实，有一审当庭宣读、出示的相关证据予以证实，二审中，上诉人丁某群和徐州市人民检察院均未提供新的证据。结合一审、二审查明的事实和证据，本案的焦点问题是高某3受伤是不是丁某群故意所致。经审理认为：

首先，证人高某1证言和高某3陈述均称丁某群和高某3之间有推搡行为，并致高某3倒地。证人安某、时某证言均称没有看到丁某群有推搡或踢打高某3的行为。证人高某2证言称丁荣群脚一抬，高某3就摔倒了。上述证据之间存在矛盾，不能相互印证，无法得出丁某群踢伤高某3腿部的结论。

其次，丁某群和高某3平时关系较好，酒后发生口角纠纷有相互推搡行为，这种“推搡”行为明显达不到“暴力攻击”故意伤害他人身体的程度。也就是说，高某3和丁某群相互推搡行为在主观上都没有伤害对方的故意。

最后，法医学人体损伤程度鉴定意见书证实高某3的左腓骨下段骨折，构成轻伤，但未对致伤原因进行分析。高某3的妻子赵某说“高某3开始说自己的伤是崴伤的，后来才说是丁某群跺的。”高某3陈述“丁某群踢了其左脚踝上边一脚，就摔倒在摩托车上。”高某2说“那个高个子脚一抬，那个矮个子就摔倒了。”根据现有证据不能证明高某3的左腓骨下段骨折是踢打所致，不能排除其他原因导致高某3骨折的合理怀疑。

综上所述，高某3左腓骨下段骨折形成原因不明，在案证据不能证明高某3受伤与丁某群的行为之间有刑法意义上的关联性。

本院认为，原判决认定原审被告人丁某群犯故意伤害罪的证据不确实、不充分，本案事实不清、证据不足，原判决罪名不能成立，上诉人丁某群的上诉理由成立。

【无罪判例51】冷某与冯某甲故意伤害一审刑事附带民事判决书——（2013）青刑初字第919号

本院认为，《刑法》第二百三十四条第一款规定，故意伤害他人身体，致人轻伤，以故意伤害罪定罪处罚。本案中，法医鉴定证明，被害人冷某有右第1掌骨骨折的伤情，但现有证据认定该损伤是被告人加害行为所致的事实不清，证据不足：

……

2. 认定被告人以追求他人损伤或放任他人损伤的主观，实行了侵害他人身体客观行为的事实不清，证据不足。

关于侵害身体的客观行为。现场监控录像反映，被告人赤手与被害人方三人推搡、拉扯，因势弱而退向其电动车时，被害人冷某及证人余某、冯某乙三人亦推拉跟上，待被告人拿起车锁，三人顿步避开，被告人挥动车锁时与冷、余二人距离箭步，但被告人未上前攻击。待被告人挥动车锁四五次后垂手握锁时，被害人冷某与其一步之隔，被告人未主动上前攻击，冷某以左侧身体向被告人右侧趋靠，被告人则相应向其左后侧退让，其时冷某还尝试用双手触抓被告人握锁的右手。待余某、冯某乙绕行至被告人左前方时，冷某在被告人右后方用双方突然搂抱被告人上身，余、冯二人也同时抢拉被告人肢体，其中余某低身抢下被告人右手的车锁，后冷、冯二人合力将被告人向后抱摔倒地。以上事实可见，被告人从拿起车锁到车锁被抢走，均无主动攻击其近旁的被害人的行为，其被三人抱拉抢锁时有挣扎而晃动车锁的动作，已是其为挣脱控制、躲避抢锁的被动行为，而不是为侵害他人身体的加害行为，被夺锁后被害人一方将其抱摔倒地，均无证据证明被告人有致被害人右手掌受伤的加害行为。

关于主观故意。从被告人停车始至被抱摔倒地的前后过程分析，被告人在备有车锁的前提下，没有持锁上前，其因与对方三人推搡拉扯时处于劣势，退回拿锁而持锁改变力量对比后，没有加害近旁的被害人，而是垂手握锁由被害人一方向其趋靠、围聚，被害人在其身旁尝试用双手抓拉其握锁右手时其还躲闪向后退让，使被害人一方得以合围再抱拉夺锁。被告人有充分条件对被害人施某害，但仍停手、避让。由此可论，被告人并无以加害行为追求被害人受伤或放任其行为致被害人身体受伤的主观故意。而其被抱拉抢锁时为挣脱控制、躲避抢锁的被动行为，也不具备非法损害他人身体的故意内容。

【无罪判例52】苏某某故意伤害罪一审刑事判决书——（2015）东二法刑自初字第4号

本院认为，被害人的死亡不是被告人苏某某出于故意或者过失造成的，而是由于不能预见的原因所引起的，属于意外事件，被告人苏某某不构成犯罪。具体理由如下：

一、被告人苏某某主观上没有犯罪故意

根据无利害关系证人李某某、潘某某的证人证言、案发现场录像及苏某某的供述，可以证实苏某某的行为主要是为了挣脱被害人莫某某的拉扯，其目的不是伤害莫某某。虽然苏某某在挣脱的过程中用手打了莫某某肩膀一下，用脚踢了莫某某臀部一下，并把莫某某推开，但从现场录像反映，苏某某推打、挣脱的时间大约8秒钟，时间很短，且打的是肩膀和腿部等非要害部位，一般不会造成明显损伤；而根据法医学尸体检验报告反映，莫某某体表未见钝器打击的明显机械性暴力损伤，也反映出打击的力度较轻；且苏某某挣脱后立即跑开，并阻止了自己一方的小孩拿茶壶砸被害人一方人员的行为，以上事实和行为均反映出苏某某既没有明知自己的行为会发生危害社会的结果，也没有希望或者放任这种结果发生，因此，其主观上不具有犯罪故意。

二、被告人苏某某主观上不存在过失

根据被害人一方的证人证言及被告人苏某某的供述反映，被害人莫某某平时及案发时身体都很正常，没有异常的情况，连其家属均不知道莫某某有冠心病，一般人更难以判断莫某某有冠心病，苏某某与莫某某事前不认识，接触时间很短，其称案发时不知道莫某某有冠心病符合常理，其不可能预见到莫某某冠心病发作猝死的情况出现。另外，根据上述分析，苏某某的推打行为对正常成年人而言一般不会造成明显损伤，实质上也没有造成被害人明显机械性暴力损伤，其不可能预见到其行为可能会造成轻伤以上损害结果，更不可能预见到被害人冠心病引起猝死的情况出现。因此，苏某某不存在应当预见而没有预见的情况，其既没有过于自信的过失，也没有疏忽大意的过失，不构成过失致人死亡罪。

规则45：无法证明被告人主观上有伤害被害人的故意

【规则分析】此规则与上一规则都是关于被告人主观方面没有伤害故意的内容，其中既包括个人的犯罪故意也包括共同犯罪故意。区别在于上一规则是根据案情能够查明被告人不存在故意伤害罪的犯罪故意，此规则是由于自诉人或公诉方不能提供相应证据证明被告人的伤害故意，具体案情如何尚不能确定。

以此提醒辩护方在案情不能确定的情况下依旧可以针对被告人的主观方面进行辩护。

【无罪判例1】高某某指控王某某、余某犯故意伤害罪一审刑事附带民事判决书——（2013）安汉刑初字第00117号

同时自诉人提供的证据及现场证人陈某某均无法证实自诉人高某某左环指中节粉碎性骨折是被告人王某某故意所为，因此自诉人高某某指控被告人王某某犯故意伤害罪证据不足，亦应当宣告被告人王某某无罪。

【无罪判例2】王某某故意伤害案一审刑事判决书——（2014）沾刑初字第139号

经审理查明，蒋某丁与被告人胡某某系同村邻居，两家因道路通行及土地界限问题存有矛盾，且相关部门亦对两家存在的矛盾作过调处。2014年4月4日上午，双方及其亲属再次为土地界限问题发生争执，自诉人蒋某某（蒋某丁之弟）遂将砖头丢入胡某某家水井内，引发双方及众亲属相互谩骂，继而厮打。被告人王某某介入后又与蒋某某发生争执，王某某遂用放置于胡某某家的砍刀将自诉人蒋某某左手手肘处致伤。

本院认为，被告人王某某故意伤害他人身体健康达轻伤后果，其行为已构成故意伤害罪，应予追究其刑事责任及承担相应民事赔偿责任。关于自诉人诉请被告人胡某某承担刑事责任及民事赔偿的主张，案件证据不能证实被告人胡某某对自诉人实施过致害行为，亦无证据证实其在本案中对致害自诉人存有犯意，被告人胡某某依法不应承担刑事责任及民事赔偿责任。

【无罪判例3】陈某某故意伤害再审刑事判决书——（2016）粤06刑再2号

陈某某的辩护人提出如下辩护意见：……（3）本案案发原因不清，原审判决认定陈某某伙同多名男子与另一帮男子打斗没有证据证实，判决书中也未列出其他参与打斗的人。陈某某与被害人欧某灯素不相识，在打斗过程中枪伤一名无辜者不符合逻辑。因此，本案认定陈某某犯故意伤害罪证据不足。

【无罪判例4】刘某某故意伤害案一审刑事判决书——（2015）东刑自初字第14号

经庭审举证、质证，关于自诉人谭某某指控被告人刘某某犯故意伤害罪，自诉人陈述是被告人将其手腕子扭肿的，被告人供述是其把自诉人揪他脖领子的手拽下去的，自诉人指控被告人刘某某主观上有伤害自诉人故意的证据不充分。

【无罪判例5】王某故意伤害罪一审刑事判决书——（2017）吉0722刑初176号

本院认为，被告人王某称其未开车致伤自诉人许某，但证人孙某、孙某2的证言均能证实许某的伤系被告人王某倒车时造成，故对其辩解本院不予采纳。对于许某要求追究王某的刑事责任的请求，证人李某证实，王某在距离许某拦下电动车的地点100米左右，将许某、李某2的大舅哥和电动车同时撞倒。因被告人王某撞伤自诉人许某的主观故意，无确实、充分的证据加以证实，故其要求追究被告人王某的故意伤害罪刑事责任的诉讼请求，本院不予支持。

【无罪判例6】聂某、陈某甲等故意伤害罪一审刑事判决书——（2016）云0326刑初144号

本院认为，《刑事诉讼法》（2012年）第一百九十五条①规定："在被告人最后陈述后，审判长宣布休庭，合议庭进行评议，根据已经查明的事实、证据和有关的法律规定，分别作出以下判决：（一）案件事实清楚，证据确实、充分，依据法律认定被告人有罪的，应当作出有罪判决；（二）依据法律认定被告人无罪的，应当作出无罪判决；（三）证据不足，不能认定被告人有罪的，应当作出证据不足、指控的犯罪不能成立的无罪判决。"自诉人彭某控诉被告人陈某乙、陈某甲、聂某犯故意伤害罪，本案中自诉人彭某因其伤情存在鼻骨粉碎性骨折及左侧眼眶内侧壁骨折而鉴定为轻伤二级，但没有证据证实被告人陈某甲与自诉人彭某面部有过接触，同时，虽然被告人陈某乙、聂某与自诉人彭某面部有过接触，但是被告人陈某乙、聂某是在不同的时间与自诉人彭某发生纠纷，且没有证据证实该二被告人存在共同实施伤害行为的故意，自诉人彭某提供的证据并不能证明造成其轻伤二级的损伤是被告人陈某乙、聂某何人所致伤或二人共同致伤，故自诉人彭某指控三被告人犯故意伤害罪的证据不足，指控不能成立，本院不予支持。

---

① 2018年修正《刑事诉讼法》第一百九十七条，略有删改。

【无罪判例7】自诉人暨附带民事诉讼原告人黄某甲诉被告人孙某甲、陈某某故意伤害刑事附带民事判决书——（2016）陕0730刑初12号

本院认为，故意伤害罪，是指故意非法伤害他人身体并达到轻伤以上后果的行为。该罪客观上表现为行为人有非法伤害他人身体行为，并造成轻伤以上的后果，主观上表现为行为人在实施加害行为时的心态为故意。自诉人虽然与二被告人发生争执，并在肢体接触过程中致自诉人轻伤，但无证据证实二被告人故意实施了对自诉人的加害行为。据此，自诉人对二被告人故意伤害罪的控诉本院不予支持。

【无罪判例8】王某富故意伤害一审刑事判决书——（2016）云2301刑初185号

本院认为，自诉人暨附带民事诉讼原告人夏某珍虽在与被告人王某富发生的纠纷中受伤，但自诉人暨附带民事诉讼原告人夏某珍提交的证据及综合全案证据并不能证明被告人王某富主观上具有故意伤害自诉人暨附带民事诉讼原告人夏某珍身体的目的，故自诉人暨附带民事诉讼原告人夏某珍控诉被告人王某富犯故意伤害罪的指控不成立，被告人王某富的行为不构成犯罪。

【无罪判例9】张某杨、杨某故意伤害一审刑事判决书——（2017）云2924刑初123号

在案证据不能证明被告人杨某与被告人张某杨形成伤害张某亮的共同故意，亦不能证明被告人杨某对自诉人张某亮实施过伤害行为，不能认定被告人杨某有罪，应依法宣告无罪。

【无罪判例10】张某生、符某艳故意伤害罪一案刑事附带民事判决书——（2017）辽1321刑初15号

自诉人常某甲指控被告人张某生构成故意伤害罪，根据现有的证据不能认定张某生有故意伤害常某甲的行为，亦不能认定与符某艳构成共同犯罪，所以该指控本院不予支持，故要求张某生赔偿经济损失之请求，本院亦不予支持。

【无罪判例11】狄甲、狄乙故意伤害二审刑事附带民事判决书——（2015）固刑终字第78号

本案中无证据证明原审被告人狄乙共同致伤上诉人马某甲，故上诉人马某甲的这一上诉理由不成立，本院不予采纳。

【无罪判例12】自诉人暨附带民事诉讼原告人陈某某诉被告人陈某甲故意伤害刑事附带民事判决书——（2016）苏1112刑初5号

对于争议焦点二，经查，现场有多人在拉架，不仅是自诉人陈某某对被告人陈某甲有推拽行为，证人戴某在拉架过程中也摔倒在地。综合案件情况分析，虽然自诉人陈某某的伤系被告人陈某甲造成，但是自诉方所举证据不足以证明被告人陈某甲主观上具有故意伤害自诉人身体健康的故意，不能排除被告人陈某甲为挣脱自诉人陈某某的劝阻，抓住其左手臂一挥却意外导致其受伤的情况。因此，被告人陈某甲的行为不构成故意伤害罪，本院对自诉人陈某某及其诉讼代理人要求判处被告人陈某甲故意伤害罪的诉求不予支持。

【无罪判例13】汤某甲犯故意伤害罪一审刑事判决书——（2016）皖0121刑初268号

本院认为：被害人汤某戊于2016年2月12日晚在长丰县杜集乡陈岗村邓汤路口被汤某甲推搡倒地，后被汤某乙踢了两脚，其伤情经鉴定为轻伤（一级）是客观存在的。但被害人汤某戊致伤原因是倒地摔伤还是被踢所致无证据证实，且亦无证据证实被告人汤某甲和汤某乙之间存在共同伤害汤某戊身体的意思联络。故长丰县人民检察院对被告人汤某甲构成故意伤害罪的指控，事实不清，证据不足，指控的罪名不能成立。

规则46：被告人造成被害人受伤结果系过失

【规则分析】上一辩点中已经分析了故意伤害罪的主观要件，及成立故意伤害罪要求行为人具有伤害的故意，对伤害结果具有认识和希望或放任的态度。而与故意并列的另一种主观状态即过失，《刑法》第十五条规定："应当预见自己的行为可能发生危害社会的结果，因为疏忽大意而没有预见，或者已经预见而轻信能够避免，以致发生这种结果的，是过失犯罪。过失犯罪，法律有规定的才负刑事责任。"而我国刑法规定的故意伤害罪的责任形态为故意，因此过失导致的伤害不构成故意伤害罪，而过失形态的犯罪例如过失致人死亡罪则属于其他罪名。行为人过失致人受伤的案例中，在案证据可以证明案件事实的情况下，被告人的过失心态会有比较明显的行为表现。例如，无罪判例1中双方打斗纠缠过程中不慎导致被告人受伤；又如，无罪判例2中被告人实施行为的本意是拉被害人去查看监控录像，过程中不慎导致被害人摔倒；还有部分案例中被告人的行为意在其他而不慎伤致被害人，这种情况都被认定为过失行为，不构成故意伤害罪。

【无罪判例1】邓某珍故意伤害二审刑事判决书——（2017）粤01刑终1637号

关于出庭履行职务的检察员提出本案属于一般民事侵权纠纷，上诉人邓某珍的行为不构成犯罪的意见。经查，故意伤害罪，是指故意非法损害他人身体健康的行为。就本案而言：（1）从案件起因与有无预谋来看，本案系双方当事人为买卖一根丝瓜而引发的激情犯罪案件，上诉人邓某珍与被害人李某在案发之前并不相识，随后发生的打斗系突发情况，上诉人邓某珍并没有伤害被害人的预谋。（2）从目的与动机来看，上诉人邓某珍虽具有打斗意图，并旨在造成对方暂时的肉体疼痛或者轻微的神经刺激，但不能据此就认定行为人具有造成对方轻伤以上伤害的故意。且案发当时，上诉人邓某珍实施的打击行为更多的是出于为摆脱对方拉扯与纠缠的一种自保行为。（3）从打击方式与强度来看，双方在打斗过程中，主要以相互推搡、揪扯头发、互相拉扯等行为为主，可反映出上诉人所实施具体打击行为的强度较弱，仅系一般的普通相互打斗行为。由于故意伤害罪中的故意系由认识因素与意志因素构成。从上述分析可知，上诉人邓某珍在与被害人李某进行打斗时，对造成被害人李某轻伤的结果没有预见，即对自己所造成结果并没有明确的认知而仅具有认识的可能性。因此，在没有认识的情况下，不管具有怎样的认识可能性，都不能认为存在认识因素。而如果行为人还没有确定实现何种内容，实际上是缺乏故意的意志因素。难以据此认定上诉人邓某珍具有伤害他人的故意，而只能认定其对造成的轻伤结果系过失。本案中上诉人邓某珍的行为不构成故意犯罪，仅属于一般的民事侵权行为。

【无罪判例2】王某某故意伤害案一审刑事附带民事判决书——（2014）庆西刑初字第8号

本院认为，自诉人张某某与被告人王某某上班期间因经手的柴油款短款问题发生争执后，王某某在拉张某某到监控室查看监控录像过程中，将张某某拉倒在地，致其身体轻伤。被告人王某某应当预见自己的行为可能会造成自诉人受伤的结果，但由于轻信能够避免，以致发生被害人轻伤的结果。其主观上无伤害自诉人的故意，客观上未实施故意伤害的行为，其行为不符合故意伤害罪的构成要件，属过失行为，故自诉人张某某控诉被告人王某某犯故意伤害罪不能成立。

【无罪判例3】章某甲犯故意伤害罪一审刑事判决书——（2015）淮法刑初字第00166号

本院认为，根据我国《刑法》的规定，故意犯罪是指行为人明知自己的行为会发生危害社会的后果，仍希望或者放任该结果发生的犯罪行为。综合本案事实及证据，被告人章某甲是在与自诉人郭某及其丈夫章某乙发生纠缠，且被自诉人持裤带殴打过程中，其用左手进行阻挡并推了自诉人一下，其目的是摆脱自诉人的纠缠，不具有故意伤害的罪过，对于自诉人轻伤后果，仅能认定章某甲应当预见其行为可能造成自诉人受伤后果而未预见，其主观上具有过失；同时，我国《刑法》规定过失伤害犯罪的入罪条件之一是行为人造成他人重伤或者死亡的后果，而被告人章某甲的过失行为造成自诉人轻伤后果，未达到过失伤害犯罪的入罪标准，故被告人章某甲的行为不构成故意伤害罪。

【无罪判例4】刘某义故意伤害一审刑事判决书——（2016）桂0124刑初31号

经审理查明，2013年4月9日13时许，被告人刘某义及其族人前往马山县林圩镇高德村拉林水库旁边的山上扫墓，途经自诉人钟某文在拉林水库旁经营的养殖场旁边的小路时，发现该路已被人用木头拦住无法通行，同行的几名青年即拆除拦路的部分木栏，在不远处割草、放牛的自诉人前来阻止。15时许，刘某义等人扫完墓返回经过该处时，认为以往本屯群众扫墓都是经过该路进入墓地，钟某文私自架设木栏不给行人通行是不对的，刘某5等人便再次动手拆除该木栏。自诉人钟某文发现后右手持割草的镰刀从对面山上冲到现场，并举起镰刀追赶拆木栏的刘某5、刘某祖，刘某1等人见状上前阻止及劝说，刘某5、刘某祖跑开后，钟某文仍然同新风屯的人争吵。在争吵过程中，被告人刘某义为防止钟某文用刀砍人，即用手中的扁担击打钟某文的镰刀，第一次击中钟某文手中的镰刀，镰刀头被击断后掉落，镰刀柄还在钟某文手上，被告人刘某仪接着又打第二次，钟某文用左手挡住，左手前臂被击中，钟某文被打伤后即跑离现场并报警，随后去周鹿医院检查治疗。经法医鉴定，钟某文的伤情为左尺骨骨折，该损伤已构成轻伤。

本院认为，被告人刘某义为防止自诉人用镰刀砍伤他人而用扁担打伤自诉人，其行为是过失行为，刘某义过失行为致钟某文受轻伤，其行为不构成犯罪。自诉人指控的罪名不成立。

【无罪判例 5】南某某故意伤害罪一审刑事附带民事判决书——（2015）安刑初字第 396 号

本院认为，被告人南某某抡起铁锹追打自诉人王某某的羊只时，应当预见到可能发生致人损害的结果，但因疏忽大意没有预见到，将自诉人王某某的鼻子划伤，其行为属过失行为，不构成故意伤害罪。自诉人王某某关于被告人南某某犯故意伤害罪的控诉不能成立，应当宣告被告人南某某无罪。

【无罪判例 6】周某故意伤害罪一审刑事判决书——（2016）苏 0681 刑初 149 号

本院认为，自诉人陈某岐罹患老年痴呆症，欠缺辨认、控制自己行为的能力，其由亲属送至被告人周某经营的托老园托养，在托养期间被告人周某对自诉人负有看护、管理的职责。事发当日，自诉人与他人翻弄垃圾、吵闹，被告人周某基于自身职责上前制止，被自诉人揪扭，被告人遂将自诉人按压在石凳上将其制服，后拉回房间。在此过程中，虽因被告人周某的管理行为欠妥致自诉人受轻伤，但其并无伤害自诉人的故意，其主观上更符合过失的特征，依法不构成故意伤害罪。

【无罪判例 7】韩某付故意伤害罪一审刑事附带民事判决书——（2016）吉 0322 刑初 580 号

关于自诉人指控被告人犯有故意伤害罪及被告人的辩解及辩护人提出的辩护意见，经查，根据影音录像及证人证言等证据，能够证明是因为自诉人的亲属张某与被告人就买卖车辆一事发生纠纷，自诉人找到被告人理论时，自诉人拽被告人手中的包，被告人为使自己的包不被抢走，情急之下，在与自诉人抢包的过程中，不慎将自诉人抡倒，致自诉人轻伤的后果。从被告人的行为来看，当时其是怕自己的包被抢走实施的抢抢行为，主观上没有伤害他人的故意，其造成自诉人的伤害结果属于过失行为，被告人的行为不构成故意伤害罪。

【无罪判例8】庞某勇故意伤害一审刑事判决书——（2017）冀0110刑初7号

本院认为，被告人庞某勇为阻止被害人李某1等人拆除大悲寺加盖的二层，被告人庞某勇与被害人李某1发生撕扯，在撕扯中致被害人鼻骨骨折，构成轻伤二级，被告人辩护人辩称虽然被告人造成了轻伤的伤害后果，但该伤情系被告人与被害人拉扯过程中，脑袋不小心碰到被害人鼻子造成，是过失造成，被告人没有伤害的主观故意，被害人在公安机关前两次陈述，均不能说明被告人如何将被害人致伤，第三次笔录与被害人当庭陈述，被害人均认为是被告人为阻止被害人拆墙，双方在推拉铁锹把过程中，铁锹把撞到了被害人鼻梁部，《刑法》第十四条规定，明知自己的行为会发生危害社会的后果，并且希望或者放任这种结果的发生，因而构成犯罪的，是故意犯罪。对于该案，结合被告人庞某勇供述、被害人李某1陈述及被害人只有鼻部骨折，没有其他头面部外伤的伤情以及被告人出家人的特殊身份，被告人行为不符合故意伤害的犯罪构成，公诉机关指控被告人庞某勇构成故意伤害罪的证据不足。

【无罪判例9】王某深故意伤害罪重审刑事判决书——（2016）吉0302刑初89号

本院认为，自诉人周某1对王某深因公安执法不公多次到四平市公安局等相关部门上访，2014年9月15日8时20分许，周某1在四平市公安局院内手拿横幅控告王某深，并在门卫室与其相遇后主动扑向王某深，进行肢体接触后倒地被送往四平市第一人民医院……经鉴定为轻伤二级。并综合分析，该损伤结果既有因既往病史的介入因素，也有外力影响。王某深辩解是上班路上受到自诉人拦截，是被动自卫，辩护人辩护是挣脱周某1的撕扯和纠缠。经查，经综合举证、质证证明，一是王某深多年前因警务执法工作引起周某1不满，并无个人恩怨，二是王某深上班到单位时先被周某1撕扯和人身纠缠的事实是客观存在的，三是王某深为摆脱困境对周某1客观上有一定的外力行为及所发生一定的损害后果也是成立的。但评判认为，王某深的行为既非出于主观故意行为，又不符合刑事犯罪构成要件，对行为人不能抗拒或不能预见的过失状态的行为可依法不认为是故意犯罪行为。

【无罪判例10】汪某春故意伤害二审刑事判决书——（2018）黔05刑终51号

本院认为，原审被告人汪某春持塑料凳欲打朱某兵，系欲让朱某兵离开，因朱某兵害怕后退摔倒在排水沟里致轻伤，汪某春的行为存在过失，因《刑法》规定只有过失造成他人重伤才构成犯罪，故汪某春的行为不构成犯罪。上诉人朱某兵及诉讼代理人所提"汪某春的行为是一种故意行为，并不存在过失的情形，朱某兵受到轻伤的结果是汪某春的行为直接导致，应追究汪某春故意伤害罪的刑事责任"的上诉理由及代理意见不能成立，本院不予采纳。

【无罪判例11】冉某世故意伤害罪一审刑事附带民事判决书——（2014）苍溪刑初字第20号

本院认为，被告人冉某世与自诉人冉某连因过路问题发生纠纷，纠纷中造成自诉人冉某连右侧第4、5、6根肋骨骨折，构成轻伤，CT片显示自诉人肋骨骨折的部位是身体前侧，即系被告人与自诉人发生抓打时，被告人冉某世倒地跪伤所致，而并无证据证明系被告人用支木板故意打伤。同时，倒地跪伤系双方发生抓打时，自诉人抱住被告人腿部，被告人站立不稳所致，不能确定被告人冉朝世主观上有伤害的故意，过失致人轻伤的，不构成故意伤害罪。

【无罪判例12】汤某甲故意伤害罪一案二审刑事附带民事判决书——（2016）宁03刑终30号

本院认为，故意伤害罪，是指故意伤害他人身体健康的行为，客观方面表现为非法损害他人身体健康，主观方面表现为具有损害他人身体健康的故意。本案中上诉人王某甲与原审被告人汤某甲因索要车辆手续而发生争执，汤某甲在关门时将王某甲左手腕致伤，汤某甲的行为客观上造成了王某甲身体受到伤害，达到轻伤程度，但其主观上不具有伤害王某甲的故意，属于过失行为，其行为不符合故意伤害罪的构成要件，原审认定判决汤某甲无罪正确。故上诉人王某甲及其诉讼代理人称汤某甲的行为构成故意伤害罪的理由不成立，不予支持。

【无罪判例13】唐某某犯故意伤害罪一审刑事判决书——（2015）乐至刑初字第52号

本院认为，自诉人暨附带民事诉讼原告人秦某某与被告人唐某某因口角纠纷发生抓扯，唐某某在抓扯中将抓到秦某某的手一松，秦某某撞到门口雨棚的柱子上致其受伤，故唐某某主观故意伤害秦某某的证据不足，不能认定唐某某有罪。证人杨某锡、秦某信、秦某东证言虽证实唐某某实施了抓扯与伤害秦某某的行为，出院病情证明书亦证实秦某某的身体受到伤害，但整个抓扯过程中，因被告人手一松导致了秦某某的轻伤，被告人事先对于自己松手行为，不是其主观上所追求和放任的伤害行为，认定其主观上的故意伤害证据不足，属于过失行为造成自诉人受轻伤。且自诉人对纠纷引起、激化也有一定责任，首先是由自诉人故意辱骂被告人“棒老二”，抓扯中，自诉人说要回门市里头拿菜刀，被告人将自诉人拉住，拉到了门市外后，被告人抓到自诉人的手一松，自诉人撞到了门口雨棚柱子上，致自诉人受伤，应认定被告人过失致秦某某受伤，故被告人的行为不构成犯罪。

【无罪判例14】张某犯故意伤害罪一审刑事判决书——（2015）湖长刑自诉初字第1号

本院认为，根据本案中被告人张某在自诉人李某娣将其房内的棉被及茶杯扔在房外水泥地上，且茶杯被摔碎的情况下，为制止自诉人再次进入房内，推了自诉人胸部一下，致使自诉人倒退数步后摔倒，从而造成自诉人受伤的行为，不能确认被告人张某当时具有伤害自诉人的主观故意，同时，虽被告人张某对推自诉人可能造成自诉人受伤的结果应能预见，但其为制止自诉人再次进入其房间而未能预见，其主观上对造成自诉人受伤的结果应为过失，故自诉人李某娣及其委托代理人关于被告人张某的行为构成故意伤害罪的指控不能成立。被告人张某及其辩护人认为张某当时主观上缺乏伤害故意的辩护意见，本院予以采纳。

【无罪判例15】刘某犯故意伤害罪刑事判决书——（2016）苏1112刑初65号

本案中被告人刘某与自诉人朱某某因民间纠纷，朱某某拔刘某种得菜过程中发生争执，导致朱某某受伤。从本案现有证据、当时案发情景及朱某某受伤后被告人立即救助行为来分析，被告人刘某案发时的推搡行为属于应当预见可能发生危害结果，因疏忽大意而没有预见，以致朱某某受轻伤，被告人是一种过失行为。本案没有证据证明被告人具有认识到自己的行为会导致自诉人人身损害结果的发生，仍然希望或者放任这种结果发生的故意心态，本院认为被告人不具有故意伤害的主观故意。

【无罪判例 16】姚某会、郑某、郑某 1 故意伤害罪一审刑事判决书——（2016）川 0802 刑初 324 号

本院认为，被告人郑某、姚某会与自诉人之间的互殴行为系前后相继的两个单独加害行为，二被告人间缺乏意思联络，未形成共同犯罪故意，由于现有证据无法辨明自诉人的轻伤后果具体形成阶段，且被告人郑某对其母即被告人姚某会后面实施的加害行为亦不具有支配、控制性，基于“证据存疑时有利于行为人”的一般法则，不能认定二被告人共同或者单独故意犯罪。但二被告人对自诉人轻伤后果都至少存在过失，因分别实施的加害行为导致的是同一损害后果，其行为间具有牵连性，均与自诉人所遭受的轻伤后果之间存在因果关系，且对互殴行为而言都有足以造成此损害后果的发生，由于过失致人轻伤不构成犯罪，所以二被告人无罪。

规则 47：被告人没有伤害被害人的故意，被告人的行为属于拉架

【规则分析】此辩点从内涵上属于被告人不具有伤害的故意这一类型，将其分离出来主要是因为，相对于被告人没有伤害被害人的故意这一情节，被告人的行为属于拉架这一情节显然可归责性更小，因为拉架本属于一种制止纠纷的积极行为，行为人的主观状态很明显不是想侵犯任何法益。但是在拉架的过程中因行为不慎导致被害人受伤，这种因果关系无法构成刑法上的因果关系。

【无罪判例 1】黎某坤故意伤害二审刑事判决书——（2016）渝 02 刑终 319 号

原开县人民法院判决认定，2015 年 8 月 13 日 19 时许，被告人黎某坤接到徐某某电话去处理水厂的水管问题，黎某坤与妻子何某某及其外孙一同前往水厂。后何某某因水管问题与李某某发生争执进而相互抓扯在一起，被告人黎某坤见状后上前站至二人中间将二人推开，致何某某、李某某双双倒地，随即李某某倒地发现腰部疼痛。后经开县人民医院诊断，李某某腰1椎体压缩性骨折，经开县公安局物证鉴定室及重庆三峡中心医院鉴定，李某某的损伤程度属轻伤一级。原开县人民法院认为，被告人黎某坤的行为不构成故意伤害罪，但黎某坤主观上具有过错，其行为与李某某腰椎受伤有直接的因果关系。二审审理查明的事实和证据与一审相同。

【无罪判例2】袁某某等故意伤害案二审刑事附带民事判决书——（2014）曲中刑终字第84号

原审判决认定，2012年8月3日21时许，自诉人黄某与被告人袁某某因离婚发生口角，进而相互厮打，黄某被致伤。袁某某打电话叫被告人李某某前来劝架解围。后经邻居劝息。黄某伤后第二天到曲靖市第二人民医院住院治疗，诊断为左耳鼓膜穿孔、全身多处软组织挫伤。黄某的伤经鉴定为轻伤……案发后，袁某某交到当地派出所7000元。原审人民法院根据上述查明的事实，认为自诉人黄某的轻伤是在黄某与被告人袁某某相互厮打中造成，双方因家庭生活矛盾引发，袁某某的行为属情节显著轻微，危害不大。自诉人黄某控诉被告人李某某犯罪，证据不足。

本院认为，原审被告人袁某某因与上诉人黄某闹离婚，双方发生口角，袁某某故意殴打黄某头部等全身多处，造成上诉人左耳鼓膜穿孔、全身多处软组织挫伤的轻伤后果，其行为已构成故意伤害罪。本案确因婚姻家庭矛盾引发。案发后，原审被告人袁某某积极赔偿，一审庭审认罪态度好，犯罪情节轻微，可免予刑事处罚。原审被告人袁某某依法应完全承担民事责任。上诉人黄某控诉原审被告人李某某犯罪缺乏罪证，原审被告人李某某不构成犯罪，并不承担民事责任。

【无罪判例3】杨某故意伤害罪一案一审刑事判决书——（2015）神刑初字第00027号

自诉人暨附带民事诉讼原告人王某诉称：2014年9月25日18时许，被告人杨某等人在自诉人开商店的隔壁饮酒，其中两人出来在自诉人门口小便，自诉人父亲制止过程中和被告人发生争执，被告人杨某出言辱骂自诉人父亲，并动手打了自诉人父亲，自诉人上前拉架的过程中被告人杨某殴打自诉人。与此同时，另外三名被告人也出来将自诉人按倒在地殴打。自诉人父亲报警后，中鸡镇派出所民警赶到现场，自诉人被送往大柳塔公安医院抢救治疗。

被告人杨某辩称，他确实和自诉人发生厮打，但是他并没有在自诉人门口小便，自诉人殴打他才发生打架的。

被告人郝某、高某、高某某辩称他们只是拉架，并未参与打架

经审理查明，2014 年 9 月 25 日下午，被告人杨某和其朋友高某、高某某、郝某等人在神木县中鸡镇李家畔村鸿运饭店吃饭饮酒，期间杨某到饭店门口自诉人停放的车边小便，自诉人王某及王某的父亲王某怀便和杨某发生争执并开始厮打，其中王某怀拿着凳子、王某拿着啤酒瓶、杨某拿着砖头打在一起，高某、高某某、郝某几人闻讯出来将打架的几人拉开。杨某躲到鸿运饭店的厨房，王某及其父亲和叔叔到厨房找到杨某并将其打了一顿。

本院认为，被告人杨某酒后在与他人发生纠纷时不能冷静处理，进而殴打自诉人并致其成轻伤，其行为已构成故意伤害罪，应予处罚。自诉人控诉被告人杨某的罪名成立。本案中现有证据不能证实高某、高某某、郝某参与打架并致自诉人受伤的事实，自诉人王某指控高某、高某某、郝某构成犯罪的控诉因证据不足不能成立。

【无罪判例 4】吴某某故意伤害罪一审刑事判决书——（2015）安刑初字第 172 号

本院认为，被告人吴某某与自诉人高某因琐事发生矛盾，在相互厮打中致自诉人高某身体损伤，构成轻伤一级，被告人吴某某的行为构成故意伤害罪，自诉人高某控诉被告人吴某某犯故意伤害罪的事实清楚，证据充分，予以认定。被告人吴某某及其辩护人关于吴某某的行为属正当防卫，不承担法律责任的辩护意见，理由不足，不予采纳。被告人原某某在高某与吴某某厮打中积极进行制止，没有实施伤害自诉人高某的行为，不构成故意伤害罪，自诉人高某对被告人原某某的控诉不成立，不予认定。

【无罪判例 5】李某华、洪某军故意伤害一审刑事判决书——（2016）川 0183 刑初 373 号

本院认为，被告人洪某军在被告人李某华与自诉人暨附带民事诉讼原告人

卢某凤发生纠纷过程中，以劝架方式将自诉人暨附带民事诉讼原告人卢某凤甩倒在地，致自诉人暨附带民事诉讼原告人卢某凤右手无名指受伤，自诉人暨附带民事诉讼原告人卢某凤伤情虽属轻伤，但无证据证明被告人洪某军在主观上具有伤害自诉人暨附带民事诉讼原告人卢某凤的故意，故自诉人暨附带民事诉讼原告人卢某凤指控被告人洪某军的行为构成故意伤害罪，因证据不足，指控的罪名不能成立。

【无罪判例 6】刘某故意伤害罪一审刑事附带民事判决书——（2016）吉0303 刑初 215 号

综上所述，关于自诉人丁某某对被告人刘某故意伤害的指控，证人滕某某没有看到打架的经过，其他的证人证言证明案发时动手打架的有廉某某、刘某，丁某某、郑某宝都有拉架的行为，但没有证据证明是刘某碰到丁某某的左小臂，现有证据只能证明丁某某的伤是在拉架过程中形成。因没有确实充分的证据证明自诉人丁某某左小臂所受伤害后果是被告人刘某故意伤害行为所形成，故应对被告人刘某宣告无罪，同时刘某亦不应对丁某某的伤承担民事赔偿责任。

【无罪判例 7】被告人崔某 1、崔某 2 故意伤害一案一审刑事判决书——（2016）吉 0323 刑初 257 号

自诉人赵某指控被告人崔某 1、崔某 2 对其实施了故意伤害行为，构成故意伤害罪，但根据本案证据仅能证实自诉人赵某面部着地，嘴出血系被告人崔某 2 的行为所致，对自诉人赵某指控被告人崔某 1 犯故意伤害罪，证据不足，指控罪名不能成立。被告人崔某 2 发现自诉人赵某掏刀后，上前制止自诉人的不法行为，顺势将赵某扑倒，致使赵某受伤，其主观上没有积极追求伤害被告人的直接故意，也没有放任伤害结果发生的间接故意，本案缺乏故意犯罪的构成要件，故被告人崔某 2 的行为不构成故意伤害罪。

规则 48：被告人与其他犯罪人之间没有共同伤害的意思联络，不构成故意犯罪

【规则分析】《刑法》第二章第三节对共同犯罪进行了规定，其中第二十五条规定："共同犯罪是指二人以上共同故意犯罪。二人以上共同过失犯罪，不以共同犯罪论处；应当负刑事责任的，按照他们所犯的罪分别处罚。"表明刑

法将共同犯罪限定在故意犯罪之内。共同犯罪是一种不法形态，各行为人对危害结果所起的作用可能不同，责任也随之不同，因此刑法对共同犯罪中的主犯、从犯、胁从犯、教唆犯作了分别规定。我国学者认为，共同犯罪首先应当从不法层面进行判断，然后从责任层面分别判断各行为人是否有责任以及有何种责任。不法层面应当解决的是不法事实归属于那些参与人的行为，在责任层面，共同犯罪与单个人的犯罪便没有区别。因此，在认定共同犯罪时，首先要判断参与人中谁的行为符合什么罪的构成要件，最后的侵害结果是由那些人的行为造成的。① 这种共同犯罪的理论是学者对传统理论进行分析批判后的结果。

在故意伤害罪的判例中，有很多法官依然是采用传统的共同犯罪理论分析具体案件是否成立共同犯罪，这也不影响对案件的认定结果。例如，无罪判例1中，法官即采用传统理论中成立共同犯罪的三个条件进行了分析论证，进而确定不成立共同犯罪。事实上，在很多被控告共同故意伤害的案件中，部分被告人的行为是既没有不法性，也不符合单个人犯罪的构成要件的。例如，无罪判例5，这类案件中事实得以查清，案情也不复杂，各被告人实施了何种行为有证据加以印证，不管自诉人是出于何种目的将多名被告人一同控告，在分析不构成罪的被告人的行为时都有明显的依据。

在指控被告人构成共同故意伤害的案件中，有一些是指控被告人是教唆犯的，如无罪判例7、无罪判例12、无罪判例14。教唆犯的成立条件要求具备教唆对象，教唆行为以及教唆故意，这都需要自诉人提供足够的证据加以证明。从这些判例中可以看到，故意伤害罪中要提出被告人成立教唆犯的证据，基于现实条件所限，对自诉人来说还是比较困难的。

【无罪判例1】岳某故意伤害罪一审刑事判决书——（2013）怀刑初字第307号

被告人岳某对指控的犯罪事实和罪名提出异议，其辩称，我和姜某、尹某没有商量没有预谋，我上车以后也没发现、没听到、没看到他们有异常，有仇应该是骂骂咧咧的，我不认罪，我什么也不知道，与我没有关系，我不同意赔偿。

辩护人任某华的辩护意见为：（1）共同故意伤害犯罪需要主体、主观、客

① 参见张明楷：《刑法学》，法律出版社2016年版，第381～383页。

观三个条件。在主观上，要求各共同犯罪人之间必须有共同的犯罪故意。各共犯之间的意思联络必须是共同犯同一罪的意思联络，而公诉机关对事实的认定，充分说明了被告人岳某主观上与尹某、姜某之间没有共同伤害罪的意思联络。公诉机关的认定是客观归罪的表现。本案是尹某、姜某两人事前商量要去教训被害人的儿子王某2，到犯罪现场伤错了对象而发生，这一过程没有确实、充分的证据证明岳某对这一事实与尹某、姜某之间有共同伤害的意思联络。(2) 被告人岳某在被逮捕和公诉机关补充侦查再次讯问时的两次认罪，是其主观上对法律上的认识错误，不影响对本案的定性。根据现已查明的事实，不符合刑事诉讼法规定的证明要求，被告人岳某不构成伤害罪的共犯，应无罪释放。

本院认为，公诉机关指控被告人岳某犯有故意伤害罪，应当向法庭提供确实、充分的证据予以证明。当庭宣读、出示的证据能够证明被告人岳某为姜某、尹某指路到王某1家门外附近，姜某、尹某持刀对王某1实施了伤害行为，王某1身体损伤程度构成重伤。但宣读、出示的证据不能充分证明被告人岳某主观上明知姜某、尹某欲实施伤害行为，也不能充分证明被告人岳某与姜某、尹某属于共同故意犯罪。附带民事诉讼原告人王某1庭审中称其被四人扎伤，其中一人就是岳某，该述称与经当庭质证的其在公安机关、公诉机关的陈述相矛盾，亦没有其他证据证明姜某、尹某持刀实施伤害时，岳某即在现场一并参与实施，故其述称意见本院不予采信。公诉机关指控被告人岳某犯有故意伤害罪证据不足，指控的犯罪不成立。

【无罪判例2】朱某甲犯故意伤害罪一审刑事判决书——(2015) 甬宁刑初字第834号

经审理查明，2015年1月18日12时许，被告人朱某甲与自诉人朱某乙在宁海县长街镇新塘村因建房问题发生争吵，朱某乙为帮被告人朱某甲也与自诉人朱某乙发生争吵，继而引起厮打。在相打中，朱某乙隔围墙拉拽自诉人朱某乙的衣领，使自诉人朱某乙的身体多次撞击围墙，至自诉人朱某乙受伤。经法医鉴定，自诉人朱某乙左侧第5~7根肋骨骨折，已构成轻伤二级。

本院认为，自诉人提供的证据均证实了在相打过程中，朱某乙隔围墙拉拽自诉人朱某乙的衣领，使自诉人朱某乙的身体多次撞击围墙，致自诉人朱某乙肋骨受伤的事实，但控告自诉人朱某乙的伤势系由被告人朱某甲与朱某乙共同造成的证据不足，亦无证据证明被告人朱某甲与朱某乙有故意伤害自诉人朱某乙的共犯故意。综上，自诉人朱某乙控诉被告人朱某甲犯故意伤害罪的证据不足，指控的犯罪不能成立。

【无罪判例3】沈某、罗某3故意伤害案一审刑事附带民事判决书——（2015）通刑初字第265号

经审理查明，自诉人何某和附带民事诉讼原告人罗某1系夫妻关系，二被告人系母女关系，自诉方与被告方系隔壁邻居。2016年上半年的一天，因为被告人沈某的女儿罗某2跟在一起工作的张某闲聊中说过自诉人何某的女儿罗某1嫁的是一名外省男子一事，引起罗某1的不满，罗某1认为罗某2侮辱了自己。2016年6月17日晚，自诉人何某母女遇见路过其家门的罗某2时，辱骂罗某2，导致自诉人何某母女和沈某母女吵打，后被劝开。2016年6月20日晚，自诉人何某母女遇见路过其家门的沈某时，辱骂沈某，引发双方争吵。之后，被告人沈某母女叫来张某，想让张某把事情说清楚。张某来到后，双方因为言语不和，被告人沈某等人与自诉人何某再次吵打，其间，被告人沈某用镰刀背击打了自诉人何某的背部、腰部，闻讯赶来的附带民事诉讼原告人罗某1与被告人罗某3发生吵打。在吵打过程中，自诉人何某等人不同程度受伤。

本院认为，被告人沈某因生活琐事与他人发生吵打，在吵打过程中用镰刀击打他人腰部、背部，并致人轻伤之行为，侵犯了他人的身体健康权利，已经构成故意伤害罪，依法应处三年以下有期徒刑、拘役或者管制。自诉人何某对被告人沈某的刑事控诉成立，本院予以确认。但自诉人何某控诉被告人罗某3与被告人沈某事前有预谋的意见与查证事实不符，且罗某1证实罗某3殴打何某的时间和张某证实罗某3殴打何某的时间不符，自诉人何某指控被告人罗某3构成故意伤害罪的证据不足，本院不予采纳。

【无罪判例4】郑某某、李某某故意伤害案一审刑事附带民事判决书——（2015）华刑初字第130号

经审理查明，自诉人张某甲因琐事与钟某某发生矛盾，2015年7月5日19时许，自诉人张某甲邀约汪某某等人到“×××酒吧”内对钟某某实施殴打后离开。当晚22时许，被告人郑某某、李某某与钟某某、陈某等人在酒吧内时，自诉人张某甲与汪某某等人来到酒吧门口，自诉人张某甲进入酒吧后，李某某将酒吧门拉下并上锁，被告人郑某某在酒吧内用钢管将张某甲打伤。

自诉人控诉被告人李某某与郑某某构成故意伤害罪的共同犯罪，经查，从相关证据来看，被告人李某某与郑某某主观上不存在伤害张某甲的共同故意，客观上被告人李某某也未对张某甲实施伤害行为，故自诉人控诉李某某构成故意伤害罪不能成立。

【无罪判例5】自诉人卢某强、徐某霞诉被告人安某东故意伤害刑事判决书——（2015）思刑初字第134号

本院认为，被害人卢某雄与被告人安某东案发前相互并不认识，没有任何矛盾。2015年1月2日晚上，被告人安某东在得知其同学田某欢被班上的同学打后，将身上的卡子刀拿给田某欢防身，田某欢将卡子刀还给安某东时，对安某东说三河和大坝场的学生要联合起来殴打吴某。安某东听说后，于2015年1月3日课间将田某欢归还的卡子刀拿给吴某，并叮嘱其被他人殴打时拿出来吓唬他人。吴某在得知三河和大坝场的学生要打他的信息后，没有与安某东商量要共同伤害他人，吴某拿刀是用于防身。2015年1月3日吃中午饭时，卢某雄等多人围着吴某殴打，安某东上前护吴某时，腰部被吴某误刺一刀后即让开，没有与吴某联手对付被害人卢某雄，卢某雄的伤系吴某逃离时，卢某雄继续追打吴某，吴某拿出卡子刀刺中被害人卢某雄左胸部所致，属吴某的个人行为。被告人安某东主观上无伤害卢某雄的故意，客观上无故意伤害卢某雄的行为，不能认定被告人安某东犯故意伤害罪。

【无罪判例6】陈某果故意伤害一审刑事判决书——（2016）鄂1182刑初59号

经审理查明，2014年下半年，李某国家翻建房屋，因房屋层高问题与陈某家多次发生矛盾。2015年1月29日7时许，陈某在自己家门口的早餐店做生意，李某国与其妻子周某一起往陈某家早餐店的案板上铲撒沙子，陈某与其妻子张某见状，就分别用勺子舀开水泼洒驱赶，双方继而互相用砖头砸，后陈某与其妹妹陈某玉、张某冲进李许国家，陈某玉、张某与周某扭打在一起，陈某玉、周某均有损伤。此时，正在李某国门外的陈某果见李某国手中拿着铁铲，就进屋从李某国身后抱住李某国，陈某夺下李某国手中的铁铲，陈某果将李某国按倒在门口地上，陈某出门用铁铲的木柄往李某国后背部身上戳了几下，致李某国腰部受伤。

本院认为，自诉人暨附带民事诉讼原告人李某国因邻里纠纷与被告人陈某果及其父亲陈某等产生矛盾，引起打架，导致自诉人暨附带民事诉讼原告人李某国腰部受伤构成轻伤二级，本院（2015）鄂武穴刑初字第00116号刑事附带民事判决书及黄冈市中级人民法院（2015）鄂黄冈中刑终字第00239号刑事附带民事裁定书均已查明，自诉人暨附带民事诉讼原告人李某国腰部受伤系陈某用铁铲的木柄戳伤的，虽然被告人暨附带民事诉讼被告陈某果当时有将其按倒在地的行为，但该行为客观上没有直接致伤其腰部，主观上也没有与陈某共同伤害自诉人暨附带民事诉讼原告人李某国的故意，因此被告人暨附带民事诉讼被告陈某果的行为不构成故意伤害罪。

【无罪判例7】陆某慧、陆某贵故意伤害一审刑事判决书——（2017）云0423刑初76号

自诉人控诉认为陆某贵虽然没有直接实施伤害行为，但陆某贵出口伤人，间接地起到了推波助澜的作用，属于共同故意犯罪，也应依法追究其刑事责任。因现有证据不足以证实陆某贵的骂人行为有教唆陆某慧犯罪的意思表示，陆某贵与陆某慧不成立共同犯罪，自诉人程某惠对被告人陆某贵的刑事控诉不成立，本院不予支持。

【无罪判例8】邱某军、张某故意伤害一审刑事判决书——（2017）云2924刑初220号

经审理查明，被告人邱某军与自诉人邱某春系同村，邱某军系邱某春本家的侄子。被告人张某、邱某军系亲家关系。2017年8月5日晚，自诉人邱某春在自家兄弟邱某家吃饭期间，与被告人邱某军在电话中因邱某军家羊是否吃着邱某春家苞谷苗一事产生纠纷，二人邀约见面商谈，饭后邱某春与邱某来到邱某宣家烤房附近遇见被告人邱某军、张某，邱某春与邱某军发生争执，邱某军持木棒击打邱某春左侧胸肋部等部位，邱某春被打伤左侧胸肋部、右手，后在邱某的制止下邱某军、张某离开现场。

本院认为，被告人邱某军故意伤害自诉人邱某春的身体，致邱某春轻伤，其行为已构成故意伤害罪。被告人邱某军归案后如实供述犯罪事实，预交赔偿款，可以从轻处罚并宣告缓刑。在案证据不能证明被告人邱某军、张某有共同伤害自诉人邱某春的故意，且张某是否实施过伤害邱某春的行为证据不足，应当宣告被告人张某无罪。

【无罪判例9】王某莲、程某学、刘某故意伤害罪一审刑事附带民事判决书——（2016）吉0302刑初135号

经审理查明，自诉人暨附带民事诉讼原告人陈某与被告人王某莲、程某学、刘某均系某医院工作人员，其中陈某为该院小儿内分泌科室主任，王某莲为副院长分管保卫工作，程某学、刘某为保卫科工作人员。2016年1月5日8时许，陈某因工作问题来到某医院院长张某的办公室内，交谈中二人发生争执，王某莲来到张某办公室后要求陈某离开，随后程某学、刘某将陈某拖拽到张某办公室对面房间，致陈某摔坐在地受伤。

本院认为，自诉人陈某指控被告人王某莲指使被告人程某学、刘某对其实施伤害行为，应追究王某莲的刑事责任，经查，现有证据无法证实王某莲与程某学、刘某之间有共同犯罪的意思联络，且王某莲在案发时与陈某亦无肢体接触，故陈某指控王某莲犯故意伤害罪的证据不足，指控的犯罪不能成立，王某莲亦不应承担民事赔偿责任。

【无罪判例10】成某长、成某献故意伤害一审刑事判决书——（2016）鄂0222刑初300号

本院认为，公诉机关指控被告人有罪的证据，应当能够相互印证，形成完整的证据链。本案的焦点在于被告人之间事前有无预谋共同伤害被害人成某1或在事中有无共同伤害的意思联络。证人成某9、成某2、成某3证实“树亮”打了成某1一两棍后就跑了，后看到成某献打了成某1头部一棍。证人成某4证实“树亮”打了成某1头部数棍，成某献也打了成某1额部。证人成某7证实成某1手持棍子打了成家长，后拿棍子殴打成某献，不清楚具体怎么打的。证人成某10证实其看到成某1打了其大伯、大伯母、大哥后就随手捡了一棍子将成某1抵住，后成某1打他，他就还击。被害人成某1陈述成某10拿钢筋棍打其，成某10的棍被抢走后就跑了，成某献同时拿一铁器打了其头部，成某4来帮忙时，成某献就跑了。他和成某4追到田里时，成某长过来帮成某献打了其头部。证人成某6、江某、成某17则证实成某1将其家人打伤。上述证据相互之间存在矛盾，不能形成完整的证据链，不能证实被告人成某长、成某献有事前预谋，亦不能证实在冲突过程中通过行为达成共同伤害的意思联络。被告人成某长的供述，成某1持木棍打了其头部一木棍，后其捡起木棍打了成某1头部一棍，至于成某1头部其他的伤口怎么来的不清楚。表明其主观上无与他人有共同伤害成某1的故意。被告人成某献的供述，成某1和其儿子持木棍追着打他，他用拳头和脚还击了成某1，事后听成某长说其用木棍打了成某1头部。表明其事中不清楚成某长持木棍击打了成某1，没有与成某长有共同伤害成某1的故意。二人的殴打行为是在独立的主观意识的支配下采取的行为，无共同故意伤害的意思联络。故认定被告人之间具有共同故意犯罪的证据不足。

【无罪判例11】尤某某一案刑事判决书——（2014）前刑重初字第1号

关于被告人王某某与被告人尤某某是否属于共犯关系的问题?

卷中证据能够证明自诉人及证人所称的“王大五子”就是被告人王某某，也能够证明在被告人尤某某动手打夏某某时王某某在案发现场并且有“给我揍、给我砸”等字样的语言，但并没有明确地证明在被告人尤某某用铁撮子打自诉人的时候被告人王某某有“给我揍、给我砸”之类的语言。而被告人尤某某无论在公安机关的供述还是在法庭的两次审理中，都清楚地供述其在打仗时“没听见王大五子说给我揍，打坏我负责这样的话，王大五子没让我打他们，(是）我过去解释就和那个女的打起来了”。综合分析本案卷宗材料，没有证据能够证明被告人尤某某是在被告人王某某的授意下才对自诉人刘某某实施了伤害行为，也没有证据能够证明被告人王某某对自诉人刘某某实施了伤害行为。所以，自诉人刘某某指控王某某犯故意伤害罪证据不足。

【无罪判例12】拜某、穆某犯故意伤害罪案二审刑事判决书——（2015）兵一刑终字第00011号

原审认为，被告人拜某因琐事与自诉人艾某发生争执，与自诉人相互殴斗，期间穆某也参与其中共同殴打自诉人，致自诉人轻伤。自诉人艾某指控被告人拜某、穆某犯故意伤害罪成立。本案中自诉人提供的证据中，无证据证实被告人买某参与殴打自诉人或教唆他人殴打自诉人，故自诉人指控买某犯故意伤害罪，因证据不足不能成立。

本院认为，被上诉人拜某、穆某因琐事殴打自诉人，导致自诉人轻伤，其行为已构成故意伤害罪，应依法惩处。原审法院根据拜某、穆某的犯罪手段、情节和社会危害性，判处其有其徒刑一年，缓刑一年六个月，符合罪责刑相适应的原则，予以支持。上诉人提出“该刑事案件是在被上诉人买某亲自安排和煽动下实施的，是共同犯罪，应当追究其刑事责任”的证据不足，该项上诉理由不能成立，本院不予支持。

【无罪判例 13】胡某甲、胡某乙犯故意伤害罪二审刑事判决书——(2015) 鄂恩施中刑终字第 00137 号

关于原审被告人胡某甲、胡某乙的行为是否构成共同故意伤害罪的问题。

根据《刑法》的规定，共同犯罪是指二人以上共同故意犯罪。构成共同犯罪，必须具备如下条件：行为人为二人以上；共同的犯罪行为；共同的犯罪故意。经查，原审附带民事诉讼原告人柯某慈的轻伤系由原审被告人胡某甲投掷酒瓶砸中头部所致，对该危害结果，原审被告人胡某乙没有实行行为，没有组织、领导、策划、指挥行为，也无教唆及帮助行为。原审被告人胡某乙在本案中的行为与原审附带民事诉讼原告人柯某慈的轻伤结果不存在因果关系。故原审被告人胡某甲、胡某乙的行为不构成共同故意伤害犯罪。检察机关所提原审被告人胡某甲、胡某乙的行为属事中共犯、柯某慈所受轻伤系胡某甲、胡某乙的共同行为所致的抗诉意见无事实和法律依据，不能成立，本院不予采纳。

……

【无罪判例 14】刘某甲故意伤害一审刑事判决书——（2015）韶翁法刑重字第 1 号

本院认为，具有教唆行为，是教唆犯不可或缺的构成要件，教唆行为的实质是引起他人的犯罪故意。如果教唆行为引起了被教唆人的犯罪故意，被教唆人实施了被教唆的犯罪行为，教唆人与被教唆人的犯罪行为构成共同犯罪。本案中，刘某丙看到被害人刘某乙的妻子黄某某拌泥沙之后，回家将此事告诉被告人刘某甲夫妇，但其供述当时并未与其父母商量要殴打对方，之后刘某丙先从家中拿锄头出来说“不要砌墙，再砌就砸掉，并打你们”，刘某乙亦拿到铁棍出来说“有本事就砸”，被告人刘某甲随后也拿铁铲出来说“这是我家的地方，不要再砌墙，再砌墙的话，我不打你，我儿子都要打你”，后来又还说了“打他，打他，打死他”。首先，本案没有证据证实刘某丙在拿锄头出来说要打人之前与被告人刘某甲有预谋伤害刘某乙的行为；其次，虽然有证人证言及同案人供述证实被告人刘某甲拿了铁铲出来并说了“这是我家的地方，不要再砌墙，再砌墙的话，我不打你，我儿子都要打你”和“打他，打他，打死他”的话，但在此之前，刘某丙就已经拿着锄头出来并说了要打人的话，且刘某丙殴打被害人头部致倒地之后，仍继续打击被害人头部致被害人重伤。刘某丙作为一名成年人，具有完全刑事责任能力和民事责任能力，有自己的思维能力和行为判断能力，在刘某丙拿锄头出来说要打人的话时就有了要伤害被害人刘某乙的意念，刘某丙用锄头砸刘某乙的墙，刘某乙拿铁棍打向刘某丙，未打中，刘某丙便用锄头朝刘某乙的头部打击，被告人刘某甲夫妇在当时的氛围下说“打他，打他，打死他”，应该是气话，不会引起刘某丙的犯罪故意，对刘某丙不具有教唆作用，不能认定被告人刘某甲夫妇具有教唆刘某丙伤害被害人刘某乙的教唆行为。被告人刘某甲不具有教唆行为，当然不与刘某丙的故意伤害行为构成共同犯罪，因而不能以故意伤害罪追究被告人刘某甲的刑事责任。关于被告人刘某甲及其辩护人肖某威的辩解和辩护意见，经查，现有证人证言能相互印证，足以认定被告人刘某甲在现场说了“这是我家的地方，不要再砌墙，再砌墙的话，我不打你，我儿子都要打你”和“打他，打他，打死他”的话，被告人及辩护人关于这一点的辩解和辩护意见，不予采纳；其他辩解和辩护意见，因本院没有支持公诉机关对被告人构成故意伤害罪的指控，故在此不作阐述。综上所述，公诉机关指控被告人刘某甲犯故意伤害罪的证据不足，罪名不能成立。

【无罪判例15】成某长、成某献故意伤害一审刑事判决书——（2016）鄂0222刑初300号

被告人成某长的供述：成某1持木棍打了其头部一木棍，后其捡起木棍打了成某1头部一棍，至于成某1头部其他的伤口怎么来的不清楚。表明其主观上无与他人有共同伤害成某1的故意。被告人成某献的供述：成某1和其儿子持木棍追着打他，他用拳头和脚还击了成某1，事后听成某长说其用木棍打了成某1头部。表明其事中不清楚成某长持木棍击打了成某1，没有与成某长有共同伤害成某1的故意。二人的殴打行为是在独立的主观意识的支配下采取的行为，无共同故意伤害的意思联络。故认定被告人之间具有共同故意犯罪的证据不足。

综上所述，本案的证据与证据之间，证据与指控的事实之间都存在矛盾，不能排除合理怀疑。公诉机关指控被告人成某长、成某献犯故意伤害罪不能成立。

规则49：被告人未实施伤害被害人的行为

【规则分析】此辩点系针对故意伤害罪的客观方面进行的辩护，即被告人有没有实施伤害行为。与上述关于主观方面进行的辩护类似，此辩点同样是作为下述五个辩点的总领，属于对于犯罪行为的辩护中最为典型、直观的情况，下述五辩点是从此辩点大点中分离而来。另外，此辩点也区分于证据之辩中证明被告人实施过故意伤害行为的证据不足的辩点，证据不足的辩点特别针对控诉方缺乏证据证明被告人的伤害行为，而这里则特指被告人确实没有实施伤害行为。

对于被告人没有实施伤害行为的情况，可以分为以下几种：第一，被告人在案发时根本没有参与打架，被告人被指控可能只是由于其出现在了案发现场，自诉人处于种种目的将其附带在被告人中。例如，无罪判例1、无罪判例6、无罪判例7是典型的这种情况。第二，被告人在案发时参与了打架，但是其并没有伤害自诉人，而是伤害了其他人。这种情况下针对该自诉人提出的案件，被告人则不构成故意伤害罪，至于被告人对于他人事实的伤害行为是否构罪，则不属于该案的讨论范围。例如，无罪判例4。第三，被告人在案发时参与了打架，但是其行为性质属于拉架，并非殴打行为。在这种情况下，即便是在拉架过程中对被害人有误伤，也不能认定为故意伤害行为，这种情况也可以结合被告人不具有伤害他人的主观故意来进行辩护。典型案件如无罪判例10、无罪判例16~21均存在被告人拉架的情况。

针对被告人实施的具体行为进行辩护，除了从各方的言词证据、监控录像等证据中考察被告人的行为性质外，还要注意结合被告人的主观方面以及被告人行为与伤害结果的因果关系来切断构罪证据链条。因为行为人的主观方面与客观行为在案件中应当得到互相印证，不能完全割裂开来。

【无罪判例1】高维某故意伤害案一审刑事判决书——（2013）庆城刑初字第156号

本院认为，被告人高维某故意伤害他人身体，致人轻伤，其行为已触犯刑律，构成故意伤害罪。自诉人方斌某对被告人高维某的指控成立，予以支持；自诉人对高祝某犯故意伤害罪的指控，因证人杜巧某及被告人供述均证实，高祝某未参与打架，故自诉人对高祝某的指控不能成立。

【无罪判例2】刘某甲、刘某乙故意伤害案一审刑事判决书——（2014）通刑初字第53号

本院认为，被告人刘某甲因庄间推路与自诉人发生矛盾，在2013年12月31日双方互殴中持刀戳伤二自诉人，造成二自诉人构成轻伤的后果，其行为已构成故意伤害罪。辩护人提出的被告人刘某甲的行为属于正当防卫的意见不予采信。但被告人刘某甲伤害二自诉人后投案自首，并能积极预交赔偿款，对其酌情从轻处罚。本案中，自诉人刘某丙、刘某丁的轻伤后果为被告人刘某甲所致；被告人刘某乙在本案中并未对自诉人刘某丙、刘某丁实施伤害行为，故被告人刘某乙不构成犯罪。

【无罪判例3】索某某故意伤害一案刑事附带民事判决书——（2014）祁刑初字第12号

本院认为自诉人指控被告人犯罪，必须提供相应的证据事实加以证明，而且这种证明必须达到犯罪事实清楚，证据确实充分的标准。本案中自诉人刘某控告被告人索某某故意伤害罪的证据不足。事发时在场证人才某某称自诉人是摔倒的，并不存在有人殴打撕扯的情况，与被告人的供述能相互印证。自诉人对自己受伤原因与被告人的行为有关的陈述也未提供证据证实，且自诉人前后陈述自相矛盾。证人美某事发时不在场，其证言反映的是自诉人在受伤后向美某转述的事发经过，而且自诉人在向美某转述时未提及其受伤是因为被告人有殴打和撕扯的行为造成的。自诉人陈述、被告人陈述与其他证人证言中关于自诉人倒地受伤的过程中并没有人对自诉人进行殴打、撕扯的伤害行为和事实，证据间能相互印证，应予以认定。自诉人指控被告人犯故意伤害罪的证据不足，不能认定被告人有罪，应依法判决被告人索某某无罪。

【无罪判例 4】高某某、高某故意伤害一审刑事附带民事判决书——（2014）漳新刑初字第 03 号

本院认为，被告人高某某故意伤害致自诉人轻伤，其行为已构成故意伤害罪。犯罪事实清楚，证据确实、充分，自诉人指控罪名成立，本院予以支持。另外，被告人高某某有前科，应酌情从重处罚。在审理过程中，被告人高某某能够积极主动足额缴纳自诉人经济损失，应酌定从轻处罚。被告人高某在打架过程中始终与成宏厮打在一起，没有实施致害自诉人成某某的行为，故对被告人高某的刑事指控不能成立，本院不予支持。

【无罪判例 5】黄某某故意伤害一审刑事判决书——（2014）绥刑初字第 00041 号

本院认为，被告人宋某某故意非法伤害他人身体致人轻伤，其行为侵犯了他人的身体健康权，已构成故意伤害罪，依法应予惩处。自诉人要求追究被告人宋某某刑事责任的诉讼请求，本院予以支持。被告人马某某并未实施伤害自诉人黄某某的行为，故对自诉人要求追究被告人马某某刑事责任的诉讼请求，本院不予支持。

【无罪判例 6】张某故意伤害罪再审刑事附带民事判决书——（2013）台温刑再字第 5 号

本院再审认为，被害人刘某、王某、李某被姚某等四人持刀和钢管殴打致伤，其中刘某、王某的损伤程度均已构成轻伤的故意伤害犯罪事实存在。但原审被告人张某以及周某并未参与殴打，也未起次要或辅助作用。原判对被告人张某定罪处罚、适用法律错误，依法应予改判纠正。

【无罪判例 7】安某某、杨某甲、杨某乙、胡某某、王某某故意伤害案一审刑事附带民事判决书——（2015）西法刑初字第 641 号

胡某某和王某某夫妇提出自己是去劝架，并没有参与斗殴，不构成故意伤害罪的观点，经查，被告人胡某某、王某某一家是在刘某某一家与安某某一家斗殴过程中加入双方的冲突中。但从监控录像上可以清晰地显示出胡某某在加入冲突中后，具有明显的故意殴打刘某某一家的行为，而王某某并未主动动手，就被刘某某拽倒在地，头发散落，后得以脱身后也并未对他人动手，故胡某某实际参与了斗殴，而王某某并未参与。故被告人胡某某与安某某、杨某乙、杨某甲的行为构成故意伤害罪，且系共同犯罪，所起作用相当，不宜区分主从犯。被告人王某某的行为不构成犯罪。

【无罪判例 8】马某甲、马某乙故意伤害判决书——（2015）吴利刑初字第 201 号

本院认为，被告人马某甲无视国家法律，故意非法伤害他人身体健康，致一人轻伤二级，其行为已触犯刑法，构成故意伤害罪。自诉人杨某某指控被告人马某甲的犯罪事实清楚，证据确实、充分，指控罪名成立，本院予以支持。自诉人杨某某指控被告人马某乙犯故意伤害罪，本院审核后认为，自诉人杨某某在公安机关的报案陈述没有涉及被告人马某乙殴打自诉人杨某某，当庭播放的视听资料，证实被告人马某乙没有实施殴打自诉人杨某某的行为，故自诉人杨某某指控被告人马某乙犯故意伤害不能成立，本院不予支持。

【无罪判例 9】龚某、杨某故意伤害案一审刑事附带民事判决书——（2015）新刑初字第 128 号

经开庭审理查明：2015 年 5 月 15 日 5 时 25 分，自诉人马某某与被告人龚某在新平县商贸城菜市场因卖菜争摊位而发生争吵并相互撕扯。被告人龚某与马某某在撕扯过程中两次摔倒在地，被告人杨某见状后前来劝架，将自诉人马某某和被告人龚某分开。自诉人马某某又用手去掐被告人杨某的脖子，被张某某等人劝开，后被告人杨某打了自诉人马某某脸部一拳，致自诉人马某某少量蛛网膜下腔出血、左侧鼻骨粉碎性骨折。

庭审中，被告人龚某提出其没有动手打过自诉人马某某，不构成故意伤害罪的辩解。本院审理认为，故意伤害罪，是指故意非法损害他人身体健康的行为。伤害是指造成人身器质性的或者功能性的损害。本案被告人龚某在相互撕扯过程中没有动手打过马某某，即被告人龚某没有非法实施故意伤害马某某的行为，其行为不构成故意伤害罪，本院对该辩解予以采纳。

【无罪判例 10】叶某、舒某甲等犯故意伤害罪一审刑事判决书——(2015) 衢龙刑自初字第 1 号

经审理查明，自诉人舒某丙与被告人舒某甲、舒某乙系同村村民。舒某甲、舒某乙系父子关系。被告人叶某系舒某乙的女婿。

2014 年 10 月 15 日 14 时许，自诉人舒某丙将三轮电动车骑到舒某乙家门口拦住道路，不让舒某乙家雇用的挖机、拖拉机通行。舒某乙上前理论，并想将三轮电动车推开，舒某丙从三轮电动车坐垫下拿出一把镰刀往舒某乙头上砍去，舒某乙躲避及时，只砍到了头上的帽子；镰刀被其妻子夺下。舒某丙下车捡砖块扔舒某乙；叶某上前从舒某丙背后环抱将他的双手抓住；舒某丙扭动身体挣扎，后坐到地上。叶某放手后，舒某丙又抓砖块乱扔，叶某遂再次将舒某丙的双手抓住。舒某丙不停地挣扎，后倒在地上。叶某一直抓着舒某丙的双手，至公安民警到现场才放手。平息后，舒某丙躺在地上喊疼，被送医院治疗；医院诊断为左前 8、后 12 肋骨骨折，肺挫伤，软组织挫伤。经鉴定，舒某丙的伤情已达轻伤二级程度。

本院认为，自诉人舒某丙指控被告人舒某甲、舒某乙故意伤害其身体，致其轻伤，证据不足；被告人叶某为制止舒某丙行凶，而控制他的身体，其行为不符合故意伤害罪的构成要件，故三被告人均不构成犯罪。

【无罪判例 11】应某甲犯故意伤害罪一审刑事判决书——(2015) 丽缙刑自初字第 3 号

本院认为，首先，自诉人王某某仅在第三次笔录中指认是被告人应某甲将其推倒致伤，而在前两次笔录中均未指认是被告人应某甲所伤，其陈述内容前后不一，且对于笔录内容的变化未进行合理说明，自诉人指认是被告人致伤并无其他有效证据予以印证；其次，被告人应某甲一直辩解其未推倒过自诉人王某某，且在场的证人应某丙、樊某乙枝、樊某甲、王某、谢某、叶某甲等人均能证实被告人应某甲在案发时和王某某没有肢体接触；最后，虽然证人应某乙在第二次笔录中陈述被告人应某甲有推倒自诉人王某某的行为，但其前后二份笔录内容截然相反，且在场多位证人证言的证明效力明显高于应某乙的证言，综合本案全部证据材料足以证实被告人应某甲与自诉人王某某无肢体接触，被告人应某甲未致伤自诉人。综上，自诉人王某某起诉指控被告人应某甲犯故意伤害罪，事实不清、证据不足，不能成立，本院不予支持。

【无罪判例 12】邓某乙故意伤害一审刑事判决书——（2015）庆西刑初字第 129 号

本院认为，被告人邓某乙在与自诉人张某甲因琐事发生口角、相互厮打中，持啤酒瓶碴致自诉人张某甲身体轻伤的后果，其行为已触犯刑律，构成故意伤害罪。自诉人要求追究邓某甲故意伤害罪的刑事责任，审理认为，案发当晚只有双方当事人，自诉人张某甲陈述经邓某甲指使、控制，邓某乙持啤酒瓶茬将其致伤。但邓某甲陈述当晚回到租住处时，看见邓某乙与张某甲相互撕扯衣服在地上扭打，其将二人拉开，未伤害张某甲。邓某乙供述其与张某甲酒后撕扯在一起，被回到租住处的邓某甲劝开。邓某甲的供述与邓某乙的供述印证，证明邓某甲未伤害张某甲。故自诉人控诉邓某甲故意伤害罪的证据不足，不能成立。其要求邓某甲承担民事赔偿责任的请求亦不予支持。

【无罪判例 13】许某、汪某 1 故意伤害一审刑事判决书——（2015）漳刑初字第 08 号

本院认为，被告人汪某 1、许某与自诉人汪某系邻居，双方因相邻通行产生矛盾，发生了打架。被告人许某用铁锹将汪某打伤，经鉴定损伤程度属轻伤。被告人许某的行为，构成故意伤害罪，应承担刑事责任。被告人许某认为自己没有伤害汪某的辩护意见，与本案案情不符，不予采纳。被告人汪某 1 没有殴打自诉人汪某的行为，故不构成故意伤害罪。

【无罪判例 14】何某某、张某某诉杨某甲等故意伤害案一审刑事附带民事判决书——（2015）江刑初字第 79 号

本院认为，被告人杨某甲、江某甲故意伤害自诉人何某甲的身体健康，致何某甲轻伤一级；被告人江某甲故意伤害自诉人张某甲的身体健康，致张某甲轻伤二级；二被告人的行为已触犯刑律，构成故意伤害罪，依法应追究其刑事责任。自诉人何某甲、张某甲控诉被告人杨某甲、江某甲犯故意伤害罪的请求成立，予以支持。被告人杨某甲、江某甲认为其没有殴打过自诉人的辩解，与本案查明事实不符，不予采纳。自诉人何某甲、张某甲控诉被告人宋某某、刘某某、江某乙、江某丙犯故意伤害罪，仅向本院提交了公安机关对二自诉人、六被告人以及证人何某丙、何某乙、吉某某、江某丁、李某某、张某乙、邓某某、何某等人作的询问笔录。而上述证据，仅证实案发当日二自诉人与六被告人因相邻巷道发生争吵。在争吵中，被告人江某甲、杨某甲与自诉人何某甲、张某甲相互抓打，何某甲、张某甲受轻伤的事实。对其主张被告人宋某某、刘某某、江某乙、江某丙共同殴打致二自诉人轻伤这一损害事实，无证据加以证实。因此，综合全案证据看，证据没有形成具有唯一性、排他性的完整的证明锁链。故自诉人何某甲、张某甲控诉被告人宋某某、刘某某、江某乙、江某丙犯故意伤害罪的事实不清，证据不足，其要求追究被告人宋某某、刘某某、江某乙、江某丙刑事责任的请求不成立，不予支持。被告人宋某某、刘某某、江某乙、江某丙认为其没有殴打过自诉人的辩解，与本案查明事实相符，予以采纳。

【无罪判例 15】自诉人孙某某诉被告人徐某某故意伤害案一审刑事判决书——（2015）朝县刑初字第 00071 号

关于自诉人徐某某对刘某某犯故意伤害罪的指控，经查，刘某某在公安机关及庭审中均否认其参与打架，且有孙某某、徐某某、孙某平在公安机关的供述和证言，能够证实刘某某并未参与打架，因此，自诉人徐某某指控刘某某构成故意伤害罪，罪名不能成立，本院不予支持。对刘某某关于其不构成故意伤害罪的辩解，本院予以采纳；被告人孙某某及其辩护人提出孙某某不构成故意伤害罪的辩解及辩护意见，因无事实依据，本院不予采纳。

【无罪判例 16】黎某坤故意伤害二审刑事判决书——（2016）渝 02 刑终 319 号

原开县人民法院判决认定，2015 年 8 月 13 日 19 时许，被告人黎某坤接到徐某某电话去处理水厂的水管问题，黎某坤与妻子何某某及其外孙一同前往水厂。后何某某因水管问题与李某某发生争执进而相互抓扯在一起，被告人黎某坤见状后上前站至二人中间将二人推开，致何某某、李某某双双倒地，随即李某某倒地发现腰部疼痛。后经开县人民医院诊断，李某某腰 1 椎体压缩性骨折，经开县公安局物证鉴定室及重庆三峡中心医院鉴定，李某某的损伤程度属轻伤一级。原开县人民法院认为，被告人黎某坤的行为不构成故意伤害罪，但黎某坤主观上具有过错，其行为与李某某腰椎受伤有直接的因果关系。二审审理查明的事实和证据与一审相同。

【无罪判例 17】袁某某等故意伤害案二审刑事附带民事判决书——（2014）曲中刑终字第 84 号

原审判决认定，2012 年 8 月 3 日 21 时许，自诉人黄某与被告人袁某某因离婚发生口角，进而相互厮打，黄某被致伤。袁某某打电话叫被告人李某某前来劝架解围。后经邻居劝息。黄某伤后第二天到曲靖市第二人民医院住院治疗，诊断为左耳鼓膜穿孔、全身多处软组织挫伤。黄某的伤经鉴定为轻伤……案发后，袁某某交到当地派出所 7000 元。原审人民法院根据上述查明的事实，认为自诉人黄某的轻伤是在黄某与被告人袁某某相互厮打中造成，双方因家庭生活矛盾引发，袁某某的行为属情节显著轻微，危害不大。自诉人黄某控诉被告人李某某犯罪，证据不足。

本院认为，原审被告人袁某某因与上诉人黄某闹离婚，双方发生口角，袁某某故意殴打黄某头部等全身多处，造成上诉人左耳鼓膜穿孔、全身多处软组织挫伤的轻伤后果，其行为已构成故意伤害罪。本案确因婚姻家庭矛盾引发。案发后，原审被告人袁某某积极赔偿，一审庭审认罪态度好，犯罪情节轻微，可免予刑事处罚。原审被告人袁某某依法应完全承担民事责任。上诉人黄某控诉原审被告人李某某犯罪缺乏罪证，原审被告人李某某不构成犯罪，并不承担民事责任。

【无罪判例 18】杨某故意伤害罪一案一审刑事判决书——（2015）神刑初字第 00027 号

自诉人暨附带民事诉讼原告人王某诉称：2014 年 9 月 25 日 18 时许，被告人杨某等人在自诉人开商店的隔壁饮酒，其中两人出来在自诉人门口小便，自诉人父亲制止过程中和被告人发生争执，被告人杨某出言辱骂自诉人父亲，并动手打了自诉人父亲，自诉人上前拉架的过程中被告人杨某殴打自诉人，与此同时，另外三名被告人也出来将自诉人按倒在地殴打。自诉人父亲报警后，中鸡镇派出所民警赶到现场，自诉人被送往大柳塔公安医院抢救治疗。

被告人杨某辩称，他确实和自诉人发生厮打，但是他并没有在自诉人门口小便，自诉人殴打他才发生打架的。

被告人郝某、高某、高某某辩称他们只是拉架，并未参与打架。

经审理查明，2014年9月25日下午，被告人杨某和其朋友高某、高某某、郝某等人在神木县中鸡镇李家畔村鸿运饭店吃饭饮酒，期间杨某到饭店门口自诉人停放的车边小便，自诉人王某及王某的父亲王某怀便和杨某发生争执并开始厮打，其中王某怀拿着凳子、王某拿着啤酒瓶、杨某拿着砖头打在一起，高某、高某某、郝某几人闻讯出来将打架的几人拉开。杨某躲到鸿运饭店的厨房，王某及其父亲和叔叔到厨房找到杨某并将其打了一顿。

本院认为，被告人杨某酒后在与他人发生纠纷时不能冷静处理，进而殴打自诉人并致其成轻伤，其行为已构成故意伤害罪，应予处罚。自诉人控诉被告人杨某的罪名成立。本案中现有证据不能证实高某、高某某、郝某参与打架并致自诉人受伤的事实，自诉人王某指控高某、高某某、郝某构成犯罪的控诉因证据不足不能成立。

【无罪判例19】吴某某故意伤害罪一审刑事判决书——（2015）安刑初字第172号

本院认为，被告人吴某某与自诉人高某因琐事发生矛盾，在相互厮打中致自诉人高某身体损伤，构成轻伤一级，被告人吴某某的行为构成故意伤害罪，自诉人高某控诉被告人吴某某犯故意伤害罪的事实清楚，证据充分，予以认定。被告人吴某某及其辩护人关于吴某某的行为属正当防卫，不承担法律责任的辩护意见，理由不足，不予采纳。被告人原某某在高某与吴某某厮打中积极进行制止，没有实施伤害自诉人高某的行为，不构成故意伤害罪，自诉人高某对被告人原某某的控诉不成立，不予认定。

【无罪判例20】李某华、洪某军故意伤害一审刑事判决书——（2016）川0183刑初373号

本院认为，被告人洪某军在被告人李某华与自诉人暨附带民事诉讼原告人卢某凤发生纠纷过程中，以劝架方式将自诉人暨附带民事诉讼原告人卢某凤甩倒在地，致自诉人暨附带民事诉讼原告人卢某凤右手无名指受伤，自诉人暨附带民事诉讼原告人卢某凤伤情虽属轻伤，但无证据证明被告人洪某军在主观上具有伤害自诉人暨附带民事诉讼原告人卢某凤的故意，故自诉人暨附带民事诉讼原告人卢某凤指控被告人洪某军的行为构成故意伤害罪，因证据不足，指控的罪名不能成立。

【无罪判例 21】贾某 1、贾某 2 犯故意伤害罪二审刑事附带民事判决书——（2015）朝刑二终字第 00188 号

本院认为，原审被告人贾某 1 故意伤害他人身体，至人轻伤，其行为已构成故意伤害罪，依法应予刑罚处罚。上诉人袁某所提贾某 2 参与殴打，亦构成故意伤害罪的上诉意见，经查，上诉人的陈述和其父亲袁某 1 的证言证实贾某 2 参与殴打上诉人，但被告人贾某 1、贾某 2 均予以否认，均辩称是贾某 1 殴打的上诉人，贾某 2 是拉架。其他现场证人证实系贾某 1 殴打了上诉人，贾某 2 打没打、怎么打的没有看见。上述证据证实贾某 2 是否参与殴打袁某的情节相互矛盾，合理怀疑无法得到排除，故对上诉人此上诉理由，本院不予支持。

【无罪判例 22】冷某与冯某甲故意伤害一审刑事附带民事判决书——（2013）青刑初字第 919 号

本院认为，《刑法》第二百三十四条第一款规定，故意伤害他人身体，致人轻伤，以故意伤害罪定罪处罚。本案中，法医鉴定证明，被害人冷某有右第 1 掌骨骨折的伤情，但现有证据认定该损伤是被告人加害行为所致的事实不清，证据不足：

1. 如前所述，公诉机关指控被告人挥舞车锁击中被害人右手掌致伤的事实不清，证据不足。

2. 认定被告人以追求他人损伤或放任他人损伤的主观，实行了侵害他人身体客观行为的事实不清，证据不足。

关于侵害身体的客观行为。现场监控录像反映，被告人赤手与被害人方三人推搡、拉扯，因势弱而退向其电动车时，被害人冷某及证人余某、冯某乙三人亦推拉跟上，待被告人拿起车锁，三人顿步避开，被告人挥动车锁时与冷、余二人距离箭步，但被告人未上前攻击。待被告人挥动车锁四五次后垂手握锁时，被害人冷某与其一步之隔，被告人未主动上前攻击，冷某以左侧身体向被告人右侧趋靠，被告人则相应向其左后侧退让，其时冷某还尝试用双手触抓被告人握锁的右手。待余某、冯某乙绕行至被告人左前方时，冷某在被告人右后方用双方突然搂抱被告人上身，余、冯二人也同时抢拉被告人肢体，其中余某低身抢下被告人右手的车锁，后冷、冯二人合力将被告人向后抱摔倒地。以上事实可见，被告人从拿起车锁到车锁被抢走，均无主动攻击其近旁的被害人的行为，其被三人抱拉抢锁时有挣扎而晃动车锁的动作，已是其为挣脱控制、躲避抢锁的被动行为，而不是为侵害他人身体的加害行为，被夺锁后被害人一方将其抱摔倒地，均无证据证明被告人有致被害人右手掌受伤的加害行为。

【无罪判例23】李某苍、李某桃、李某倪故意伤害罪一审刑事判决书——（2016）陕0304刑初153号

被告人李某苍在纠纷发生时，即追牛志乾出了大门，没有与李某能发生撕扯，且与证人牛某乾、被告人李某苍、李某桃、李某倪的讯问笔录相互印证，故李某能指控被告人李某苍犯故意伤害罪的证据不足，故依据《刑事诉讼法》（2012年）第一百九十五条[①]第三项之规定，不能认定被告人李某仓有罪。

【无罪判例24】赵某薪、赵某宏故意伤害罪一审刑事判决书——（2016）云0126刑初203号

本院认为，故意伤害罪是指故意非法伤害他人身体健康的行为。《刑法》第二百三十四条第一款规定，“故意伤害他人身体的，处三年以下有期徒刑、拘役或者管制”。本案中，自诉人赵某华与被告人赵某薪因琐事发生撕扯吵闹。在撕扯吵闹中致自诉人受伤。自诉人赵某华2016年3月17日X片示：右颞顶骨见局限性凹陷，头皮软组织未见明显血肿，建议结合CT检查。2016年3月19日头颅CT平扫脑实质内未见确实脑挫伤及出血表现，右顶骨骨质凹陷；2016年3月25日头颅CT平扫右顶骨见局部骨质凹陷、增厚，骨质连续，外侧软组织未见肿胀，3月17日、19日X片、CT片对比无明显变化。虽然自诉人赵某华的损伤程度经法医鉴定为轻伤一级，但现有证据不足以证明其头部外伤（颅骨凹陷）系被告人赵某薪所为，故自诉人赵某华指控被告人赵某薪犯故意

① 2018年修正《刑事诉讼法》第一百九十七条。

伤害罪的证据不足，指控罪名不能成立。被告人赵某宏因未参与本次纠纷，根据法律应认定其无罪。

规则 50：无法证明被告人实施了伤害行为

【规则分析】此规则与前述无法证明被告人具有伤害故意的规则类型相同，都是在未能确定具体案情的情况下，以无法证明被告人实施的伤害行为进行辩解，反过来讲就是控诉方的证据没有达到足以证明被告人有罪的标准。

【无罪判例 1】苏某某、苏某某甲、苏某某乙、刘某某犯故意伤害刑事判决书——（2013）神刑初字第 00295 号

本院认为，被告人苏某某、苏某某甲、苏某某乙在与自诉人刘某某协商债务问题中因言语不和与自诉人刘某某及家人发生纠纷，进而发生厮打，致自诉人轻伤，其行为均已构成故意伤害罪，应予处罚。自诉人控诉三被告人的罪名成立。被告人苏某某、苏某某甲、苏某某乙因此给自诉人造成的经济损失理应由三被告人予以赔偿。自诉人要求以被告人刘某某犯故意伤害罪追究刑事责任之请求。经查，现有证据不能证实被告人刘某某对二自诉人实施过殴打，故自诉人刘某某、任某某的该请求不予支持，依法应宣告被告人刘某某无罪，同时二自诉人要求被告人刘某某承担相应民事赔偿责任的请求亦不予支持。

【无罪判例 2】孙某、王某某刑事附带民事判决书——（2014）临玉刑初字第 2 号

本院认为，公民的身体健康权受法律保护，不受非法侵害。被告人孙某故意殴打自诉人王某林致其轻伤，构成故意伤害罪，依法应追究其刑事责任，并赔偿自诉人王某林医疗费等经济损失。被告人孙某能积极赔偿，可从轻处罚。自诉人王某林指控被告人王某某参与殴打，证据不足，对其指控不予支持，应依法宣告被告人王某某无罪，同时，亦不承担民事赔偿责任。

【无罪判例 3】顾某甲、顾某乙、顾某丙故意伤害一审刑事判决书——（2013）吴红刑初字第 84 号

本院认为，被告人顾某甲因琐事与他人产生纠纷后不能正确处理，故意殴打他人，致一人轻伤，其行为已构成故意伤害罪，自诉人对被告人顾某甲的指控成立，本院予以支持，但自诉人白某甲出示的证据不能证实被告人顾某乙、顾某丙对其有殴打行为，故自诉人对被告人顾某乙、顾某丙的指控本院不予支持。

【无罪判例4】江某某故意伤害罪一审刑事判决书——（2014）博刑初字第9号

本院认为，因没有足够的证据能够证明被告人骆某某对自诉人朱某某实施殴打行为并造成其轻伤，故对自诉人指控被告人骆某某犯故意伤害罪，要求其承担刑事责任并赔偿民事损失的诉讼请求本院均不予支持。被告人江某某因自己丈夫与别人发生争执，而情绪失控，故意非法损害被害人身体健康，造成被害人鼻骨骨折，达到轻伤程度，其行为符合故意伤害罪的构成要件，构成故意伤害罪，自诉人朱某某对被告人江某某的指控成立，应当对被告人江某某以故意伤害罪追究刑事责任，并且应当赔偿附带民事诉讼原告人的经济损失。

【无罪判例5】刘某峰犯故意伤害罪一审刑事判决书——（2013）金刑初字第00079号

本院认为，刑事自诉案件被告人有罪的举证责任由自诉人承担，本案中，自诉人秦某岐与谷某强因琐事产生纠纷，本应互谅互让、协商解决，但秦某岐与谷某强先行争执继而发生厮打，自诉人诉称有四个人对其殴打，但仅对谷某强、刘某峰提起了诉讼，要求追究谷某强和刘某峰的责任。案件审理过程中，自诉人与谷某强达成了和解协议，仍要求刘某峰承担全部责任，自诉人不能证明其鼻骨骨折是刘某峰的故意伤害行为造成的，自诉人的指控缺乏相应的证据，其指控罪名不成立。

【无罪判例6】高某某故意伤害案一审刑事附带民事判决书——（2014）罗刑初字第32号

本院认为，被告人高某某与自诉人刘某甲发生口角并厮打，致刘某甲轻伤，其行为已触犯《刑法》第二百三十四条第一款“故意伤害他人身体的，处三年以下有期徒刑、拘役或者管制”之规定，构成故意伤害罪，自诉人指控被告人高某某的犯罪事实存在，罪名成立。自诉人受伤后所造成的经济损失，被告人高某某应承担民事赔偿责任。双方发生厮打时，被告人雷某某虽在现场，但没有证据证实雷某某对自诉人实施了伤害行为，自诉人指控被告人雷某某犯故意伤害罪的事实不清、证据不足，指控的罪名不成立。

【无罪判例 7】王某甲、王某乙故意伤害罪一审刑事判决书——（2013）神刑初字第 00405 号

被告人王某乙辩称，是自诉人的父亲先骂的他，他没有殴打自诉人张某，张某打了他后，他就跑开了。故他不构成犯罪。

本院认为，被告人王某甲在其儿子即被告人王某乙与他人发生冲突时，未能妥善制止，而是出手伤击他人，致人轻伤，其行为已构成故意伤害罪，应予处罚。自诉人控诉王某甲犯故意伤害罪的罪名成立。鉴于自诉人张某在本案中也存在重大过错，故决定对被告人王某甲从轻处罚，并适用缓刑；被告人王某乙虽然殴打了张某某，但无证据证明其伤害行为致张某某发生了轻伤以上的犯罪后果，也无证据证实其实施过伤害自诉人张某的行为，故自诉人张某控诉王某乙犯故意伤害罪的事实和罪名不能成立，应宣告被告人王某乙无罪。

【无罪判例 8】王某某故意伤害案一审刑事判决书——（2014）沾刑初字第 139 号

经审理查明，蒋某丁与被告人胡某某系同村邻居，两家因道路通行及土地界限问题存有矛盾，且相关部门亦对两家存在的矛盾作过调处。2014 年 4 月 4 日上午，双方及其亲属再次为土地界限问题发生争执，自诉人蒋某某（蒋某丁之弟）遂将砖头丢入胡某某家水井内，引发双方及众亲属相互谩骂，继而厮打。被告人王某某介入后又与蒋某某发生争执，王某某遂用放置于胡某某家的砍刀将自诉人蒋某某左手手肘处致伤。

本院认为，被告人王某某故意伤害他人身体健康达轻伤后果，其行为已构成故意伤害罪，应予追究其刑事责任及承担相应民事赔偿责任。关于自诉人诉请被告人胡某某承担刑事责任及民事赔偿的主张，案件证据不能证实被告人胡某某对自诉人实施过致害行为，亦无证据证实其在本案中对致害自诉人存有犯意，被告人胡某某依法不应承担刑事责任及民事赔偿责任。

【无罪判例 9】徐某乙、梁某某故意伤害一案一审刑事判决书——（2014）庄刑初字第 43 号

经审理查明，自诉人徐某甲家与被告人徐某乙家的磨坊相邻。因徐某甲家正在修房，徐某乙怕徐某甲损坏他家磨坊院墙，2013年9月10日20时许，徐某乙与其妻梁某某到磨坊后，见磨坊的一段土墙倒塌，徐某乙就在磨坊前叫骂，徐某甲与其母朱某某出来后，双方因言语不和相互辱骂了一会儿，徐某甲在徐某乙的脸上打了两拳，随后徐某甲和徐某乙撕扯在一起，双方用拳头在对方的脸部、胸部互相击打了几拳，被梁某某与朱某某等人拉开。后徐某甲拿了一根木棍要打徐某乙，被人夺下……

本院认为，自诉人徐某甲与被告人徐某乙系邻居，理应和睦相处。本案中双方不能正确处理相邻关系因而发生厮打，致自诉人受轻伤，徐某乙的行为违反了《刑法》第二百三十四条之规定，构成故意伤害罪。但自诉人无证据证明被告人梁某某殴打自诉人，故自诉人指控梁某某犯故意伤害罪的证据不足，其指控的犯罪不能成立。

【无罪判例10】赖某某诉陈某故意伤害案一审刑事判决书——（2015）五法刑自初字第9号

本院认为，对于自诉人赖某某指控被告人陈某殴打并致其轻伤的事实，由于自诉人赖某某和被告人陈某在公安机关两次调解过程中的陈述均不能证实被告人陈某殴打自诉人赖某某，亦无法证实被告人陈某的行为与赖某某流产的损害结果之间具有必然的因果关系，故依照无罪推定的原则，本院认为自诉人赖某某对被告人陈某犯故意伤害罪的指控证据不足，指控的罪名不能成立，应当宣告被告人陈某无罪。

【无罪判例11】李某甲故意伤害案二审刑事附带民事判决书——（2014）楚中刑终字第13号

本院认为，上诉人（原审自诉人、反诉被告人）李某甲与上诉人（原审被告人、反诉自诉人）高某某因相邻林地界线发生纠纷，两人在互相撕扯过程中从斜坡上滚落到坎下，造成李某甲、高某某轻伤，李某甲、高某某均应对对方造成的轻伤后果承担责任，两人的行为均已构成故意伤害罪，并应承担相应的民事赔偿责任。无证据证实原审被告人杨某某对李某甲实施过伤害行为，杨某某无罪，亦不承担民事赔偿责任。高某某、李某甲两人的伤均是在互殴撕扯过程中摔伤所致，两人的犯罪情节轻微，可免予刑事处罚。

【无罪判例 12】胡某宗、刘某故意伤害一审刑事判决书——（2016）云0722 刑初 42 号

自诉人马某华对被告人刘某犯故意伤害罪的指控，因无其他证据证明被告人刘某实施对马某华的伤害行为，应认定被告人刘某无罪。

【无罪判例 13】李某故意伤害案一审刑事判决书——（2015）嵩刑初字第201 号

本院认为，自诉人张某某向本院提交的证据能够证实其在与被告人李某争抢皮尺过程中皮尺断裂导致其受伤，但不能证明被告人李某对其有故意伤害的行为，故张某某对李某的指控证据不足，应宣告李某无罪。

【无罪判例 14】柳某荣、柳某故意伤害案刑事判决书——（2016）云2924 刑初 34 号

本院认为，被告人柳某荣、反诉被告人柳某华二人因生产生活琐事产生矛盾后互殴，故意伤害对方身体，并造成对方轻伤后果，二被告人的行为已构成故意伤害罪。在案证据不能证实被告人柳某荣对柳某华实施过伤害行为，应当宣告被告人柳某荣无罪。

【无罪判例 15】杨某某、杨某甲、杨某乙、杨某丙故意伤害案刑事附带民事判决书——（2015）青刑初字第 223 号

本院认为，被告人杨某某与自诉人马某某因琐事发生纠纷，不能冷静处理，相互厮打，致自诉人受轻伤，杨某某的行为构成故意伤害罪，应予处罚。自诉人马某某控诉被告人杨某某故意伤害的主要事实清楚，证据确实、充分，罪名成立，应予支持。收集在案的证据不足以证实被告人杨某甲、杨某乙、杨某丙实施伤害行为，故被告人杨某甲、杨某乙、杨某丙不构成故意伤害罪。

【无罪判例 16】史某、魏某故意伤害案一审刑事判决书——（2015）富刑初字第 257 号

本院认为，自诉人刘某指控被告人史某故意伤害其身体，使其受伤，要求其承担刑事责任，应提供相关证据予以证实。在本案中，自诉人刘某提供的证据不能证实其手受伤是由被告人史某的伤害行为形成的，自诉人刘某对被告人史某犯故意伤害罪的指控，证据不足，罪名不能成立。由于其指控的犯罪行为不能认定，也不能证明被告人史某有侵害其身体的侵权行为，故其要求被告人史某赔偿损失的诉讼请求，本院不予支持。

【无罪判例17】宋某香故意伤害一审刑事判决书——（2016）豫0811刑初204号

本院认为，自诉人暨附带民事诉讼原告人仝某珍诉告人宋某香故意伤害一案，经庭审举证、质证的证据不足以证实自诉人暨附带民事诉讼原告人仝某珍之伤是被告人宋某香所致，自诉人所出示的证据均不能证实被告人实施殴打了自诉人暨附带民事诉讼原告人仝某珍。自诉人诉被告人宋某香犯故意伤害罪的事实不清，证据不足，不予支持。

【无罪判例18】宋某某、何某某故意伤害案一审刑事判决书——（2015）富刑初字第238号

本院认为，被告人宋某某故意伤害他人身体，致一人轻伤，其行为已构成故意伤害罪，应依法惩处。自诉人陈某某要求追究被告人宋某某犯故意伤害罪的刑事责任的指控，事实存在，罪名成立，本院予以支持。自诉人要求追究被告人何某某犯故意伤罪的刑事责任的指控，因没有证据证实何某某实施伤害行为，故其指控不能成立，本院不予支持。

【无罪判例19】魏某某故意伤害罪一审刑事判决书——（2015）安刑初字第335号

本院认为，被告人魏某某故意伤害他人身体，致人轻伤，其行为构成故意伤害罪，应依法追究其刑事责任。被告人魏某某对其故意伤害行为给自诉人张某某造成的经济损失应予赔偿。自诉人张某某在案件起因上存在一定过错，应减轻被告人魏某某的法律责任。被告人侯某某虽打电话叫来被告人魏某某等人将自诉人张某某从其经营的“黄金肾丹成人保健品”店内强行架出，但无证据证明被告人侯某某对自诉人张某某实施了故意伤害行为。自诉人张某某控诉被告人魏某某犯故意伤害罪的事实清楚，证据确实、充分，予以认定；控诉被告人侯某某犯故意伤害罪的事实不清，证据不足，不予认定。

【无罪判例 20】黄某某犯故意伤害罪一审刑事判决书——（2016）晋 0821 刑初 188 号

对于被告人黄某某，根据现有证据无法证明其有致伤自诉人的行为，故对指控被告人黄某某涉嫌故意伤害罪不予认定，对自诉人要求其赔偿各项经济损失的附带民事诉求不予支持。

【无罪判例 21】张某杨、杨某故意伤害一审刑事判决书——（2017）云 2924 刑初 123 号

在案证据不能证明被告人杨某与被告人张某杨形成伤害张某亮的共同故意，亦不能证明被告人杨某对自诉人张某亮实施过伤害行为，不能认定被告人杨某有罪，应依法宣告无罪。

【无罪判例 22】张某生、符某艳故意伤害罪一案刑事附带民事判决书——（2017）辽 1321 刑初 15 号

自诉人常某甲指控被告人张某生构成故意伤害罪，根据现有的证据不能认定张某生有故意伤害常某甲的行为，亦不能认定与符某艳构成共同犯罪，所以该指控本院不予支持，故要求张某生赔偿经济损失之请求，本院亦不予支持。

【无罪判例 23】甘某文、彭某兵故意伤害二审刑事判决书——（2016）桂 01 刑终 66 号

本院认为，本案现有证据仅证明 2010 年 2 月 21 日晚，甘某文与王某 2 在喝酒时发生争吵被人拉开，甘某文在与彭某兵一起离开的推拉过程中摔倒致伤，后甘某文前往宾阳县中医院治疗（医院诊断为左腓骨下端骨折，左内踝骨折），以及甘某文的左侧内外踝骨折损伤经宾阳县公安局法医鉴定为轻伤的事实。虽然甘某文在脚部受伤时与彭某兵有过肢体接触，但现有证据不能确实充分证实彭某兵、余某有对甘某文实施故意伤害的行为，故一审判决根据证据裁判原则，认定彭某兵、余某的行为不构成故意伤害罪并无不当。

【无罪判例 24】赵某秀、张某芬、乔某平、赵某亮、乔某禄、王某芬故意伤害罪一审刑事附带民事判决书——（2014）禄刑初字第 25 号

本院认为，被告人赵某甲、张某某、乔某乙、赵某乙、乔某丙故意伤害他人身体，致自诉人普某洪轻伤，被告人赵某甲、张某某、乔某乙、赵某乙、乔某丙的行为已构成故意伤害罪，自诉人普某洪指控被告人赵某甲、张某某、乔某乙、赵某乙、乔某丙犯故意伤害罪的罪名成立，本院予以支持，对被告人赵某甲、张某某、乔某乙、赵某乙、乔某丙及其辩护人提出的无罪的辩护意见与事实、法律不相符，本院不予采纳，对自诉人指控被告人乔某甲、王某某犯故意伤害罪，因无证据证实被告人乔某甲、王某某对自诉人实施过伤害行为，故被告人乔某甲、王某某无罪，自诉人对被告人乔某甲、王某某的指控不能成立，被告人乔某甲、王某某及辩护人提出的无罪辩护意见与事实、法律相符，本院予以采纳。

【无罪判例25】李某生、李某某犯故意伤害一案刑事判决书——（2013）金刑初字第00057号

刑事自诉案件被告人有罪的举证责任由自诉人承担，自诉人以李某生对其实施了故意伤害行为为由，请求追究被告人李某生的刑事责任，自诉人不能证明李某生对其实施了故意伤害行为，对被告人李某生的指控缺乏相应的证据予以证明，其指控罪名不成立。故对于自诉人请求追究李某生刑事责任并赔偿损失的请求，本院不予支持。

【无罪判例26】张某波、张某德等故意伤害罪二审刑事判决书——（2016）云03刑终340号

本院认为，原审被告人张某波因邻里纠纷而将原审自诉人暨附带民事诉讼原告人冯某书打致轻伤，其行为已构成故意伤害罪，原审自诉人暨附带民事诉讼原告人冯某书对原审被告人张某波的指控成立；原审自诉人暨附带民事诉讼原告人冯某书还指控原审被告人张某德也构成故意伤害罪，因提供的证据不能证实原审被告人张某德实施了伤害行为，该指控证据不足，指控不能成立。

【无罪判例27】徐某某犯故意伤害罪一案一审刑事附带民事判决书——（2013）宁刑初字第6号

自诉人史某某指控被告人张某犯故意伤害罪，没有证据证明对自诉人实施了故意伤害行为，因此，自诉人指控被告人张某犯故意伤害罪的罪名不能成立，本院不予支持。

【无罪判例 28】常某某故意伤害一审刑事判决书——（2015）渭刑初字第 0024 号

本院认为，自诉人李某某在北寨镇前进村村部要求低保和地震灾后重建项目资金时与驻村干部常某某发生争吵，争吵中李某某辱骂常某某，但无证据证实常某某实施了伤害自诉人的行为，自诉人又提不出补充证据。甘肃明源司法物证鉴定所鉴定李某某的损伤程度属轻伤二级，但自诉人住院时拍片显示右桡骨中段骨折为陈旧性骨折与定西市公安司法鉴定中心法医学人体损伤鉴定书鉴定的李某某右侧桡骨中段骨折时间为 2014 年 7 月 25 日前四周左右形成的鉴定意见相吻合，故李某某轻伤形成的原因不是被告人常某某所致。因此自诉人李某某指控的罪名不能成立，应当依法宣告被告人无罪。

【无罪判例 29】马某甲、马某丙、马某丁、马某戊故意伤害罪一审刑事判决书——（2014）西刑初字第 130 号

自诉人指控被告人马某乙、马某丙、马某丁、马某戊犯故意伤害罪，经查，四被告人均否认自己具有犯罪行为，本案现有证据，不能相互印证，亦不能确实、充分的证实四被告人具有故意伤害行为，根据《刑事诉讼法》（2012 年）第五十三条①“对一切案件的判处都要重证据，重调查研究，不轻信口供。只有被告人供述，没有其他证据的，不能认定被告人有罪和处以刑罚；没有被告人供述，证据确实、充分的，可以认定被告人有罪和处以刑罚。证据确实、充分，应当符合以下条件：（一）定罪量刑的事实都有证据证明；（二）据以定案的证据均经法定程序查证属实；（三）综合全案证据，对所认定事实已排除合理怀疑”的规定，自诉人贾某甲指控被告人马某乙、马某丙、马某丁、马某戊犯故意伤害罪的事实不清，证据不足，指控的犯罪不能成立。

【无罪判例 30】张某英、张某故意伤害案一审刑事附带民事一案一审刑事判决书——（2015）武刑初字第 12 号

对被告人张某的指控，根据自诉人提供的证据，不能证明其对自诉人张某某有故意伤害的犯罪行为，故对张某的指控依法不成立，张某无罪。

---

① 2018 年修正《刑事诉讼法》第五十五条。

【无罪判例31】赵某某、尹某某故意伤害案一审刑事附带民事判决书——（2015）沾刑初字第3号

关于自诉人要求追究被告人赵某某刑事责任和要求其赔偿的主张，案件证据不能证实被告人赵某某对自诉人王某某有加害行为，不能认定被告人赵某某有罪，同时其依法亦不应承担民事赔偿责任，故对自诉人王某某的该主张，依法不予支持。

【无罪判例32】陈某甲等故意伤害一审刑事附带民事判决书——（2016）云0421刑初46号

被告人陈某丙、唐某某是否对自诉人陈某甲实施过故意伤害行为，无有效证据证实，自诉人陈某甲指控被告人陈某丙、唐某某犯故意伤害罪的主张，事实不清，证据不足，不予支持。

【无罪判例33】陈某某、游某某、安某故意伤害案一审刑事附带民事判决书——（2015）官刑二初字第344号

本院认为，根据证人张某、杨某某、陶某某证言，均证实有多人持工具对自诉人陶某进行殴打，但不能证实系本案被告人陈某某、游某某对自诉人陶某进行殴打，也不能证实系陈某某、游某某、安某指使他人所为。而自诉人陶某陈述也只能证实有六名男子持工具对其殴打，但不能证实系被告人陈某某、游某某、安某所为。自诉人向本院提供的证据不具有排他性，无法达到认定被告人有罪的证明标准，属证据不足，不能认定三被告人有罪，故其控诉三被告人犯故意伤害罪，不能成立，本院不予支持。

【无罪判例34】丁某伟、白某英故意伤害一审刑事判决书——（2016）云2525刑初31号

本院认为，自诉人陈某芬左侧第3、4根肋骨骨折，已构成轻伤丙级是事实，但其指控被告人丁某伟、白某英、丁某华犯故意伤害罪缺乏证据，既无充分证据证实被告人丁某伟在案发现场，也不能证实三名被告人对其实施伤害行为的事实……虽然有被告人白某英称与自诉人发生过扭打的供述，但导致自诉人肋骨骨折的原因无法查清，不能达到证明被告人白某英构成犯罪的证据要求。

《刑事诉讼法》（2012 年）第一百九十五条[①]第一款第三项规定："证据不足，不能认定被告人有罪的，应当作出证据不足、指控的犯罪不能成立的无罪判决。"据此规定，自诉人陈某芬指控被告人丁某伟、白某英、丁某华犯故意伤害罪证据不足，指控的犯罪不能成立。

【无罪判例 35】刘某某诉匡某某等故意伤害案一审刑事附带民事判决书——（2016）云 2331 刑初 22 号

本院认为，自诉人刘某某提交的证据仅能证实刘某某与匡某某、尹某某因债务纠纷一事在案发当天有接触，没有确实充分的证据能够证实匡某某对刘某某实施暴力伤害行为。据此，自诉人刘某某指控被告人匡某某、尹某某故意伤害，致使其轻伤的证据不足，指控罪名不能成立，本院不予支持。

【无罪判例 36】陈某故意伤害一审刑事附带民事判决书——（2017）皖 1525 刑初 39 号

本院认为，自诉人高某指控被告人陈某犯有故意伤害罪，经查，在案现有证据不足以证实陈某有实施造成自诉人肋骨骨折的故意伤害行为，自诉人的指控事实不清，证据不足，本院不予支持。

【无罪判例 37】刘某故意伤害罪一审刑事附带民事判决书——（2016）吉 0303 刑初 215 号

综上所述，关于自诉人丁某某对被告人刘某故意伤害的指控，证人滕某某没有看到打架的经过，其他的证人证言证明案发时动手打架的有廉某某、刘某，丁某某、郑某宝都有拉架的行为，但没有证据证明是刘某碰到丁某某的左小臂，现有证据只能证明丁某某的伤是在拉架过程中形成。因没有确实充分的证据证明自诉人丁某某左小臂所受伤害后果是被告人刘某故意伤害行为所形成，故应对被告人刘某宣告无罪，同时刘刚亦不应对丁某某的伤承担民事赔偿责任。

【无罪判例 38】刘某某诉徐某某故意伤害一审刑事附带民事判决书——（2013）南刑初字第 386 号

本院认为，通过公安机关调取的张一某、张二某的证言均能证实自诉人刘某

① 2018 年修正《刑事诉讼法》第一百九十七条，略有删改。

某与徐某某一起摔倒在地上，不能证实被告人徐某某用脚踢、踹自诉人刘某某身体。且自诉人刘某某亦陈述其在饭店内摔倒的事实，证人张一某亦能证实自诉人刘某某在饭店内及在出饭店的台阶上两次摔倒的事实。从公安机关调取的进出小区的监控录像显示出自诉人在与被告人发生纠纷前行走已出现问题，现有证据并不能排除自诉人刘某某在此期间自行摔倒伤害的可能。自诉人刘某某指控被告人徐某某构成故意伤害罪，证据不足，指控的罪名不能成立，本院不予支持。

【无罪判例 39】自诉人暨附带民事诉讼原告人陈某某诉王某某甲、王某某乙故意伤害一案刑事判决书——（2013）扶刑初字第 00047 号

自诉人指控被告人王某某甲用小刀在他右胳膊戳了一道长口子致其轻伤，被告人予以否认。经查，自诉人在案发当天的入院自诉和第一次接受公安机关的调查时，均陈述他是被人用锁链击打头部及全身多处而受伤，均未提及被告人王某某甲用小刀戳刺其右胳膊这一重要情节；同时，自诉人客厅的鞋柜在双方厮打中被掀倒且玻璃破碎，自诉人主张是被告人掀倒，被告人主张是自诉人掀倒且自诉人因此被玻璃划伤胳膊。对此，双方均无充分证据。据此，自诉人该指控证据不足，不能排除合理怀疑，故自诉人指控两被告人构成故意伤害罪的罪名不能成立。

【无罪判例 40】孙某、常某某故意伤害一审刑事附带民事判决书——（2016）陕 0826 刑初 24 号

本院认为，我国《刑法》规定，故意伤害罪，是指故意伤害他人身体的行为，其客观要件是：有损害他人身体的行为；损害他人身体的行为必须是非法进行的；损害他人身体的行为必须造成了他人人身一定程度的损害才能构成本罪。其主观要件：必须在主观方面表现为故意。而本案自诉人李某某的伤情客观存在，且经鉴定构成轻伤，但其提交的证据不能证明伤情是如何形成，被告人谁有故意伤害行为或均有故意伤害的行为，故指控二被告人犯故意伤害罪的事实及罪名不能成立。

【无罪判例 41】自诉人廖某某诉被告人舒某忠故意伤害罪一审刑事附带民事判决书——（2013）麻刑初字第 66 号

本院认为，自诉人廖某某在民事纠纷中，腰部软组织挫伤、L3 椎体压缩性骨折已经构成轻伤的客观事实存在。但本案无充分、确实证据证实该伤系本案被告人所为，故而本案中自诉人指控被告人舒某忠犯故意伤害罪的证据不足，指控的犯罪不能成立，应予宣告被告人舒某忠无罪。

【无罪判例 42】杨某武 + 王某华故意伤害罪案一审刑事附带民事判决书——（2017）川 3434 刑初 115 号

本院认为，本院经庭审举证、质证的证据均能证实双方发生争吵抓扯过程中，均是自诉人罗某某先动手殴打被告人杨某武及其妻子和岳母，本案现有证据不能证明自诉人罗某某右眼的损伤（轻伤程度）系被告人杨某武、王某华所为或相关，更不能证明被告人王某华参与本案纠纷。且根据自诉人罗某某自己提供的四川华西法医鉴定中心法医学鉴定结论，自诉人罗某某右眼自身有病理性视功能障碍。而自诉人罗某某右额及左耳朵的伤并不严重，因此，自诉人罗某某指控被告人杨某武、王某华犯故意伤害罪的证据不足，其指控不能成立，本院依法不予支持。被告人杨某武和王某华关于其无罪的辩解理由，与现已查明的基本事实相符，本院依法予以采纳。

规则 51：被告人的行为情节显著轻微危害不大，不构成犯罪

【规则分析】《刑法》第十三条的但书部分规定："但是情节显著轻微危害不大的，不认为是犯罪。"那么在故意伤害罪中，到底什么样的行为才属于"情节显著轻微危害不大"，需要结合具体的案情，所以将此辩点单独分离出来可以为实践中如何进行认定提供范例。综合下述判例情节可以发现，故意伤害罪中被认定为"显著轻微危害不大"的情节，大多是由于案件本身即属于民间纠纷处理不当，行为人的主观恶性并不大，行为也并非严重的犯罪行为，应当说，类似案情更接近一种故意伤害行为与一般的殴打行为之间的行为，因此在辩护中可以视情节轻重提出此条辩护理由。

【无罪判例 1】陈某某等故意伤害案二审刑事附带民事判决书——（2014）曲中刑终字第 32 号

本院认为，上诉人魏某某控诉原审被告人陈某某（甲）、陈某某（乙）犯故意伤害罪的证据不足。相反，有足够的证据证明上诉人魏某某的轻伤是陈某某（甲）、陈某某（乙）在抢魏某某手中的斧头时三人摔倒所致，二原审被告人的行为显著轻微危害不大，不构成犯罪。

【无罪判例2】李某故意伤害罪二审判决书——（2014）哈中刑终字第00122号

本院认为，上诉人李某与上诉人王某某、张某某故意非法伤害他人身体，致上诉人王某某与上诉人李某轻伤的损害后果，三上诉人的行为依法构成故意伤害罪。但本案系双方处理民间纠纷不当所致，犯罪情节轻微，社会危害性小，不需要判处刑罚，依法可以免予刑事处罚。双方由此产生的经济损失，应当根据各自的过错承担赔偿责任。

【无罪判例3】李某福诉马某九、马某军故意伤害案一审刑事附带民事判决书——（2014）寻刑初字第41号

自诉人李某福控诉称：2014年2月3日，我帮马某丙家建房，二被告人与马某丙家发生地基争执，不准自诉人砌墙，自诉人叫被告人去找马某丙协商，被告人马某九就用拳头殴打自诉人的头部，被告人马某军从后背揪着自诉人进行殴打，致伤自诉人。自诉人受伤后到寻甸县第一人民医院住院治疗9天。经司法鉴定为轻伤。

被告人马某九辩称：我下去按着砖制止，被李某福把我打翻，我没有打着李某福。

被告人马某军辩称：我们去制止施工，他们十多个人来打我们三人，在被殴打的过程中我才拿出刀反抗。

经审理确认的法律事实是：2014年2月3日9时许，自诉人李某福帮其姐夫马某丙家建房，被告人马某军和其弟马某乙去制止，要求留出滴水，马某丙叫去找领导，马某军、马某乙去了一段时间又返回，要求马某丙讲好后再动工，马某丙不同意就走了，此时，被告人马某九也来到现场制止，蹬了自诉人李某福砌的一块砖，与自诉人李某福发生厮打，随即被告人马某军也参与撕打，双方发生互殴，致多人受伤。

本院认为，自诉人李某福控诉被告人马某九、马某军犯故意伤害罪，其情节显著轻微，应宣告被告人马某九、马某军无罪。

【无罪判例4】李某存诉被告人张某故意伤害案一审刑事附带民事判决书——（2014）寻刑初字第212号

自诉人李某存控诉称，我与被告人系邻居，其住房之间留有50厘米的间隙。2013年8月27日，我找人在自己的土地内建盖厨房，次日8时左右，被告人以我占用她家的土地为由，拿着斧子挠我砌好的后墙，后办事处的领导到了现场，让两家拿证据，被告人就返回去将我家砌起的墙推倒，并用板锄打我右手、腰部多处。

被告人张某答辩称，自诉人所述与实际不符。自诉人的墙体与答辩人的滴水界为50厘米，答辩人的滴水为70厘米，两家墙体间为70厘米，发生抓扯以前自诉人填埋了一段排水沟。2013年8月27日，自诉人趁被告人早出晚归占用排水沟，突击新建简易房，次日答辩人便找其理论，办事处领导到场时，自诉人与答辩人徒手互揪头发约1分钟，答辩人没有用板锄打过自诉人。此次纠纷是自诉人占用排水沟引起的，且自诉人的伤是痼疾，不是答辩人所致。

本院认为，自诉人李某存控诉被告人张某犯故意伤害罪，其情节显著轻微，应宣告被告人张某无罪。

【无罪判例5】刘某成诉文某安一审刑事附带民事判决书——（2014）寻刑初字第40号

自诉人刘某成控诉称，自诉人与被告人是同村人，平时关系一般。2013年12月27日本村刘某林办事，下午6时30分左右，自诉人、被告人到他家做客，同坐一张桌子，被告人边吃饭边骂自诉人，并用碗砸自诉人，自诉人起身准备让开，被告人就将自诉人按倒在地殴打，将自诉人打伤。

被告人文孔某答辩称，自诉人所述不是事实。真实的情况是，被告人是自诉人的妹婿，平时关系一般。当天刘某林办喜事，被告人与自诉人同桌吃饭，因双方醉酒，被告人在敬酒过程中与自诉人发生争执，自诉人站起来指着被告人挑衅，被告人把手推开，自诉人趁酒兴拿起酒杯冲向被告人，被告人才将桌子掀翻。自诉人拿起凳子砸。被告人忍无可忍也拿起凳子还击，但凳子还没拿起来就被刘某林拉出门外。被告人没有打着自诉人，相反被告人被自诉人打伤。不清楚自诉人的伤从何而来，被告人不承担任何责任。

本院认为，自诉人刘某成控诉被告人文某安犯故意伤害罪，其情节显著轻微，应宣告被告人文某安无罪。

【无罪判例6】马某菊诉马某靖故意伤害案一审刑事附带民事判决书——(2014)寻刑初字第103号

自诉人马某菊控诉称，我与马某靖是叔伯姐弟，平时关系不好。双方为宅基地发生争吵。2014年2月3日被告人之父打电话叫我父亲到秦家庄，于是我父亲就喊着我和我母亲、妹妹一起去。才到秦家庄村口，马某靖看见我和妹妹就拿出刀来砍伤我和妹妹……

被告人马某靖答辩称，自诉人提出的事实不真实，被告人没有伤害过自诉人。自诉人的伤是自诉人的丈夫实施犯罪行为的过程中造成的，与被告人无关。

经审理确认的法律事实是：马某菊与被告人马某靖系叔伯姐弟关系，平时关系不睦。2014年2月3日19时许，自诉人马某菊等人与被告人马某靖等人为宅基地的使用权、管理权发生吵打。在吵打过程中，自诉人马某菊、被告人马某靖等人被打伤。

本院认为，自诉人马某菊控诉被告人马某靖犯故意伤害罪，其情节显著轻微，应宣告被告人马某靖无罪。

【无罪判例7】彭某礼诉张某稳故意伤害案一审刑事附带民事判决书——(2014)寻刑初字第238号

自诉人彭某礼控诉称，自诉人与被告人系邻居，2014年5月24日，自诉人在自己使用的土地上建盖水池，26日8时左右，被告人将自诉人水池上的石棉瓦破坏，9时左右，自诉人询问被告人，被告人边骂边拿着锤翻过围墙，打伤自诉人的膝盖。自诉人到嵩明县王家村骨科医院治疗，诊断为左髌骨粉碎性骨折。经昆明锦康司法鉴定中心鉴定为轻伤二级。

被告人张某稳辩称，自诉人所述不真实，我没有用锤伤着自诉人。事实是自诉人的石棉瓦水流到我家里，我才将石棉瓦敲烂，自诉人将我的水管割断，我才从家里拿着小锤过去，才到场边小锤就被自诉人的妻子抢掉，我与自诉人是互相扭打在一起，没有用什么工具打。自诉人的伤是自诉人的妻子用小锤打我时打伤的，并且吵打的发生是自诉人的过错造成的，我不承担任何责任。

经审理确认的法律事实是，自诉人彭某礼与被告人张某稳系叔侄关系、邻居，平时关系一般。2014 年 5 月 26 日 9 时许，双方因被告人张某稳损坏自诉人彭能礼的石棉瓦，自诉人彭某礼割断被告人张某稳的水管，发生吵打，在吵打过程中，致伤自诉人彭某礼。

本院认为，自诉人彭某礼控诉被告人张某稳犯故意伤害罪，其情节显著轻微，应宣告被告人张某稳无罪。

【无罪判例 8】王某诉胡某学、胡某林故意伤害案一审刑事附带民事判决书——（2014）寻刑初字第 14 号

自诉人王某控诉称：2013 年 9 月 6 日 15 时左右，我去行山，走到小瓦房门口时，见被告人在砍我家的板栗树树枝，我前去制止，被告人胡某林边骂边跳下树，冲到我面前就打了我左脸一拳，被告人胡某学过来顺势将我推下小土坡，被告人胡某学跳下土坡，踢我的胸口、左侧肋部，被告人胡某林也踢了我胸部几脚……

被告人胡某学、胡某林答辩称：自诉人所述不真实。胡某学 1994 年 10 月承包了村上的荒地，便在埂上栽了些板栗树和梨树。为此自诉人两次到胡某学门上吵打。2013 年 9 月 6 日 15 时左右，因胡某学左脚受伤，不能出力，便请胡某林等人去帮助打板栗。胡某学、胡某林听见上边自诉人及其妻子打胡某林，胡某学便上去劝说。在劝说中自诉人来推胡某学，用力过猛，两人一同摔下埂子，胡某学被自诉人打了胸部两拳。被告人胡某学、胡某林从未打过自诉人王某，王某的损伤与二被告人无关，请求人民法院驳回自诉人的请求。

经审理确认的法律事实是：自诉人王某与被告人胡某学、胡某林系同村人，平时为埂上的板栗树、梨树的所有权发生纠纷。2013 年 9 月 6 日 15 时许，为打双方争执的板栗树上的板栗，自诉人王某等人与被告人胡某林、胡某学等人发生吵打，在吵打过程中自诉人王某、被告人胡某学均有不同程度的损伤。

本院认为，自诉人王某控诉被告人胡某学、胡某林犯故意伤害罪，其情节显著轻微，应宣告被告人胡某学、胡某林无罪；但在吵打过程中致自诉人王某轻伤的后果，被告人胡某学、胡某林承担主要的赔偿责任。

【无罪判例9】杨某有诉杨某成故意伤害案一审刑事附带民事判决书——（2014）寻刑初字第60号

自诉人杨某有控诉称：我与被告人系同村人、邻居，近三四年为相邻关系发生纠纷。2013年11月15日，因我父母在住房东北面自己的地上种豆发生纠纷。我吃过晚饭后回家去看，被告人的母亲就跑来抓扯我妻子，在抓扯过程中其母摔倒在地，被告人的父亲又把被告人喊来。被告人先用石头冲我，没有冲着。被告人就用木棒打了我的左脚二棒、右臂三棒。

被告人杨某成辩称：自诉人的诉讼事实及请求不成立。双方为相邻关系发生纠纷，当天晚上我去做客，我接到电话赶到时，我父母亲已被打伤，我便送我父母亲去治疗，自诉人的伤是殴打我父母亲时不慎自己摔倒受伤，我与自诉人肢体上根本没有过接触，更没有打过自诉人……

经审理确认的法律事实是：自诉人杨某有与被告人杨某成系同村人、邻居。2013年11月15日，自诉人杨某有等人与被告人杨某成等人为相邻关系发生吵打，在吵打过程中，自诉人杨某有等人受伤……

本院认为，自诉人杨某有控诉被告人杨某成犯故意伤害罪，其情节显著轻微，应宣告被告人杨某成无罪。但在吵打过程中致自诉人杨某有轻伤的后果，被告人杨某成应承担主要赔偿责任。

【无罪判例10】周某坤诉刘某贵故意伤害案一审刑事附带民事判决书——（2014）寻刑初字第125号

自诉人周某坤控诉称，我将自己使用剩余的沙堆放在自己围墙外的空地上，该空地属政府征用的。2013年9月20日9时30分左右，我将自己的装载机送到母亲住处时，看见所堆放的沙被人动过，我便问被告人为什么要动沙，沙是用钱买来的，被告人就乱骂，在理论过程中，被告人刘某贵就对我拳打脚踢，致我左侧第8、9根肋骨骨折。

被告人刘某贵答辩称，我与自诉人系同村人，我无工作，便在家里饲养牛羊，我向本村两户人家借用土地种草。自诉人周某坤建房时，其弟找我商量堆放建筑材料，自诉人周某坤剩的沙就一直堆放在该土地上。2013年9月30日9时左右，我拉肥料过不去，就用铁铲扒了一下，不知自诉人周某坤从什么地方开了辆装载机来，将路堵死，我叫其让一下，就吵了起来，自诉人周某坤从车上下来打我，我才还手的。

经审理确认的法律事实是：自诉人周某坤与被告人刘某贵系同村人，平时关系一般。2013年9月30日9时许，双方为堆放沙料一事发生吵打，在吵打过程中，被告人刘某贵打伤自诉人周某坤。

本院认为，自诉人周某坤控诉被告人刘某贵犯故意伤害罪，其情节显著轻微，应宣告被告人刘某贵无罪。

【无罪判例11】自诉人陈某保诉被告人陈某才故意伤害罪一审刑事附带民事判决书——（2014）吉刑初字第78号

本院认为，自诉人所受伤害虽已达到轻伤程度，但双方互有过错，互有伤害。自诉人与被告人系同组村民，双方因为农业生产发生纠纷，自诉人本应以理性、合法的方式来解决双方的矛盾，但自诉人的言行致使双方矛盾加深，以致发生殴斗，且在殴斗过错中，自诉人也造成被告人遭受轻微伤甲级伤害。综合本案起因和具体情节，被告人的行为尚未构成犯罪，故对自诉人指控被告人犯有故意伤害罪的诉讼请求不予支持。

【无罪判例12】李某、赵某犯故意伤害案一审刑事附带民事判决书——（2015）麒刑初字第514号

本院认为，《刑法》第二百三十四条第一款规定，“故意伤害他人身体的，处三年以下有期徒刑、拘役或者管制”，第十三条规定：“……但是情节显著轻微危害不大的，不认为是犯罪。”本案自诉人与被告人李某系邻居，又是很亲的姻亲关系，双方本应相互帮助、互谅互让、正确处理好邻里关系。案发日，双方为处理门口积水问题发生争执并撕扯，自诉人鼻子在撕扯中被李某无意致伤，随后李某即主动报警，事态平息。后李某又根据警察的要求，带自诉人到医院检查治疗，并垫付了部分医疗费。从事件发生的整个过程来看，双方对于事件的引起均因方法欠妥有一定责任，而对于伤害后果被告人李某应承担主要责任，但其情节显著轻微，危害不大，不认为是犯罪，且自诉人送检进行鉴定的材料X光片和疾病证明书，间隔案发时间较长，无其他证据证明与案发日受伤事实有因果关系，故鉴定结论与本案无关，本院不予采信。

【无罪判例13】李某明、李某丽故意伤害案一审刑事附带民事判决书——（2015）寻刑初字第280号

经审理确认的法律事实是：自诉人李某辉与被告人李某丽、李某明系同村人。2015年7月22日15时许，双方为自诉人李某辉家堆放石头一事发生吵打，在吵打过程中，自诉人李某辉被致伤。

本院认为，自诉人李某辉控诉被告人李某明、李某丽犯故意伤害罪，其情节显著轻微，应宣告被告人李某明、李某丽无罪。

【无罪判例14】刘某祥等故意伤害案一审刑事附带民事判决书——（2015）寻刑初字第224号

经审理确认的法律事实是：自诉人冉某与被告人刘某祥系舅侄关系。2015年4月1日自诉人的母亲与被告人刘某祥之妻为家庭琐事发生吵打。同年4月4日20时许，被告人刘某祥及其妻子、被告人龙某明、包某林、朱某红、李某荣等人到自诉人冉某家问理时发生吵打，在吵打过程中，自诉人冉某、被告人刘某祥均不同程度受伤。

本院认为，自诉人冉某控诉被告人刘某祥、龙某明、包某林、朱某红、李某荣犯故意伤害罪，其情节显著轻微，应宣告被告人刘某祥、龙某明、包某林、朱某红、李某荣无罪。

【无罪判例15】施文某等人故意伤害罪一案一审刑事附带民事判决书——（2015）漾刑初字第17号

经审理查明：2015年3月12日，富恒司法所干部及白乔村委会干部组织施某某和施文某两家到纠纷现场调处土地纠纷。13时30分，当行至“窝就密”山上时，施四某与施跃某发生争吵，施军某上前与施跃某撕扯，进而发生打架；这时施某某与施文某也发生互殴，施四某捡起石块上前打了施某某头部一下，施某某也捡起石块殴打施文某，施学某抓住施某某拉扯，导致施某某倒地，施四某手持木棒殴打施某某。

本院认为，被告人施文某、施四某、施学某故意伤害他人身体，致人轻伤，其行为均已构成故意伤害罪。被告人施文某、施四某在共同犯罪中的作用相对较大，可酌情从重处罚；被告人施学某犯罪情节轻微不需要判处刑罚，可以对其免予刑事处罚。被告人施军某虽与他人有殴斗行为，但与自诉人施某某没有身体上的接触，应当宣告其无罪。

【无罪判例 16】姜某焕故意伤害案刑事附带民事判决书——（2015）寻刑初字第 252 号

经审理确认的法律事实是：自诉人赵某兰与被告人姜某焕系妯娌关系。2014 年 9 月 24 日 10 时许，双方为土地的管理使用权发生口角并抓打，在吵打过程中，自诉人赵某兰被致伤。

本院认为，自诉人赵某兰控诉被告人姜某焕犯故意伤害罪，其情节显著轻微，应宣告被告人姜某焕无罪。

【无罪判例 17】李某等故意伤害案一审刑事附带民事判决书——（2015）寻刑初字第 84 号

经审理确认的法律事实是，自诉人杨某的妹妹杨甲购买的土地与被告人普某某家相邻，双方为摊位的管理、使用权发生纠纷，2014 年 6 月 12 日 13 时许，自诉人杨某及其妹妹杨甲与被告人李某、普某某在双方争执的摊位处发生吵打，在吵打过程中，自诉人杨某、被告人普某某均有不同程度的损伤。

本院认为，自诉人杨某控诉被告人李某、普某某犯故意伤害罪，被告人李某、普某某的行为情节显著轻微，应宣告被告人李某、普某某无罪。

【无罪判例 18】何某顺故意伤害罪一审刑事判决书——（2016）云 0129 刑初 192 号

经审理确认的法律事实是，自诉人木某金与被告人何某顺系叔侄关系，平时关系一般。2016 年 2 月 17 日 14 时许，双方在村上开会时语言不和发生吵打，在吵打过程中，被告人何某顺用烟筒打伤自诉人木某金。

本院认为，自诉人木某金控诉被告人何某顺犯故意伤害罪，其情节显著轻微，应宣告被告人何某顺无罪。

【无罪判例 19】张某彦故意伤害一审刑事判决书——（2016）云 0126 刑初 232 号

经审理查明：2014 年 10 月 28 日中午，被害人舒某某来到某某石场，挡在正在生产的装载机前，阻止继续生产。被告人张某彦看到后，在将舒某某拉开的过程中与舒某某发生撕扯。随后，经公安民警赶到现场并劝解后，被害人舒某某于当日下午到石林县人民医院住院治疗。

本院认为，故意伤害罪是指故意非法伤害他人身体健康的行为。《刑法》第二百三十四条第一款规定，“故意伤害他人身体的，处三年以下有期徒刑、拘役或者管制。”本案中，被害人舒某某来到某某石场，挡在正在生产的装载机前，阻止继续生产，被告人张某彦看到后，在将舒某某拉开的过程中与舒某某发生撕扯，致使舒某某受轻伤，但被告人张某彦的行为情节显著轻微危害不大，不认为是犯罪。

【无罪判例20】段某凤诉赵某团、余某伍故意伤害罪一审刑事附带民事判决书——（2017）云0129刑初56号

自诉人段某凤控诉称：自诉人与二被告人系邻居，2016年11月4日晚，自诉人做客回家，看见被告人余某伍在拿其放在墙角的塑料纸，自诉人说了两句，两人发生争吵，被告人赵某团就拿棒棒来打自诉人，第一棒打在头部，第二棒自诉人用手去拦，打在自诉人的手上，自诉人的丈夫见状，就去砸被告人家的石脚，被村民拉开。自诉人受伤后到嵩明县人民医院住院治疗。经司法鉴定为轻伤。

被告人赵某团、余某伍辩称：2016年11月4日22时许，余某伍上厕所回到大门口，被段某凤堵住辱骂，说余某伍拿她家的塑料纸，双方发生口角，随后段某凤殴打余某伍，赵某团发现后，顺手将旁边的树枝条拿起，去阻止段某凤殴打余某伍，后被村民拉开。段某凤夫妻将儿子叫回来，三人又闯入家中殴打余某伍、赵某团，又破坏房屋的房门、围墙、地板等。

经审理确认的法律事实是：自诉人段某凤与被告人赵某团、余某伍系邻居，2016年11月4日22时许，自诉人段某凤看见被告人余某伍扯自诉人段某凤家盖墙角的塑料纸，双方发生口角，继而拉扯，被告人赵某团拿一根木棒出来，打伤自诉人段某凤的右手，自诉人段某凤之夫肖某某见状，拿大锤把被告人赵某团家的围墙敲倒，把场院打烂，造成被告人赵某团、余某伍家的财物损失。

本院认为，自诉人段某凤控诉被告人赵某团、余某伍犯故意伤害罪，其情节显著轻微，应宣告被告人赵某团、余某伍无罪。

【无罪判例 21】郭某刚、郭某萍故意伤害一审刑事判决书——（2016）云 0402 刑初 449 号

经审理查明，2017 年 8 月 14 日 14 时许，自诉人兼附带民事诉讼原告人甘某波驾驶车辆送岳母回玉溪市红塔区大营街郭井社区郭井 21 号家中。甘某波驾车要离开时，认为在旁开小卖铺的被告人郭某刚、郭某萍停车堵着路，便要求郭某刚、郭某萍挪车，双方发生吵打，附带民事诉讼原告人郭某 1、被告人郭某润也参与吵打。在此过程中，致甘某波损伤伤情构成轻伤二级，郭某 1 损伤伤情构成轻微伤。

本院认为，被告人郭某刚、郭某萍、郭某润和自诉人兼附带民事诉讼原告人甘某波、附带民事诉讼原告人郭某 1 因琐事发生吵打，致甘某波轻伤、郭某 1 轻微伤，但情节显著轻微，本院不认定其三人行为构成犯罪，故自诉人兼附带民事诉讼原告人甘某波对三被告人犯故意伤害罪的指控不能成立。

【无罪判例 22】李某忠故意伤害一审刑事判决书——（2017）湘 0811 刑初 2 号

本院认为，公民的身体、健康权不受他人非法侵害。自诉人杜某控诉被告人李某忠犯故意伤害罪，从案发事实分析，双方发生纠纷自诉人杜某将李某忠推开后，又拿起铁簸箕将李某忠的左肩打了一下，李某忠抓住铁簸箕把手并与杜某在争抢的过程中将杜某致伤，属于为使本人免受正在进行的不法侵害而采取制止不法侵害的行为，虽超过必要的限度造成自诉人杜某轻伤，但其情节显著轻微危害不大，不认为是犯罪，故自诉人杜某要求以故意伤害罪追究被告人李某忠刑事责任的请求本院不予支持。

【无罪判例 23】马某能、马某仙故意伤害一审刑事判决书——（2017）云 0129 刑初 394 号

经本院审理查明，自诉人马某早与被告人马某能系兄弟关系，被告人马某仙系被告人马某能之妻。2017 年 10 月 12 日 9 时许自诉人马某早与被告人马某能、马某仙因相邻土地问题到甜荞地村委会进行处理时发生吵打，自诉人马某早在此过程中受伤。

本院认为，被告人马某能、马某仙与自诉人马某早未能正确处理双方纠纷因而发生吵打，吵打中致自诉人马某早轻伤，被告人马某能、马某仙的行为情节显著轻微，应宣告被告人马某能、马某仙无罪。

【无罪判例 24】徐某招故意伤害一审刑事判决书——（2017）云 0129 刑初 307 号

经本院审理查明：自诉人尚某翠与被告人徐某招系邻居，两家对在大坪水库旁的土地有争议。2017 年 6 月 23 日 15 时，被告人徐某招在该地块上栽种芭蕉洋芋，自诉人尚某翠拔徐某招栽种的芭蕉洋芋，双方发生争吵、撕扯。18 时，自诉人尚某翠到被告人徐某招家，双方再次发生吵打。

本院认为，被告人徐某招与自诉人尚某翠未能正确处理有争议的土地而发生吵打，吵打中致尚某翠轻伤，被告人徐某招的行为情节显著轻微不认为是犯罪；自诉人控诉被告人的行为构成故意伤害罪，其控诉不能成立。

【无罪判例 25】周某某诉周某甲等故意伤害刑事判决书——（2017）云 0323 刑初 169 号

本院认为，自诉人周某某与被告人周某乙是同胞弟姐关系，又在同村居住生活，双方两家因家庭琐事产生不睦，多次发生纠纷。2016 年 10 月 11 日自诉人之妻季某某无故对同在街上逛街的被告人之一周某乙进行殴打，引发被告人与季某某之间相互撕扯，自诉人看见后自行手持木棒参与了与被告人之间的斗殴并与被告人周某甲、蒋某某互打，在厮打过程中，致被告人不同程度受伤及自诉人右手右侧尺骨远端骨折并构成轻伤的损害后果。自诉人指控被告人周某甲、周某乙、蒋某某犯故意伤害罪，要求追究被告人的刑事责任，因自诉人对相互斗殴的引发有较大过错，故本院认为被告人周某甲、蒋某某的行为属于情节显著轻微、危害不大，不认为是犯罪。

【无罪判例 26】朱某信、朱某生故意伤害一审刑事判决书——（2017）云 0129 刑初 214 号

经本院审理查明，自诉人朱某伟与被告人朱某生系兄弟关系，被告人朱某信系被告人朱某生之子。2017 年 5 月 13 日因土地问题被告人朱某信、朱某生到自诉人家与自诉人朱某伟发生纠纷，期间被告人朱某信与自诉人朱某伟发生吵打并致自诉人受伤。

本院认为，被告人朱某信与自诉人朱某伟未能正确处理双方纠纷而发生吵打，吵打中致自诉人朱某伟轻伤，被告人朱某信的行为情节显著轻微，应宣告被告人朱某信无罪。

【无罪判例27】丁某英故意伤害一审刑事判决书——（2018）云0129刑初176号

经审理确认的法律事实是：自诉人李某仙与被告人丁某英系叔嫂关系，双方因土地承包经营权纠纷于2017年5月3日在金所法庭开庭，开庭回家后，自诉人李某仙和司某1、李某1到被告人丁某英家，因司某2没在，自诉人李某仙等人就回家了。18时许，自诉人李某仙和司某1、李某1又到被告人丁某英家，双方发生言词争执，自诉人李某仙就用头去撞李某2的肚子一下，被告人丁乔英就来推自诉人李某仙，但没有推到，自诉人李某仙要撞第二下时，被被告人丁某英推倒，撞在场院边的石头上受伤。

本院认为，自诉人李某仙控诉被告人丁某英犯故意伤害罪，其情节显著轻微，应宣告被告人丁某英无罪。自诉人李某仙的交通费酌情认定300元。在打架过程中，造成自诉人李某仙轻伤的损害后果，被告人丁某英应承担民事赔偿责任，自诉人李某仙先后两次到被告人丁某英家，引发打架，也应承担相应的民事责任。

【无罪判例28】何某波、保某勇故意伤害一审刑事判决书——（2018）云0129刑初35号

经审理确认的法律事实是：2017年8月7日22时许，自诉人杨某雄和刘某等人在寻甸县广场北路的“丁丁烧烤”吃东西，因与刘某有经济纠纷，被告人何某波、保某勇、赵某峰、何某知道后也到“丁丁烧烤”与刘某发生口角，随后双方就打起来，在互殴过程中造成自诉人杨某雄受伤。

本院认为，自诉人杨某雄控诉被告人何某波、保某勇、赵某峰、何某犯故意伤害罪，其情节显著轻微，应宣告被告人何某波、保某勇、赵某峰、何某无罪。

【无罪判例29】王某才、李某存故意伤害一审刑事判决书——（2018）云0129刑初10号

经本院审理查明，自诉人李某香系被告人王某才弟媳，被告人李某存系被告人王某才之妻。2017年10月28日10时许自诉人李某香与被告人李某存因琐事发生吵打，自诉人李某香在此过程中受伤。

被告人李某存与自诉人李某香未能正确处理双方纠纷因而发生吵打，吵打中致自诉人李某香轻伤，被告人李某存的行为情节显著轻微，应当宣告被告人李某存无罪。

【无罪判例30】朱某某故意伤害一审刑事判决书——（2017）冀1082刑初283号

本院认为，被告人朱某某与被害人肖某在家庭生活中，因家庭琐事发生争吵，被告人朱某某随手击打肖某耳部，致肖某轻伤二级的后果，情节显著轻微。另鉴于被告人朱某某赔偿了被害人肖某经济损失，被害人对其表示谅解，并请求法院对其作无罪判决，可认定为危害不大，故朱某某的伤害行为可不认为是犯罪。三河市人民检察院指控被告人朱某某犯故意伤害罪，本院不予支持。

被告人朱某某及其辩护人提出被告人朱某某没有伤害的故意，不构成犯罪的辩解、辩护意见，本院认为，被告人朱某某随手击打肖某，对致伤肖某持放任态度，属间接故意，故该辩解、辩护意见本院不予采纳，但对其辩护人提出判处被告人无罪的量刑建议，本院予以采纳。

【无罪判例31】何某甲诉何某乙等故意伤害案一审刑事附带民事判决书——（2014）石刑初字第222号

本院认为，故意伤害罪，是指故意非法伤害他人身体健康的行为。《刑法》第二百三十四条第一款规定：“故意伤害他人身体的，处三年以下有期徒刑、拘役或者管制。”本案中，自诉人何某甲与被告人何某乙两家因拆老房子的事发生纠纷，并致自诉人致伤，经法医鉴定为轻伤二级。自诉人何某甲指控被告人何某乙、陈某某犯故意伤害罪的事实清楚，证据确实、充分，指控罪名成立，依法应予惩处。但鉴于被告人何某乙、陈某某犯罪情节轻微，可免予刑事处罚。本案属共同犯罪，被告人李某甲、何某丙虽参与了此次纠纷，但情节显著轻微危害不大。《刑法》第十三条规定：“……依照法律应当受刑罚处罚的，都是犯罪，但是情节显著轻微危害不大的，不认为是犯罪。”自诉人何某甲指控被告人李某甲、何某丙犯故意伤害罪罪名不能成立。

【无罪判例32】张某某、杜某某故意伤害一案一审刑事附带民事判决书——（2015）凤翔刑初字第00033号

经审理查明：自诉人程某某与被告人张某某、杜某某系同组村民，二被告人系夫妻关系。2014年10月24日10时许，被告人杜某某以自诉人程某某在同村一妇女跟前辱骂她为由，前往程某某家门前质问，二人为此发生争吵并撕扯在一起，程某某的丈夫拉架时被杜某某将腿咬伤。后杜某某被他人劝离，程某某即将自家院门关闭。过了一会，被告人杜某某推着被告人张某某再次来到程某某家门前欲理论，程某某和丈夫开门后，张某某手持砖块欲进入程某某家院子，程某某阻挡不让进，双方相互拉扯在一起，其间，被告人张某某手持砖块在程某某肩膀处打了一下，致程某某受伤，后被送往凤翔县医院治疗。

本院认为，自诉人程某某与被告人杜某某、张某某因琐事发生纠纷，被告人张某某致自诉人程某某轻伤。其行为已触犯《刑法》第二百三十四条第一款之规定，构成故意伤害罪，自诉人程某某指控罪名成立。被告人杜某某的行为对自诉人身体造成了一定损伤，但其行为不构成犯罪，自诉人程某某指控被告人杜某某犯故意伤害罪不能成立。

【无罪判例33】朱某美诉李某富、杨某芬故意伤害案一审刑事附带民事判决书——（2015）寻刑初字第191号

经审理确认的法律事实是：自诉人朱某美与被告人李某富、杨某芬系同村人、亲戚。2014年10月19日10时许，为被告人杨某芬家的田埂垮塌一事，自诉人朱某美与被告人杨某芬发生吵打。在吵打过程中，双方均不同程度受伤。自诉人朱某美到柯渡卫生院、昆明市第二人民医院、新庄卫生所门诊治疗，诊断为第4腰椎横突骨折、多处软组织挫伤，治疗28天，用去医疗费2900.1元。经云南正大法医司法鉴定中心鉴定，自诉人朱某美的损伤为轻伤二级、需后期治疗费1500元，用去鉴定费1200元。被告人杨某芬的损伤为轻微伤。被告人李某富未参与吵打。

本院认为，自诉人朱某美控诉被告人杨某芬犯故意伤害罪，其情节显著轻微，应宣告被告人杨某芬无罪。

【无罪判例34】陈某某（甲）、陈某某（乙）故意伤害案二审刑事附带民事判决书——（2014）曲中刑终字第32号

本院认为，上诉人魏某某控诉原审被告人陈某某（甲）、陈某某（乙）犯故意伤害罪的证据不足。相反，有足够的证据证明上诉人魏某某的轻伤是陈某某（甲）、陈某某（乙）在抢魏某某手中的斧头时三人摔倒所致，二原审被告人的行为显著轻微危害不大，不构成犯罪。

规则52：被告人的行为属于正当防卫，依法不负刑事责任

【规则分析】正当防卫是刑法明文规定的一种违法阻却事由，《刑法》第二十条规定："为了使国家、公共利益、本人或者他人的人身、财产和其他权利免受正在进行的不法侵害，而采取的制止不法侵害的行为，对不法侵害人造成损害的，属于正当防卫，不负刑事责任。正当防卫明显超过必要限度造成重大损害的，应当负刑事责任，但是应当减轻或者免除处罚。对正在进行行凶、杀人、抢劫、强奸、绑架以及其他严重危及人身安全的暴力犯罪，采取防卫行为，造成不法侵害人伤亡的，不属于防卫过当，不负刑事责任。"因此这里涉及正当防卫的认定问题，我国学界将法条第一款的规定归为一般正当防卫，第三款的规定是特殊正当防卫。

对于一般正当防卫，应当符合一系列条件。第一，必须存在现实的不法侵害行为；第二，不法侵害必须正在进行，具有紧迫性；第三，我国传统的刑法理论还认为，正当防卫必须具有防卫意识；第四，必须针对不法侵害人本人进行防卫；第五，必须没有明显超过必要限度造成重大损害。一般的正当防卫要尤其注意与防卫过当进行区分。对于特殊正当防卫，其与一般正当防卫在成立条件上具有以下区别：第一，特殊正当防卫所针对的只能是正在进行行凶、杀人、抢劫、强奸、绑架以及其他严重危及人身安全的暴力犯罪；第二，特殊正当防卫没有必要限度，不存在防卫过当。

此辩点之下的案例中，大部分是认定为一般正当防卫没有超过必要限度，也有一些案例认定为特殊正当防卫，如无罪判例4、无罪判例17、无罪判例22。实践中进行正当防卫的辩护，要比照上述一般正当防卫与特殊正当防卫的构成条件，还可以结合实践中的判例进行分析论证。

【无罪判例1】陈某彬故意伤害二审刑事判决书——（2016）粤52刑终218号

詹某1在双方争执过程中，掏出手枪，其行为足以威胁到在场人员的人身安全，如果不采取果断措施制服詹某1，在场人员的生命安全就得不到保障。陈某彬上前抢枪，针对的是詹某1正在进行的不法行为，目的是使其本人及在场其他人的人身免受正在进行的不法侵害。陈某彬采用抱住詹某1的方法抢夺枪支，虽然造成詹某1摔倒受轻伤，但并没有超出必要的限度。因此，陈某彬的行为符合正当防卫的构成要件。陈某彬及其辩护人提出陈某彬是正当防卫理由成立，予以采纳。重审判决以故意伤害罪对陈某彬定罪量刑，适用法律错误。

本院认为，上诉人陈某彬为了其本人及他人的人身权利免受正在进行的不法侵害，采取制止不法侵害的行为，属于正当防卫，不负刑事责任。公诉机关指控陈某彬犯故意伤害罪的事实不清、证据不足，罪名不成立。陈某彬及其辩护人提出陈某彬的行为属正当防卫，理由成立，予以采纳。

【无罪判例2】仇某甲故意伤害罪二审刑事判决书——（2013）青刑一终字第245号

综观全案，本院认为，上诉人仇某甲无论是在案发前的村务方面，还是在案发当天的双方群众冲突、村委办公室双方发生打斗中，其主观上并非积极主动挑起事端和激化矛盾，而是始终处于相对被动的地位。案发时，其为了使自己的人身权利免受被害人仇某寅、仇某丑正在进行的不法侵害，采取的反抗行为在时间、地点、对象、伤害手段、伤害结果等方面，均是适时、适度、对象正确、合情合理的，完全符合正当防卫的构成要件。原审判决认定上诉人仇某甲犯故意伤害罪不当，上诉人仇某甲不应对本案承担刑事责任，亦不应对上诉人仇某丑的经济损失承担民事赔偿责任。关于上诉人仇某甲及其辩护人所提仇某甲致伤仇某丑的行为系正当防卫，应宣告无罪的上诉理由和辩护意见正确，予以采纳。

【无罪判例3】黄某某故意伤害二审刑事附带民事判决书——（2015）长刑终字第00342号

关于黄某某的行为是否构成正当防卫问题。经查，张某甲先骂黄某某及其家人，并冲进黄某某家阻止段某某用手机拍照，证人张某乙、张某丁证实，张某甲进入舞蹈教室后，拽黄某某的头发，张某甲的女儿打黄某某面部，二人将黄某某弄倒后打黄某某，黄某某与张某英张某丙儿发生厮打，在厮打过程中，张某英张某丙右侧第8、9、10根肋骨骨折，轻伤九级，黄某某是在为保护其合法利益免遭张某英张某丙儿正在进行不法侵害行为的过程中给张某英张某丙体损伤，其行为具有防卫性，且其防卫手段适当，并没有超过必要限度，应认定为正当防卫。辩护人提出黄某某的行为构成正当防卫，依法不应追究其刑事责任的辩护意见有事实和法律依据，应予支持。

【无罪判例4】李某功故意伤害罪一审刑事判决书——（2014）同刑初字第50号

本院认为，被告人李某功与被害人李某锁因家庭事务发生口角争执后已离开，被害人李某锁持菜刀追赶李某功并向其头、肩部砍劈，致李某功头、肩部受伤，该行为属于非法侵害被告人李某功人身权利，严重危及人身安全的暴力犯罪，属于不法侵害。被告人李某功在被害人李某锁持刀对其砍劈，遭受正在进行的不法侵害过程中，使用随身携带的折叠刀捅刺被害人李某锁，其目的是制止正在进行的不法侵害，保护自己合法的人身权利免受不法侵害，其针对的是正在实施不法侵害的行为人，其行为具有正当防卫之性质。对正在进行行凶、杀人、抢劫、强奸、绑架以及严重危及人身安全的暴力犯罪，采取防卫行为，造成不法侵害人伤亡的，不属于防卫过当，依法不负刑事责任。公诉机关指控的事实存在，但适用法律不当，指控的罪名不能成立。辩护人关于被告人李某功的行为构成正当防卫的辩护意见，符合法律规定，本院予以采纳。因正当防卫造成人身损害的，不承担民事侵权责任，故应驳回附带民事诉讼原告人的诉讼请求。

【无罪判例5】林某雄、张某贤故意伤害二审刑事判决书——（2016）粤06刑终583号

本院认为，被害人张某乙在上诉人林某雄吃饭时，走到其身边率先动手殴打林某雄，实施不法侵害，挑起本案事端，上诉人林某雄在不法侵害正在进行的过程中，使用拳头和身边的椅子进行反击，致张某乙轻伤，其行为属于防卫行为，且防卫程度适当，对此不应承担刑事责任。上诉人张某贤看到张某乙对林某雄实施不法侵害，在劝架过程中遭到张某乙殴打后的反击行为，亦属于正当防卫，不应承担刑事责任。采纳上诉人张某贤及其辩护人所提相关意见。

【无罪判例 6】孙某李故意伤害二审刑事判决书——（2016）豫 07 刑终 252 号

本院认为，上诉人孙某李在深夜 9 时许，被马某 1 等多人尾随追至宿舍门外争吵，在此期间，孙某李两次拨打电话报警，称有人闹事，在警察赶到现场前，马某 1 等人踹开房门，强行进入孙某李房间，此时，孙某李身为女性，孤身无援，为了制止不法侵害，手持暖水瓶进行防卫，防卫过程中暖水瓶爆裂，致马某 1 轻伤，没有明显超过必要限度造成重大损害，应当认定为正当防卫，不负刑事责任。原判认定孙某李的行为构成故意伤害罪属于适用法律错误，上诉人孙某李及其辩护人辩称孙某李系正当防卫，应当宣告无罪的辩护意见成立，本院予支持。

【无罪判例 7】杨某故意伤害罪二审刑事附带民事判决书——（2014）岳中刑一终字第 73－1 号

本院认为，上诉人杨某与方某春在屋外发生扭打后，杨某主动退回自家屋内躲避，方某春为泄私愤强行闯入杨家执意追打，实施不法侵害。杨某在丈夫拉扯、制止仍不能摆脱不法侵害，人身安全受到现实严重威胁的情形下，为使本人合法的人身权利免受正在发生的不法行为的侵害而对不法侵害人所实施的防卫行为是适时和必要的，且杨某持刀采取的防卫手段与遭受的不法侵害强度相当。杨某的防卫行为虽造成了不法侵害人轻伤，但未明显超过必要限度。综观全案，杨某的防卫行为符合我国刑法关于正当防卫认定的构成要件，属正当防卫，其致伤方某春的行为不构成犯罪，依法不应承担刑事责任。方某春、吴某甲因身体伤害所致经济损失，杨某不负赔偿责任。杨某关于其行为属于正当防卫，不应承担刑事及民事责任的上诉理由，符合事实和法律，本院予以采纳。

【无罪判例 8】被告人徐某某犯故意伤害罪一案一审刑事判决书——（2014）潭刑初字第 24 号

本院认为，案发当日，被告人发现自己地里被人种上酸刺，就漫无目标地进行谩骂，被害人听见后，从别人手中拿过铁锹赶到被告人地里，对被告人左臂膀连续砍击两下，被告人在受到不法侵害时，顺手拿起镢头朝被害人腿部和背部各打一下后停止伤害，被告人的反抗属防卫性质，致被害人伤残程度为轻伤二级，没有超过必要的限度。故无论从本案客观事实来看，还是正当防卫的构成要件分析，被告人的行为应属于正当防卫。为了使国家、公共利益、本人或者他人的人身、财产和其他权利免受正在进行的不法侵害，而采取的制止不法侵害的行为，对不法侵害人造成损害的，属于正当防卫，不负刑事责任。故公诉机关指控的罪名不能成立，不予支持；被告人和辩护人的辩解、辩护符合客观事实，予以采纳。

【无罪判例9】田某某故意伤害案一审刑事判决书——（2014）西刑初字第9号

经审理查明，2013年6月6日20时许，被告人田某某与朋友李某某乘坐一辆车号为青AT××××出租车由南向北行驶至西川南路与汇宁路十字时，被告人田某某看见与之认识的一名女子（沈某某）正在过马路，并与其打了个招呼，当出租车行驶至汇宁路时，无故被白某某（另案）驾驶的青AGB×××“现代”牌轿车逼停至汇宁路“世通名城”西门马路西侧，白某某及与其同乘的苏某奎（已死亡）二人下车后要求被告人田某某与李某某下车，二人拒绝下车，并求饶。白某某即从自己的车上拿出棒球棒型锁车器，打开出租车后门，苏某奎手持皮带从出租车副驾驶座处对坐在出租车后排座上的被告人田某某和李某某实施殴打。与其二人同车的苏某甲经劝阻无果后，即驾驶青AGB×××现代轿车回家准备叫人劝架。被告人田某某和李某某拿起购买的洋酒酒瓶进行抵抗，白某某即将被告人田某某从出租车上往下拉，被告人田某某将手中的酒瓶与李某某手中的酒瓶击碎后与白某某及苏某奎进行对峙，白某某即用脚踹出租车，并将保险杠及门体砸坏，随后将棒球棒型锁车器交给苏某奎，强行将被告人田某某拉下车，苏某奎持棒球棒型锁车器对田某某继续进行殴打，并将被告人田某某头部打伤流血。随即被告人田某某用手中碎酒瓶刺向苏某奎右胸部，苏某奎被刺倒地后起身往苏家河湾小区方向跑，手中的棒球棒型锁车器随即掉在地上。白某某捡起棒球棒型锁车器继续殴打田某某，此时，李某某从后排座翻到驾驶员座的车门出来后，看见田某某与一个拿棒球棒的人在对打，李某某即冲过去解围，同时将手中的酒瓶扔向拿棒球棒的人，未砸到对方。后从路边的小推车上拿上了一把铁锹，白某某见此情也往苏家河湾小区方向跑，这时，苏某奎搭乘了一辆青AI××××货车回苏家河湾小区。白某某在跑的过程中与追赶的被告人田某某发生对打，田某某用碎酒瓶将被告人白某某胸部及左臂划伤。白某某跑回苏家河湾小区后与苏某奎的父亲等人乘青AI××××货车将苏某奎送至医院抢救。苏某奎经医院抢救无效于8日死亡。

本院认为，被告人田某某在其人身遭受到不法侵害时，在不法侵害正在进行过程中，为其人身免受更大伤害，持碎酒瓶将苏某奎刺伤，行为的性质不具有社会危害性，所采取的防止不法侵害的行为，符合正当防卫的条件，其行为不构成犯罪，不应负刑事责任。

【无罪判例10】王某某故意伤害案一审刑事判决书——（2014）呈刑初字第207号

本院认为，双方因相邻的生活琐事产生结怨，被告人王某某不能妥善处理，与自诉人徐某相遇时主动挑起事端，引发双方打斗，王某某的行为对扩大矛盾有不可推卸的责任。但根据在案的证据，此次双方打斗并未导致徐某轻伤的后果。双方被村民劝开后，王某某已回到家中，但徐某却纠集数人手持工具追至王某某家，砸开大门并追上二楼，得知王某某躲到卧室后，又继续砸卧室门，门被砸开后，徐某伸手进去欲抓王某某时，被王某某用刀划伤手腕，导致徐某轻伤二级的伤害后果，综合以上事实分析，王某某的人身安全已经处于严重并且紧迫的威胁之下，为了避免自己遭受正在进行的不法侵害，王某某用刀将徐某的手腕划伤，并没有超出必要的限度，其行为系正当防卫，依法不负刑事责任。

【无罪判例11】王某平故意伤害一审刑事判决书——（2014）云刑初字第870号

关于被告人王某平及其辩护人提出被告人王某平的行为系正当防卫，应宣告无罪，且不应承担任何赔偿责任的辩解、辩护意见；以及附带民事诉讼原告人的代理人提出被告人王某平的行为不属于正当防卫，应承担刑事责任及民事赔偿责任的代理意见。经查，有证人王某、曾某义、林某贵、邹某、邓某、蒲某秀的证言、被告人王某平的供述、法医学活体检验鉴定书等证据，证实被告人王某平深夜在家听到女儿呼救声后，冲出家门下楼，遇见被害人颜某春持刀与女儿在一起，救女心切的被告人王某平持木棒遂与持砍刀的颜某春发生扭打，并在扭打过程中致颜某春被刺当场死亡，被告人王某平也被砍伤头部、右面部、左耳部、右拇指，经鉴定王某平所受损伤为重伤。被害人颜某春在深夜持刀追杀回家的被告人王某平之女王某，并在王某平听到王某呼救声后遇见他时，还持刀与王某在一起，致使被告人王某平为了救女儿而上前与颜某春发生扭打，在扭打过程中，被告人王某平仅持有木棒，与持砍刀的颜某春在力量上显然不能对抗，且王某平身上也多处受伤，被告人王某平为使女儿及自己人身不受正在进行的不法侵害而进行的防卫，造成不法侵害人损害的行为属于正当防卫，且不属于防卫过当，不应负刑事责任，也不应承担民事赔偿责任。故被告人及其辩护人提出的辩解、辩护意见成立，本院予以采纳。

【无罪判例 12】陈某故意伤害一审刑事判决书——（2015）浦刑初字第 2888 号

本院认为，自诉人刘某乙因琐事持木棍冲到被告人陈某家中，持木棍对陈某及其儿子陈某甲殴打，被告人陈某在此情况下持菜刀将自诉人刘某乙砍伤，现有证据尚不能排除被告人陈某的行为属于正当防卫的可能性，故自诉人刘某乙指控被告人陈某构成故意伤害罪证据不足，指控的犯罪不能成立。

【无罪判例 13】方某与刘某故意伤害一审刑事附带民事判决书——（2015）饶刑初字第 193 号

经审理查明，被告人刘某与附带民事诉讼原告人方某均在上饶县第一菜场的相邻摊位经营活家禽。2014 年 10 月 6 日 7 时许，被告人刘某因生意问题与隔壁摊位的方某发生争吵。同日 17 时 30 分许，方某的大儿子周某甲、三儿子周某乙等人来到刘某摊位向其讨要说法，后周某甲、周某乙、方某等多人与刘某发生扭打。在拉扯过程中，方某又扯住被告人刘某的头发，随后方某摔倒在卖菜的摊位上，造成腰部受伤。

本院认为，被告人刘某与相邻摊位的被害人方某因经营过程中的琐事发生争吵后，被害人方某及其儿子多人到被告人刘某的摊位并对被告人刘某实施殴打，被告人刘某在遭遇被害方多人殴打时，为使本人的人身权利免受正在进行的不法侵害，在拉扯过程中将扯住自己头发的被害人方某推倒，从其手段看未明显超过必要限度，且亦未造成重大损害，其行为属于正当防卫，依法不负刑事责任。

【无罪判例 14】刘某犯故意伤害罪一审刑事判决书——（2015）饶刑初字第 193 号

本院认为，被告人刘某与相邻摊位的被害人方某因经营过程中的琐事发生争吵后，被害人方某及其儿子多人到被告人刘某的摊位并对被告人刘某实施殴打，被告人刘某在遭遇被害方多人殴打时，为使本人的人身权利免受正在进行的不法侵害，在拉扯过程中将扯住自己头发的被害人方某推倒，从其手段看未明显超过必要限度，且亦未造成重大损害，其行为属于正当防卫，依法不负刑事责任。公诉机关指控的罪名依法不能成立，本院不予支持。对于被告人刘某认为自己无罪以及其辩护人刘某甲提出被告人刘某的行为不构成故意伤害罪的意见，本院予以采纳。

【无罪判例 15】邵某甲故意伤害罪一审刑事判决书——（2014）台玉刑初字第 576 号

被告人邵某甲的辩护人认为，自诉人冯某帮、冯某丙指控被告人邵某甲的行为构成故意伤害罪不成立，其理由是：……3. 根据被告人邵某甲所述，其行为完全符合正当防卫的规定。被告人邵某甲之前和二自诉人没有仇恨，主观上没有伤害的动机。二自诉人酒后上门滋事，对被告人邵某甲进行殴打，其中一个刚打完老婆已丧失理智，还扬言要杀被告人邵某甲家人。在此情况下，被告人邵某甲为关门躲避殴打，保护家人，不得已才使用菜刀乱挥进行自卫，而非故意伤害二自诉人，这一点从二自诉人的伤情基本上是划伤也可印证。

2012 年 1 月 10 日晚，自诉人冯某帮醉酒后回家和妻子发生争吵，酒后已在家休息的自诉人冯某丙从隔壁过来劝架，自诉人冯某帮的妻子和自诉人冯某帮争吵后生气出门。二自诉人怀疑安装在本村公用水井往家里抽水的水泵被同村村民被告人邵某甲砸坏，遂决定找被告人邵某甲问个究竟。自诉人冯某丙的女儿冯某乙生怕出事，即跟着二自诉人。当日 20 时许，二自诉人来到被告人邵某甲家屋外。被告人邵某甲听到叫喊后下楼开门，后和二自诉人发生争执，在争执中，自诉人冯某丙用砖头砸伤被告人邵某甲额头，被告人邵某甲用菜刀致伤二自诉人。后被冯某乙、邵某丙、郭某等人劝止。邻居邵某乙报警后，公安民警和医护人员赶至现场，二自诉人被送往医院治疗。

本院认为，本案具体争执过程属事实不清。如自诉人冯某丙陈述属实，被告人邵某甲先拿刀刺，并在互殴中将二自诉人砍成轻伤，则被告人邵某甲的行为构成故意伤害罪。如被告人邵某甲的辩解成立，自诉人冯某丙先用砖头砸伤被告人邵某甲，二自诉人欲非法侵入被告人邵某甲住宅，二自诉人的行为构成不法侵害，且具有紧迫性，被告人邵某甲可以实施正当防卫。鉴于自诉人冯某帮当时已处于醉酒状态，对疼痛已没有多少感觉这个特殊情况，对被告人邵某甲乱挥乱砍十几刀，造成二自诉人轻伤的结果，不能认定其主观上有直接故意。本案显然不属特殊防卫，被告人邵某甲乱挥乱砍十几刀的防卫行为已明显超过必要限度，但由于未造成重伤以上的重大损害，被告人邵某甲不承担故意伤害的刑事责任。

【无罪判例16】DroriPini故意伤害罪一审刑事判决书——（2015）深福法刑初字第271号

本院认为，正当防卫是指为了国家、公共利益、本人或者他人的人身、财产和其他权利免受正在进行的不法侵害，而采取的制止不法侵害的行为，对不法侵害人造成损害的，属于正当防卫，不负刑事责任。正当防卫明显超过必要限度造成重大损害的，应当负刑事责任，但是应当减轻或者免除处罚。

实施正当防卫必须符合一定条件：（1）防卫目的应当以制止不法侵害、维护合法权益为目标，此即为防卫目的的正当性；（2）必须存在现实的不法侵害行为，才能实行正当防卫，不法侵害行为既包括犯罪行为也包括其他违法的侵害行为，即对不法侵害行为并非一定要达到犯罪的程度，才能实行正当防卫；（3）必须是对正在进行的不法侵害行为，才能实行正当防卫（紧迫性）；（4）必须是针对实施不法侵害行为的人实行正当防卫；（5）正当防卫不能明显超过必要限度造成重大损害。

关于本案的案件事实，虽然杜某的陈述与相关证人证言、被告人Pini的供述及辩解存在细节上的出入，而本案证人又与被告人Pini存在亲属关系，但杜某持伸缩棍进行入被告人Pini家中，经Pini妻子荣某要求其退出仍拒不退出，还甩出伸缩棍，后被被告人 Pini 徒手殴打制服的基本事实清楚，双方均无异议。

案发当日下午被告人 Pini 虽因为没有约束好自己的狗而惊吓到杜某的妻女，但被告人 Pini 并不因此认识杜某，案发时被告人 Pini 也是如常的在自己家中与家人观看电视，并没有非法伤害杜某的主观故意。

住宅系供他人家庭生活和与外界相对隔离、安全的场所，对他人正常生活和居住安全具有重大意义。我国《宪法》第三十九条规定，中华人民共和国公民的住宅不受侵犯，禁止非法搜查或者非法侵入公民的住宅。我国《刑法》第二百四十五条规定了非法侵入他人住宅的，处三年以下有期徒刑或者拘役。非法侵入他人住宅，表现为未经住宅主人同意，非法强行闯入他人住宅，或者经住宅主人要求其退出仍拒不退出，妨害他人正常生活和居住安全的行为。对非法侵入住宅的行为，住宅主人有权自行采取相应的制止措施，包括依法对非法侵入者实施必要的正当防卫。杜某因为得知妻女被被告人 Pini 的狗惊吓并就医，非常生气，于是持伸缩棍去 31 楼找被告人 Pini 理论，进入被告人家中质问对方，经被告人妻子要求退出仍拒不退出，并甩出伸缩棍，显然属于妨害他人正常生活、居住安全甚至人身权利的非法侵害行为，且该不法侵害行为正在进行，具有现实紧迫性。杜某辩称系因被告人家中的狗扑向其才甩出伸缩棍，但并未陈述被狗扑咬的细节，无其他证据佐证，且杜某身上亦无被狗扑咬所造成的伤情，结合被告人 Pini 所养狗的体型综合评判，本院对杜某的该辩解不予支持。对于被告人 Pini 是否能听懂中文，是否明白杜某质问其妻女被狗惊吓事件，均不能排除杜某甩出伸缩棍具有伤害、报复被告人 Pini 本人及其家人的主观故意及客观行为。案发时，被告人 Pini 及其家人均在家中，被告人 Pini 为对抗杜某正在进行的不法侵害、保护家人，针对杜某本人实施徒手殴打行为，具备了进行正当防卫的法定条件。

另外，正当防卫不能明显超过必要限度造成重大损害，一是防卫人所采取的防卫措施应当与不法侵害行为基本相当，《刑法》规定的标准是不能明显超过必要限度，表明立法强调对防卫人所采取的防卫措施不必过于苛求；二是防卫结果不能造成重大损害。本院认为，重大损害不等于一般损害，应当把握在没有造成不法侵害人人身重大损害，包括重伤以上这一限度。该两个标准必须同时具备，才能认定为防卫过当。具体地说，行为人的防卫措施虽然明显超过必要限度但防卫结果客观上并未造成重大损害，或者防卫结果客观上虽造成严重损害但防卫措施并不明显超过必要限度，均不能认定为防卫过当。本案中，被告人 Pini 在杜某甩出伸缩棍后采取徒手将杜某背摔在地，并殴打杜某脸部的防卫措施，虽然较为激烈，但是在极短时间、特殊情景下的连续行为，并未明显超过必要限度，且防卫结果造成杜某轻伤二级，亦未造成重大损害，被告人 Pini 的防卫行为符合我国《刑法》关于正当防卫的规定，依法不应对杜某的轻伤后果承担刑事责任。杜某称被告人 Pini 对其进行两次殴打，其在第一份询问笔录中并未提及，亦无其他证据佐证，本院不予采信。

综上所述，本院认为，被告人 Pini 为了使本人及其家人的人身等权利免受正在进行的不法侵害，而采取的制止不法侵害的行为，对不法侵害人造成损害，属于正当防卫，不负刑事责任。

【无罪判例 17】覃某甲、覃某乙故意伤害一审刑事判决书——（2015）金刑初字第 183 号

本院认为，从事实上看，本案中，被告人覃某甲在法院确认给其的土地上建房屋基础，是正常的民事行为，韦某戊趁被告人覃某甲不备，从身后用刀砍伤覃某甲的后颈，覃某甲才与韦某戊扭打抢刀；被告人覃某乙见其胞兄覃某甲被韦某戊砍伤，上前帮助覃某甲制止韦某戊的不法侵害，在此过程中，韦某戊与覃某甲、覃某乙发生扭打，三人均受伤，二被告人主观上没有伤害韦某戊的故意，客观上虽然造成韦某戊受伤，但并未超出必要的限度，该行为符合正当防卫的五个条件。从证据上看，自诉人所提交的证据仅是韦某戊受伤后的医疗证明，其提交的公安机关的不予立案通知书及复议决定书则是对其的不利证据；被告人覃某甲、覃某乙提供韦某戊在公安机关的供述足以证实二被告人当时是为了制止韦某戊对覃某甲的不法侵害而动手砍伤韦某戊，二人在主观上没有伤害韦某戊的故意。韦某戊与覃某甲均达到一个轻伤、一个轻微伤的后果，犯罪结果并未超过必要限度，也符合正当防卫的条件。我国《刑法》第二十条第一款规定，为了使国家、公共利益、本人或者他人的人身、财产和其他权利免受正在进行的不法侵害，而采取的制止不法侵害的行为，对不法侵害人造成损害的，属于正当防卫，不负刑事责任。第三款规定，对正在进行行凶、杀人、抢劫、强奸、绑架以及其他严重危及人身安全的暴力犯罪，采取防卫行为，造成不法侵害人伤亡的，不属于防卫过当，不负刑事责任。因此本案二被告人的行为属于正当防卫，不承担刑事责任。

【无罪判例 18】李某言故意伤害附带民事一审刑事判决书——（2016）湘 0682 刑初 211 号

本院认为，被告人李某言为使李某 2 免受自诉人李某雄正在实施的不法侵害，防止李某 2 因此受伤，而采取制止不法侵害的措施将自诉人李某雄摔倒在地，造成李某雄轻伤二级的后果，其防卫措施适当，且没有造成重大伤害，其行为属于正当防卫，依法不负刑事责任和承担民事责任。

【无罪判例 19】罗某勇故意伤害一审刑事判决书——（2016）鄂 1303 刑初 286 号

本院认为，案发现场的证人证言均能证实，把被告人罗某勇持木方击打王某手臂之时，王某正在用菜刀刀背击打揭某容的头部，即揭某容的人身正在受到不法侵害，此时被告人罗某勇击打王某的手臂，而未攻击其身体要害部位，目的只是制止正在发生的不法侵害，且王某所持菜刀具有较大的杀伤力，即使用刀背击打他人头部，也足以造成严重的伤害。而王某的手臂所受伤害只是轻伤，表明被告人罗某勇的击打行为亦未超过必要限度，故而本院认为，罗某勇的行为符合刑法意义上的正当防卫的构成要件，依法不负刑事责任。公诉机关指控的罪名不能成立。

【无罪判例 20】孙某某故意伤害一审刑事判决书——（2016）甘 0302 刑初 257 号

本院认为，被害人王某作为恒昌国际的业主本当遵守该小区的业主公约，但因其违法改扩建车库被物业公司通知整改后仍不思正确处理，反而到物业公司无理滋事，对负责物业公司的被告人孙某某恣意谩骂，并将其撕扯至物业公司楼下，后被他人拉开，被告人孙某某已离开欲前往恒昌豪庭，被害人王某开车经过被告人孙某某旁边时再次对孙某某谩骂，且停下车对被告人孙某某殴打，被害人王某的行为具有不法性，被告人孙某某抬胳膊自卫将王某击倒，属于对正在进行的不法侵害的制止行为，虽造成被害人王某轻伤的后果，但被告人孙某某的防卫行为未超过必要限度，其行为符合正当防卫的构成要件，不构成故意伤害罪，不负刑事及民事责任。

【无罪判例21】肖某华故意伤害一审刑事判决书——（2016）闽0205刑初230号

……

2. 关于被告人肖某华的行为是否构成正当防卫。本院认为，被告人肖某华的行为构成正当防卫，理由如下：第一，被告人肖某华具有防卫的主观条件。案发时，肖某华、罗某二人因车辆刮擦发生言语争执、互推，属轻微矛盾，在被告人肖某华站立原地未实施追打或其他物理性控制行为的情况下，罗某返身从自己车辆内拿出实心铁棍，加剧矛盾冲突，罗某用铁棍捅击被告人肖某华的行为属于不法侵害。第二，被告人肖桂华具有防卫的紧迫性。罗某用于捅击肖某华的实心铁棍长86厘米、直径2厘米，属于杀伤力较强的凶器，对被告人肖某华的人身安全构成严重威胁，且被告人肖某华的肚皮已被捅伤，被告人肖某华具有争抢铁棍制止不法侵害的紧迫性。第三，被告人肖某华的防卫行为没有明显超过必要限度造成重大损害。被告人肖某华在争抢铁棍过程中推倒罗某，罗某倒地受伤后，被告人肖某华没有实施其他加害行为，被告人肖某华具有防卫意图，采取的防卫措施合理适当，行为克制。

本院认为，被告人肖某华为使本人的人身权益免受正在进行的不法侵害而采取的制止不法侵害的行为，属于正当防卫，对不法侵害人造成的损害，没有明显超过必要限度造成重大损害，不负刑事责任，公诉机关指控罪名不成立。

【无罪判例22】杜某猛故意伤害一审刑事判决书——（2018）云0521刑初59号

本院认为，自诉人陈某怡指控被告人杜某猛犯故意伤害罪，请求追究被告人的刑事责任，根据本案发生原因及查明事实，实属自诉人陈某怡进行挑衅并先动手殴打被告人杜某猛，被告人杜某猛在被自诉人陈某怡抓住殴打无法摆脱的情况下，才用随身携带的折叠刀刺伤自诉人陈某怡以求摆脱，并在摆脱后及时报警，依据《刑法》第二十条第一款“为了使国家、公共利益、本人或者他人的人身、财产和其他权利免受正在进行的不法侵害，而采取的制止不法侵害的行为，对不法侵害人造成损害的，属于正当防卫，不负刑事责任”和第三款

"对正在进行行凶、杀人、抢劫、强奸、绑架以及其他严重危及人身安全的暴力犯罪，采取防卫行为，造成不法侵害人伤亡的，不属于防卫过当，不负刑事责任"的规定，应认定该行为属于正当防卫，且没有超过必要限度，不构成防卫过当，故被告人杜某猛依法不负刑事责任。

【无罪判例 23】吴某故意伤害二审刑事判决书——（2016）鲁 02 刑终 684 号

本院认为，原审判决认定的案件事实清楚，证据确实、充分，审判程序合法，但认定吴某构成犯罪系适用法律错误。上诉人吴某组织原审附带民事诉讼被告人胡某等在正常履行职务期间，遭被害人张某 3 无理阻挠，后张某 3 持铁锹拍击胡某头部致胡某倒地，后又持铁锹将吴某头部砍伤。此时，张某 3 持械实施暴力的行为已严重威胁到吴某等的人身安全，吴某在张某 3 准备再次持铁锹行凶时，将其抱腰摔倒并打两巴掌的行为，是对正在进行的不法侵害行为的合理制止，符合正当防卫的构成要件，对其造成的损害后果不应承担刑事和民事责任。上诉人吴某及其辩护人的上诉理由及辩护意见成立，予以采纳。

【无罪判例 24】张某国故意伤害案——刑事审判参考第 138 号

朝阳区人民法院认为：徐某和、张某国两人因一句戏言发生争执，在被他人劝开后，徐某和持碎酒瓶伤害被告人张某国的行为属不法侵害。被告人张某国在被徐某和扎伤左颈、面部的情况下，为阻止徐某和继续实施伤害行为，躲至徐某和身后，抱住徐某和的腰并将徐某和摔倒在地，致使徐某和被手持的碎酒瓶扎伤致死。被告人张某国为使本人的人身免受正在进行的不法侵害而采取的制止不法侵害的行为，属于正当防卫，对不法侵害人造成的损害，不负刑事责任，亦不承担民事赔偿责任。

【无罪判例 25】赵某华被控故意伤害案——刑事审判参考第 297 号

上海市第二中级人民法院认为：王某儿、周某为泄私愤曾多次上门寻衅，此次又强行踢开赵家房门闯入赵家实施不法侵害。赵某华为使本人的人身和财产权利免受正在进行的不法侵害而采取的制止不法侵害的行为，虽造成不法侵害人轻伤，但赵某华的行为未明显超过必要限度造成重大损害，符合我国《刑法》关于正当防卫构成要件的规定，是正当防卫，依法不应承担刑事责任。原判决未对王某儿、周某的不法侵害行为作出正确认定，仅根据赵某华对王某儿造成的伤害后果，认定赵某华的行为构成犯罪并追究刑事责任不当，应予纠正。

【无罪判例26】吴某艳故意伤害案——《中华人民共和国最高人民法院公报》2004年第11期

北京市海淀区人民法院认为，孙某刚、张某强是本案的两个主要证人。二人证言中虽然没有涉及李某辉如何拿铁锁砸被告人吴某艳，以及吴某艳如何刺中李某辉的情节，但这一情节在吴某艳的供述以及证人尹某红、石某荣的证言中均得到证实。张某强的证言中，提到李某辉站在门口用瓶子向屋里扔。纵观吴某艳的供述和尹某红、石某荣、张某强的证言，结合现场勘察情况，可以认定：张某强所认为的瓶子，即是李某辉从宿舍内桌子上拿起并准备砸向吴某艳的铁锁。另外，关于孙某刚、张某强和李某辉在上山前的密谋经过，公诉人最初虽未宣读，但在辩护人的提议下已经补充示证，故对这一情节也应认定。

涉案女工宿舍，是单位向女服务员提供的休息和处理个人隐私事务的住所。未经许可闯入女工宿舍，严重侵犯住宿人的合法权利。本案中，孙某刚、李某辉、张某强事前曾预谋将尹某红带到山下关押二天，要在尹某红身上留下记号；继而三人上山要求进入女工宿舍，在遭到拒绝后就破门而入图谋不轨。

《刑法》第二十条第一款规定："为了使国家、公共利益、本人或者他人的人身、财产和其他权利免受正在进行的不法侵害，而采取的制止不法侵害的行为，对不法侵害人造成损害的，属于正当防卫，不负刑事责任。"第三款规定："对正在进行行凶、杀人、抢劫、强奸、绑架以及其他严重危及人身安全的暴力犯罪，采取防卫行为，造成不法侵害人伤亡的，不属于防卫过当，不负刑事责任。"

孙某刚等人在当日3时左右闯入女工宿舍后，动手殴打女服务员、撕扯女服务员的衣衫，这种行为足以使宿舍内的三名女服务员因感到孤立无援而产生极大的心理恐慌。在自己和他人的人身安全受到严重侵害的情况下，被告人吴某艳持顺手摸到的一把水果刀指向孙某刚，将孙某刚的左上臂划伤并逼退孙某刚。此时，防卫者是受到侵害的吴某艳，防卫对象是闯入宿舍并实施侵害的孙某刚，防卫时间是侵害行为正在实施时，该防卫行为显系正当防卫。

当孙某刚被被告人吴某艳持刀逼退后，李某辉又举起长11厘米、宽6.5厘米、重550克的铁锁欲砸吴某艳。对李某辉的行为，不应解释为是为了制止孙某刚与吴某艳之间的争斗。在进入女工宿舍后，李某辉虽然未对尹某红、吴某艳实施揪扯、殴打，但李某辉是遵照事前的密谋，与孙某刚一起于夜深人静之时闯入女工宿舍的。李某辉既不是一名旁观者，更不是一名劝架人，而是参与不法侵害的共同侵害人。李某辉举起铁锁欲砸吴金艳，是对吴某艳的继续加害。吴某艳在面临李某辉的继续加害威胁时，持刀刺向李某辉，其目的显然仍是避免遭受更为严重的暴力侵害。无论从防卫人、防卫目的还是从防卫对象、防卫时间看，吴某艳的防卫行为都是正当的。由于吴某艳是对严重危及人身安全的暴力行为实施防卫，故虽然造成李某辉死亡，也在《刑法》第二十条第三款法律许可的幅度内，不属于防卫过当，依法不负刑事责任。

被告人吴某艳于夜深人静之时和孤立无援之地遭受了殴打和欺辱，身心处于极大的屈辱和恐慌中。此时，李某辉又举起铁锁向其砸来。面对这种情况，吴某艳使用手中的刀子进行防卫，没有超过必要的限度。要求吴某艳慎重选择其他方式制止或避免当时的不法侵害的意见，没有充分考虑侵害发生的时间、地点和具体侵害的情节等客观因素，不予采纳。

【无罪判例 27】朱某红正当防卫案——《中华人民共和国最高人民法院公报》1995 年第 1 期

南关区人民法院认为，被害人李某文曾因流氓、调戏妇女、打架斗殴被拘留和劳动教养，因盗窃被判刑，后又因盗窃被公安机关通缉。在此期间，李某文用纠缠和威胁的方法要朱某梅与其谈恋爱。当遭到朱某梅拒绝后，李某文持刀对朱某红和朱某梅、刘某玲三人实施不法侵害。被告人朱某红在本人及其母亲刘某玲生命遭到严重威胁时，为了制止不法侵害，在不法侵害正在进行过程中，持刀刺伤李某文致死，行为的性质不具有社会危害性，属于防卫行为，且防卫的程度适当。依照《刑法》第十七条第一款关于“……为了本人或者他人的人身和其他权利免受正在进行的不法侵害，而采取的正当防卫行为，不负刑事责任”的规定，朱某红的行为，不构成犯罪。

【无罪判例 28】吕某某故意伤害罪一审刑事判决书——（2014）东一法刑初字第 2257 号

本院认为，被告人吕某某在被害人郭某某的出租屋内受到郭某某的攻击，吕某某在郭某某对其实施勒、掐脖子、用砖头拍打头部、嘴巴等行凶行为时予以反击，属于为使本人免受还在进行的不法侵害而采取制止不法侵害的行为，虽造成郭某某重伤，但吕某某的行为属正当防卫，不负刑事责任。公诉机关指控被告人吕某某犯故意伤害罪适用法律错误，被告人吕某某的行为不属防卫过当，而是正当防卫，不负刑事责任。理由如下：吕某某是受郭某某的邀请前往案发现场的，并未携带任何凶器，现有证据不能证实吕某某有伤害郭某某的主观故意。在吕某某到达案发现场后，郭某某随即关上房门首先对吕某某进行殴打，使用砖头对吕某某的头顶部、脸部等要害部位进行击打并造成吕某某轻伤。吕某某在局促、密闭的陌生环境中突然遭受郭某某持续、严重的暴力侵害，在人身安全遭受重大威胁、身高及力量对比不如郭某某且难以对郭某某的加害行为可能造成自己损害程度作出预判等情况下，为了避免自己遭受严重的暴力侵害，用房间内碗、啤酒瓶等物体击打郭某某直至郭某某松手的行为属于为制止不法侵害而采取的制止不法侵害的防卫行为，且并未超出必要的限度。综上，被告人吕某某一方面没有伤害郭某某身体健康的主观故意，另一方面被告人吕某某在防卫时采取的反抗措施并未超出必要的限度，根据《刑法》第二十条第一款“为了使国家、公共利益、本人或者他人的人身、财产和其他权利免受正在进行的不法侵害，而采取的制止不法侵害的行为，对不法侵害人造成损害的，属于正当防卫，不负刑事责任”以及第三款“对正在进行行凶、杀人、抢劫、强奸、绑架以及其他严重危及人身安全的暴力犯罪，采取防卫行为，造成不法侵害人伤亡的，不属于防卫过当，不负刑事责任”的规定，被告人吕某某的行为属于正当防卫，不构成犯罪，不应负刑事责任。

【无罪判例 29】冯某某犯故意伤害罪一审刑事判决书——（2017）川0681 刑初 289 号

正当防卫，是指对正在进行不法侵害行为的人，而采取的制止不法侵害的行为，对不法侵害人造成一定限度损害的，属于正当防卫，不负刑事责任。正当防卫的构成要件：（1）必须有不法侵害行为发生。（2）必须是正在进行的不法侵害。（3）必须是出于防卫意图。（4）必须是针对不法侵害人本人实施防卫行为。（5）防卫行为不能超过必要的限度造成重大损害。本案中，冯某某实施的伤害行为是否属于正当防卫？谢某某因索要钱款未果，遂使用具有杀伤力的气枪并以死亡相威胁。冯某某为了保护本人的人身权利免受正在进行的不法侵害，挥动手中的铁铲意图打掉谢某某手中的枪支，却误伤谢某某，造成其轻伤。虽然枪支一直用红布包裹，但根据其外形特征、谢某某的持枪姿势以及其语言威胁的内容，一般人判断谢某某所持有的凶器系枪支符合常理，且谢某某语言威胁的同时解除红布瞄准冯某某，不法侵害的状态具有即时性、迫切性，冯某某实施的制止行为仅实施（击打）了一次，不具有连续性。综上，冯某某实施的伤害行为是制止不法侵害，且防卫结果造成谢某某轻伤二级，亦未造成重大损害，符合正当防卫成立的要件，故被告人冯某某实施的伤害行为构成正当防卫。

【无罪判例30】李某俊故意伤害案——刑事审判参考第1126号

辽宁省高级人民法院经公开审理认为，被告人李某俊对正在进行的行凶暴力犯罪采取防卫行为，造成不法侵害人死亡，不属于防卫过当，不负刑事责任。李某俊持铁管进玉米地寻找被害人刘某强时，虽然在场人员已经报警，但现场局势并未得到控制，持刀藏匿在李家封闭院落内的刘某强依然对李家人构成现实威胁，且其后续行为足以证实其并未放弃实施不法侵害。李某俊持械进入玉米地寻找刘某强，属于公民依法行使保护自身权利的行为，不能据此认定李某俊有加害故意。刘某强藏匿在李家封闭院落内的玉米地里，并持尖刀刺扎李某俊，故其行为属于正在进行的严重危及人身安全的行凶暴力犯罪，李某俊的防卫行为应适用刑法关于无过当防卫的规定，构成正当防卫。据此，依照《刑事诉讼法》（2012年）第二百二十五条①第一款第一项之规定，裁定驳回抗诉，维持原判。

规则53：被告人的行为是被动、防卫的，不具有主动攻击性

【规则分析】此辩点放在上述正当防卫辩点之后，意在提醒实践中具体案件的案情尚不构成正当防卫的条件时，或可以退而求其次，从被告人行为的被动、防卫特征来进行辩护，还能与被告人的主观方面进行印证，用其不具有主动攻击性的行为证明被告人不具有伤害被害人的主观故意。这一辩点再次说明了对被告人的主客观方面的辩护应当相互结合，相互印证。

---

① 2018年修正《刑事诉讼法》第二百三十六条。

【无罪判例1】薄某峰故意伤害罪二审刑事判决书——（2017）晋09刑终171号

五台县人民法院认定薄某峰犯故意伤害罪的另一原因是事发时薄某峰说过想打段俊某的话。根据主客观相统一的原则，任何犯罪都是在主观罪过支配下实施的行为，行为人主观罪过产生后在客观上表现为特定行为对社会产生危害性，而危害行为则成为检验行为人主观罪过的标准之一。根据本案二审查明的事实，薄某峰在整个事发过程中没有对段某某实施主动的攻击性行为，而是面对段某某的顶撞进行躲闪，具有被动性和防卫性。故上诉人薄某峰在事发时所说想打段某某的话，本质上具有逞强斗狠的性质，不能据此认定薄某峰主观上存在伤害他人的故意。

本院认为，故意伤害罪是指行为人故意非法损害他人身体健康的行为。本案中上诉人薄某峰主观上没有伤害他人的故意。客观上，在案证据对于证实薄某峰用手一甩将段某某摔倒致伤无法形成完整、缜密的证据链条，对一审判决所认定的事实不足以排除合理怀疑，指控证据没有达到确实、充分的要求，对上诉人薄某峰应当依法宣告无罪。

【无罪判例2】朱志某故意伤害一审刑事判决书——（2014）佛南法刑初字第1823号

本院认为，被告人虽然实施了与被害人王亚某因琐事发生争吵并相互打斗的行为，但据证人林开某反映在被告人与被害人争吵的过程中，被害人先打了被告人一巴掌，被告人亦供称被害人等人二话不说就对其拳打脚踢，且有人拿走其裤袋里的手机，其就捡起地上的尖嘴钳挥舞，后报警称被人抢劫。由于案发时是凌晨时分，被害人一方人数众多并先对被告人动手，被告人不能清楚地判断出对方的意图误以为对方要抢劫故而持尖嘴钳挥舞，是一种自卫行为，且造成被害人颈部的伤害很小。被告人无法预见到其行为可能导致被害人死亡结果的发生，其主观上无法满足成立故意或者过失的前提条件，被害人的死亡对其本人而言纯属意外而非故意或者过失为之；且根据中山大学法医鉴定中心出具的鉴定意见书，被告人对被害人颈部造成的伤害不足以导致被害人死亡的后果，被害人在案发前大量饮酒，饮酒也是被害人死亡的诱因之一。综上，本案的现有证据，无法确实、充分证实被告人的行为与被害人的死亡结果存在刑法上的因果关系，被告人的主观上也不存在伤害故意或者过失致人死亡的过失，因此，公诉机关指控被告人朱志某犯故意伤害罪的事实不清、证据不足，所控罪名不能成立。

规则 54：被告人的行为系职务行为

【规则分析】学理上，职务行为属于基于法益衡量阻却违法的事由之一，属于一种法令行为。法令行为是指基于成文法律、法令、法规的规定，作为行使权利或者承担义务所实施的行为，其是法律所允许乃至鼓励的，不属于违法行为。只不过有的法令行为从形式上看与某些犯罪的客观行为相符，因此，法令行为会成为一种违法阻却事由。除了职务行为，法令行为还有其他两种类型，包括扭送行为；法律基于政策理由阻却违法的行为，即某类行为本来会侵害法益，但基于政策考量将其定位合法，如发行彩票；法律有意明示了合法性条件的行为，即法律特别规定某种具有犯罪行的行为符合一定条件时便属于合法行为。① 因此，除了对此辩点提到的职务行为的角度进行辩护外，还可以结合其他法令行为以及其他违法阻却事由，寻找辩护的切入点。

【无罪判例 1】蒋某某、史某某、呼某、余某犯故意伤害罪一案一审刑事判决书——（2014）南宛刑初字第 659 号

公诉机关指控被告人余某犯故意伤害罪的证据不足，事实不清，指控罪名不能成立，本院不予支持。具体理由如下：（1）被告人余某主观上无共同犯罪故意。共同犯罪是指两人以上共同故意犯罪。余某作为保安队长，在顾客及保安人员被扎伤后，追赶行凶一方人员，即便具有指挥史某某、呼某、蒋某某追赶斗殴一方人员亦仅是正常履行职责行为，无证据显示其指使史某某、蒋某某、呼某等人殴打被害人……

【无罪判例 2】王某莲、程某学、刘某故意伤害罪一审刑事附带民事判决书——（2016）吉 0302 刑初 135 号

被告人程某学、刘某为制止陈某继续吵闹，将陈某拽走的行为系二被告人履行职务，且无证据表明程某学、刘某与陈某之间有私人恩怨，程某学、刘某

---

① 参见张明楷：《刑法学》，法律出版社 2016 年版，第 231 ~ 232 页。

缺乏伤害陈某的犯罪故意，故陈某指控程某学、刘某犯故意伤害罪的证据不足，指控的犯罪不能成立，程某学、刘某亦不应承担民事赔偿责任。

规则55：被告人的行为系见义勇为扭送行为

【规则分析】此规则中的见义勇为扭送行为即属于上一规则分析中提到的法令行为中的一种。实践中判断被告人的行为是否属于扭送行为，可以从被告人行为时的主观意图、行为表现，以及其他证人证言等来印证。如无罪判例中被告人的行为从主观意图上便是将逃跑的犯罪嫌疑人扭送公安机关，并且结合其在追赶中的报警情节，可以证明被告人的行为确系扭送行为，属于违法阻却事由。

【无罪判例】张某军故意伤害案——刑事审判参考第400号

成华区人民法院认为，死者胡某辉和自诉人罗某事实抢夺行为以后，被告人张某军等人驾车追赶二人，只是意图将逃跑的犯罪嫌疑人扭送公安机关，从追赶过程中多次电话报警并责令对方停车的事实可以证明追赶者的这一主观心态。被告人张某军驾车追赶胡某辉、罗某的行为符合法律规定，是合法、正当行为。本案的证据不能证明被告人张某军实施了故意伤害他人身体的行为。被告人张某军既没有非法伤害他人山体的主观故意，又没有证据证明其客观上实施了伤害他人身体的具体行为。因此，自诉人指控被告人张某军犯故意伤害罪既无事实根据也无法律根据，其指控不能成立。死者胡某辉和自诉人罗某为摆脱现场群众的追赶，驾驶摩托车以危险状态高速行驶，是造成摩托车侧翻的直接原因，这一危险状态系死者胡某辉和自诉人罗某自我选择的结果。被告人张某军为了阻止犯罪嫌疑人逃逸而采取的高速追赶行为，与本案损害结果的发生没有因果关系，不应当承担民事赔偿责任。故附带民事诉讼原告人要求被告人张某军承担民事赔偿责任的诉讼请求，也不能成立。

（二）因果关系规则

规则56：被告人行为与被害人轻伤后果无刑法上的因果关系

【规则分析】故意伤害罪中的因果关系，要求案件中被害人的伤害后果是由被告人的故意伤害行为所致，否则将无法建立被告人行为与案件结果之间的关系，切断案件的证据链条。此辩点作为因果关系之辩中的总领，代表了典型的行为与结果之间没有因果关系的情况，即被害人的轻伤后果并非被告人的行为所致。此辩点之后的两个辩点同样属于切断因果关系的情况，只不过基于其特殊性与案件数量将其从此辩点中分离出来。

此辩点之下的案例均是被告人的行为确实与被害人的轻伤后果无刑法上因果关系的情况，其中切断因果关系的原因又分为下列情况：

第一，被告人确实实施了殴打被害人某一部位的行为，然而认定被害人构成轻伤的伤情出现在其身体的其他部位，即被告人殴打的部位并非被害人轻伤所在之部位，因此，被告人的故意伤害行为与被害人的轻伤结果并无刑法上的因果关系。如无罪判例1、无罪判例2、无罪判例3等。

第二，现有证据证明被害人轻伤为陈旧伤，或者其他陈旧病情，并非案件纠纷中所致，因此，与被告人的行为无刑法上的因果关系。如无罪判例4、无罪判例5、无罪判例8等。

第三，被害人轻伤系纠纷过程中自己不慎摔倒或撞伤，并非被告人行为所致，如无罪判例16。

第四，案件中有多名被告人时，被害人的轻伤为其中部分被告人的行为所致，而其他被告人的行为不足以致被害人轻伤。如无罪判例9、无罪判例10、无罪判例11等。

第五，案件中有多名被告人时，被害人的轻伤为其中部分被告人的行为所致，而其他被告人虽然实施了殴打行为但该行为并没有作用在被害人身上。如无罪判例37。

第六，被告人的行为与被害人的轻伤结果仅有民法上的因果关系而无刑法上的因果关系。如无罪判例6。

总之，无论是出于哪种原因，被告人的故意伤害行为与被害人的轻伤结果之间的因果关系都可能被切断，特别是涉及案件情况复杂，被告人数量众多时，其中某一被告人的行为情节并不会导致被害人轻伤的情况较为多见。被害人的伤情是其在纠纷中跌倒或者其伤情原本就存在等间接原因导致的情况也占一定比例。

【无罪判例1】张某营、丁某林故意伤害二审刑事判决书——（2016）鲁04刑终162号

原审法院认为，被告人张某营故意伤害自诉人丁某林，致自诉人丁某林受伤，经鉴定构成轻伤二级，其行为构成故意伤害罪。被告人张某水（张某营的父亲）仅对自诉人丁某林、王某莉的臀部殴打，其行为与二自诉人轻伤后果无法律上的因果关系，故二自诉人关于被告人张某水犯故意伤害罪的指控不成立。

【无罪判例 2】李某甲、李某乙故意伤害一审刑事判决书——（2013）庆西刑初字第 250 号

本院认为，被告人李某甲与自诉人袁某俊因地界问题发生纠纷，在相互厮打中，故意伤害他人身体，致人轻伤，其行为已触犯刑律，构成故意伤害罪。被告人李某乙辩解其不构成故意伤害罪。自诉人袁某俊的陈述与证人李某梅、袁某雄的证言、庆阳市人民医院诊断证明、鉴定意见相互印证，证实被告人李某乙用木棒致伤袁某俊头部，致袁某俊头皮挫裂伤，属轻微伤的事实，被告人李某乙的行为不符合故意伤害罪的构成要件，不构成故意伤害罪，故其辩解成立，应予采纳。

【无罪判例 3】被告人梅某某故意伤害一审刑事附带民事判决书——（2013）泾刑初字第 43 号

辩护人的辩护意见：（1）自诉人腿部伤残和被告人没有因果关系。被告人与自诉人发生矛盾时，被告人打了自诉人一记耳光后，两人再没有直接的肢体接触，因此自诉人腿部伤残和被告人无因果关系；（2）自诉人本身存在过错。在案件起因上，被告人、自诉人和同村村民于某甲在于某甲家已当面说清，被告人要把砖钱付给于某甲，而自诉人再次向被告人要砖钱，遭被告人拒绝后辱骂被告人，是引发案件的根本原因，自诉人行为本身存在过错；（3）自诉人指控被告人犯故意伤害罪缺乏必要的证据。自诉人无直接证据证明被告人直接对其右腿进行过伤害。

本院认为，被告人在自诉人不知情的情况下从自诉人院落内拉走砖头后，在自诉人向其索要价款时，其应在查明砖头所有权的情况下向自诉人支付相应价款。在自诉人为此向被告人索要价款时，被告人拒绝支付价款并与自诉人互相辱骂，继而被告人用拳头从自诉人面部进行击打，双方在争执中导致自诉人秦某某右胫骨外侧平台骨折、全身多处软组织损伤，经法医鉴定属轻伤，伤残为 X 级、劳动能力丧失为 10%（2013 年 10 月 16 日鉴定）。因自诉人秦某某提供的证据无法证实其右胫骨外侧平台骨折系被告人直接殴打伤害所致，故其指控被告人梅某某犯故意伤害罪的罪名不能成立，本院不予支持。

【无罪判例 4】陈某某犯故意伤害罪一审刑事判决书——（2014）横刑初字第 00092 号

……其三，陕西榆林高科法医司法鉴定意见证明，陈某腰 2 椎体右侧横突骨折属轻伤。但该鉴定意见书对该伤情形成的时间未进行分析鉴定，该伤情是否是 2013 年 10 月 2 日所致，无法确定。其四，经过重新鉴定后，陕西中金司法鉴定中心司法鉴定意见书中对陈某腰 2 椎体右侧横突骨折进行分析，认为伤情形成的时间系 2013 年 10 月之前形成的，证明该伤情与 2013 年 10 月 2 日的斗殴无法律上的因果关系。综上所述，被告人、辩护人的无罪之辩解、辩护观点依法应予采纳。

【无罪判例 5】姜某某等故意伤害重审刑事判决书——（2014）农刑重字第 3 号

本院认为，自诉人暨附带民事诉讼原告人林大成诉被告人姜某某、康某某故意伤害一案，经庭审举证、质证的证据不足以证实自诉人暨附带民事诉讼原告人林大成之伤是二被告人所致，虽自诉人暨附带民事诉讼原告人林大成及证人王某英、王某甲大成之伤是被告人姜某某、康某某殴打所致，但证人唐某某、王某乙、张某某、王某丙、徐某某等证人证言及被告人供述，均不能证实二被告人实施了殴打自诉人暨附带民事诉讼原告人林大成的行为，也不能证实自诉人暨附带民事诉讼原告人林大成之伤是如何形成的，不能相互印证，故认定被告人姜某某、康某某殴打自诉人暨附带民事诉讼原告人林大成的事实不清，证据不足，且有吉林立民司法鉴定所关于林大成之伤为陈旧伤，与此次外伤无关，不构成轻伤的鉴定意见予以佐证，证实自诉人暨附带民事诉讼原告人林大成的轻伤与二被告人的行为无因果关系，自诉人诉被告人姜某某、康某某犯故意伤害罪的事实不清，证据不足，本庭不予支持。

【无罪判例 6】赵某某故意伤害一审刑事判决书——（2013）浦刑初字第 3330 号

本院认为，……第二，刑法上的因果关系不同于民法上推定的因果关系。

刑法上的因果关系是指危害行为与危害后果之间的因果关系，是行为人承担刑事责任的必要条件，而民法上推定的因果关系是指某种表见事实发生损害时，推定损害与该事实存在因果关系，行为人得反证证明损害与该事实无关时才能免责。就本案而言，自诉人轻伤的危害后果客观存在，但自诉人没有充分证据证明该危害后果系由被告人行为所致，现查明的被告人所实施的行为与相关的危害后果不存在刑法上的因果关系，故自诉人以民事判决书中“推定赵某某行为与陈某某受伤存在因果关系”来判定被告人行为与其所受伤害存在刑法上的因果关系，有悖于法律规定，本院不予采信。

【无罪判例7】景某甲与赵某甲、赵某乙故意伤害一审刑事附带民事判决书——（2015）陵刑初字第11号

本院认为，被告人赵某甲、赵某乙与自诉人景某甲因家庭琐事发生争执，吵打过程中赵某乙与景某甲推拽拉扯间跌倒在地，赵某乙嘴咬景某甲的胳膊，景某甲跪在地上按压着赵某乙，赵某甲拽住景某甲的秋衣将景某甲拉拽起来甩至旁边，造成景某甲左下肢髌骨骨折系轻伤，由此可见，被告人赵某甲的行为构成了故意伤害罪。基于双方因家庭琐事发生争执，景某甲将赵某乙按压在地上时，赵某甲将景某甲拉拽开造成髌骨骨折致轻伤，主观出于放任的间接故意，案发后及时赔偿部分损失，犯罪情节轻微不需要判处刑罚，可以免予刑事处罚。被告人赵某乙虽有和自诉人景某甲推拉扯拽的行为，但现有证据不能证明赵某乙的行为与景某甲髌骨骨折致轻伤的结果存在因果关系，自诉人景某甲控诉被告人赵某乙犯故意伤害罪，证据不足，不能认定被告人赵某乙有罪。

【无罪判例8】李某某诉王某某故意伤害案一审刑事附带民事判决书——（2015）江刑初字第48号

本院认为，自诉人李某某控诉被告人王某某构成故意伤害罪的主要依据是其第一腰椎压缩性骨折的损伤、鉴定机构基于该损伤所作出的轻伤一级的鉴定意见，而现有证据证明自诉人李某某第一腰椎压缩性骨折的损伤系本案发生前即已存在，被告人王某某的行为与自诉人李某某轻伤一级的损害后果无法律上的因果关系，故被告人王某某无罪。

【无罪判例 9】王某、范某彬、王某星故意伤害再审刑事判决书——（2015）渭滨刑重字第 00002 号

本院认为，自诉人在陪其女儿去被告人家中取物品发生纠纷前面部并无伤情，与被告人发生纠纷后，救护车将其从被告人家中拉走时面部流血，足以证明自诉人的伤情是在与三被告人发生纠纷过程中造成的。三被告人均否认自己殴打自诉人，亦均称不知道自诉人伤情如何造成，三被告人的上述陈述明显与事实不符，本院不予采信。因案发现场只有三被告人与自诉人四人在场，现因自诉人明确指认是被告人王某用拳击打其面部，自诉人的陈述亦属于是证据之一，与医院诊断证明、法医鉴定书能够相互印证，符合本案客观事实，应予认定。被告人王某故意伤害他人身体，致人轻伤，其行为已构成故意伤害罪，应负刑事责任。被告人范某彬、王某星虽与自诉人有撕扯行为，但该行为不足以造成他人轻伤，故范某彬、王某星不构成故意伤害罪，不负刑事责任。

【无罪判例 10】李某甲、李某乙故意伤害罪一审刑事判决书——（2015）澄刑初字第 102 号

本院认为，被告人李某甲遇矛盾纠纷未能冷静并采取合理方式处理，而持械击打他人身体，致他人轻伤，其行为已触犯我国刑律，构成故意伤害罪，依律应处三年以下有期徒刑、拘役或者管制，并应承担相应的民事赔偿责任。自诉人张某某对被告人李某甲犯故意伤害罪的控诉及要求李某甲赔偿其经济损失的诉请成立，本院予以支持。本案证据显示，自诉人张某某的伤情达到轻伤系因其第 5、6 根肋骨骨折，该后果经查明系本案被告人李某甲用锄头击打直接导致，并非被告人李某乙所致，故自诉人对被告人李某乙的刑事指控不能成立，被告人李某乙不构成故意伤害罪。

【无罪判例 11】刘某甲、刘某乙犯故意伤害罪一审刑事附带民事判决书——（2015）井研刑初字第 30 号

本院认为，被告人刘某甲因不能正确处理邻里纠纷，故意殴打他人致其鼻骨及鼻中隔骨折造成轻伤，其行为已构成故意伤害罪。自诉人指控其犯故意伤害罪罪名成立，本院予以采纳。对被告人刘某乙辩称其不构成故意伤害罪的辩解意见，本院认为，在案证据只能证实刘某乙对胡某某有过抓扯、殴打的行为，不能证实自诉人鼻部轻伤的结果与刘某乙的行为有直接的因果关系，故被告人刘某乙的行为不构成故意伤害罪。对其辩解意见，本院予以采纳。

【无罪判例 12】周某甲、袁某某故意伤害一案一审刑事判决书——（2014）甘刑初字第 216 号

本院认为，被告人袁某某虽因商店门前遮阳伞的摆放与被害人付某某发生争吵并厮打，被告人周某甲到场后亦与付某某理论，但经法医鉴定确定，被害人付某某 2013 年 7 月 26 日外伤前即患有双耳感音神经性耳聋，本次外伤与付某某双耳感音神经性耳聋之间不存在因果关系，不宜依据其双耳感音神经性耳聋评定损伤程度及伤残等级。因此，依法不能认定二被告人构成故意伤害罪。

【无罪判例 13】常某某故意伤害一审刑事判决书——（2015）渭刑初字第 0024 号

本院认为，自诉人李某某在北寨镇前进村村部要求低保和地震灾后重建项目资金时与驻村干部常某某发生争吵，争吵中李某某辱骂常某某，但无证据证实常某某实施了伤害自诉人的行为，自诉人又提不出补充证据。甘肃明源司法物证鉴定所鉴定李某某的损伤程度属轻伤二级，但自诉人住院时拍片显示右桡骨中段骨折为陈旧性骨折与定西市公安司法鉴定中心法医学人体损伤鉴定书鉴定的李某某右侧桡骨中段骨折时间为 2014 年 7 月 25 日前四周左右形成的鉴定意见相吻合，故李某某轻伤形成的原因不是被告人常某某所致。因此，自诉人李某某指控的罪名不能成立，应当依法宣告被告人无罪。

【无罪判例 14】王某某、王某甲、王某乙故意伤害罪一审刑附民判决书——（2015）陈刑初字第 00023 号

经审理查明，自诉人暨附带民事诉讼原告人张某及其表兄王某丙与被告人王某某、王某甲、王某乙邻村居住，2014 年夏收后双方当事人都在村民麦地收集麦草。2014 年 6 月 14 日 14 时许，自诉人暨附带民事诉讼原告人张某和王某丙得知三名被告人在他们所在村组地里收集麦草，即赶到现场阻止。被告人王某某与王某丙因言语不和发生厮打，自诉人暨附带民事诉讼原告人张某及被告人王某甲、王某乙随即参与其中相互厮打。其间，被告人王某某用机动三轮车摇把击打自诉人暨附带民事诉讼原告人张某，张某用手护挡时被致伤左手掌部。后自诉人暨附带民事诉讼原告人张某与王某丙亲属及同村村民数人赶到现场参与殴斗，公安人员接警到场事态方得以平息。

被告人王某甲、王某乙虽与自诉人暨附带民事诉讼原告人张某发生厮打，但并未直接致自诉人暨附带民事诉讼原告人张某轻伤后果，被告人王某甲、王某乙的行为不构成故意伤害罪，自诉人暨附带民事诉讼原告人张某对被告人王某甲、王某乙故意伤害罪的指控不能成立，不予支持。

【无罪判例 15】魏某某、陈某某故意伤害罪一审刑事判决书——（2015）安刑初字第 118 号

本院认为，被告人魏某东故意伤害他人身体，致人轻伤，其行为构成故意伤害罪。被告人陈某某虽与自诉人魏某虎发生撕扯行为，但没有造成自诉人轻伤的结果，其行为不构成犯罪。

【无罪判例 16】被告白某某故意伤害一审自诉刑事附带民事判决书——（2016）晋 0424 刑初 38 号

本院认为，故意伤害罪指故意伤害他人身体的行为，主观方面必须表现为故意。通过庭审查明的事实，自诉人王某某的损伤是在和被告人白某某互殴过程中，不慎摔入水壕所致，故自诉人指控被告人白某某故意伤害罪证据不足，本院不予支持。

【无罪判例 17】被告王某军、被告王某方故意伤害罪一案一审刑事附带民事判决书——（2015）前刑初字第 282 号

关于自诉人李某臣控诉被告王某军犯故意伤害罪，因证据不足，本院不予支持。理由是：（1）证人黄某杰证实王某军从车后备箱拿出一把小铁锹，能有半米长，就往前去，我拼命拦着他。这时旁边一个个子较高的男的，能有 30 多岁，他帮我一直拉王某军，还说都是上岁数的行了王某军一看确实都是岁数大的人，就没再撕拉往前去。（2）证人孙某泉证实：我看见来了一男一女，好像是在旁边停着一台黑色轿车下来的，那个男的拿着一把短把的小铁锹奔跳交际舞这冲上来了，我看是来打架的就把他抱住了，这时还有一个好像是和他一起来的女的也拉着他，并把小铁锹抢去了，我就把那个男的推到郭尔罗斯大路上了，我就在那劝他，一会他就喊“走啊走啊”。（3）证人举某刚证实：一男二女开个黑色轿车来了，其中那个男的从车里拿出一把短锹要打放音响的老头没碰到人，被我和附近人一起拉开，他们就拉着跳舞的老头一起走了。（4）证人孙某会证实：和70多岁的老头一起的一男二女我当时没看见打人，那个男的手里拿个小铁锹，但是没看见打谁。（5）证人刘某武证实：从黑色雪弗兰轿车下来的男的我没看见他打人，他刚下车时拿一把折叠水果刀，掰开后有20厘米长，后来从他车后备箱拿了一个折叠的小铁锹是绿色的。以上证据证实被告王某军到打仗现场后虽手里拿着小铁锹，但与自诉人李某臣没有接触，不能认定自诉人的伤是被告人王某军所为。因此，自诉人李某臣的损害结果的发生与被告王某军的行为之间无法律上的因果关系，被告人王某军不应承担民事赔偿责任。

【无罪判例18】焦某节重审民事判决书——（2015）汶刑重字第3号

本院认为，现有证据仅能证实自诉人张某雁与被告人焦某节因债务问题发生争执，被告人焦某节实施了用信封打自诉人张某雁面部的行为，但在出警民警在场的情况下，自诉人张某雁并未向出警民警陈述其牙齿受伤的事实，而且据自诉人陈述，其还和被告人的妻子谈了半个小时的话，也未向被告人的妻子陈述牙齿受伤的事实。根据公安机关的证明，自诉人张某雁第一次报警是2013年12月4日10时44分30秒；第二次是2013年12月4日13时11分24秒，在案发3小时后方向公安机关陈述其牙齿受伤的事实，现有证据无法证实自诉人的轻伤后果是被告人用信封打自诉人的脸部所致。另外，能够证实自诉人一颗门牙系外伤性缺失，另一颗门牙系外伤性松动，松动牙齿Ⅳ度松动，伸长歪斜，露根，行拔除术的门诊病历，均是复印件。故现有证据不足以证实自诉人张某雁受轻伤的结果与被告人焦某节的伤害行为具有刑法上的因果关系。故自诉人张某雁指控被告人焦某节犯故意伤害罪证据不足，指控不能成立。

【无罪判例19】刘某某故意伤害案刑事判决书——（2016）青0221刑初22号

本院认为，自诉人许某某与被告人刘某某、杨某某、因土地纠纷发生争执，继而相互厮打致其受伤，自2013年10月17日至11月15日先后在华夏医院、平安县中医院就诊治疗，均诊断为多处软组织挫伤，未发现及确诊其存在肋骨骨折的伤情。2013 年 11 月 26 日自诉人在青海省人民医院确诊为左侧第 5 ~7 根肋骨骨折，经司法鉴定其损伤程度属轻伤，但未提供证据证明该伤情结果系被告人刘某某、杨某某的故意伤害行为所致，故不能认定其轻伤结果与被告人刘某某、杨某某的故意伤害行为具有因果关系，自诉人指控三被告人犯故意伤害罪的事实不清，证据不足，指控的犯罪不能成立，本院不予支持。

【无罪判例 20】被告人陈某某、阳某某故意伤害一审刑事附带民事判决书——（2015）蒸刑初字第 248 号

本院认为，自诉人李某某指控被告人陈某某、阳某某殴打致其轻伤的经过，只有自诉人李某某本人的陈述，被告人陈某某供述只打了自诉人二个耳光，被告人阳某某供述只用木棍打了一下自诉人的头部，而自诉人李某某的伤构成轻伤的部位是右侧跟骨骨折，左侧第 4 肋骨骨折，其头部的伤不构成轻伤。自诉人没有提供其他证据证明二被告人打了其足部及腰部，而被告人却提供证据证明自诉人在打架散开后，还步行去村干部家投诉，自诉人指控其构成轻伤的伤系二被告人殴打形成，因没有提供足够、充分的证据，应不予支持。

【无罪判例 21】被告人赵某某、韩某某犯故意伤害罪一审刑事附带民事判决书——（2016）陕 0802 刑初 115 号

本院认为，被告人赵某某、韩某某与自诉人孙某某系同事关系，在共同参加同事的婚礼现场，因琐事自诉人孙某某与同事张某某发生言语冲突，二被告人上前劝说期间，被告人赵某某在自诉人头部打了一拳。第二日自诉人被送往医院治疗。经鉴定，自诉人孙某某右桡骨远端骨折、右胫骨平台骨折均属轻伤二级，右膝关节韧带损伤、半月板损伤均属轻微伤。但现有证据并不能证明自诉人轻伤二级，系二被告人所致，自诉人控告二被告人犯故意伤害罪的事实及罪名不能成立，故应判二被告人无罪。

【无罪判例 22】敖某宝、顾某吉故意伤害一审刑事判决书——（2017）云 0328 刑初 153 号

本院认为，被告人顾某吉故意伤害他人身体致两人轻伤的行为，已触犯《刑法》第二百三十四条第一款之规定，构成故意伤害罪，二自诉人对被告人顾某吉的控诉成立，本院予以支持；被告人敖某宝致伤自诉人的部位为头顶部，依据鉴定意见，该伤属轻微伤，同时，依据查明的事实，自诉人钱某刚的损伤与被告人敖某宝的行为无因果关系，故二自诉人对被告人敖某宝控诉不成立，本院不予支持。

【无罪判例23】戚某华、赵某香故意伤害案一审刑事附带民事判决书——(2017)云0129刑初29号

本院认为，被告人戚某华故意伤害他人身体，致人轻伤，其行为已构成故意伤害罪；自诉人戚某安控诉被告人赵某香的行为构成故意伤害罪，但戚某安的损伤系戚某华的行为所致，其控诉不能成立。

【无罪判例24】叶某民、叶某生故意伤害一审刑事判决书——(2017)云0322刑初21号

本院认为，自诉人叶某常与被告人叶某生因相邻排水问题发生争执后互相撕扯，被告人叶某民在争执过程中用砖头打伤自诉人叶某常，致自诉人叶某常眼部及头面部伤情达轻伤一级，其行为已构成故意伤害罪，自诉人叶某常指控被告人叶某民犯故意伤害罪的罪名成立；结合自诉人叶某常提交的证据及双方在庭审中的陈述，被告人叶某生在纠纷过程中并未接触自诉人叶某常的眼部及头部、面部，自诉人叶某常指控其犯故意伤害罪的罪名不成立。

【无罪判例25】被告人张某、李某犯故意伤害罪一案刑事附带民事判决书——(2017)陕0831刑初17号

本院认为，被告人张某因琐事与被害人赵某某、赵某A发生撕拉，在撕拉过程中致赵某某从硷畔崖掉下，致赵某A从陡坡掉下，两人均受轻伤，其行为侵犯了他人的身体健康权利，触犯了我国刑律，构成故意伤害罪。自诉人赵某某、赵某A指控被告人张某的罪名成立，应依法惩处。辩护人李A、何某某辩称，赵某A、张某两人从陡坡坠落下来，造成赵某A胫骨平台骨折，李某看到赵某A与其母亲张某一块从陡坡坠落下后，李某趴倒在两人中间推开赵某A，李某客观上没有伤害行为，主观上没有伤害的故意，赵某A的损伤与被告人李某的行为没有因果关系，故被告人李某的行为不构成故意伤害罪。经查，自诉人赵某A与被告人张某在撕拉中两人同时从陡坡掉下，李某下去将赵某A、张某推开的事实，有视频资料证实。辩护人对被告人李某的无罪辩护理由予以采纳。

【无罪判例26】代某雄、陈某萍故意伤害一审刑事判决书——（2017）云0422刑初106号

本院认为，被告人代某雄在与他人的纠纷中，持刀故意伤害他人身体，致人轻伤二级，其行为已触犯我国刑律，依法构成故意伤害罪，应予刑事处罚并应承担相应的民事赔偿责任。

自诉人张某的轻伤系右手食指伸指腱断裂、左胸壁皮肤创，根据本案证据，上述损伤均系被告人代某雄所为，故只应当由被告人代某雄对该损害后果承担相应的责任，被告人陈某萍不应当对该损害后果承担刑事责任和民事责任。

【无罪判例27】鲁某辉、鲁某全故意伤害一审刑事判决书——（2017）云0422刑初93号

本院认为，被告人鲁某辉在与他人的纠纷中，故意伤害他人身体，致人轻伤二级，其行为已触犯我国刑律，依法构成故意伤害罪。被告人鲁某全虽然在冲突中有殴打他人的行为，但其行为仅导致被害人李某轻微伤、杨某2受伤（无伤情鉴定），被害人杨某1的轻伤并非鲁某全的行为直接所致，故鲁某全的行为不构成故意伤害罪。

【无罪判例28】陈某新、张某涛、陈某伟、宋某龙、李某华、李某云、李某武等故意伤害刑事判决书——（2017）云2927刑初181号

本院认为，在案证据证实自诉人朱某某的轻伤后果，是其爬上厨房窗台躲避过程中不慎失足坠楼造成的，无证据证明其伤是九名被告人的伤害行为造成的。自诉人指控被告人陈某新、张某涛、陈某伟、宋某龙、李某华、李某云、李某武、张某禄、陈某林犯故意伤害罪的罪名不成立，应宣告九名被告人无罪。

【无罪判例29】钟某甲故意伤害暨附带民事诉讼一审刑事附带民事判决书——（2013）镇刑初字第00010号

本院认为，被告人钟某甲与自诉人钟某某、附带民事诉讼原告人王某某因地界问题产生纠纷后，双方均不能通过正当途径解决纠纷，在相互辱骂、抓扯的过程中，被告人钟某甲致抱住自己腿的自诉人钟某某倒地，造成钟某某左锁骨骨折，构成轻伤十级伤残，但自诉人钟某某在纠纷中先扔石头打被告人钟某甲，后又抱住钟某甲腿纠缠，情急之下，被告人钟某甲在挣脱自诉人钟某某纠缠的过程中致钟某某倒地，无伤害的故意，自诉人钟某某及其诉讼代理人吕某鹏提出钟某某的伤是被告人钟某甲持锄把打伤无其他证据证实，提交的锄头一把也无其他证人证实系案发时被告人钟某甲打击钟某某所使用，持锄把打伤钟某某肩部的情节虽有附带民事诉讼原告人王某某的证言证实，但被告人钟某甲始终坚持自己未持锄把击打钟某某，其所交代的案件事实经过与现场证人纪某某、王某某、胡某某所证实的事实经过一致，从双方的身份关系和优势证据的综合分析看，无法认定自诉人钟某某肩部的伤是被告人钟某甲持锄把击打造成，故自诉人钟某某指控被告人钟某甲犯故意伤害罪的证据不足，指控的罪名不能成立，被告人钟某甲无罪。

【无罪判例 30】唐某甲诉唐某乙、唐某丙故意伤害一案一审刑事判决书——（2014）庄刑初字第 16 号

本院认为，自诉人唐某甲与被告人唐某乙、唐某丙及亲邻在唐某甲哥哥唐某某家商量如何赡养唐某甲父亲时，因对是否雇佣保姆问题，唐某甲与唐某乙先是发生言语冲突，继而互相厮打，唐某乙抓伤了唐某甲的脸，在拉劝的过程中，唐某甲又与被告人唐某丙发生肢体冲突，被在场人拉劝开。双方回到各自家中后，唐某甲又来到唐某丙家门前，用脚踏唐某丙家大门，叫出唐某丙后，双方又发生厮打。对纠纷的发生，二被告人有过错，但自诉人唐某甲亦有过错，特别是在唐某某家发生冲突后，经亲邻拉劝纠纷已经结束，唐某甲回到家后又来到唐某丙家，再次与唐某丙发生厮打，由于唐某甲的不理智行为，造成事态进一步扩大，应承担主要过错责任。自诉人唐某甲指控其受伤牙齿是在唐某某家与唐某丙发生厮打时被唐某丙打掉的，自诉人唐某甲提供的证据中庄浪县人民医院诊断证明、住院病历及公安机关鉴定意见等证据可证明其住院治疗伤情及损伤程度为轻伤的事实，但证明自诉人唐某甲的牙齿是被告人唐某丙实施犯罪行为造成的，经当庭质证，二被告人不予承认，现场证人唐某某、唐某丁、唐某证言证明唐某丙在劝架时推了唐某甲的肩膀，唐某甲在唐某丙嘴上、脸上捣了几拳，唐某丙在唐某甲肩膀捣了几拳，没有证据证明唐某甲的牙是唐某丙殴打掉的。

【无罪判例31】王某甲、王某乙故意伤害罪一审刑事判决书——（2013）神刑初字第00405号

被告人王某乙辩称，是自诉人的父亲先骂的他，他没有殴打自诉人张某，张某打了他后，他就跑开了。故他不构成犯罪。

本院认为，被告人王某甲在其儿子即被告人王某乙与他人发生冲突时，未能妥善制止，而是出手伤击他人，致人轻伤，其行为已构成故意伤害罪，应予处罚。自诉人控诉王某甲犯故意伤害罪的罪名成立。鉴于自诉人张某在本案中也存在重大过错，故决定对被告人王某甲从轻处罚，并适用缓刑；被告人王某乙虽然殴打了张某某，但无证据证明其伤害行为致张某某发生了轻伤以上的犯罪后果，也无证据证实其实施过伤害自诉人张某的行为，故自诉人张某控诉王某乙犯故意伤害罪的事实和罪名不能成立，应宣告被告人王某乙无罪。

【无罪判例32】张某某故意伤害案一审刑事判决书——（2014）福刑初字第22号

本院认为，被害人何某双侧鼓膜穿孔是造成其伤情为轻伤的直接依据，但在案的证据不足以证明被害人何某的双侧鼓膜穿孔是被告人张某某的行为导致的。被害人何某关于被告人张某某揪住其衣领，将其按在花台上打其头部、面部几拳的陈述，因无利害关系的证人证言及其他证据佐证，不予以采纳。与本案无利害关系证人龙某某的证言证明，一名体型较胖的男子（参与斗殴者木某某）朝被害人面部打了几拳，随即证人龙某某看见被害人何某的嘴巴在流血，该证人证言将本案的加害人指向了参与斗殴人员木某某。另怒江州人民医院2013年11月24日做出的“耳鼻咽喉镜影像检查报告单”所载“诊断”是“何某双耳中耳炎、鼓膜穿孔”。福贡县公安司法鉴定中心的伤情鉴定意见，未明确被害人何某双侧鼓膜穿孔的原因是外力所致抑或双耳中耳发炎所致。本院认为上述情节导致本案事实不清，公诉机关指控的罪名不成立，被告人张某某不构成故意伤害罪。

【无罪判例33】朱志某故意伤害一审刑事判决书——（2014）佛南法刑初字第1823号

本院认为，被告人虽然实施了与被害人王亚某因琐事发生争吵并相互打斗的行为，但据证人林开某反映在被告人与被害人争吵的过程中，被害人先打了被告人一巴掌，被告人亦供称被害人等人二话不说就对其拳打脚踢，且有人拿走其裤袋里的手机，其就捡起地上的尖嘴钳挥舞，后报警称被人抢劫。由于案发时是凌晨时分，被害人一方人数众多并先对被告人动手，被告人不能清楚地判断出对方的意图误以为对方要抢劫故而持尖嘴钳挥舞，是一种自卫行为，且造成被害人颈部的伤害很小。被告人无法预见到其行为可能导致被害人死亡结果的发生，其主观上无法满足成立故意或者过失的前提条件，被害人的死亡对其本人而言纯属意外而非故意或者过失为之；且根据中山大学法医鉴定中心出具的鉴定意见书，被告人对被害人颈部造成的伤害不足以导致被害人死亡的后果，被害人在案发前大量饮酒，饮酒也是被害人死亡的诱因之一。综上，本案的现有证据，无法确实、充分证实被告人的行为与被害人的死亡结果存在刑法上的因果关系，被告人的主观上也不存在伤害故意或者过失致人死亡的过失，因此，公诉机关指控被告人朱志某犯故意伤害罪的事实不清、证据不足，所控罪名不能成立。

【无罪判例 34】陈某某故意伤害一案一审刑事附带民事判决书——（2014）渭城刑初字第 00071 号

本院认为，自诉人罗某某与被告人陈某某之妻因琐事发生争吵，陈某某到现场后，对自诉人罗某某进行殴打，致罗某某受伤，经中铁二十局医院诊断为双眼、颈项部软组织损伤，左下颌牙齿缺损。自诉人罗某某现以胸 1 椎体前缘骨折构成轻伤指控被告人陈某某犯故意伤害罪，经查，2013 年 3 月 10 日被告人陈某某殴打自诉人罗某某，致自诉人罗某某双眼、颈项部软组织损伤，左下颌牙齿缺损，2013 年 4 月 27 日罗某某在咸阳市中心医院诊断为颈 7 椎体前缘骨折、颈周软组织损伤；2013 年 9 月 3 日罗某某到陕西省核工业二一五医院诊断为颈 7 胸 1 椎体陈旧性骨折；被告人陈某某的伤害行为与自诉人骨折无直接因果关系，自诉人罗某某以胸 1 椎体前缘骨折指控被告人陈某某犯罪证据不足，故自诉人指控被告人陈某某犯故意伤害的罪名不能成立。

【无罪判例 35】周某甲、张某甲犯故意伤害罪一案一审刑事判决书——（2015）南刑初字第 51 号

本院认为，自诉人蔡某甲及其丈夫夏某与被告人周某甲、张某甲为卖货的摊位发生争执，本应寻求理智的途径予以解决，由于双方不能冷静处理纠纷发生厮打，蔡某甲在厮打中身体损伤程度为轻伤的事实虽然客观存在，但该损伤后果是其将张某甲按在地上厮打时，周某甲看见后上去揪着蔡某甲的头发欲把蔡某甲从张某甲身上拉开，蔡某甲的丈夫见到后将周某甲推倒在地，导致自诉人蔡某甲左手第4掌骨被摔骨折，造成轻伤的后果，蔡某甲的损伤主要是其丈夫的行为所致，故自诉人蔡某甲指控被告人周某甲、张某甲的行为构成故意伤害罪，无事实依据，依法不能成立。

【无罪判例36】盛某故意伤害罪二审刑事判决书——（2014）岳中刑一终字第90号

原审判决认定，2013年12月24日9时许，被告人盛某到华容县人民医院做B超检查时，因一张发票的事与值班医生发生争执。后盛某抓住被害人杨某丙的衣服，抓挠其面部，揪扯其头发，用脚踢杨某丙的腿部，致杨某丙晕倒在地。经岳阳市华天司法鉴定所鉴定：杨某丙左侧颧弓凹陷性骨折，左侧颧弓处软组织挫伤，属轻伤，十级伤残。案发后，盛某已与杨某丙达成和解协议，并按协议约定支付了杨某丙赔偿款28,000元，杨某丙出具了谅解书。

本院对原审判决认定盛某于2013年12月24日上午在华容县人民医院与医生杨某丙发生争执、纠缠扭打的事实和证据予以确认。二审另查明，盛某在与杨某丙纠缠扭打过程中，未实施击打杨某丙左侧颧骨的行为，杨某丙左某无骨折情况。

本院认为，原审判决认定盛某与杨某丙发生过争执、纠缠扭打的事实成立，但从全案证据看，不能认定盛某在与杨某丙纠缠扭打时对其实施了击打足以致左某骨折的行为。综合二审期间对杨某丙所作的伤情复查影像资料，岳阳市医学会医疗事故技术鉴定办公室出具的咨询意见及二审庭审中控、辩双方对出庭的一审、二审鉴定人员、专家的质询意见，可以认定杨某丙在本案中左某无骨折现象。故本院对岳阳市华天司法鉴定所认定的杨某丙左某凹陷性骨折，构成轻伤的鉴定意见不予采纳。上诉人盛某的行为不符合故意伤害罪的构成要件，不构成故意伤害罪。盛某及其辩护人提出上诉人未击打杨某丙左侧颧骨，杨某丙左某无骨折，不构成轻伤的上诉理由成立，本院予以采纳。

【无罪判例37】张某某、胡某某故意伤害案二审刑事附带民事判决书——(2014)曲中刑终字第328号

原判认定，自诉人温某某、何某某系母女关系，被告人胡某某、张某某系夫妻关系，自诉人温某某系二被告人的嫂子。2014年5月8日当晚，自诉人何某某因温某某的女儿被其祖母打一事到被告人家询问，结果被被告人张某某打伤，自诉人温某某听到吵闹声到现场也被打伤。

一审法院根据以上事实和证据，认为被告人张某某故意伤害他人身体，致二人轻伤，其行为已构成故意伤害罪。自诉人温某某、何某某对引发本案具有一定过错，故可酌情对被告人张某某从轻处罚。被告人胡某某关于他没有打着自诉人的辩解与本院查明的事实相符，故被告人胡某某不构成故意伤害罪。

【无罪判例38】李某乙、王某某故意伤害案一审刑事附带民事民事判决书——(2015)富刑初字第213号

本院认为，被告人王某某致伤自诉人李某甲造成轻伤二级的损害后果，其行为已构成故意伤害罪。被告人王某某辩解其行为系正当防卫，因其行为不符合正当防卫的构成要件，其辩解本院不予采纳。同时，自诉人李某甲指控被告人李某乙的行为亦构成故意伤害罪，其指控与本院查明的事实不符，故其指控不成立。

【无罪判例39】乌某江、吐某逊故意伤害案——刑事审判参考第347号

法院认为，虽然乌某江和吐某逊都对艾某江实施了故意伤害行为，但其行为是相互分离的，也没有主观上共同的故意，不能构成共同犯罪，应当对两人分别处理。被告人乌某江故意伤害他人身体，致人死亡，其行为已构成故意伤害罪。鉴于被害人艾某江的醉酒是加速其死亡的原因之一，对被告人乌某江量刑时可以酌情从轻处罚。乌某江是被作为“目击证人”带回公安机关的，非主动到案且未如实供述犯罪事实，其行为不构成自首。本案中吐某逊虽然对艾某江实施了伤害行为，但没有证据证明吐某逊的行为对艾某江的身体造成了实际的伤害以及伤害的程度，因此不能认定吐某逊的行为构成犯罪。东营市中级人民法院依法以故意伤害罪判处被告人乌某江有期徒刑十二年；判处被告人吐某逊无罪。

【无罪判例40】李某某犯故意伤害罪一审刑事判决书——（2015）平刑初字第47号

本院认为，根据公安机关所调查的众多在场证人均证实案发当时，被告人李某甲仅有两次对自诉人杨某某打耳光的行为，自诉人胸部右侧第8、9根肋骨骨折与自诉人的行为无因果关系，自诉人又不能提供足以证实该伤害后果系被告人所为的证据，亦不能排除有其他原因所致，故其指控不成立，本院不予支持。

【无罪判例41】陈某1故意伤害罪一审刑事判决书——（2015）深福法刑重字第7号

除言词证据外，监控录像非但无法直接显示被告人踢被害人致膝盖跪地的情节，反而证实被害人在二人发生冲突后较正常地步行离开现场。该事实与被害人髌骨骨折的客观伤情存在较大的不合情理之处。被害人近20分钟后再返回现场时步履显见异常，但伤情是否因被告人的行为所致存在时间上的间断，因果关系并不紧密、明确，尚无法排除其他原因所致的合理怀疑，且本案系因民间琐事突然引发，被告人意欲致伤被害人身体的犯罪故意及行为均不明显，指控的事实不清、证据不足，根据存疑有利于被告人原则，应依法宣告被告人无罪。

规则57：致伤原因不明，不能排除被害人系其他原因受伤的合理怀疑

【规则分析】刑事案件的证明标准中，对案件的证明应当具有排他性，即证明结论具有唯一性，在对事实的综合认定上，结论应当是唯一的，可以排除其他合理怀疑。① 这也是我国刑事证明标准“犯罪事实清楚，证据确实、充分”的要求。2018年《刑事诉讼法》第五十五条第二款规定：“证据确实、充分，应当符合以下条件：（一）定罪量刑的事实都有证据证明；（二）据以定案的证据均经法定程序查证属实；（三）综合全案证据，对所认定事实已排除合理怀疑。”由此可见，排除合理怀疑对于认定案件事实的重要性。然而此辩点之下的判例数量之众多，也说明了达到此标准确实有一定难度，同时也表明，由此

① 参见龙宗智、杨建广主编：《刑事诉讼法》，高等教育出版社2016年版，第142页。

标准切入寻找辩点的辩护成功概率将会大大提升。

关于故意伤害案件中可能存在的无法排除的合理怀疑，可分为以下几类：第一，被害人伤情无法排除其他致伤原因，此种合理怀疑占绝大多数，如陈旧伤的可能，被害人自己摔伤的可能，多被告人时由其他被告人的行为导致的可能等，如无罪判例1~10等；第二，无法排除其他作案工具存在的可能性，如无罪判例11；第三，无法排除被告人系正当防卫的合理怀疑，如无罪判例14；第四，无法排除被害人、证人辨认凶手出错的合理怀疑，如规则23项下的无罪判例1~3。总之，寻找类似案件的辩护切入点，首先应当考虑在案证据对案情的证明特别是致伤原因的证明是否清晰，在故意伤害案件中，案发现场的复杂情况决定了被害人的伤情可能由多方原因导致，对这些原因应当加以提出。

【无罪案例1】马某故意伤害二审刑事判决书——（2017）鄂01刑终1119号

关于上诉人马某的辩护人提出不能排除詹某在被马某拽倒之前，在与他人的扭打中致伤，也不能排除在第二次倒地时致伤的合理怀疑，请求宣告马某无罪的辩护意见。经查，虽然对被害人詹某致伤方式推断的鉴定意见认为，詹某的外踝骨折征象与其所述受伤经过相一致，但该鉴定意见只是一种推断，是法医的经验判断，不具有唯一的可能性。同时，视听资料显示詹某被马某拽倒前后，有与他人扭打及被人绊倒的情形，并与他人有多次肢体接触。不能排除詹某在被马某拽倒之前已在打斗中致伤的合理怀疑，亦不能排除其在拉劝其子过程中致伤的合理怀疑。现有证据达不到《刑事诉讼法》（2012年）第五十三条第二款第三项[①]“综合全案证据，对所认定事实已排除合理怀疑”的证明标准，不能得出詹某所受轻伤系马某行为导致的唯一结论。故其辩护人的前述意见，本院予以采纳。

本院认为，原审判决认定上诉人马某将詹某抱摔倒地致其左腓骨远端骨折的轻伤后果，这一认定证据不足，不予确认，依法应当宣告上诉人马某无罪。

---

① 2018年修正《刑事诉讼法》第五十五条第二款第三项。

【无罪案例2】王某某故意伤害二审附民事判决书——（2018）冀08刑终128号

二审经审理查明，原判认定2017年3月25日11时许，被害人赵某某去承德市高新区冯营子镇冯营子村后窑民房拉豆腐渣，因琐事与被告人王某某发生口角，后双方发生厮打，赵某某倒地。冯营子派出所民警到达现场时发现被害人赵某某头顶部出血，腿脚受伤。经鉴定，被害人赵某某的伤情为右后踝骨骨折，人体损伤程度为轻伤二级。

本案在公安机关侦查及一审、二审庭审过程中，上诉人王某某始终否认其打过被害人赵某某，辩称赵某某头部的伤是赵某某殴打他时摔倒自己磕伤的，证人王某甲证实双方打架过程与上诉人供述一致。但根据被害人赵某某的陈述、公安机关出具的到案经过、赵某某头部伤口现场照片、承德市中心医院诊断证明等证据相互印证，能够证实上诉人击打被害人头部的事实存在。另外，被害人赵某某证实打完架后其感觉主要是头痛，脚当时动不了。在二审庭审中，上诉人王某某及被害人赵某某均承认除二人发生争执外，赵某某没有与其他人发生矛盾及身体接触。赵某某于案发当日即入院治疗。由此能够证明，被害人右脚踝骨折伤是在双方厮打中形成，但致伤直接原因不明，无证据加以证实。

本院认为，上诉人王某某故意伤害他人身体，对被害人头顶部实施击打行为，致被害人倒地的事实存在。但无证据证实上诉人对被害人腿脚部位实施了伤害，造成被害人右脚踝骨折的原因不明，事实不清。公诉机关指控上诉人王某某犯故意伤害罪事实不清，证据不足，指控的犯罪不能成立。上诉人及辩护人关于原判认定上诉人犯故意伤害罪的事实不清、证据不足的上诉理由及辩护意见成立，本院予以支持。

【无罪案例3】保某国等故意伤害二审刑事判决书——（2017）云03刑终180号

经审理查明，2015年12月24日10时许，因为原有土地纠纷，自诉人徐某美与被告人陈某娣在本村谢某忠家门口发生争吵，被告人保某国赶到后参与纠纷，经人劝说平息。2015年12月24日，自诉人至三岔河卫生院检查，诊断为腰椎骨质增生，开支费用177元……

本院认为，上诉人（原审自诉人）徐某美指控上诉人（原审被告人）保某国、陈某娣犯故意伤害罪，但其所提供的证据不能确实充分的证明徐某美的损伤是保某国踢打所致，造成自诉人腰4椎体压缩性骨折可能存在其他原因，不能排除其他合理怀疑，故上诉人徐某美对二原审被告人的指控不能成立，本院不予认可，依法不能认定上诉人保某国及原审被告人陈某娣有罪。

【无罪判例4】向某故意伤害二审刑事附带民事判决书——（2018）陕09刑终41号

经审理查明，被告人向某与自诉人陈某系舅甥关系，居住同村同组。2017年6月22日17时许，陈某的丈夫赵某给被告人向某打电话，告知其放养的耕牛将陈某家的庄稼毁坏，向某遂赶至陈某家看牛是否在毁坏自诉人家的庄稼，此时牛并未在自诉人家地里。后向某看到在张某家门前与张某闲谝的陈某便寻找赵某，陈某将在自家地中锄草的赵某喊回。向某与赵某在张某家门前见面后，向某因怀疑赵某向林业派出所举报其放散牛毁坏庄稼，便与赵某发生争吵，进而发生肢体冲突，陈某用张某的手机在一旁录像、拍照。其间，向某用头部撞击陈某腹部。2017年6月23日8时许，自诉人陈某以下腹被踢18小时阴道出血5小时到旬阳县医院接受治疗，2017年7月7日出院，住院14日。2017年7月19日，陈某的伤情程度经鉴定属轻伤二级……

本院认为，原审被告人向某因琐事与赵某发生厮打，在厮打过程中，向某用头部撞击上诉人（原审自诉人暨附带民事诉讼原告人）陈某腹部的事实属实，但陈某不全流产与向某的撞击行为是否具有因果关系，无确实充分的证据证实，故上诉人陈某指控原审被告人向某犯故意伤害罪的证据不足，指控不能成立。

【无罪判例5】张某1故意伤害罪二审刑事附带民事判决书——（2015）二中刑终字第334号

本院认为，本案现有证据仅能证实上诉人张某1与上诉人潘某因内务问题发生争执并互殴，在互殴结束之后，潘某就医并发现右手第五掌骨骨折的事实；但潘某关于其右手第五掌骨骨折系张某1用手拧伤所致的陈述，得不到在案其他证人证言的佐证，且潘某关于其未击打过张某1的陈述亦与证人张某3、张某2的证言以及张某1的供述相矛盾。现有证据无法证实潘某轻伤后果究竟是被张某1拧伤还是潘某用右手主动击打张某1所致。据此，原公诉机关指控及原审法院判决认定张某1犯故意伤害罪的事实不清、证据不足，应依法改判并宣告张某1无罪。张某1的辩护人所提相关辩护意见，本院予以采纳。

【无罪判例6】王某甲故意伤害一审刑事附带民事判决书——（2007）靖刑初字第74号

本院认为，自诉人所受的轻伤伤害，根据现有的证据，排除不了是陈旧性骨折，自诉人以被告人犯有故意伤害罪的控诉，证据不足，罪名不成立。

【无罪判例7】郝某甲、郝某乙故意伤害案一审刑事判决书——（2014）沾刑初字第7号

本院认为，我国刑事诉讼的证明标准是案件事实清楚，证据确实、充分，衡量证据是否确实充分的根本性要求是证据体系所得出的结论是唯一的、排他的，不可能再有其他的可能性。本案中，自诉人郝某甲所提交的证据能够证实其有损伤的后果，但对于该损伤的形成，不能排除被告郝某乙辩解的系自诉人郝某甲自己撞倒地上所致的可能性，故自诉人郝某甲指控被告人郝某乙犯故意伤害罪的证据不足，不能认定被告人郝某乙有罪，依法应作出无罪判决，对自诉人郝某甲的指控依法不予支持。

【无罪判例8】自诉人钱某某诉被告人顾某某故意伤害一审刑事判决书——（2014）通刑初字第0021号

本院认为，被告人顾某某因工作安排与自诉人钱某某发生争吵，并互相拳击，自诉人钱某某身体往后一仰，致自诉人钱某某右侧胫腓骨骨折，构成轻伤。因两人拳击的地点在南通某某重工有限公司二号船台南侧门吊下的分段上，地面全部是钢铁，且自诉人、被告人均陈述互相击打的部位在面部，不能排除自诉人钱某某往后仰时脚系夹在钢板里，造成右腿骨折。故自诉人指控被告人顾某某犯故意伤害罪证据不充分，本院不予支持。

【无罪判例9】关某故意伤害罪一审刑事附带民事判决书——（2015）平刑初字第264号

本院认为，自诉人对其主张的事实，应提供确实、充分的证据予以证明。

本案中，自诉人崔某所提供的证据仅能证实在案发当日，其与被告人关某在北京市平谷区东寺渠市场因摊位问题发生纠纷，后其倒地致腰1椎体压缩骨折的事实，其所提供的证据之间及与被告人关某提供的证据间的矛盾不能排除，不能证明其损伤系被告人关某推倒所致，故本院认为自诉人崔某指控被告人关某犯有故意伤害罪的事实不清，证据不足，指控的罪名不能成立。

【无罪判例10】冯某某故意伤害罪一审刑事判决书——（2014）江恩法刑重字第4号

本院认为，公诉机关指控被告人冯某某的行为构成故意伤害罪的证据不足，全案证据未达到确实、充分的证明标准，对被告人冯某某犯故意伤害罪的指控不成立。其理由：首先，案发当日，被告人冯某某与被害人吴某某有身体接触，被害人吴某某两次坐在地上，分别是第一次冯某某推开吴某某并打了其脸后几分钟，吴某某坐在地上，第二次是吴某某用凳打冯某某，冯某某用手挡开凳并抢凳，后吴某某坐在地上，并没有充分的证据证明吴某某两次坐在地上是由冯某某的行为直接所致。其次，根据中山大学法医鉴定，吴某某的腰4椎弓根受伤是新鲜骨折，构成轻伤二级，本案中，并没有证据证明冯某某击打过吴某某的背部或腰椎部位，因此，吴某某的伤不排除是由其坐在地上所致。根据我国法律有关规定，构成故意伤害罪必须是行为与结果有直接的因果关系，本案中，被害人吴某某的伤并没有充分的证据证明是由被告人冯某某的行为直接所致，根据法律规定存疑有利于被告人的原则，因此，本案被告人冯某某的行为构成故意伤害罪的证据不足。

【无罪判例11】被告人石某某故意伤害罪一案刑事附带民事判决书——（2016）吉0722刑初26号

综合以上证据，赵某某的伤是第一次与石某某厮打过程造成的，还是第二次到秋林商场门前用车锁与石某某厮打过程造成的，还是石某某与邹某某厮打过程中赵某某拉仗造成的事实不清楚，证据不足。

本院认为，自诉人赵某某指控被告人石某某犯故意伤害罪，事实不清楚，证据不足，指控的犯罪不能成立。

【无罪判例 12】陈某 2 故意伤害一审刑事判决书——（2016）沪 0116 刑初 103 号

……其次，二被害人的伤势成因尚不能排除其他合理怀疑。

二被害人均因多根肋骨骨折而构成轻伤，该伤势程度应遭受相当程度的撞击或挤压后形成，以现有证据认定被害人的伤势归因于被告人的行为，缺乏客观性和合理性。另外，被害人顾某某虽在与被告人互拉行为中倒地，但无证据证实该倒地结果的发生系被告人的行为作用所致，也无证据证实顾某某的轻伤伤势是在倒地过程中产生。根据现有证据，综合本案被害人及被告人、辩护人所作的陈述、辩解、辩护意见，现无法排除二被害人伤势系由其他原因造成的可能性。

【无罪判例 13】姜某某故意伤害罪一审判决书——（2016）吉 0524 刑初 93 号

本院认为，自诉人徐某某与被告人姜某某确有厮打行为，但徐某某在与姜某某厮打之前也确有从摩托车车上摔倒在地的事实。徐某某指控姜某某犯故意伤害罪的证据达不到确实、充分的证明标准，不能得出徐某某肋骨骨折系姜某某殴打所致的唯一结论，认定姜某某犯故意伤害罪的事实不清、证据不足。遵照“疑罪从无”的刑法精神，恪守证据裁判规则，本院认为，徐某某指控姜某某所犯罪名不成立。

【无罪判例 14】莫某川故意伤害一审刑事判决书——（2015）丹刑初字第 110 号

本院认为，本案存在两个现场，即酒吧大厅（第一现场）及酒吧过道拐角处（第二现场），王某等人持长柄杀猪刀并蒙面冲入酒吧大厅朝莫某川、兰某彬、莫某等人砍，并将莫某砍伤，莫某川、兰某彬等人在第一现场反击的行为属于正当防卫的行为，若王某的致命伤在酒吧大厅内形成，莫某川不需承担刑事责任。若王某的致命伤在第二现场形成，且是莫某川所为，那莫某川则需承担刑事责任。综观本案证据：第一，酒吧大厅提取到王某的血迹，在视频中发现陈某押王某出酒吧大厅至酒吧过道拐角处时王某衣服肩膀处有疑似血液斑迹；第二，从视频中看出莫某川在酒吧过道拐角处有两次朝王某扎刀的动作，但在法庭上莫某川否认捅中王某，而从最近的两个目击证人陈某及卢某阳证言看，均未肯定莫某川捅中王某。从现有证据看，没有得出王某的致命伤在第二现场形成的唯一性，不排除在第一现场形成的可能，故公诉机关指控莫某川犯故意伤害罪的事实不清，证据不足，指控的罪名不能成立，本院不予支持。

【无罪判例 15】吴某翠故意伤害一审刑事判决书——（2016）鄂 2823 刑初 41 号

第一，关于被告人吴某翠的行为是否构成故意伤害罪。本案中，被告人吴某翠与附带民事诉讼原告人任某相互辱骂，附带民事诉讼原告人任某打被告人吴某翠脸部一耳光，后任某摔至坎下受伤致轻伤的事实清楚。控辩双方的争议焦点在于被告人吴某翠是否有伤害附带民事诉讼原告人任某的行为和故意……附带民事诉讼原告人任某陈述其伤系被告人吴昌翠将其推下坎摔伤，被告人吴某翠供述称任某之伤系陈某厅将其抓住，任某打其耳光，三人在拉扯挣扎中摔下坎致成，现场唯一的证人陈某厅亦不清楚任某是如何摔下坎的。综合全案证据来看，任某、吴某翠、陈某厅三人在任某摔下坎之前确有抓扯行为，但抓扯过程中任某摔下坎有可能是被告人吴某翠将其推至坎下，有可能是抓扯过程中相互挣扎扭动因碰撞致任某掉至坎下，也有可能是任某自己不慎踩空摔至坎下，还有可能是其他原因造成的，全案证据不能锁定任某摔下坎致轻伤系被告人吴某翠的故意伤害行为所致，因此，公诉机关指控被告人吴某翠犯故意伤害罪的证据不能达到证据确实充分、客观验证无疑、排除合理怀疑的证明标准，故该指控证据不足，应宣告被告人吴某翠无罪。任某称被告人吴某翠将其推下坎摔伤缺乏证据证实，本院不予采信。被告人吴某翠及其辩护人提出的本案证据不足的辩护意见，本院予以采纳。

【无罪判例 16】朱某明故意伤害罪一审刑事判决书——（2017）苏 0724 刑初 232 号

本院认为，被告人朱某明与被害人孙某务因口角虽有互殴行为，且被害人右手损伤构成轻伤，但在案言词证据、法医鉴定及视频资料不能证明该损伤系被告人朱某明用甩棍殴打所致，该损伤不能排除自诉人在互殴时自伤的可能性，故自诉人孙某务指控被告人朱某明构成故意伤害罪，事实不清，证据不足，所指控罪名不能成立。

【无罪判例 17】林某杰故意伤害一审刑事判决书——（2017）粤 0781 刑初 261 号

本院认为，本案在案证据未能证实被害人林某 1 左侧第 7、8 根肋骨骨折是被告人林某杰用木棍撞击所致，也未能排除是被害人林某 1 拿柴刀追砍被告人林某杰过程中摔倒所致的合理怀疑，故本案指控被告人林某杰犯故意伤害罪的证据不能达到确实、充分，不能认定被告人林某杰有罪，公诉机关指控被告人林某杰犯故意伤害罪不能成立，本院不予支持。

【无罪判例 18】王某甲故意伤害罪刑事附带民事判决书——（2014）壶刑初字第 34 号

且以上证据不能排除自诉人王某忠是不是自己摔伤的结果。因此，本院认为，自诉人所提供的用以证明其头部受伤系被告人王某甲用砖头拍打所致的证据不足，不予采信。辩护人的辩护意见与本院查明的事实和法律的规定相符的，予以采纳。

【无罪判例 19】赵某故意伤害二审刑事附带民事判决书——（2015）秦刑终字第 360 号

关于被害人段某牙齿脱落的致伤原因。经查，被害人段某陈述称，其嘴上的伤是那名领导（赵某）用拳头打的；原审被告人赵某供述称，段某把其右手拇指咬住，其往外拽的时候抓了段某嘴一把，其看见段某嘴唇流血了；证人刘某证言证实，看见段某牙流血了，赵某的右手指也流血了，他们是怎么伤的其不清楚，具体是怎么打的其也不清楚；证人孙某证言证实，其在会诊中发现段某的牙松动两度多，接近三度，触碰伤牙疼痛，上下口唇红黏膜、上唇皮肤有血迹，口唇黏膜及皮肤无破损……综上，认定原审被告人赵某故意伤害被害人段某的证据不足，达不到确实、充分的程度。

本院认为，本案认定上诉人（原审被告人）赵某犯故意伤害罪，证据不足。故意伤害罪，是指故意非法损害他人身体健康的行为。本罪在客观方面表现为实施了非法损害他人身体的行为且已达到轻伤以上的后果。而本案中被害人段某牙齿脱落构成轻伤这一损害结果，是被赵某拳击形成，还是段某咬住赵某手指时，因赵某挣脱手指造成段某牙齿松动脱落，现有证据无法形成赵某拳击造成被害人段某受伤的完整证据链，无法排除段某的牙齿脱落是因咬赵某的手指，赵某向外挣脱手指形成的这一合理怀疑。综上所述，本案现有证据无论从客观方面还是从主观方面都达不到确实、充分的程度，不能得出被告人赵某故意伤害段某的唯一结论。

【无罪判例 20】李某林、李某才故意伤害罪案一审刑事附带民事判决书——（2016）云 0423 刑初 111 号

本院认为，被告人李某林、李某才与自诉人宋某光、附带民事诉讼原告人普某联因蔬菜买卖纠纷引发争吵，继而发生互殴，在互殴过程中双方均动手打过对方，现有证据不能证实自诉人宋某光的轻伤系谁的行为所致，也无法排除自诉人宋某光的伤系其在殴打对方的过程中致伤的可能性，故自诉人宋某光控诉被告人李某林、李某才故意伤害罪的指控不成立，本院不予支持。被告人李某林、李某才认为自己的行为不构成故意伤害罪的辩解与事实及法律规定相符，本院予以采纳。

【无罪判例 21】寿某犯故意伤害罪一审刑事判决书——（2015）绍诸刑初字第 1721 号

本案的争议焦点是，自诉人的伤是否系与被告人扭打倒地形成，本院认为，自诉人提供的现有证据证据不充分，不能排除自诉人的伤是翻墙时摔伤的可能性。理由如下：

……

2. 被告人的辩解有一定事实可能性，属合理怀疑。自诉人在与被告人扭结倒地后，如当时就致髌骨骨折，再起身追赶被告人至大门口的可能性较小；被告人受伤部位在膝盖，符合从高墙上跌下受伤的特征；根据证人傅某、某某的证言，被告人与自诉人发生扭打后，在场有人劝架，被告人寿某离开后，自诉人可能因他人劝阻无法从大门追出，故存在从围墙翻出追被告人摔倒致受伤的可能性。

3. 自诉人提供的证据不能有效排除被告人辩解。自诉人未能提供当时案发现场状况的证据，不能从围墙状态及周围设施情况排除自诉人有翻爬围墙的可能性。

本院认为，自诉人控诉寿某犯故意伤害罪的证据不足，不能有效排除被告人的合理辩解，没有达到事实清楚，证据确实、充分的刑事证明标准，自诉人控诉的犯罪不能成立，本院不予支持。

【无罪判例22】徐某甲犯故意伤害罪一审刑事判决书——（2016）苏0621刑初197号

本院认为，根据本案现有证据，案发当天，被告人徐某甲确与自诉人马某发生肢体冲突，且有用脚踢打自诉人马某的动作，但自诉人马某“右肱骨内上髁骨折”的伤情是否确实系被告人徐某甲造成，仍有存疑：其一，案发现场监控录像仅能证明被告人徐某甲有踢打的动作，但是否确实踢打到自诉人马某，未能清楚反映；其二，案发当天16时57分左右，自诉人马某、徐某乙与徐某丙等人亦发生纠缠、扭打，被告人徐某甲当时并未参与其中，后自诉人马某于当天17时50分至医院就诊，不能排除自诉人马某系在与徐某乙、徐某丙等人发生纠缠、扭打过程中受伤的合理怀疑。

规则58：被害人的死亡属于意外事件

【规则分析】意外事件与不可抗力一起规定在《刑法》第十六条“行为在客观上虽然造成了损害结果，但是不是出于故意或者过失，而是由于不能抗拒或者不能预见的原因所引起的，不是犯罪”中。因此，实际上其也符合被告人不具有犯罪故意的辩点之下，然而对于意外事件辩点来说，例如，无罪判例中被害人的死亡是由于意外事件导致而并非被告人的客观行为导致的，因此，也切断了被告人的行为与被害人死亡结果之间的因果关系。

【无罪判例】苏某某故意伤害罪一审刑事判决书——（2015）东二法刑自初字第4号

本院认为，被害人的死亡不是被告人苏某某出于故意或者过失造成的，而是由于不能预见的原因所引起的，属于意外事件，被告人苏某某不构成犯罪。具体理由如下：

1. 被告人苏某某主观上没有犯罪故意

根据无利害关系证人李某某、潘某某的证人证言、案发现场录像及苏某某的供述，可以证实苏某某的行为主要是为了挣脱被害人莫某某的拉扯，其目的不是伤害莫某某。虽然苏某某在挣脱的过程中用手打了莫某某肩膀一下，用脚踢了莫某某臀部一下，并把莫某某推开，但从现场录像反映，苏某某推打、挣脱的时间大约 8 秒钟，时间很短，且打的是肩膀和腿部等非要害部位，一般不会造成明显损伤；而根据法医学尸体检验报告反映，莫某某体表未见钝器打击的明显机械性暴力损伤，也反映出打击的力度较轻；且苏某某挣脱后立即跑开，并阻止了自己一方的小孩拿茶壶砸被害人一方人员的行为，以上事实和行为均反映出苏某某既没有明知自己的行为会发生危害社会的结果，也没有希望或者放任这种结果发生，因此，其主观上不具有犯罪故意。

2. 被告人苏某某主观上不存在过失

根据被害人一方的证人证言及被告人苏某某的供述反映，被害人莫某某平时及案发时身体都很正常，没有异常的情况，连其家属均不知道莫某某有冠心病，一般人更难以判断莫某某有冠心病，苏某某与莫某某事前不认识，接触时间很短，其称案发时不知道莫某某有冠心病符合常理，其不可能预见到莫某某冠心病发作猝死的情况出现。另外，根据上述分析，苏某某的推打行为对正常成年人而言一般不会造成明显损伤，实质上也没有造成被害人明显机械性暴力损伤，其不可能预见到其行为可能会造成轻伤以上损害结果，更不可能预见到被害人冠心病引起猝死的情况出现。因此，苏某某不存在应当预见而没有预见的情况，其既没有过于自信的过失，也没有疏忽大意的过失，不构成过失致人死亡罪。

3. 被害人的死亡主要是冠心病引发猝死

根据法医学尸体检验报告反映，被害人生前有高血压病史，存在严重的冠状动脉粥样硬化基础，左前降支阻塞达 90%，右冠脉主干阻塞达 50%，病理检验提示有陈旧性心肌梗死，分析死者符合冠心病引起猝死，情绪激动时易诱发。检验报告中并没有明确检验出本案受害人冠心病引起猝死的诱因，仅反映出情绪激动时易诱发冠心病引起猝死这一意见，但就本案情况而言，被害人因情绪激动诱发冠心病引起猝死的可能性较大，虽然双方的争吵、拉扯等行为都有可能导致被害人情绪激动，但被害人的死亡主要还是因为其自身患有冠心病，并非推打行为直接导致的。

（三）伤害结果规则

规则 59：被害人伤情未达到轻伤标准

【规则分析】 被害人伤情是否构成轻伤，是区分故意伤害罪与一般性殴打行为的界限，同样地，此辩点区分于证据之辩的原因在于，证据之辩中关于构成轻伤的证据不足的辩点是因为伤情相关的各种证据缺乏或者被排除，导致伤情不能准确认定。而此辩点之下的案例，均是现有证据足以证明被害人的伤情并未达到轻伤标准，与证据之辩是一种可知与未知的关系。并且，被害人伤情未达到轻伤标准也作为对伤害结果之辩的总领，从中可以分离出下述四辩点，作为伤害结果之辩的特殊情况进行分类。

此辩点之下的案例中，认定被害人伤情不构成轻伤的根据有很多，例如，法官根据《人体损伤程度鉴定标准》的规定直接认定不构成轻伤，如无罪判例 1 ~3 等；根据司法鉴定意见认为不构成轻伤，如无罪判例 4、无罪判例 6、无罪判例 8 等；也有检察院基于伤情不符合构罪条件撤回起诉后被害人又自行起诉，但案件事实较检察院起诉时没有发生变化的情形，被害人伤情同样不构成轻伤，如无罪判例 11。

此辩点针对的案件事实简单明确，因此这样的无罪辩点在案件中也极容易被发掘。但是实践中这样事实明了的案件数量并不多，大多数案件还是需要在各种证据中抽丝剥茧，从而发现更加合适的无罪辩点。但是此辩点的用处可以非常广泛，因为所有关于伤害结果的辩护意见最后都可以加入此种表述，只不过还需要用详细的分析来发表辩护意见。

【无罪判例 1】杨某故意伤害二审刑事附带民事判决书——（2015）固刑终字第 67 号

本院认为，原审自诉人暨附带民事诉讼原告人蒙某某指控上诉人杨某犯故意伤害罪的事实，经查，蒙某某左面颊被杨某用拳击打，造成蒙某某左 8 牙齿 1/3 折断，另外一颗牙齿因松动被蒙某某自行拔除，根据《人体损伤程度鉴定标准》第 5. 2. 4q 条之规定，牙齿脱落或者牙折 2 枚以上构成轻伤二级，杨某的击打行为致被害人一颗牙齿1/3折断，一颗牙齿松动，其行为造成的后果不符合轻伤的标准，上诉人杨某的行为不构成故意伤害罪。原审根据鉴定结论对上诉人杨某以犯故意伤害罪处理错误，二审予以纠正。上诉人杨某认为其不构成犯罪的上诉理由成立，本院予以采纳。

【无罪判例2】陈某某等三人犯故意伤害罪一案一审刑事判决书——（2014）双桥刑初字第68号

本院认为，根据2014年新颁布的《人体损伤程度鉴定标准》，被告人陈某某、谢某某、王某某虽伤害他人身体，造成他人人身损害，但被害人郑某某的损伤程度构成轻微伤，被告人陈某某、谢某某、王某某的行为不构成犯罪。公诉机关指控对被告人陈某某、谢某某、王某某的指控，本院不予支持。

【无罪判例3】承德市双桥区人民检察院诉被告人郑康永犯故意伤害罪一案一审判决书——（2014）双桥刑初字第67号

本院认为，根据2014年新颁布的《人体损伤程度鉴定标准》，被告人郑某某虽伤害他人身体，造成他人人身损害，但被害人陈某某的损伤程度构成轻微伤，被告人郑某某的行为不构成犯罪。公诉机关对被告人郑某某的指控，本院不予支持。

【无罪判例4】被告人汤某甲故意伤害罪一案一审刑事判决书——（2015）游刑初字第160号

经审理查明，2014年6月21日当晚，自诉人杨某约与自己有生意往来的被告人汤某甲的儿子汤某甲在绵阳市游仙区沈家坝北街一烧烤店吃饭，在吃饭过程中，因生意上的事情谈崩二发生口角及打斗。在此过程中，一直在附近的被告人汤某甲赶到现场，与杨某发生抓扯，并用随身携带的锉刀将杨某右手拇指刺伤。经绵阳鼎立司法鉴定所司法鉴定：杨某右手的损伤系轻微伤。

本院认为，被告人汤某甲因纠纷持刀刺伤自诉人杨某，造成杨某轻微伤，未构成轻伤，尚未达到故意伤害罪的定罪标准。

【无罪判例5】谢某某故意伤害一审刑事判决书——（2015）渭刑初字第0059号

本院认为，被告人谢某某、附带民事诉讼被告人常某某与自诉人因地界发生争吵，争吵中双方发生撕扯、互殴，互殴中自诉人夏某某受伤。经甘肃法医学会司法医学鉴定中心鉴定，自诉人夏某某的损伤是其腰椎间盘突出症原发性疾病，是在退性性变基础上积累伤所致，积累伤又会加重椎间盘的退变；谢某某、常某某对夏某某实施的外伤可加重腰椎间盘突出的临床症状，参照《人体损伤程度鉴定标准》第4.3.3条“既往伤/病为主要作用的，即损伤为次要或轻微作用的，不宜进行损伤程度鉴定，只说明因果关系”之规定，本案鉴定损伤程度不予认定。故自诉人指控的罪名不能成立，应当依法宣告被告人无罪。

【无罪判例6】张某某诉景某某、王某甲故意伤害案一审刑事附带民事判决书——（2014）西刑自重字第1号

本院认为，经本院协同四平市中级人民法院司法技术辅助工作办公室组织专家咨询，并组织双方当事人抽签选择吉林正达司法鉴定中心对自诉人张某某的左侧上颌骨额突是否有骨折（如果有是新鲜的还是陈旧的）、损伤程度、伤残程度进行司法鉴定，鉴定意见为自诉人张某某左侧上颌骨额突不能明确诊断存在骨折，张某某此次损伤不宜做损伤程度鉴定，不宜评定伤残等级。据此自诉人张某某控告被告人景某某、王某甲犯故意伤害罪的证据不足，控告罪名不能成立，依法应宣告被告人景某某、王某甲无罪。

【无罪判例7】韩某某诉冯某甲、冯某乙刑事附带民事一审判决书——（2016）陕0327刑初19号

本院认为，被告人冯某甲与他人发生纠纷时，故意使用镰刀殴打他人，致伤他人头部，构成轻伤二级，严重侵犯了他人的人身权利，其行为已构成故意伤害罪，依法应予惩处。根据查明事实被告人冯某乙在发生纠纷过程中，实施了将自诉人韩某某压倒在地、用膝盖顶压腰部的行为，其伤害后果为肋骨骨折，构成十级伤残，不构成轻伤，故不承担刑事责任，自诉人韩某某指控被告人冯某乙犯故意伤害罪事实不能成立。

【无罪判例8】自诉人蒋某1诉被告人曹宽故意伤害一案一审刑事判决书——（2015）梨刑自初字第5号

本院认为，自诉人即附带民事诉讼原告人蒋某1指控被告人曹宽犯故意伤害罪，经法大法庭技术鉴定研究所作出自诉人腰部损伤程度构成轻伤依据不足的鉴定结论。对这一科学、权威性鉴定结论，应予采信。对梨树县公安局作出的构成轻伤的鉴定结论不予采纳。故自诉人指控的罪名不能成立。被告人曹宽不构成犯罪。

【无罪判例9】李某某、茹某某犯故意伤害罪一审刑事附带民事判决书——（1999）阿刑初字第07号

本院认为：被告人李某某、茹某某无视治安法规，酒后闯入他人住宅，以致发生纠纷，致使他人受到轻微伤害，原告人提起的要求追究二被告的刑事责任的诉讼请求，根据《刑法》第十三条的规定，此观点不能成立，本院不予支持。

【无罪判例10】刘某某犯故意伤害罪一审刑事附带民事判决书——（1997）阿法刑初字第04号

经审理查明，自诉人马某某和其长子在阿克塞县二十公里处开一“青化饭馆”，张某某系其女儿，1996年7月17日下午，被告人刘某某一行几人在自诉人的饭馆就餐后，在结账时双方为开发票发生口角，最后厮打起来，在厮打的过程中，被告人刘某某将自诉人张某某摔倒在地，将头碰破，自诉人马某某见状在刘某某的肩上咬了一口，被告人刘某某返身将其摔倒在地，后经阿克塞县人民医院住院治疗十四天痊愈后出院。事后派出所依照治安管理处罚条例对双方进行治安处罚，二自诉人对派出所关于医疗费的处理决定不服，故诉之法院。后自诉人张某某申请，对其受伤部位进行法医鉴定，故本院委托酒泉地区中级人民法院司法技术鉴定室，对自诉人张某某进行了活体法医学鉴定，其结果是：“被鉴定人张某某的损伤，不构成轻伤。”在庭审阶段，自诉人自愿放弃第一项诉讼请求。

【无罪判例11】被告人王某甲、王某乙故意伤害罪一案刑事判决书——（2015）长刑初字第67号

本院认为，2014年4月5日，长岭县人民检察院以被告人王某甲犯故意伤害罪公诉到本院，后长岭县人民检察院以证据不足或发生变化为由撤回起诉，并于2014年11月21日作出对被告人王某甲不起诉的决定书。2015年3月17日自诉人暨附带民事诉讼原告人常某某向本院提起控诉，要求追究被告人王某甲、王某乙的刑事责任，但其未能提供其他新证据证明自己的伤情构成轻伤，属证据不足，故其要求追究被告人王某甲、王某乙刑事责任的请求本院不予支持。

【无罪判例 12】吕学俭犯故意伤害罪一案一审刑事附带民事判决书——（2017）陕 0928 刑初 98 号

陕西安康金州司法鉴定中心（2016）临鉴字第 2032 号司法鉴定意见书记载，法医临床检查：被鉴定人朱某某步入鉴定中心。发育正常，营养中等，神志清楚，应答切题，自主体位，查体合作，头颅五官无畸形，双侧瞳孔等大等圈，眼球活动自如，光反灵敏，颈软，甲状腺无肿大，气管居中，胸廓对称无畸形双侧呼吸动度一致，胸廓挤压痛阳性，左侧胸压痛明显。安康市人民医院 2016 年 11 月 10 日 CT 检查报告：左侧第 3、4 根前肋骨折，伴少量骨痂形成、左侧第 5、6 根肋腋前段骨质改变，请与原片比较，除外不全骨折。安康市中心医院 2016 年 10 月 29 日 CT 检查报告：左侧第 3 ~5 根肋骨改变，考虑骨折，左侧第 9 肋骨，右侧第 5 肋骨形态欠规则。分析认为：综上病历记载及活体检查，被鉴定人朱某某因外伤就诊神河中心卫生、旬阳县医院、安康市人民医院及安康市中心医院检查诊断：左侧多肋骨折。根据《人体损伤程度鉴定标准》第 5.6.4 条　轻伤二级 b“肋骨骨折 2 处以上”之规定，左侧第 3 ~5 根肋骨骨折已构成轻伤二级。鉴定意见为，被鉴定人朱某某伤情程度属轻伤二级。被告人及辩护人对该鉴定意见提出异议，本院函请安康市中级人民法院委托西安交通大学医学院司法鉴定中心重新鉴定。重新鉴定过程中，交大司法鉴定中心法医初步审查朱某某医疗资料和伤情拍片后认为朱某某的伤情仅为轻微伤，不构成轻伤。本院明示朱某某，如不继续鉴定，将按轻微伤处理，朱某某表示不再继续鉴定。故本院对陕西安康金州司法鉴定中心（2016）临鉴字第 2032 号司法鉴定意见不予采信。

【无罪判例 13】刘某 1、周某 1 故意伤害一审刑事判决书——（2016）冀 0528 刑初 1 号

本院认为，1979 年《刑法》第一百三十四第一款规定，故意伤害他人身体，处三年以下有期徒卅或者拘役。第二十一条规定，由于犯罪行为而使被害人遭受经济损失的，对犯罪分子除依法给予刑事处分外，并应根据情节判处赔偿经济损失。刘某1受伤后是否存在脑震荡后遗症，1988年6月21日宁晋县公安局法医出具的人体检验报告并未证实，故公诉机关认为刘某1伤情构成轻伤证据不足，指控周某1华构成故意伤害罪不能成立，应宣告周某1华无罪。

规则60：依据新标准鉴定被害人伤势不构成轻伤

【规则分析】此辩点之下产生了大量案例，均是由于2014年关于伤情鉴定立法的改变而出现的结果，因此这些案例都集中在2014年前后。2014年1月1日，《人体损伤程度鉴定标准》开始执行，其较之前的规定在很多方面都提高了轻伤认定的标准，从而导致之前的大量案件中的伤情根据新的标准将不构成轻伤。这些案件中都对适用新标准或是旧标准的问题进行了讨论。

“从旧兼从轻”是刑法溯及力问题中的一项基本原则，其在刑事司法活动中广泛适用。而2014年《最高人民法院关于执行〈人体损伤程度鉴定标准〉有关问题的通知》中规定：“致人损伤的行为发生在2014年1月1日之前，尚未审判或者正在审判的案件，需要进行损伤程度鉴定的，适用原鉴定标准。但按照《损伤标准》不构成损伤或者损伤程度较轻的，适用《损伤标准》。”这明确规定了刑事司法鉴定工作中也应该遵循“从旧兼从轻”的原则。鉴于此，大量发生在2014年之前，到2014年还没有判决的案件，在此之后被认定为不构成轻伤标准，因此宣告被告人无罪。随着时间的推移，鉴定标准修改前发生的案件逐渐被判决，这类案件在实践中也逐渐消失。但是这一辩护思路依然值得注意，当某一与伤情认定相关的规定修改时，或者出台新规定时，重新审查被害人伤情便极有必要。

【无罪判例1】王某犯故意伤害罪二审刑事判决书——（2015）晋中中法刑终字第9号

经审理查明，2013年6月29日当晚，上诉人（原审被告人）王某、上诉人（原审附带民事诉讼被告人）冯某某、郭某某一方与上诉人（原审附带民事诉讼原告人）翟某、凌某某一方因邻里纠纷而在昔阳县乐平镇建都村垃圾池附近发生争执，进而互相厮打，上诉人王某将上诉人翟某、凌某某打伤，翟某的主要伤情为“额顶部皮肤裂伤”，凌某某的主要伤情为“左侧眼眶内侧壁骨折”。

本院认为，(1)“从旧兼从轻”是刑法规定的关于刑法溯及力问题并在刑事司法活动中普遍适用的一项基本原则。《最高人民法院关于执行〈人体损伤程度鉴定标准〉有关问题的通知》(法〔2014〕3号）中也明确规定：“致人损伤的行为发生在2014年1月1日之前，尚未审判或者正在审判的案件，需要进行损伤程度鉴定的，适用原鉴定标准。但按照《损伤标准》不构成损伤或者损伤程度较轻的，适用《损伤标准》。”即明确表明在刑事司法鉴定工作中也应遵循“从旧兼从轻原则”。本案中，晋中市第一人民医院人身伤害司法鉴定中心出具的鉴定意见证明，对于二被害人的损伤，依据旧标准鉴定为轻伤，依据新标准鉴定则为轻微伤。上诉人王某的故意伤害行为虽发生在2014年1月1日之前，但至今尚未有生效的裁判结果，且按照新标准鉴定的损伤程度较轻，故依据“从旧兼从轻”的原则和最高人民法院（2014）3号通知，应以新标准认定二被害人的伤情构成轻微伤。由于鉴定标准变动而致被害人的伤情不能被认定为轻伤，从而也不能认定上诉人王某的行为构成故意伤害罪。对上诉人王某及其辩护人所提此项辩护意见予以采纳。(2）关于上诉人王某及其辩护人所提“晋公通字（2014）2号”文件不能在本案中适用的意见，经查，该文件中关于适用何种鉴定标准的规定仅体现“从旧”，而未体现“从轻”，故该文件的有关规定与最高法院（2014）3号文件的规定相抵触，且与“从旧兼从轻”的原则相悖，故就鉴定标准的适用问题应以效力位阶更高的最高法院（2014）3号文件为依据，而不应以“晋公通字（2014）2号”文件为依据。对王某此项上诉意见予以采纳。

【无罪判例2】尤某龙故意伤害二审刑事判决书——（2017）冀05刑终324号

本院认为，上诉人（原审被告人）尤某龙故意伤害他人身体的事实，原判根据本案证据，认定该事实属实。

2012年9月6日本案发生后，被害人尤某1在邢台市眼科医院住院治疗，邢台市眼科医院于2012年9月7日作出的耳鼻喉内窥镜检验报告单显示“左耳鼓膜紧张部穿孔，穿孔下缘有血痂”。根据《人体轻伤鉴定标准》南和县公安局于2012年9月21日作出法医学人体损伤程度鉴定书，邢台市人民检察院于2013年10月29日作出法医学鉴定书，两份鉴定书的鉴定结论均为尤某1的伤构成轻伤。因此，南和县公安局认为被告人尤某龙的行为构成故意伤害罪，于2014年4月16日移送至南和县人民检察院，南和县人民检察院于2014年4月24日向南和县人民法院提起公诉。2014年1月1日《人体损伤程度鉴定标准》开始执行，依据该标准第5.3.4a条的规定，外伤性鼓膜穿孔6周不能自行愈合的情形构成轻伤二级，根据《最高人民法院关于执行〈人体损伤程度鉴定标准〉有关问题的通知》第一条“致人损伤的行为发生在2014年1月1日之前，尚未审判或者正在审判的案件，需要进行损伤程度鉴定的，适用原鉴定标准。但按照《损伤标准》不构成损伤或者损伤程度较轻的，适用《损伤标准》”的规定，应当对被害人尤某1伤情重新鉴定，但因本案具体情况，不具备重新鉴定的条件，被害人尤某1伤情依新标准是否构成轻伤不能确定，故指控上诉人（原审被告人）尤某龙犯故意伤害罪，证据不足，因此，对上诉人（原审被告人）尤某龙提出“如果对尤某1的伤情不能认定，就应宣告其无罪。请求二审法院撤销原判，宣告其无罪”的上诉理由，本院予以采纳。

【无罪判例3】魏某某、王某某故意伤害一案二审刑事附带民事判决书——（2014）榆中刑一终字第00139号

本院认为，原审被告人魏某某持啤酒瓶打伤上诉人（原审自诉人暨附带民事诉讼原告人）赵某某头部，致其头顶和右颞顶部分别留有疤痕4.5厘米、2.5厘米，累计长度为7.0厘米，根据《人体轻伤鉴定标准（试行）》（已失效）第六条属轻伤，但本案审判期间，最高人民法院、最高人民检察院、公安部、国家安全部、司法部颁布并于2014年1月1日起施行的《人体损伤鉴定标准》以及最高人民法院关于执行该鉴定标准的通知规定，上述伤情未达到轻伤程度；且证明原审被告人王某某实施伤害的证据不足，故应宣告二被告人无罪。

【无罪判例4】张某琴故意伤害案一审刑事附带民事判决书——（2014）瓯刑初字第133号

本院认为，被告人张某琴因纠纷与被害人吴某祯之间产生矛盾，并与人商议找被害人理论双方之间的矛盾事宜，双方在理论的过程中发生争执，争执期间被告人张某琴用左手掌击打被害人右侧脸部，被告人的该行为会致人外伤性鼓膜穿孔，而经鉴定，被害人系右外伤性鼓膜穿孔，故公诉机关认定被告人张某琴实施伤害行为造成被害人吴某祯右外伤性鼓膜穿孔的事实成立……被害人吴某祯受伤后于2012年1月24日至3月14日在建瓯市东游中心卫生院进行住院治疗，其在住院治疗期间未进行右耳鼓膜手术修复，其亦未在其他医院进行过右耳鼓膜手术修复。建瓯市东游中心卫生院2012年3月2日的耳镜检查报告诊断被害人吴某祯鼓膜紧张部原穿孔处已修复。根据2014年1月1日起施行的《人体损伤程度鉴定标准》之规定，外伤性鼓膜穿孔6周不能自行愈合的构成轻伤，否则构成轻微伤。另根据最高人民法院关于执行《人体损伤程度鉴定标准》有关问题的通知第一条之规定：致人损伤的行为发生在2014年1月1日之前，尚未审判或者正在审判的案件，需要进行损伤程度鉴定的，适用原鉴定标准，但按照《鉴定标准》不构成损伤或者损伤程度轻的，适用《鉴定标准》。2014年6月23日南平市公安局物证鉴定所根据《人体损伤程度鉴定标准》对吴某祯的损伤程度进行文证审查并出具了吴某祯损伤程度属轻微伤的文证审查意见。意见书论证：被害人吴某祯2012年3月2日电子耳镜检查见右耳鼓膜紧张部原穿孔处已修复，中间没有经过手术治疗，说明被害人吴某祯2013年1月24日外伤时造成的右耳外伤性鼓膜穿孔已经自行愈合，从受伤到发现愈合相距39天，不能依据相关标准评定为轻伤二级。吴某祯右耳外伤性鼓膜穿孔符合《人体损伤程度鉴定标准》第5.3.5a条之规定，评定为轻微伤。即按照《人体损伤程度鉴定标准》之规定被害人吴某祯的损伤程度属轻微伤，该损伤程度相比于原先构成轻伤的损伤程度更轻，故本案应当适用《人体损伤程度鉴定标准》之规定，被害人吴某祯的损伤程度不构成轻伤，构成轻微伤。因此，公诉机对被告人张某琴构成故意伤害罪的指控不能成立。

【无罪判例5】常某某等故意伤害罪一审判决书——（2013）古刑初字第00204号

本院认为，故意伤害罪以被告人的伤害行为给被害人造成轻伤或轻伤以上后果为构成要件。根据《最高人民法院关于执行〈人体损伤程度鉴定标准〉有关问题的通知》第一条之规定，致人损伤的行为发生在2014年1月1日之前，尚未审判或者正在审判的案件，需要进行损伤程度鉴定的，适用原鉴定标准。

但按照《损伤标准》不构成损伤或者损伤程度较轻的，适用《损伤标准》。本案中，二被害人伤情经委托鉴定机构复核，按照《损伤标准》系轻微伤，故该伤情不符合故意伤害罪的构成要件。锦州市古塔区人民检察院指控被告人常某某、吴某、杜某某、高某某犯故意伤害罪的意见，本院不予支持。

【无罪判例 6】陈某、张某故意伤害罪一审判决书——（2014）古刑初字第 00015 号

本院认为，故意伤害罪以被告人的伤害行为给被害人造成轻伤或轻伤以上后果为构成要件。根据《最高人民法院关于执行〈人体损伤程度鉴定标准〉有关问题的通知》第一条之规定，致人损伤的行为发生在 2014 年 1 月 1 日之前，尚未审判或者正在审判的案件，需要进行损伤程度鉴定的，适用原鉴定标准。但按照《损伤标准》不构成损伤或者损伤程度较轻的，适用《损伤标准》。本案中，被害人伤情经委托鉴定机构复核，按照《损伤标准》系轻微伤，故该伤情不符合故意伤害罪的构成要件。锦州市古塔区人民检察院指控被告人陈某、张某犯故意伤害罪的意见，本院不予支持。

【无罪判例 7】陈某甲、陈某乙故意伤害案一审刑事判决书——（2014）峡刑初字第 74 号

陈某甲的面部创伤长度不足 4.5 厘米，按照中华人民共和国司法部司法管理局（2014）司鉴 1 号《关于适用〈人体损伤程度鉴定标准〉有关问题的通知》第一条规定，以及《刑法》及其司法解释溯及力从旧兼从轻的原则，陈某甲的面部损伤程度未能达到轻伤标准。虽然陈某甲的面部损伤系被告人陈某乙殴打行为所致，但依法不能认定被告人陈某乙构成犯罪。综上所述，被告人陈某甲殴打陈某乙致其右手掌骨骨折属轻伤乙级，构成犯罪的证据不足，公诉机关指控被告人陈某甲故意伤害罪的罪名不能成立；被告人陈某乙殴打陈某甲致其头部损伤未达轻伤的行为不能认为是犯罪，公诉机关指控被告人陈某乙故意伤害罪的罪名不能成立。

【无罪判例 8】董某某犯故意伤害罪一审刑事判决书——（2014）开刑初字第 20 号

本院认为，被告人董某某殴打被害人杨某某的事实清楚，被害人杨某某的伤情鉴定是2013年7月29日作出，由于左侧眼眶内侧壁骨折（新鲜）损伤符合《人体轻伤鉴定标准（试行）》第九条第二款之规定，构成轻伤。依照最高人民法院关于执行《人体损伤程度鉴定标准》有关问题的通知第一项的规定，即致人损伤的行为发生在2014年1月1日之前，尚未审判或正在审判的案件，需要进行损伤程度鉴定的，适用原鉴定标准。但按照《人体损伤程度鉴定标准》不构成损伤或者损伤程度较轻的，适用《人体损伤程度鉴定标准》。经审查，被害人杨某某的损伤程度依据2014年1月1日起实施的《人体损伤程度鉴定标准》之规定，达不到轻伤的标准，故被告人董某某犯故意伤害罪的证据不足，公诉机关指控的犯罪不能成立。

【无罪判例9】何某故意伤害一审刑事判决书——（2013）历刑初字第388号

本院认为，被告人何某故意伤害被害人郑某1，致使郑某1受伤，2013年7月1日出具的法医学人体损伤程度鉴定书依照《人体轻伤鉴定标准（试行）》第六条的规定“头皮锐器创口累计长度达8厘米，儿童达6厘米；钝器创口累计长度达6厘米，儿童达4厘米”，认定郑某1的伤情程度构成轻伤。本案在审理过程中，被告人何某申请对被害人郑某1的伤情重新鉴定，本院依法予以准许，但因被害人郑某1的原因，致使无法进行重新鉴定，经本院依法通知鉴定人出庭作证证实，依照2014年1月1日起施行的新的《人体损伤程度鉴定标准》5.1.4轻伤二级a“头皮创口或者瘢痕长度累计8.0cm以上”的规定，被害人郑某1的伤情达不到轻伤标准，应认定为轻微伤，鉴定人当庭陈述的意见具备法律效力，应予采纳。《最高人民法院关于执行〈人体损伤程度鉴定标准〉有关问题的通知》第一条规定：“致人损伤的行为发生在2014年1月1日之前，尚未审判或者正在审判的案件，需要进行损伤程度鉴定的，适用原鉴定标准。但按照《损伤标准》不构成损伤或者损伤程度较轻的，适用《损伤标准》”，第四条规定：“对于正在审理案件需要进行损伤程度鉴定的，司法技术部门应做好前期技术审核工作，在对外委托时应明确向鉴定机构提出适用标准。”综上所述，根据现行规定，没有确实充分的证据证实被害人郑某1的伤情程度已构成轻伤，起诉书指控被告人何某的行为构成故意伤害罪的事实不清、证据不足，不能认定。

【无罪判例10】刘某乙故意伤害罪一审刑事判决书——（2014）遵刑初字第122号

本院认为，2013年2月22日15时许，被告人刘某乙与附带民事诉讼原告人刘某甲发生争吵后厮打在一起，致附带民事诉讼原告人刘某甲受伤，有被告人供述、被害人陈述及证人薄某芬、曹某乙、刘某丁、刘某丙等人的证言予以证实，本院予以认定。附带民事诉讼原告人刘某甲伤后其损伤程度经遵化市公安局法医损伤检验鉴定室和遵化司法医学鉴定中心根据（司）发（1990）6号《人体轻伤鉴定标准（试行）》第二十三条第三项的规定均出具鉴定意见为轻伤。2014年8月27日，天津明正司法鉴定中心根据《人体损伤程度鉴定标准》第5.10.5d条的规定出具鉴定意见为：（1）被鉴定人刘某甲的右手中指的伤情符合新鲜骨折特征；（2）其右手中指末节骨折程度未达轻伤，属轻微伤。依据2014年1月2日最高人民法院《关于执行〈人体损伤程度鉴定标准〉有关问题的通知》：致人损伤的行为发生在2014年1月1日之前，尚未审判或者正在审判的案件，需要进行损伤程度鉴定的，适用原鉴定标准。但按照《人体损伤程度鉴定标准》不构成损伤或者损伤程度较轻的，适用《人体损伤程度鉴定标准》之规定，被害人刘某甲损伤程度应适用《人体损伤程度鉴定标准》，损伤程度为轻微伤。被告人刘某乙虽将附带民事诉讼原告人刘某甲致伤，因附带民事诉讼原告人刘某甲的损伤程度属轻微伤，故被告人刘某乙的行为不构成故意伤害罪。遵化市人民检察院指控被告人刘某乙犯故意伤害罪证据不足，指控罪名不成立。

规则61：刑法对条件性轻伤是否构成犯罪没有明确规定

【规则分析】此辩点中的案例为司法鉴定认定被害人伤情类型为条件性轻伤，这种案例在实践中非常少，本书收集的889个案例中只出现了一例。对于此问题，刑法对条件性轻伤是否构成犯罪并没有明确规定，因此根据“疑点利益归于被告原则”，应宣告被告人无罪。

【无罪判例】曹某故意伤害罪一审刑事附带民事判决书——（2013）鄂保康刑初字第00030号

本院认为，自诉人韩某在质问被告人曹某之妻谭某是谁打了其父韩某时，被告人曹某突然从其背后用铁铲把自诉人韩某颈部、背部等处打伤，经鉴定为条件性轻伤和六级伤残，因《刑法》对条件性轻伤是否构成犯罪没有明确规定，应宣告无罪。自诉人韩某指控的罪名不能成立。

（四）其他事实规则

规则62：被害人系出于诬告陷害造假

【规则分析】将此辩点与下述三辩点一起归类为事实之辩，是因为这些辩点具有的共同特征，即从根本上否认被告人具有犯故意伤害罪的事实，并且提出了其他更有说服力的事实情况。这些辩点表明被告人在事实上没有也不可能有机会对被害人实施故意伤害行为，其之所以被控告或出于被害人（自诉人）的种种目的。例如，这里的无罪判例1，便是被害人出于诬告陷害的目的，虚构事实，造假证据，意图陷害被告人犯故意伤害罪，使其受到刑事追究。实践中的这种案例也很少见，但是此类案例的正确处理对于防范冤假错案具有重要意义。

【无罪判例1】黄甲故意伤害罪再审刑事判决书——（2013）温苍刑再字第2号

本院认为，本案新证据证明黄某左耳鼓膜外伤性穿孔的轻伤后果系李乙、黄某等人出于诬告陷害的目的，由郑某某动手造假形成，并非原审被告人黄甲所致。原判决认定黄甲故意伤害的事实错误，应予纠正。原审被告人黄甲没有犯罪行为，应当宣告无罪。被告人及其辩护人、出庭检察人员要求宣告无罪的意见，理由成立，予以支持。

【无罪判例2】朱某芳故意伤害宣告无罪一审刑事判决书——（2014）涡刑再字第00001号

本院认为，公民的人身权利受法律保护，不受侵犯。本案原审被告人朱某芳与张某平因宅基地纠纷发生打架，本可以通过法律途径解决。但是，张某平和其丈夫刘某涛伙同他人捏造张素平轻伤，诬告陷害原审被告人朱某芳故意伤害并受到刑事追究。原审被告人朱某芳辩解和要求撤销原审判决的诉求应予支持。

规则63：被告人没有作案时间，案发时不在现场

【规则分析】对于被告人有无充分的作案时间的分析以及在不在案发现场

也应当属于对案件事实的辩护，此辩点之下的案例中，被告人有足够可信的证人证言证明其在案发时的所处位置，亦即有充分的不在场证明，这在事实上否定了被告人作案的可能。但是这种情况在实践当中也极为少见，实践中的案例被告人或多或少都会与案件产生关系，类似此辩点的情况在889个案例中只出现了6例。对于被告人不在案发现场的辩护，应当提出足够的有利于被告人的证据加以证明。

【无罪判例1】王某石故意伤害罪一审刑事判决书——（2018）黑0111刑初144号

本院认为，案件事实清楚，证据确实、充分的，应依法认定被告人有罪，而证据确实、充分应当符合以下条件：（1）定罪量刑的事实都有证据证明；（2）据以定案的证据均经法定程序查证属实；（3）综合全案证据，对所认定事实已排除合理怀疑。本案指控王某石犯罪的直接证据是被害人张某1的陈述，对张某1陈述的认定应适用证人证言的审查认定规则，并达到对王某石伤害张某1的事实已排除合理怀疑的法律高度。本案争议的焦点为王某石在案发时间是否在现场，张某1的伤是不是王某石所形成。关于王某石在案发时间是否在现场一节，张某1的陈述、谷某1的第二次在行政拘留期间的供述和唐某1在公安机关的第一次证言均称18时左右开始吃饭，吃饭时的在场人中有王某石，谷、唐某5的其余笔录又否认王某石吃饭时在场，而证人王某1、陆某1、刘某4及王某石的供述均否认王某石吃饭时在场，虽然谷、唐某5提出证言的反复原因是公安机关的恐吓或记录错误的辩解不能成立，但客观上王某石于18时46分正驾驶黑A×××××号牌的车辆行驶于光明路与西环路交叉口处，从该交叉口至王某1家按公安机关做出的驾驶实验时间约为8分钟，按王某石辩护人做出的驾驶实验时间约为20分钟，但无论是按照哪一个时间，王某石到家的时间都不可能是18时左右，也就是说张某1陈述18时左右吃饭时就在场是错误的。那么，王某石何时到家，到家之时是否赶得上当日晚宴呢？对此公诉机关提供驾驶试验想证实从光明路与西环路交叉口处与王某1家距离约为5公里，车行时间约为8分钟，确认王某石到家时间应为7时之前，此时宴席未散，据此张某1、谷某1、唐某1可能表述为吃饭时，同时，又从张某17时36分的报警时间上得出王某石具有作案时间。而辩护人认为公安机关的行驶路线、速度、路况均与王某石当日行驶情况不同，距离就不应为 5 公里，同时辩护人按王某石供述的路线亦作了驾车行驶试验，车行时间约为 20 分钟，同时提出王某石在回家途中又去姜某处取快递。本院认为，从交口处到王某 1 家有多条道路可行，虽然公诉机关提供的驾车行驶实验所行驶的路径可能是最合理的，但不代表是王某石当天行驶的路径，特别是姜某的证言为非否定回答，也就是不排除王某石于当晚去姜某处取过快件，所以，在现有证据的情况下，推定王某石到王某 1 家的时间是不准确的，本院认为现有证据不能得出唯一结论。可为什么与王某石有亲属关系的谷某 1 以及与王某 1 有二十年交情的唐某 1 会说与王某石于当日一同吃晚饭，其陈述是否客观真实呢？本院认为，唐某 1、陆某 1 先行离席的事实有张某 1 和当日在场证人证实，且无反复，当属客观事实，唐某 1 的手机通话记录和基站位置变化显示“17：54 分为船口路，18：50 分为船口路与中心路西北 1300，19：11 分为船口路”，而 19：11 分是唐某 1 主叫王某 1 的记录，说明唐某 1 此时已经离开王某 1 家，但何时离开的无证据证实，这里有一种可能，即如果唐某 1 离开的时间靠近 18：50 分，则其不能与王某石在王某 1 家相遇，而该种可能未能被排除，所以唐某 1 的第一次笔录中证实的吃饭时王某石在场的证言不能作为佐证张某 1 陈述具有真实性的依据。再看谷某 1 是否与唐某 1、陆某 1 一同离开，证人王某 1、唐某 1、陆某 1 均证实谷某 1 与唐某 1 和陆某 1 先行离开，谷某 1 亦称自己是先行离开的，当晚是王某 1 或者王某石打电话让其帮助处理张某 1 受伤一事的，但谷某 1 的电话记录中无与此二人的通话记录，而在 21：13 分有一尾号 1351 的号码呼叫过谷某 1，时长为 32 秒，该号码与 2016 年 11 月 7 日公安机关出具的行政拘留家属通知书上刘某 7 双的电话号码一致，但通话内容和号码于案发当日持有人不明，通话时间点又与 120 救护车到王某 1 家时间临近，事实上，王某 1 家可能需要人手帮助处理相关事宜，让他人代为给谷某 1 打电话，故无法排除谷某 1 随唐某 1、陆某 1 二人先行离开王某 1 家与王某石不能相遇的合理怀疑。最后看一下张某 1 陈述殴打他的参与人员是否确定，在第一、二次询问笔录中陈述，王某 1、王某石、谷某 1、刘某 4 共同殴打也，而当刘某 4 于 2016 年 12 月 29 日投案后乃至庭审时，张某 1 都陈述刘某 4 没有打他，其解释的原因是自己分不清参与打他的人和引起打仗原因之人的区别。总之，如果张某 1 自己都说不清楚参与殴打他的准确人员，且其陈述中王某石到家吃饭的时间与客观证据相悖，唐某1、谷某1二人证言又无法排除合理怀疑的前提下，不能以张某1的陈述作为认定案件事实的依据。

【无罪判例2】翁某1、朱某2故意伤害再审刑事判决书——（2018）皖02刑再字第1号

……

二、没有证据证明朱某2到过犯罪现场

1. 犯罪现场尚未发现朱某2的生物学痕迹……

2. 相关证人证言不能证明朱某2到过犯罪现场……

综上所述，没有直接证据证实朱某2进入翁某2遇害现场，实施了致翁某2死亡的犯罪行为，对朱某2提出的没有证据证实其到过案发现场，辩护人认为有作案动机、时间、条件不代表朱某2是凶手的意见；检察机关认为尚无客观证据证实朱某2进入翁某2遇害现场的意见，本院予以采纳。原审附带民事原告人及其代理人以朱某2有作案动机及时间认定其为凶手的意见，依据不足，本院不予采纳。

【无罪判例3】高某某指控王某某、余某犯故意伤害罪一审刑事附带民事判决书——（2013）安汉刑初字第00117号

本院认为，自诉人高某某指控被告人王某某、余某犯故意伤害罪，但从被告人余某提供的证据分析，被告人余某在案发前的7月31日因交通事故而导致右肩关节脱位，案发当时在家休息，并未在现场出现，现场唯一的证人陈圆兰亦证实当时现场除了自诉人、被告人外无其他人在场，因此自诉人指控被告人余某犯故意伤害罪证据不足，应当宣告被告人余某无罪。

【无罪判例4】黄某某、黄某故意伤害案一审刑事判决书——（2015）富刑初字第45号

本院认为，被告人黄某某故意伤害他人身体，致一人轻伤，其行为已构成故意伤害罪。自诉人尹某某对民事部分的诉讼请求，符合法律规定的，本院予以支持。被告人黄某某提出其系正当防卫的辩护意见，与本院查明的事实不符，本院不予支持。被告人黄某当时不在打架现场，自诉人尹某某的损伤不是被告人黄某所为，故被告人黄某不承担刑事责任和民事赔偿责任。

【无罪判例 5】王某军、王某故意伤害一审刑事判决书——（2017）云0421 刑初 80 号

本院认为，被告人王某故意伤害他人身体，致一人轻伤，其行为已触犯刑律，构成故意伤害罪，应依法追究其刑事责任。被告人王某如实供述其罪行，可以从轻处罚。自诉人陈某控诉被告人王某犯故意伤害罪的诉讼请求成立，予以支持。被告人王某军未到犯罪现场，未对自诉人实施过加害行为，其行为不构成犯罪，应依法宣告被告人王某军无罪。

【无罪判例 6】陈某某故意伤害再审刑事判决书——（2016）粤 06 刑再 2 号

陈某某的辩护人提出如下辩护意见：（1）被害欧某 1 受伤时陈某某并不在广东省佛山市，其没有作案时间。陈某 2 和陈某 1 证实 2008 年 10 月 11 日 18 时许，陈某某乘陈某 1 驾驶的货车回湖南省郴州市。

规则 64：原审被告人为包庇他人谎称参与故意伤害

【规则分析】此辩点也是针对实践中极为少见的情况，及被告人为包庇他人而替人顶罪。这样的案件中应当提出新的、证明真正案件事实的证据，并且可以找到被告人所包庇的主体。同时应当注意该被告人是否构成包庇罪。

【无罪判例】罗一某、王一某、雷某某故意伤害一审刑事判决书——（2014）辰刑再初字第 0001 号

经再审查明，2013 年 5 月 14 日 23 时许，原审被告人罗一某在天津市北辰区集贤街集贤道彪子龙虾饭馆吃饭时，与同在该处吃饭的被害人刘一某、王二某等人相遇，罗一某的同学赵三某与王二某在敬酒过程中因言语不和发生争执，罗一某在劝架过程中又与王二某发生争执，后罗一某伙同他人在集贤街虎林路泰来西里小区附近，持工具将被害人刘一某、王二某打伤。经法医学人体损伤鉴定，被害人刘一某鼻骨粉碎性骨折的损伤程度为轻伤二级，其左腕创口的损伤程度为轻微伤。在侦查阶段，原审被告人罗一某与被害人刘一某、王二某达成和解协议，已赔偿被害人经济损失并取得谅解。

另查，2013 年 9 月，罗一某为包庇其他同案犯，通过罗二某找到王一某、雷某某，以金钱利诱的方式指使案发时不在案发现场的王一某、雷某某做殴打被害人的虚假供述，并教授二人参与殴打的具体细节。后原审被告人王一某、雷某某按照罗一某教授的内容多次向司法机关做参与殴打被害人王二某、刘一某的虚假供述。其间，罗一某通过罗二某支付王一某、雷某某各200元人民币。

原审被告人王一某、雷某某为包庇他人，谎称参与故意伤害事实，原审在原公诉机关指控事实错误的基础上，认定原审被告人王一某、雷某某构成故意伤害罪，属认定事实部分不清，适用法律错误，应依法改判。

规则65：自诉人承认致伤原因不明，被告人始终不承认故意伤害自诉人

【规则分析】 此规则的关键点在于自诉人在审判中自认致伤原因不能确定，也就代表其自认被告人是否犯罪人不能确定，其不能达到确实、充分的证明标准。同时案件中也存在被告人的供述基本保持稳定的情节。综上不能认定被告人犯故意伤害罪。

【无罪判例1】谢某故意伤害再审刑事判决书——（2018）辽11刑再2号

本院再审查明，2002年7月30日，原审自诉人安某福酒后到盘山县公安局周边中队办事，鼻子受伤出血（鼻骨骨折，原因不清），误认为是当时与其发生口角的（时任盘山县公安局周边中队干警）原审被告人谢某所为。同年原审自诉人安某福将原审被告人谢某诉至盘山县人民法院。

本院认为：原审被告人谢某不服原一审、二审判决，认为没有打过安某福，自己无罪。原审自诉人安某福于2018年5月5日出具了一份陈述，承认其鼻部受伤的原因不明，怎么形成因事发当日自己酒喝多了记不清了，并不是谢某所致。本院庭审中对安某福进行了询问，其也承认向本院陈述事实是真实的。事发现场没有人证明谢某打安某福鼻部的事实，谢某在法院数次审理过程中，也始终未承认打安某福鼻部的事实。故认定原审被告人谢某犯故意伤害罪的证据不足。

【无罪判例2】胡某常故意伤害一审刑事判决书——（2018）云0125刑初25号

本院认为，自诉人翁某文虽与被告人胡某常之间发生过争吵，但翁某文是如何摔倒在地，其损伤是如何造成的，没有证据证实，且翁某文在警察询问时也称，2017年1月5日，胡某常没有打过自己。因此，自诉人翁某文控诉被告人胡某常构成故意伤害罪的证据不足，指控不能成立，应依法认定被告人胡某常无罪。

【无罪判例3】部某鲜故意伤害一审刑事附带民事判决书——（2016）黔2630刑初24号

本院认为，对于自诉人部某辉诉称被告人部某鲜持锐气砍伤其头部的指控，经审查，本案现有的所有证据，包括自诉人部某辉自己在公安机关的询问笔录，均不能证实自诉人部某辉所受的轻伤是在何时被何人用何物所伤，且根据住院病历和自诉人部某辉自己的陈述，其头部系被锐器所伤，而现有证据也不能证实被告人部某鲜手持过任何锐器，同时，冲突现场十分混乱，也无法排除自诉人部某辉被他人误伤的合理怀疑，综上，自诉人部某辉指控被告人部某鲜犯故意伤害罪，事实不清，证据不足，指控罪名不能成立。

【无罪判例4】潘某某故意伤害案二审刑事附带民事判决书——（2014）曲中法刑终字第254号

本院认为，上诉人（原审自诉人）朱某某头部伤是原审被告人潘某某的行为造成，有朱某某的陈述和证人的证言、病情诊断书、鉴定意见和原审被告人潘某某供认予以证实。只有原审自诉人朱某某的陈述，他的头被原审被告人潘某某致伤，但不清楚自己的左小腿是如何被致伤的……

三、程序无罪规则

规则66：送检程序违法

【规则分析】在证据的保管链条中，每一个步骤都必须处在保管人员的监控之下，一旦出现保管人员失去对证据的保管与控制的情况，将会导致证据保管链条的断裂，进而导致该项证据进入被怀疑的境地。无罪判例1中，被害人受伤后自行前往医院进行检查，而鉴定过程中鉴定单位却依据该自行检查的结果作为检材进行了鉴定，其检材的来源值得怀疑，因此，法院认定公安人员在检材的保管和送检环节未在场，送检程序不合法。这种情况是典型的公安机关委托了鉴定却忽视了鉴定程序，然而又不能将其归类为被害人的自行鉴定，因此，辩护方在考察鉴定意见时可以从鉴定最初的检材获得与送检程序开始，发现其证据链条中存在的问题。

【无罪判例1】肖某某故意伤害罪案刑事判决书——（2015）深罗法刑二初字第116号

……三是送检程序违法。鉴定文书记载的鉴定日期是2014年6月16日，鉴定依据书证有：（1）2014年6月16日赖守钦在深圳市第二人民医院的门诊病历及6月16日该院鼻骨X光：鼻骨骨折。（2）6月17日门诊病历以及6月17日鼻骨眼匡CT平扫+重建：左侧鼻骨及上颌骨额突骨折。本案中，鉴定单位接受委托时间是6月16日，但鉴定依据里有被害人6月17日门诊病历以及在6月17日所做的鼻骨眼眶CT。鉴定单位说明是："因为2014年6月16日鼻骨X光片显示鼻骨骨折，需确定骨折性质，故于2014年6月17日进行鼻骨CT平扫+重建，以确定鼻骨骨折性质，属于正常鉴定过程"，但6月17日门诊病历记载情况是"被害人诉右眼视力下降（伤害就诊）"，即被害人系因右眼视力下降，前往就诊，鉴定单位说明与门诊病历记载情况矛盾。依据门诊病历记载，6月17日被害人在受伤害后，属自行前往医院做检查，而鉴定单位依据被害人所提交的检查报告作出鉴定，公安人员在检材的保管和送检环节未在场，属检材送检程序不合法。

【无罪判例2】李某甲与杨某甲故意伤害一审刑事附带民事判决书——（2014）巨刑初字第16号

……

二、公诉机关指控"李某甲的伤情属轻伤"的事实不清，不能认定

1. 公诉机关所举鉴定意见邢台市公安局公（冀邢）鉴（法活检）字（2010）750号法医损伤检验鉴定书，经当庭质证，被害人李某甲称其自己在邢台市第三医院做的CT检查，并由自己将检查结果送邢台市公安局进行鉴定。该鉴定过程不符合《公安机关办理刑事案件程序规定》第二百四十一条规定的侦查人员应当做好检材的保管和送检工作。依照《最高人民法院关于适用〈中华人民共和国刑事诉讼法〉的解释》第八十五条第（九）项的规定，该鉴定意见不能作为定案的依据……

规则67：人体损伤程度鉴定书的鉴定意见未及时告知被害人和被告人

【规则分析】此辩点属于鉴定过程中的告知程序出现瑕疵，但是这种瑕疵

对于认定被告人不构成故意伤害罪的证明力大小还值得商榷。两个案例中瑕疵导致的相关证据的证明力大小截然不同。无罪判例1中，侦查机关未将鉴定意见依法及时告知当事人，但法院基于该鉴定只存在这一小瑕疵，并不影响认定其实体内容，依旧采信了该鉴定意见。无罪判例2中，法官则根据《最高人民法院关于适用〈中华人民共和国刑事诉讼法〉的解释》第八十五条（2018年《刑事诉讼法》第一百四十八条）的规定："鉴定意见具有下列情形之一的，不得作为定案的根据：(九)违反有关规定的其他情形"以及《刑事诉讼法》的规定"侦查机关应当将用作证据的鉴定意见告知犯罪嫌疑人、被害人。如果犯罪嫌疑人、被害人提出申请，可以补充鉴定或者重新鉴定"。认定该鉴定意见不得作为定案根据。

虽然实践中出现了截然不同的两种做法，但是这也表明对于这种瑕疵的提出并非完全不可撼动鉴定意见的地位。因此，对于此类程序上的瑕疵，辩护方可以在充分挖掘了其他辩点的基础上再提出，或可以对案件的辩护起到一定作用。

【无罪判例1】马某故意伤害二审刑事判决书——（2017）鄂01刑终1119号

关于上诉人马某的辩护人提出一审判决认定事实的部分证据存在矛盾和瑕疵，不应采信的意见。经查，公安机关在一审期间出具的书面情况说明，证明马某系经电话传唤主动到案，该项证据已对破案经过和到案经过进行纠正，且经一审庭审举证、质证，并经控辩双方一致认可。虽然本案侦查机关未将鉴定意见依法及时告知当事人，告知程序确有瑕疵，但作出该鉴定的鉴定机构及鉴定人均具有法定资格，且鉴定程序合法。上述证据虽然存在矛盾和瑕疵，但不影响原审判决对马某与詹某两家人发生打斗，马某主动到公安机关接受调查以及詹某左腓骨远端骨折构成轻伤这一基本事实的认定。其辩护人的该辩护意见，本院不予采纳。

【无罪判例2】汪某新、汪某安故意伤害一审刑事判决书——（2015）峨眉刑初字第39号

被害人黄某1的伤情在1997年12月9日入院后诊断为左面部枪伤，左面部全层异物存留，背部及臀部砍伤。案发后公安机关对黄某1未进行伤情鉴定，也没有立案侦查。2013 年 8 月 2 日，峨眉山市公安局物证鉴定室作出峨公物鉴法医字（2013）108 号法医学人体损伤程度鉴定书，证实黄某 1 的损伤程度评定为重伤。但是，公安机关未依照《刑事诉讼法》（2012 年）第一百四十六条[①]“侦查机关应当将用作证据的鉴定意见告知犯罪嫌疑人、被害人。如果犯罪嫌疑人、被害人提出申请，可以补充鉴定或者重新鉴定”的规定，没有将定案的关键证据鉴定意见告知被告人汪鲁新，也未制作相应的告知笔录、讯问笔录，应依照《最高人民法院关于适用〈中华人民共和国刑事诉讼法〉的解释》第八十五条第九项“违反有关规定的其他情形”，不得将该鉴定意见作为定案的根据。

规则 68：办案人员不具有办案资格

【规则分析】办案人员是否具有办案资格将直接影响到办案人员经手的证据是否具有效力。无罪判例中，法院要求公诉机关出具办案公安干警具有办案资格的证据，而公诉机关出具的复制件并不能切实证明办案人员具有资格，这里不仅涉及办案人员的资格问题，还涉及证据的原件与复制件问题。《公安机关办理刑事案件程序规定》中对于书证的复制件提出了相应的要求，提交复制件应当附有相关的制作过程及原件存放处的文字说明，并由制作人和物品持有人签名。虽然该辩点的适用情况在实践当中并不常见，加之故意伤害罪中存在大量自诉案件，并不涉及公诉方的办案人员，此辩点可以作为对于涉及公诉机关的案件的辩点提示。

【无罪判例】杨某甲故意伤害一审刑事附带民事判决书——（2014）巨刑初字第 16 号

……

3. 公诉机关所举证据不能证明办案人员具有办案资格。审理过程中，本院发函建议公诉机关对办理本案的公安干警出具办案资格的证据。公诉机关拟证明公安干警的办案资格问题，出具的张某桢、董某兵、李某刚带有相片和编号的复印件，没有说明该复印件的出处、制作人、关于制作过程以及原件存放于何处的文字说明和签名；出具的董某起的警察证复印件，也没有说明该复印件的出处、制

① 2018 年修正《刑事诉讼法》第一百四十八条。

作人、关于制作过程以及原件存放于何处的文字说明和签名。以上证据的制作不符合《公安机关办理刑事案件程序规定》第六十三条规定的书证的复印件，应当附有关制作过程及原件存放处的文字说明，并由制作人和物品持有人签名。以上证据均不能作为认定该四人具有办案资格的根据。其他办案人员的办案资格，公诉机关未提交相关证明，是否有办案资格不能确定。因本案所有办案人员的资格不能确认，本案的所有证据效力不能确认，故不能作为定案的根据。

规则 69：询问证人没有个别进行

【规则分析】2018 年《刑事诉讼法》第一百二十四条第二款规定："询问证人应当个别进行。"此辩点中的案例便是违反了此项程序性规定，从而导致证人证言不得作为定案依据。关于询问证人的程序性规定还有很多，实践中辩护方应当注意对证人的询问程序，因为故意伤害案件中证人证言在所有证据中占比极大，通过程序性规定推翻不利于己方的证人证言将为有效辩护提供便利。

【无罪判例】王某有故意伤害一案一审刑事附带民事判决书——（2016）甘 0821 刑初 78 号

本院认为，关于对证人秦某某、康某某的证言，询问证人应个别进行，该案中，对秦某某的询问笔录由另一名证人康某某代签，且在同一时间段由同一侦查人员进行记录，足以说明未对该二名证人个别进行询问，询问证人没有个别进行的，该证言不得作为定案依据。故对证人秦某某、康某某于 2015 年 10 月 14 日所作证言均不能作为证据使用。

规则 70：原审笔录中添加内容没有被害人签字或指模确认

【规则分析】此辩点针对的内容与前两个辩点稍有不同，即原审笔录中添加相关内容却没有被害人签字或者指模，所以关于被害人"手背骨折"的相关笔录经查为侦查人员擅自添加，这种行为对于笔录证据来说是相当明显的瑕疵，应当予以排除。

【无罪判例】林某雄、张某贤故意伤害二审刑事判决书——（2016）粤 06 刑终 583 号

原审判决认定，2015 年 7 月 12 日 19 时许，被告人林某雄、张某贤在佛山市南海区里水镇大冲迎丰农庄的大厅吃饭。被害人张某乙来到大厅发现林某雄，遂走到林某雄吃饭的桌子旁边，随即殴打林某雄的脸部。后林某雄与张某乙扭打起来。张某贤上前劝架，张某乙打了张某贤两拳，张某贤随即打了张某乙脸部一拳。林某雄举起一张椅子砸向张某乙，后又伙同张某贤与张某乙打斗。打斗过程中，张某乙和林某雄受伤。同年 8 月 27 日，被告人林某雄、张某贤主动到公安机关投案，并交代与被害人张某乙打斗的经过。

原审被告人林某雄上诉提出，现有证据不足以证实被害人右手第 5 掌骨骨折是其行为所致，应当判决其无罪。理由如下：（1）证人刘某、邵某的证言关于谁用椅子砸向被害人相互矛盾；（2）被害人张某乙从驾车离开现场到医院就诊期间，其本人和接诊医生均不知道右掌骨受伤的事实；（3）在双方互殴过程中，张某乙用右手手掌砍其左手肘关节，右手手背撞击餐台边缘，以及撞击地板，都可能导致骨折；（4）被害人张某乙在停车场对其殴打时，右手攻击力未因为挡椅子而减弱或者丧失，不排除其骨折是事后自伤或其他二次伤害；（5）本案的作案凶器椅子没有提取；（6）视频 1 中看不出其用椅子砸向被害人的画面，因此视频 1 及其情况说明无法证实其用椅子殴打被害人；（7）被害人张某乙的笔录中添加“手背骨折”四字没有被害人签字或指模确认，系侦查人员擅自添加，属于非法证据，应予以排除。

本院认为，被害人张某乙在上诉人林某雄吃饭时，走到其身边率先动手殴打林某雄，实施不法侵害，挑起本案事端，上诉人林某雄在不法侵害正在进行的过程中，使用拳头和身边的椅子进行反击，致张某乙轻伤，其行为属于防卫行为，且防卫程度适当，对此不应承担刑事责任。上诉人张某贤看到张某乙对林某雄实施不法侵害，在劝架过程中遭到张某乙殴打后的反击行为，亦属于正当防卫，不应承担刑事责任。采纳上诉人张某贤及其辩护人所提相关意见。

规则 71：排除非法证据，侦查机关违反法定程序，在看守所外过夜羁押、审讯被告人

【规则分析】排除非法证据是指证据的收集违反了法律禁止性规定而应该在诉讼中排除的证据规则，2018 年《刑事诉讼法》第五十二条规定：“审判人员、检察人员、侦查人员必须依照法定程序，收集能够证实犯罪嫌疑人、被告人有罪或者无罪、犯罪情节轻重的各种证据。严禁刑讯逼供和以威胁、引诱、欺骗以及其他非法方法收集证据，不得强迫任何人证实自己有罪。”这里的以非法方法收集的证据可以分为两种情况：一是以非法方法收集的言词证据；二是违反法定程序收集的实物证据。① 2010 年“两高三部”颁布的《关于办理刑事案件排除非法证据若干问题的规定》对非法证据排除规则进行了明确的规定，这是最早进行的关于刑事诉讼中非法证据排除规则的规定。2018 年《刑事诉讼法》第五十六条还规定：“采用刑讯逼供等非法方法收集的犯罪嫌疑人、被告人供述和采用暴力、威胁等非法方法收集的证人证言、被害人陈述，应当予以排除。收集物证、书证不符合法定程序，可能严重影响司法公正的，应当予以补正或者作出合理解释；不能补正或者作出合理解释的，对该证据应当予以排除。在侦查、审查起诉、审判时发现有应当排除的证据的，应当依法予以排除，不得作为起诉意见、起诉决定和判决的依据。”这一规定从法律的层面对非法证据排除规则进行了规定。《最高人民法院关于适用〈中华人民共和国刑事诉讼法〉的解释》第八节则更加详细、具体地对非法证据排除规则进行了规定。

综合上述规定可以看出，法律法规对于排除非法的言词证据的规定尤其详细，因为以非法方法取得言词证据，不仅严重违背法律、侵犯人权，还极易产生非法证据，导致冤假错案。虽然法律对于非法证据进行了详细的规定，但是通过对各辩点之下案例的统计可以发现，实践中应用这些规定对非法证据进行了排除的案例数量并不对，在全部的故意伤害案件中比例也很小，这可能是由于故意伤害罪包含大量自诉案件所致。然而实践中的相关案例少并不代表非法取证的行为真的极少存在，事实上，实践当中表达自己受到非法对待的被告人数量很多。尽管如此，辩护方也不能对此辩点不抱有希望，在辩护中仍然要仔细、严格审查证据的来源，注意保留证明证据来源违法的相关材料。

此辩点及其后两个辩点均是非法证据排除导致证据不足的情况，后文将不再对非法证据排除规则进行详细论述。此辩点之下的无罪判例 1 即侦查机关采用非法方法获取了被告人的有罪供述。

---

① 参见龙宗智、杨建广主编：《刑事诉讼法》，高等教育出版社 2016 年版，第 129～130 页。

【无罪判例】冯某顺故意伤害案一案判决书——（2014）海南一中刑初字第105号

关于被告人冯某顺审判前供述取得的合法性，经查，上述证据证明侦查机关在侦查过程中，对被告人冯某顺审讯存在以下问题：

1. 侦查机关存在违反规定在看守所之外的地点讯问被告人，并将被告人冯某顺在看守所外羁押过夜的情形。《一证通》是记录办案机关从看守所提押被告人的书面凭证，被告人冯某顺的《一证通》显示，冯某顺于2012年8月1日10时20分被提讯，还押看守所的时间为2012年8月2日17时15分，期间，侦查机关于2012年8月1日18时15分至21时22分在万宁市公安局审讯室第4次对冯某顺进行审讯，冯某顺开始做出伤害黄某杰致死的有罪供述。侦查机关当天未将冯某顺还押看守所，将冯某顺在看守所外羁押过夜。2012年8月2日，侦查机关又在万宁市公安局审讯室对冯某顺进行第5次和第6次审讯，冯某顺也做了有罪供述。在第5次讯问时，侦查机关制作了同步录音录像。冯某顺做出三次有罪供述后，侦查机关于2012年8月2日17时15分将冯某顺还押看守所。以上事实有《一证通》、证人林某、林某宁等人的证言，以及被告人冯某顺供述等证据证实，足以认定。

2. 根据《最高人民法院、最高人民检察院、公安部、司法部关于进一步严格依法办案确保办理死刑案件质量的意见》第十一条规定："提讯在押的犯罪嫌疑人，应当在羁押犯罪嫌疑人的看守所内进行。"公安部《公安机关办理刑事案件程序规定》第一百四十五条规定："对被拘留、逮捕的犯罪嫌疑人、被告人应当立即送看守所羁押。"侦查机关明显违反了以上规定，被告人冯某顺的前三次有罪供述均系侦查机关违反上述规定将冯某顺提押到非法定场所审讯取得，还存在将冯某顺羁押在法定羁押场所外过夜的情形，上述被告人有罪供述的取得违反法定程序。

规则72：违反规定长达数日限制被告人的睡眠时间，足以使被告人作出违背其意志的供述，该供述应予排除

【规则分析】此规则为典型的采用刑讯逼供等非法方法收集被告人供述，法律虽然并没有对被告人在案后的睡眠时间问题作出规定，但是限制被告人睡眠时间的做法明显对应《最高人民法院关于适用〈中华人民共和国刑事诉讼

法〉的解释》第九十五条的规定:“使用肉刑或者变相肉刑,或者采用其他使被告人在肉体上或者精神上遭受剧烈疼痛或者痛苦的方法,迫使被告人违背意愿供述的,应当认定为刑事诉讼法第五十四条规定的‘刑讯逼供等非法方法’。”实践中,类似的非法方法可能有很多,但是欲证明实施过这些方法对辩护方来说往往有难度。

【无罪判例】冯某顺故意伤害案一案判决书——(2014)海南一中刑初字第105号

关于被告人冯某顺审判前供述取得的合法性,经查,上述证据证明侦查机关在侦查过程中,对被告人冯某顺审讯存在以下问题:

……

2. 被告人冯某顺在做有罪供述前,存在被限制睡眠的情形,其在看守所长达数天只被允许每天睡眠 2 小时。以上事实有证人冯某英、叶某彪、吴某军、温某标、林某、熊某、陈某闪、林某宁等人的证言以及被告人冯某顺的供述证实,足以认定。侦查机关关于为了配合测谎工作而让被告人少睡眠的解释,明显缺乏合理性。

规则73:被告人供述的形成违反后公布的法律规定,在证据难以取舍的情况下,应当予以排除不予采信

【规则分析】此规则与案件当中供述的取得程序相关,《刑事诉讼法》(2012年)第一百一十六条①规定,犯罪嫌疑人被送交羁押以后,侦查人员对其讯问应当在看守所内进行。《最高人民法院关于建立健全防范刑事冤假错案工作机制的意见》第八条第二款规定,除情况紧急必须当场讯问以外,在规定的办案场所外取得的供述,未依法对讯问进行全程录音录像取得的供述,以及不能排除以非法方法取得的供述,应当排除。而此规则之下的判例中,被告人供述的形成时间以及形成情形都不符合规定,与现行法律规定和司法理念相悖,因此不应采信。

---

① 2018年修正《刑事诉讼法》第一百一十八条。

【无罪判例】韩某清故意伤害罪一审刑事判决书——（2014）同刑初字第3号

被告人韩某清在侦查期间2009年3月3日对2月14日的供述翻供，供称是被告人杨某某实施的捅刺行为，自己没有捅刺，当庭又翻供称系自己一人作案，杨某某没有参与。被告人韩某清3月3日的供述是公诉机关指控被告人杨某某犯罪的主要证据之一，当庭供称该供述系诱供所致。综合全案证据，除二被告人的供述以外，包括现场证人王某叶、胡某某在内均不能证明是谁捅刺了被害人，也无证据表明有两人共同实施了捅刺行为，因此现有证据只能认定被害人系一人捅刺。比较被告人韩某清3月3日的供述与被告人杨某某1月19日的供述，案发前与杨某某的联络、案发当日二人会面的地点、到去作案现场的方式及离开现场等均不一致。被告人韩某清的三次主要供述前后反复，杨某某在供述一次之后也予以翻供，造成了证据采信的困难。韩某清3月3日的供述是在被羁押之后由监所提出在大同市城区公安分局重案中队形成，在韩某清辩称该供述系诱供所致的情况下，其合法性也受到质疑。《刑事诉讼法》（2012年）第一百一十六条[①]规定，犯罪嫌疑人被送交羁押以后，侦查人员对其讯问应当在看守所内进行。《最高人民法院关于建立健全防范刑事冤假错案工作机制的意见》第八条第二款规定，除情况紧急必须当场讯问以外，在规定的办案场所外取得的供述，未依法对讯问进行全程录音录像取得的供述，以及不能排除以非法方法取得的供述，应当排除。该供述形成于法律规定之前，形成于现场勘查、证人辨认和被告人杨某某的供述之后，与现行法律规定和司法理念相悖，在证据难以取舍的情况下，应当予以排除不予采信。

本院认为，指控由被告人韩某清纠集，由被告人杨某某对被害人实施捅刺的事实，因二被告人当庭予以否认，而且公诉机关所举证据不能相互印证，证据之间的矛盾不能排除，依据疑罪从无的原则，对该项指控应当不予认定。判决被告人杨某某无罪。

---

① 2018年修正《刑事诉讼法》第一百一十八条。

第二章　统计分析与辩护攻略

一、故意伤害无罪判例统计分析

本书共收集统计了裁判文书网上截至2018年11月25日的所有故意伤害罪无罪判例，包括指导性案例、公报案例以及刑事审判参考案例共889例，并且逐个分析、提炼了个案的无罪辩点，下面将以图表的方式对无罪判例中的辩点进行统计。图2－1与图2－2是证据之辩、实体之辩和程序之辩辩点数量统计和在所有辩点中的占比。图2－3则是证据之辩、实体之辩和程序之辩的应用案例数量统计，图2－4是应用了三种辩点的案例所占比例大小对比，但是并非案例在本书889个判例中的占比。因为各判例中辩点可能有多个，导致各判例在各种辩点分类中不断重复，列此图是为了对比三种辩点之间的占比大小。

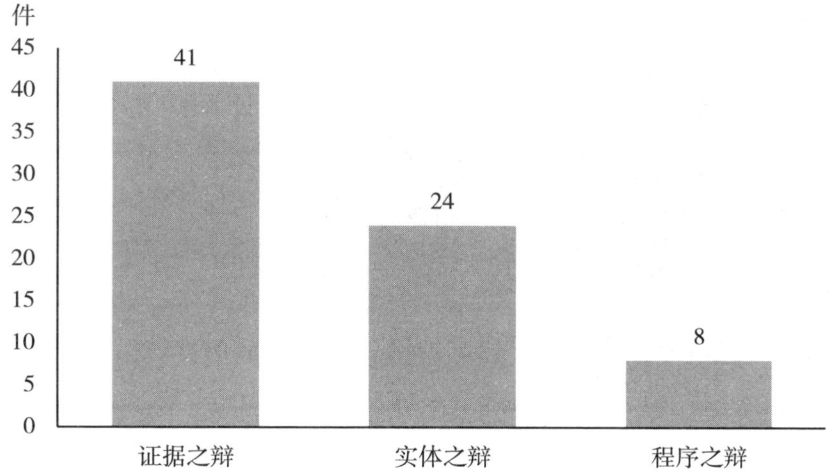

图2－1　各类无罪辩点数量统计

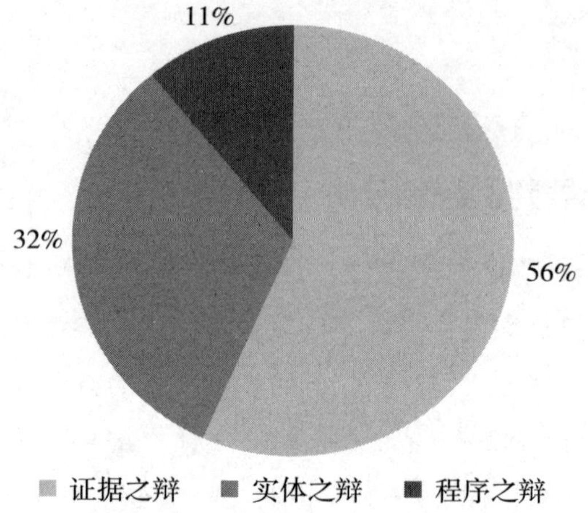

图 2－2　各类无罪辩点数量比例

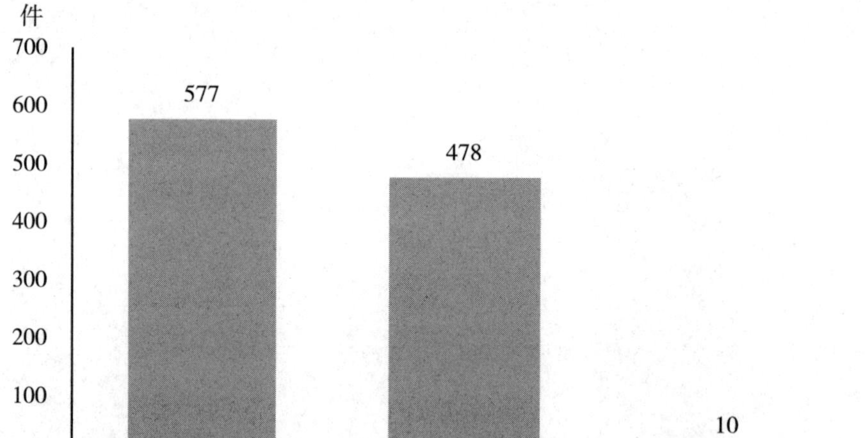

图 2－3　各类辩点判例数量统计

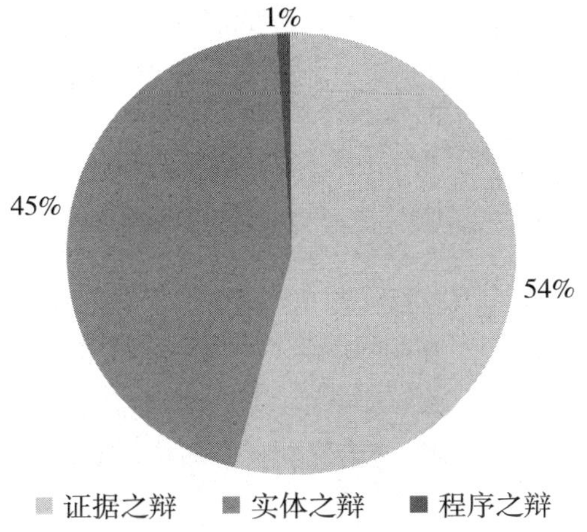

图 2－4 各类辩点判例数量比例

（一）证据之辩规则统计

1. 证据种类之辩统计

在证据之辩规则中，按照不同的证据类型以及证据种类之下判例的数量多少，分为了物证、书证之辩，鉴定意见之辩，言词证据之辩，现场勘验、检查、辨认、侦查实验等笔录之辩。图 2－5 是各类辩点之下的规则数量统计，图 2－6 是各类辩点之下的判例数量统计。在各证据种类之中，无罪辩护规则涉及最多的是鉴定意见和言词证据，这应当与故意伤害罪中鉴定意见和言词证据适用的

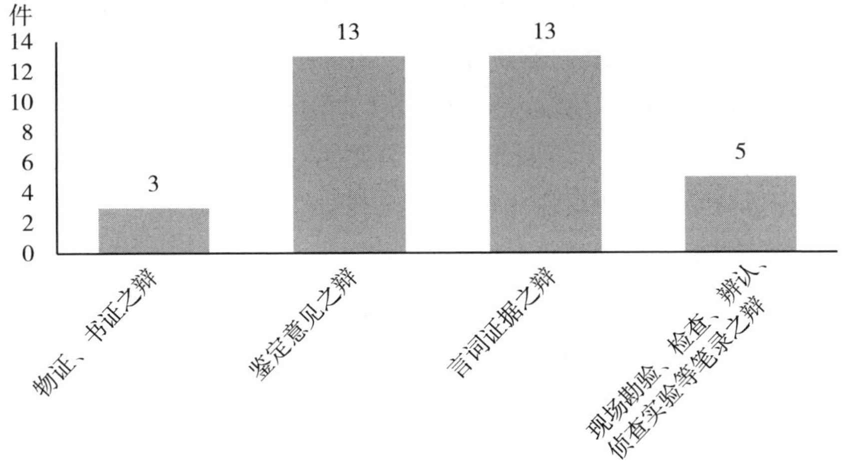

图 2－5 证据种类规则数量统计

频率相关。故意伤害罪需要确定被害人伤情作为入罪标准，因此几乎所有故意伤害案例都会涉及鉴定意见的适用。又因为大量故意伤害案件都会涉及被害人陈述、被告人供述和辩解、证人证言等证据，关于言词的辩护切入点便几乎可以应用在绝大多数案例。

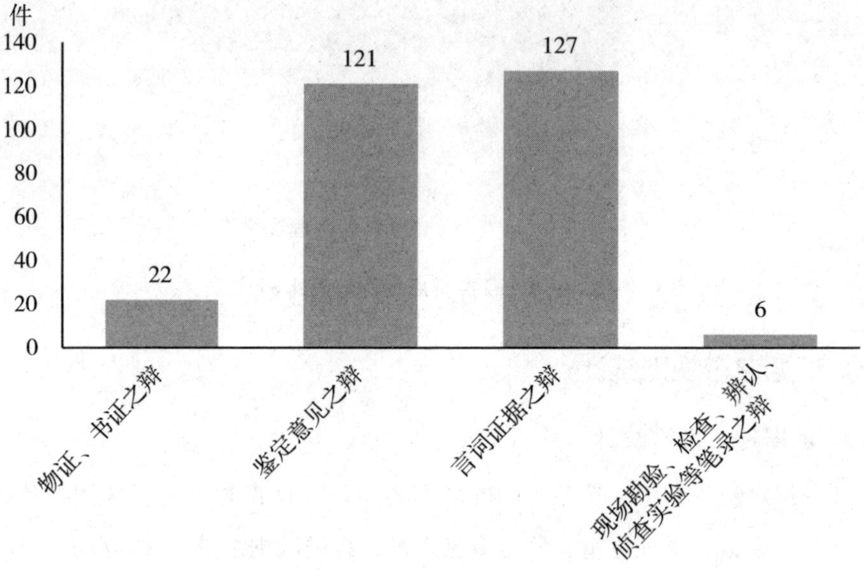

图 2-6　各种类证据判例数量统计

2. 其他证据规则之辩规则统计

证据之辩中的其他证据规则类型中区分了直接证据与间接证据规则、孤证不能定罪规则、印证规则、证据转换规则、证据不足规则。图 2-7 是对上述各类规则数量的统计，图 2-8 是对上述各类规则判例数量的统计。其中直接证据与间接证据规则即规则 35，孤证不能定罪规则即规则 36，印证规则则包括规则 36~39，证据转换规则即规则 40，证据不足规则即规则 41。可以发现印证规则不仅种类多而且案例数量居多，说明印证规则可以很有效切断案件的证据链。证据不足规则的案例数量占比也极大，仔细斟酌所有证据之辩的规则，可以发现几乎全部案件的证据问题归结到最后都可以列为“证据不足”，这一点在判决书中也有体现，因此“证据不足”规则完全可以作为辩护中的兜底辩点列出。

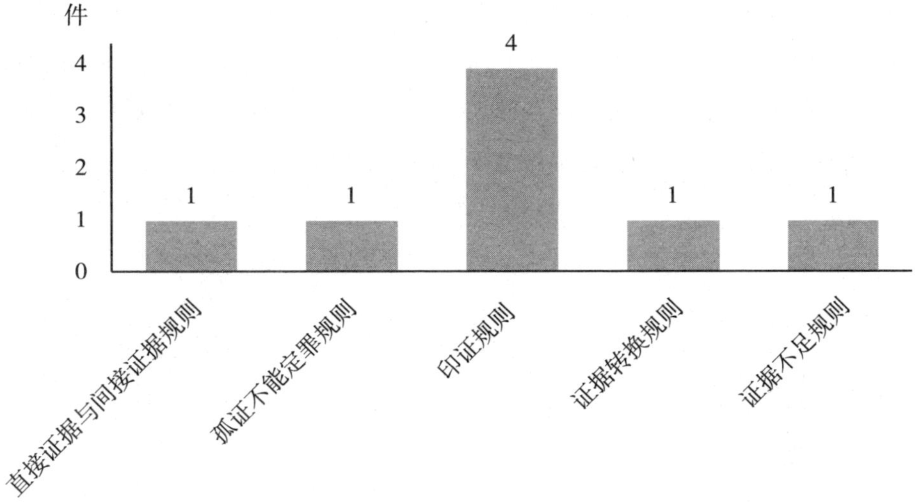

图 2－7 其他证据规则数量统计

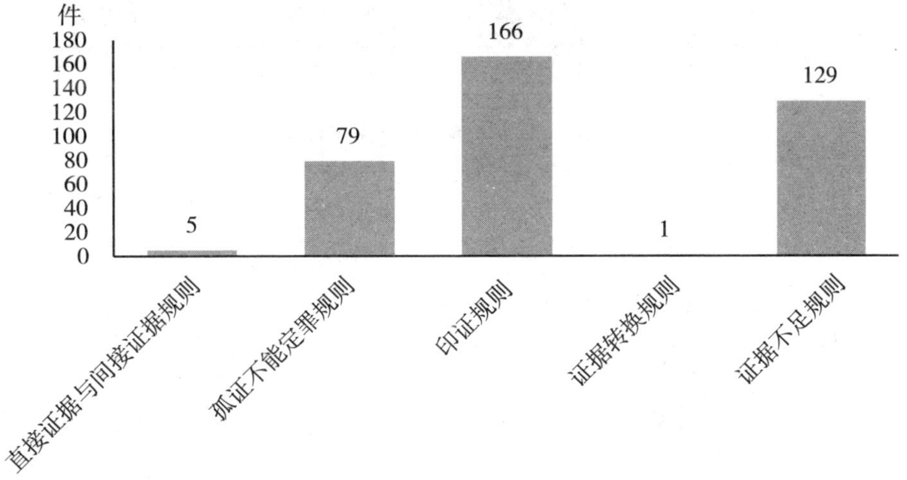

图 2－8 其他证据规则判例数量统计

（二）实体之辩规则统计

1. 实体之辩的切入点统计

根据故意伤害案件的构罪特点以及实践中无罪案例的无罪原因分布，本书将故意伤害罪的实体之辩辩点分为构成要件之辩、因果关系之辩、伤害结果之辩和其他事实之辩四种。与上文证据之辩的辩点分类相同，实体之辩中每个种类下的辩点都没有完全的并列关系或者包含关系，本书只是出于提示读者发现案件辩点的角度考虑对无罪辩点做此区分，方便读者在实务中处理案件时具体问题具体分析，既能从宏观也能从宏观角度发现辩点。图 2 –9 是对实体之辩中各类辩点的统计，图 2 –10 是实体之辩案件数量种类统计。

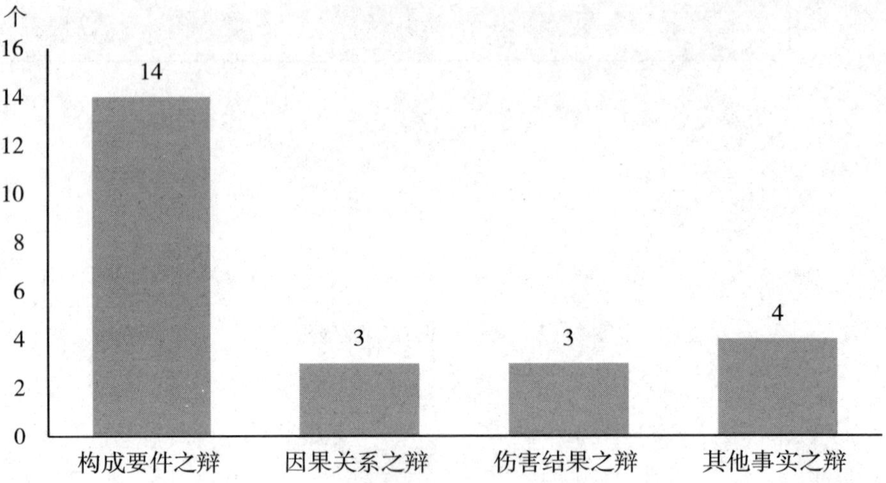

图 2 –9　实体之辩辩点统计

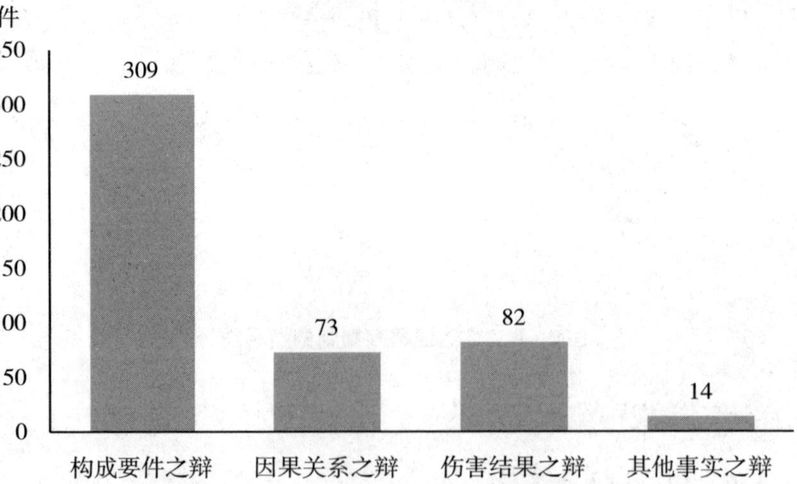

图 2 –10　实体之辩案件数量种类统计

其中，构成要件的辩点有 14 个，相关案例有 309 件；因果关系的辩点只有 3 个，相关案例有 73 件；伤害结果的辩点有 3 个，相关案例有 82 件；而关于发现案件其他事实的辩点和相关案例都极少，分别是 4 个和 14 件。这里的构成要件之辩指的是旧有的犯罪构成中的四要件，包括主体、主观方面、客体和客观方面，其中也不乏各构成要件相结合的情况，尤其是主客观方面相结合。根据各类辩点中辩点数量与案例数量之对比可以发现，关于主客观构成要件无论是辩点数量还是案例数量在实体之辩中比例都是最大的。而因果关系之辩的辩点数量虽然不多，但是案件数量在实体之辩案例中所占比例却很大，即因果关系之辩中的单个辩点之下案例数量极多，特别是“不能排除被害人系其他原因受伤的合理怀疑”一项之下的案例，可以说无法排除合理怀疑这一辩点在实体之辩中可以作为一项重要的兜底辩点，其性价比堪比证据之辩中的“证据不足”辩点。伤害结果之辩中，绝大多数辩点和案例都是与司法鉴定相关的，这又印证了司法鉴定在故意伤害案件中的重要作用。而其他事实之辩中出现的情况都是极端并且数量很少的，在实践中可以视情况把握。

2. 构成要件的辩护角度统计

传统的犯罪构成四要件认为犯罪构成需要符合主体、主观方面、客体、客观方面的要求，而本书采用四要件理论区分犯罪构成的各辩点，是因为实践当中大量故意伤害无罪判例是由于构成要件不符导致的，法官在判决书的论证中也对构成要件各方面进行了清晰的论述。这里的犯罪构成要件之辩中，包括了犯罪主体、主观方面、客观方面的辩点分析与统计，见图 2 - 11。同时还有对于主观方面、客观方面辩点的统计，见图 2 - 12 与图 2 - 13。其中主体要件相关案例数量比较少，可能是由于与此相关的案件情节比较简单，在控告环节便可排除。而主观方面和客观方面的案例数量都比较多，还有相当一部分是主客观相结合的辩点。

主观方面的辩点统计中“被告人不具有伤害故意”这一主观兜底性辩点的相关案例数量最多，其他三个辩点均是从这一兜底辩点中分离出来的。客观方面辩点中“被告人不具有伤害故意”这一客观方面兜底性辩点之下的案例数量占比最大，而情节显著轻微和正当防卫辩点在客观方面辩点中数量也比较多。除此之外，构成要件辩点分类下的“被告人为了拉架”“被告人的行为是被动、防御的”“正当防卫”辩点都属于主客观相结合的辩点，在辩护过程中将两者进行结合。

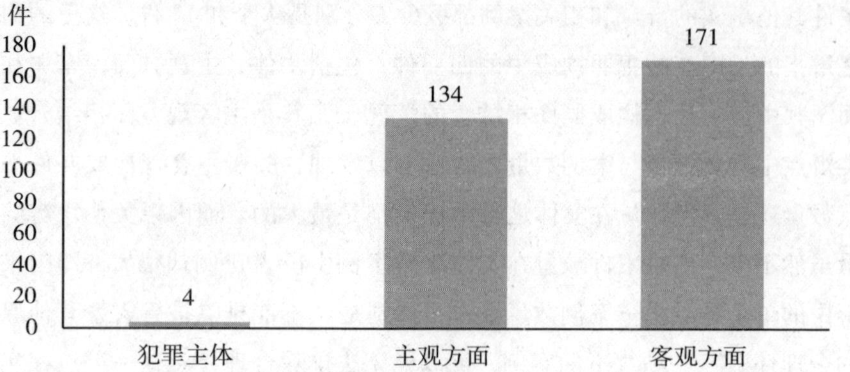

图 2-11　犯罪构成要件之辩案例统计

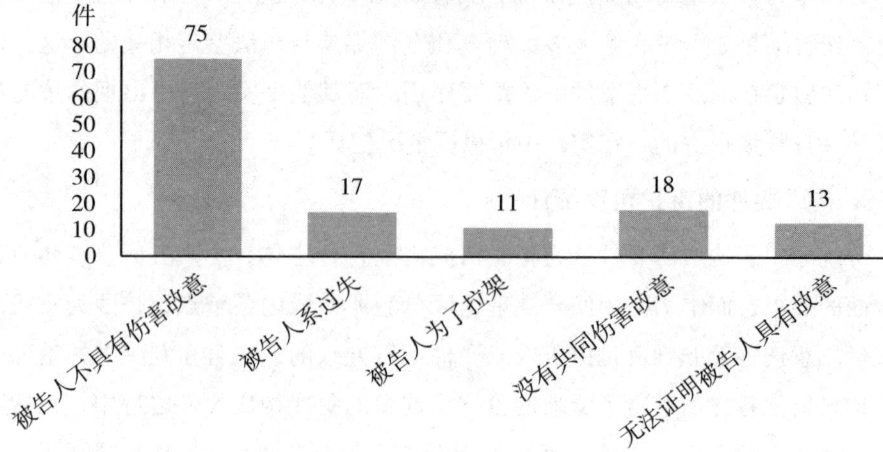

图 2-12　主观方面辩点案例统计

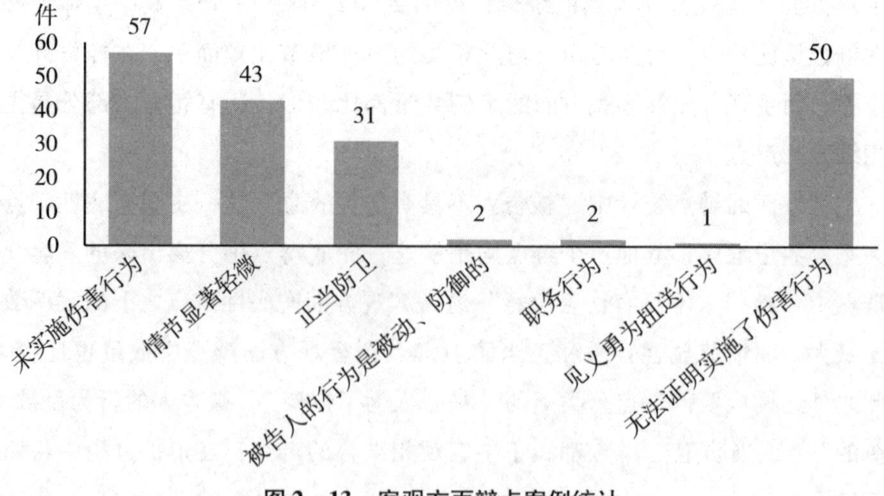

图 2-13　客观方面辩点案例统计

3. 因果关系的辩护角度统计

切断被告人行为与伤害结果之间的因果关系很容易为被告人进行有效辩护，在故意伤害案件中因果关系的事实认定较为简单，即被害人的轻伤结果是否由被告人的行为导致的。切断这种因果关系，可以从被告人的行为未作用到被害人身上，案件事实中不能排除能造成被害人轻伤的其他情节等，具体的切断方法可以见因果关系辩点下的辩点分析，后文也会对因果关系辩点进一步论证。图2－14是对因果关系辩点数量的统计，其中“不能排除合理怀疑”，其可以作为切断因果关系中的一个兜底辩点。“无刑法上的因果关系”辩点是针对刑法上的因果关系与民法上的因果关系之区别进行的，在因果关系辩点中占比较高。

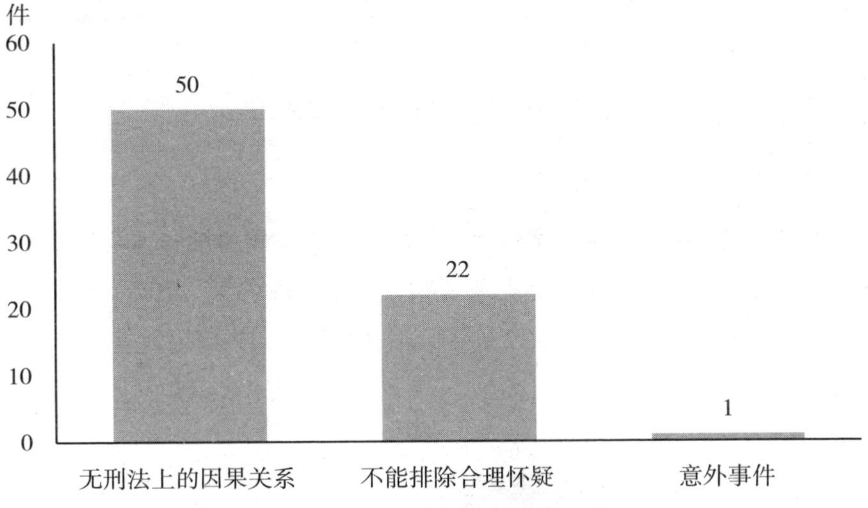

图2－14 因果关系之辩统计

4. 伤害结果的辩护角度统计

故意伤害罪中，被害人伤情是否达到了轻伤以上级别是重要的入罪标准，而无论是公诉方还是自诉人证明伤害结果的方法都离不开伤情诊断与司法鉴定，因此抓住这两项证据的证明内容十分重要。图2－15是对伤害结果各辩点的数量统计，各辩点之间同样不构成并列关系。伤害结果之辩案例占比最大的辩点是由于“鉴定标准从旧兼从轻”引起，这是2014年开始执行的《人体损伤程度鉴定标准》中关于轻伤的鉴定标准减轻所导致的。其他辩点中则以“伤情未达到轻伤标准”为兜底，分列出来的类型即是对于导致未达轻伤标准的原因进行的分析。

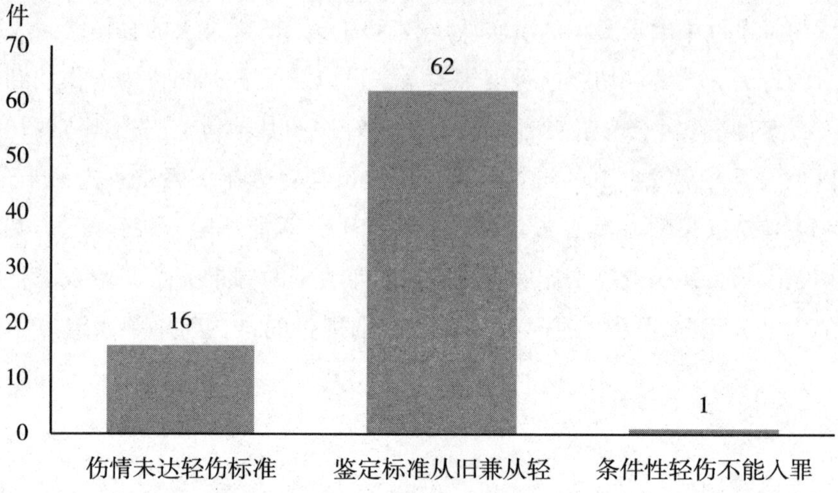

图 2 – 15　伤害结果之辩数量统计

5. 对其他事实的辩护角度统计

这里的其他事实即查清了案件事实，发现案件实情中被告人与故意伤害罪的事实无关，如被告人系被诬告陷害、被告人不在现场等。图 2 – 16 是对无罪案件中这些事实的统计，其中关于被告人不在现场证明的辩护数量居多。

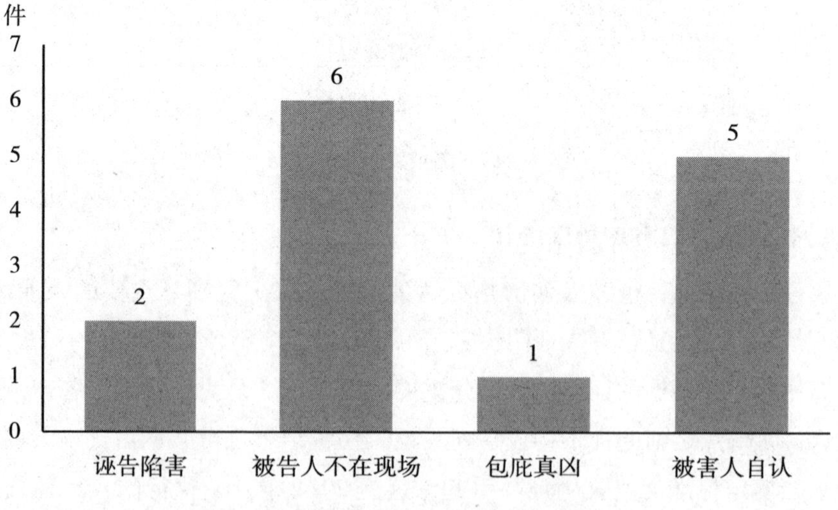

图 2 – 16　无罪案件中其他事实之辩统计

（三）程序之辩辩点统计

由于程序违法造成证据被排除甚至导致无罪的情况在所有无罪判例中占比相当小，这也是我国的审判、定罪标准所决定的。图 2－17 是对所有起到作用的程序之辩辩点统计，在阅读和统计案例的过程中，笔者发现很多案例的辩护方都提出过关于程序违法的辩护角度，但是绝大部分都被法官否决不予认定。在所有关于程序的无罪辩点中，与鉴定程序相关的案例数量最多，包括“未及时告知鉴定结果”和“送检程序违法”两类，共 4 个，其他类型辩点之下的案例则只有 1 个。虽然程序之辩的案例数量少，但是在辩护策略中其同样可以给辩护方提供一些辩护思路，具体见下文对辩护策略的分析论述。

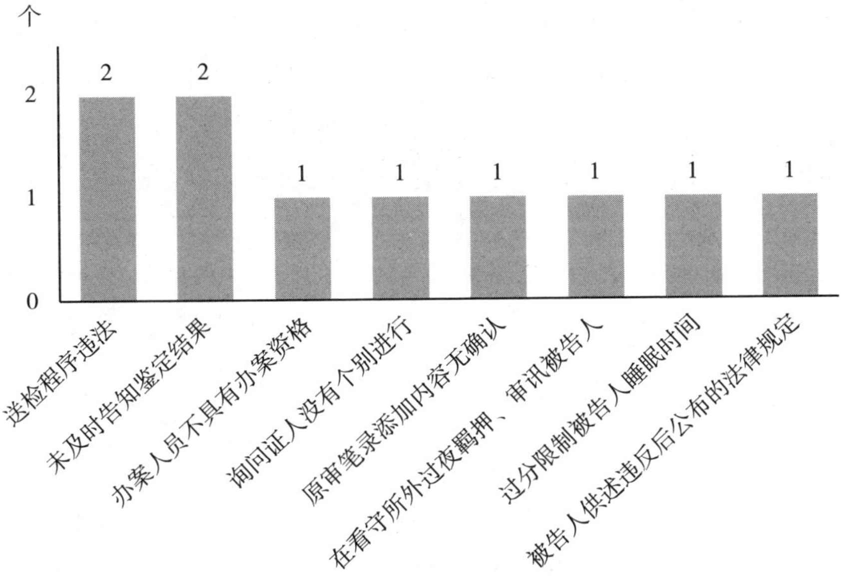

图 2－17　程序之辩辩点案例统计

二、故意伤害罪无罪辩护攻略

本书已经对故意伤害罪的无罪判例做了详细的统计，基于故意伤害罪本身的构成要件比较简单、典型，故经过统计，本书确定了从证据入手，重视实体要件，到以程序违法为补充这一辩护思路。下文将对这一辩护思路进行原因解读以及方法论证。

（一）从证据入手寻找辩点

1. 刑事证据法的基本原则提示的辩护思路

（1）以证据裁判原则为基础

我国《刑事诉讼法》确立了“以事实为根据，以法律为准绳”的原则，这也表明证据裁判原则是我国刑事证据法的基本原则。对案件事实真相的发现离不开证据，但是对于证据的法定形式、法律资格、司法证明的标准等问题一定要进行严格的讨论，因此，进行无罪辩护，无论是针对哪一种罪名，都离不开对案件证据的分析。

证据裁判原则的要素包括：①认定案件事实只能以证据为根据。这表明，对于任何一个犯罪构成要件事实，办案人员只要没有掌握证据，就都应作出该事实不成立的判定；②认定案件事实只能以具备证据资格的证据为根据。证据只有同时具备证明力和证据能力，才能转化为定案的根据，无论是对于实物证据还是对于言词曾局，法庭都要进行资格准入的审查，从而将那些不具备法律资格的证据排除与法庭之外；③证据只有经过法庭调查程序才能成为裁判的根据。也就是任何证据都必须经过法庭调查程序，经过法庭举证、质证，查证属实，才能作为定案根据；④证据只有达到确实、充分的程度，才能证明犯罪事实。这是我国的刑事证据证明标准以及排除合理怀疑的基本原则的要求。在证据不足的情况下，被告人的“犯罪事实”无法确定，审理者就不能对被告人的犯罪行为形成“内心确信”，也就不能排除内心的“合理怀疑”。①

需要注意的是，上述四个要素对于运用证据认定案件事实而言缺一不可，否则就不能完成证据在认定案件事实中的推理链条。因此，反过来想，切断上述四个要素中的任何一个，都将有利于无罪辩护。因此，对于证据之辩的辩护思路就可以依据上述四要素来进行：①认定案件事实只能以证据为根据——排除控告方没有证据支撑的主张；②认定案件事实只能以具备证据资格的证据为根据——否认证据的法律资格；③证据只有经过法庭调查程序才能成为裁判的根据——阻止证据穿过法庭调查；④证据只有达到确实、充分的程度，才能证明犯罪事实——否认证据的证明力，提出合理怀疑，使疑点利益归于被告。

---

① 参见陈瑞华：《刑事证据法》，北京大学出版社2018年版，第49～52页。

（2）以无罪推定原则为落脚点

刑事诉讼中无罪推定是指未经法院作出生效的有罪判决，任何人都应被推定为无罪。为了推翻无罪推定，公诉方（自诉人）必须提出相反的证据证明被告人构罪，其必须承担证明责任，将被告人构成犯罪证明到最高的证明标准。这一原则确定了现代刑事诉讼司法证明的基本框架：①证明该被告人有罪的责任由公诉方承担，不可转移；②被告人不承担证明自己无罪的责任，但其有无罪辩护的权利。其能够证明自己无罪不影响控诉方的证明责任；③在控诉方提不出有罪证据或者无法达到最高证明标准的情况下，法庭对被告人是否有罪形成合理的疑问，对此怀疑只能作出有利于被告人的解释，也就是在无罪推定无法被推翻的情况下，只能宣告被告人无罪，即疑罪从无。①

基于此，一旦某主体被推上法庭成为被告人，除非其有充分的证据证明自己在事实上是无罪的，否则其都要通过这样一条无罪推定的道路被确认为无罪。因此这也是证据之辩中无罪辩护的落脚点，也就是说辩护方要通过一系列办法切断控告方的证明，进行有利于被告人的辩护，目的是使法院遵照疑罪从无。

（3）以证据合法、直接言词、实质真实、禁止强迫自证其罪为路径

包括证据裁判、无罪推定、证据合法、直接言词、实质真实和禁止强迫自证其罪六个原则在内是我国学者提出的刑事证据法的基本原则。② 从辩护的角度和方法上思考，就可以通过否定这些原则在案件中的适用的方式进行无罪辩护。

证据合法原则要求法院应当对侦查人员收集证据的行为进行合法性审查，对于违反法律程序的行为，法院可以在宣告违法和无效的前提下，作出排除非法证据的裁决。因此可以针对非法证据积极取证证明，加以排除。直接言词原则要求参加审判的各方以言词陈述的方式从事诉讼行为，否则不具有程序上的效力。在法庭上提出任何证据材料都应该以言词陈述的方式进行，否则不能作为定案的根据。据此可以审查、排除各方的言词证据。是指真实原则要求法院在“终于事实真相”的前提下，对案件事实应根据全案证据加以认定，不受被告人供述和辩解以及其他当事人陈述的拘束，据此可以要求对口供进行补强，

---

① 参见陈瑞华：《刑事证据法》，北京人学出版社 2018 年版，第 57～59 页。

② 参见陈瑞华：《刑事证据法》，北京大学出版社 2018 年版，第 48～75 页。

否则不能轻信。禁止强迫自证其罪则为被告人的权益提供了更多一层保护，被告人不会因为拒不供述而受到对其不利的后果。

综上所述，刑事证据法的基本原则为实务中的辩护工作提供了有力的思路和方法，因此对于案件中的证据之辩离不开结合基本原则给予的提示，并且针对案情灵活运用。

2. 统计案例中的辩护策略的应用

（1）言词证据的排除方法

由于故意伤害案件具有极大的人身性，这也就决定了这类案件中出现最多的证据种类便是言词证据，实践证明言词证据很多时候也会成为证明案件发生经过的唯一证据，因为案发现场有摄像头加以证明的案件是一部分，更多的案件是没有视听资料等，而只能通过现场的目击证人以及被告人、被害人的言词证据加以证明。因此在故意伤害案件中，有效排除言词证据对于无罪辩护具有重要作用。对无罪判例进行统计，可以发现以下有效排除涉案言词证据的方法。

第一，降低言词证据的证明力。对此，可以采用否认言词证据的真实性、可信性以及相关性的做法，无论是采取哪一种关于证据属性的学说，关于证据的真实、客观在案件中都必须得到保证。“一份证人证言笔录前后存在矛盾，或者一份被告人供述和辩解笔录前后出现严重的不一致，从逻辑上说，同一人就同一事实所作的两种相互矛盾的陈述，是不可能同时正确的，其中必有一种陈述是虚假的，那么，这两种自相矛盾额证言或被告人供述和辩解就偶无法辨明真伪。在此情况下，根据经验法则和逻辑法则，法官就可能将这种自相矛盾的证言或被告人供述和辩解全部加以排除，从而否定其真实性。”① 同时，为避免采纳孤证所带来的认识错误，以及在互相冲突的证据中达到准确事实认定的需要，刑事证据法还反复强调证据互相印证的重要性，对于无证据加以印证或者无法互相印证又无法互相排除的证据，都应当不予认定。在证据之辩的辩点中，排除言词证据的辩点统计包括“证人证言互相矛盾”，“证人证言自相矛盾”，“被害人陈述自相矛盾”就足以说明这一点。另外，可以用来否定言词证据的证明效力的辩点还可以包括，“证人系案件的利害相关者”，“案件事实中

① 陈瑞华：《刑事证据法》，北京大学出版社2018年版，第128页。

证人有明显的串供可能”等。

第二，否认言词证据的证据能力。无论哪种证据，具备完全的证据能力都要求：①取证主体具有合法性；②证据表现形式具有合法性；③取证手段具有合法性；④法庭调查程序具有合法性。因此辩护方可以从上述要求入手，审查言词证据的证据能力。例如，“证人没有正当理由不出庭作证”，“证人违法旁听庭审”，“刑讯逼供等非法手段获取的言词证据”，“言词证据载体上缺少相关主体签章”，“取证主体不具备资格”等。

（2）实物证据的排除方法

排除实物证据，同样可以从否认其证据能力和降低其证明力两种方法入手，具体方法还要区分不同的实物证据类型。可以看到，如对于鉴定书，统计案例中的辩点包括《最高人民法院关于适用〈中华人民共和国刑事诉讼法〉的解释》第八十五条规定：“鉴定意见具有下列情形之一的，不得作为定案的根据：（一）鉴定机构不具备法定资质，或者鉴定事项超出该鉴定机构业务范围、技术条件的；（二）鉴定人不具备法定资质，不具有相关专业技术或者职称，或者违反回避规定的；（三）送检材料、样本来源不明，或者因污染不具备鉴定条件的；（四）鉴定对象与送检材料、样本不一致的；（五）鉴定程序违反规定的；（六）鉴定过程和方法不符合相关专业的规范要求的；（七）鉴定文书缺少签名、盖章的；（八）鉴定意见与案件待证事实没有关联的；（九）违反有关规定的其他情形。”可以用来排除鉴定书的证据能力。鉴定书内容中无法排除被害人因其他原因受伤的合理怀疑，可以用来排除鉴定书证明力。由此可见，无论是对于哪种实物证据，在对其进行排除时都要详细、全面了解关于该类证据的法律规定，如《全国人民代表大会常务委员会关于司法鉴定管理问题的决定》《人体损伤程度鉴定标准》等，其中关于司法鉴定的规定在故意伤害案件中最为常用。对照法律规定的标准与案件中证据的实际情况，可以对达不到标准的实物证据加以排除。

（3）事实不清、证据不足的兜底作用

上文已经提到，几乎所有的无罪判例在最后的判决论证过程中，法官都会归结为“事实不清，证据不足”，除了那些在事实上可以完全推翻指控罪名的案件。而本书将“事实不清、证据不足”这一辩点区分了狭义和广义，实则是为了将广义的证据不足作为无罪辩护中证据之辩的一个兜底辩点。这是因为我国刑事诉讼中要求"案件事实清楚，证据确实、充分"的证明标准所导致的。

2012 年《刑事诉讼法》吸收了以往规定中的内容，对这一标准的具体含义作出了解释，表明其具有三个条件：第一，定罪量刑的事实都有证据证明。为了证明被告人的犯罪事实，检察机关需要提出证据证明犯罪事实已经发生、被告人实施了犯罪行为以及犯罪行为的具体细节、被告人的身份与刑事责任能力、被告任的罪过以及共同犯罪中被告人的地位和作用等，即对于全部的犯罪构成要件都需要提出证据。[①] 第二，据以定案的证据均经法定程序查证属实，也就是要求证据具备证明力和证据能力，这也是前述证据之辩的策略中屡次提到如何攻击证据的证据能力和证明力的原因。第三，综合全案证据，对所认定事实已排除合理怀疑。这更加增强的证明标准的主观特性。一些参与过刑事诉讼法修订工作的官员指出，"'排除合理怀疑'是指对于认定的事实，已没有符合常理的、有根据的怀疑，实际上达到确信的程度。'证据确实、充分'具有较强的客观性，在司法实践中，这一标准是否达到，还是要通过侦查人员、检察人员、审判人员的主观判断，以达到主客观相统一。只有对案件已经不存在合理的怀疑，形成内心确信，才能认定案件'证据确实、充分'。本条使用'排除合理怀疑'的这一提法，并不是修改了我国刑事诉讼的证明标准，而是从主观方面的角度进一步明确了'证据确实、充分'的含义，便于办案人员把握。"[②]

基于此，既然对于审判人员而言，这一证明标准具有相当的主观特性，那么对于辩护方而言就可以利用这种主观特性，在审理者的内心建立起有利于被告方的认识，并且在辩护中不断提醒审理者注意这种应当归于被告的利益。

（二）重视案件实体的不构成罪

1. 犯罪构成要件不符

传统的刑法理论认为犯罪构成的要件有四种，即主体、主观方面、客体和客观方面，后来随着不法和有责的犯罪论的发展，四要件被归入了犯罪应当

---

① 参见陈瑞华：《刑事证据法》，北京大学出版社 2018 年版，第 452 页。
② 朗胜主编：《中华人民共和国刑事诉讼法修改与适用》，新华出版社 2012 年版，第 123 页。

具备的不法性和有责性条件中。但是无论哪种犯罪论，构成要件的相符都是构成犯罪的必要条件，因此，在辩护中直接攻击其构成要件可以作为有力的无罪辩点。通过统计整理可以发现，实践中针对构成要件的辩点主要从以下几方面提出：

第一，主体要件不符。故意伤害罪是一种自然人犯罪，其主体要求是完全刑事责任能力人或者具有辨认、控制自己行为的能力的限制刑事责任能力人，因此，一个有力辩点就是案发时被告人为无刑事责任能力人或者限制刑事责任能力人。对于无刑事责任能力人的主体否定比较简单，即符合我国刑法规定的无刑事责任能力人的条件即可。限制刑事责任能力人则比较复杂，包括年龄、精神状态、残疾状态多种情况，其中精神状态以及残疾状态在实践中还可能涉及进行司法鉴定加以证明。因此在实际案件中涉及主体构成要件，首先要区分主体所属的具体类型，是年龄、精神状态还是残疾相关，然后再对照其主体标准。

第二，主观方面不符。《刑法》第十四条规定："明知自己的行为会发生危害社会的结果，并且希望或者放任这种结果发生，因而构成犯罪的，是故意犯罪。故意犯罪，应当负刑事责任。"故意由两个因素构成，一是认识因素，即明知自己的行为会发生危害社会的结果；二是意志因素，即希望或者放任危害结果的发生。在没有认识的情况下，即便是具有认识可能性也不能认为存在故意。如果行为人还没有确定如何行为，也会缺乏故意的认识因素与意志因素。即便主观故意可以分为直接故意与间接故意两种类型，但是无论哪种故意形态都需要两个因素的有机统一，因此衡量被告人是否具有故意，可以直接从其认识因素与意志因素出发。在故意伤害犯罪中，缺乏认识因素，表现为被告人不想或者没有意识到自己的行为会伤害被害人，只不过产生了被告人意料之外的伤害结果。缺乏意志因素则表现为行为人并不希望或者放任被害人受伤。实践中常见的对于行为人主观方面的辩点例如"被告人不具有伤害被害人的故意""被告人造成被害人受伤系过失""被告人是为了拉架而参与案件，不具有主观恶性""被告人之间不具有共同故意"等。由此可见，针对犯罪主观方面的辩护除了有与故意相对其他主观形态例如过失，被告人行为反应的主观恶性，多名被告人之间的关系之外，还可以根据故意伤害罪的案发现场情况，用"被告人不具有伤害被害人的故意”进行兜底，这是因为故意伤害罪往往表现为被害人方和被告人方打架，参与人数不一定，这一过程中各方行为混杂，在没有确切的例如现场录像证据的情况下，常常确实难以证明双方行为的主观恶性大小，因此这一辩点往往能派上用场。

第三，客观方面不符，即被告人没有实施故意伤害行为或者被告人的行为性质有待讨论。前者在统计的案例中包括的情况有；其一，被告人在案发时根本没有参与打架，被告人被指控可能只是由于其出现在了案发现场，自诉人处于种种目的将其附带在被告人中。其二，被告人在案发时参与了打架，但是其并没有伤害自诉人，而是伤害了其他人。这种情况下针对该自诉人提出的案件，被告人则不构成故意伤害罪，至于被告人对于他人事实的伤害行为是否构罪，则不属于该案的讨论范围。其三，被告人的行为属于拉架而并非打架等。这些行为都是典型的没有实施伤害行为的辩点。后者的统计情况包括：其一，被告人的行为情节显著轻微，危害不大，可不认为是犯罪。其二，被告人的行为属于正当防卫，依法不负刑事责任。其三，被告人的行为性质是被动、防御的，不具有主动攻击性。其四，被告人的行为系职务行为等其他阻断违法性的行为。针对每一个辩点，本书的案例统计篇的辩点分析中都有了介绍。总之，除了可以确切地认定被告人没有实施伤害行为的情况，其他分析被告人行为性质的辩点需要将被告人的主客观方面具体结合，因此也可以称为主客观相结合的辩点。

关于主客观相统一，是指认定犯罪过程中要做到主观主义和客观主义统筹兼顾，在认定罪与非罪、此罪与彼罪过程中，要全面、充分考虑行为人的故意、过失、动机等主观方面与行为后果、情节等客观方面的情况，体现主观恶性钩钉评价和对危害行为予以责难的统筹兼顾。具体而言，被告人主观方面有事实犯罪的故意或过失，但客观方面没有具体的行为或危害后果，则应当限制其定罪；被告人的行为在客观方面造成了危害后果，但主观方面确实相应的故意或过失，同样也不能定罪。尽管在故意伤害罪实务中，主客观相统一的认定还存在“伤害”行为认定扩大化、致人死亡案件中以结果论等现实问题，[①] 在辩护中也要首先纠正错误观点，这样才有利于故意伤害罪事实认定的准确和公正。

---

① 参见熊红文：《故意伤害案件中如何贯彻主客观相统一原则》，载《人民检察》2016 年 Z1 期。

2. 因果关系的切断

我国传统刑法理论中的因果关系是指危害行为与危害结果之间的一种引起与被引起的关系。“引起”者是原因，即危害行为，“被引起”者是结果，即危害结果。因果“关系”本身并不包含原因与结果，而只包含二者之间的引起与被引起的关系。[①] 认定因果关系，就是在案件发生后，从案件的危害结果出发判断哪些行为与结果有因果关系，一般情况下只要查明案件事实就能认定因果关系，但是在某些场合，案件的因果关系会比较复杂，需要根据一定原理、标准来分析因果关系，才能对法律意义作出评价。[②]

认定因果关系，首先要承认因果关系的客观性，即危害行为与危害结果之间的因果关系不以人的意志为转移。某一行为与某危害结果是否具有因果关系，与行为人的主观思想认识无关，但是最终认定是否构罪，则还需要行为人行为时具有主观上的罪过以及其他要件。其次，应当注意因果关系的相对性，即一种现象相对于被它引起的结果而言是原因，而它本身又是被某种现象引起的结果。在认定因果关系时，应当注意这种相对性，着重解决与犯罪和刑事责任有关的因果环节。再次，要遵守因果关系的先后顺序性，原因在前，结果在后。引起危害结果的原因只能从危害结果发生之前的危害行为中去找。复次，因果关系中的原因应当包含导致结果的根据或条件，例如，甲希望乙在交通事故中死亡，出资赞助乙乘飞机旅游，乙果真遭遇空难死亡，就不能认定甲的行为与乙的死亡结果具有因果关系。最后，应当注意因果关系的复杂性，如一因多果、多因一果、多因多果、同因异果、异因同果等。[③]

从故意伤害罪的辩护角度而言，构罪的因果关系即被告人的行为是否导致了被害人的轻伤后果。这种导致要达到排除合理怀疑的程度，即排除被害人的伤情是在纠纷中自己摔伤、在案外受伤、陈旧伤等合理怀疑，并且具备刑法上的因果关系，而非民事上的因果关系，也就是相对于民事证明标准更严格。另外，在故意伤害案件中，我们还可以发现一些具有特色的因果关系切断方法。例如，被告人确实实施了殴打被害人某一部位的行为，然而认定被害人构成轻

---

① 参见陈瑞华:《刑事证据法》，北京大学出版社 2018 年版，第 174 页。

② 参见曲新久主编:《刑法学》，中国政法大学出版社 2016 年版，第 96 页。

③ 参见曲新久主编:《刑法学》，中国政法大学出版社 2016 年版，第 96~97 页。

伤的伤情出现在其身体的其他部位，即被告人殴打的部位并非被害人轻伤所在之部位，因此，被告人的故意伤害行为与被害人的轻伤结果并无刑法上的因果关系。又如，案件中有多名被告人时，被害人的轻伤为其中部分被告人的行为所致，而其他被告人的行为不足以致被害人轻伤，或者殴打行为并没有作用在被害人身上。这些都是故意伤害案件中具有特点的切断因果关系之方法。

3. 入罪标准的辩护方法

故意伤害罪是典型的结果犯，伤害的程度包括轻伤、重伤和伤害致死三种，均成立该罪。我国刑法对轻微伤伤害不予处罚，因此在故意伤害案件中，被害人的伤情究竟是否构成轻伤，是一个重要的入罪标准。所谓的轻微，即指没有达到破坏被害人肉体的完整性和生理正常机能的伤害，如暂时性的肉体疼痛等。[①] 关于伤情的认定方法属于法律之外的专门知识的一种，因此往往需要借助处理专门性问题的方法来认定，其中最多的是司法鉴定方式。

司法鉴定，是指“在诉讼活动中鉴定人运用科学技术或者专门知识对诉讼涉及的专门性问题进行鉴别和判断并提供鉴定意见的活动”。[②] 鉴定的结果往往被用来证明被害人伤情是否达到构罪标准。因此在伤情结果明确的案件中，鉴定意见表示被害人不构成轻伤，或者法官根据简单的伤情认定标准认定被害人伤情不构成轻伤，是最简单、明确的一个辩点。在案件更加复杂的情况下，会涉及多头鉴定、重复鉴定，以及鉴定结果不明确的问题，这就需要辩护方进一步思考案件事实，寻找辩点。

通过本书总结的案例可以发现，在多次鉴定重复鉴定情况出现的案件中，为了说服法官采信于己有利的鉴定意见，无论是被害人还是被告人方都会采用各种方式，最常见的方法就是申请补充鉴定和重新鉴定。补充鉴定是在原鉴定的基础上，针对原鉴定中的个别问题，由原鉴定人进行修正和补充，使原鉴定趋于完善。重新鉴定则是指委托方对初次鉴定或补充鉴定意见进行审查后，对其可信性保持怀疑，进而委托原鉴定人以外的人再次鉴定。无论是补充鉴定还是重新鉴定都有一定的要求，但是在实践中，多头鉴定、重复鉴定成为困扰审

① 参见曲新久主编：《刑法学》，中国政法大学出版社2016年版，第423~424页。
② 卞建林、谭世贵主编：《证据法学》，中国政法大学出版社2014年版，第252页。

判的一大问题。因此，对于发生这种情况的案件，辩护方可以充分利用对己方有利的鉴定意见，特别是当鉴定意见的来源更加客观、中立的情况下将更有利于辩护工作的进行。除此之外，发现鉴定意见中的瑕疵也可以帮助排除不利于己方的鉴定意见，从而阻断被害人伤情的认定过程，例如，根据2012年《刑事诉讼法》解释第八十五条规定的一系列要求进行审查和排除。

4. 其他案件事实的出现

这里所称的其他案件事实，是指查清案件事实后，发现了与案件构罪完全不相符的其他事实，例如，被害人出于某种目的妄图诬告陷害被告人，设计案件使其成为被告；有些被告人为了藏匿、包庇真正的凶手，而谎称自己就是凶手，以使真凶脱罪；有些案件中被告人具有不在场证明，案件事实本身与其无关等。这些事实的存在往往是由于某些人的精心设计，因此，在审理过程中发现真正案件事实的过程也就变成了与虚构事实、隐瞒真相者斗争的过程。在可以查清案件事实的情况下，证明这些与构罪无关的案件事实便相对容易，但是收集证据证明类似的案件事实却可能会因为隐瞒者的主观意图产生障碍。发生这些情况的概率在故意伤害案件中比较小，但是这一辩点可以提醒辩护方注意类似案件事实的发现，对案件的辩护将会非常有利。

（三）程序违法辩点作为有效补充

经过前述统计可以发现，程序辩点在全部46个辩点中只有4个，占比9%，其不仅辩点数量少，所有辩点下的无罪案例数量更是稀少，程序之辩辩点被采纳的无罪判例在本书收集的全部无罪判例中仅占不到1%，这样的比例很直观地体现出程序辩点在实践当中出现的概率与大多数审理者对于程序违法辩点的态度，因此，除非是辩护方具有控诉方的重大程序违法的证据，否则此类辩点绝大多数时候都只是成为整个辩护环节的补充。虽然大多数时候用程序违法辩点很难直接击垮控诉方的证据链条，但是用用程序违法可以排除对方的某个或者某几个证据，如果可以排除对方证据链中的关键证据，如故意伤害罪中的鉴定书，也会对案件的辩护产生很大帮助。

取证程序违法辩点即违反法定程序，以非法方法获取的证据不具有证据能力，不能为法庭所采纳，也就是排除非法证据。需要注意的是，这一辩点本身即可以归属为证据之辩，也可以归类为程序之辩，但是将其放在证据之辩分类之下，可以帮助读者理解这一规则的作用原理，即通过一系列方式排除证据进而使证明案件事实的证据不足。这一规则实质上是在刑事诉讼惩罚犯罪和保障人权这两个相互冲突的两大价值目标之间权衡的结果。在本书所收录的故意伤害无罪案件中这一类型相关辩点包括：侦查机关违反法定程序在看守所外过夜羁押、审讯被告人；违反规定长达数日限制被告人睡眠时间，足以使被告人违背其意志进程供述；询问证人没有个别进行；鉴定程序违法等。其中的鉴定程序违法辩点便可以用程序违法辩点排除证明故意伤害罪入罪标准的重要证据，鉴定意见对于证明故意伤害罪的入罪标准之重要性前文已有论述，排除鉴定意见的方法，除了可以从实体内容上借助专门知识来证明鉴定意见错误之外，还可以通过证明鉴定程序违法来排除。证明鉴定程序违法，可以从法律法规对鉴定的程序性规定出发，发现其中的违法之处。

审判程序违法也属于程序违法中的一个重要辩点，因为其可能直接导致案件被发回重审，或者排除相关证据。我国《刑事诉讼法》中对第一审程序、第二审程序、审判监督程序进行了详细规定。通过对本书所有无罪判例的阅读可以发现，实践中对于审判程序违法的辩护在案件中存在相当一部分，但是绝大多数都会被法院驳回。虽然如此在辩护中也不应该放弃这一辩点，因为其被认定后无论是发回重审还是排除相关证据，都将对案件辩护工作产生极大作用。

三、无罪辩护攻略总结

经过对所有可得的故意伤害罪的统计分析，本书将故意伤害罪的无罪辩护策略整体总结为“以证据切入，以实体为轴，以程序为辅”。这一辩护策略既符合法院对案件的认识与认定过程，也符合认定案件事实的思考逻辑，同时还与司法实践中的无罪判例经验相符。以证据切入，表明在无罪辩护中应当重证据，对于任何证据上的细节都要进行把握，从证据之辩辩点与案件在全部无罪辩点与案件中的比率就可以发现这一辩护角度的有效性，并且证据之辩中存在作用极大的兜底辩点，对于大部分故意伤害案件几乎都可以适用。基于此，应当时刻注意证据是进行事实认定的起点，没有完整的证据链就无法进行准确的事实认定，并且排除合理怀疑。以实体为轴心，也可以呼应我国刑事审判中

“案件事实清楚”的要求，案件事实是由证据推导出来的案件实体内容。在经过了对证据的排除规则过滤之后，案件所浮现出的法律事实便是辩护工作中的第二个切入点。其中的切入方法可以从法律规定的认定故意伤害罪的构成要件出发，无论是以往的四要件还是后来出现的违法与有责性学说，将其与案件中的各部分情节相比对，便极有可能发现无法匹配或者产生争议的焦点，这些焦点就可以成为辩护工作中的有力辩点。而对程序违法的分析放在了补充作用的位置，这是基于我国国情和实践经验的结果，因此基于充分性与保守性的考虑，提出程序违法辩点时最好还具有其他类型的辩点进行支撑，这样才能有效提高辩护工作的准确与把握。

第三章 相关法律法规及判例索引

一、法律法规列表

（一）法律

文件	条数
《刑法》	第二百三十四条
	第二百四十一条第三款
	第二百八十九条
《全国人民代表大会常务委员会法制工作委员会关于已满十四周岁不满十六周岁的人承担刑事责任范围问题的答复意见》（法工委复字〔2002〕12号）	全文

（二）司法解释

文件	条数
《最高人民法院、最高人民检察院关于办理组织、强迫、引诱、容留、介绍卖淫刑事案件适用法律若干问题的解释》（法释〔2017〕13号）	第十二条第二款
《最高人民法院、最高人民检察院关于办理组织、利用邪教组织破坏法律实施等刑事案件适用法律若干问题的解释》（法释〔2017〕3号）	第十一条
《最高人民法院、最高人民检察院关于办理危害生产安全刑事案件适用法律若干问题的解释》（法释〔2015〕22号）	第十条
《最高人民法院关于执行〈人体损伤程度鉴定标准〉有关问题的通知》（法〔2014〕3号）	全文
《最高人民法院、最高人民检察院关于办理寻衅滋事刑事案件适用法律若干问题的解释》（法释〔2013〕18号）	第七条
《最高人民法院关于审理未成年人刑事案件具体应用法律若干问题的解释》（法释〔2006〕1号）	第十条第一款

续表

文件	条数
《最高人民法院、最高人民检察院关于办理妨害预防、控制突发传染病疫情等灾害的刑事案件具体应用法律若干问题的解释》（法释〔2003〕8号）	第九条
《最高人民法院关于审理偷税抗税刑事案件具体应用法律若干问题的解释》（法释〔2002〕33号）	第六条第一款
《最高人民法院关于审理交通肇事刑事案件具体应用法律若干问题的解释》（法释〔2000〕33号）	第六条

（三）其他规范性文件

文件	条数
《最高人民法院、最高人民检察院、公安部、司法部印发〈关于依法办理家庭暴力犯罪案件的意见〉的通知》（法发〔2015〕4号）	17. 依法惩处虐待犯罪
《最高人民法院、最高人民检察院、公安部、司法部、国家卫生和计划生育委员会①等印发〈关于依法惩处涉医违法犯罪维护正常医疗秩序的意见〉的通知》（法发〔2014〕5号）	二、严格依法惩处涉医违法犯罪
《公安部关于印发新修订〈关于公安机关处置信访活动中违法犯罪行为适用法律的指导意见〉的通知》（公通字〔2013〕25号）	三、对侵犯人身权利、财产权利违法犯罪行为的处理
《最高人民法院、最高人民检察院、公安部、司法部印发〈关于依法惩治性侵害未成年人犯罪的意见〉的通知》（法发〔2013〕12号）	22. 实施猥亵儿童犯罪
《最高人民法院关于实施修订后的〈关于常见犯罪的量刑指导意见〉的通知》（法发〔2017〕7号）	（二）故意伤害罪
《最高人民法院关于印发〈人民法院落实〈保护司法人员依法履行法定职责规定〉的实施办法〉的通知》（法发〔2017〕4号）	第十四条
《最高人民法院印发〈关于审理抢劫、抢夺刑事案件适用法律若干问题的意见〉的通知》（法发〔2005〕8号）	九、关于抢劫罪与相似犯罪的界限
《最高人民法院研究室关于对参加聚众斗殴受重伤或者死亡的人及其家属提出的民事赔偿请求能否予以支持问题的答复》（法研〔2004〕179号）	全文

① 2018年改为国家卫生健康委员会

续表

文件	条数
《最高人民法院关于印发〈全国法院维护农村稳定刑事审判工作座谈会纪要〉的通知》（法〔1999〕217号）	（一）关于故意杀人、故意伤害案件
《最高人民法院关于对设置圈套诱骗他人参赌又向索还钱财的受骗者施以暴力或暴力威胁的行为应如何定罪问题的批复》（法复〔1995〕8号）	全文
《最高人民法院最高人民检察院公安部民政部司法部全国妇联关于坚决打击拐卖妇女儿童犯罪活动的通知》[（86）公发38号]	三、坚决打击拐卖妇女、儿童的犯罪分子
《最高人民检察院关于强制隔离戒毒所工作人员能否成为虐待被监管人罪主体问题的批复》（高检发释字〔2015〕2号）	全文
《最高人民检察院关于强迫借贷行为适用法律问题的批复》高检发释字〔2014〕1号	全文
《最高人民检察院关于印发部分罪案〈审查逮捕证据参考标准（试行）〉的通知》（高检侦监发〔2003〕107号）	四、故意伤害罪案审查逮捕证据参考标准
2001年《狱内刑事案件立案标准》（中华人民共和国司法部令第64号）	第二条
《公安部关于严格依法办事，执行政策，深入开展除“六害”斗争的通知》（公发〔1990〕9号）	三、关于打击拐卖妇女儿童活动
《人体损伤致残程度分级》（2017年）	全文
《人体损伤程度鉴定标准》（2014年）	全文

二、指导性案例列表

（一）指导性案例

发布机构	案例	案号	判决结果
最高人民法院	于某故意伤害案	指导案例93号	有罪
最高人民检察院	侯某某正当防卫案	检例第48号	未判决
最高人民检察院	于某某正当防卫案	检例第47号	未判决

续表

发布机构	案例	案号	判决结果
最高人民检察院	朱某某故意伤害（防卫过当）案	检例第 46 号	有罪
最高人民检察院	陈某正当防卫案	检例第 45 号	未判决
最高人民检察院	丁某某等（故意伤害）核准追诉案	检例第 21 号	有罪
最高人民检察院	郭某某参加黑社会性质组织、故意杀人、故意伤害案	检例第 18 号	有罪

（二）“两高”公报中的案例

1. 《最高人民法院公报》中的案例

案号	案例	判决结果
2006 年第 11 期	福建省龙海市人民检察院诉杨某某故意伤害案	有罪
2005 年第 7 期	邢台市人民检察院诉陈某某故意伤害案	有罪
2005 年第 8 期	石家庄市人民检察院诉王某某故意伤害案	有罪
2004 年第 11 期	北京市海淀区人民检察院诉吴某某故意伤害案	无罪
2001 年第 1 期	李某某等八人故意伤害案	有罪
2000 年第 6 期	李某某故意伤害案	有罪
1996 年第 4 期	范某某、叶某某等人流氓、故意伤害、盗窃、脱逃案	有罪
1995 年第 1 期	朱某某正当防卫案	无罪
1985 年第 2 期	孙某某故意伤害案	有罪
最高人民法院发布依法惩治侵犯儿童权益犯罪典型案例	王某某故意伤害、虐待案	有罪
最高人民法院公布侵犯未成年人权益犯罪典型案例	李某某故意伤害案——继母借“教育”之名打骂虐待继女	有罪
最高人民法院公布涉医犯罪典型案例	刘某某故意伤害案	有罪
最高人民法院公布涉家庭暴力典型案例	邓某某故意伤害案	有罪

续表

案号	案例	判决结果
最高人民法院公布涉家庭暴力典型案例	肖某某故意杀人、故意伤害案	有罪
最高人民法院发布惩治侵犯儿童权益犯罪典型案例	林某某故意伤害案	有罪

2. 《最高人民检察院公报》中的案例

案号	案例	判决结果
2009 年第 3 期	陈某某、李某某、熊某某、徐某某、何某某故意伤害、刑讯逼供案	有罪
2003 年第 4 期	林某某、林某某、林某某等组织、领导、参加黑社会性质组织，故意杀人、故意伤害、绑架、爆炸、抢劫、寻衅滋事、赌博、偷税、挪用公款、行贿案	有罪
2002 年第 3 期	李某某、鲁某某、田某某、刘某某、依某某打击报复举报人故意伤害刑事附带民事案	有罪
2002 年第 5 期	贺某某故意伤害抗诉案	无罪
2002 年第 4 期	黄某某、张某某两个黑恶势力团伙犯罪立案监督、侦查活动监督案	有罪
1999 年第 2 期	李某某故意伤害致死案	有罪
1999 年第 2 期	王某某、张某某、苑某某、崔某某、高某某、曹某某、亓某某故意伤害致死案	有罪
1998 年第 2 期	刘某某伤害致死案	有罪
1997 年第 5 期	蔡某某故意伤害致死抗诉案	有罪
检例第 18 号	郭某某参加黑社会性质组织、故意杀人、故意伤害案	有罪
1996 年第 5 期	张某故意伤害抗诉案	有罪
1993 年第 2 期	段某某等人流氓集团案	有罪

（三）《刑事审判参考》中的案例

案号	案例	判决结果
第 26 号	于某某故意伤害案——附带民事诉讼案件的范围、当事人以及民事赔偿的范围、数额应如何确定	有罪
第 74 号	孟某某等赌博、绑架、敲诈勒索、故意伤害、非法拘禁案——扣押、拘禁他人强索赌债的行为如何定罪处罚	有罪
第 86 号	王某某等抢劫、故意伤害、盗窃案——转化型抢劫罪的法律适用	有罪
第 90 号	蒋某某故意伤害案——使用暴力手段向债务人的亲属索要欠债致人伤害应如何定性	有罪
第 91 号	包某某等故意伤害、抢劫案——教唆他人抢劫自己与妻子的共同对产是否构成抢劫罪	有罪
第 114 号	李某某等人故意伤害案——对不具有法定减轻处罚情节的犯罪分子应如何适用刑罚	有罪
第 133 号	苏某某故意伤害案——互殴中的故意伤害行为是否具有防卫性质	有罪
第 138 号	张某某故意伤害案——互殴停止后又为制止他方突然袭击而防卫的行为是否属于正当防卫	无罪
第 142 号	张某组织、领导黑社会性质组织、故意伤害、贷款诈骗、虚开增值税专用发票、非法经营、故意毁坏财物、非法拘禁案——“黑社会性质的组织”的特征应如何把握	有罪
第 172 号	刘某诉江某故意伤害案——自诉案件中的自首情节如何认定	有罪
第 177 号	王某故意伤害案——多份鉴定结论互相矛盾的应如何审查采信	有罪
第 199 号	黄某某等故意伤害案——如何认定教唆犯的犯罪中止	有罪
第 200 号	吴某某故意伤害案——被雇佣人实施的行为未达到犯罪的程度又超出授意的范围，对雇佣人应如何定罪处罚	有罪

续表

案号	案例	判决结果
第 221 号	姜某某非法持有枪支、故意伤害案——被告人对事实性质的辩解不影响如实供述的成立	有罪
第 223 号	蔡某、李某等故意伤害、窝藏案——被窝藏人主动供述他人窝藏犯罪的不能认定为立功	有罪
第 224 号	胡某某故意伤害案——当人身安全受到威胁后便准备防卫工具是否影响防卫性质的认定	有罪
第 225 号	杨某等故意伤害案——寻衅滋事随意殴打他人致人重伤、死亡的应如何定罪	有罪
第 226 号	罗某故意伤害案——一掌推他人致其头部碰撞造成死亡应如何定罪量刑	有罪
第 260 号	王某某故意伤害案——法庭获取的新证据未经庭审质证不得作为定案的根据	有罪
第 278 号	宋某某、陈某某强迫交易、故意伤害案——在共同强迫交易过程中，一人突发持刀重伤他人，对其他参与共同强迫交易的被告人应如何定罪处罚	有罪
第 279 号	夏侯某某等故意伤害案——对刑法修订前发生，刑法修订后交付审判的故意伤害致人重伤造成“植物人”的案件，应如何适用刑罚	有罪
第 296 号	曾某某、黄某某保险诈骗、故意伤害案——保险诈骗罪主体、犯罪形态的认定	有罪
第 297 号	赵某某被控故意伤害案——正当防卫仅致不法侵害人轻伤的不负刑事责任	无罪
第 298 号	赖某、苏某某、李某等故意伤害案——抢回赌资致人轻伤的行为如何定性	有罪
第 347 号	乌斯某某、吐某某故意伤害案——没有共同犯罪故意不构成共同犯罪	无罪

续表

案号	案例	判决结果
第 348 号	耿某某故意伤害案——限制民事行为能力人、无民事行为能力人能否独立参加附带民事诉讼；限制民事行为能力人、无民事行为能力人的监护人应否被列为附带民事诉讼的共同被告人	有罪
第 353 号	范某某故意伤害案——对精神病人实施侵害行为的反击能否成立正当防卫	有罪
第 371 号	高某故意伤害案——法人或其他组织的工作人员在执行职务中致人伤害的，应由该法人或组织承担民事责任	有罪
第 389 号	洪某某故意伤害案——故意伤害行为导致被害人心脏病发作猝死的如何量刑	有罪
第 390 号	马某某故意伤害案——雇主是否应对雇员在从事雇佣活动中致人损害行为承担连带赔偿责任	有罪
第 394 号	陈某某故意伤害案——实施犯罪行为后滞留犯罪现场等候警方处理的行为能否认定自动投案	有罪
第 400 号	张某某故意伤害案——见义勇为引发他人伤亡的如何处理	无罪
第 409 号	王某某、韩某、王某某故意伤害案——共同故意伤害犯罪中如何判定实行过限行为	有罪
第 410 号	蔡某某故意伤害案——虐待过程中又实施故意伤害行为致人死亡的如何定罪	有罪
第 418 号	张某故意伤害案——刑事附带民事诉讼案件民事部分的诉讼时效如何计算	有罪
第 432 号	杨某某故意伤害案——明知先行行为会引发危害后果而不予以防止的行为构成故意犯罪	有罪
第 433 号	李某故意伤害案——为预防不法侵害而携带防范性工具能否阻却正当防卫的成立	有罪
第 434 号	赵某某等故意伤害案——持刀追砍致使他人泅水逃避导致溺水死亡的如何定罪	有罪

续表

案号	案例	判决结果
第459号	杜某某故意伤害致人死亡案——共同故意伤害致人死亡案件中，被告人如实供认公安机关没有掌握的其致人死亡的关键情节，是否可以酌情从轻处罚	有罪
第507号	王某某等故意伤害案——如何区分故意伤害罪与寻衅滋事罪、聚众斗殴罪	有罪
第513号	程某某等故意伤害案——共同犯罪案件中附带民事诉讼原告人与部分被告人达成调解协议的如何处理	有罪
第524号	索某某故意伤害案——故意伤害致死尊亲属的如何量刑	有罪
第525号	王某某故意伤害案——被告人在案发后电话报警的行为是否成立自首	有罪
第567号	陈某、程某故意伤害案——父母为教育孩子而将孩子殴打致死的如何定罪量刑	有罪
第568号	张某故意伤害案——聚众斗殴致人死亡的应如何定罪	有罪
第569号	韩某故意伤害案——如何认定防卫过当	有罪
第600号	闫某某故意伤害案——将正在实施盗窃的犯罪分子追打致死的行为如何量刑	有罪
第656号	陈某某故意伤害案——直接言词证据为孤证，其他间接证据不能形成完整证据链的，应依法作出无罪判决	无罪
第683号	郭某某故意伤害、抢夺案——实施故意伤害行为，被害人逃离后，行为人临时起意取走被害人遗留在现场的财物，如何定性	有罪
第698号	熊某某故意伤害案——现场待捕型自首的认定条件	有罪
第745号	杨某故意伤害案——如何确定犯罪行为对应的法定最高刑及追诉期限	有罪
第775号	陈某某故意伤害案——死刑缓期执行期间因有漏罪而被起诉，在漏罪审理期间又故意犯新罪，是否属于死刑缓期执行期间故意犯罪情形	有罪
第813号	杨某某等故意伤害案——仅有被害人家属证言证实被害人死亡的，能否认定被害人死亡？如何认定伤害行为与死亡结果之间的因果关系	有罪

续表

案号	案例	判决结果
第832号	李某故意伤害案——如何通过主观认识要素区分故意伤害罪与故意杀人罪	有罪
第843号	王某等强奸、寻衅滋事、故意伤害、抢劫案——轮奸幼女的，是否同时适用轮奸加重处罚和奸淫幼女从重处罚情节；对具有多种量刑情节的被告人应当如何规范量刑；若无抗诉，因程序违法被发回重审的，能否加重对被告人的处罚	有罪
第930号	付某某故意伤害案——如何审查人身伤害鉴定意见	无罪
第945号	林某某故意伤害案——被害人在追诉期限内提出控告，公安机关应当立案而未立案的案件，是否受追诉时效的限制	有罪
第965号	孟某某故意杀人、故意伤害案——在被采取强制措施期间，向司法机关主动如实供述本人真实身份及所犯不同种余罪的，对余罪能否认定力自首	有罪
第995号	李某某故意伤害案——对家庭成员长期实施虐待，虐待过程中又实施暴力殴打直接造成家庭成员重伤、死亡的，如何定罪处罚	有罪
第1023号	李某故意杀人、故意伤害案——一审判处被告人死缓的刑事附带民事诉讼案件，仅有附带民事诉讼原告人提出上诉的情形，对刑事部分应当适用何种程序审理	有罪
第1025号	钟某某、伍某某等故意伤害案——原判因错误认定被告人具有自首或者立功情节而减轻处罚的，重审纠正后能否据此加重被告人的刑罚	有罪
第1026号	肖某故意伤害案——因不满医院治疗效果而持刀伤害医护人员的，如何定性	有罪
第1059号	韩某某故意伤害案——“明知他人报案而在现场等待”情形的具体认定	有罪
第1081号	吴某强奸、故意伤害案——行为人在取保候审期间犯新罪而逃跑，被公安机关依法通缉后又自动投案并如实供述罪行的，是否认定全案构成自首	有罪

续表

案号	案例	判决结果
第1125号	李某、李某某等故意伤害案——故意隐瞒自己参与共同犯罪的事实而以“证人”身份按照司法机关安排指认同案犯的行为是否构成立功	有罪
第1126号	李某某故意伤害案——在自家院内搜寻藏匿的不法侵害人时发生打斗，致人死亡的，构成正当防卫	无罪
第1159号	王某某等人故意伤害、寻衅滋事、非法拘禁、敲诈勒索案——如何根据“非法控制或重大影响”的内在要求准确认定黑社会性质组织的危害性特征	有罪
第1170号	曹某某、杨某某、张某等故意伤害案——被告人投案后，委托家属动员同案人投案的，能否认定为立功行为	有罪
第1171号	庞某某等故意伤害案——附带民事诉讼原告人因部分被告人赔偿而对其撤诉后，其余被告人尚应承担赔偿责任的，应如何处理	有罪
第1190号	李某某故意伤害案——轻微家庭暴力犯罪案件中未成年被害人的法定代理人的程序选择权如何适用	有罪
第1213号	王某某故意伤害致死案——如何运用间接证据认定被告人否认犯罪的案件	有罪
第1221号	阿卜杜某某等故意杀人、抢劫、故意伤害、故意毁坏财物案——办理严重暴力恐怖犯罪案件如何把握证据标准	有罪
第1222号	秦某某故意杀人、故意伤害、放火、抢劫、盗窃案——行为人短时间内实施一系列具有关联性犯罪行为的如何认定	有罪

三、无罪判例列表

案例名称	案号	法院名称	法院层级	审判程序
被告人黄某1、黄某2等人犯故意伤害罪一案再审刑事判决书	(2014)琼刑再终字第1号	海南省高级人民法院	高级法院	再审

续表

案例名称	案号	法院名称	法院层级	审判程序
金某、杨某故意伤害案二审刑事附带民事判决书	(2015) 赣刑一抗字第2号	江西省高级人民法院	高级法院	二审
苏某某、张某等故意伤害罪二审刑事判决书	(2013) 冀刑三终字第95号	河北省高级人民法院	高级法院	二审
朱某某犯故意伤害罪再审刑事附带民事判决书	(2013) 赣刑再终字第3号	江西省高级人民法院	高级法院	再审
冯某某故意伤害案一案判决书	(2014) 海南一中刑初字第105号	海南省第一中级人民法院	中级法院	一审重审
甘某某、彭某某故意伤害二审刑事判决书	(2016) 桂01刑终66号	广西壮族自治区南宁市中级人民法院	中级法院	二审
刘某故意伤害罪再审刑事附带民事判决书	(2017) 辽08刑再字3号	辽宁省营口市中级人民法院	中级法院	再审
吴某故意伤害二审刑事判决书	(2016) 鲁02刑终684号	山东省青岛市中级人民法院	中级法院	二审
易某故意伤害罪刑事二审判决书	(2015) 海中法刑终字第111号	海南省海口市中级人民法院	中级法院	二审
朱某某、汪某某故意伤害二审刑事判决书	(2018) 黔05刑终51号	贵州省毕节市中级人民法院	中级法院	二审
韩某清故意伤害罪一审刑事判决书	(2014) 同刑初字第3号	山西省大同市中级人民法院	中级法院	一审
拜某、穆某犯故意伤害罪案二审刑事判决书	(2015) 兵一刑终字第00011号	新疆生产建设兵团第一师中级人民法院	中级法院	二审
被告人崔某犯故意伤害罪二审刑事判决书	(2017) 晋09刑终171号	山西省忻州市中级人民法院	中级法院	二审
被告人金某某犯故意伤害二审刑事判决书	(2016) 辽11刑终72号	辽宁省盘锦市中级人民法院	中级法院	二审

续表

案例名称	案号	法院名称	法院层级	审判程序
被告人马某某伤害判决书	（2014）沧刑终字第133号	河北省沧州市中级人民法院	中级法院	二审
被告人强某某等判决书	（2014）沧刑终字第134号	河北省沧州市中级人民法院	中级法院	二审
藏某某故意伤害罪刑事附带民事判决书	（2017）吉07刑终41号	吉林省松原市中级人民法院	中级法院	二审
陈某某故意伤害再审刑事判决书	（2016）粤06刑再2号	广东省佛山市中级人民法院	中级法院	再审
陈某某等故意伤害案二审刑事附带民事判决书	（2014）曲中刑终字第32号	云南省曲靖市中级人民法院	中级法院	二审
陈某2故意伤害二审刑事判决书	（2016）粤52刑终218号	广东省揭阳市中级人民法院	中级法院	二审
仇某甲故意伤害罪二审刑事判决书	（2013）青刑一终字第245号	山东省青岛市中级人民法院	中级法院	二审
邓某某故意伤害二审刑事判决书	（2017）粤01刑终1637号	广东省广州市中级人民法院	中级法院	二审
狄甲、狄乙故意伤害二审刑事附带民事判决书	（2015）固刑终字第78号	宁夏回族自治区固原市中级人民法院	中级法院	二审
丁某某故意伤害罪二审刑事判决书	（2016）苏03刑终150号	江苏省徐州市中级人民法院	中级法院	二审
段某与赵某故意伤害二审刑事附带民事判决书	（2015）秦刑终字第360号	河北省秦皇岛市中级人民法院	中级法院	二审
方某某故意伤害一案二审刑事附带民事判决书	（2015）北刑终字第18号	青海省海北藏族自治州中级人民法院	中级法院	二审
高某某故意伤害罪二审判决书	（2015）哈中刑终字第00019号	新疆维吾尔自治区哈密地区中级人民法院	中级法院	二审

续表

案例名称	案号	法院名称	法院层级	审判程序
关某故意伤害罪二审刑事附带民事判决书	（2014）沈中刑二终字429号	辽宁省沈阳市中级人民法院	中级法院	二审
郭某故意伤害案二审刑事附带民事判决书	（2014）哈中刑终字第00007号	新疆维吾尔自治区哈密地区中级人民法院	中级法院	二审
贺某某、文某某等故意伤害罪二审刑事判决书	（2017）湘12刑终246号	湖南省怀化市中级人民法院	中级法院	二审
胡某某、雍某某等故意伤害罪二审刑事判决书	（2016）云03刑终159号	云南省曲靖市中级人民法院	中级法院	二审
胡某甲、胡某乙犯故意伤害罪二审刑事判决书	（2015）鄂恩施中刑终字第00137号	湖北省恩施土家族苗族自治州中级人民法院	中级法院	二审
黄某犯故意伤害罪再审刑事判决书	（2015）滁刑再终字第00003号	安徽省滁州市中级人民法院	中级法院	再审
黄某某故意伤害二审刑事附带民事判决书	（2015）长刑终字第00342号	吉林省长春市中级人民法院	中级法院	二审
纪某故意伤害罪再审刑事判决书	（2015）厦刑再终字第1号	福建省厦门市中级人民法院	中级法院	再审
贾某1、贾某2犯故意伤害罪二审刑事附带民事判决书	（2015）朝刑二终字第00188号	辽宁省朝阳市中级人民法院	中级法院	二审
孔某某、李某故意伤害二审刑事判决书	（2017）云03刑终355号	云南省曲靖市中级人民法院	中级法院	二审
黎某某故意伤害二审刑事判决书	（2016）渝02刑终319号	重庆市第二中级人民法院	中级法院	二审
李某故意伤害罪二审判决书	（2014）哈中刑终字第00122号	新疆维吾尔自治区哈密地区中级人民法院	中级法院	二审

续表

案例名称	案号	法院名称	法院层级	审判程序
李某某、莫某某故意伤害二审刑事判决书	(2017)粤06刑终422号	广东省佛山市中级人民法院	中级法院	二审
李某故意伤害罪案二审刑事判决书	(2014)庆中刑终字第56号	甘肃省庆阳市中级人民法院	中级法院	二审
李某1故意伤害罪一审刑事判决书	(2014)同刑初字第50号	山西省大同市中级人民法院	中级法院	一审
李某2、李某3等故意伤害罪二审刑事附带民事判决书	(2014)吕刑终字第333号	山西省吕梁市中级人民法院	中级法院	二审
李某4、林某某故意伤害二审刑事判决书	(2016)桂10刑终383号	广西壮族自治区百色市中级人民法院	中级法院	二审
李某5故意伤害案二审刑事附带民事判决书	(2014)楚中刑终字第13号	云南省楚雄彝族自治州中级人民法院	中级法院	二审
林某雄、张某贤故意伤害二审刑事判决书	(2016)粤06刑终583号	广东省佛山市中级人民法院	中级法院	二审
刘某甲、刘某乙等犯故意伤害罪再审刑事判决书	(2015)滨中刑再终字第1号	山东省滨州市中级人民法院	中级法院	再审
刘某1故意伤害二审刑事判决书	(2014)莱中刑一终字第6号	山东省莱芜市中级人民法院	中级法院	二审
刘某2与黄某故意伤害再审刑事附带民事判决书	(2015)滁刑再终字第00003号	安徽省滁州市中级人民法院	中级法院	再审
刘某某等五人故意伤害案二审刑事判决书	(2015)宁刑终字第46号	青海省西宁市中级人民法院	中级法院	二审
鲁某某故意伤害一审刑事判决书	(2016)冀10刑初69号	河北省廊坊市中级人民法院	中级法院	一审

续表

案例名称	案号	法院名称	法院层级	审判程序
马某3、马某2等故意伤害罪二审刑事判决书	(2016)云03刑终132号	云南省曲靖市中级人民法院	中级法院	二审
马某故意伤害二审刑事判决书	(2017)鄂01刑终1119号	湖北省武汉市中级人民法院	中级法院	二审
马某1与孙某某故意伤害二审刑事判决书	(2016)豫07刑终252号	河南省新乡市中级人民法院	中级法院	二审
苗某某故意伤害罪二审刑事附带民事判决书	(2014)二中刑终字第448号	天津市第二中级人民法院	中级法院	二审
牛某、杨某某等故意伤害罪二审刑事判决书	(2016)云03刑终39号	云南省曲靖市中级人民法院	中级法院	二审
潘某某故意伤害案二审刑事附带民事判决书	(2014)曲中法刑终字第254号	云南省曲靖市中级人民法院	中级法院	二审
钱某1、钱某2故意伤害案二审刑事裁定书	(2017)云23刑终135号	云南省楚雄彝族自治州中级人民法院	中级法院	二审
秦某某、李某某等故意伤害罪二审刑事判决书	(2016)云03刑终185号	云南省曲靖市中级人民法院	中级法院	二审
申某某、董某某故意伤害罪二审刑事判决书	(2016)云03刑终12号	云南省曲靖市中级人民法院	中级法院	二审
盛某故意伤害罪二审刑事判决书	(2014)岳中刑一终字第90号	湖南省岳阳市中级人民法院	中级法院	二审
宋某某故意伤害罪二审刑事附带民事判决书	(2014)绵刑终字第138号	四川省绵阳市中级人民法院	中级法院	二审
孙某某故意伤害案二审刑事附带民事判决书	(2015)阜刑终字第00019号	安徽省阜阳市中级人民法院	中级法院	二审
孙某与杨某、郭某某故意伤害二审刑事裁定书	(2016)吉03刑终26号	吉林省四平市中级人民法院	中级法院	二审
汤某某故意伤害罪一案二审刑事附带民事判决书	(2016)宁03刑终30号	宁夏回族自治区吴忠市中级人民法院	中级法院	二审

续表

案例名称	案号	法院名称	法院层级	审判程序
仝某某、宋某某故意伤害二审刑事判决书	(2017)豫08刑终51号	河南省焦作市中级人民法院	中级法院	二审
王某犯故意伤害罪二审刑事判决书	(2015)晋中中法刑终字第9号	山西省晋中市中级人民法院	中级法院	二审
王某某、缪某某、周某某故意伤害二审刑事附带民事判决书	(2014)承刑终字第00217号	河北省承德市中级人民法院	中级法院	二审
王某某故意伤害二审附民事判决书	(2018)冀08刑终128号	河北省承德市中级人民法院	中级法院	二审
王某某故意伤害罪二审刑事裁定书	(2016)吉03刑终50号	吉林省四平市中级人民法院	中级法院	二审
翁某1、朱某某故意伤害再审刑事判决书	(2018)皖02刑再1号	安徽省芜湖市中级人民法院	中级法院	再审
向某故意伤害二审刑事附带民事判决书	(2018)陕09刑终41号	陕西省安康市中级人民法院	中级法院	二审
徐某某、保某某故意伤害二审刑事判决书	(2017)云03刑终180号	云南省曲靖市中级人民法院	中级法院	二审
许某某故意伤害二审刑事判决书	(2013)二中刑终字第411号	天津市第二中级人民法院	中级法院	二审
杨某故意伤害二审刑事附带民事判决书	(2015)固刑终字第67号	宁夏回族自治区固原市中级人民法院	中级法院	二审
杨某故意伤害罪二审刑事附带民事判决书	(2014)岳中刑一终字第73-1号	湖南省岳阳市中级人民法院	中级法院	二审
杨某甲故意伤害二审刑事附带民事判决书	(2015)固刑终字第81号	宁夏回族自治区固原市中级人民法院	中级法院	二审
杨某某犯故意伤害罪刑事二审判决书	(2016)宁01刑终74号	宁夏回族自治区银川市中级人民法院	中级法院	二审

续表

案例名称	案号	法院名称	法院层级	审判程序
杨某某、刘某某故意伤害再审刑事判决书	(2017)浙03刑再2号	浙江省温州市中级人民法院	中级法院	再审
叶某1、叶某2故意伤害二审刑事判决书	(2016)粤09刑终132号	广东省茂名市中级人民法院	中级法院	二审
尤某某故意伤害二审刑事判决书	(2017)冀05刑终324号	河北省邢台市中级人民法院	中级法院	二审
袁某某等故意伤害案二审刑事附带民事判决书	(2014)曲中刑终字第84号	云南省曲靖市中级人民法院	中级法院	二审
原审被告人谢某故意伤害再审刑事判决书	(2018)辽11刑再2号	辽宁省盘锦市中级人民法院	中级法院	再审
张某1故意伤害罪二审刑事附带民事判决书	(2015)二中刑终字第334号	北京市第二中级人民法院	中级法院	二审
张某1、张某2等故意伤害罪二审刑事判决书	(2016)云03刑终340号	云南省曲靖市中级人民法院	中级法院	二审
张某犯故意伤害罪二审刑事判决书	(2015)济刑终字第215号	山东省济宁市中级人民法院	中级法院	二审
张某某、胡某某故意伤害案二审刑事附带民事判决书	(2014)曲中刑终字第328号	云南省曲靖市中级人民法院	中级法院	二审
张某某等故意伤害案二审刑事附带民事判决书	(2014)曲中刑终字第49号	云南省曲靖市中级人民法院	中级法院	二审
张某3、丁某某故意伤害二审刑事判决书	(2016)鲁04刑终162号	山东省枣庄市中级人民法院	中级法院	二审
赵某某故意伤害罪二审刑事判决书	(2012)吕刑终字第187号	山西省吕梁市中级人民法院	中级法院	二审
赵某某诉魏某某、王某某故意伤害一案二审刑事附带民事判决书	(2014)榆中刑一终字第00139号	陕西省榆林市中级人民法院	中级法院	二审

续表

案例名称	案号	法院名称	法院层级	审判程序
郑某仙、郑某琴故意伤害二审刑事判决书	（2017）粤09刑终137号	广东省茂名市中级人民法院	中级法院	二审
郑某某、赵某黄故意伤害二审刑事判决书	（2017）云01刑终443号	云南省昆明市中级人民法院	中级法院	二审
周某某诉张某某、李某某犯故意伤害罪及附带民事赔偿一案再审刑事附带民事判决书	（2014）安中刑再终字第00001号	陕西省安康市中级人民法院	中级法院	再审
邹某某故意伤害案二审刑事附带民事判决书	（2014）楚中刑终字第7号	云南省楚雄彝族自治州中级人民法院	中级法院	二审
张某故意伤害罪一审刑事附带民事判决书	（2013）扬刑初字第257号	江苏省扬中市人民法院	中级法院	一审
张某故意伤害罪一审刑事判决书	（2014）李刑初字第82号	山东省青岛市李沧区人民法院	中级法院	一审
张某故意伤害罪再审刑事附带民事判决书	（2013）台温刑再字第5号	浙江省温岭市人民法院	中级法院	再审
王某甲故意伤害一审刑事附带民事判决书	（2007）靖刑初字第74号	吉林省靖宇县人民法院	基层法院	一审
刘某某故意伤害罪一审刑事判决书	（2012）深福法刑初字第997号	广东省深圳市福田区人民法院	基层法院	一审
刘某某指控王甲、王某某犯故意伤害罪一审刑事附带民事判决书	（2012）安汉刑初字第00124号	陕西省安康市汉滨区人民法院	基层法院	一审
齐某故意伤害案一审刑事判决书	（2011）庆刑初字第95－2号	甘肃省庆城县人民法院	基层法院	一审

续表

案例名称	案号	法院名称	法院层级	审判程序
石某故意伤害罪一审刑事附带民事判决书	（2009）绍越刑初字第60号	浙江省绍兴市越城区人民法院	基层法院	一审
王某某诉马某某故意伤害罪一审刑事判决书	（2011）陇刑初字第00077号	陕西省陇县人民法院	基层法院	一审
一审刑事判决书	（2012）甬仑刑初字第57号	宁波市北仑区人民法院	基层法院	一审
向某某指控陈某、徐某某犯故意伤害罪一审刑事附带民事判决书	（2013）安汉刑初字第00201号	陕西省安康市汉滨区人民法院	基层法院	一审
赵某某故意伤害案一审刑事判决书	（2013）青刑重字第5号	山东省青州市人民法院	基层法院	一审
被告人徐某某犯故意伤害罪一案一审刑事附带民事判决书	（2013）宁刑初字第6号	河南省宁陵县人民法院	基层法院	一审
曹某故意伤害罪一审刑事附带民事判决书	(2013)鄂保康刑初字第00030号	湖北省保康县人民法院	基层法院	一审
曹仲甲指控曹仲乙、左某某犯故意伤害罪刑事附带民事判决书	（2012）安汉刑初字第00208号	陕西省安康市汉滨区人民法院	基层法院	一审
陈某某指控张某犯故意伤害罪一审刑事附带民事判决书	（2012）安汉刑初字第00093号	陕西省安康市汉滨区人民法院	基层法院	一审
成某某、李某诉鲁某某、沈某某故意伤害罪附带民事赔偿一审刑事判决书	（2013）汉刑初字第00028号	陕西省汉阴县人民法院	基层法院	一审
成某某与赵某甲、赵某乙故意伤害罪一审刑事附带民事判决书	（2012）汉刑初字第00070号	陕西省汉阴县人民法院	基层法院	一审

续表

案例名称	案号	法院名称	法院层级	审判程序
高维某故意伤害案一审刑事判决书	（2013）庆城刑初字第156号	甘肃省庆城县人民法院	基层法院	一审
故意伤害罪一审刑事附带民事判决书	（2012）磁刑初字第102号	河北省磁县人民法院	基层法院	一审
贺某某与李某某、李某某甲、王某某犯故意伤害罪一案一审刑事判决书	神刑初字第00280号	陕西省神木县人民法院	基层法院	一审
黄甲故意伤害罪再审刑事判决书	（2013）温苍刑再字第2号	浙江省苍南县人民法院	基层法院	再审
黄某犯故意伤害罪一审刑事附带民事判决书	(2013）南川法刑初字第00341号	重庆市南川区人民法院	基层法院	一审
李某甲、李某乙故意伤害一审刑事判决书	（2013）庆西刑初字第250号	甘肃省庆阳市西峰区人民法院	基层法院	一审
李某某、俞某某、曾某某故意伤害罪一审刑事判决书	（2013）汉刑初字第00054号	陕西省汉阴县人民法院	基层法院	一审
刘某甲、刘某乙故意伤害案一审刑事判决书	（2014）通刑初字第53号	甘肃省通渭县人民法院	基层法院	一审
刘某某、任某某与苏某某、苏某某甲、苏某某乙、刘某某犯故意伤害刑事判决书	（2013）神刑初字第00295号	陕西省神木县人民法院	基层法院	一审
刘某某诉徐某某故意伤害一审刑事附带民事判决书	（2013）南刑初字第386号	天津市津南区人民法院	基层法院	一审
楼某某故意伤害罪一审刑事判决书	（2013）金义刑重字第4号	浙江省义乌市人民法院	基层法院	一审

续表

案例名称	案号	法院名称	法院层级	审判程序
王某珍诉杨某波故意伤害罪一审刑事附带民事判决书	(2013)安汉刑初字第00207号	陕西省安康市汉滨区人民法院	基层法院	一审
王某乙、闫某某、王某甲、王某丙、王某丁故意伤害一审刑事判决书	(2013)神刑初字第00414号	陕西省神木县人民法院	基层法院	一审
钟某某、王某某诉被告人钟某甲故意伤害暨附带民事诉讼一审刑事附民事判决书	(2013)镇刑初字第00010号	陕西省镇巴县人民法院	基层法院	一审
周某某与祝某某、祝某光、祝某生、梁某某故意伤害罪一审刑事附带民事判决书	(2013)蓝刑初字第00025号	陕西省蓝田县人民法院	基层法院	一审
自诉人常某某诉被告人李某犯故意伤害罪一审刑事判决书	(2013)榆刑初字第00467号	榆阳区人民法院	基层法院	一审
自诉人暨附带民事诉讼原告人陈某某诉王某1、王某2故意伤害刑事判决书	(2013)扶刑初字第00047号	陕西省扶风县人民法院	基层法院	一审
自诉人暨附带民事诉讼原告人魏某诉被告人陈某某故意伤害暨附带民事判决书	(2013)旬刑初字第00080号	陕西省旬阳县人民法院	基层法院	一审
自诉人兼附带民事诉讼原告人向某某诉被告人李某某、刘某某犯故意伤害刑事判决书	(2012)旬刑初字第00076号	陕西省旬阳县人民法院	基层法院	一审

续表

案例名称	案号	法院名称	法院层级	审判程序
自诉人李某某与被告人郭某某犯故意伤害罪一审刑事判决书	(2013)合刑初字第299号	广西壮族自治区合浦县人民法院	基层法院	一审
被告人姜某某故意伤害一案刑事附带民事判决书	(2014)建刑初字第00153号	辽宁省建昌县人民法院	基层法院	一审
海某甲与马某甲故意伤害刑事附带民事一审判决书	(2014)彭刑初字第46号	宁夏回族自治区彭阳县人民法院	基层法院	一审
韩某甲故意伤害一审刑事附带民事判决书	(2014)彭刑初字第12号	宁夏回族自治区彭阳县人民法院	基层法院	一审
何某甲诉何某乙等故意伤害案一审刑事附带民事判决书	(2014)石刑初字第222号	云南省石林彝族自治县人民法院	基层法院	一审
刘某某控诉张某某犯故意伤害罪一审刑事附带民事判决书	(2012)汉刑初字00021号	汉中市汉台区人民法院	基层法院	一审
罗一某，王一某，雷某某故意伤害一审刑事判决书	(2014)辰刑再初字第0001号	天津市北辰区人民法院	基层法院	一审
庞玉某故意伤害一审刑事判决书	(2014)岚刑重初字第2号	山东省日照市岚山区人民法院	基层法院	一审
孙某某故意伤害一案一审刑事附带民事判决书	(2013)沈铁刑初字第9号	沈阳铁路运输法院	基层法院	一审
孙某乙故意伤害罪一审刑事附带民事判决书	(2013)蓬刑初字第244号	山东省蓬莱市人民法院	基层法院	一审
王某、张某英故意伤害一审刑事判决书	(2013)固刑初字第00227号	安徽省固镇县人民法院	基层法院	一审

续表

案例名称	案号	法院名称	法院层级	审判程序
王某故意伤害案一审刑事附带民事判决书	（2014）勉刑初字第00079号	陕西省勉县人民法院	基层法院	一审
王某甲故意伤害罪刑事附带民事判决书	（2014）壶刑初字第34号	山西省壶关县人民法院	基层法院	一审
赵某秀、张某芬、乔某平、赵某亮、乔某苹、乔某禄、王某芬故意伤害罪一审刑事附带民事判决书	（2014）禄刑初字第25号	云南省禄丰县人民法院	基层法院	一审
自诉人董某某诉被告人陈某某故意伤害一案一审刑事附带民事判决书	（2014）玉红刑初字第173号	云南省玉溪市红塔区人民法院	基层法院	一审
白某甲控诉顾某甲、顾某乙、顾某丙故意伤害一审刑事判决书	（2013）吴红刑初字第84号	宁夏回族自治区吴忠市红寺堡区人民法院	基层法院	一审
被告人江某某故意伤害罪一审刑事判决书	（2014）博刑初字第9号	新疆维吾尔自治区博湖县人民法院	基层法院	一审
被告人刘某峰犯故意伤害罪一审刑事判决书	（2013）金刑初字第00079号	陕西省宝鸡市金台区人民法院	基层法院	一审
被告人刘某某、范某某故意伤害一审刑事附带民事判决书	（2013）绥刑初字第225号	辽宁省绥中县人民法院	基层法院	一审
被告人梅某某故意伤害一审刑事附带民事判决书	（2013）泾刑初字第43号	宁夏回族自治区泾源县人民法院	基层法院	一审
被告人索某某故意伤害一案刑事附带民事判决书	（2014）祁刑初字第12号	青海省祁连县人民法院	基层法院	一审

续表

案例名称	案号	法院名称	法院层级	审判程序
被告人王某祥故意伤害案一审刑事附带民事判决书	（2014）玉红刑初字第53号	云南省玉溪市红塔区人民法院	基层法院	一审
被告人徐某某犯故意伤害罪一审刑事判决书	（2014）潭刑初字第24号	甘肃省临潭县人民法院	基层法院	一审
被告人尹某龙、尹某木故意伤害案一审刑事附带民事判决书	（2014）临刑初字第9号	临沧市临翔区人民法院	基层法院	一审
被告人张某琴故意伤害案一审刑事附带民事判决书	（2014）瓯刑初字第133号	福建省建瓯市人民法院	基层法院	一审
柴某某故意伤害一案一审刑事判决书	（2014）新刑初字第140号	辽宁省新民市人民法院	基层法院	一审
常某某等故意伤害罪一审判决书	（2013）古刑初字第00204号	辽宁省锦州市古塔区人民法院	基层法院	一审
陈某财诉马某顺故意伤害案一审刑事附带民事判决书	（2014）寻刑初字第12号	云南省寻甸回族彝族自治县人民法院	基层法院	一审
陈某、张某故意伤害罪一审判决书	（2014）古刑初字第00015号	辽宁省锦州市古塔区人民法院	基层法院	一审
陈某故意伤害罪一审刑事判决书	（2014）铜法刑初字第00043号	重庆市铜梁县人民法院	基层法院	一审
陈某甲、陈某乙故意伤害案一审刑事判决书	（2014）峡刑初字第74号	江西省峡江县人民法院	基层法院	一审
陈某甲故意伤害罪一审刑事判决书	（2013）启刑自初字第0002号	江苏省启东市人民法院	基层法院	一审
陈某某犯故意伤害罪一审刑事判决书	（2014）横刑初字第00092号	陕西省横山县人民法院	基层法院	一审

续表

案例名称	案号	法院名称	法院层级	审判程序
陈某某诉刘某甲故意伤害罪一审刑事附带民事判决书	(2014)龙马刑初字第34号	泸州市龙马潭区人民法院	基层法院	一审
成某某与高某某、高某故意伤害一审刑事附带民事判决书	(2014)漳新刑初字第03号	甘肃省漳县人民法院	基层法院	一审
承德市双桥区人民检察院诉被告人陈某添等三人犯故意伤害罪一案一审判决书	(2014)双桥刑初字第68号	河北省承德市双桥区人民法院	基层法院	一审
承德市双桥区人民检察院诉被告人郑某永犯故意伤害罪一案一审判决书	(2014)双桥刑初字第67号	河北省承德市双桥区人民法院	基层法院	一审
仇某故意伤害罪一审刑事判决书	(2013)密刑初字第339号	北京市密云县人民法院	基层法院	一审
代某某故意伤害案一审刑事判决书	(2013)华刑初字第36号	云南省华宁县人民法院	基层法院	一审
戴某珠诉王某某故意伤害附带民事诉讼一审判决书	(2013)泰刑初字第0389号	江苏省泰兴市人民法院	基层法院	一审
丁某某故意伤害罪刑事判决书	(2014)建刑初字第00191号	辽宁省建平县人民法院	基层法院	一审
董某某故意伤害罪重审刑事判决书	(2014)巢刑初字第00211号	安徽省巢湖市人民法院	基层法院	一审
董某某犯故意伤害罪一审刑事判决书	(2014)开刑初字第20号	河北省唐山市开平区人民法院	基层法院	一审
董某某故意伤害一审刑事判决书	(2013)东刑自初字第14号	吉林省四平市铁东区人民法院	基层法院	一审

续表

案例名称	案号	法院名称	法院层级	审判程序
一审刑事判决书	（2013）丰刑重字第8号	河北省唐山市丰润区人民法院	基层法院	一审
范某某诉宋某故意伤害一案刑事附带民事判决书	（2014）甘刑初字第304号	甘肃省张掖市甘州区人民法院	基层法院	一审
冯某某故意伤害罪一审刑事判决书	（2014）青刑初字第104号	天津市西青区人民法院	基层法院	一审
冯某故意伤害罪一审刑事判决书	（2014）密刑初字第32号	北京市密云县人民法院	基层法院	一审
冯某某与李某某、崔某某故意伤害罪一案一审刑事判决书	（2013）神刑初字第00724号	陕西省神木县人民法院	基层法院	一审
冯某无罪一审判决书	（2014）瓦刑初字第194号	辽宁省瓦房店市人民法院	基层法院	一审
高某故意伤害罪一审刑事判决书	（2014）李刑重字第1号	山东省青岛市李沧区人民法院	基层法院	一审
高某某故意伤害案一审刑事附带民事判决书	（2014）罗刑初字第32号	云南省罗平县人民法院	基层法院	一审
高某某指控王某某、余某犯故意伤害罪一审刑事附带民事判决书	（2013）安汉刑初字第00117号	陕西省安康市汉滨区人民法院	基层法院	一审
郭某故意伤害一审刑事判决书	（2014）浦刑初字第1403号	上海市浦东新区人民法院	基层法院	一审
韩某某故意伤害罪一审刑事判决书	（2014）乌刑初字第22号	新疆维吾尔自治区乌苏市人民法院	基层法院	一审
韩某某诉马某某犯故意伤害罪一审刑事判决书	（2014）扎刑初字第315号	内蒙古自治区扎赉特旗人民法院	基层法院	一审

续表

案例名称	案号	法院名称	法院层级	审判程序
郝某美与郝某宏故意伤害案一审刑事判决书	（2014）沾刑初字第7号	云南省沾益县人民法院	基层法院	一审
何某故意伤害一审刑事判决书	（2013）历刑初字第388号	山东省济南市历下区人民法院	基层法院	一审
何某某等故意伤害一审刑事判决书	（2014）通刑初字第11号	甘肃省通渭县人民法院	基层法院	一审
黄某珍故意伤害一审刑事判决书	（2014）绥刑初字第00041号	陕西省绥德县人民法院	基层法院	一审
黄某某与冯某某故意伤害纠纷一审刑事附带民事判决书	（2014）年天全刑初字第43号	四川省天全县人民法院	基层法院	一审
江某某与赵某某故意伤害一审刑事附带民事判决书	（2014）漳三刑初字第3号	甘肃省漳县人民法院	基层法院	一审
姜某某等故意伤害重审刑事判决书	（2014）农刑重字第3号	吉林省农安县人民法院	基层法院	一审重审
姜某诉田某某等五被告人故意伤害案一审刑事判决书	（2014）师刑初字第55号	云南省师宗县人民法院	基层法院	一审
冷某与冯某甲故意伤害一审刑事附带民事判决书	（2013）青刑初字第919号	广西壮族自治区南宁市青秀区人民法院	基层法院	一审
李某恩与朱某贵等故意伤害案罪一案刑事附带民事一审判决书	（2014）湄刑重自字第1号	贵州省湄潭县人民法院	基层法院	一审重审
李某福诉马某九、马某军故意伤害案一审刑事附带民事判决书	（2014）寻刑初字第41号	云南省寻甸回族彝族自治县人民法院	基层法院	一审

续表

案例名称	案号	法院名称	法院层级	审判程序
李某甲故意伤害罪一审刑事附带民事判决书	（2014）丰刑初字第140号	河北省唐山市丰润区人民法院	基层法院	一审
李某甲与杨某甲故意伤害一审刑事附带民事判决书	（2014）巨刑初字第16号	河北省巨鹿县人民法院	基层法院	一审
李某某、沈某某故意伤害一审刑事判决书	（2013）老刑初字第106号	洛阳市老城区人民法院	基层法院	一审
李某某故意伤害罪一审刑事附带民事判决书	（2013）辛刑初字第00189号	河北省辛集市人民法院	基层法院	一审
李某某故意伤害罪一审刑事判决书	（2014）新都刑初字第33号	成都市新都区人民法院	基层法院	一审
李某存诉被告人张某故意伤害案一审刑事附带民事判决书	（2014）安刑重字第4号	河北省迁安市人民法院	基层法院	一审
李某军故意伤害罪一审判决书	（2014）恭刑重字第1号	广西壮族自治区恭城瑶族自治县人民法院	基层法院	一审
凌某某诉袭某某故意伤害一案一审刑事附带民事判决书	（2014）顺庆刑初字第149号	四川省南充市顺庆区人民法院	基层法院	一审
刘某成诉文某安一审刑事附带民事判决书	（2014）寻刑初字第40号	云南省寻甸回族彝族自治县人民法院	基层法院	一审
刘某某故意伤害一审刑事判决书	（2014）砚刑初字第115号	云南省砚山县人民法院	基层法院	一审
刘某某故意伤害罪一审刑事附带民事判决书	（2013）辛刑初字第201号	河北省辛集市人民法院	基层法院	一审
刘某某与聂某某故意伤害一审刑事附带民事判决书	（2011）沂南刑自初字第9号	山东省沂南县人民法院	基层法院	一审

续表

案例名称	案号	法院名称	法院层级	审判程序
刘某乙故意伤害案一审刑事判决书	(2014)罗刑初字第103号	云南省罗平县人民法院	基层法院	一审
刘某乙故意伤害罪一审刑事判决书	(2014)遵刑初字第122号	河北省遵化市人民法院	基层法院	一审
刘某有诉尤某娜一案刑事判决书	(2014)前刑重初字第1号	吉林省前郭尔罗斯蒙古族自治县人民法院	基层法院	一审
卢某故意伤害罪一审刑事附带民事判决书	(2014)泰高刑初字第18号	江苏省泰州市高港区人民法院	基层法院	一审
罗某某、陈某某故意伤害一案一审刑事附带民事判决书	(2014)渭城刑初字第00071号	咸阳市渭城区人民法院	基层法院	一审
马某甲故意伤害一审刑事附带民事判决书	(2014)彭刑初字第47号	宁夏回族自治区彭阳县人民法院	基层法院	一审
马某某故意伤害罪一审刑事判决书	(2014)鞍台刑初字第25号	辽宁省台安县人民法院	基层法院	一审
马某菊诉马某靖故意伤害案一审刑事附带民事判决书	(2014)寻刑初字第103号	云南省寻甸回族彝族自治县人民法院	基层法院	一审
彭某礼诉张某稳故意伤害案一审刑事附带民事判决书	(2014)寻刑初字第238号	云南省寻甸回族彝族自治县人民法院	基层法院	一审
亓某甲故意伤害罪一审刑事附带民事判决书	(2013)莱城刑初字第599号	山东省莱芜市莱城区人民法院	基层法院	一审
冉某世故意伤害罪一审刑事附带民事判决书	(2014)苍溪刑初字第20号	四川省苍溪县人民法院	基层法院	一审
茹某甲故意伤害罪一审刑事判决书	(2014)甬慈刑初字第864号	浙江省慈溪市人民法院	基层法院	一审

续表

案例名称	案号	法院名称	法院层级	审判程序
商某乙与故意伤害一审刑事附带民事判决书	（2013）丰刑重字第8号	河北省唐山市丰润区人民法院	基层法院	一审
申某某故意伤害一审刑事判决书	（2014）浦刑初字第1125号	上海市浦东新区人民法院	基层法院	一审
师某某、郭某某故意伤害一审刑事判决书	（2013）老刑初字第89号	洛阳市老城区人民法院	基层法院	一审
石某己故意伤害罪一审刑事附带民事判决书	（2014）平刑初字第136号	福建省平和县人民法院	基层法院	一审
史某甲故意伤害罪一审刑事判决书	（2013）天刑初字第387号	山东省济南市天桥区人民法院	基层法院	一审
孙某某、刘某某犯故意伤害罪一审刑事判决书	（2014）宁刑初字第40号	天津市宁河县人民法院	基层法院	一审
孙某故意伤害罪一审刑事判决书	（2014）沈高开刑初字第45号	沈阳高新技术产业开发区人民法院	基层法院	一审
孙某某故意伤害重审刑事判决书	（2014）清刑初字第00007号	辽宁省清原满族自治县人民法院	基层法院	一审重审
唐某甲诉唐某乙、唐某丙故意伤害一案一审刑事判决书	（2014）庄刑初字第16号	甘肃省庄浪县人民法院	基层法院	一审
田某某故意伤害案一审刑事判决书	（2014）西刑初字第9号	青海省西宁市城西区人民法院	基层法院	一审
汪某故意伤害一审刑事判决书	（2014）崇州刑初字第190号	四川省崇州市人民法院	基层法院	一审
王某故意伤害罪一审刑事附带民事判决书	（2013）泰刑初字第0389号	江苏省泰兴市人民法院	基层法院	一审
王某故意伤害罪一审刑事附带民事判决书	（2013）平刑初字第743号	山东省平度市人民法院	基层法院	一审

续表

案例名称	案号	法院名称	法院层级	审判程序
王某甲、王某乙故意伤害罪一审刑事判决书	(2013)神刑初字第00405号	陕西省神木县人民法院	基层法院	一审
王某某等故意伤害一审刑事附带民事判决书	(2014)通刑自初字第1号	吉林省通化县人民法院	基层法院	一审
王某某故意伤害案一审刑事判决书、	(2014)沾刑初字第139号	云南省沾益县人民法院	基层法院	一审
王某某故意伤害案一审刑事判决书	(2014)呈刑初字第207号	昆明市呈贡区人民法院	基层法院	一审
王某某故意伤害一审刑事附带民事判决书	(2014)农刑自初字第3号	吉林省农安县人民法院	基层法院	一审
王某某故意伤害一审刑事判决书	(2014)庆西刑初字第8号	甘肃省庆阳市西峰区人民法院	基层法院	一审
王某乙故意伤害罪一审刑事附带民事判决书	(2014)莱城刑重初字第3号	山东省莱芜市莱城区人民法院	基层法院	一审
王某平故意伤害一审刑事判决书	(2014)云刑初字第870号	贵州省贵阳市云岩区人民法院	基层法院	一审
王某诉胡某学、胡某林故意伤害案一审刑事附带民事判决书	(2014)寻刑初字第14号	云南省寻甸回族彝族自治县人民法院	基层法院	一审
魏某某、王某某故意伤害一审刑事判决书	(2014)神刑初字第00282号	陕西省神木县人民法院	基层法院	一审
魏一某、魏二某等故意伤害罪一审刑事判决书	(2014)宁刑初字第19号	天津市宁河县人民法院	基层法院	一审
温某甲、丁某甲、丁某乙、温某乙故意伤害案一审刑事附带民事判决书	(2014)沾刑初字第55号	云南省沾益县人民法院	基层法院	一审

续表

案例名称	案号	法院名称	法院层级	审判程序
吴某甲故意伤害一审刑事附带判决书	（2014）牟刑初字第4号	云南省牟定县人民法院	基层法院	一审
吴某某与许某故意伤害一审刑事判决书	（2014）门刑初字第0021号	江苏省海门市人民法院	基层法院	一审
辛某某诉田某等五人故意伤害案刑事附带民事判决书	（2014）宾刑初字第163号	云南省宾川县人民法院	基层法院	一审
熊某故意伤害一审刑事附带民事判决书	（2014）南刑初字第192号	广西壮族自治区柳州市柳南区人民法院	基层法院	一审
徐某芬自诉龚某某故意伤害案一审刑事判决书	（2014）蒙刑初字第31号	云南省蒙自市人民法院	基层法院	一审
徐某甲控诉徐某乙、梁某某故意伤害一案一审刑事判决书	（2014）庄刑初字第43号	甘肃省庄浪县人民法院	基层法院	一审
颜某某故意伤害罪一审刑事附带民事判决书	（2014）奉法刑初字第00217号	重庆市奉节县人民法院	基层法院	一审
杨某红故意伤害案一审刑事判决书	（2014）麒刑初字第235号	云南省曲靖市麒麟区人民法院	基层法院	一审
杨某有诉杨某成故意伤害案一审刑事附带民事判决书	（2014）寻刑初字第60号	云南省寻甸回族彝族自治县人民法院	基层法院	一审
杨某、张某乙故意伤害罪一审刑事判决书	（2014）崂刑初字第28号	山东省青岛市崂山区人民法院	基层法院	一审
杨某某诉狄某某、杨某故意伤害案刑事附带民事判决书	（2014）宾刑初字第175号	云南省宾川县人民法院	基层法院	一审

续表

案例名称	案号	法院名称	法院层级	审判程序
杨某某与范某某、张某某故意伤害一审刑事附带民事判决书	（2013）眉刑初字第00120号	陕西省眉县人民法院	基层法院	一审
杨某军故意伤害案一审刑事附带民事判决书	（2014）施刑初字第33号	云南省施甸县人民法院	基层法院	一审
殷某某无罪一审刑事判决书	（2014）栾刑初字第110号	河北省栾城县人民法院	基层法院	一审
印某故意伤害罪一审刑事附带民事判决书	（2014）崇刑初字第0024号	南通市崇川区人民法院	基层法院	一审
袁某某诉王某甲、王某乙、王某丙犯故意伤害罪刑事一审判决书	（2012）咸渭刑初字第00242号	咸阳市渭城区人民法院	基层法院	一审
岳某权故意伤害罪一审刑事判决书	（2013）怀刑初字第307号	北京市怀柔区人民法院	基层法院	一审
岳某峰故意伤害刑事一审刑事判决书	（2012）洛龙法刑二初字第375号	河南省洛阳市洛龙区人民法院	基层法院	一审
李某某、茹某某犯故意伤害罪一审刑事附带民事判决书	（1999）阿刑初字第07号	甘肃省阿克塞哈萨克族自治县人民法院	基层法院	一审
刘某某犯故意伤害罪一审刑事附带民事判决书	（1997）阿法刑初字第04号	甘肃省阿克塞哈萨克族自治县人民法院	基层法院	一审
张某甲、张某乙犯故意伤害罪一审刑事判决书	（2003）绍刑初字第304号	浙江省绍兴县人民法院	基层法院	一审
张某故意伤害罪再审刑事判决书	（2014）磁刑再字第1号	河北省磁县人民法院	基层法院	再审
张某甲、李某甲故意伤害案一审刑事附带民事判决书	（2014）姚刑初字第39号	云南省姚安县人民法院	基层法院	一审

续表

案例名称	案号	法院名称	法院层级	审判程序
张某某犯故意伤害罪一审刑事判决书	（2014）黔盘刑初字第731号	贵州省盘县人民法院	基层法院	一审
张某某故意伤害案一审刑事判决书	（2014）福刑初字第22号	云南省福贡县人民法院	基层法院	一审
张某某故意伤害罪一审刑事判决书	（2014）沈高开刑初字第48号	沈阳高新技术产业开发区人民法院	基层法院	一审
张某某诉杨某某、杨某故意伤害罪一审刑事判决书	（2014）陈刑初字第00190号	宝鸡市陈仓区人民法院	基层法院	一审
赵某某故意伤害，赵某某、于某某寻衅滋事一审刑事判决书	（2014）平刑初字第72号	河北省平泉县人民法院	基层法院	一审
赵某某故意伤害一案刑事判决书	（2013）阎刑初字第00096号	陕西省西安市阎良区人民法院	基层法院	一审
赵某某故意伤害一审刑事判决书	（2013）浦刑初字第3330号	上海市浦东新区人民法院	基层法院	一审
赵某某故意伤害罪一审判决书	（2014）古刑初字第00023号	辽宁省锦州市古塔区人民法院	基层法院	一审
周某坤诉刘某贵故意伤害案一审刑事附带民事判决书	（2014）寻刑初字第125号	云南省寻甸回族彝族自治县人民法院	基层法院	一审
朱某芳故意伤害宣告无罪一审刑事判决书	（2014）涡刑再字第00001号	安徽省涡阳县人民法院	基层法院	一审
朱某故意伤害罪一审刑事附带民事判决书	（2014）朝双刑初字第00132号	辽宁省朝阳市双塔区人民法院	基层法院	一审
朱某某故意伤害罪一审刑事判决书	（2014）天刑初字第13号	山东省济南市天桥区人民法院	基层法院	一审

续表

案例名称	案号	法院名称	法院层级	审判程序
朱志某故意伤害一审刑事判决书	（2014）佛南法刑初字第1823号	广东省佛山市南海区人民法院	基层法院	一审
自诉人陈某保诉被告人陈某才故意伤害罪一审刑事附带民事判决书	（2014）吉刑初字第78号	江西省吉水县人民法院	基层法院	一审
自诉人暨附带民事诉讼原告祁某保诉被告人李某生、李某生犯故意伤害刑事判决书	（2013）金刑初字第00057号	陕西省宝鸡市金台区人民法院	基层法院	一审
自诉人廖某某诉被告人舒某忠故意伤害罪一审刑事附带民事判决书	（2013）麻刑初字第66号	湖南省麻阳苗族自治县人民法院	基层法院	一审
自诉人倪某甲以被告人贺某甲犯故意伤害罪一案一审刑事附带民事判决书	（2012）南法刑初字第195号	湖南省衡南县人民法院	基层法院	一审
自诉人钱某某诉被告人顾某某故意伤害一审刑事判决书	（2014）通刑初字第0021号	南通市通州区人民法院	基层法院	一审
自诉人宋建民诉被告人姜某故意伤害一案一审刑事判决书	（2014）渭滨刑初字第00169号	陕西省宝鸡市渭滨区人民法院	基层法院	一审
自诉人陶某建诉被告人高某进故意伤害罪一审刑事附带民事判决书	（2014）施刑初字第35号	云南省施甸县人民法院	基层法院	一审
自诉人王某甲诉被告人王某乙、王某丙故意伤害一审刑事判决书	（2012）吴利刑初字第84号	宁夏回族自治区吴忠市利通区人民法院	基层法院	一审

续表

案例名称	案号	法院名称	法院层级	审判程序
自诉人张某学与被告人白某文犯故意伤害罪一审刑事判决书	（2014）金刑初字第00176号	陕西省宝鸡市金台区人民法院	基层法院	一审
自诉人赵某某诉尹某某故意伤害罪一案一审刑事附带民事判决书	（2013）安刑初字第90号	湖南省安仁县人民法院	基层法院	一审
何某某、张某某诉杨某甲等故意伤害案	（2015）江刑初字第79号	云南省江川县人民法院	基层法院	一审
张某某、杜某某故意伤害一案一审刑事附带民事判决书	（2015）凤翔刑初字第00033号	陕西省凤翔县人民法院	基层法院	一审
张某某、张某甲、剡某甲故意伤害罪一审刑事判决书	（2015）安刑初字第221号	甘肃省定西市安定区人民法院	基层法院	一审
周某、王某某故意伤害一案一审刑事附带民事判决书	（2015）凤翔刑初字第00123号	陕西省凤翔县人民法院	基层法院	一审
朱某美诉李某富、杨某芬故意伤害案一审刑事附带民事判决书	（2015）寻刑初字第191号	云南省寻甸回族彝族自治县人民法院	基层法院	一审
自诉人雷某控告被告人万某某犯故意伤害罪一审刑事附带民事判决书	（2015）榆刑初字第00025号	陕西省榆林市榆阳区人民法院	基层法院	一审
自诉人孙某某控诉被告人张某某故意伤害一审刑事判决书	（2015）榆刑初字第00832号	陕西省榆林市榆阳区人民法院	基层法院	一审

续表

案例名称	案号	法院名称	法院层级	审判程序
安某某、杨某甲、杨某乙、胡某某、王某某故意伤害案一审刑事附带民事判决书	(2015)西法刑初字第641号	昆明市西山区人民法院	基层法院	一审
被告人管某某故意伤害罪一案刑事附带民事判决书	(2015)长刑初字第267号	吉林省长岭县人民法院	基层法院	一审
被告人刘某某故意伤害案一审刑事附带民事判决书	(2015)玉红刑初字第241号	云南省玉溪市红塔区人民法院	基层法院	一审
被告人马某福、马某清故意伤害判决书	(2015)吴利刑初字第201号	宁夏回族自治区吴忠市利通区人民法院	基层法院	一审
被告人邱某某故意伤害一审刑事附带民事判决书	(2015)蒸刑重初字第1号	湖南省衡阳县人民法院	基层法院	一审重审
被告人汤某甲故意伤害罪一案一审刑事判决书	(2015)游刑初字第160号	四川省绵阳市游仙区人民法院	基层法院	一审
被告人王某某等人故意伤害罪一案刑事附带民事判决书	(2015)长刑初字第218号	吉林省长岭县人民法院	基层法院	一审
被告人魏某某等人故意伤害案一审刑事附带民事判决书	(2015)玉红刑初字第341号	云南省玉溪市红塔区人民法院	基层法院	一审
被告人张某、周某昌、孙某故意伤害一案一审刑事判决书	(2015)梨刑自初字第39号	吉林省梨树县人民法院	基层法院	一审

续表

案例名称	案号	法院名称	法院层级	审判程序
毕某甲、毕某乙犯故意伤害罪一审刑附民判决书	（2015）弥刑初字第21号	云南省弥渡县人民法院	基层法院	一审
曹某与李某、赵某犯故意伤害案一审刑事附带民事判决书	（2015）麒刑初字第514号	云南省曲靖市麒麟区人民法院	基层法院	一审
陈某故意伤害一审刑事判决书	（2015）浦刑初字第2888号	上海市浦东新区人民法院	基层法院	一审
陈某1与陈某林故意伤害一审刑事附带民事判决书	（2015）温刑初字第00006号	河南省温县人民法院	基层法院	一审
陈某甲、陈某乙等犯故意伤害罪一审刑事判决书	（2015）市中刑初字第303号	山东省枣庄市市中区人民法院	基层法院	一审
陈某甲、陈某乙犯故意伤害罪一审刑事判决书	（2014）射开刑初字第00003号	江苏省射阳县人民法院	基层法院	一审
陈某甲故意伤害案一审刑事判决书	（2015）麒少刑初字第55号	云南省曲靖市麒麟区人民法院	基层法院	一审
敦某犯故意伤害罪一审刑事判决书	（2015）鹿刑初字第00113号	石家庄市鹿泉区人民法院	基层法院	一审
方某与刘某故意伤害一审刑事附带民事判决书	（2015）饶刑初字第193号	江西省上饶县人民法院	基层法院	一审
冯某某诉智某甲、季某某等犯故意伤害罪一审刑事判决书	（2015）亭刑初字第00011号	江苏省盐城市亭湖区人民法院	基层法院	一审
冯某乙故意伤害罪一审刑事附带民事判决书	（2015）西刑初字第70号	宁夏回族自治区西吉县人民法院	基层法院	一审

续表

案例名称	案号	法院名称	法院层级	审判程序
冯某有故意伤害一案一审刑事判决书	（2015）神刑初字第00355号	陕西省神木县人民法院	基层法院	一审
耿某故意伤害罪一审刑事判决书	（2012）蓬刑重初字第172号	山东省蓬莱市人民法院	基层法院	一审
龚某、杨某故意伤害案一审刑事附带民事判决书	（2015）新刑初字第128号	云南省新平彝族傣族自治县人民法院	基层法院	一审
关某故意伤害罪一审刑事附带民事判决书	（2015）平刑初字第264号	北京市平谷区人民法院	基层法院	一审
韩某诉王某、韩某礼故意伤害案一审刑事判决书	（2015）南刑初字第47号	云南省南涧彝族自治县人民法院	基层法院	一审
胡某犯故意伤害罪一审刑事附带民事判决书	（2014）汉滨刑初字第00112号	陕西省安康市汉滨区人民法院	基层法院	一审
胡某某故意伤害一审刑事判决书	（2015）璧法刑初字第00033号	重庆市璧山区人民法院	基层法院	一审
胡某诉谢某甲、刘某故意伤害一案一审刑事判决书	（2015）彭刑初字第73号	宁夏回族自治区彭阳县人民法院	基层法院	一审
胡某菊、徐某富故意伤害案一审刑事附带民事判决书	（2015）富刑初字第128号	云南省富源县人民法院	基层法院	一审
淮安市淮安区人民检察院诉章某甲犯故意伤害罪一审刑事判决书	（2015）淮法刑初字第00166号	淮安市淮安区人民法院	基层法院	一审
蒋某某故意伤害案一审刑事附带民事判决书	（2015）沾刑初字第81号	云南省沾益县人民法院	基层法院	一审

续表

案例名称	案号	法院名称	法院层级	审判程序
景某甲与赵某甲、赵某乙故意伤害一审刑事附带民事判决书	（2015）陵刑初字第11号	山西省陵川县人民法院	基层法院	一审
赖某某诉陈某故意伤害案一审刑事判决书	（2015）五法刑自初字第9号	昆明市五华区人民法院	基层法院	一审
雷某某诉李某某故意伤害案一审刑事判决书	（2015）五法刑自初字第7号	昆明市五华区人民法院	基层法院	一审
李某仙诉王某兰故意伤害案一审刑事附带民事判决书	（2015）江刑初字第48号	云南省江川县人民法院	基层法院	一审
李某艳诉肖某丽故意伤害一案一审刑事判决书	（2015）乌刑初字第98号	新疆维吾尔自治区乌苏市人民法院	基层法院	一审
李某权诉王某、范某彬、王某星故意伤害再审刑事判决书	（2015）渭滨刑重字第00002号	陕西省宝鸡市渭滨区人民法院	基层法院	一审
李某故意伤害罪一审刑事判决书	（2014）泰刑初字第0419号	江苏省泰兴市人民法院	基层法院	一审
李某故意伤害罪一审刑事判决书	（2015）安刑初字第246号	甘肃省定西市安定区人民法院	基层法院	一审
李某某故意伤害罪一案刑事附带民事判决书	（2015）澄刑初字第102号	云南省澄江县人民法院	基层法院	一审
李某某故意伤害罪一审刑事判决书	（2015）平刑初字第47号	四川省平武县人民法院	基层法院	一审
李某某诉王某某故意伤害案一审刑事判决书	（2015）五法刑自初字第22号	昆明市五华区人民法院	基层法院	一审
李某乙、王某某故意伤害案一审刑事附带民事民事判决书	（2015）富刑初字第213号	云南省富源县人民法院	基层法院	一审

续表

案例名称	案号	法院名称	法院层级	审判程序
李某辉诉李某明、李某丽故意伤害案一审刑事附带民事判决书	(2015)寻刑初字第280号	云南省寻甸回族彝族自治县人民法院	基层法院	一审
林某全故意伤害刑事一审判决书	(2015)青法刑初字第63号	青冈县人民法院	基层法院	一审
刘某1等故意伤害罪一审刑事判决书	(2015)平刑初字第328号	北京市平谷区人民法院	基层法院	一审
刘某犯故意伤害罪一审刑事判决书	(2015)饶刑初字第193号	江西省上饶县人民法院	基层法院	一审
刘某故意伤害案一审刑事附带民事判决书	(2015)夏刑初字第95号	宁夏回族自治区银川市西夏区人民法院	基层法院	一审
刘某甲、刘某乙犯故意伤害罪一审刑事附带民事判决书	(2015)井研刑初字第30号	四川省井研县人民法院	基层法院	一审
刘某某诉毛某故意伤害案一审刑事判决书	(2015)五法刑自初字第14号	昆明市五华区人民法院	基层法院	一审
马某甲、丁某甲故意伤害一审刑事附带民事判决书	(2015)原刑初字第246号	宁夏回族自治区固原市原州区人民法院	基层法院	一审
冉某诉刘某祥等故意伤害案一审刑事附带民事判决书	(2015)寻刑初字第224号	云南省寻甸回族彝族自治县人民法院	基层法院	一审
沙某诉侯某某故意伤害案一审刑事判决书	(2014)四西刑自初字第19号	四平市铁西区人民法院	基层法院	一审
施某忠等人故意伤害罪一案一审刑事附带民事判决书	(2015)漾刑初字第17号	云南省漾濞彝族自治县人民法院	基层法院	一审

续表

案例名称	案号	法院名称	法院层级	审判程序
石某兰故意伤害一审刑事判决书	（2015）汉阴刑初字第00036号	陕西省汉阴县人民法院	基层法院	一审
苏某某故意伤害罪一审刑事判决书	（2015）东二法刑自初字第4号	广东省东莞市第二人民法院	基层法院	一审
唐某某犯故意伤害罪一审刑事判决书	（2015）乐至刑初字第52号	四川省乐至县人民法院	基层法院	一审
王某1、向某等与田某金、张某平故意伤害一审刑事附带民事判决书	(2015)鄂巴东刑初字第00075号	湖北省巴东县人民法院	基层法院	一审
王某故意伤害案一审刑事判决书	（2013）新民刑初字第00496号	新民市人民法院	基层法院	一审
王某甲犯故意伤害罪一审刑事判决书	（2014）吴刑初字第00762号	江苏省苏州市吴江区人民法院	基层法院	一审
王某甲诉王某乙、张某某、王某丙故意伤害案一审刑事附带民事判决书	（2015）江刑初字第74号	云南省江川县人民法院	基层法院	一审
王某与杨某故意伤害罪一案一审刑事判决书	（2015）神刑初字第00027号	陕西省神木县人民法院	基层法院	一审
文某诉李某犯故意伤害罪一案刑事附带民事判决书	（2015）旬邑刑初字第00038号	陕西省旬邑县人民法院	基层法院	一审
吴某某故意伤害罪一审刑事判决书	（2015）安刑初字第172号	甘肃省定西市安定区人民法院	基层法院	一审
向某某故意伤害案一审刑事附带民事判决书	（2015）阿刑初字第00079号	新疆生产建设兵团阿拉尔垦区人民法院	基层法院	一审
谢某某故意伤害一审刑事判决书	（2015）渭刑初字第0059号	甘肃省渭源县人民法院	基层法院	一审

续表

案例名称	案号	法院名称	法院层级	审判程序
徐某宽与陈某明故意伤害一审刑事附带民事判决书	(2013)鄂京山刑初字第00194号	湖北省京山县人民法院	基层法院	一审
杨某甲、付某等与陈某丙、陈士友故意伤害一审刑事判决书	(2015)遵刑重初字第00003号	河北省遵化市人民法院	基层法院	一审
杨某甲与杨某乙故意伤害一审刑事附带民事判决书	(2015)丰刑初字第75号	河北省唐山市丰润区人民法院	基层法院	一审
叶某、舒某甲等犯故意伤害罪一审刑事判决书	(2015)衢龙刑自初字第1号	浙江省龙游县人民法院	基层法院	一审
应某甲犯故意伤害罪一审刑事判决书	(2015)丽缙刑自初字第3号	浙江省缙云县人民法院	基层法院	一审
于某犯故意伤害罪一审刑事判决书	(2015)淮刑初字第00409号	江苏省淮安市淮阴区人民法院	基层法院	一审
张二某犯故意伤害罪一审刑事判决书	(2014)东刑重字第8号	天津市河东区人民法院	基层法院	一审
张某犯故意伤害罪一审刑事判决书	(2015)湖长刑自诉初字第1号	浙江省长兴县人民法院	基层法院	一审
张某甲、张某乙等犯故意伤害罪一审刑事判决书	(2015)定刑重字第6号	山东省定陶县人民法院	基层法院	一审重审
张某某、寇某某犯故意伤害罪一审刑事附带民事判决书	(2015)汉滨刑初字第00129号	陕西省安康市汉滨区人民法院	基层法院	一审
赵某兰诉姜某焕故意伤害案刑事附带民事判决书	(2015)寻刑初字第252号	云南省寻甸回族彝族自治县人民法院	基层法院	一审

续表

案例名称	案号	法院名称	法院层级	审判程序
赵某某故意伤害案一审刑事判决书	(2015)施刑初字第90号	云南省施甸县人民法院	基层法院	一审
赵某某诉杨某某故意伤害案一审刑事判决书	(2015)五法刑自初字第16号	昆明市五华区人民法院	基层法院	一审
郑某某故意伤害一审刑事判决书	(2015)宣刑初字第26号	河北省宣化县人民法院	基层法院	一审
郑某球故意伤害罪一审刑事附带民事判决书	(2015)鄂浠水刑初字第00123号	湖北省浠水县人民法院	基层法院	一审
周某甲、袁某某故意伤害一案一审刑事判决书	(2014)甘刑初字第216号	甘肃省张掖市甘州区人民法院	基层法院	一审
周某甲、张某甲犯故意伤害罪一案一审刑事判决书	(2015)南刑初字第51号	云南省南华县人民法院	基层法院	一审
周某某与张某某、及某某故意伤害一审刑事附带民事判决书	(2014)柳刑初字第24号	吉林省柳河县人民法院	基层法院	一审
朱某故意伤害罪一审刑事判决书	(2015)泰刑初字第00414号	江苏省泰兴市人民法院	基层法院	一审
朱某甲故意伤害罪一审刑事判决书	(2015)甬宁刑初字第834号	浙江省宁海县人民法院	基层法院	一审
自诉人卜先某诉被告人马小某故意伤害一案一审刑事附带民事判决书	(2014)汉滨刑初字第00132号	陕西省安康市汉滨区人民法院	基层法院	一审
自诉人樊某1诉被告人方某1故意伤害一审刑事附带民事判决书	(2015)祁刑初字第9号	青海省祁连县人民法院	基层法院	一审
自诉人暨附带民事诉讼原告段某芳控诉彭某安故意伤害(轻伤)罪案判决书	(2015)腾刑初字第239号	云南省腾冲县人民法院	基层法院	一审

续表

案例名称	案号	法院名称	法院层级	审判程序
自诉人暨附带民事原告人陆某一、陆某二诉被告人娄某、朱某、陆某故意伤害判决书	（2015）广刑初字第108号	云南省广南县人民法院	基层法院	一审
自诉人孙某某诉被告人徐某某故意伤害案一审刑事判决书	（2015）朝县刑初字第00071号	辽宁省朝阳县人民法院	基层法院	一审
自诉人汤某某以被告人贺某1、贺某3故意伤害罪一审刑事附带民事判决书	（2015）广利州刑初字第198号	四川省广元市利州区人民法院	基层法院	一审
自诉人王某营诉被告人马某故意伤害案一审刑事判决书	（2015）东刑自初字第10号	吉林省四平市铁东区人民法院	基层法院	一审
刘某某故意伤害罪一审刑事判决书	（2015）西昌刑初字第44号	四川省西昌市人民法院	基层法院	一审
吕某某故意伤害罪一审刑事判决书	（2014）东一法刑初字第2257号	广东省东莞市第一人民法院	基层法院	一审
庞一某、庞二某等犯故意伤害罪一审刑事判决书	（2014）宁刑初字第288号	天津市宁河县人民法院	基层法院	一审
王某某故意伤害罪一审刑事判决书	（2015）西昌刑初字第141号	四川省西昌市人民法院	基层法院	一审
郑某甲、郑某乙、施某某故意伤害案一审刑事附带民事判决书	（2014）富刑初字第110号	云南省富源县人民法院	基层法院	一审
包某某与史某某故意伤害罪一审刑事附带民事判决书	（2014）漳三刑初字第11号	甘肃省漳县人民法院	基层法院	一审

续表

案例名称	案号	法院名称	法院层级	审判程序
被告人韩某生、许某山、杨某风、李某鹏犯故意伤害罪刑事判决书	（2014）兴刑初字第00237号	兴城市人民法院	基层法院	一审
被告人钱某某故意伤害案一审刑事附带民事判决书	（2014）玉红刑初字第393号	云南省玉溪市红塔区人民法院	基层法院	一审
被告人阮某某、王某某故意伤害罪一审刑事附带民事裁定书	（2015）甘刑初字第207号	甘肃省张掖市甘州区人民法院	基层法院	一审
被告人王某甲、王某乙故意伤害罪一案刑事判决书	（2015）长刑初字第67号	吉林省长岭县人民法院	基层法院	一审
被告人吴某一案的刑事判决书	（2014）建刑初字第00196号	辽宁省建昌县人民法院	基层法院	一审
被告人许某甲犯故意伤害罪一案一审刑事附带民事判决书	（2014）南刑初字第129号	四川省南部县人民法院	基层法院	一审
常某某故意伤害一审刑事判决书	（2015）渭刑初字第0024号	甘肃省渭源县人民法院	基层法院	一审
陈某甲故意伤害罪一审刑事判决书	（2015）淮刑初字第0062号	江苏省淮安市淮阴区人民法院	基层法院	一审
陈某甲故意伤害案一审刑事附带民事判决书	（2015）罗刑初字第66号	云南省罗平县人民法院	基层法院	一审
陈某甲诉被告人胡某某、张某某故意伤害一审刑事附带民事判决书	（2014）岚刑初字第00042号	陕西省岚皋县人民法院	基层法院	一审

续表

案例名称	案号	法院名称	法院层级	审判程序
承德市双桥区人民检察院诉被告人孙某民犯故意伤害罪一案一审判决书	（2014）双桥刑初字第236号	河北省承德市双桥区人民法院	基层法院	一审
承德市双桥区人民检察院诉被告人王某霞犯故意伤害罪一案一审判决书	（2014）双桥刑初字第94号	河北省承德市双桥区人民法院	基层法院	一审
承德市双桥区人民检察院指控被告人郑某永犯故意伤罪一案一审判决书	（2015）双桥刑初字第109号	河北省承德市双桥区人民法院	基层法院	一审
邓某乙故意伤害一审刑事判决书	（2015）庆西刑初字第129号	甘肃省庆阳市西峰区人民法院	基层法院	一审
刁某无罪、王某某故意伤害罪一审刑事判决书	（2014）宜高刑初字第233号	四川省高县人民法院	基层法院	一审
丁某诉孙某某故意伤害案一审刑事附带民事判决书	（2014）四西刑自初字第12号	四平市铁西区人民法院	基层法院	一审
董某新犯故意伤害罪一审刑事判决书	（2014）开刑重字第4号	河北省唐山市开平区人民法院	基层法院	一审
董某华、贾某美涉嫌犯故意伤害罪一审刑事判决书	（2014）开刑重字第6号	河北省唐山市开平区人民法院	基层法院	一审
杜某与张某故意伤害一审刑事附带民事判决书	（2014）泊刑初字第226号	河北省泊头市人民法院	基层法院	一审
范某某与姚某某故意伤害案一审刑事附带民事判决书	（2015）青刑初字第84号	宁夏回族自治区青铜峡市人民法院	基层法院	一审

续表

案例名称	案号	法院名称	法院层级	审判程序
冯某某故意伤害案一审刑事判决书	（2014）奇刑初字第00148号	新疆维吾尔自治区奇台县人民法院	基层法院	一审
冯某某故意伤害罪一审刑事判决书	（2014）江恩法刑重字第4号	广东省恩平市人民法院	基层法院	一审
附带民事原告人尚某某被告人刘某某犯故意伤害罪一审刑事附带民事判决书	（2015）酒肃刑初字第101号	甘肃省酒泉市肃州区人民法院	基层法院	一审
高某故意伤害罪一审刑事判决书	（2015）长刑初字第23号	河北省石家庄市长安区人民法院	基层法院	一审
郭某某故意伤害罪一审刑事附带民事判决书	（2014）历刑初字第8号	山东省济南市历下区人民法院	基层法院	一审
韩某甲故意伤害罪一审刑事判决书	（2015）邯县刑初字第50号	河北省邯郸县人民法院	基层法院	一审
侯某新故意伤害一审刑事判决书	(2015）鄂宣恩刑初字第00034号	湖北省宣恩县人民法院	基层法院	一审
黄某甲犯故意伤害罪一审刑事判决书	（2015）岷刑初字第36号	甘肃省岷县人民法院	基层法院	一审
黄某某、黄某故意伤害案一审刑事判决书	（2015）富刑初字第45号	云南省富源县人民法院	基层法院	一审
蒋某珍、李某福诉孔某某、蒋某、蒋某某故意伤害案一审刑事附带民事判决书	（2015）江刑初字第18号	云南省江川县人民法院	基层法院	一审
蒋某某、史某某、呼某、余某犯故意伤害罪一案一审刑事判决书	（2014）南宛刑初字第659号	河南省南阳市宛城区人民法院	基层法院	一审
康某甲犯故意伤害罪一审刑事判决书	（2015）沽刑初字第25号	河北省沽源县人民法院	基层法院	一审

续表

案例名称	案号	法院名称	法院层级	审判程序
李某甲故意伤害罪一审刑事判决书	（2014）泰刑初字第0432号	江苏省泰兴市人民法院	基层法院	一审
李某甲故意伤害罪一审刑事判决书	（2014）天刑初字第58号	山东省济南市天桥区人民法院	基层法院	一审
刘某甲故意伤害一审刑事判决书	（2015）韶翁法刑重字第1号	广东省翁源县人民法院	基层法院	一审
刘某某故意伤害案一审刑事判决书	（2014）澄刑初字第52号	云南省澄江县人民法院	基层法院	一审
刘某乙等故意伤害案一审刑事判决书	（2015）罗刑初字第34号	云南省罗平县人民法院	基层法院	一审
刘某乙故意伤害罪一审刑事判决书	（2014）鄂孝南刑二初字第00050号	湖北省孝感市孝南区人民法院	基层法院	一审
陆某甲故意伤害罪一审刑事判决书	（2014）昆刑初字第0952号	江苏省昆山市人民法院	基层法院	一审
马某甲、马某丙、马某丁、马某戊故意伤害罪一审刑事判决书	（2014）西刑初字第130号	宁夏回族自治区西吉县人民法院	基层法院	一审
马某甲故意伤害罪一审刑事附带民事判决书	（2015）西刑初字第24号	宁夏回族自治区西吉县人民法院	基层法院	一审
潘某林诉何某仓、姚某故意伤害一审刑事判决书	（2015）眉刑初字第00023号	陕西省眉县人民法院	基层法院	一审
邵某甲故意伤害罪一审刑事判决书	（2014）台玉刑初字第576号	浙江省玉环县人民法院	基层法院	一审
石某平故意伤害一审刑事判决书	（2014）渭刑初字第0128号	甘肃省渭源县人民法院	基层法院	一审

续表

案例名称	案号	法院名称	法院层级	审判程序
双桥区人民检察院诉被告人唐某文、李某超故意伤害罪一案一审判决书	（2014）双桥刑初字第376号	河北省承德市双桥区人民法院	基层法院	一审
宋某某故意伤害一审刑事判决书	（2015）抚东刑初字第00023号	辽宁省抚顺市东洲区人民法院	基层法院	一审
宋某旺故意伤害罪一审刑事判决书	（2015）和刑初字第37号	山西省和顺县人民法院	基层法院	一审
孙某某与高某故意伤害案一审刑事附带民事判决书	（2014）四西刑自初字第23号	四平市铁西区人民法院	基层法院	一审
王某全与王某金故意伤害纠纷一审刑事判决书	（2015）甘刑初字第207号	甘肃省张掖市甘州区人民法院	基层法院	一审
王某故意伤害罪一审刑事判决书	（2015）扬广刑初字第00036号	江苏省扬州市广陵区人民法院	基层法院	一审
王某某、王某甲、王某乙故意伤害罪一审刑附民判决书	（2015）陈刑初字第00023号	宝鸡市陈仓区人民法院	基层法院	一审
王某某控诉李某某故意伤害一案一审刑事附带民事判决书	（2015）庄刑初字第13号	甘肃省庄浪县人民法院	基层法院	一审
魏某某、陈某某故意伤害罪一审刑事判决书	（2015）安刑初字第118号	甘肃省定西市安定区人民法院	基层法院	一审
魏某某诉杨某甲、张某某、杨某乙故意伤害案一审刑事附带民事判决书	（2015）寻刑初字第9号	云南省寻甸回族彝族自治县人民法院	基层法院	一审
吴某莲故意伤害一审刑事附带民事判决书	（2015）陇刑初字第9号	甘肃省陇西县人民法院	基层法院	一审

续表

案例名称	案号	法院名称	法院层级	审判程序
武某清诉高某华故意伤害一案刑事判决书	（2014）佳刑初字第00071号	陕西省佳县人民法院	基层法院	一审
肖某某故意伤害罪案刑事判决书	（2015）深罗法刑二初字第116号	深圳市罗湖区人民法院	基层法院	一审
许某苗、汪某平故意伤害一审刑事判决书	（2015）漳刑初字第8号	甘肃省漳县人民法院	基层法院	一审
薛某某控诉柳某某故意伤害一案一审刑事判决书	（2015）庄刑初字第6号	甘肃省庄浪县人民法院	基层法院	一审
闫某诉高某某故意伤害案一审刑事附带民事判决书	（2007）黎刑初字第36号	山西省黎城县人民法院	基层法院	一审
杨某甲、刘某甲故意伤害一审刑事判决书	（2014）遵刑初字第281号	河北省遵化市人民法院	基层法院	一审
杨某诉李某等故意伤害案一审刑事附带民事判决书	（2015）寻刑初字第84号	云南省寻甸回族彝族自治县人民法院	基层法院	一审
尹某甲犯故意伤害罪一审刑事判决书	（2014）攸法刑初字第281号	湖南省攸县人民法院	基层法院	一审
郁某某故意伤害一审刑事判决书	（2015）静刑初字第111号	上海市静安区人民法院	基层法院	一审
喻某乙故意伤害罪一审刑事附带民事判决书	(2014)鄂巴东刑初字第00137号	湖北省巴东县人民法院	基层法院	一审
张某故意伤害罪一审刑事判决书	（2015）嘉平刑初字第252号	浙江省平湖市人民法院	基层法院	一审
张某甲犯故意伤害罪刑事判决书	（2014）祥刑初字第128号	云南省祥云县人民法院	基层法院	一审

续表

案例名称	案号	法院名称	法院层级	审判程序
张某某诉景某某、王某甲故意伤害案一审刑事附带民事判决书	（2014）西刑自重字第1号	四平市铁西区人民法院	基层法院	一审
张某英、张某故意伤害案一审刑事附带民事一案一审刑事判决书	（2015）武刑初字第12号	云南省武定县人民法院	基层法院	一审
赵某某、尹某某故意伤害案一审刑事附带民事判决书	（2015）沾刑初字第3号	云南省沾益县人民法院	基层法院	一审
赵某恩与赵某福故意伤害罪一审刑事判决书	（2015）陈刑初字第00016号	宝鸡市陈仓区人民法院	基层法院	一审
郑某故意伤害罪一审刑事判决书	（2014）汉阴刑初字第00095号	陕西省汉阴县人民法院	基层法院	一审
周某某、喻某某、丁某某犯故意伤害罪一审刑事附带民事判决书	（2014）弥刑初字第87号	云南省弥渡县人民法院	基层法院	一审
自诉人程某甲、程某乙诉被告人王某甲故意伤害一审刑事判决书	（2014）正刑初字第209号	河北省正定县人民法院	基层法院	一审
自诉人兼附带民事诉讼原告人朱某某诉被告人白某某、郭某某故意伤害判决书	（2015）玉红刑初字第150号	云南省玉溪市红塔区人民法院	基层法院	一审
自诉人齐某某诉被告人曹某某故意伤害一案一审刑事判决书	（2014）东刑自初字第6号	吉林省四平市铁东区人民法院	基层法院	一审
自诉人吴某诉吴某某故意伤害罪一审刑事判决书	（2015）巢刑初字第00015号	安徽省巢湖市人民法院	基层法院	一审

续表

案例名称	案号	法院名称	法院层级	审判程序
自诉人张某霞与被告人陈某花、水某荣刑事一审判决书	(2015)临新刑初字第1号	甘肃省临洮县人民法院	基层法院	一审
曹某故意伤害罪一审刑事判决书	(2015)深福法刑初字第522号	广东省深圳市福田区人民法院	基层法院	一审
陈某1故意伤害罪一审刑事判决书	(2015)深福法刑重字第7号	广东省深圳市福田区人民法院	基层法院	一审
陈某云等故意伤害案一审民事判决书	(2016)云2331刑初12号	云南省禄丰县人民法院	基层法院	一审
胡某锋故意伤害罪一审刑事判决书	(2016)冀0729刑初55号	河北省张家口市万全区人民法院	基层法院	一审
黄某诉孙某成、陈某彦故意伤害罪一审刑事附带民事判决书	(2016)陕0730刑初12号	陕西省佛坪县人民法院	基层法院	一审
黄某兰故意伤害罪一审刑事判决书	(2016)苏0684刑初198号	江苏省海门市人民法院	基层法院	一审
刘某某诉匡某某等故意伤害案一审刑事附带民事判决书	(2016)云2331刑初22号	云南省禄丰县人民法院	基层法院	一审
史某某诉李某某等故意伤害案一审民事判决书	(2016)云2331刑初21号	云南省禄丰县人民法院	基层法院	一审
邰某辉与邰某鲜故意伤害一审刑事附带民事判决书	(2016)黔2630刑初24号	贵州省台江县人民法院	基层法院	一审
王某诉苟某清故意伤害罪一案刑事判决书	(2016)云0723刑初69号	云南省华坪县人民法院	基层法院	一审

续表

案例名称	案号	法院名称	法院层级	审判程序
徐某甲诉韩某甲故意伤害罪自诉案一审刑事附带民事判决书	（2016）云0114刑初418号	昆明市呈贡区人民法院	基层法院	一审
薛某某诉王某某故意伤害罪一审刑事判决书	（2016）陕0825刑初236号	陕西省定边县人民法院	基层法院	一审
闫某等三人故意伤害罪一审刑事附带民事判决书	（2016）晋0581刑初3号	山西省高平市人民法院	基层法院	一审
张某1等故意伤害罪一审刑事附带民事判决书	（2015）通刑初字第605号	北京市通州区人民法院	基层法院	一审
自诉人苟某指控被告人吴某强、郑某华犯故意伤害罪附带民事诉讼一案的一审刑事附带民事判决书	（2016）川1902刑初99号	四川省巴中市巴州区人民法院	基层法院	一审
张某某无罪一审刑事判决书	（2016）川0504刑初180号	四川省泸州市龙马潭区人民法院	基层法院	一审
故意伤害罪一审刑事判决书	（2015）深福法刑初字第271号	广东省深圳市福田区人民法院	基层法院	一审
白某甲犯故意伤害罪一审刑事判决书	（2015）兖刑重初字第1号	山东省济宁市兖州区人民法院	基层法院	一审
保某国、陈某娣故意伤害一审刑事判决书	（2016）云0322刑初191号	云南省陆良县人民法院	基层法院	一审
被告白某某故意伤害一审自诉刑事附带民事判决书	（2016）晋0424刑初38号	山西省屯留县人民法院	基层法院	一审
被告人（反诉附带民事诉讼原告人）赵某某故意伤害罪一审刑事判决书	（2015）南溪刑初字第171号	四川省宜宾市南溪区人民法院	基层法院	一审

续表

案例名称	案号	法院名称	法院层级	审判程序
被告人崔某1、崔某2故意伤害一案一审刑事判决书	(2016)吉0323刑初257号	吉林省伊通满族自治县人民法院	基层法院	一审
被告人黄某甲犯故意伤害罪一审刑事判决书	(2015)仪刑初字第141号	四川省仪陇县人民法院	基层法院	一审
被告人吕某故意伤害案一审刑事附带民事判决书	(2015)梨刑自初字第24号	吉林省梨树县人民法院	基层法院	一审
被告人石某某故意伤害罪一案刑事附带民事判决书	(2016)吉0722刑初26号	吉林省长岭县人民法院	基层法院	一审
被告人许某某故意伤害罪一案刑事附带民事判决书	(2016)吉0722刑初206号	吉林省长岭县人民法院	基层法院	一审
被告王某甲、被告王某乙故意伤害罪一案一审刑事附带民事判决书	(2015)前刑初字第282号	吉林省前郭县人民法院	基层法院	一审
常某、季某茹故意伤害罪一审刑事附带民事判决书	(2016)吉0302刑初82号	四平市铁西区人民法院	基层法院	一审
陈某2故意伤害一审刑事判决书	(2016)沪0116刑初103号	上海市金山区人民法院	基层法院	一审
陈某故意伤害罪一审刑事判决书	(2016)渝0151刑初128号	重庆市铜梁区人民法院	基层法院	一审
陈某甲等故意伤害一审刑事附带民事判决书	(2016)云0421刑初46号	云南省江川县人民法院	基层法院	一审

续表

案例名称	案号	法院名称	法院层级	审判程序
陈某某、游某某、安某故意伤害案一审刑事附带民事判决书	(2015)官刑二初字第344号	云南省昆明市官渡区人民法院	基层法院	一审
陈某某与陈某甲故意伤害一案一审刑事附带民事判决书	(2016)甘1121刑初90号	甘肃省通渭县人民法院	基层法院	一审
陈某乙、陈某丁故意伤害案一审刑事判决书	(2016)云0324刑初224号	云南省罗平县人民法院	基层法院	一审
陈某青诉赵某、曹某梅故意伤害一案重审刑事附带民事判决书	(2016)吉0303刑初17号	吉林省四平市铁东区人民法院	基层法院	一审
丁某伟、白某英故意伤害一审刑事判决书	(2016)云2525刑初31号	云南省石屏县人民法院	基层法院	一审
董某某故意伤害一审刑事判决书	(2016)宁0402刑初235号	宁夏回族自治区固原市原州区人民法院	基层法院	一审
董某芬故意伤害一审刑事判决书	(2015)楚刑初字第361号	云南省楚雄市人民法院	基层法院	一审
杜某故意伤害一审刑事判决书	(2015)柳刑初字第175号	山西省柳林县人民法院	基层法院	一审
段某启、段某坡等与薛某言故意伤害一审刑事附带民事判决书	(2016)豫0926刑初131号	河南省范县人民法院	基层法院	一审
多某涛故意伤害一审刑事判决书	(2016)冀1081刑初23号	河北省霸州市人民法院	基层法院	一审
冯某平故意伤害一审刑事判决书	(2016)云0723刑初77号	云南省华坪县人民法院	基层法院	一审

续表

案例名称	案号	法院名称	法院层级	审判程序
冯某某故意伤害一审刑事判决书	（2015）庆西刑初字第588号	甘肃省庆阳市西峰区人民法院	基层法院	一审
付某某诉胡某某故意伤害罪一审刑事判决书	（2016）陕0921刑初48号	陕西省汉阴县人民法院	基层法院	一审
高某某故意伤害案一审刑事附带民事判决书	（2015）陆刑初字第344号	云南省陆良县人民法院	基层法院	一审
谷某与田某故意伤害一审刑事附带民事判决书	（2015）迁刑初字第210号	河北省迁西县人民法院	基层法院	一审
顾某甲、顾某锦犯故意伤害罪一审刑事判决书	（2015）淮刑初字第00594号	江苏省淮安市淮阴区人民法院	基层法院	一审
郭某芹故意伤害一审刑事判决书	（2016）冀0322刑初154号	河北省昌黎县人民法院	基层法院	一审
海甲与海某甲故意伤害一审刑事附带民事判决书	（2016）宁0425刑初58号	宁夏回族自治区彭阳县人民法院	基层法院	一审
韩某甲与牛某故意伤害罪一案刑事判决书	（2016）陕0821刑初82号	陕西省神木县人民法院	基层法院	一审
韩某某诉冯某甲、冯某乙刑事附带民事一审判决书	（2016）陕0327刑初19号	陕西省陇县人民法院	基层法院	一审
何某顺故意伤害罪一审刑事判决书	（2016）云0129刑初192号	云南省寻甸回族彝族自治县人民法院	基层法院	一审
何某芬诉沈某琼、罗某松故意伤害案一审刑事附带民事判决书	（2015）通刑初字第265号	云南省通海县人民法院	基层法院	一审
何某甲犯故意伤害罪一审刑事附带民事判决书	（2016）川3427刑初22号	四川省宁南县人民法院	基层法院	一审

续表

案例名称	案号	法院名称	法院层级	审判程序
胡某宗、刘某故意伤害一审刑事判决书	(2016)云0722刑初42号	云南省永胜县人民法院	基层法院	一审
黄某伟故意伤害罪一审刑事判决书	(2014)深福法刑初字第1644号	广东省深圳市福田区人民法院	基层法院	一审
贾某某诉张某某1、张某某2犯故意伤害罪一审刑事附带民事判决书	(2016)甘1126刑初00079号	甘肃省岷县人民法院	基层法院	一审
姜某珍故意伤害罪一审判决书	(2016)吉0524刑初93号	吉林省柳河县人民法院	基层法院	一审
姜某指控姜某甲犯故意伤害罪一案一审刑事附带民事判决书	(2016)甘1121刑初105号	甘肃省通渭县人民法院	基层法院	一审
蒋某犯故意伤害罪一审刑事判决书	(2016)苏0412刑初191号	江苏省常州市武进区人民法院	基层法院	一审
靳某某故意伤害案一审刑事附带民事判决书	(2016)晋0426刑初21号	山西省黎城县人民法院	基层法院	一审
景某甲故意伤害案一审刑事附带民事判决书	(2016)陕0322刑初39号	陕西省凤翔县人民法院	基层法院	一审
郐某乙故意伤害罪一审刑事附带民事判决书	(2016)鄂0881刑初字17号	湖北省钟祥市人民法院	基层法院	一审
赖某飞、赖某某故意伤害一审刑事判决书	(2016)粤2072刑初1107号	广东省中山市第二人民法院	基层法院	一审
黎某某故意伤害罪一审刑事附带民事判决书	(2016)赣0828刑初36号	江西省万安县人民法院	基层法院	一审
李某才、李某珍故意伤害罪一审刑事判决书	(2016)云0129刑初71号	云南省寻甸回族彝族自治县人民法院	基层法院	一审
李某华、洪某军故意伤害一审刑事判决书	(2016)川0183刑初373号	四川省邛崃市人民法院	基层法院	一审

续表

案例名称	案号	法院名称	法院层级	审判程序
李某林、李某才故意伤害罪案一审刑事附带民事判决书	（2016）云0423刑初111号	云南省通海县人民法院	基层法院	一审
李某仓故意伤害罪一审刑事判决书	（2015）河刑初字第64号	山西省河曲县人民法院	基层法院	一审
李某故意伤害案一审刑事判决书	（2015）嵩刑初字第201号	云南省嵩明县人民法院	基层法院	一审
李某故意伤害一审刑事判决书	（2015）岳刑初字第322号	湖南省湘潭市岳塘区人民法院	基层法院	一审
李某甲、李某乙等犯故意伤害罪一审刑事判决书	（2015）山刑初字第127号	山东省枣庄市山亭区人民法院	基层法院	一审
李某甲与孟某故意伤害一审刑事附带民事判决书	（2013）丰刑重字第5号	河北省唐山市丰润区人民法院	基层法院	一审
李某某诉李某故意伤害刑事判决书	（2016）云0122刑初43号	云南省晋宁县人民法院	基层法院	一审
李某某与肖某某、饶某某故意伤害一审刑事附带民事判决书	（2016）赣0824刑初22号	江西省新干县人民法院	基层法院	一审
李某芳犯故意伤害罪一审刑事附带民事判决书	（2016）川1827刑初9号	四川省宝兴县人民法院	基层法院	一审
李某华故意伤害一审刑事判决书	（2016）赣0429刑初46号	江西省湖口县人民法院	基层法院	一审
李某林故意伤害罪一审刑事判决书	（2016）云0126刑初318号	云南省石林彝族自治县人民法院	基层法院	一审

续表

案例名称	案号	法院名称	法院层级	审判程序
李某苍、李某桃、李某倪故意伤害罪一审刑事判决书	（2016）陕0304刑初153号	宝鸡市陈仓区人民法院	基层法院	一审
梁某芙与刘某喜故意伤害一审刑事附带民事判决书	（2015）广刑初字第00275号	安徽省广德县人民法院	基层法院	一审
刘某故意伤害罪一审刑事附带民事判决书	（2016）吉0303刑初215号	吉林省四平市铁东区人民法院	基层法院	一审
刘某坤、刘某等故意伤害罪一审刑事判决书	（2016）云0324刑初91号	云南省罗平县人民法院	基层法院	一审
刘某、周某犯故意伤害罪一审刑事判决书	（2015）山刑初字第189号	山东省枣庄市山亭区人民法院	基层法院	一审
刘某故意伤害罪刑事判决书	（2016）苏1112刑初65号	江苏省镇江市丹徒区人民法院	基层法院	一审
刘某某故意伤害案一审刑事附带民事判决书	（2016）云2627刑初9号	云南省广南县人民法院	基层法院	一审
刘某某故意伤害案一审刑事判决书	（2015）东刑自初字第14号	吉林省四平市铁东区人民法院	基层法院	一审
刘某某故意伤害一审刑事附带民事判决书	（2016）陕0826刑初52号	陕西省绥德县人民法院	基层法院	一审
刘某某故意伤害罪一审刑事判决书	（2016）云0326刑初32号	云南省会泽县人民法院	基层法院	一审
刘某义故意伤害一审刑事判决书	（2016）桂0124刑初31号	广西壮族自治区马山县人民法院	基层法院	一审
刘某福与张某斌故意伤害一审刑事附带民事判决书	（2015）广刑初字00183号	安徽省广德县人民法院	基层法院	一审

续表

案例名称	案号	法院名称	法院层级	审判程序
柳某荣、柳某故意伤害案刑事判决书	（2016）云2924刑初34号	云南省宾川县人民法院	基层法院	一审
卢某与周某甲、周某乙故意伤害一审刑事判决书	（2016）桂0205刑初220号	广西壮族自治区柳州市柳北区人民法院	基层法院	一审
吕某甲诉吕某某某、吕某乙故意伤害罪一审刑事附带民事判决书	（2015）岷刑初字第304号	甘肃省岷县人民法院	基层法院	一审
马某敢诉马某勇等故意伤害案一审刑事附带民事判决书	（2016）云0129刑初1号	云南省寻甸回族彝族自治县人民法院	基层法院	一审
马某义故意伤害一案刑事附带民事判决书	2016）宁0303刑初57号	宁夏回族自治区吴忠市红寺堡区人民法院	基层法院	一审
马某甲、马某乙故意伤害罪一审刑事附带民事判决书	（2016）新2323刑初55号	新疆维吾尔自治区呼图壁县人民法院	基层法院	一审
马某甲、马乙故意伤害一审刑事判决书	（2016）宁0402刑初第109号	宁夏回族自治区固原市原州区人民法院	基层法院	一审
马某某诉马某某甲、鲜某某犯故意伤害罪一审刑事判决书	（2015）岷刑初字第257号	甘肃省岷县人民法院	基层法院	一审
马某某与杨某某、杨某甲、杨某乙、杨某丙故意伤害案刑事附带民事判决书	（2015）青刑初字第223号	宁夏回族自治区青铜峡市人民法院	基层法院	一审
孟某涉嫌故意伤害罪一审刑事附带民事判决书	（2013）丰刑重字第5号	河北省唐山市丰润区人民法院	基层法院	一审

续表

案例名称	案号	法院名称	法院层级	审判程序
莫某川故意伤害一审刑事判决书	(2015)丹刑初字第110号	广西壮族自治区南丹县人民法院	基层法院	一审
南某某故意伤害罪一审刑事附带民事判决书	(2015)安刑初字第396号	甘肃省定西市安定区人民法院	基层法院	一审
聂某、陈某甲等故意伤害罪一审刑事判决书	(2016)云0326刑初144号	云南省会泽县人民法院	基层法院	一审
牛某与韩某甲、韩某乙、屈某故意伤害罪一案刑事判决书	(2016)陕0821刑初81号	陕西省神木县人民法院	基层法院	一审
秦某某故意伤害案一审刑事附带民事判决书	(2016)云0328刑初105号	云南省沾益县人民法院	基层法院	一审
沈某甲犯故意伤害罪一审刑事判决书	(2015)山刑初字第139号	山东省枣庄市山亭区人民法院	基层法院	一审
石某芬与高某芬故意伤害一审刑事判决书	(2016)黔0527刑初5号	贵州省赫章县人民法院	基层法院	一审
史某、魏某故意伤害案一审刑事判决书	(2015)富刑初字第257号	云南省富源县人民法院	基层法院	一审
寿某犯故意伤害罪一审刑事判决书	(2015)绍诸刑初字第1721号	浙江省诸暨市人民法院	基层法院	一审
宋某香故意伤害一审刑事判决书	(2016)豫0811刑初204号	河南省焦作市山阳区人民法院	基层法院	一审
宋某某、何某某故意伤害案一审刑事判决书	(2015)富刑初字第238号	云南省富源县人民法院	基层法院	一审
宋某故意伤害一审刑事判决书	(2015)武刑一初字第116号	江西省武宁县人民法院	基层法院	一审
孙某、常某某故意伤害一审刑事附带民事判决书	(2016)陕0826刑初24号	陕西省绥德县人民法院	基层法院	一审

续表

案例名称	案号	法院名称	法院层级	审判程序
孙某甲、孙某乙故意伤害一审刑事判决书	（2016）皖0124刑初第29号	安徽省庐江县人民法院	基层法院	一审
孙某美与董某芬故意伤害罪一审刑事附带民事判决书	（2015）楚刑初字第361号	云南省楚雄市人民法院	基层法院	一审
邰某平与邰某华故意伤害一审刑事附带民事判决书	（2016）黔2630刑初23号	贵州省台江县人民法院	基层法院	一审
覃某刚与程某平、程某华故意伤害案一审刑事附带民事判决书	（2016）云0302刑初556号	云南省曲靖市麒麟区人民法院	基层法院	一审
汤某甲犯故意伤害罪一审刑事判决书	（2016）皖0121刑初268号	安徽省长丰县人民法院	基层法院	一审
陶某甲、陶某乙等故意伤害罪一审刑事判决书	（2015）会刑初字第162号	云南省会泽县人民法院	基层法院	一审
拓某故意伤害罪一案一审刑事判决书	（2016）陕0821刑初191号	陕西省神木县人民法院	基层法院	一审
汪某福诉任某文故意伤害罪一审刑事判决书	（2016）陕0921刑初80号	陕西省汉阴县人民法院	基层法院	一审
王某学诉王某有故意伤害一案一审刑事附带民事判决书	（2016）甘0821刑初78号	甘肃省泾川县人民法院	基层法院	一审
吴某凤故意伤害罪一审刑事判决书	（2016）内0627刑初10号	伊金霍洛旗人民法院	基层法院	一审
王某丙故意伤害一审刑事附带民事判决书	（2016）桂0327刑初8号	广西壮族自治区灌阳县人民法院	基层法院	一审
王某犯故意伤害罪一审刑事判决书	（2016）苏1291刑初33号	江苏省泰州医药高新技术产业开发区人民法院	基层法院	一审

续表

案例名称	案号	法院名称	法院层级	审判程序
王某甲、附带民事诉讼原告人王某乙诉王某丙、原某甲故意伤害一审刑事附带民事判决书	（2016）晋 0524 刑初 54 号	山西省陵川县人民法院	基层法院	一审
王某甲、刘某等犯故意伤害罪一审刑事判决书	（2015）市中刑初字第 348 号	山东省枣庄市市中区人民法院	基层法院	一审
王某甲诉王某乙故意伤害罪一审刑事附带民事判决书	（2016）云 0502 刑初 306 号	云南省保山市隆阳区人民法院	基层法院	一审
王某某故意伤害案一审刑事附带民事判决书	（2016）新 2302 阜刑初 8 号	新疆维吾尔自治区阜康市人民法院	基层法院	一审
王某某故意伤害案一审刑事判决书	（2016）新 2302 刑初 15 号	新疆维吾尔自治区阜康市人民法院	基层法院	一审
王某某与宋某某故意伤害案一审刑事判决书	（2016）云 2331 刑初 50 号	云南省禄丰县人民法院	基层法院	一审
王某喜诉刘某林故意伤害罪一案一审刑事判决书	（2016）陕 0821 刑初 9 号	陕西省神木县人民法院	基层法院	一审
王某锋与邹某、王某故意伤害一审刑事附带民事判决书	（2016）桂 0327 刑初 22 号	广西壮族自治区灌阳县人民法院	基层法院	一审
王某瑞、王某坤等故意伤害罪一审刑事判决书	（2016）云 0129 刑初 215 号	云南省寻甸回族彝族自治县人民法院	基层法院	一审
魏某某故意伤害罪一审刑事判决书	（2015）安刑初字第 335 号	甘肃省定西市安定区人民法院	基层法院	一审

续表

案例名称	案号	法院名称	法院层级	审判程序
吴某翠故意伤害一审刑事判决书	（2016）鄂 2823 刑初 41 号	湖北省巴东县人民法院	基层法院	一审
吴某甲、吴某乙故意伤害罪一审刑事判决书	（2016）湘 1227 刑初 66 号	湖南省新晃侗族自治县人民法院	基层法院	一审
邢某乙故意伤害罪一审刑事判决书	（2016）鲁 0406 刑初 38 号	山东省枣庄市山亭区人民法院	基层法院	一审
徐某犯故意伤害罪一审刑事判决书	（2016）苏 0621 刑初 197 号	江苏省海安县人民法院	基层法院	一审
许某甲故意伤害案一审刑事判决书	（2016）云 2502 刑初 34 号	云南省开远市人民法院	基层法院	一审
薛某故意伤害案一审刑事附带民事判决书	（2014）长刑初重字第 36 号	山西省长治县人民法院	基层法院	一审
薛某胜故意伤害一审刑事附带民事判决书	（2016）鲁 1329 刑初 233 号	山东省临沭县人民法院	基层法院	一审
阳某某、杨某故意伤害案一审刑事附带民事判决书	（2016）云 0427 刑初 56 号	云南省新平彝族傣族自治县人民法院	基层法院	一审
杨某丙、韦某甲等与覃某甲、覃某乙故意伤害一审刑事判决书	（2015）金刑初字第 183 号	广西壮族自治区河池市金城江区人民法院	基层法院	一审
杨某某故意伤害案（轻伤）一审刑事附带民事判决书	（2016）云 2325 刑初 12 号	云南省姚安县人民法院	基层法院	一审
杨某某诉刘某某等故意伤害案一审刑事附带民事判决书	（2016）云 0129 刑初 63 号	云南省寻甸回族彝族自治县人民法院	基层法院	一审
杨某平故意伤害罪一审刑事判决书	（2016）甘 1102 刑初 183 号	甘肃省定西市安定区人民法院	基层法院	一审

续表

案例名称	案号	法院名称	法院层级	审判程序
杨某、刘某故意伤害一审刑事判决书	（2015）楚刑初字第259号	云南省楚雄市人民法院	基层法院	一审
叶某犯故意伤害罪一审刑事判决书	（2015）丽云刑自字第1号	浙江省云和县人民法院	基层法院	一审
岳某林故意伤害罪一审刑事判决书	（2016）云0323刑初49号	云南省师宗县人民法院	基层法院	一审
张某江、房某清故意伤害一审刑事判决书	（2016）冀0981刑初204号	河北省泊头市人民法院	基层法院	一审
张某雁与焦某节重审民事判决书	（2015）汶刑重字第3号	山东省汶上县人民法院	基层法院	一审
张甲某故意伤害刑事判决书	（2015）忻刑初字第294号	山西省忻州市忻府区人民法院	基层法院	一审
张某故意伤害一审刑事判决书	（2016）粤2071刑初1567号	广东省中山市第一人民法院	基层法院	一审
张某甲与覃某甲故意伤害一审刑事附带民事判决书	（2016）桂1322刑初17号	广西壮族自治区象州县人民法院	基层法院	一审
张某某、张某某1故意伤害案一审刑事附带民事判决书	（2016）晋0521刑初52号	山西省沁水县人民法院	基层法院	一审
张某彦故意伤害一审刑事判决书	（2016）云0126刑初232号	云南省石林彝族自治县人民法院	基层法院	一审
张某祥诉杨某昌、杨某祥、赵某强、赵某刚、高某故意伤害罪一案一审判决书	（2015）神刑初字第00367号	陕西省神木县人民法院	基层法院	一审
赵某乙犯故意伤害罪一审刑事判决书	（2016）云2324刑初19号	云南省南华县人民法院	基层法院	一审

续表

案例名称	案号	法院名称	法院层级	审判程序
赵某薪、赵某宏故意伤害罪一审刑事判决书	（2016）云0126刑初203号	云南省石林彝族自治县人民法院	基层法院	一审
郑某某、李某某故意伤害案一审刑事附带民事判决书	（2015）华刑初字第130号	云南省华宁县人民法院	基层法院	一审
周某故意伤害罪一审刑事判决书	（2016）桂0124刑初31号	广西壮族自治区马山县人民法院	基层法院	一审
自诉人秀某判决书	（2016）青0221刑初22号	青海省海东市平安区人民法院	基层法院	一审
自诉人暨附带民事诉讼原告人陈某某诉被告人陈某甲故意伤害刑事附带民事判决书	（2016）苏1112刑初5号	江苏省镇江市丹徒区人民法院	基层法院	一审
自诉人暨附带民事诉讼原告人黄某甲诉被告人孙某甲、陈某某故意伤害判决书	（2016）陕0730刑初12号	陕西省佛坪县人民法院	基层法院	一审
自诉人兼附带民事诉讼原告人张某勇指控被告人陈某飞、高某霞故意伤害判决书	（2015）临玉刑初字第1号	甘肃省临洮县人民法院	基层法院	一审
自诉人蒋某1诉被告人曹某故意伤害一案一审刑事判决书	（2015）梨刑自初字第5号	吉林省梨树县人民法院	基层法院	一审
自诉人雷某东故意伤害案一审刑事附带民事判决书	（2016）甘1021刑初91号	甘肃省庆城县人民法院	基层法院	一审
自诉人李某某诉被告人陈某某、阳某某故意伤害一审刑事附带民事判决书	（2015）蒸刑初字第248号	湖南省衡阳县人民法院	基层法院	一审

续表

案例名称	案号	法院名称	法院层级	审判程序
自诉人卢某强、徐某霞诉被告人安某东故意伤害刑事判决书	(2015)思刑初字第134号	贵州省思南县人民法院	基层法院	一审
自诉人苏某诉被告人马乙某、马丁某、马丙某犯故意伤害罪一审刑事判决书	(2015)昭刑初字第135号	新疆维吾尔自治区昭苏县人民法院	基层法院	一审
自诉人孙某某诉被告人赵某某、韩某某犯故意伤害罪一审刑事附带民事判决书	(2016)陕0802刑初115号	陕西省榆林市榆阳区人民法院	基层法院	一审
自诉人姚某指控被告人尹某某、尹某犯故意伤害罪一审刑事判决书	(2016)新2122刑初60号	新疆维吾尔自治区鄯善县人民法院	基层法院	一审
自诉人余某诉被告人余天岗犯故意伤害罪一案一审刑事判决书	(2016)川0683刑初66号	四川省绵竹市人民法院	基层法院	一审
自诉人战某甲指控被告人赵某甲故意伤害罪一案一审刑事判决书	(2015)莱州刑自初字第1号	山东省莱州市人民法院	基层法院	一审
自诉人赵某某以被告人张某某犯故意伤害罪一审刑事附带民事判决书	(2015)广利州刑初字第200号	四川省广元市利州区人民法院	基层法院	一审
被告人杜某珍故意伤害一案刑事附带民事判决书	(2016)辽1422刑初222号	建昌县人民法院	基层法院	一审
被告人吕某君故意伤害一案的刑事附带民事判决书	(2017)辽1422刑初186号	建昌县人民法院	基层法院	一审

续表

案例名称	案号	法院名称	法院层级	审判程序
被告人腾某富、伍某花犯故意伤害罪一审刑事附带民事判决书	(2017)川 0722 刑初 79 号	四川省三台县人民法院	基层法院	一审
车某兵故意伤害一审刑事判决书	(2017)云 2328 刑初 127 号	云南省元谋县人民法院	基层法院	一审
陈某故意伤害一审刑事附带民事判决书	(2017)皖 1525 刑初 39 号	安徽省霍山县人民法院	基层法院	一审
董某禄故意伤害一审刑事判决书	(2017)黔 0123 刑初 214 号	贵州省修文县人民法院	基层法院	一审
冯某某犯故意伤害罪一审刑事判决书	(2017)川 0681 刑初 289 号	四川省广汉市人民法院	基层法院	一审
高某故意伤害罪一审刑事附带民事判决书	(2017)吉 0194 刑初 116 号	长春净月高新技术产业开发区人民法院	基层法院	一审
胡某德故意伤害罪一审刑事判决书	(2017)甘 0524 刑初 24 号	甘肃省武山县人民法院	基层法院	一审
李某某故意伤害案一审刑事附带民事判决书	(2017)陕 0327 刑初 71 号	陕西省陇县人民法院	基层法院	一审
李某印故意伤害罪一审刑事附带民事判决书	(2016)吉 0382 刑初 240 号	吉林省双辽市人民法院	基层法院	一审
刘某、敬某云犯故意伤害罪一审刑事判决书	(2016)川 0723 刑初 96 号	四川省盐亭县人民法院	基层法院	一审
汪某林、金某故意伤害罪一审刑事判决书	(2017)甘 1102 刑初 184 号	甘肃省定西市安定区人民法院	基层法院	一审
王某某故意伤害一审刑事判决书	(2016)宁 0402 刑初 345 号	宁夏回族自治区固原市原州区人民法院	基层法院	一审

续表

案例名称	案号	法院名称	法院层级	审判程序
薛某故意伤害罪一审刑事判决书	(2016)苏0684刑初595号	江苏省海门市人民法院	基层法院	一审
张某1与陈某某故意伤害一审刑事判决书	(2017)吉0303刑初162号	吉林省四平市铁东区人民法院	基层法院	一审
张某故意伤害一审刑事判决书	(2016)鲁1202刑初131号	山东省莱芜市莱城区人民法院	基层法院	一审
张某光、张某龙故意伤害罪一审刑事附带民事判决书	(2017)吉0303刑初59号	吉林省四平市铁东区人民法院	基层法院	一审
赵某、赵某辉故意伤害罪一审刑事判决书	(2014)宜刑初字第819号	江苏省宜兴市人民法院	基层法院	一审
朱某某、孟某某等盗窃罪一审刑事判决书	(2016)云2925刑初87号	云南省弥渡县人民法院	基层法院	一审
自诉人安某诉被告人姚某会、郑1、郑2故意伤害罪一审刑事判决书	(2016)川0802刑初324号	四川省广元市利州区人民法院	基层法院	一审
自诉人的日某且、的日某乃诉吉某木加子、吉某木果子故意伤害罪案一审刑事附带民事判决书	(2017)川3434刑初119号	四川省越西县人民法院	基层法院	一审
自诉人罗某某诉杨代武王某华故意伤害罪案一审刑事附带民事判决书	(2017)川3434刑初115号	四川省越西县人民法院	基层法院	一审
自诉人王某某诉汪某秀、陈某昆、汪某云故意伤害罪案一审刑事附带民事判决书	(2017)川3434刑初45号	四川省越西县人民法院	基层法院	一审
邹某故意伤害一审刑事判决书	(2016)鄂0107刑初226号	湖北省武汉市青山区人民法院	基层法院	一审

续表

案例名称	案号	法院名称	法院层级	审判程序
赵某1故意伤害罪一审刑事判决书	（2017）辽0211刑初14号	大连市甘井子区人民法院	基层法院	一审
安某书故意伤害一审刑事判决书	（2017）黔0327刑初137号	贵州省凤冈县人民法院	基层法院	一审
敖某宝、顾某吉故意伤害一审刑事判决书	（2017）云0328刑初153号	云南省曲靖市沾益区人民法院	基层法院	一审
被告人卡某木·卡某汗故意伤害罪一案刑事附带民事判决书	（2017）新0121刑初7号	新疆维吾尔自治区乌鲁木齐县人民法院	基层法院	一审
被告人尹某乙故意伤害案一审刑事附带民事判决书	（2017）云2322刑初49号	云南省双柏县人民法院	基层法院	一审
曹某波故意伤害一审刑事附带民事判决书	（2017）沪0112刑初304号	上海市闵行区人民法院	基层法院	一审
陈某美故意伤害刑事一审判决书	（2017）云0524刑初16号	云南省昌宁县人民法院	基层法院	一审
陈某、欧某先故意伤害一审刑事判决书	（2017）黔0521刑初52号	贵州省大方县人民法院	基层法院	一审
陈某果故意伤害一审刑事判决书	（2016）鄂1182刑初59号	湖北省武穴市人民法院	基层法院	一审
程某仙、程某飞故意伤害一审刑事判决书	（2017）赣0423刑初82号	江西省武宁县人民法院	基层法院	一审
程某故意伤害罪再审刑事判决书	（2016）鄂0984刑再1号	湖北汉川市人民法院	基层法院	一审
杜某故意伤害一审刑事判决书	（2017）云0328刑初99号	云南省曲靖市沾益区人民法院	基层法院	一审

续表

案例名称	案号	法院名称	法院层级	审判程序
段某伟、张某玲故意伤害一审刑事判决书	（2017）云0424刑初61号	云南省华宁县人民法院	基层法院	一审
段某凤诉赵某团、余某伍故意伤害罪一审刑事附带民事判决书	（2017）云0129刑初56号	云南省寻甸回族彝族自治县人民法院	基层法院	一审
范某珍故意伤害一审刑事判决书	（2017）鄂0822刑初49号	湖北省沙洋县人民法院	基层法院	一审
傅某故意伤害一审刑事判决书	（2017）赣0502刑初198号	江西省新余市渝水区人民法院	基层法院	一审
高某甲故意伤害罪一审刑事判决书	（2016）鄂0325刑初234号	湖北省房县人民法院	基层法院	一审
郭某刚、郭某萍故意伤害一审刑事判决书	（2016）云0402刑初449号	云南省玉溪市红塔区人民法院	基层法院	一审
郭某甲故意伤害罪一审刑事附带民事判决书	（2017）晋0581刑初164号	山西省高平市人民法院	基层法院	一审
韩某付故意伤害罪一审刑事附带民事判决书	（2016）吉0322刑初580号	吉林省梨树县人民法院	基层法院	一审
何1与何2、何某兵故意伤害罪一审刑事自诉判决书	（2016）鄂9005刑初283号	湖北省潜江市人民法院	基层法院	一审
胡某珍与陈某龙故意伤害罪一审刑事判决书	（2017）甘1121刑初47号	甘肃省通渭县人民法院	基层法院	一审
胡某锋故意伤害一审刑事判决书	（2017）冀0729刑初44号	河北省张家口市万全区人民法院	基层法院	一审
胡某明、张某莲故意伤害案一审刑事附带民事判决书	（2017）云2329刑初14号	云南省武定县人民法院	基层法院	一审

续表

案例名称	案号	法院名称	法院层级	审判程序
黄某某诉黄某某、黄某某故意伤害罪一审刑事判决书	（2016）晋 0821 刑初 188 号	山西省临猗县人民法院	基层法院	一审
黄某故意伤害罪一审刑事判决书	（2016）苏 0324 刑初 524 号	江苏省睢宁县人民法院	基层法院	一审
黄某会故意伤害一审刑事判决书	（2017）云 0324 刑初 87 号	云南省罗平县人民法院	基层法院	一审
兰某连、兰某文犯故意伤害罪一案一审刑事判决书	（2017）湘 1225 刑初 60 号	湖南省会同县人民法院	基层法院	一审
李某良故意伤害一审刑事判决书	（2016）浙 0212 刑初 1379 号	浙江省宁波市鄞州区人民法院	基层法院	一审
李某忠故意伤害一审刑事判决书	（2017）湘 0811 刑初 2 号	湖南省张家界市武陵源区人民法院	基层法院	一审
李某芹故意伤害一审刑事判决书	（2017）鄂 0581 刑初 23 号	湖北省宜都市人民法院	基层法院	一审
李某言故意伤害附带民事一审刑事判决书	（2016）湘 0682 刑初 211 号	湖南省临湘市人民法院	基层法院	一审
李某、万某故意伤害罪一审刑事判决书	（2017）苏 0804 刑初 298 号	江苏省淮安市淮阴区人民法院	基层法院	一审
李某故意伤害一审刑事判决书	（2016）冀 0181 刑初 114 号	河北省辛集市人民法院	基层法院	一审
李某故意伤害一审刑事判决书	（2017）鲁 1525 刑初 45 号	山东省冠县人民法院	基层法院	一审
李某某诉申某某 1、龚某某、申某某 2 犯故意伤害罪一审刑事附带民事判决书	（2016）甘 1126 刑初 00267 号	甘肃省岷县人民法院	基层法院	一审

续表

案例名称	案号	法院名称	法院层级	审判程序
李某某与肖某某故意伤害罪一审刑事附带民事判决书	（2016）湘 1003 刑初 286 号	湖南省郴州市苏仙区人民法院	基层法院	一审
刘某英故意伤害一审刑事附带民事判决书	（2017）湘 0223 刑初 81 号	湖南省攸县人民法院	基层法院	一审
刘某 1、周某华故意伤害一审刑事判决书	（2016）冀 0528 刑初 1 号	河北省宁晋县人民法院	基层法院	一审
刘某 1 故意伤害一审刑事判决书	（2017）云 2601 刑初 159 号	云南省文山市人民法院	基层法院	一审
刘某某故意伤害一审刑事判决书	（2017）川 1421 刑初 264 号	四川省仁寿县人民法院	基层法院	一审
刘某辉故意伤害一审刑事判决书	（2017）赣 0828 刑初 56 号	江西省万安县人民法院	基层法院	一审
刘某涛、刘某红故意伤害一审刑事判决书	（2017）云 2924 刑初 22 号	云南省宾川县人民法院	基层法院	一审
陆某故意伤害罪一审刑事判决书	（2017）吉 0303 刑初 108 号	四平市铁东区人民法院	基层法院	一审
陆某慧、陆某贵故意伤害一审刑事判决书	（2017）云 0423 刑初 76 号	云南省通海县人民法院	基层法院	一审
罗某故意伤害一审刑事判决书	（2016）鄂 1303 刑初 286 号	湖北省随州市曾都区人民法院	基层法院	一审
罗某某故意伤害一审刑事判决书	（2017）沪 0115 刑初 2278 号	上海市浦东新区人民法院	基层法院	一审
马某民故意伤害罪一审刑事判决书	（2017）吉 0702 刑初 28 号	吉林省松原市宁江区人民法院	基层法院	一审
马某能、马某仙故意伤害一审刑事判决书	（2017）云 0129 刑初 394 号	云南省寻甸回族彝族自治县人民法院	基层法院	一审

续表

案例名称	案号	法院名称	法院层级	审判程序
念1、念2故意伤害一审刑事判决书	(2017)云0324刑初96号	云南省罗平县人民法院	基层法院	一审
农某海故意伤害一审刑事判决书	(2016)桂1421刑初122号	广西壮族自治区扶绥县人民法院	基层法院	一审
庞某勇故意伤害一审刑事判决书	(2017)冀0110刑初7号	石家庄市鹿泉区人民法院	基层法院	一审
彭某云与冯某武故意伤害罪一审刑事判决书	(2016)新0105刑初397号	新疆维吾尔自治区乌鲁木齐市水磨沟区人民法院	基层法院	一审
普某文、普某勇故意伤害一审刑事附带民事判决书	(2017)云0421刑初74号	云南省玉溪市江川区人民法院	基层法院	一审
戚某安诉戚某华、赵某香故意伤害案一审刑事附带民事判决书	(2017)云0129刑初29号	云南省寻甸回族彝族自治县人民法院	基层法院	一审
钱某华故意伤害罪一审刑事判决书	(2016)苏0684刑初686号	江苏省海门市人民法院	基层法院	一审
秦某、甄某清故意伤害罪一审刑事判决书	(2017)冀0184刑初121号	河北省新乐市人民法院	基层法院	一审
秦某文故意伤害一审刑事判决书	(2017)鄂0528刑初2号	湖北省长阳土家族自治县人民法院	基层法院	一审
秦某波故意伤害一审刑事判决书	(2015)鄂武穴刑初字第00185号	湖北省武穴市人民法院	基层法院	一审
邱某军、张某故意伤害一审刑事判决书	(2017)云2924刑初220号	云南省宾川县人民法院	基层法院	一审
申某甲、申某乙故意伤害一审刑事附带民事判决书	(2017)晋0524刑初40号	山西省陵川县人民法院	基层法院	一审

续表

案例名称	案号	法院名称	法院层级	审判程序
宋某维故意伤害一审刑事判决书	（2016）鄂2822刑初124号	湖北省建始县人民法院	基层法院	一审
孙某、孙某民、燕某犯故意伤害罪一案刑事判决书	（2017）陕0429刑再1号	陕西省旬邑县人民法院	基层法院	一审
孙某某故意伤害一审刑事判决书	（2016）甘0302刑初257号	甘肃省金昌市金川区人民法院	基层法院	一审
孙某扬、孙某故意伤害一审刑事判决书	（2017）鄂0527刑初99号	湖北省秭归县人民法院	基层法院	一审
唐某某故意伤害一审刑事判决书	（2016）冀0202刑初162号	河北省唐山市路南区人民法院	基层法院	一审
田某民、尚某鹏故意伤害一审刑事判决书	（2017）冀0828刑初29号	河北省围场满族蒙古族自治县人民法院	基层法院	一审
田某某诉马某某、马某甲故意伤害一审刑事附带民事判决书	（2017）晋0581刑初20号	山西省高平市人民法院	基层法院	一审
汪某某指控汪某发、江某英犯故意伤害罪一审刑事附带民事判决书	（2016）陕0902刑初279号	陕西省安康市汉滨区人民法院	基层法院	一审
王某涛故意伤害再审刑事判决书	（2016）浙0302刑再4号	浙江省温州市鹿城区人民法院	基层法院	一审
王某深故意伤害罪重审刑事判决书	（2016）吉0302刑初89号	四平市铁西区人民法院	基层法院	一审
王1故意伤害一审刑事判决书	（2016）鄂1127刑初166号	湖北省黄梅县人民法院	基层法院	一审

续表

案例名称	案号	法院名称	法院层级	审判程序
王2故意伤害罪一审刑事判决书	（2017）吉0722刑初176号	吉林省长岭县人民法院	基层法院	一审
王某某、王某乙故意伤害一审刑事判决书	（2017）云2331刑初57号	云南省禄丰县人民法院	基层法院	一审
王某喜诉刘某林故意伤害罪一案一审刑事附带民事判决书	（2017）陕0821刑初36号	陕西省神木县人民法院	基层法院	一审
王某莲、程某学、刘某、四平市妇婴医院故意伤害罪一审刑事附带民事判决书	（2016）吉0302刑初135号	四平市铁西区人民法院	基层法院	一审
王某清、杨某芬故意伤害一审刑事判决书	（2017）云2503刑初109号	云南省蒙自市人民法院	基层法院	一审
王某军、王3故意伤害一审刑事判决书	（2017）云0421刑初80号	云南省玉溪市江川区人民法院	基层法院	一审
王某增故意伤害一审刑事判决书	（2016）冀0204刑初63号	河北省唐山市古冶区人民法院	基层法院	一审
王某富故意伤害一审刑事判决书	（2016）云2301刑初185号	云南省楚雄市人民法院	基层法院	一审
吴某故意伤害一审刑事判决书	（2016）冀0983刑初377号	河北省黄骅市人民法院	基层法院	一审
吴某波故意伤害一审刑事判决书	（2017）云0421刑初83号	云南省玉溪市江川区人民法院	基层法院	一审
夏某骚、焦某金故意伤害一审刑事判决书	（2017）云0113刑初141号	昆明市东川区人民法院	基层法院	一审
肖某华故意伤害一审刑事判决书	（2016）闽0205刑初230号	福建省厦门市海沧区人民法院	基层法院	一审

续表

案例名称	案号	法院名称	法院层级	审判程序
徐某某故意伤害一审刑事判决书	（2017）云 0324 刑初 142 号	云南省罗平县人民法院	基层法院	一审
徐某招故意伤害一审刑事判决书	（2017）云 0129 刑初 307 号	云南省寻甸回族彝族自治县人民法院	基层法院	一审
许某、许某武故意伤害罪一审刑事附带民事判决书	（2017）吉 0322 刑初 28 号	吉林省梨树县人民法院	基层法院	一审
薛某根故意伤害罪一审刑事附带民事判决书	（2016）苏 0506 刑初 168 号	苏州市吴中区人民法院	基层法院	一审
杨某荣诉杨某忠、杨某华故意伤害案刑事一审刑事附带民事判决书	（2017）云 2930 刑初 10 号	云南省洱源县人民法院	基层法院	一审
杨某娟故意伤害一审刑事判决书	（2017）云 0402 刑初 252 号	云南省玉溪市红塔区人民法院	基层法院	一审
杨某某诉韦某明故意伤害罪刑事判决书	（2017）苏 1112 刑初 111 号	江苏省镇江市丹徒区人民法院	基层法院	一审
叶某民、叶某生故意伤害一审刑事判决书	（2017）云 0322 刑初 21 号	云南省陆良县人民法院	基层法院	一审
尹某仙、尹某艳故意伤害一审刑事判决书	（2017）云 0324 刑初 170 号	云南省罗平县人民法院	基层法院	一审
余某才故意伤害一审刑事判决书	（2017）云 0129 刑初 200 号	云南省寻甸回族彝族自治县人民法院	基层法院	一审
俞某平、俞某五故意伤害一审刑事判决书	（2017）浙 0212 刑初 224 号	浙江省宁波市鄞州区人民法院	基层法院	一审
张某故意伤害一审刑事判决书	（2017）鲁 0404 刑初 21 号	山东省枣庄市峄城区人民法院	基层法院	一审
张某宝故意伤害罪一审刑事判决书	（2016）苏 0925 刑初 194 号	江苏省建湖县人民法院	基层法院	一审

续表

案例名称	案号	法院名称	法院层级	审判程序
张某、王某故意伤害案一审刑事附带民事判决书	（2017）兵0103刑初9号	新疆生产建设兵团阿拉尔垦区人民法院	基层法院	一审
张某1故意伤害一审刑事判决书	（2016）赣0821刑初248号	江西省吉安县人民法院	基层法院	一审
张某杨、杨某故意伤害一审刑事判决书	（2017）云2924刑初123号	云南省宾川县人民法院	基层法院	一审
张某生、符某艳故意伤害罪一案刑事附带民事判决书	（2017）辽1321刑初15号	辽宁省朝阳县人民法院	基层法院	一审
赵某故意伤害一审刑事判决书	（2017）云0326刑初191号	云南省会泽县人民法院	基层法院	一审
赵某黄、司某珍故意伤害一审刑事判决书	（2017）云0125刑初25号	云南省宜良县人民法院	基层法院	一审
周某见、周1故意伤害一审刑事附带民事判决书	（2017）云0421刑初17号	云南省玉溪市江川区人民法院	基层法院	一审
周某皇故意伤害罪一审刑事判决书	（2016）湘0624刑初422号	湖南省湘阴县人民法院	基层法院	一审
周某故意伤害罪一审刑事判决书	（2017）鄂0602刑初93号	湖北省襄阳市襄城区人民法院	基层法院	一审
周某某诉周某甲等故意伤害刑事判决书	（2017）云0323刑初169号	云南省师宗县人民法院	基层法院	一审
朱某故意伤害罪一审刑事判决书	（2017）苏0684刑初62号	江苏省海门市人民法院	基层法院	一审
朱某明故意伤害罪一审刑事判决书	（2017）苏0724刑初232号	江苏省灌南县人民法院	基层法院	一审

续表

案例名称	案号	法院名称	法院层级	审判程序
朱某信、朱某生故意伤害一审刑事判决书	（2017）云0129刑初214号	云南省寻甸回族彝族自治县人民法院	基层法院	一审
朱某兵、赵某玉故意伤害一审刑事判决书	（2017）云0328刑初31号	云南省曲靖市沾益区人民法院	基层法院	一审
自诉人高某某以被告人吴某某犯故意伤害罪一案刑事附带民事判决书	（2017）陕0831刑初45号	陕西省子洲县人民法院	基层法院	一审
自诉人暨附带民事诉讼原告人范某娣诉被告人阚某华、范某梅、范某刑事判决书	（2016）苏1112刑初109号	江苏省镇江市丹徒区人民法院	基层法院	一审
自诉人暨附带民事诉讼原告人吕某坚与被告人许某祥犯故意伤害刑事判决书	（2001）安刑初字第68号	湖南省安仁县人民法院	基层法院	一审
自诉人李某某以及附带民事诉讼原告人乔某某以被告人赵某某、赵某故意伤害刑事判决书	（2017）陕0831刑初108号	陕西省子洲县人民法院	基层法院	一审
自诉人严某国诉被告人刘某故意伤害罪一审刑事判决书	（2016）湘1224刑初319号	湖南省溆浦县人民法院	基层法院	一审
自诉人姚某某诉被告人胡某甲、易某某、胡某乙、胡某丁犯故意伤害刑事判决书	（2016）湘0221刑初43号	湖南省株洲县人民法院	基层法院	一审
自诉人赵某某、赵团员以被告人张某、李某犯故意伤害罪一案刑事附带民事判决书	（2017）陕0831刑初17号	陕西省子洲县人民法院	基层法院	一审

续表

案例名称	案号	法院名称	法院层级	审判程序
被告人孙某龙故意伤害罪一审刑事判决书	（2017）辽 1321 刑初 192 号	辽宁省朝阳县人民法院	基层法院	一审
第五甲诉第五乙、第五丙故意伤害一案刑事附带民事判决书	（2018）陕 0429 刑初 30 号	陕西省旬邑县人民法院	基层法院	一审
李某平故意伤害刑事判决书	（2018）吉 0721 刑初 89 号	吉林省前郭尔罗斯蒙古族自治县人民法院	基层法院	一审
刘某辉故意伤害一审刑事判决书	（2018）赣 0828 刑初 13 号	江西省万安县人民法院	基层法院	一审
吕某 1 故意伤害一审刑事判决书	（2017）甘 1121 刑初 162 号	甘肃省通渭县人民法院	基层法院	一审
普某保故意伤害一审刑事判决书	（2018）云 0428 刑初 44 号	云南省元江哈尼族彝族傣族自治县人民法院	基层法院	一审
邵某芝故意伤害一审刑事判决书	（2017）浙 0604 刑初 815 号	浙江省绍兴市上虞区人民法院	基层法院	一审
王某故意伤害罪一审刑事判决书	（2018）陕 0802 刑初 79 号	陕西省榆林市榆阳区人民法院	基层法院	一审
杨某与黄某生、黄某亮故意伤害罪一案一审刑事判决书	（2017）陕 0881 刑初 675 号	陕西省神木市人民法院	基层法院	一审
原告人王某方诉刘某彬故意伤害罪一审刑事判决书	（2017）川 1503 刑初 16 号	四川省宜宾市南溪区人民法院	基层法院	一审
张某光故意伤害一审刑事判决书	（2017）云 0502 刑初 440 号	云南省保山市隆阳区人民法院	基层法院	一审

续表

案例名称	案号	法院名称	法院层级	审判程序
郑某诉梁某某故意伤害罪一审刑事附带民事判决书	（2017）辽0411刑初144号	抚顺市顺城区人民法院	基层法院	一审
自诉人暨附带民事诉讼原告人高某某起诉被告人杜某某、顾某某、张某某犯故意伤害罪一审刑事附带民事判决书	（2017）陕0802刑初331号	陕西省榆林市榆阳区人民法院	基层法院	一审
印某故意伤害罪一审刑事判决书	（2017）苏1282刑初8号	江苏省靖江市人民法院	基层法院	一审
白某国故意伤害一审刑事判决书	（2017）甘1102刑初267号	甘肃省定西市安定区人民法院	基层法院	一审
陈某、尹某龙故意伤害一审刑事判决书	（2017）云0424刑初133号	云南省华宁县人民法院	基层法院	一审
成某长、成某献故意伤害一审刑事判决书	（2016）鄂0222刑初300号	湖北省阳新县人民法院	基层法院	一审
代某雄、陈某萍故意伤害一审刑事判决书	（2017）云0422刑初106号	云南省澄江县人民法院	基层法院	一审
丁某英故意伤害一审刑事判决书	（2018）云0129刑初176号	云南省寻甸回族彝族自治县人民法院	基层法院	一审
杜某猛故意伤害一审刑事判决书	（2018）云0521刑初59号	云南省施甸县人民法院	基层法院	一审
何某故意伤害一审刑事判决书	（2018）冀0981刑初78号	河北省泊头市人民法院	基层法院	一审
何某波、保某勇故意伤害一审刑事判决书	（2018）云0129刑初35号	云南省寻甸回族彝族自治县人民法院	基层法院	一审
洪某某、施某婷故意伤害一审刑事判决书	（2018）云2502刑初6号	云南省开远市人民法院	基层法院	一审

续表

案例名称	案号	法院名称	法院层级	审判程序
胡某常故意伤害一审刑事判决书	（2018）云0125刑初25号	云南省宜良县人民法院	基层法院	一审
雷某有、雷某文故意伤害一审刑事判决书	（2018）云0421刑初14号	云南省玉溪市江川区人民法院	基层法院	一审
李某忠故意伤害案一审刑事附带民事判决书	（2010）凤翔刑初第00025号	陕西省凤翔县人民法院	基层法院	一审
林某杰故意伤害一审刑事判决书	（2017）粤0781刑初261号	广东省台山市人民法院	基层法院	一审
刘某故意伤害一审刑事判决书	（2017）湘1224刑初377号	湖南省溆浦县人民法院	基层法院	一审
鲁某辉、鲁某全故意伤害一审刑事判决书	（2017）云0422刑初93号	云南省澄江县人民法院	基层法院	一审
马某民犯故意伤害罪一审刑事附带民事判决书	（2017）吉0702刑初367号	吉林省松原市宁江区人民法院	基层法院	一审
宋某寿、钱某华故意伤害一审刑事判决书	（2018）云0421刑初43号	云南省玉溪市江川区人民法院	基层法院	一审
宋某平、陈某香故意伤害罪一审刑事判决书	（2017）苏1112刑初154号	江苏省镇江市丹徒区人民法院	基层法院	一审
汪某新、汪某安故意伤害一审刑事判决书	（2015）峨眉刑初字第39号	四川省峨眉山市人民法院	基层法院	一审
王某石故意伤害罪一审刑事判决书	（2018）黑0111刑初144号	黑龙江省哈尔滨市呼兰区人民法院	基层法院	一审
王某才、李某存故意伤害一审刑事判决书	（2018）云0129刑初10号	云南省寻甸回族彝族自治县人民法院	基层法院	一审
王某某故意伤害一审刑事判决书	（2017）粤0883刑初213号	广东省吴川市人民法院	基层法院	一审
杨某平故意伤害一审刑事判决书	（2018）浙0281刑初57号	浙江省余姚市人民法院	基层法院	一审

续表

案例名称	案号	法院名称	法院层级	审判程序
张某1、张万增故意伤害再审刑事判决书	（2017）豫0526刑再4号	河南省滑县人民法院	基层法院	一审
张某某故意伤害一审刑事判决书	（2018）皖0826刑初25号	安徽省宿松县人民法院	基层法院	一审
赵某涛故意伤害一审刑事判决书	（2018）云0424刑初9号	云南省华宁县人民法院	基层法院	一审
朱某某故意伤害一审刑事判决书	（2017）冀1082刑初283号	河北省三河市人民法院	基层法院	一审
朱某某诉陈某新、张某涛、陈某伟、宋某龙、李某华、李某云、李某故意伤害刑事判决书	（2017）云2927刑初181号	云南省巍山彝族回族自治县人民法院	基层法院	一审
自诉人殷某某诉被告人赵某强故意伤害罪附带民事诉讼一审刑事判决书	（2018）苏1112刑初56号	江苏省镇江市丹徒区人民法院	基层法院	一审
自诉人朱某财诉被告人吕某俭犯故意伤害罪一案一审刑事附带民事判决书	（2017）陕0928刑初98号	陕西省旬阳县人民法院	基层法院	一审

四、指导性案例

1. 指导案例93号：于某故意伤害案［（2017）鲁刑终151号］

【关键词】

刑事　故意伤害罪　非法限制人身自由　正当防卫　防卫过当

【要旨】

1. 对正在进行的非法限制他人人身自由的行为，应当认定为《刑法》第二十条第一款规定的“不法侵害”，可以进行正当防卫。

2. 对非法限制他人人身自由并伴有侮辱、轻微殴打的行为，不应当认定为《刑法》第二十条第三款规定的“严重危及人身安全的暴力犯罪”。

3. 判断防卫是否过当，应当综合考虑不法侵害的性质、手段、强度、危害程度，以及防卫行为的性质、时机、手段、强度、所处环境和损害后果等情节。对非法限制他人人身自由并伴有侮辱、轻微殴打，且并不十分紧迫的不法侵害，进行防卫致人死亡重伤的，应当认定为《刑法》第二十条第二款规定的“明显超过必要限度造成重大损害”。

4. 防卫过当案件，如系因被害人实施严重贬损他人人格尊严或者亵渎人伦的不法侵害引发的，量刑时对此应予充分考虑，以确保司法裁判既经得起法律检验，也符合社会公平正义观念。

【相关法条】

《刑法》第二十条

【基本案情】

被告人于某的母亲苏某在山东省冠县工业园区经营山东源大工贸有限公司（以下简称源大公司），于某系该公司员工。2014 年 7 月 28 日，苏某及其丈夫于某 1 向吴某、赵某 1 借款 100 万元，双方口头约定月息 10%。至 2015 年 10 月 20 日，苏某共计还款 154 万元。其间，吴某、赵某 1 因苏某还款不及时，曾指使被害人郭某 1 等人采取在源大公司车棚内驻扎、在办公楼前支锅做饭等方式催债。2015 年 11 月 1 日，苏某、于某 1 再向吴某、赵某 1 借款 35 万元。其中 10 万元，双方口头约定月息 10%；另外 25 万元，通过签订房屋买卖合同，用于某 1 名下的一套住房作为抵押，双方约定如逾期还款，则将该住房过户给赵某 1。2015 年 11 月 2 日至 2016 年 1 月 6 日，苏某共计向赵某 1 还款 29.8 万元。吴某、赵某 1 认为该 29.8 万元属于偿还第一笔 100 万元借款的利息，而苏某夫妇认为是用于偿还第二笔借款。吴某、赵某 1 多次催促苏某夫妇继续还款或办理住房过户手续，但苏某夫妇未再还款，也未办理住房过户。

2016 年 4 月 1 日，赵某 1 与被害人杜某 2、郭某 1 等人将于某 1 上述住房的门锁更换并强行入住，苏某报警。赵某 1 出示房屋买卖合同，民警调解后离去。同月 13 日上午，吴某、赵某 1 与杜某 2、郭某 1、杜某 7 等人将上述住房内的物品搬出，苏某报警。民警处警时，吴某称系房屋买卖纠纷，民警告知双方协商或通过诉讼解决。民警离开后，吴某责骂苏某，并将苏某头部按入座便器接近水面位置。当日下午，赵某1等人将上述住房内物品搬至源大公司门口。其间，苏某、于某1多次拨打市长热线求助。当晚，于某1通过他人调解，与吴某达成口头协议，约定次日将住房过户给赵某1，此后再付30万元，借款本金及利息即全部结清。

4月14日，于某1、苏某未去办理住房过户手续。当日16时许，赵某1纠集郭某2、郭某1、苗某、张某3到源大公司讨债。为找到于某1、苏某，郭某1报警称源大公司私刻财务章。民警到达源大公司后，苏某与赵某1等人因还款纠纷发生争吵。民警告知双方协商解决或到法院起诉后离开。李某3接赵某1电话后，伙同么某、张某2和被害人严某、程某到达源大公司。赵某1等人先后在办公楼前呼喊，在财务室内、餐厅外盯守，在办公楼门厅外烧烤、饮酒，催促苏某还款。其间，赵某1、苗某离开。20时许，杜某2、杜某7赶到源大公司，与李某3等人一起饮酒。20时48分，苏某按郭某1要求到办公楼一楼接待室，于某及公司员工张某1、马某陪同。21时53分，杜某2等人进入接待室讨债，将苏某、于某的手机收走放在办公桌上。杜某2用污秽言语辱骂苏某、于某及其家人，将烟头弹到苏某胸前衣服上，将裤子褪至大腿处裸露下体，朝坐在沙发上的苏某等人左右转动身体。在马某、李某3劝阻下，杜某2穿好裤子，又脱下于某的鞋让苏某闻，被苏某打掉。杜某2还用手拍打于某面颊，其他讨债人员实施了揪抓于某头发或按压于某肩部不准其起身等行为。22时7分，公司员工刘某打电话报警。22时17分，民警朱某带领辅警宋某、郭某3到达源大公司接待室了解情况，苏某和于某指认杜某2殴打于某，杜某2等人否认并称系讨债。22时22分，朱某警告双方不能打架，然后带领辅警到院内寻找报警人，并给值班民警徐某打电话通报警情。于某、苏某想随民警离开接待室，杜某2等人阻拦，并强迫于某坐下，于某拒绝。杜某2等人卡于某颈部，将于某推拉至接待室东南角。于某持刃长15.3厘米的单刃尖刀，警告杜某2等人不要靠近。杜某2出言挑衅并逼近于某，于某遂捅刺杜某2腹部一刀，又捅刺围逼在其身边的程某胸部、严某腹部、郭某1背部各一刀。22时26分，辅警闻声返回接待室。经辅警连续责令，于某交出尖刀。杜某2等四人受伤后，被杜某7等人驾车送至冠县人民医院救治。次日2时18分，杜某2经抢救无效，因腹部损伤造成肝固有动脉裂伤及肝右叶创伤导致失血性休克死亡。严某、郭某1的损伤均构成重伤二级，程某的损伤构成轻伤二级。

【裁判结果】

山东省聊城市中级人民法院于2017年2月17日作出（2016）鲁15刑初33号刑事附带民事判决，认定被告人于某犯故意伤害罪，判处无期徒刑，剥夺政治权利终身，并赔偿附带民事原告人经济损失。

宣判后，被告人于某及部分原审附带民事诉讼原告人不服，分别提出上诉。山东省高级人民法院经审理于2017年6月23日作出（2017）鲁刑终151号刑事附带民事判决：驳回附带民事上诉，维持原判附带民事部分；撤销原判刑事部分，以故意伤害罪改判于某有期徒刑五年。

【裁判理由】

法院生效裁判认为：被告人于某持刀捅刺杜某2等四人，属于制止正在进行的不法侵害，其行为具有防卫性质；其防卫行为造成一人死亡、二人重伤、一人轻伤的严重后果，明显超过必要限度造成重大损害，构成故意伤害罪，依法应负刑事责任。鉴于于某的行为属于防卫过当，于某归案后如实供述主要罪行，且被害方有以恶劣手段侮辱于某之母的严重过错等情节，对于某依法应当减轻处罚。原判认定于某犯故意伤害罪正确，审判程序合法，但认定事实不全面，部分刑事判项适用法律错误，量刑过重，遂依法改判于某有期徒刑五年。

本案在法律适用方面的争议焦点主要有两个方面：一是于某的捅刺行为性质，即是否具有防卫性、是否属于特殊防卫、是否属于防卫过当；二是如何定罪处罚。

一、关于于某的捅刺行为性质

《刑法》第二十条第一款规定："为了使国家、公共利益、本人或者他人的人身、财产和其他权利免受正在进行的不法侵害，而采取的制止不法侵害的行为，对不法侵害人造成损害的，属于正当防卫，不负刑事责任。"由此可见，成立正当防卫必须同时具备以下五项条件：一是防卫起因，不法侵害现实存在。不法侵害是指违背法律的侵袭和损害，既包括犯罪行为，又包括一般违法行为；既包括侵害人身权利的行为，又包括侵犯财产及其他权利的行为。二是防卫时间，不法侵害正在进行。正在进行是指不法侵害已经开始并且尚未结束的这段时期。对尚未开始或已经结束的不法侵害，不能进行防卫，否则即是防卫不适时。三是防卫对象，即针对不法侵害者本人。正当防卫的对象只能是不法侵害人本人，不能对不法侵害人之外的人实施防卫行为。在共同实施不法侵害的场合，共同侵害具有整体性，可对每一个共同侵害人进行正当防卫。四是防卫意图，出于制止不法侵害的目的，有防卫认识和意志。五是防卫限度，尚未明显超过必要限度造成重大损害。这就是说正当防卫的成立条件包括客观条件、主观条件和限度条件。客观条件和主观条件是定性条件，确定了正当防卫“正”的性质和前提条件，不符合这些条件的不是正当防卫；限度条件是定量条件，确定了正当防卫“当”的要求和合理限度，不符合该条件的虽然仍有防卫性质，但不是正当防卫，属于防卫过当。防卫过当行为具有防卫的前提条件和制止不法侵害的目的，只是在制止不法侵害过程中，没有合理控制防卫行为的强度，明显超过正当防卫必要限度，并造成不应有的重大损害后果，从而转化为有害于社会的违法犯罪行为。根据本案认定的事实、证据和我国刑法有关规定，于某的捅刺行为虽然具有防卫性，但属于防卫过当。

首先，于某的捅刺行为具有防卫性。案发当时杜某2等人对于某、苏某持续实施着限制人身自由的非法拘禁行为，并伴有侮辱人格和对于某推搡、拍打等行为；民警到达现场后，于某和苏某想随民警走出接待室时，杜某2等人阻止二人离开，并对于某实施推拉、围堵等行为，在于某持刀警告时仍出言挑衅并逼近，实施正当防卫所要求的不法侵害客观存在并正在进行；于某是在人身自由受到违法侵害、人身安全面临现实威胁的情况下持刀捅刺，且捅刺的对象都是在其警告后仍向其靠近围逼的人。因此，可以认定其是为了使本人和其母亲的人身权利免受正在进行的不法侵害，而采取的制止不法侵害行为，具备正当防卫的客观和主观条件，具有防卫性质。

其次，于某的捅刺行为不属于特殊防卫。《刑法》第二十条第三款规定：“对正在进行行凶、杀人、抢劫、强奸、绑架以及其他严重危及人身安全的暴力犯罪，采取防卫行为，造成不法侵害人伤亡的，不属于防卫过当，不负刑事责任。”根据这一规定，特殊防卫的适用前提条件是存在严重危及本人或他人人身安全的暴力犯罪。本案中，虽然杜某2等人对于某母子实施了非法限制人身自由、侮辱、轻微殴打等人身侵害行为，但这些不法侵害不是严重危及人身安全的暴力犯罪。其一，杜某2等人实施的非法限制人身自由、侮辱等不法侵害行为，虽然侵犯了于某母子的人身自由、人格尊严等合法权益，但并不具有严重危及于某母子人身安全的性质。其二，杜某2等人按肩膀、推拉等强制或者殴打行为，虽然让于某母子的人身安全、身体健康权遭受了侵害，但这种不法侵害只是轻微的暴力侵犯，既不是针对生命权的不法侵害，又不是发生严重侵害于某母子身体健康权的情形，因而不属于严重危及人身安全的暴力犯罪。其三，苏某、于某1系主动通过他人协调、担保，向吴某借贷，自愿接受吴某所提10%的月息。既不存在苏某、于某1被强迫向吴某高息借贷的事实，又不存在吴某强迫苏某、于某1借贷的事实，与司法解释以借贷为名采用暴力、胁迫手段获取他人财物以抢劫罪论处的规定明显不符。可见，杜某2等人实施的多种不法侵害行为，符合可以实施一般防卫行为的前提条件，但不具备实施特殊防卫的前提条件，故于某的捅刺行为不属于特殊防卫。

最后，于某的捅刺行为属于防卫过当。《刑法》第二十条第二款规定："正当防卫明显超过必要限度造成重大损害的，应当负刑事责任，但是应当减轻或者免除处罚。"由此可见，防卫过当是在具备正当防卫客观和主观前提条件下，防卫反击明显超越必要限度，并造成致人重伤或死亡的过当结果。认定防卫是否"明显超过必要限度"，应当从不法侵害的性质、手段、强度、危害程度，以及防卫行为的性质、时机、手段、强度、所处环境和损害后果等方面综合分析判定。本案中，杜某2一方虽然人数较多，但其实施不法侵害的意图是给苏某夫妇施加压力以催讨债务，在催债过程中未携带、使用任何器械；在民警朱某等进入接待室前，杜某2一方对于某母子实施的是非法限制人身自由、侮辱和对于某拍打面颊、揪抓头发等行为，其目的仍是逼迫苏某夫妇尽快还款；在民警进入接待室时，双方没有发生激烈对峙和肢体冲突，当民警警告不能打架后，杜某2一方并无打架的言行；在民警走出接待室寻找报警人期间，于某和讨债人员均可透过接待室玻璃清晰看见停在院内的警车警灯闪烁，应当知道民警并未离开；在于某持刀警告不要逼过来时，杜某2等人虽有出言挑衅并向于某围逼的行为，但并未实施强烈的攻击行为。因此，于某面临的不法侵害并不紧迫和严重，而其却持刃长15.3厘米的单刃尖刀连续捅刺四人，致一人死亡、二人重伤、一人轻伤，且其中一人系被背后捅伤，故应当认定于某的防卫行为明显超过必要限度造成重大损害，属于防卫过当。

二、关于定罪量刑

首先，关于定罪。本案中，于某连续捅刺四人，但捅刺对象都是当时围逼在其身边的人，未对离其较远的其他不法侵害人进行捅刺，对不法侵害人每人捅刺一刀，未对同一不法侵害人连续捅刺。可见，于某的目的在于制止不法侵害并离开接待室，在案证据不能证实其具有追求或放任致人死亡危害结果发生的故意，故于某的行为不构成故意杀人罪，但他为了追求防卫效果的实现，对致多人伤亡的过当结果的发生持听之任之的态度，已构成防卫过当情形下的故意伤害罪。认定于某的行为构成故意伤害罪，既是严格司法的要求，又符合人民群众的公平正义观念。

其次，关于量刑。《刑法》第二十条第二款规定："正当防卫明显超过必要限度造成重大损害的，应当负刑事责任，但是应当减轻或者免除处罚。"综合考虑本案防卫权益的性质、防卫方法、防卫强度、防卫起因、损害后果、过当程度、所处环境等情节，对于某应当减轻处罚。

被害方对引发本案具有严重过错。本案案发前，吴某、赵某 1 指使杜某 2 等人实施过侮辱苏某、干扰源大公司生产经营等逼债行为，苏某多次报警，吴某等人的不法逼债行为并未收敛。案发当日，杜某 2 等人对于某、苏某实施非法限制人身自由、侮辱及对于某间有推搡、拍打、卡颈部等行为，于某及其母亲苏某连日来多次遭受催逼、骚扰、侮辱，导致于某实施防卫行为时难免带有恐惧、愤怒等因素。尤其是杜某 2 裸露下体侮辱苏某对引发本案有重大过错。案发当日，杜某 2 当着于某之面公然以裸露下体的方式侮辱其母亲苏某。虽然距于某实施防卫行为已间隔约 20 分钟，但于某捅刺杜某 2 等人时难免带有报复杜某 2 辱母的情绪，故杜某 2 裸露下体侮辱苏某的行为是引发本案的重要因素，在刑罚裁量上应当作为对于某有利的情节重点考虑。

杜某 2 的辱母行为严重违法、亵渎人伦，应当受到惩罚和谴责，但于某在民警尚在现场调查，警车仍在现场闪烁警灯的情形下，为离开接待室摆脱围堵而持刀连续捅刺四人，致一人死亡、二人重伤、一人轻伤，且其中一重伤者系于某从背部捅刺，损害后果严重，且除杜某 2 外，其他三人并未实施侮辱于某母亲的行为，其防卫行为造成损害远远大于其保护的合法权益，防卫明显过当。

于某及其母亲的人身自由和人格尊严应当受到法律保护，但于某的防卫行为明显超过必要限度并造成多人伤亡严重后果，超出法律所容许的限度，依法也应当承担刑事责任。

根据我国《刑法》规定，故意伤害致人死亡的，处十年以上有期徒刑、无期徒刑或者死刑；防卫过当的，应当减轻或者免除处罚。如上所述，于某的防卫行为明显超过必要限度造成重大伤亡后果，减轻处罚依法应当在三年至十年有期徒刑的法定刑幅度内量刑。鉴于于某归案后如实供述主要罪行，且被害方有以恶劣手段侮辱于某之母的严重过错等可以从轻处罚情节，综合考虑于某犯罪的事实、性质、情节和危害后果，遂判处于某有期徒刑五年。

2. 检例第48号：侯某秋正当防卫案

【关键词】

聚众斗殴　故意伤害　正当防卫　不起诉

【要旨】

单方聚众斗殴的，属于不法侵害，没有斗殴故意的一方可以进行正当防卫。单方持械聚众斗殴，对他人的人身安全造成严重危险的，应当认定为《刑法》第二十条第三款规定的“其他严重危及人身安全的暴力犯罪”。

【基本案情】

侯某秋，男，1981年5月18日出生，务工人员。

侯某秋系葛某经营的养生会所员工。2015年6月4日22时40分许，某足浴店股东沈某因怀疑葛某等人举报其店内有人卖淫嫖娼，遂纠集本店员工雷某、柴某等4人持棒球棍、匕首赶至葛某的养生会所。沈某先行进入会所，无故推翻大堂盆栽挑衅，与葛某等人扭打。雷某、柴某等人随后持棒球棍、匕首冲入会所，殴打店内人员，其中雷某持匕首两次刺中侯某秋右大腿。其间，柴某所持棒球棍掉落，侯某秋捡起棒球棍挥打，击中雷某头部致其当场倒地。该会所员工报警，公安人员赶至现场，将沈某等人抓获，并将侯某秋、雷某送医救治。雷某经抢救无效，因严重颅脑损伤于6月24日死亡。侯某秋的损伤程度构成轻微伤，该会所另有2人被打致轻微伤。

公安机关以侯某秋涉嫌故意伤害罪，移送检察机关审查起诉。浙江省杭州市人民检察院根据审查认定的事实，依据《刑法》第二十条第三款的规定，认为侯某秋的行为属于正当防卫，不负刑事责任，决定对侯某秋不起诉。

【不起诉的理由】

检察机关认为，本案沈某、雷某等人的行为属于《刑法》第二十条第三款规定的“其他严重危及人身安全的暴力犯罪”，侯某秋对此采取防卫行为，造成不法侵害人之一雷某死亡，依法不属于防卫过当，不负刑事责任。主要理由如下：

第一，沈某、雷某等人的行为属于“其他严重危及人身安全的暴力犯罪”。判断不法侵害行为是否属于《刑法》第二十条第三款规定的“其他”犯罪，应当以本款列举的杀人、抢劫、强奸、绑架为参照，通过比较暴力程度、危险程度和刑法给予惩罚的力度等综合作出判断。本案沈某、雷某等人的行为，属于单方持械聚众斗殴，构成犯罪的法定最低刑虽然不重，与一般伤害罪相同，但《刑法》第二百九十二条同时规定，聚众斗殴，致人重伤、死亡的，依照刑法关于故意伤害致人重伤、故意杀人的规定定罪处罚。刑法作此规定表明，聚众斗殴行为常可造成他人重伤或者死亡，结合案件具体情况，可以判定聚众斗殴与故意致人伤亡的犯罪在暴力程度和危险程度上是一致的。本案沈某、雷某等共5人聚众持棒球棍、匕首等杀伤力很大的工具进行斗殴，短时间内已经打伤3人，应当认定为“其他严重危及人身安全的暴力犯罪”。

第二，侯某秋的行为具有防卫性质。侯某秋工作的养生会所与对方的足浴店，尽管存在生意竞争关系，但侯某秋一方没有斗殴的故意，本案打斗的起因系对方挑起，打斗的地点也系在本方店内，所以双方攻击与防卫的关系清楚明了。沈某纠集雷某等人聚众斗殴属于正在进行的不法侵害，没有斗殴故意的侯某秋一方可以进行正当防卫，因此侯某秋的行为具有防卫性质。

第三，侯某秋的行为不属于防卫过当，不负刑事责任。本案沈某、雷某等人的共同侵害行为，严重危及他人人身安全，侯某秋为保护自己和本店人员免受暴力侵害，而采取防卫行为，造成不法侵害人之一雷某死亡，依据《刑法》第二十条第三款的规定，不属于防卫过当，不负刑事责任。

【指导意义】

《刑法》第二十条第三款规定的“其他严重危及人身安全的暴力犯罪”的认定，除了在方法上，以本款列举的四种罪行为参照，通过比较暴力程度、危险程度和刑法给予惩罚的力度作出判断外，还应当注意把握以下几点：一是不法行为侵害的对象是人身安全，即危害人的生命权、健康权、自由权和性权利。人身安全之外的财产权利、民主权利等其他合法权利不在其内，这也是特殊防卫区别于一般防卫的一个重要特征。二是不法侵害行为具有暴力性，且应达到犯罪的程度。对本款列举的杀人、抢劫、强奸、绑架应作广义的理解，即不仅指这四种具体犯罪行为，也包括以此种暴力行为作为手段，而触犯其他罪名的犯罪行为，如以抢劫为手段的抢劫枪支、弹药、爆炸物的行为，以绑架为手段的拐卖妇女、儿童的行为，以及针对人的生命、健康而采取的放火、爆炸、决水等行为。三是不法侵害行为应当达到一定的严重程度，即有可能造成他人重伤或死亡的后果。需要强调的是，不法侵害行为是否已经造成实际伤害后果，不必然影响特殊防卫的成立。此外，针对不法侵害行为对他人人身安全造成的严重危险，可以实施特殊防卫。

在共同不法侵害案件中，“行凶”与“其他严重危及人身安全的暴力犯罪”，在认定上可以有一定交叉，具体可结合全案行为特征和各侵害人的具体行为特征作综合判定。另外，对于寻衅滋事行为，不宜直接认定为“其他严重危及人身安全的暴力犯罪”，寻衅滋事行为暴力程度较高、严重危及他人人身安全的，可分别认定为《刑法》第二十条第三款规定中的行凶、杀人或抢劫。需要说明的是，侵害行为最终成立何种罪名，对防卫人正当防卫的认定没有影响。

人民检察院审查起诉时，应当严把事实关、证据关和法律适用关。根据查明的事实，犯罪嫌疑人的行为属于正当防卫，不负刑事责任的，应当依法作出不起诉的决定，保障无罪的人不受刑事追究。

【相关规定】

《刑法》第二十条

《刑事诉讼法》（2012 年）第一百七十七条

3. 检例第 47 号：于某明正当防卫案

【关键词】

行凶　正当防卫　撤销案件

【要旨】

对于犯罪故意的具体内容虽不确定，但足以严重危及人身安全的暴力侵害行为，应当认定为《刑法》第二十条第三款规定的“行凶”。行凶已经造成严重危及人身安全的紧迫危险，即使没有发生严重的实害后果，也不影响正当防卫的成立。

【基本案情】

于某明，男，1977年3月18日出生，某酒店业务经理。

2018年8月27日21时30分许，于某明骑自行车在江苏省昆山市震川路正常行驶，刘某醉酒驾驶小轿车（经检测，血液酒精含量87mg/100ml），向右强行闯入非机动车道，与于某明险些碰擦。刘某的一名同车人员下车与于某明争执，经同行人员劝解返回时，刘某突然下车，上前推搡、踢打于某明。虽经劝解，刘某仍持续追打，并从轿车内取出一把砍刀（系管制刀具），连续用刀面击打于某明颈部、腰部、腿部。刘某在击打过程中将砍刀甩脱，于某明抢到砍刀，刘某上前争夺，在争夺中于某明捅刺刘某的腹部、臀部，砍击其右胸、左肩、左肘。刘某受伤后跑向轿车，于某明继续追砍2刀均未砍中，其中1刀砍中轿车。刘某跑离轿车，于某明返回轿车，将车内刘某的手机取出放入自己口袋。民警到达现场后，于某明将手机和砍刀交给处警民警（于某明称，拿走刘某的手机是为了防止对方打电话召集人员报复）。刘某逃离后，倒在附近绿化带内，后经送医抢救无效，因腹部大静脉等破裂致失血性休克于当日死亡。于某明经人身检查，见左颈部条形挫伤1处、左胸季肋部条形挫伤1处。

8月27日当晚公安机关以“于某明故意伤害案”立案侦查，8月31日公安机关查明了本案的全部事实。9月1日，江苏省昆山市公安局根据侦查查明的事实，依据《刑法》第二十条第三款的规定，认定于某明的行为属于正当防卫，不负刑事责任，决定依法撤销于某明故意伤害案。其间，公安机关依据相关规定，听取了检察机关的意见，昆山市人民检察院同意公安机关的撤销案件决定。

【检察机关的意见和理由】

检察机关的意见与公安机关的处理意见一致，具体论证情况和理由如下：

第一，关于刘某的行为是否属于“行凶”的问题。在论证过程中有意见提出，刘某仅使用刀面击打于某明，犯罪故意的具体内容不确定，不宜认定为行凶。论证后认为，对行凶的认定，应当遵循《刑法》第二十条第三款的规定，以“严重危及人身安全的暴力犯罪”作为把握的标准。刘某开始阶段的推搡、踢打行为不属于“行凶”，但从持砍刀击打后，行为性质已经升级为暴力犯罪。刘某攻击行为凶狠，所持凶器可轻易致人死伤，随着事态发展，接下来会造成什么样的损害后果难以预料，于某明的人身安全处于现实的、急迫的和严重的危险之下。刘某具体抱持杀人的故意还是伤害的故意不确定，正是许多行凶行为的特征，而不是认定的障碍。因此，刘某的行为符合“行凶”的认定标准，应当认定为“行凶”。

第二，关于刘某的侵害行为是否属于“正在进行”的问题。在论证过程中有意见提出，于某明抢到砍刀后，刘某的侵害行为已经结束，不属于正在进行。论证后认为，判断侵害行为是否已经结束，应看侵害人是否已经实质性脱离现场以及是否还有继续攻击或再次发动攻击的可能。于某明抢到砍刀后，刘某立刻上前争夺，侵害行为没有停止，刘某受伤后又立刻跑向之前藏匿砍刀的汽车，于某明此时作不间断的追击也符合防卫的需要。于某明追砍两刀均未砍中，刘某从汽车旁边跑开后，于某明也未再追击。因此，在于某明抢得砍刀顺势反击时，刘某既未放弃攻击行为也未实质性脱离现场，不能认为侵害行为已经停止。

第三，关于于某明的行为是否属于正当防卫的问题。在论证过程中有意见提出，于某明本人所受损伤较小，但防卫行为却造成了刘某死亡的后果，二者对比不相适应，于某明的行为属于防卫过当。论证后认为，不法侵害行为既包括实害行为也包括危险行为，对于危险行为同样可以实施正当防卫。认为“于某明与刘某的伤情对比不相适应”的意见，只注意到了实害行为而忽视了危险行为，这种意见实际上是要求防卫人应等到暴力犯罪造成一定的伤害后果才能实施防卫，这不符合及时制止犯罪、让犯罪不能得逞的防卫需要，也不适当地缩小了正当防卫的依法成立范围，是不正确的。本案中，在刘某的行为因具有危险性而属于“行凶”的前提下，于某明采取防卫行为致其死亡，依法不属于防卫过当，不负刑事责任，于某明本人是否受伤或伤情轻重，对正当防卫的认定没有影响。公安机关认定于某明的行为系正当防卫，决定依法撤销案件的意见，完全正确。

【指导意义】

《刑法》第二十条第三款规定，“对正在进行行凶、杀人、抢劫、强奸、绑架以及其他严重危及人身安全的暴力犯罪，采取防卫行为，造成不法侵害人伤亡的，不属于防卫过当，不负刑事责任”。司法实践通常称这种正当防卫为“特殊防卫”。

刑法作出特殊防卫的规定，目的在于进一步体现“法不能向不法让步”的秩序理念，同时肯定防卫人以对等或超过的强度予以反击，即使造成不法侵害人伤亡，也不必顾虑可能成立防卫过当因而构成犯罪的问题。在司法实践中，如果面对不法侵害人“行凶”性质的侵害行为，仍对防卫人限制过苛，不仅有违立法本意，也难以取得制止犯罪，保护公民人身权利不受侵害的效果。

适用本款规定，“行凶”是认定的难点，对此应当把握以下两点：一是必须是暴力犯罪，对于非暴力犯罪或一般暴力行为，不能认定为行凶；二是必须严重危及人身安全，即对人的生命、健康构成严重危险。在具体案件中，有些暴力行为的主观故意尚未通过客观行为明确表现出来，或者行为人本身就是持概括故意予以实施，这类行为的故意内容虽不确定，但已表现出多种故意的可能，其中只要有现实可能造成他人重伤或死亡的，均应当认定为“行凶”。

正当防卫以不法侵害正在进行为前提。所谓正在进行，是指不法侵害已经开始但尚未结束。不法侵害行为多种多样、性质各异，判断是否正在进行，应就具体行为和现场情境作具体分析。判断标准不能机械地对刑法上的着手与既遂作出理解、判断，因为着手与既遂侧重的是侵害人可罚性的行为阶段问题，而侵害行为正在进行，侧重的是防卫人的利益保护问题。所以，不能要求不法侵害行为已经加诸被害人身上，只要不法侵害的现实危险已经迫在眼前，或者已达既遂状态但侵害行为没有实施终了的，就应当认定为正在进行。

需要强调的是，特殊防卫不存在防卫过当的问题，因此不能作宽泛的认定。对于因民间矛盾引发、不法与合法对立不明显以及夹杂泄愤报复成分的案件，在认定特殊防卫时应当十分慎重。

【相关规定】

《刑法》第二十条

4. 检例第46号：朱某山故意伤害（防卫过当）案

【关键词】

民间矛盾 故意伤害 防卫过当 二审检察

【要旨】

在民间矛盾激化过程中，对正在进行的非法侵入住宅、轻微人身侵害行为，可以进行正当防卫，但防卫行为的强度不具有必要性并致不法侵害人重伤、死亡的，属于明显超过必要限度造成重大损害，应当负刑事责任，但是应当减轻或者免除处罚。

【基本案情】

朱某山，男，1961年5月6日出生，农民。

朱某山之女朱某与齐某系夫妻，朱某于2016年1月提起离婚诉讼并与齐某分居，朱某带女儿与朱某山夫妇同住。齐某不同意离婚，为此经常到朱某山家吵闹。4月4日，齐某在吵闹过程中，将朱某山家门窗玻璃和朱某的汽车玻璃砸坏。朱某山为防止齐某再进入院子，将院子一侧的小门锁上并焊上铁窗。5月8日22时许，齐某酒后驾车到朱某山家，欲从小门进入院子，未得逞后在大门外叫骂。朱某不在家中，仅朱某山夫妇带外孙女在家。朱某山将情况告知齐某，齐某不肯作罢。朱某山又分别给邻居和齐某的哥哥打电话，请他们将齐某劝离。在邻居的劝说下，齐某驾车离开。23时许，齐某驾车返回，站在汽车引擎盖上摇晃、攀爬院子大门，欲强行进入，朱某山持铁叉阻拦后报警。齐某爬上院墙，在墙上用瓦片掷砸朱某山。朱某山躲到一边，并从屋内拿出宰羊刀防备。随后齐某跳入院内徒手与朱某山撕扯，朱某山刺中齐某胸部一刀。朱某山见齐某受伤把大门打开，民警随后到达。齐某因主动脉、右心房及肺脏被刺破致急性大失血死亡。朱某山在案发过程中报警，案发后在现场等待民警抓捕，属于自动投案。

一审阶段，辩护人提出朱某山的行为属于防卫过当，公诉人认为朱某山的行为不具有防卫性质。一审判决认定，根据朱某山与齐某的关系及具体案情，齐某的违法行为尚未达到朱某山必须通过持刀刺扎进行防卫制止的程度，朱某山的行为不具有防卫性质，不属于防卫过当；朱某山自动投案后如实供述主要犯罪事实，系自首，依法从轻处罚，朱某山犯故意伤害罪，判处有期徒刑十五年，剥夺政治权利五年。

朱某山以防卫过当为由提出上诉。河北省人民检察院二审出庭认为，根据查明的事实，依据《刑法》第二十条第二款的规定，朱某山的行为属于防卫过当，应当负刑事责任，但是应当减轻或者免除处罚，朱某山的上诉理由成立。河北省高级人民法院二审判决认定，朱某山持刀致死被害人，属防卫过当，应当依法减轻处罚，对河北省人民检察院的出庭意见予以支持，判决撤销一审判决的量刑部分，改判朱某山有期徒刑七年。

【检察机关二审审查和出庭意见】

检察机关二审审查认为，朱某山及其辩护人所提防卫过当的意见成立，一审公诉和判决对此未作认定不当，属于适用法律错误，二审应当作出纠正，并据此发表了出庭意见。主要意见和理由如下：

第一，齐某的行为属于正在进行的不法侵害。齐某与朱某已经分居，齐某当晚的行为在时间、方式上也显然不属于探视子女，故在朱某山拒绝其进院后，其摇晃、攀爬大门并跳入院内，属于非法侵入住宅。齐某先用瓦片掷砸随后进行撕扯，侵犯了朱某山的人身权利。齐某的这些行为，均属于正在进行的不法侵害。

第二，朱某山的行为具有防卫的正当性。齐某的行为从吵闹到侵入住宅、侵犯人身，呈现升级趋势，具有一定的危险性。齐某经人劝离后再次返回，执意在深夜时段实施侵害，不法行为具有一定的紧迫性。朱某山先是找人规劝，继而报警求助，始终没有与齐某斗殴的故意，提前准备工具也是出于防卫的目的，因此其反击行为具有防卫的正当性。

第三，朱某山的防卫行为明显超过必要限度造成重大损害，属于防卫过当。齐某上门闹事、滋扰的目的是不愿离婚，希望能与朱某和好继续共同生活，这与离婚后可能实施报复的行为有很大区别。齐某虽实施了投掷瓦片、撕扯的行为，但整体仍在闹事的范围内，对朱某山人身权利的侵犯尚属轻微，没有危及朱某山及其家人的健康或生命的明显危险。朱某山已经报警，也有继续周旋、安抚、等待的余地，但却选择使用刀具，在撕扯过程中直接捅刺齐某的要害部位，最终造成了齐某伤重死亡的重大损害。综合来看，朱某山的防卫行为，在防卫措施的强度上不具有必要性，在防卫结果与所保护的权利对比上也相差悬殊，应当认定为明显超过必要限度造成重大损害，属于防卫过当，依法应当负刑事责任，但是应当减轻或者免除处罚。

【指导意义】

《刑法》第二十条第二款规定，“正当防卫明显超过必要限度造成重大损害的，应当负刑事责任，但是应当减轻或者免除处罚”。司法实践通常称本款规定的情况为“防卫过当”。

防卫过当中，重大损害是指造成不法侵害人死亡、重伤的后果，造成轻伤及以下损伤的不属于重大损害；明显超过必要限度是指，根据所保护的权利性质、不法侵害的强度和紧迫程度等综合衡量，防卫措施缺乏必要性，防卫强度与侵害程度对比也相差悬殊。在司法实践中，重大损害的认定比较好把握，但明显超过必要限度的认定相对复杂，对此应当根据不法侵害的性质、手段、强度和危害程度，以及防卫行为的性质、手段、强度、时机和所处环境等因素，进行综合判断。本案中，朱某山为保护住宅安宁和免受可能的一定人身侵害，而致侵害人丧失生命，就防卫与侵害的性质、手段、强度和结果等因素的对比来看，既不必要也相差悬殊，属于明显超过必要限度造成重大损害。

民间矛盾引发的案件极其复杂，涉及防卫性质争议的，应当坚持依法、审慎的原则，准确作出判断和认定，从而引导公民理性平和解决争端，避免在争议纠纷中不必要地使用武力。针对实践当中的常见情形，可注意把握以下几点：一是应作整体判断，即分清前因后果和是非曲直，根据查明的事实，当事人的行为具有防卫性质的，应当依法作出认定，不能唯结果论，也不能因矛盾暂时没有化解等因素而不去认定或不敢认定；二是对于近亲属之间发生的不法侵害，对防卫强度必须结合具体案情作出更为严格的限制；三是对于被害人有无过错与是否正在进行的不法侵害，应当通过细节的审查、补查，作出准确的区分和认定。

人民检察院办理刑事案件，必须高度重视犯罪嫌疑人、被告人及其辩护人所提正当防卫或防卫过当的意见，对于所提意见成立的，应当及时予以采纳或支持，依法保障当事人的合法权利。

【相关规定】

《刑法》第二十条、第二百三十四条

《刑事诉讼法》第二百三十五条

5. 检例第45号：陈某正当防卫案

【关键词】

未成年人　故意伤害　正当防卫　不批准逮捕

【要旨】

在被人殴打、人身权利受到不法侵害的情况下，防卫行为虽然造成了重大损害的客观后果，但是防卫措施并未明显超过必要限度的，不属于防卫过当，依法不负刑事责任。

【基本案情】

陈某，未成年人，某中学学生。

2016年1月初，因陈某在甲的女朋友的网络空间留言示好，甲纠集乙等人，对陈某实施了殴打。

1月10日中午，甲、乙、丙等6人（均为未成年人），在陈某就读的中学门口，见陈某从大门走出，有人提议陈某向老师告发他们打架，要去问个说法。甲等人尾随一段路后拦住陈某质问，陈某解释没有告状，甲等人不肯罢休，抓住并围殴陈某。乙的3位朋友（均为未成年人）正在附近，见状加入围殴陈某。其中，有人用膝盖顶击陈某的胸口、有人持石块击打陈某的手臂、有人持钢管击打陈某的背部，其他人对陈某或勒脖子或拳打脚踢。陈某掏出随身携带的折叠式水果刀（刀身长8.5厘米，不属于管制刀具），乱挥乱刺后逃脱。部分围殴人员继续追打并从后投掷石块，击中陈某的背部和腿部。陈某逃进学校，追打人员被学校保安拦住。陈某在反击过程中刺中了甲、乙和丙，经鉴定，该3人的损伤程度均构成重伤二级。陈某经人身检查，见身体多处软组织损伤。

案发后，陈某所在学校向司法机关提交材料，证实陈某遵守纪律、学习认真、成绩优秀，是一名品学兼优的学生。

公安机关以陈某涉嫌故意伤害罪立案侦查，并对其采取刑事拘留强制措施，后提请检察机关批准逮捕。检察机关根据审查认定的事实，依据《刑法》第二十条第一款的规定，认为陈某的行为属于正当防卫，不负刑事责任，决定不批准逮捕。公安机关将陈某释放同时要求复议。检察机关经复议，维持原决定。

检察机关在办案过程中积极开展释法说理工作，甲等人的亲属在充分了解事实经过和法律规定后，对检察机关的处理决定表示认可。

【不批准逮捕的理由】

公安机关认为，陈某的行为虽有防卫性质，但已明显超过必要限度，属于防卫过当，涉嫌故意伤害罪。检察机关则认为，陈某的防卫行为没有明显超过必要限度，不属于防卫过当，不构成犯罪。主要理由如下：

第一，陈某面临正在进行的不法侵害，反击行为具有防卫性质。任何人面对正在进行的不法侵害，都有予以制止、依法实施防卫的权利。本案中，甲等人借故拦截陈某并实施围殴，属于正在进行的不法侵害，陈某的反击行为显然具有防卫性质。

第二，陈某随身携带刀具，不影响正当防卫的认定。对认定正当防卫有影响的，并不是防卫人携带了可用于自卫的工具，而是防卫人是否有相互斗殴的故意。陈某在事前没有与对方约架斗殴的意图，被拦住后也是先解释退让，最后在遭到对方围打时才被迫还手，其随身携带水果刀，无论是日常携带还是事先有所防备，都不影响对正当防卫作出认定。

第三，陈某的防卫措施没有明显超过必要限度，不属于防卫过当。陈某的防卫行为致实施不法侵害的 3 人重伤，客观上造成了重大损害，但防卫措施并没有明显超过必要限度。陈某被 9 人围住殴打，其中有人使用了钢管、石块等工具，双方实力相差悬殊，陈某借助水果刀增强防卫能力，在手段强度上合情合理。并且，对方在陈某逃脱时仍持续追打，共同侵害行为没有停止，所以就制止整体不法侵害的实际需要来看，陈某持刀挥刺也没有不相适应之处。综合来看，陈某的防卫行为虽有致多人重伤的客观后果，但防卫措施没有明显超过必要限度，依法不属于防卫过当。

【指导意义】

《刑法》第二十条第一款规定，“为了使国家、公共利益、本人或者他人的人身、财产和其他权利免受正在进行的不法侵害，而采取的制止不法侵害的行为，对不法侵害人造成损害的，属于正当防卫，不负刑事责任”。司法实践通常称这种正当防卫为“一般防卫”。

一般防卫有限度要求，超过限度的属于防卫过当，需要负刑事责任。刑法规定的限度条件是“明显超过必要限度造成重大损害”，具体而言，行为人的防卫措施虽明显超过必要限度但防卫结果客观上并未造成重大损害，或者防卫结果虽客观上造成重大损害但防卫措施并未明显超过必要限度，均不能认定为防卫过当。本案中，陈某为了保护自己的人身安全而持刀反击，就所要保护的权利性质以及与侵害方的手段强度比较来看，不能认为防卫措施明显超过了必要限度，所以即使防卫结果在客观上造成了重大损害，也不属于防卫过当。

正当防卫既可以是为了保护自己的合法权益，也可以是为了保护他人的合法权益。《未成年人保护法》第六条第二款也规定，“对侵犯未成年人合法权益的行为，任何组织和个人都有权予以劝阻、制止或者向有关部门提出检举或者控告”。对于未成年人正在遭受侵害的，任何人都有权介入保护，成年人更有责任予以救助。但是，冲突双方均为未成年人的，成年人介入时，应当优先选择劝阻、制止的方式；劝阻、制止无效的，在隔离、控制或制服侵害人时，应当注意手段和行为强度的适度。

检察机关办理正当防卫案件遇到争议时，应当根据《最高人民检察院关于实行检察官以案释法制度的规定》，适时、主动进行释法说理工作。对事实认定、法律适用和办案程序等问题进行答疑解惑，开展法治宣传教育，保障当事人和其他诉讼参与人的合法权利，努力做到案结事了。

人民检察院审查逮捕时，应当严把事实关、证据关和法律适用关。根据查明的事实，犯罪嫌疑人的行为属于正当防卫，不负刑事责任的，应当依法作出不批准逮捕的决定，保障无罪的人不受刑事追究。

【相关规定】

《刑法》第二十条

《刑事诉讼法》（2012 年）第九十条、第九十二条